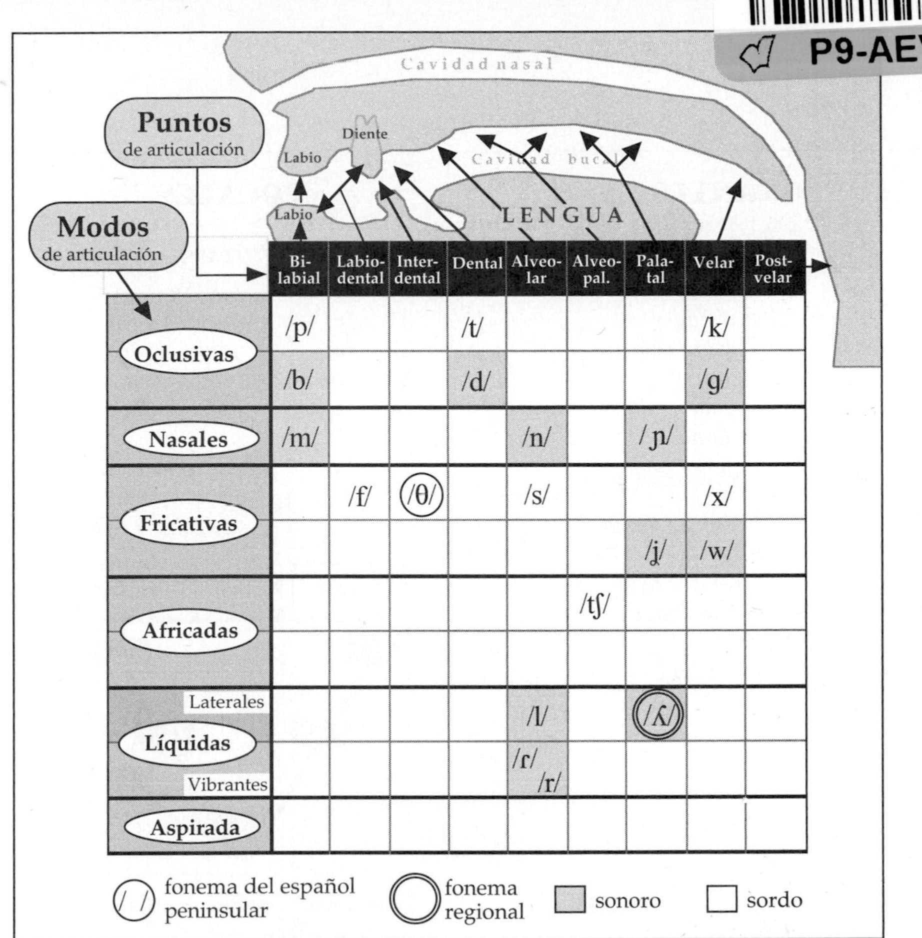

Modos de articulación	Bi-labial	Labio-dental	Inter-dental	Dental	Alveo-lar	Alveo-pal.	Pala-tal	Velar	Post-velar
Oclusivas	/p/			/t/				/k/	
	/b/			/d/				/g/	
Nasales	/m/				/n/		/ɲ/		
Fricativas		/f/	(/θ/)		/s/			/x/	
							/ʝ/	/w/	
Africadas						/tʃ/			
Líquidas – Laterales					/l/		((/ʎ/))		
Líquidas – Vibrantes					/ɾ/ /r/				
Aspirada									

(/) fonema del español peninsular (( )) fonema regional ▒ sonoro □ sordo

LOS FONEMAS CONSONÁNTICOS

Total de fonemas consonánticos:

18–19 (español americano)

(/ʎ/ se emplea sólo en Paraguay y en partes del altiplano andino, por ej., en Bolivia y Colombia).

19–20 (español peninsular castellano)

(/ʎ/ se emplea sólo en algunas regiones del norte y centro de España, por ej., Asturias y León).

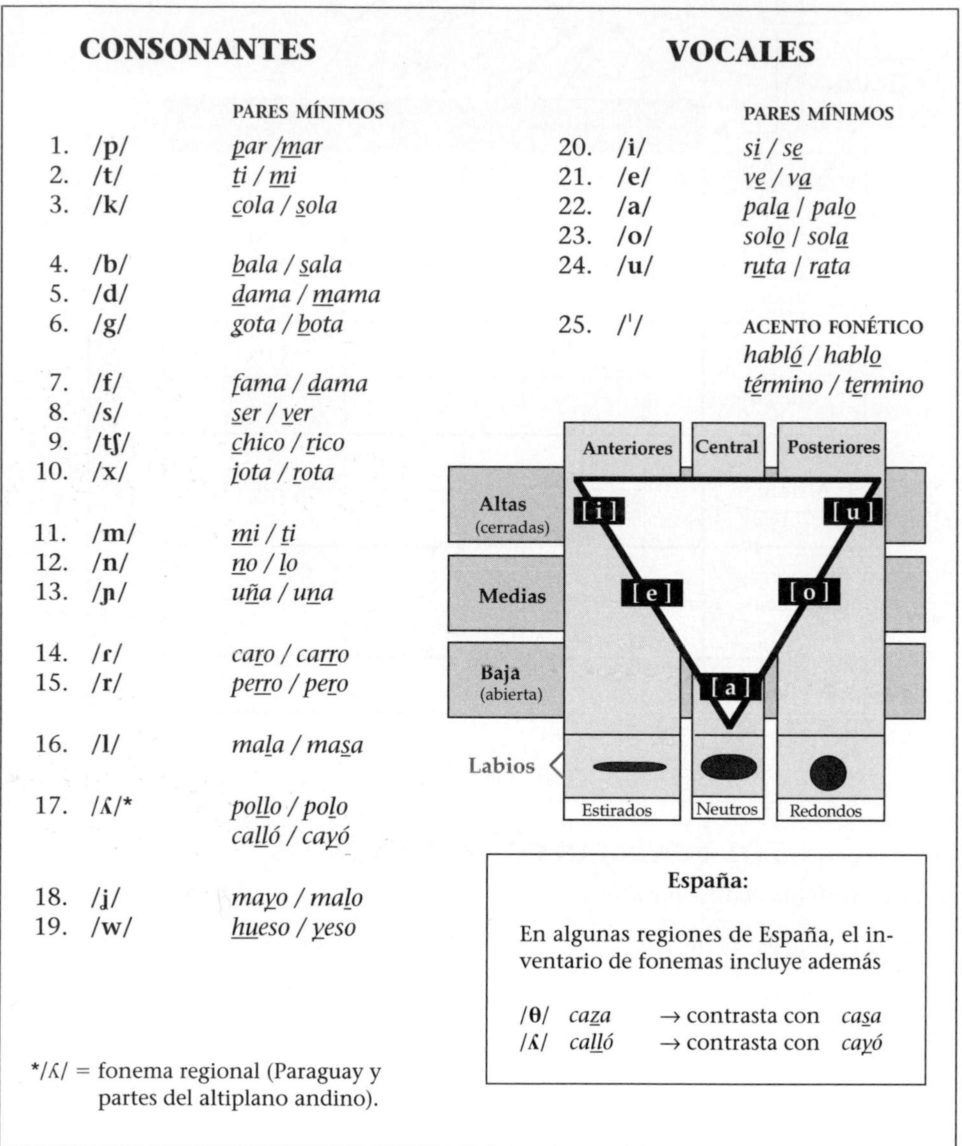

CONSONANTES

PARES MÍNIMOS

1. /p/ *par /mar*
2. /t/ *ti / mi*
3. /k/ *cola / sola*

4. /b/ *bala / sala*
5. /d/ *dama / mama*
6. /g/ *gota / bota*

7. /f/ *fama / dama*
8. /s/ *ser / ver*
9. /tʃ/ *chico / rico*
10. /x/ *jota / rota*

11. /m/ *mi / ti*
12. /n/ *no / lo*
13. /ɲ/ *uña / una*

14. /ɾ/ *caro / carro*
15. /r/ *perro / pero*

16. /l/ *mala / masa*

17. /ʎ/* *pollo / polo* *calló / cayó*

18. /ʝ/ *mayo / malo*
19. /w/ *hueso / yeso*

*/ʎ/ = fonema regional (Paraguay y partes del altiplano andino).

VOCALES

PARES MÍNIMOS

20. /i/ *si / se*
21. /e/ *ve / va*
22. /a/ *pala / palo*
23. /o/ *solo / sola*
24. /u/ *ruta / rata*

25. /ˈ/ ACENTO FONÉTICO *habló / hablo* *término / termino*

España:

En algunas regiones de España, el inventario de fonemas incluye además

/θ/ *caza* → contrasta con *casa*
/ʎ/ *calló* → contrasta con *cayó*

LOS FONEMAS DEL ESPAÑOL AMERICANO

(con ejemplos de pares mínimos)

Alófono (fonética)	Fonema (fonología)	Grafema (ortografía)	Ejemplos
1. [p]	/p/	"p"	*pan, ropa, la pistola, captar*
[b]	/b/	"b"	*ambos, símbolo, en barco, ¡Bien hecho!*
		"v"	*enviar, invasión, con vino, ¿Vamos?*
[β] **bilabial**	/b/	"b"	*labio, alba, árbitro, la boca, subterráneo*
		"v"	*lavo, la vaca, calvo, el viento, es vino*
[m]	/m/	"m"	*mar, amo, ambos, islam, la mona*
[m]	/n/	"n" + CONS. BILABIAL	*inmediato, en Madrid, en parte, un vaso*
2. [f]	/f/	"f"	*fama, sofá, la foto, confieso, el fin*
[ɱ] **labio-dental**	/n/	"n" + "f"	*énfoque, sin fin, en Francia, infierno*
[w] + VOCAL **labiovelar**	/w/	"hu-" + VOCAL	*la huerta, huelga, un hueco, al huir*
		"w"	*un whisky, Hawai, la wau*
		"o" + VOCAL [a, e]	*Oaxaca, ¿o es así?*
3. [t] tamb. escrito [t̪]	/t/	"t"	*todo, hasta, el tiempo, con tapón*
[d] tamb. escrito [d̪] **dental**	/d/	"d"	*ando, caldo, el dato, con dios, ¡Dámelo!*
[ð] tamb. escrito [ð̪]	/d/	"d"	*miedo, perder, la dama, desde, adjunto*
[n̪]	/n/	"n" + "t, d"	*entiendo, con trabajo, sin dormir, ando*
[l̪]	/l/	"l" + "t, d"	*alta, el tono, caldera, ¡Sal David!*
[θ] español de España **interdental**	/θ/	"z"	*la zorra, cazó, hazme, luz natural*
		"c" + "e, i"	*cigarro, celebrar, el cine, la cerilla*
4. [s] } español de América	/s/	"s"	*la sed, casa, el siete, en serio, tus signos*
		"z"	*la zorra, cazar, el zapato, en zigzag*
		"c" + "e, i"	*cigarro, celebrar, el cine, la cerilla*
[z]	/s/	"s" + CONS. SONORA	*mismo, desde, los nombres, dos ratones*
		"z" + CONS. SONORA	*hazme, hazlo, paz real, luz natural*
[s] } español de España **alveolar**	/s/	"s"	*la sed, casa, el siete, en serio, tus signos*
[z]	/s/	"s" + CONS. SONORA	*mismo, desde, los nombres, dos ratones*
[n]	/n/	"n" INICIAL DE SÍLABA/POSTVOC.	*nada, innato, canas, pan*
		+ CONS. ALVEOLAR	*cansado, en lata, con rabo, innato*
[l]	/l/	"l"	*lado, corral, un loco, el sofá, del norte*
[ɾ]	/ɾ/	"r"	*caro, Marta, trabajo, par, pero, broma*

[r]		/r/ /ɾ/	**"rr"** **"r-"** (inicial) "l/n/s" + **"r"**	*carro, perro, corro, acarrear* *rojo, rico, el ratón, un regalo, la ruta* *alrededor, honra, Israel, los romanos*
5. [tʃ] [ḻ] [n̠]	alveo-palatal	/tʃ/ /l/ /n/	**"ch"** **"l"** + "ch" **"n"** + "ch"	*China, muchacho, una chica* *el chico, colchón, mil chinos, salchicha* *un chico, ancho, cien chinos, Concha*
6. [ʝ]	palatal	/ʝ/	**"y"** (cons.) **"ll"** **"hi"** + VOCAL	*ya, mayo, tú y yo, yuca* *llamó, calle, llaves* (yeísmo) *hiedra, hiato, hienas*
[ʎ]		/ʎ/ /l/	**"ll"** **"l"** + [ʝ] = [ʎʝ] o [ʎ] **"l"** + [i̯] = [ʎi̯] o [ʎ]	*la llamada, calle, las llaves* (lleísmo) *al llamar* [aʎa'maɾ], *el yate* [eʎ'ʝate] *aliado* [a'ʎi̯aðo] o [a'ʎaðo], *salieron* [sa'ʎi̯eɾon] o [sa'ʎeɾon]
[ɲ]		/ɲ/ /n/	**"ñ"** **"n"** + [ʝ]	*niño, año, cañas, ñu, añoro, aniñado* *inyectar, cónyuge, sin llamar, con yodo*
7. [k]	velar	/k/	**"c"** + "a, o, u" **"qu"** + "e, i" (u muda) **"k**	*casa, cosas, cubo, acortar* *queso, quien, aquellas, aquí, quisiera* *kilómetro, kiosco, kilogramos"*
[x]		/x/	**"g"** + "i, e" **"j"** **"x"**	*elegir, gente, gitano, degenerar, ángel* *jamás, jota, ají, eje, jirafa, juerga, ajo* *Texas, mexicano, Xavier, México*
[g]		/g/	**"g"** inicial de oración **"g"** después de nasal	*¡Grábalo!, ¿Gotea?* *manga, langosta, angustia, con gusto*
[ɣ]		/g/	**"g"** **"gu"** + "i, e" (u muda)	*lagarto, lago, algo, rasgo, ragú, te grita* *águila, sigue, la guerra, una guitarra*
[w] →	ver "labiovelar"			
[ŋ]		/n/	**"n"** + CONS. VELAR	*banco, cien gatos, monja, un whisky*
[ks]	velar + alveolar	/ks/	**"x"**	*taxi* ['taksi], *externo, máximo*

Tabla de alófonos
con sus fonemas y representación ortográfica correspondiente (norma formal)

Alófono (fonética)	Fonema (fonología)	Grafema (ortografía)	Ejemplos
1. [ɸ] ("f" bilabial) **bilabial**	/f/	**"f"**	*fama, sofá, la foto, confieso, el fin*
2. [s̺] ("s" apical castellana) **alveolar**	/s/	"s"	*la sed, casa, el siete, en serio, tus signos*
[ř] ("r" asibilada, semejante a [ʒ] o [ʃ])	/r/ /ɾ/	**"rr"** **"r-"** (inicial) "l/n/s" + **"r"**	*carro, perro, corro, acarrear* *rojo, rico, el ratón, un regalo, la ruta* *alrededor, honra, Israel, los romanos*
[R] ("r" uvular, Puerto Rico)	/r/ /ɾ/	**"rr"** **"r-"** (inicial) "l/n/s" + **"r"**	*carro, perro, corro, acarrear* *rojo, rico, el ratón, un regalo, la ruta* *alrededor, honra, Israel, los romanos*
3. [tʃ] [dʒ] (rehilamiento o yeísmo rehilado) **alveopalatal**	/ʝ/	**"y"** (cons.) **"ll"** **"hi"** + VOCAL	*ya, mayo, tú y yo, yuca* *llamó, calle, llaves* (yeísmo) *hiedra, hiato, hienas*
4. [ʃ] [ʒ] (rehilamiento o yeísmo rehilado) **palatal**	/ʝ/	**"y"** (cons.) **"ll"** **"hi"** + VOCAL	*ya, mayo, tú y yo, yuca* *llamó, calle, llaves* (yeísmo) *hiedra, hiato, hienas*
5. [χ] (jota castellana) [h] (jota aspirada) [xʰ] (jota con aspiración) **velar to postvelar**	/x/	**"g"** + "i, e" **"j"** **"x"**	*elegir, gente, gitano, degenerar, ángel* *jamás, jota, ají, eje, jirafa, juerga, ajo* *Texas, mexicano, Xavier, México*
[ʰ] "-s" aspirada [ʰˢ] "-s" aspirada con retención parcial de la /-s/	/-s/	**"-s"**	*las casas, estás, apuestas*

Tabla de alófonos dialectales

con sus fonemas y representación ortográfica correspondiente (norma formal)

Los alófonos dialectales [ʎ] (lleísmo) y [θ], ambos pertenecientes al español peninsular, se han incluido en la Tabla anterior (español normativo formal).

Tabla de alófonos vocálicos del inglés

[i]	*beat*
[ɪ]	*bit*
[e]	*bait*
[ɛ]	*bet*
[æ]	*bat*
[ʌ]	*but*
[ə] (schwa)	*sofa*
[o]	*sow*
[ɔ]	*saw*
[ʊ]	*good*
[u]	*mood*

PÁGINA EN LA RED

www.wiley.com/college/Schwegler

Fourth edition

Armin Schwegler
Juergen Kempff
Ana Ameal-Guerra

John Wiley & Sons, Inc.

PUBLISHER	Jay O'Callaghan
DIRECTOR, MODERN LANGUAGES	Magali Iglesias
EDITORIAL PROGRAM ASSISTANT	Lisha Perez
MARKETING MANAGER	Tiziana Aime
SENIOR PRODUCTION EDITOR	William A. Murray
COVER DESIGN	Jeof Vita
SENIOR ILLUSTRATION EDITOR	Anna Melhorn

This book was set in 9/11 Stone Serif by Pre-Press PMG and printed and bound by Malloy, Inc.

This book is printed on acid free paper. ∞

Library of Congress Cataloging in Publication Data

ISBN 978-0-470-42192-5

Printed in the United States of America

10 9 8 7 6 5 4 3 2 1

PREFACIO PARA EL PROFESOR

Con más de 100 páginas adicionales (manual y ejercicios) y 21 capítulos revisados y actualizados, esta cuarta edición de *Fonética y fonología españolas* sigue teniendo los tres propósitos principales que ya caracterizaban nuestra exitosa versión anterior (Schwegler & Kempff, 2007). Primero, sirve de introducción a la fonética y fonología del español. Segundo, permite a los estudiantes de habla inglesa adquirir una pronunciación (semi)nativa, reduciendo su acento extranjero. Y, tercero, ofrece una primera introducción a la variación fonética dialectal del español americano y peninsular. En este sentido, gracias a las contribuciones de Ana Ameal-Guerra, la nueva co-autora en esta cuarta edición que es nativa de Galicia (España), se han ampliado varias secciones sobre los dialectos peninsulares y otras variedades dialectales del mundo hispanohablante.

La filosofía docente así como los métodos y medios que subyacen en este manual son similares a los de la tercera edición. Al igual que la 3ª edición, *esta nueva edición les ofrece, tanto al estudiante como al profesor, todo el material digital en* ***formato PDF*** *para que lo puedan bajar a la computadora (véase más abajo)*. Así, el usuario podrá efectuar sus tareas (orales o escritas) sin que tenga que tener acceso a la red en el momento de hacerlas. *El acceso a estos materiales es gratis.*

Como novedad adicional, la 4ª edición le da la opción al profesor de decidir si el estudiante debería tener acceso inmediato a las claves de los ejercicios y exámenes de práctica en el momento de completar la tarea. **En el portal del** **ESTUDIANTE** ("Student Companion Site": *www.wiley.com/college/Schwegler*), **los archivos de los ejercicios ya no contienen las claves. Estas se**

> Selección de
> **NOVEDADES**
> **de la 4ª edición**
>
> - *Más de* ***100 páginas adicionales*** *de texto y ejercicios*
> - ***Acceso libre y gratis*** *a todos los materiales digitales (el estudiante no necesitará una contraseña para acceder a los materiales en* www.wiley.com/college/Schwegler*)*
> - *Ejercicios escritos y orales de pronunciación con* ***más opciones en la red*** *(el usuario decide cómo desea bajar los materiales a su computadora)*
> - *Opción entre* ***ejercicios CON y SIN clave*** *(bajo la discreción del profesor)*
> - ***Acceso en la red a materiales digitales adicionales*** *(por ej., muestras dialectales grabadas)*
> - *Actualización de* ***información sociolingüística y dialectal***
> - *Docenas de* ***figuras, tablas y mapas adicionales o revisados***
> - *Nuevo y extenso* ***Glosario de Términos***
> - *Anexo de* ***bibliografía de referencias***

encuentran ahora únicamente en el portal del PROFESOR ("Instructor Companion Site"), quien se registrará[1] en la página digital (*www.wiley.com/college/Schwegler*) para bajar uno (o varios) de los siguientes archivos (en PDF) a su computadora:[2]

Opciones para bajar las ***claves*** *(formato PDF):*

A. Todas las claves (Caps. 1–21) en un documento
B. Claves individuales (por capítulo)
C. Todos los EJERCICIOS AUDIO ENABLED CON LAS CLAVES (zip)

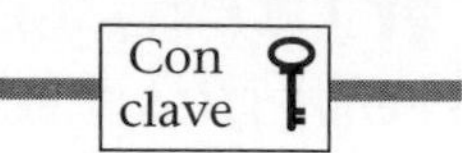

Una vez en posesión de las claves, el profesor podrá distribuirlas a los estudiantes por correo electrónico (por *attachment*) en el momento que le parezca más adecuado. Algunos profesores preferirán entregar las claves *antes* de asignar un determinado ejercicio; habrá quienes prefieran entregarlas cuando el estudiante haya completado la tarea. En la opción C arriba, el estudiante tendrá acceso a todas las claves en cualquier momento con un simple clic en cualquier ejercicio donde aparezca el símbolo "Con clave" (en esto, la opción C no difiere de lo que ya se ofrecía en la 3ª edición de nuestro texto).

En nuestro portal digital (**"Instructor Companion Site"**) se encontrarán los siguientes materiales digitales:

Instructor
Companion
Site

1. **Claves (todos los ejercicios — 1 archivo)**
2. **Claves (por capítulo)**
3. **Claves para los Exámenes de Práctica**
4. a. **Ejercicios (Audio-enabled Exercises sin claves)**
   b. **Ejercicios (Audio-enabled Exercises con claves)**
5. **Exámenes de práctica**

   Archivos zip que se pueden bajar a la computadora del usuario (1 PDF por capítulo, o 1 archivo zip con los 21 capítulos)

6. **Materiales suplementarios** (incluye el capítulo suplementario sobre tildes y sus correspondientes ejercicios).
7. **Instructions for Recording Exercises**
8. **Speech Samples** (audios que acompañan al manual)
9. **Ejercicios escritos** (1 archivo)
10. **Recursos para el profesor** (figuras, tablas y mapas *en color* en formato digital, PDF).

En nuestro portal digital ("**Student Companion Site**") se encontrarán los siguientes materiales digitales en formato PDF:

Student
Companion
Site

www.wiley.com/college/Schwegler

1. Todos los **ejercicios escritos**; se pueden bajar e imprimir como paquete entero (caps. 1–21) o de forma individual (capítulo por capítulo). Estos materiales vienen sin derecho de autor, por lo que el profesor

---

[1] En *www.wiley.com/college/Schwegler → Instructor Companion Site → Registration Login/Register*

[2] Hemos quitado las claves de los ejercicios y exámenes de práctica del "Student Companion Site" porque algunos profesores prefieren no proporcionar las respuestas antes de que el estudiante complete su tarea.

podrá hacerlos reproducir (siempre sin fines de lucro) en forma de un paquete de fotocopias si así lo desea.[3]

2. Todos los **ejercicios escritos y orales de pronunciación.**
(www.wiley.com/college/Schwegler → Listen to exercises)

   Los ejercicios orales suelen ir acompañados de grabaciones, y se escuchan con un simple clic. Como hemos señalado antes, el "Student Companion Site" no ofrece las claves de los ejercicios (el profesor las podrá bajar del "Instructor Companion Site").

3 a. **Muestras grabadas del español hablado** que provienen de diferentes áreas del mundo hispano e ilustran diferencias tanto de dialecto como de registro; y

   b. **muestras grabadas de** LENGUAS EN CONTACTO **con el español:** por ejemplo, del catalán, gallego, vasco y de las lenguas indígenas de América.
   (www.wiley.com/college/Schwegler → Listen to speech samples)

4. Los **exámenes de práctica**
(www.wiley.com/college/Schwegler → Practice exams)

   El "Student Companion Site" no ofrece las claves de los exámenes de práctica (el profesor las podrá bajar del "Instructor Companion Site").

5. **Materiales suplementarios:** por ej., un capítulo suplementario sobre la **acentuación ortográfica** y sus correspondientes **ejercicios.**
(www.wiley.com/college/Schwegler → Materiales suplementarios)

Seguimos empleando de manera consistente el sistema de transcripción del ***Alfabeto Fonético Internacional (AFI)*** o en inglés ***International Phonetic Alphabet (IPA)***. Incluimos una tabla completa de los símbolos fonéticos usados en este manual (ver págs. iv–vii). Allí se notará el uso de dos símbolos —la jota [χ] castellana y la "r" asibilada [ř]— que no se habían empleado en la edición anterior. Las prácticas de acentuación ortográfica, basadas en las últimas normas de la Real Academia Española (*www.rae.es/*), son las mismas que presentamos en la tercera edición.[4]

Gran parte del texto ha sido reelaborado, incorporando asimismo las sugerencias de numerosos profesores, quienes nos han facilitado comentarios muy útiles para la mejora didáctica de *Fonética y fonología españolas*. Sirvan de ejemplo los capítulos "La sílaba — Los diptongos — El hiato" (Cap. 3) y "Las consonantes [j̡] y [w]" (Cap. 4), donde por un lado la presentación de materiales se ha ampliado de manera significativa y, por el otro, se han aclarado varios puntos claves para facilitar la enseñanza y comprensión del texto. Sin embargo, con sus 21 capítulos, la estructura y el contenido general de esta edición no han cambiado profundamente, por lo que al profesor le será fácil pasar de la 3ª a la 4ª edición.

Los usuarios de la tercera edición reconocerán la mayoría de las numerosas gráficas. Hemos añadido figuras nuevas y también reelaborado una serie de mapas

---

[3] En nuestros cursos de Fonética y fonología españolas en la Universidad de California (Irvine/Berkeley), les pedimos a los estudiantes que compren este paquete de ejercicios escritos en una tienda local de fotocopias. El paquete tiene aproximadamente 200 páginas en total.

[4] Estas normas de acentuación se presentan en forma de un extenso tratado didáctico, con ejercicios, en "Materiales suplementarios: el acento ortográfico" en nuestra página en la red. Nuestra experiencia docente ha mostrado que los estudiantes se benefician mucho de la lectura cuidadosa de estos materiales y de los ejercicios que los acompañan, sobre todo si se asignan después de completar el Capítulo 3 de este manual.

(véase, por ejemplo, el mapa 18.4 "Lenguas y dialectos de la Península Ibérica (España y Portugal)" en la página p. 354). En varios casos ha sido necesario actualizar datos sobre el uso del español en el mundo, el número de hablantes de otras lenguas, etc. Donde posible, hemos intentado dar las últimas cifras disponibles, presentando las investigaciones más recientes sobre el tema bajo inspección. Así, por ejemplo, en el capítulo 21 hemos incluido una nueva figura (Fig. 21.11), donde se presentan datos recientes sobre la retención generacional del español entre hispanos estadounidenses.

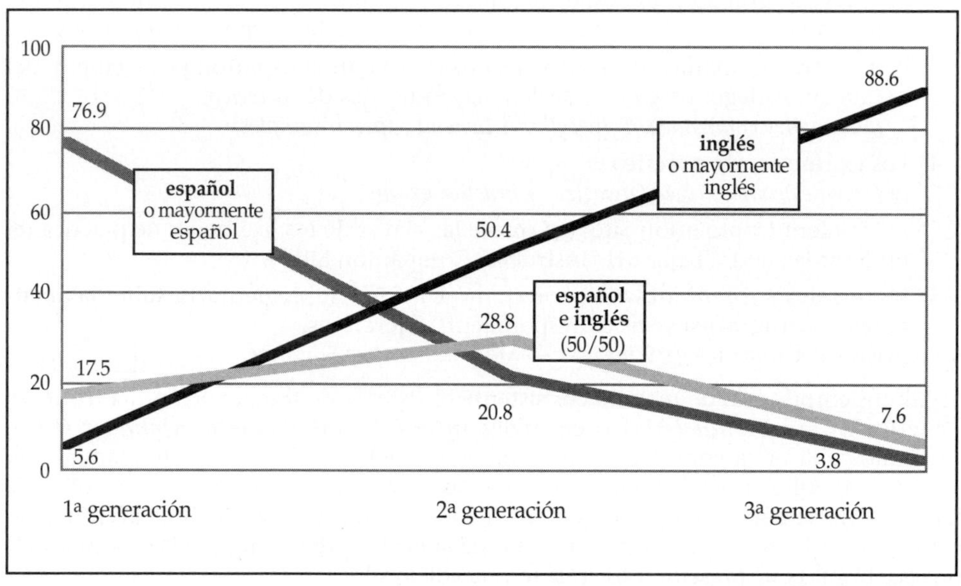

Fuente: Chavez (2008: 57)

Fig. 21.11. Lenguas habladas por latinos en casa (porcentajes por generación, en Orange County, California, EE.UU.).

Aproximadamente la mitad de los ejercicios de esta edición son enteramente nuevos o han sido parcialmente cambiados. De naturaleza muy variada y casi siempre acompañados de un ejemplo modelo, estos ejercicios tienen propósitos diversos. En muchos casos, el enfoque principal es la mejora de la pronunciación. Normalmente, los ejercicios van acompañados también de grabaciones "modelo" en la red, señaladas en la sección de ejercicios con el símbolo de un altavoz. El ejemplo a continuación proviene del Capítulo 10, e ilustra un ejercicio que va acompañado de una **grabación** y de una **clave**, ambas en la red. Se trata de un ejercicio que aúna dos tareas: (1) transcripción fonética y (2) pronunciación. El estudiante escuchará la primera oración "Pito Pérez puso el papel en el pupitre" con un clic del ratón en la página

www.wiley.com/college/Schwegler

→ Ejercicios → 10.3.

Después procederá a la transcripción. Finalmente volverá a escuchar cada oración (de nuevo con un CLIC) para luego repetirla *en voz alta*, concentrándose siempre de manera especial en los sonidos que forman el tema principal de la lección (en este caso, la ausencia de aspiración de [p, t, k]).

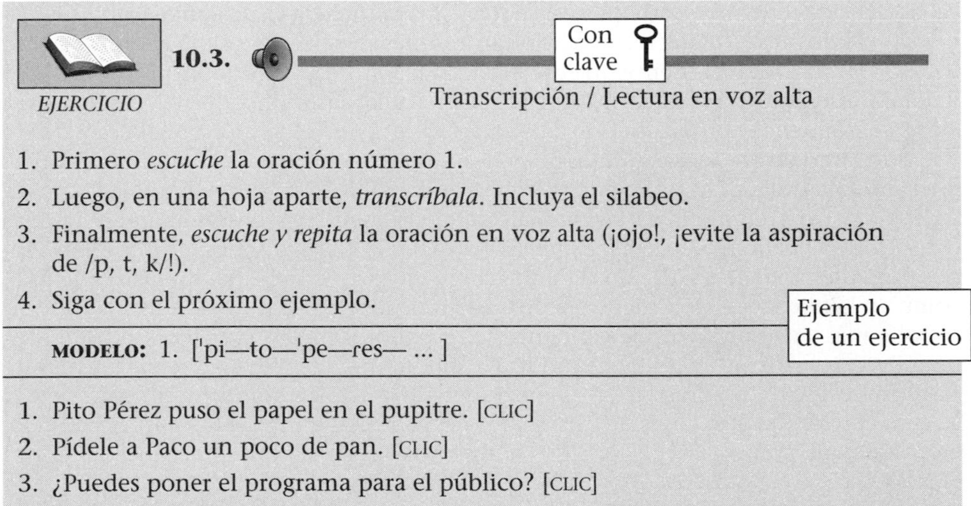

10.3. Con clave

EJERCICIO

Transcripción / Lectura en voz alta

1. Primero *escuche* la oración número 1.
2. Luego, en una hoja aparte, *transcríbala*. Incluya el silabeo.
3. Finalmente, *escuche y repita* la oración en voz alta (¡ojo!, ¡evite la aspiración de /p, t, k/!).
4. Siga con el próximo ejemplo.

Ejemplo de un ejercicio

MODELO: 1. [ˈpi—to—ˈpe—ɾes— ...]

1. Pito Pérez puso el papel en el pupitre. [CLIC]
2. Pídele a Paco un poco de pan. [CLIC]
3. ¿Puedes poner el programa para el público? [CLIC]
4. Pronto pasa el portero para apuntar la puerta apropiada. [CLIC] etc.

Las grabaciones "modelo" para este y los demás ejercicios han sido realizadas por hablantes nativos. Su dicción y registro pertenecen a lo que en este texto llamamos "**español americano general**" (o formal). En la preparación de estas grabaciones nos han asistido colegas hispanos de procedencia nacional y geográfica muy variadas. Esto nos permite ofrecer una vasta gama de ejercicios y muestras dialectales con voces y cadencias rítmicas muy diferentes.

En el Capítulo 1 le recomendamos al estudiante que al completar un ejercicio lo corrija de inmediato con la clave (disponible en la red). Además de ser el método preferido por los estudiantes, esta corrección inmediata facilita el aprendizaje del material. Hemos formateado gran parte de los "ejercicios escritos" de tal manera que las respuestas puedan suplirse directamente en la misma página.

Cada capítulo presenta una serie de ejercicios de pronunciación. Queremos subrayar, desde el principio, que **la práctica de articular palabras aisladas o frases enteras es solamente un paso preliminar hacia el desarrollo de una buena pronunciación**, y que el estudiante tendrá que incorporar a su español, de manera consciente y progresiva, las técnicas aprendidas en este manual. Aconsejamos, pues, que después de cada sección el estudiante intente incorporar de inmediato lo aprendido en su habla diaria.

En las discusiones teóricas sobre fonología hemos tratado de seguir los análisis tradicionales que nos parecen más funcionales para nuestros propósitos. Consideramos básicos e imprescindibles los conceptos de *fonema* y de distribución *alofónica*. Algunos lingüistas creen que es innecesario postular un nivel fonémico (autónomo) en la teoría fonológica. Sin embargo, rechazamos esa posición e incluimos en este manual el concepto del fonema porque lo consideramos no sólo necesario sino también muy útil.

Como ya señalamos más arriba, **hemos usado como pronunciación básica la del "español americano general", que no es más que el habla de las clases educadas de las llamadas "Tierras Altas" de México, Colombia, Perú y Ecuador**. Escogimos esta modalidad de pronunciación básica porque representa la variedad dialectal menos marcada. Debe quedar muy claro que, desde todos los puntos de vista, consideramos igualmente válidos otros dialectos y, por lo tanto, nuestra selección de la pronunciación de las "Tierras Altas" es enteramente arbitraria, y de ninguna manera implica que hablantes de otras variedades dialectales hablen un idioma "imperfecto", "deficiente", "inferior" o menos apropiado.

A lo largo de diversos capítulos de esta 4ª edición se introducen fenómenos dialectales del español de Latinoamérica y de la Península Ibérica. Por ejemplo, la sección 14.5 (Cap. 14) presenta la variación dialectal del trueque y neutralización de líquidas (cp. *pal̲ma* = [ˈpa**l**ma] y [ˈpa**r**ma] o *ar̲ma* = [ˈa**r**ma] y [ˈa**l**ma]), dos fenómenos relacionados que son frecuentes tanto en el Caribe como en el sur de España. Al mismo tiempo, como en la tercera edición, sigue siendo a partir de los Caps. 18–21 donde nos concentramos más en específico en variantes del español, tanto peninsulares como latinoamericanas, distintas al que hemos llamado "español americano general". Con este propósito, seguimos usando las grabaciones digitales (radiofónicas u otras) de la tercera edición, procedentes de países como España, Argentina, México, Puerto Rico, etc., todas disponibles en la sección "Listen to speech samples" de nuestro portal electrónico:

www.wiley.com/college/Schwegler
→ *"Listen to speech samples"*

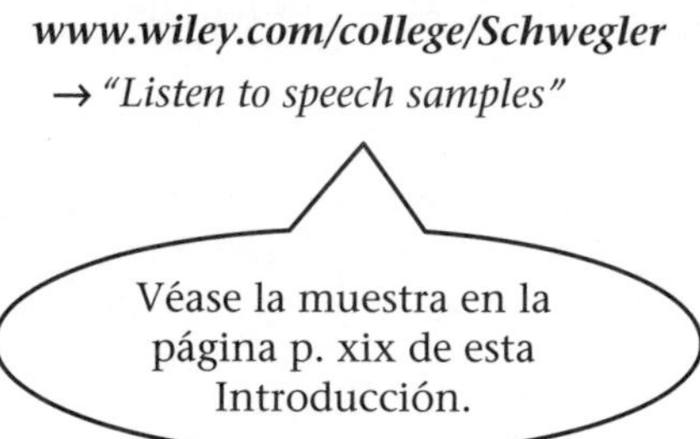
Véase la muestra en la
página p. xix de esta
Introducción.

Muestra de una de las grabaciones electrónicas en *www.wiley.com/college/Schwegler*

→ *"Listen to speech samples"*

En nuestro portal, este y los demás ejemplos se presentan en COLOR; *un simple clic en uno de los países produce una muestra digital del habla en cuestión.*

La inclusión de "grabaciones muestras" de lenguas que están en íntimo contacto con el español desde hace siglos continúa la tradición de la edición anterior. El Capítulo 20 sobre "El español americano", por ejemplo, ofrece grabaciones de lenguas indígenas (quechua, guaraní, etc.), y el capítulo precedente ("El español peninsular") incluye grabaciones del catalán, portugués y vasco.

La última sección sobre los dialectos peninsulares e hispanoamericanos (Caps. 18–21) representa una actualización considerable de los materiales presentados en la edición anterior. En las secciones sobre la historia de la lengua y dialectología del Cap. 18, presentamos la situación del español en otros continentes, además de América y

Europa: el continente asiático (Filipinas) y africano (Ceuta, Melilla, Marruecos y Guinea Ecuatorial). Al mismo tiempo le presentamos amplia información sobre otras lenguas romances de la Península como el astur-leonés, el catalán, el aragonés, el gallego, el aranés y el mirandés. En los Caps. 19–21 introducimos una descripción de algunos rasgos sobresalientes de la pronunciación del español de diversas áreas del mundo hispánico: España (dialecto castellano), el Caribe (Cuba, Puerto Rico, las costas caribeñas de Colombia [Cartagena] y Venezuela), América Central, México y el Río de la Plata, y Estados Unidos. Es nuestro objetivo familiarizar a los estudiantes con los rasgos dialectales más importantes y sus valores sociolingüísticos. Así, el lector estudiará diversas cuestiones relativas a la aspiración y elisión de la /s/, incluso su estigmatización en ciertas regiones; o aprenderá que desde una perspectiva sociolingüística el habla de las Tierras Altas es considerada generalmente la más "neutra" o menos estigmatizada de entre los dialectos hispanoamericanos.

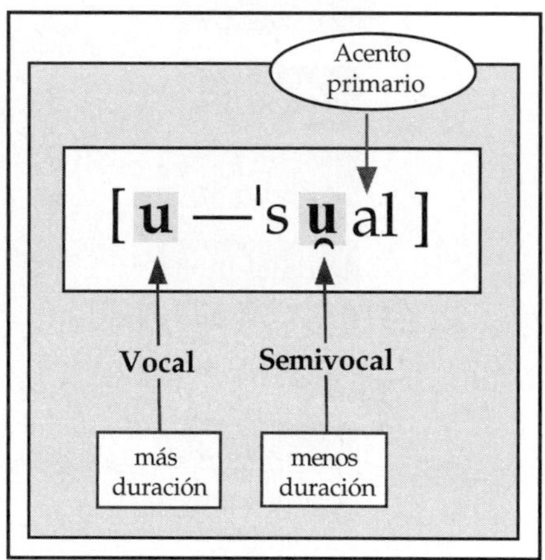

Figuras disponibles en la red

El Capítulo 21 sobre el español de Estados Unidos se centra en el español cubano y puertorriqueño, y el méxico-americano (español chicano). Este mismo capítulo proporciona actualizadas estadísticas demográficas sobre la creciente "latinidad" de EE.UU. Concluimos el libro con una discusión sobre el cambio de código (español/inglés) y el polémico fenómeno del "spanglish".

Finalmente, no queremos dejar de mencionar que una versión electrónica de gran parte de las figuras, tablas y mapas (en color) será puesta a disposición de los profesores. Esto permitirá incorporarlos con facilidad en presentaciones digitales (PowerPoint, etc.). Podrán bajarse de nuestro portal en:

www.wiley.com/college/Schwegler
→ *"Info and updates for Instructors"*
→ *"Figuras, Tablas y Mapas"*

Con esta cuarta edición esperamos haber perfeccionado un manual que fue recibido de manera muy positiva ya en sus versiones anteriores. Confiamos en que su actualización y sobre todo el uso de grabaciones y muestras digitales en la red sean de interés y utilidad para los profesores y los estudiantes de fonética y fonología.

Aquí nos es grato reconocer el trabajo original de este libro, hecho por los ahora fallecidos colegas Tracy Terrell (co-autor de la primera edición, 1982) y Ricardo Barrutia (co-autor con Schwegler de la primera y segunda edición, 1994). Queremos agradecer además las sugerencias ofrecidas por el Dr. Milton Azevedo (University of California, Berkeley), la Dra. Marta Fairclough (University of Houston), la Dra. Dianne Frantzen (University of Wisconsin), la Dra. Margarita Hidalgo (California State University, San Diego), el Dr. José Ignacio Hualde (University of Illinois at Urbana-Champaign), el Dr. Frederick G. Hensey (University of Texas, Austin), el Dr. Manel Lacorte (University of Maryland, College Park), la Dra. Naomi Lapidus Shin (The University of Montana), el Dr. Thomas Stephens (Rutgers University), la Dra. Viola Miglio

(University of California, Santa Barbara), el Dr. Mario Portilla y la Dra. Annette Calvo Shadid (ambos de la Universidad de Costa Rica), el Dr. Gabriel Rei-Doval (University of Wisconsin, Milwaukee), la Dra. Kathleen Wheatley (University of Wisconsin, Milwaukee) y los múltiples lectores anónimos que nos han hecho sugerencias a la tercera y cuarta edición de este texto. Con especial fervor agradecemos también a todas aquellas personas que, bien con su participación en las grabaciones de los ejercicios, o con su apoyo general, nos han ayudado con la compleja preparación de un proyecto que no habría podido completarse sin su entusiasta colaboración.

Armin Schwegler
Juergen Kempff
Ana Ameal-Guerra

University of California, Irvine & Berkeley
Mayo 2009

¡Recuerde!

Al planificar el curso, el profesor tendrá que decidir si quiere dar acceso a las ***claves*** *ANTES O DESPUÉS de que los estudiantes completen los ejercicios y exámenes de práctica. El profesor podrá bajar las claves (formato PDF) en el "Instructor Companion Site", para luego distribuírselas a los estudiantes en formato digital.*

Para una

SUGERENCIA AL PROFESOR,

véase la próxima página

Sugerencia al profesor

Le sugerimos al profesor que los estudiantes (no nativos) *graben*, en una grabadora digital o en casetes, todas las tareas orales, para entregárselas periódicamente al profesor. Esta práctica tiene al menos tres ventajas:

1. Tanto el estudiante como el profesor tendrán un registro completo del *progreso* del estudiante en la eliminación del acento extranjero;
2. El profesor podrá brindarle comentarios individuales a cada uno de los estudiantes. Estos comentarios pueden hacerse, según la preferencia del profesor, (a) directamente en la cinta de audio o grabación digital, (b) por escrito o (c) oralmente en consultas individuales con el estudiante.
3. La grabación le permitirá al profesor controlar si sus estudiantes cumplen debidamente con la tarea asignada.

La siguiente página en la red

www.wiley.com/college/Schwegler
→ *"Info and updates for Instructors"*
→ *"Instructions for recording exercises"*

ofrece una muestra de cómo estructuramos nosotros este aspecto en nuestros cursos de *Introduction to Spanish Phonetics and Phonology* (University of California, Irvine & University of California, Berkeley). Como es lógico, cada profesor querrá configurar la información en torno a las grabaciones según sus propias necesidades. Para nosotros, por ejemplo, es relevante la integración productiva de los hablantes "nativos" o "seminativos" que solemos tener en nuestras clases. Normalmente los invitamos a formar "parejas" con hablantes no nativos y les pedimos periódicamente que escuchen y comenten críticamente los problemas de pronunciación más comunes de sus compañeros no nativos. Incentivos especiales (por ej., en forma de "puntos extra") contribuyen a que esta técnica docente produzca los resultados deseados.

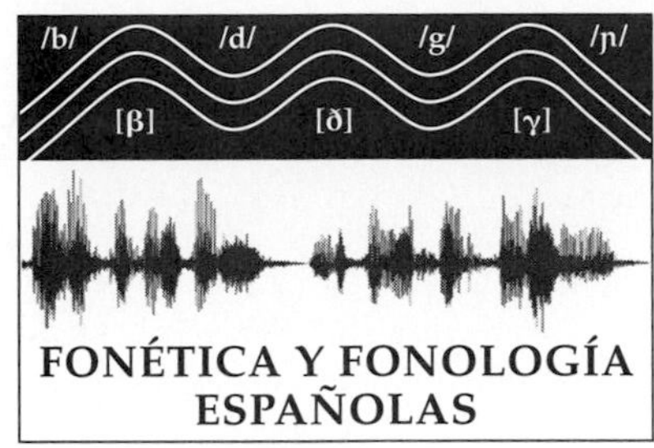
/b/
/d/
/g/
/ɲ/
[β]
[ð]
[ɣ]
FONÉTICA Y FONOLOGÍA ESPAÑOLAS

ÍNDICE

CAPÍTULO 3

CAPÍTULO 4

CAPÍTULO 5

CAPÍTULO 6

CAPÍTULO 7

CAPÍTULO 10

CAPÍTULO 11

CAPÍTULO 12

CAPÍTULO 13

CAPÍTULO 14

CAPÍTULO 15

CAPÍTULO 16

CAPÍTULO 17

CAPÍTULO 18

CAPÍTULO 19

CAPÍTULO 20

CAPÍTULO 21

MATERIALES SUPLEMENTARIOS

EXÁMENES DE PRÁCTICA

Los exámenes de práctica deberían efectuarse al final de los siguientes capítulos:

Los exámenes de práctica se encuentran en:

www.wiley.com/college/Schwegler

SELECCIONE:

→ *"Practice exams"*

<u>Claves en:</u>

www.wiley.com/college/Schwegler

(DISPONIBLE SOLAMENTE EN EL "INSTRUCTORS COMPANION SITE")

El profesor distribuirá copia electrónica de las claves a los estudiantes.

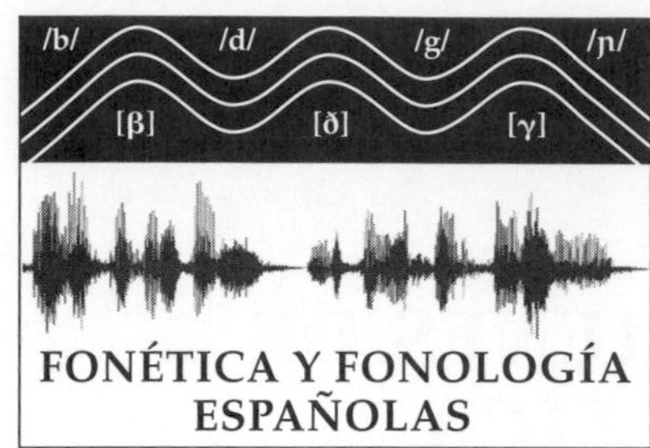
/b/
/d/
/g/
/ɲ/
[β]
[ð]
[ɣ]
FONÉTICA Y FONOLOGÍA ESPAÑOLAS

FIGURAS

TABLAS

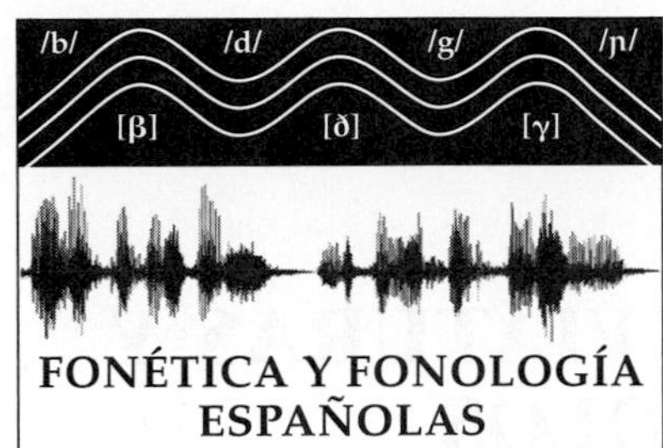
/b/
/d/
/g/
/ɲ/
[β]
[ð]
[γ]
FONÉTICA Y FONOLOGÍA
ESPAÑOLAS

MAPAS

ABREVIATURAS Y SÍMBOLOS

ABREVIATURAS

adj. 'adjetivo, adjetival'
cp. 'compare, compárese'
esp. 'español'
idént. 'idéntico'
i.e. 'o sea; eso es' (abreviatura de latín *id est*, literalmente 'eso es')
ingl. 'inglés'
incl. 'incluso'
por ej. 'por ejemplo'
pron. pronombre
sust. 'sustantivo, sustantival'
v. 'véase, véanse'
vs. 'versus = comparado con, opuesto a'

SÍMBOLOS

* 'forma inexistente y/o incorrecta' (por ej., **la problema → el problema*)

→ 1. 'pasa a, se convierte en; articulado como'.
  Ejemplo: *mismo* / mismo/ → [mizmo])
 2. 'véase, visite'.
  Ejemplo: ***www.wiley.com/college/Schwegler***
  → Cap. 2.1 → "Posición de la lengua"

[ ] transcripción fonética
/ / transcripción fonémica
\# final (de un grupo fónico), final (de sílaba)
\# pausa (breve)
\## pausa (larga)
– frontera silábica
[ˈ] acento fonético
‿ sinalefa o sinéresis (cp. *Lea‿este‿artículo; te‿atro*)

Capítulo 1

Fonética y fonología: nociones básicas e introducción al texto

1.1. La fonética, la fonología y el propósito de este manual

La fonética es el estudio de los sonidos de uno o varios idiomas. El propósito principal de este manual es estudiar la **fonética del español**, es decir, los sonidos en su forma acústica. Dicho estudio tendrá una meta netamente pragmática, a saber: proporcionarle al estudiante anglohablante un manual de pronunciación del español que pueda servirle como guía para corregir posibles deficiencias en su pronunciación (tales deficiencias se manifiestan por lo general en forma de un acento extranjero). Con este fin, tendremos que estudiar la **fonética articulatoria**, tanto del español como del inglés. Este análisis comparativo servirá para detallar y eliminar las interferencias y transferencias del inglés al español. Con ello, reduciremos al máximo posibles articulaciones que los hablantes nativos del español reconocerían como características de un acento extranjero.

> **Diccionario electrónico**
>
> Al leer este manual, le podrá ser útil el diccionario electrónico de la
>
> **R**eal **A**cademia **E**spañola (RAE):
>
> *www.rae.es/*
> → *"Diccionario de la lengua española"*

Como veremos, no todos los problemas de articulación se deben al contacto entre el inglés y el español. La ortografía ocasiona a veces inesperadas dificultades, y examinaremos cómo al observar una serie de reglas expuestas a lo largo de este manual, estas se pueden eliminar con relativa facilidad. Por otra parte, la manera en que un determinado sonido se usa dentro del **sistema fonológico** de uno de los dos idiomas puede también ocasionar problemas. Es decir, es muy posible que dos sonidos sean iguales tanto en español como en inglés en el plano físico real (i.e., nivel *fonético*), mientras que a nivel psicológico, su funcionamiento sea tan distinto que provoque dificultades al aprender el otro idioma como segunda lengua. Así, observaremos que el inglés y el español comparten (1) lo que popularmente podríamos llamar una "*d* suave" (ingl. *then, feather, loathe* y esp. *nada, lado, poder*) y (2) asimismo una "*d* dura" (ingl. *den, pad, ladder* y esp. *caldo, andar, lindo*). No obstante, a pesar de la coexistencia de estos dos sonidos en ambas lenguas, su articulación es normalmente problemática: muchos estudiantes principiantes suelen articular expresiones como *nada, tu dedo,* o *me duele* con una "*d* dura" cuando debería de ser "suave". Por esto, uno de los propósitos de este texto será, primero, examinar las causas del fenómeno, y luego sugerir remedios para eliminar el acento extranjero producido por la "*d* dura".

Un segundo propósito de este manual es servir de introducción a la **fonología** del español. La fonología es la rama de la lingüística que estudia los elementos fónicos, atendiendo — y esto es importante — a su valor *distintivo* y *funcional*. En otras palabras, la fonología estudia cómo las lenguas, a través del contraste de sonidos, logran distinguir diferentes significados. Así diremos que dos palabras como *mucha* y *ducha* se diferencian tanto fonética como fonológicamente. Esto es:

1. por una diferencia de **sonido** (diferencia **fonética**, i.e., ***m***- vs. ***d***-), y
2. por una diferencia de **significado** (diferencia **fonológica**).

Muy distinto es el caso de las dos articulaciones diferentes de *mismo*: *mi[s]mo* y *mi[z]mo*, ambas muy frecuentes en español. Aquí diremos que hay una diferencia de **sonido** (= **fonética**): [s] vs. [z], sin que haya una diferencia de **significado** (= **fonológica**): tanto *mi[s]mo* como *mi[z]mo* significan "same" en inglés. Para que el estudiante obtenga una idea más profunda de esta y otras diferencias conceptuales similares entre la fonética y la fonología, hemos incluido en el Capítulo 9 una descripción relativamente detallada del sistema fonológico español.

1.2. La transcripción fonética

> **AFI**
> **Alfabeto Fonético Internacional**
>
> Versión electrónica gratis en
>
> *http://scripts.sil.org/cms/scripts/page.php ?site_id=nrsi&cat_id=TypeDesignResources*
>
> O buscar lo siguiente en Google:
> IPA Transcription with SIL Fonts

Hemos dicho que el sistema fonético del español es el conjunto de sus *sonidos*. Como este manual aclarará en numerosas ocasiones, el inventario de sonidos de la lengua española es considerablemente más extenso de lo que el no-lingüista suele pensar. Para representar esta amplia gama de sonidos, los lingüistas han elaborado un complejo **sistema** de **transcripción fonética**, conocido en español como el **Alfabeto Fonético Internacional**[1] o **AFI** (en inglés, **International Phonetic**

[1] En la actualidad, el AFI o IPA es el sistema de transcripción fonética más usado en el mundo.

Alphabet o **IPA**). Este alfabeto fonético tiene la finalidad de representar los sonidos con mayor exactitud que la ortografía convencional. Además, la transcripción fonética evita ciertas cuestiones inherentes a la ortografía del español: por un lado, la ortografía a menudo disimula importantes diferencias articulatorias y, por el otro, a veces sugiere que hay diferencias articulatorias cuando en realidad estas no existen.

Un ejemplo del primer caso (la no-representación de diferencias articulatorias) se observa en la ortografía de una palabra como *raro*, donde la representación ortográfica sugiere que la primera "r" es acústicamente idéntica a la segunda (*raro*). Como veremos en los Capítulos 7 y 13, esto no es así: la primera "r-" de *raro* (o de cualquier otra palabra con "r-" inicial) se articula siempre con una "r" múltiple (idéntica a la "rr" de *perro*), por lo que *rraro* o incluso *rrraro* sería una ortografía más representativa de la realidad fonética; en comparación, la segunda "r" de *raro* es mucho más suave (i.e., articulada con menos energía). El ignorar este y otros detalles articulatorios similares tiene consecuencias que el estudiante de este manual querrá evitar por una razón muy simple: producen acento extranjero.

Examinemos ahora un ejemplo para la segunda situación: un caso en el cual la ortografía sugiere distinciones articulatorias cuando no las hay. En español, *tubo* 'tube' y *tuvo* 'he/she had' se escriben con "b" y "v", respectivamente. Sin embargo, a esta diferencia ortográfica no le corresponde ninguna diferencia articulatoria: *tubo* 'tube' y *tuvo* 'he/she had' son homófonas, i.e., iguales en su realización fonética. Los Capítulos 7 y 12 explicarán en detalle por qué la distinción ortográfica "b" vs. "v" no está basada en hechos fonéticos (o articulatorios).[2]

Hemos visto, pues, que en el fondo, la transcripción fonética de una oración o de un texto oral pretende ser una representación simbólica de los sonidos que produce el hablante en una ocasión dada. En términos más populares, podría decirse que la transcripción fonética es una especie de "fotografía acústica" del español hablado.

Al igual que el fotógrafo, el **fonetista** tiene que decidir cuánto detalle quiere captar, o cuánto "quiere acercarse a su objeto de estudio". Al igual que una fotografía sacada de muy cerca, una **transcripción muy estrecha** ofrece gran cantidad de detalles, mientras que una **transcripción amplia** es menos detallada. Se entenderá entonces que no todas las transcripciones son iguales en cuanto a su atención a los detalles (transcripciones muy detalladas usan una mayor cantidad de símbolos diferentes). En este sentido, en el Capítulo 2 veremos que una nasal (por ejemplo "m" y "n") automáticamente nasaliza la vocal que la precede. En vista de que esta nasalización (1) se realiza automáticamente tanto por hablantes del español como del inglés, y (2) no posee una función importante en la lengua española, los fonetistas a menudo optan por no representarla en su transcripción. Así, *ama* puede transcribirse de estas dos maneras:

Frontera silábica

['a–ma] → transcripción AMPLIA, *sin* vocal nasal
['**ã**–ma] → transcripción ESTRECHA, *con* vocal nasal

El fonetista interesado en estudiar detalladamente la nasalización de vocales, naturalmente usará una transcripción más estrecha, empleando el símbolo de nasalización "[˜]" sobre las vocales nasales [ã, ẽ, ĩ, õ, ũ].

[2] La distinción ortográfica entre *tubo* y *tuvo* tiene un origen etimológico: ambas palabras provienen del latín, donde ***tŭbus*** 'caño, conducto' > *tubo*. En latín, las terminaciones del "perfecto" (1ª y 4ª conjugación) se escribían con la letra "v" (cp. *fabulavit* 'habló', *audivit* 'oyó'), y dicha ortografía luego sirvió de modelo para la forma pretérita de "tuvo".

1.2.1. *Los fundamentos de la transcripción fonética*

Esta sección introduce las nociones básicas de la transcripción fonética y del acento fonético ('articulatory stress'). Estos mismos temas se retomarán en mayor detalle en capítulos posteriores (especialmente en el Cap. 8).

La transcripción fonética emplea símbolos especiales, y estos siempre aparecen entre corchetes (i.e., "[...]"). **Los corchetes se emplean para mostrar que se trata de SONIDOS y no de letras**. Según las necesidades, los corchetes se usan para transcribir parte de una palabra, palabras enteras u oraciones enteras:

TRANSCRIPCIÓN DE ...

PARTE DE UNA PALABRA:	*mi[z]-mo*	*a-zú- [ka]r*	*pl[a-nes]*
UNA PALABRA ENTERA:	**[ˈmiz-mo]**	**[a-ˈsu-kaɾ]**	**[ˈpla-nes]**
UNA O VARIAS ORACIONES:	**[poɾ-fa-ˈβoɾ # ˈða-meu̯m-ˈpo-ko-ðe-pan]** *Por favor, ¡dame un poco de pan!*		
	[me-sa-lu-ˈðo # i-se-ˈɣun̪-doz-ðes-ˈpu̯es-sa-ˈʎi̯o] *Me saludó. Y segundos después salió.*		

Como ilustran estas muestras de transcripción y las que siguen en la Figura 1.1, algunos de los símbolos fonéticos difieren de las letras de nuestro alfabeto (cp. [tʃ], [ð], [β], [ɲ], [u̯], etc.). Otros son similares o incluso idénticos a los del alfabeto (cp. [d], [s], [z], [f], [a]). Aunque haya coincidencia entre "letra" y "símbolo fonético", el valor del símbolo fonético no es siempre tan obvio como pueda parecer. Por ejemplo, el símbolo [f] efectivamente representa el primer sonido en *fin* o *fama*. Pero el símbolo fonético [x] no representa el sonido "ks" de la equis en palabras como ingl. *a<u>x</u>is, si<u>x</u>* o esp. *má<u>x</u>imo* o *e<u>x</u>acto,* sino el sonido jota: así *<u>j</u>amás* [xa-ˈmas], *<u>j</u>ota* [ˈxo-ta] y *<u>g</u>esto* [ˈxes-to]. En algunos casos, se emplea un símbolo digráfico (i.e., constituido por dos elementos) para representar un sonido determinado. Este es el caso con "ch" (= 1 sonido), representado en la transcripción por [tʃ] (cp. *<u>ch</u>ico* = [ˈ**tʃ**i-ko], *mu<u>ch</u>o* = [ˈmu-**tʃ**o]). A partir del Capítulo 7, una de las tareas del estudiante será familiarizarse con la forma y el valor de los símbolos fonéticos del AFI (Fig. 1.1).

[ɣ]	[ʝ]	[ð]	[β]	[ɲ]	[ɾ]	[r]	[f]	[a]
ha[**ɣ**]o	ma[**ʝ**]o	lo[**ð**]o	lo[**β**]o	a[**ɲ**]o	ca[**ɾ**]o	ca[**r**]o	Ra[**f**]ael	Lol[**a**]
ha<u>g</u>o	ma<u>y</u>o	lo<u>d</u>o	lo<u>b</u>o	a<u>ñ</u>o	ca<u>r</u>o	ca<u>rr</u>o	Ra<u>f</u>ael	Lol<u>a</u>

Fig. 1.1. Muestra de algunos símbolos fonéticos del AFI.

Por el momento todavía no importa saber identificar el valor fonético de estos símbolos. Esta será la tarea principal a partir del Capítulo 7. Para una lista completa de los símbolos fonéticos usados en este texto, véase la página iv–vii.

La transcripción fonética parte de un principio tan rígido como útil: *cada sonido se representa por un solo símbolo* (lo inverso también se mantiene: *cada símbolo fonético representa un solo sonido*). Por lo tanto, el sonido [k] se transcribirá de manera consistente como "[k]", evitando así la multiplicidad de letras (o combinación de letras) empleadas en español para representarlo: *<u>k</u>ilo, <u>q</u>uema, <u>c</u>arro.* Del mismo modo, se utilizará de manera consistente **solo** el símbolo [s] para representar las ortografías "c + i, e", "z" y "s" en el español americano:

[s]eca[s]	*[s]igarro*	*[s]ementerio*
secas	*cigarro*	*cementerio*
[s]erve[s]a	*[s]orro*	*há[s]telo*
cerveza	*zorro*	*háztelo*

La aplicación consistente de tales símbolos fonéticos nos permitirá ejemplificar importantes variaciones fonéticas (o dialectales) que se examinarán en detalle en este manual. Por ejemplo, nos facilitará ilustrar la mencionada variación en la pronunciación de *mismo,* articulada tanto con [s] como con [z], y que podemos transcribir de cualquiera de estas formas:

Algunos símbolos del

AFI

[tʃ, β, ʎ, ʒ, ɱ, s, k, f, x, l, ɾ, r, o, e, i]

Tres palabras transcritas en AFI

jardinero **[xaɾði'neɾo]**
texto **['teksto]**
cerveza **[seɾ'βesa]**

	Con [s]	**Con [z]**	**Transcripción**
mismo:	*mi[s]mo*	*mi[z]mo*	PARCIAL
	['mismo]	['mizmo]	COMPLETA
	['mis–mo]	['miz–mo]	COMPLETA CON SILABEO

Aunque un mismo hablante normalmente alterna entre estas dos articulaciones, en el mundo hispánico suele predominar la variante con [z]. Obsérvese, sin embargo, que tal variación articulatoria no conlleva ningún cambio de significado, y que ambas articulaciones pertenecen al español estándar. Como estudiaremos en los Capítulos 7 y 15, no todas las [s] del español pueden alternar libremente con el sonido [z]. Por ejemplo, es incorrecto articular *pre[z]idente* con una [z], y lo mismo con *casa,* fonéticamente ['ka-sa] (jamás *['ka-za]).

El comportamiento de [s] y [z] en español sigue reglas fijas y sistemáticas, aplicables a *toda* la lengua. Un estudio detallado de estas reglas, examinadas en mayor profundidad en el Capítulo 15, nos explicará por qué los hablantes nativos pueden alternar (o no) entre [s] y [z] en ejemplos como los que siguen a continuación.

A. La alternancia entre [s] y [z] **sí** es posible (y común) en:

	Con [s]	**Con [z]**
mismo	mi[s]mo	mi[z]mo
desde	de[s]de	de[z]de
rasgo	ra[s]go	ra[z]go
isla	i[s]la	i[z]la
hazme	ha[s]me	ha[z]me

B. La alternancia entre [s] y [z] **no** es posible (jámas se aplica) en:

	Correcto	**Incorrecto**
presidente	pre[s]idente	*pre[z]idente
resto	re[s]to	*re[z]to
haz eso	ha[s] eso	*ha[z] eso
hazte cuenta	ha[s]te cuenta	*ha[z]te cuenta

**Nota:* Obsérvese el empleo de "*" delante de las formas incorrectas. De aquí en adelante, el uso de "*" denota que la forma en cuestión "no existe" o es "incorrecta".

Habíamos mencionado más arriba que una de las ventajas de la transcripción fonética es la correspondencia nítida y regular entre sonido y símbolo fonético (*cada símbolo representa un solo sonido, y cada sonido se representa por un solo símbolo*). Este sistema tiene también otra gran ventaja: la transcripción fonética puede aplicarse a cualquier lengua, y siempre con el mismo valor representativo. Esto significa, por ejemplo, que [s] representa tanto el sonido [s] del inglés como del español (o de cualquier otra lengua). Por lo tanto, transcribiremos con [s] tanto ingl. *silent = [s]ilent, cigar = [s]igar, pass = pa[s]* como esp. *pasa = pa[s]a, silencioso = [s]ilen[s]ioso, cigarro = [s]igarro*; y de igual modo nos será posible representar, siempre de manera lógica y consistente, la articulación de palabras inglesas y españolas como *pre[z]ident, [z]oo, la[z]y* y *mi[z]mo, de[z]de, i[z]la,* respectivamente.

En los ejemplos anteriores, el lector habrá notado que la transcripción fonética observa un principio adicional que la distingue de la ortografía: *se transcribe solamente lo que efectivamente se articula*. Así, en la palabra inglesa *pass*, el segmento final consta de una sola [s]. De ahí, el fonetista transcribirá siempre *pa[s]* y no **pa[ss]*. Similar es el caso de las palabras españolas *hola, hamaca, hemos, rehén*[3]: aquí la "h" es siempre "silenciosa" (no articulada), por lo que la transcripción recogerá ['o-la], [a-'ma-ka], ['e-mos] y [re-'en] todas *sin* "h". Siguiendo este mismo principio de **"1 sonido = 1 símbolo fonético"**, se entenderá ahora por qué *queso* equivale a ['ke-so] y *guía* a ['gi-a], ambos sin la "u" ortográfica (jamás articulada).

Hemos avanzado lo suficiente para entender sin dificultad otro punto clave: los homófonos, es decir, palabras que tienen **exactamente la misma articulación, lógicamente tendrán una transcripción idéntica**. Esta observación se ve confirmada en un ejemplo como ['a-ses], cuya representación ortográfica puede ser tanto *haces* 'you do' como *ases* 'aces'. En español, abundan casos similares, por ejemplo: [as] = *haz* y *has*, [bes] = *vez* y *ves*, ['o-la] = *ola* y *hola*.

Falta aclarar dos puntos adicionales con respeto a la transcripción fonética:

1. Los símbolos fonéticos se escriben siempre en **minúsculas** (aun en posición inicial de oraciones, o en nombres y apellidos), y en la transcripción no se colocan marcas de puntuación como comas, signos de interrogación o exclamación, dos puntos, punto final, etc. Compare:

¿Qué hizo tu mamá con Lola?	=	[**k**e-'i-so-tu-ma-'ma-kon-'**l**o-la]
Gritó: ¡Qué contento está Raúl!	=	[**g**ɾi-'to # **k**e-kon̪-'ten̪-tu̯es-'ta-**r**a-'ul]
El tren sale para París.	=	[**e**l̪-tɾen-'sa-le-'pa-ɾa-**p**a-'ɾis]

2. El lugar del ACENTO fonético (ingl. 'stress') se indica por medio del símbolo "[']". Este se coloca siempre *en la posición inicial de la sílaba* ACENTUADA. Los ejemplos a continuación, con división silábica y sin ella (ambas transcripciones se practican), ilustran el empleo de esta marca. Para facilitar su identificación, hemos subrayado las sílabas tónicas.

---

[3] *Rehén* = 'persona retenida por alguien como garantía para obligar a un tercero a cumplir determinadas condiciones' (ingl. 'hostage').

	CON DIVISIÓN SILÁBICA	**SIN** DIVISIÓN SILÁBICA
como	[ˈko-mo]	[ˈkomo]
salir	[sa-ˈliɾ]	[saˈliɾ]
mamá	[ma-ˈma]	[maˈma]
minúscula	[mi-ˈnus-ku-la]	[miˈnuskula]
manos sucias	[ˈma-nos-ˈsu-si̯as]	[ˈmanos ˈsusi̯as]

La colocación precisa del acento fonético es importante en español, en parte porque sirve para diferenciar entre palabras. Compare las palabras siguientes, donde subrayamos la vocales acentuadas:

hablo	vs.	*habló*		
hable	vs.	*hablé*		
hablara	vs.	*hablará*		
límite[4]	vs.	*limite*	vs.	*limité*
término[5]	vs.	*termino*	vs.	*terminó*

Los estudiantes, incluso los hablantes nativos del español, típicamente experimentan dificultad en localizar el acento fonético de las palabras. La sección siguiente, dedicada a un primer examen del acento fonético, explicará cómo el estudiante puede aprender a localizar el acento fonético en palabras españolas con mayor facilidad. La misma sección nos servirá también para ilustrar algunas de las convenciones adoptadas en los capítulos siguientes de este manual.

1.3. El acento fonético ('stress')

1.3.1. *Aclaración terminológica*

TILDE =
'written accent mark'

ACENTO =
'(phonetic) stress'

Al hablar de "acento fonético" y, junto con él, de la "acentuación de palabras", debe empezarse con una aclaración terminológica y conceptual. En este texto, el término "**acento**" (también llamado "**acento fonético**", "**acento fónico**", "**acento tónico**", "**acento primario**", "**acento expiratorio**", "**acento de intensidad**" y "**acento prosódico**") denota lo que en inglés llamamos "phonetic or articulatory stress", o simplemente "stress". Con "acento" no nos referimos, pues, al **acento ortográfico** (ingl. 'accent mark'), llamado **tilde** de aquí en adelante.

---

[4] Compárense: *el límite* = ingl. '(the) limit'; *limite* = 1ª y 3ª persona del presente de subjuntivo de "limitar"; *limité* = 1ª persona del pretérito de "limitar".

[5] Compárense: *el término* = ingl. '(the) term'; *termino* = 1ª persona del presente de "terminar"; *terminó* = 3ª persona del pretérito de "terminar".

1.3.2. *¿De qué consta el acento?*

El acento (fonético) consta de un relieve que se le da a una sílaba de la palabra, distinguiéndola de las demás por (1) una **mayor intensidad** y/o (2) un **tono más alto.**[6] Se trata pues de una modulación de la voz que se intensifica en determinados segmentos de palabras. Esta intensificación es más fuerte en las sílabas acentuadas de palabras, y menos fuerte en las inacentuadas. Dada esta adición de "tono extra", diremos que las sílabas acentuadas son **tónicas**, mientras que las demás son **átonas** (con menor "énfasis" o menor "tono"). Por regla general, las tónicas contienen una vocal algo más larga (en duración), mientras que las átonas son más breves. Esta combinación de "tono más alto" y "mayor duración" puede representarse gráficamente de la manera expuesta en la Figura 1.2 (sílaba subrayada = tónica). Presentamos los ejemplos con sus transcripciones fonéticas, en las cuales importará sobre todo observar el lugar del símbolo "[ˈ]", usado para indicar el acento.

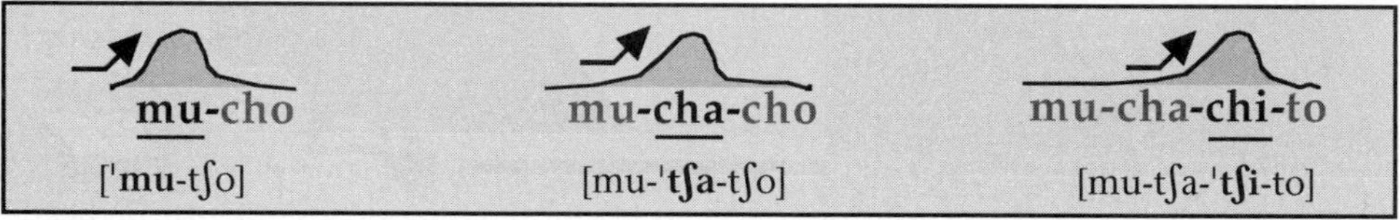

Fig. 1.2. Subida de tono y alargamiento de la vocal tónica.

Obsérvese que la vocal de la sílaba acentuada recibe importancia o relieve especial. Los hablantes, sí así lo desean, pueden elevar el tono de la vocal acentuada aun más para darle prominencia o énfasis adicional. Como notaremos más abajo, tal elevación no puede producirse en las vocales átonas, por lo que un nativo jamás articularía una palabra como "mucho" con tono alto en la sílaba final.

La Figura 1.3. muestra un análisis acústico (espectrográfico[7]) más sofisticado de una oración declarativa completa, i.e., *Le dieron el número de vuelo*. En ella se observará el mismo tipo de elevación del tono en las sílabas acentuadas.

---

[6] Ha de notarse, sin embargo, que el acento de intensidad de las palabras no va acompañado de la fuerte elevación del tono que suele acompañar a las vocales acentuadas inglesas (v. Cap. 16).

[7] Producido por computadora, un ***espectrograma*** es un registro gráfico de los datos de un *espectro*, utilizado para obtener un análisis acústico del habla (*www.fon.hum.uva.nl/praat/ → programa gratuito*). Diagramas como el que presentamos en la Figura 1.3 son útiles para ver el estado complejo de una onda (vibración del aire) durante un período muy breve. En un espectrograma, la dimensión horizontal representa el tiempo, y la dimensión vertical representa la frecuencia. Cada línea vertical entre 200-250 Mhz en nuestro diagrama representa la *amplitud*.

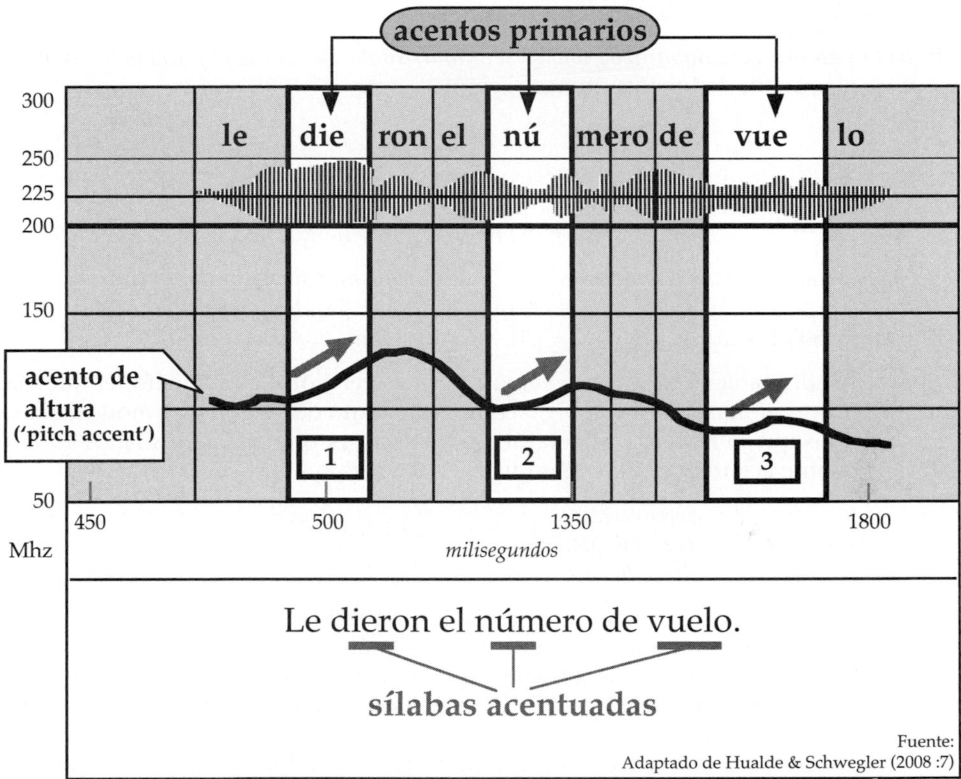

Fig. 1.3. Análisis acústico (espectrograma) de una oración declarativa con tres acentos primarios.

En oraciones declarativas, el ACENTO TONAL *('pitch accent', también llamado "*ACENTO MUSICAL*" o "*ACENTO MELÓDICO*") típicamente* SUBE *durante la* SÍLABA TÓNICA *(véase 1, 2, 3 en la figura de arriba, donde la subida del tono ocurre en las sílabas "die-", "nú-" y "vue-"). El acento tonal luego llega a su punto máximo en la sílaba postónica, en la cual se inicia su descenso.*

La figura ilustra, además, cómo las sílabas acentuadas suelen ser de duración más larga (la duración se indica en milisegundos). Obsérvese que en el ejemplo bajo análisis, las sílabas tónicas se prolongan aproximadamente un 50%-150% más que las átonas (en este caso particular, el segmento inicial de "le dieron" constituye una excepción a esta regla).

1.3.3. *Tipos de palabras*

Distinguiremos dos tipos de palabras: (1) **monosílabos** y (2) **polisílabos** (Caps. 3 y 5). Los monosílabos contienen una sola sílaba (por ej., *a, o, la, le, mi, me, su, tu,* etc.). Los polisílabos contienen dos o más sílabas. Los ejemplos anteriores *mucho, mu-cha-cho, mu-cha-chi-to* son todos polisílabos.

Observaremos, además, que en español

1. *cada palabra polisílaba tiene una (y solo una) sílaba acentuada*, y todas las demás sílabas son, por definición, átonas. Ejemplos:

		TÓNICAS	ÁTONAS	TOTAL	
***mu**-cho*	=	1	1	2	[ˈ**mu**-tʃo]
*mu-**cha**-cho*	=	1	2	3	[mu-ˈ**tʃa**-tʃo]
*mu-cha-**chi**-to*	=	1	3	4	[mu- tʃa-ˈ**tʃi**-to]

2. *En este manual, las palabras* MONOSÍLABAS *se clasificarán siempre como* ÁTONAS. Como tal se transcribirán *sin* marca de acentuación. Así: [la], [su], [a], [o] en vez de [ˈla], [ˈsu], [ˈa], [ˈo], y asimismo *si / sí* = [si], *mi / mí* = [mi], *tu / tú* = [tu].

La práctica adoptada en (2) arriba es una mera convención de este texto, empleada para simplificar al máximo el complejo comportamiento de las palabras monosílabas. Reconocemos que la realidad articulatoria es distinta ya que los monosílabos *léxicos* son típicamente acentuados, mientras que los otros son inacentuados:[8]

	MONOSÍLABOS
ACENTUADOS:	*voz, dar, par, haz*
INACENTUADOS:	*de, a, lo*

Nuestra práctica docente de considerar todos los monosílabos como *inacentuados* nos ha demostrado que esta simplificación no es problemática: no causa acento extranjero en la pronunciación de los estudiantes del español, y nos ayuda a evitar largas explicaciones sobre cuándo y por qué algunas palabras monosílabas reciben mayor o menor intensificación acústica.

Falta aclarar una convención adicional: en las transcripciones, este manual incluirá la marca del acento fonético (i.e., "[ˈ]") únicamente cuando *toda* la sílaba tónica viene transcrita.[9] La diferencia entre la inclusión y la exclusión de la marca en cuestión se ilustra a continuación:

	NO SE MARCA EL ACENTO (TRANSCRIPCIÓN **PARCIAL** DE LA SÍLABA)	**SÍ** SE MARCA EL ACENTO (TRANSCRIPCIÓN DE **TODA** LA SÍLABA)
<u>go</u>ta	g[**o**]—ta	[ˈ**go**]—ta
re<u>ci</u>ben	re— [**s**]i—ben	re— [ˈ**si**] —ben
univer<u>sa</u>les	u—ni—ver—s[**a**]—les	u—ni—ver— [ˈ**sa**] —les
recibi<u>rá</u>	re—ci—bi—r[**a**]	re—ci—bi— [ˈ**ra**]
come<u>ré</u>	co—me—r[**e**]	co—me— [ˈ**re**]

[8] Para más detalles, consulte Navarro Tomás (1977: 187-194); Quilis (1993: 390-395) y Hualde (2005: 233-235).

[9] La adopción de esta convención se debe a que, particularmente en los primeros capítulos del manual, los estudiantes todavía desconocen algunos de los símbolos fonéticos necesarios para transcribir las sílabas enteras de algunos de los ejemplos. Así, en la primera parte del libro optaremos por presentar *jefe* con *j[efe], je[f]e* o *je[fe]* en vez de [ˈxefe], omitiendo así el símbolo fonético [x], introducido a partir del Capítulo 7.

1.3.4. *Relación entre acento fonético y ortográfico*

Hemos subrayado que es siempre importante distinguir entre el *acento fonético* y la *tilde* (= *acento ortográfico*). Como señalamos en detalle, en "El acento ortográfico" (disponible en "Materiales suplementarios", ***www.wiley.com/college/Schwegler***), hay una estrecha conexión entre la colocación de la tilde y el lugar del *acento primario* ('stress'): **en español, el lugar de la tilde y del acento fonético siempre coinciden.** Dicho de otra manera, una vocal con tilde es siempre un indicio seguro de que el acento tónico reside en esa misma vocal. Siguiendo esta lógica, se entenderá fácilmente que cada uno de los segmentos subrayados a continuación contiene el acento primario:

hablaré	sílaba	verá	capítulo	árbol	lápiz
día	caí	maíz	reúne	baúl	ataúd

El hecho de que una tilde *siempre* coincida con el lugar del acento fonético no implica de ninguna manera que lo contrario también sea cierto: esto es así porque en muchísimos casos, el acento fonético no viene marcado ortográficamente por una tilde. Compare la lista que figura a continuación, donde las vocales tónicas se imprimen en negrita:

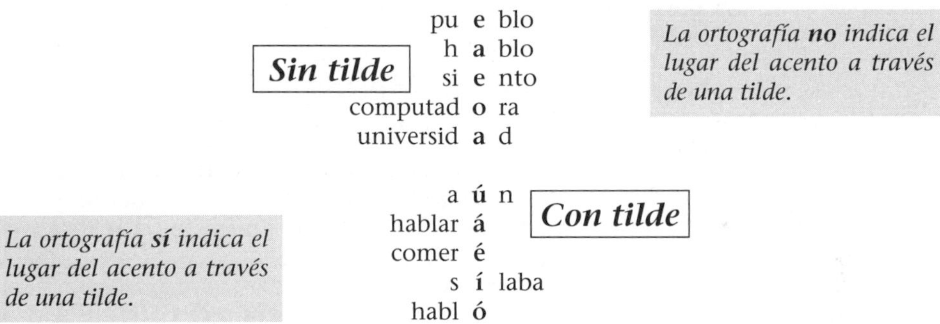

Por el momento no importará entender por qué algunas de las palabras citadas arriba llevan o no llevan tilde. Lo que nos importa a estas alturas es que el estudiante entienda que (1) una tilde siempre coincide con el lugar del acento fonético, y (2) el acento fonético se encuentra siempre en la vocal más prominente de la palabra, sin que esta necesariamente lleve una tilde en el nivel ortográfico.

1.3.5. *¿Cómo localizar el acento fonético en una palabra?*

Hemos dicho que tanto los hablantes nativos como no nativos del español suelen experimentar ciertas dificultades al localizar el acento primario de una palabra. Esto es así, en parte, porque en español la diferencia entre vocales tónicas y átonas es relativamente pequeña. Esta sección tiene la finalidad de enseñarle al estudiante cómo localizar la sílaba acentuada en las palabras polisílabas. Este aprendizaje será el primer paso en un proceso más largo que continuará en los capítulos siguientes, y que culminará con las transcripciones fonéticas más elaboradas de los Capítulos 8–15.

En español, la gran mayoría de las palabras llevan el acento en la última o la penúltima sílaba:

ACENTUADO EN LA **PENÚLTIMA** SÍLABA	ACENTUADO EN LA **ÚLTIMA** SÍLABA
lle-van	em-pe-zar
a-cen-to	es-pa-ñol
tie-ne	con-ti-nua-rá
par-te	sa-ber

Las demás palabras llevan el acento en una sílaba que precede a la penúltima, esto es, la antepenúltima sílaba: *miér-co-les, én-fa-sis, A-mé-ri-ca, es-drú-ju-la, é-cha-me-lo, có-me-te-las*. Mencionamos este detalle sobre la distribución del acento en el interior de la palabra para aclarar un hecho tan simple cómo útil: en español, para determinar dónde se encuentra la sílaba tónica, es más eficaz empezar la búsqueda con la última sílaba para luego proceder con la penúltima sílaba. En otras palabras, el método más eficaz es examinar las sílabas de derecha a izquierda.

mu-cha-chi-to

← **dirección de la búsqueda**

Ahora bien, ¿qué método podemos emplear para detectar si la última sílaba de una palabra como *muchachito* es (o no) acentuada? Supongamos por el momento que ignoramos su estructura acentual. Recordando que el acento consta de un relieve (elevación del tono y alargamiento de la vocal) que se le da a una sílaba en la pronunciación, trataremos primero de articular la *última* sílaba con mayor énfasis (en forma de tono más alto y vocal alargada). Produciremos así:

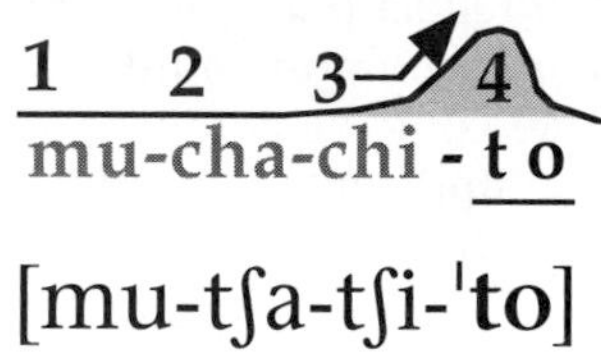

Los lectores familiarizados con la articulación nativa de *muchachito* reconocerán que esta pronunciación con un tono ascendente en la última sílaba no coincide con la realidad del español. Seguiremos entonces con la *penúltima* sílaba repitiendo el ejercicio:

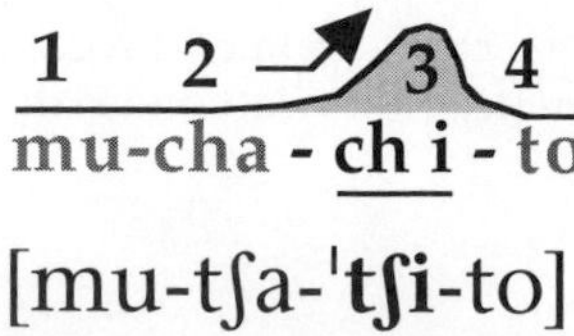

Esta vez, la articulación satisface las expectativas, y *muchachito* efectivamente suena como suele pronunciarse en español, es decir, con acento en la penúltima sílaba.

Como es lógico, será más eficaz (por ser menos abstracta) una demostración acústica de cómo localizar el acento fonético de palabras polisílabas. Los ejercicios 1.2 y 1.3 al final de este capítulo servirán para este propósito, y serán a la vez un punto de partida para la tarea (transcripción fonética) que el estudiante enfrentará en múltiples ocasiones a lo largo de este manual.

1.4. "Español (americano) estándar", "norma formal" y "dialecto"

1.4.1. *"Español (americano) estándar" o "norma formal"*

En este libro, y en las grabaciones que lo acompañan en la red (véase más abajo), se ha optado por la pronunciación del **español americano general**, también conocido como "**español (americano) estándar**", "**español neutro**" o "**norma formal**". Se trata de una variedad lingüística o *lecto* estandarizado, que se considera la variedad formal y norma general en prácticamente toda Latinoamérica.[10] Este español americano general se basa en una serie de rasgos articulatorios comunes a México, partes de Centroamérica y a la zona andina de Sudamérica. En este sentido son representativas las hablas de las ciudades de México, Bogotá y Quito (véase el Mapa 1.1), tradicionalmente consideradas la versión del español americano menos marcada (o más estándar) al oído. Es esta la variante que normalmente se enseña en las escuelas o universidades de los Estados Unidos.

La norma fonética del español estándar suele apartarse —en mayor o menor grado— de la pronunciación popular y coloquial del español cotidiano, donde se dan toda una gama de dialectos y variaciones sociolingüísticas (Lipski 1996). Entre los hablantes de estos (dia)lectos nunca ha desaparecido "la conciencia del castellano correcto", que, como explicamos más abajo, suele tener como paradigma el español hablado en el norte y centro de España. Esto contribuye a que cualquier situación lingüística sea evaluada en términos relativos, a cuyos extremos suelen situarse, por un lado, el español estándar formal y, por el otro, el habla coloquial y familiar de las clases con un nivel socioeducativo bajo.

Así pues, en este español estándar la pronunciación de determinadas oraciones se ajusta a las prescripciones de una "autoridad lingüística" más imaginaria que real, canonizada a través de una larga tradición oral que, en última instancia, tiene parte de sus raíces en Castilla (centro-norte de España). Esta "autoridad lingüística" es parcialmente imaginaria porque no existe, y nunca ha existido, una "Real Academia Española de la Pronunciación", o cualquier otra entidad "oficial" que hubiera podido impartir normas rígidas y claras en relación con la pronunciación.

La idea de que el español estándar es algo fijo, bien preciso, delimitado y relativamente estable, es decir, una especie de lenguaje "puro" común a prácticamente todos los hablantes con un nivel socioeducativo alto de Latinoamérica, choca contra una realidad lingüística en la cual simplemente no existe *una* sino *varias* normas

---

[10] Una buena traducción de estos términos sería lo que en inglés suele denominarse "Received Pronunciation", definido a veces (para el mundo anglosajón) como "el inglés hablado por las clases de nivel socioeducativo alto del sureste de Inglaterra".

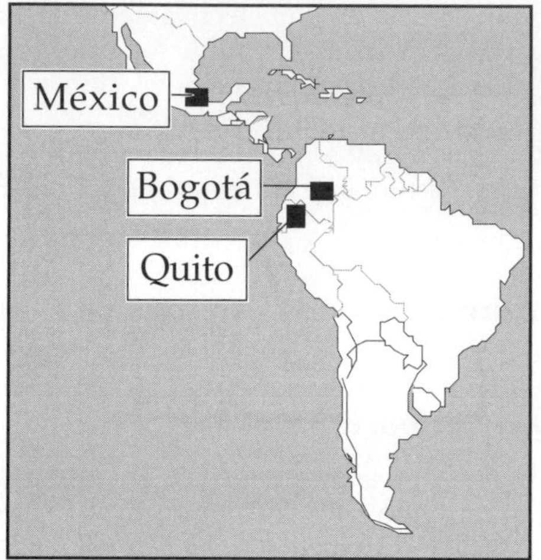

Mapa 1.1. Tres capitales: México, Bogotá y Quito.

El habla de estas tres ciudades se ha considerado tradicionalmente como menos marcada, i.e., más cercana al "español (americano) estándar".

Para muestras grabadas del "español (americano) general" de México y otras ciudades de América Latina, visite nuestra página en la red:

www.wiley.com/college/Schwegler

SELECCIONE:

Listen to speech samples
(→ Cap. 1 → "Muestras del español estándar")

Se trata de grabaciones radiofónicas en las cuales notará fuertes similitudes articulatorias. Una de estas similitudes es la retención consistente de la "s" final de sílaba (cp. "¿Cómo están ustedes?"), que, en contraste, se aspira o se pierde en muchos otros dialectos latinoamericanos (cp. "¿Cómo etán ute(d)e_?" del español caribeño, argentino, etc.). Los Capítulos 19 al 21 examinarán estas y similares diferencias articulatorias entre las principales zonas dialectales de Hispanoamérica.

estándares, diferenciadas tanto geográfica como sociolingüísticamente. Para dar solo unos ejemplos: un académico cubano y su colega mexicano raramente manejan exactamente el mismo "español formal", y tampoco lo haría un empresario venezolano de clase alta y un colega suyo de Bogotá. Un ciudadano de Ciudad de México, Bogotá o Quito reconocería con relativa facilidad que la curva de entonación o cadencia rítmica de su habla no es exactamente igual a la de las otras ciudades, y que esto de por sí constituye un buen indicio de la procedencia (mexicana, colombiana o ecuatoriana) de un determinado hablante. Sin embargo, a pesar de tales diferencias, la articulación de estas personas es lo suficientemente parecida para que pueda catalogarse de "español estándar".

Se entenderá ahora por qué el español estándar o general no es un habla ligada geográficamente a una determinada región, sino una variedad que muchos hablantes emplean más o menos regularmente junto a su propio dialecto. Dominar el español estándar es con frecuencia un requisito social indispensable para desempeñar correctamente toda una larga serie de profesiones o actividades prestigiosas (entre ellas, la docencia, el periodismo, el turismo internacional, la administración financiera, etc.). Pero al mismo tiempo es útil señalar que determinar con precisión y objetividad lo que constituye (o no) el llamado "español (americano) general" es esencialmente una tarea imposible. Al fin y al cabo, esta tarea será siempre un ejercicio condicionado en gran parte por la subjetividad de quienes quieran completarlo y, por tanto, nunca se llegará a una definición enteramente satisfactoria.

1.4.2. *Definición de "dialecto"*

A pesar de la homogeneidad dialectal del español americano, a un hablante nativo no le es difícil distinguir, por ejemplo, entre el dialecto de un porteño (Buenos Aires) y de un mexicano. Es igualmente fácil diferenciar entre el habla de un cubano y de un ecuatoriano, sobre todo si este último proviene del altiplano andino (el habla de la *costa* ecuatoriana es notablemente más cercana al habla cubana). Y para alguien familiarizado con el panorama dialectal de Sudamérica, es igualmente posible identificar el español chileno.[11]

Podemos decir, sin entrar en detalles (véase el Cap. 20), que son muy variadas las razones por las cuales uno generalmente puede determinar la procedencia dialectal de un hispanohablante. Sin embargo, el factor más determinante en la diferenciación de dialectos latinoamericanos reside indudablemente en la *fonética*. Así, la curva de entonación de un mexicano es claramente distinta de la de un argentino; y la aspiración y pérdida de la /s/ final de sílaba (cp. *las cosas* → [la^{h}-ˈko-sa^{h}] → [la-ˈko-sa]) de un habitante de La Habana siempre es un indicio seguro de que este no procede del altiplano andino (Bolivia, Colombia, Ecuador, Perú) o de la capital de México.

Hemos usado el término **dialecto**, pero lo hemos hecho sin definirlo. "Dialecto" es una voz tomada del griego (*dialektos* 'manera de hablar' o 'lengua', derivado de *dialogemai* 'yo discurro, converso'). Este manual aplicará el término "dialecto" en su sentido etimológico estricto: definimos **dialecto** como una **variante de una lengua hablada en una zona geográfica determinada**. El número de hablantes y el tamaño de la zona pueden ser arbitrarios. Lo que nos importa subrayar es que *TODOS somos hablantes de al menos un dialecto*. En este sentido, el estándar (español americano general), al igual que todas las demás variantes del español, es un dialecto. Para nosotros, un dialecto no es otra cosa que una variante de una lengua mutuamente comprensible, en este caso el español. Se entenderá pues que, en el contexto de este libro, (1) el término dialecto no conlleva ninguna connotación negativa, y (2) esta definición "neutra" se diferenciará de la del habla popular, donde *dialecto* comúnmente se refiere a una variante sin prestigio (y a veces minoritaria).

En este sentido, hablar de un determinado **dialecto** puede tener profundas consecuencias de orden sociolingüístico, y lo mismo puede decirse de la selección de un determinado **registro** (habla formal, habla coloquial, etc.). Dada la importancia de ciertos rasgos dialectales y de registro, hemos optado por presentar algunas de las peculiaridades fonéticas que tienen gran difusión en el mundo hispánico, pero que normalmente no se incluyen en los cursos de español para principiantes (uno de estos rasgos es la antes mencionada aspiración de la "-s" en posición final de sílabas, transcrita como: *la*$^{[h]}$*; cosa*$^{[h]}$ *bonita*$^{[h]}$. Los Capítulos 18–21 examinarán rasgos prominentes de la pronunciación de dialectos hispánicos tanto peninsulares como americanos, y señalarán las diferencias en la pronunciación cotidiana de los tres grupos más grandes de hispanohablantes en los Estados Unidos: el méxico-americano (o chicano), el

---

[11] Lipski acierta al recordarnos que los dialectos hispanoamericanos por lo general no se "dividen naturalmente según fronteras nacionales, aunque se acepte cierta variación interna en los países más grandes y rebasamiento de fronteras en los países más pequeños" (1996: 15). Aunque ningún estudio serio de Hispanoamérica defendería que las fronteras nacionales formen la variable principal para la división de áreas dialectales, es innegable que algunos rasgos fonéticos (sobre todo los suprasegmentales) proporcionan indicios inequívocos de la nacionalidad de un determinado hablante.

cubano y el puertorriqueño. El Capítulo 21 incluirá, además, un tema tan polémico como interesante, gracias a la atención que ha recibido tanto en los medios de comunicación como en los círculos académicos: el *spanglish*. En ese apartado examinaremos pues los elementos más característicos de esta habla "mixta". Con este enfoque múltiple esperamos poder proporcionar una introducción a la rica diversidad dialectal del mundo hispánico.

> **Definición de REGISTRO**
>
> El registro es el ***modo de expresarse que se adopta en función de las circunstancias*** (sociales u otras). Por ejemplo, un presidente de un país típicamente selecciona un registro *formal* y *culto* al dirigirse a sus compatriotas durante un debate político. Un vendedor en un mercado público suele hacer lo contrario al elegir un registro *informal* y *coloquial*.

1.5. Materiales suplementarios (en la red)

Este manual va acompañado de **ejercicios** (en la red) y de otra información relevante, disponibles en:

> **www.wiley.com/college/Schwegler**
> → *"Ejercicios"* [CLIC]
>
> *No se necesita una contraseña [password] para acceder a estos materiales*

En nuestro portal digital (**Student Companion Site**) el estudiante encontrará:

1. **ejercicios escritos y orales de pronunciación**, muchos de los cuales van acompañados de **grabaciones** que están incorporadas automáticamente en los archivos. Estos ejercicios se encuentran en la siguiente subsección:

   (www.wiley.com/college/Schwegler → *"Listen to exercises"*)

2. a. **muestras grabadas de español hablado** (estas provienen de diferentes áreas del mundo hispano; ilustrando diferencias de dialecto y registro), y

   b. **muestras grabadas de LENGUAS EN CONTACTO con el español** (por ejemplo, el catalán, gallego, vasco y lenguas indígenas de América)

   (www.wiley.com/college/Schwegler → *"Listen to speech samples"*)

3. **ejercicios escritos** (todos los capítulos)

   (www.wiley.com/college/Schwegler → *"Ejercicios escritos"*)

4. **exámenes de práctica**

   (www.wiley.com/college/Schwegler → *"Practice exams"*)

> Su profesor le distribuirá las **CLAVES** para estos materiales

5. **materiales suplementarios:** capítulo y ejercicios suplementarios sobre "la acentuación ortográfica"

   (www.wiley.com/college/Schwegler → *"Materiales suplementarios"*).

Como se señala en (3) arriba, en *www.wiley.com/college/Schwegler* ofrecemos también la oportunidad de bajar *todos los* EJERCICIOS ESCRITOS *en un solo archivo* PDF, titulado "**Ejercicios escritos — Todos los capítulos**". Al igual que para el resto de los materiales en la red, *no* se necesita una contraseña para acceder a ellos. Algunos profesores preferirán que sus alumnos compren estos ejercicios escritos en forma de un paquete de fotocopias (reproducidas en una tienda local) en vez de imprimirlos individualmente (en casa, o en otro lugar donde tenga acceso a una impresora).

Le recomendamos al estudiante que complete los ejercicios cuando así se indica en el texto (los ejercicios se encuentran o en el medio de un capítulo o al final del mismo). Hemos preparado gran parte de los "ejercicios por escrito" de tal manera que las respuestas pueden suplirse directamente en el mismo ejercicio (esto ahorra tiempo y facilita su corrección con la clave).

Los ejercicios son muy variados, y tienen propósitos diversos, cuya razón de ser será evidente al completar la lectura de los capítulos. En muchos casos, el enfoque principal será la mejora de la pronunciación. Normalmente, tales ejercicios van acompañados de grabaciones "modelo" en la red, señaladas en la sección de ejercicios con el símbolo de un altavoz. El ejemplo a continuación proviene del Capítulo 10 sobre "/p, t, k/", e ilustra el procedimiento típico en un ejercicio que va acompañado (1) de una grabación en la red y (2) de una clave. El estudiante escuchará la primera oración "Pito Pérez puso el papel en el pupitre" con un "clic" del ratón. Después procederá a la transcripción. Finalmente volverá a escuchar (de nuevo con un CLIC) cada oración para luego repetirla *en voz alta*, concentrándose siempre de manera especial en los sonidos que forman el tema principal de la lección (en este caso, [p, t, k]).

Este símbolo

indica que hay grabaciones en la red relativas a contenidos y explicaciones.

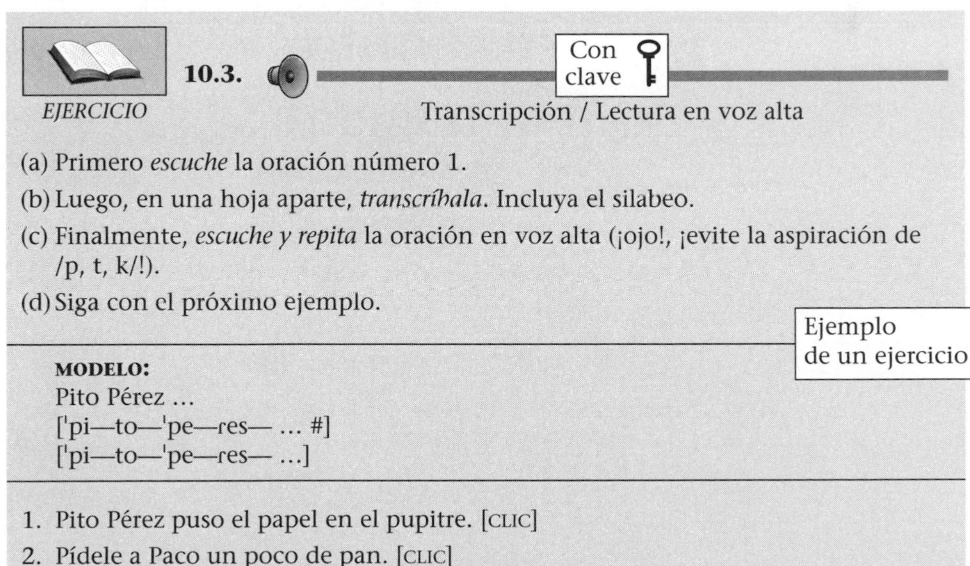

EJERCICIO **10.3.** Con clave

Transcripción / Lectura en voz alta

(a) Primero *escuche* la oración número 1.

(b) Luego, en una hoja aparte, *transcríbala*. Incluya el silabeo.

(c) Finalmente, *escuche y repita* la oración en voz alta (¡ojo!, ¡evite la aspiración de /p, t, k/!).

(d) Siga con el próximo ejemplo.

MODELO:
Pito Pérez ...
['pi—to—'pe—ɾes— ... #]
['pi—to—'pe—ɾes— ...]

1. Pito Pérez puso el papel en el pupitre. [CLIC]
2. Pídele a Paco un poco de pan. [CLIC]
3. ¿Puedes poner el programa para el público? [CLIC]
4. Pronto pasa el portero para apuntar la puerta apropiada. [CLIC] *etc.*

Ejemplo de un ejercicio

En nuestra docencia, les pedimos a los estudiantes (no nativos) que *graben*, en una grabadora digital o en casetes, según la preferencia del estudiante, todas sus tareas orales, para entregarlas luego periódicamente a su profesor (quien escuchará y comentará una selección de ellas). Esta práctica tiene al menos dos ventajas: (1) por un lado, tanto el estudiante como el profesor tendrán un registro completo del *progreso* hecho en la eliminación del acento extranjero; y (2) por el otro, el profesor le podrá brindar comentarios individuales a cada uno de los estudiantes. Estos comentarios pueden hacerse, según la preferencia del profesor, (a) directamente en el casete o la grabadora digital, (b) por escrito o (c) oralmente en consultas individuales con el estudiante.

La segunda ventaja mencionada arriba ("comentarios individuales a cada estudiante") es particularmente importante, no solo porque el nivel de fluidez (y, con ello, el grado de acento extranjero) suele variar considerablemente de un estudiante a otro, sino también porque las dificultades articulatorias con un determinado sonido (por ejemplo la "r" y "rr" españolas) tienden a variar muchísimo de un estudiante a otro, por lo que se requiere así una atención individual menor o mayor. De todas maneras, su profesor le informará exactamente cómo completar los ejercicios. Además, confiamos en que la combinación de una teoría fonética y de una práctica articulatoria en el curso produzca resultados muy satisfactorios para el mejoramiento en la pronunciación del español.

Hay un total de siete **exámenes de práctica**, distribuidos de la siguiente manera:

EXÁMENES DE PRÁCTICA	**CUBRE LOS CAPÍTULOS**
1	1–4
2	5–6
3	7
4	8–9
5	10–15
6	16–21
7	"Materiales suplementarios: el acento ortográfico"

Exámenes de práctica
disponibles en:
www.wiley.com/college/Schwegler
→"Practice exams"

Lo que sigue es un ejemplo de cómo se anuncian los exámenes de práctica dentro del manual:

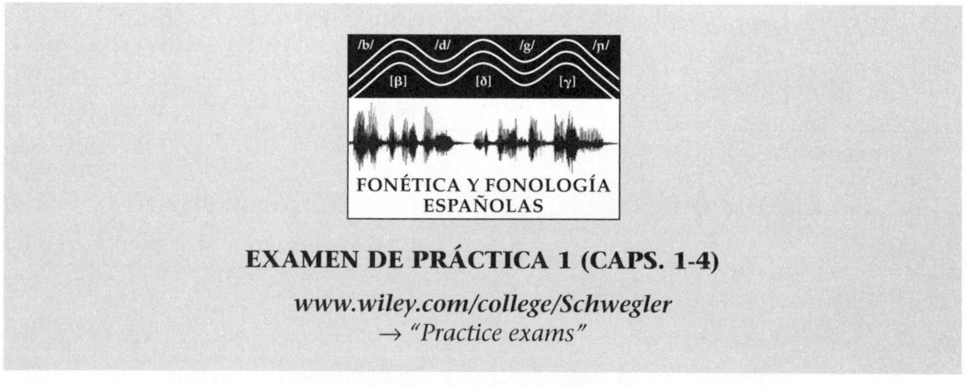

1.6. Tablas y otros materiales útiles

A este primer capítulo le preceden algunas tablas y otros materiales que facilitarán la lectura y comprensión de este manual. En la portada interior del libro se encontrarán dos Tablas muy útiles: la primera ofrece una clasificación de los *fonemas* del español; la segunda presenta la mayoría de los *alófonos* (sonidos) del español (la diferencia entre *fonemas* y *alófonos* se examinará a fondo en el Capítulo 9). Listas completas de *fonemas, alófonos* y de sus símbolos utilizados en este libro siguen a la portada interior. Sugerimos que el estudiante se familiarice con ellas para que sepa consultarlas con frecuencia a lo largo de la lectura de los capítulos.

Un detallado *Índice*, así como tres listas (1. Figuras; 2. Tablas; 3. Mapas) serán de utilidad para localizar el abundante material gráfico que acompaña al texto. En nuestra página red hay un total de seis exámenes de práctica. La lista de exámenes de práctica en la página xxxi señala en qué momento se deben realizar estos exámenes.

Dentro de la lista de abreviaturas (pág. xli) queremos resaltar el uso del símbolo "→". Como puede verse a continuación, tiene dos funciones: por un lado se emplea para señalar la articulación de determinadas palabras o expresiones; por el otro, se utiliza para referir a ejemplos grabados disponibles en nuestra página web.

→ 1. 'pasa a, se convierte en'; 'articulado como'. Ejemplo:
mismo /ˈmis-mo/→ [ˈmiz-mo].

→ 2. 'véase, visite'. Ejemplo:
www.wiley.com/college/Schwegler → Cap. 21 → "Consonantes".

Resumen

La **fonética** estudia los sonidos de uno o varios idiomas, mientras que la **fonología** estudia cómo estos mismos elementos fonéticos se emplean y contrastan para expresar significado. La fonología, por lo tanto, atiende al valor **distintivo y funcional** de un sonido. En este sentido, la fonética se diferencia de la fonología, ya que su objetivo principal es la descripción de las características **acústicas** y **articulatorias** de un determinado sonido. Esta diferencia entre fonología y fonética es un concepto fundamental en lingüística, y se explicará en mayor detalle en el Capítulo 9.

Uno de los aspectos más relevantes de este capítulo introductorio es que (1) el **sistema fonético** del español es el **conjunto de sus** SONIDOS y (2) el inventario de estos sonidos es relativamente amplio, representado en la lingüística por un complejo sistema de **transcripción fonética**. La transcripción fonética siempre se presenta entre corchetes y, en palabras polisílabas, con una marca que indica el **acento fonético.**

Ejemplo: **[me-sa-lu-ˈðo # i-se-ˈɣun̪-doz-ðes-ˈpu̯es-sa-ˈʎi̯o]**
Me saludó. Y segundos después salió.

El ejemplo precedente ilustra que algunos de los símbolos fonéticos difieren de las letras de nuestro alfabeto, y pueden incluir marcas especiales como, por ejemplo, "#" (aquí empleado para indicar una pausa, i.e., un "silencio" más o menos breve). La mayoría de los **fonetistas** del mundo emplean el sistema de transcripción llamado "**AFI**" (Alfabeto Fonético Internacional), conocido en inglés como "**IPA**" (International Phonetic Alphabet). Hemos dicho que la transcripción fonética es una especie de "fotografía acústica" del español hablado, y de este modo *solamente transcribe lo que* *efectivamente se articula* (así *hemos* = ['e-mos], *parque* = ['paɾ-ke]. Existe tanto la **transcripción estrecha** (detallada) como la **transcripción amplia** (menos detallada). Al ejecutar una transcripción, el lingüista ajusta su transcripción a las necesidades de su tarea: si desea mostrar muchos detalles de un determinado fenómeno articulatorio, empleará una transcripción muy estrecha; de lo contrario, se contentará con una representación más amplia. La mayoría de las transcripciones que haremos en este texto serán relativamente amplias.

Una de las ventajas de la transcripción fonética es la regular correspondencia entre sonido y símbolo fonético. Esta regularidad se logra porque *cada símbolo representa un solo sonido,* y *cada sonido se representa por un solo símbolo.* Este procedimiento metodológico de "**1 sonido = 1 símbolo fonético**" no tiene excepciones (téngase en mente, sin embargo, que un símbolo puede ser digráfico, es decir, puede constar de 2 elementos que, en conjunto, cuentan como un solo símbolo fonético: cp. [tʃ] → *chico* = ['**tʃ**i-ko], *mucho* = ['mu-**tʃ**o]).

Otra ventaja de la transcripción fonética es que puede aplicarse a cualquier lengua, y siempre con el mismo valor representativo. Esto significa, por ejemplo, que [s] representa tanto el sonido [s] del inglés como la [s] del español: así, esp. *[s]eis, [s]igarro, a[s]ul* o ingl. *[s]ee, pa[s]age, e[s]ential,* etc.

En la transcripción fonética, los homófonos, es decir, las palabras que "suenan lo mismo", lógicamente tienen una transcripción idéntica:

		HOMÓFONOS	
[bes]	=	*vez*	*ves*
['o-la]	=	*ola*	*hola*
[as]	=	*haz*	*has*

En este manual, el término "**acento**" (también llamado "**acento fonético**", **acento tónico**", "**acento primario**", "**acento expiratorio**", "**acento de intensidad**" y "**acento prosódico**") corresponderá a ingl. "stress". **Tilde** será el término reservado para denotar ingl. "accent mark".

El **acento** consta de un relieve acústico (énfasis) que se le otorga a una sílaba. Este relieve ocurre en forma de (1) una mayor intensidad, y/o (2) un tono más alto. **Toda sílaba TÓNICA se pronuncia con mayor fuerza que las sílabas ÁTONAS en su entorno.**

En este manual, la transcripción de cualquier palabra polisílaba (esto es, de más de una sílaba), irá acompañada por la marca "[']", usada para indicar el lugar del acento. Se recordará que esta marca se coloca siempre en la posición inicial de la sílaba acentuada: *mucho* = ['mu-tʃo], *muchacho* = [mu-'tʃa-tʃo], *muchachito* = [mu-tʃa-'tʃi-to] (subrayamos la vocal acentuada de los ejemplos ortográficos). Se acordará igualmente que, en este manual, las palabras monosílabas se clasificarán de manera consistente como ÁTONAS: por lo tanto **no** se escribirán nunca con una *marca de acentuación*: cp. *sí* = [si] y no *['si]. Reconocemos que esta es una simplificación que no corresponde siempre a la realidad fonética del español, donde las palabras monosílabas son, según el caso, o tónicas o átonas. Pero dado que la acentuación de tales palabras está sujeta, en parte, a factores rítmicos, gramaticales, lexicales, etc., esto complica su comportamiento de manera considerable; así pues, incluir esta acentuación de monosílabos supondría un nivel de complejidad que va más allá de los propósitos de este libro introductorio.

En español, la gran mayoría de las palabras polisílabas llevan el acento tónico en la última o penúltima sílaba (casos 1 y 2 abajo). Las demás palabras llevan el acento en una de las sílabas que preceden a la penúltima sílaba (casos 3a y 3b). Compare:

1. ÚLTIMA SÍLABA:	*em-pe-zar, es-pa-ñol, ca-paz, ha-bla-rás, to-tal*	muy común
2. PENÚLTIMA SÍLABA:	*lle-van, a-cen-to, co-mes, mu-cho, es-tán-dar*	
3. a. ANTEPENÚLTIMA SÍLABA:	*miér-co-les, én-fa-sis, A-mé-ri-ca, es-drú-ju-la, dí-me-lo, dá-me-lo*	menos común
b. ANTERIOR A LA ANTEPENÚLTIMA SÍLABA:	*é-cha-me-lo, có-me-te-las, dán-do-me-lo*	poco común

Hemos descrito brevemente cómo el estudiante puede localizar el acento de palabras polisílabas. La técnica consiste en articular, paso por paso, cada una de las sílabas con mayor énfasis (en un tono más alto y alargando la vocal), empezando siempre del lado derecho con la última sílaba. Los ejercicios orales 1.2 y 1.3 al final de este capítulo ilustrarán cómo servirse mejor de esta técnica.

La sección §1.4 sobre el español (americano) estándar examinó lo que entendemos por "**español americano general**" (también llamado "**estándar**" o "**norma formal**"). Hemos señalado que se trata de una variedad lingüística o *lecto* estandarizado, que se considera la variedad formal y norma general en prácticamente toda Latinoamérica. Dicho español estándar es, en cierto sentido, más imaginario que real, ya que no existe una "autoridad lingüística oficial" (como, por ejemplo, una "Real Academia Española de la Pronunciación") que imparta normas rígidas y claras en relación con la pronunciación. Además, no hay *uno* sino *varios* tipos de "español americano general", diferenciados tanto geográfica como sociolingüísticamente. Pero estas diferencias son relativamente menores, sobre todo si las comparamos con las muy profundas diferencias dialectales que suelen presentarse en otras lenguas europeas; por ejemplo, en alemán, donde una persona del norte difícilmente comprende un dialecto del sur de Alemania.

Este manual aplicará el término "**dialecto**" en un sentido estricto, a saber:

DIALECTO = cualquier variante de una lengua hablada en una zona geográfica determinada.

Según esta definición, *TODOS somos hablantes de al menos un dialecto.* En este sentido, el español americano general, al igual que todas las demás variantes del español, también es un dialecto. Aquí, el término dialecto no conllevará ninguna connotación negativa.

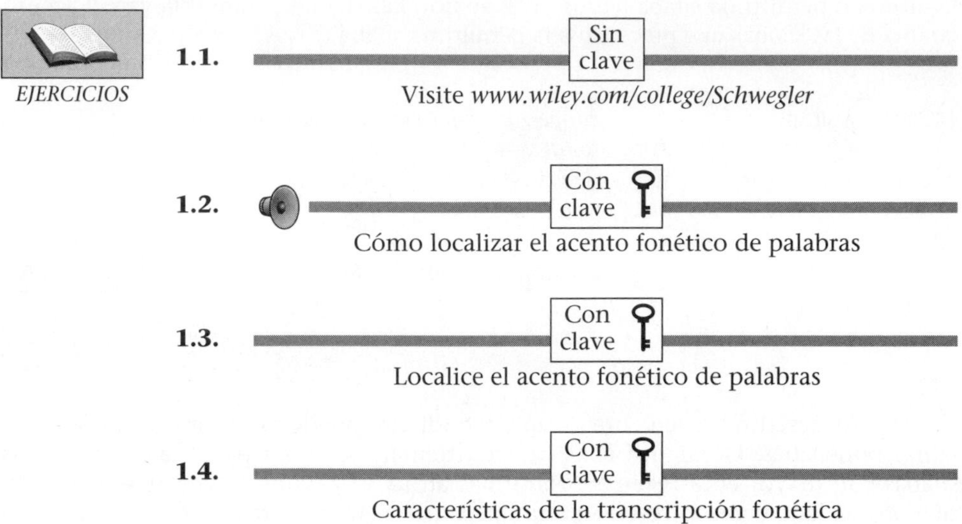

EJERCICIOS
1.1.
Sin clave
Visite www.wiley.com/college/Schwegler
1.2.
Con clave
Cómo localizar el acento fonético de palabras
1.3.
Con clave
Localice el acento fonético de palabras
1.4.
Con clave
Características de la transcripción fonética

Nota para el profesor

Recomendamos que, tarde o temprano en su curso, el profesor asigne la lectura de ***"El acento ortográfico"****, junto con los ejercicios que la acompañan. Estos materiales suplementarios están disponibles en*

www.wiley.com/college/Schwegler
→ Materiales suplementarios → "El acento ortográfico"

En nuestro curso insertamos estos materiales suplementarios al haber completado el ***Capítulo 3****, es decir, cuando los estudiantes ya saben identificar con confianza el lugar del acento fonético de palabras multisilábicas.*

Capítulo 2

Fonética articulatoria: las vocales

2.1. Las cinco vocales del español

Hay **cinco letras vocálicas**, i.e., "i, e, a, o, u", representadas en lingüística por las **cinco vocales /i, e, a, o, u/**. Como veremos en la última sección de este capítulo, hay dos tipos de vocales: las **vocales orales** (al articularlas el aire pasa por la boca) y las **vocales nasales** (al producirlas el aire pasa además por la nariz). Más adelante, veremos que existe también una categoría de vocales que se llama **semivocales.** La diferencia entre las **vocales** y las **semivocales** se examinará en detalle en los Capítulos 3 y 4. Este capítulo se centrará esencialmente en una descripción básica de las cinco vocales del español.

Las **vocales** se producen siempre **sin obstrucción alguna**, o sea, en su producción el **aire** pasa libremente de los pulmones a la laringe y luego por la boca (o por la nariz y la boca); esto es, el aire fluye libremente por la cavidad bucal, produciéndose al mismo tiempo las vibraciones de las cuerdas vocales, lo cual otorga a las vocales el rasgo de **sonoras**. En contraste, si existe alguna obstrucción o alguna parada del aire, el resultado es una **consonante**. Así, al pronunciar una "p", por ejemplo, los labios inferior y superior hacen contacto entre sí para interrumpir la salida del aire durante un breve momento, con una apertura suficiente para causar una ligera explosión en el momento en que los labios se separan. Asimismo, si pronuncia la "f", el labio inferior toca la punta de los dientes superiores, causando fricción y, a la vez, una obstrucción parcial. Estas obstrucciones son la razón principal por la que tanto la "f" como la "p" se consideran consonantes y no vocales. Al comparar estas articulaciones consonánticas con la articulación de las vocales del español, se notará que en palabras como *mi, de, la, lo* o *tú*, el aire fluye libremente. Esta propiedad de la producción de las vocales se conoce como **continuante**, i.e., el aire se desplaza de forma continua por las cavidades bucal o nasal sin obstáculo. El ser continuante es por tanto la característica más notable de todas las vocales. Algunas consonantes son continuantes: [s], [z], [m] y [l]. Todas ellas pueden prolongarse mientras que haya aire suficiente en los pulmones; por ejemplo, la [s] puede prolongarse a [sssss], la [z] a [zzzzz], y la [m] y [l] a [mmmmm] y [lllll], respectivamente.

En lingüística, los cambios en la calidad de frecuencia o resonancia que la articulación vocálica produce se denominan generalmente **cambios de timbre**. Así al articular la secuencia "i, e, a, o, u" se produce un total de cinco cambios de timbre. Estos cambios de timbre se obtienen al cambiar la posición de la lengua, de la mandíbula y/o de los labios.

En el capítulo anterior ya introdujimos la idea de que los lingüistas presentan los sonidos (tanto consonantes como vocales) entre corchetes "[...]". En el caso de las vocales, la transcripción fonética es fácil de aprender ya que, con la excepción de "y", los símbolos fonéticos también se emplean en el alfabeto normal (ver Fig. 2.1).

Letra (o grafema)	Transcripción fonética	Ejemplos
i, y[1]	[i]	a ti y a mí, tú y él
e	[e]	sé, saber
a	[a]	lana, sábana
o	[o]	ojo, lo
u	[u]	su, música

Fig. 2.1. Vocales: correspondencia entre ortografía y su transcripción fonética.

Como señalamos en el Capítulo 1, en vista de que los símbolos fonéticos representan los sonidos que se escuchan en el nivel fonético, es decir, se transcribe solamente lo que de hecho se articula, es lógico que la "u" en palabras como *que, equis, pagué, guitarra,* simplemente se ignore en la transcripción fonética. En capítulos posteriores, transcribiremos estas palabras así: [**ke**], ['e-**ki**s], [pa'**ɣe**], [**gi**'tara], omitiendo así la "u".

De modo similar, la palabra *y* en una frase como *Ana y Carlos* se representará con [i], ya que este es el sonido que efectivamente se produce al articular dicha palabra. El ejemplo a continuación ilustra la diferencia entre la ortografía y la transcripción fonética:

Y me mandó un dólar.
[**i** me man̪'do un̪ 'dolaɾ]

[1] En los Capítulos 3 y 4 veremos que, en la mayoría de los casos, la letra "y" puede representar también los siguientes sonidos:

(a) la **"yod"** [**ʝ**]: *mayo* ['ma-**ʝ**o], *llena* ['**ʝ**e-na]
(b) la **semivocal** [**i̯**]: *soy* [so**i̯**], *rey* [re**i̯**], *hay* [a**i̯**]

2.2. Descripción lingüística de las vocales

Son tres los órganos que intervienen en la producción de una vocal: (1) la boca, (2) los labios y (3) la lengua. Para describir cómo se produce una vocal hay que hacer referencia a la posición o configuración de todos estos órganos. En la producción de vocales, la lengua es el órgano más importante. Esto es así porque cualquier cambio en su posición causa un cambio de timbre. Veamos pues primero una clasificación muy simplificada de las cinco vocales en relación con la posición de la lengua al ascender o descender dentro de la boca en el plano **vertical**.

Para facilitar la clasificación de vocales, los lingüistas comparan la cavidad bucal con un triángulo (ver la Figura 2.2 abajo). Así, las vocales que se pronuncian con la lengua en una posición relativamente alta dentro de este triángulo se llaman **vocales altas**. Las Figuras 2.3 a 2.4 ilustran que en español hay dos vocales altas: [i] y [u].

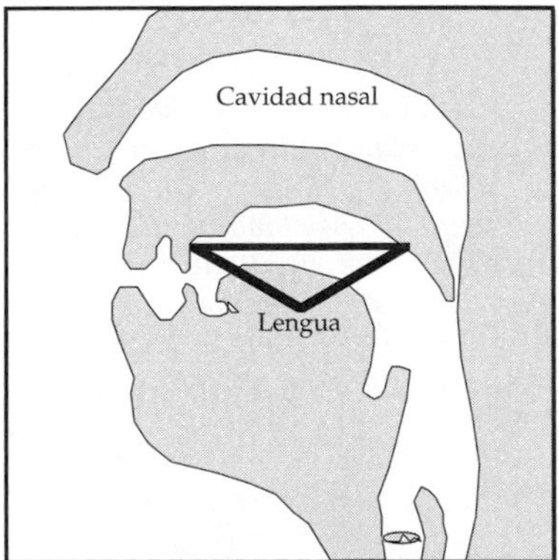

Fig. 2.2. El triángulo vocálico.

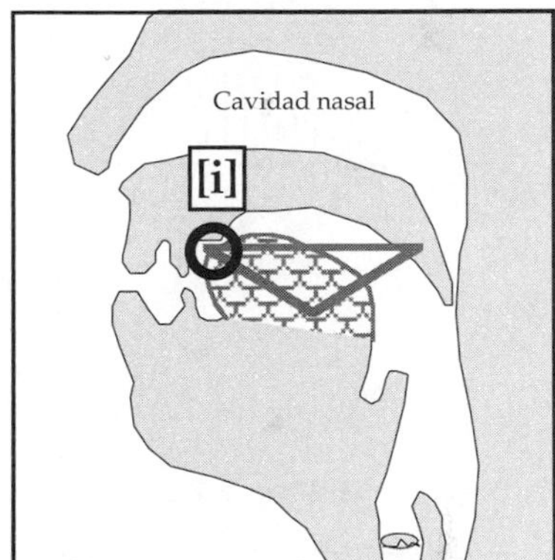

Fig. 2.3. La vocal alta [i].

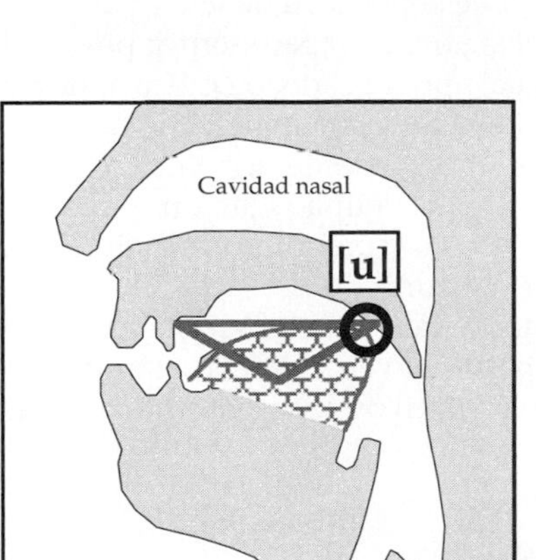

Fig. 2.4. La vocal alta [u].

*En la producción de la [i] y [u], la lengua **no** cierra completamente el pasaje del aire. Articule una [i] en voz alta, y luego suba la punta de la lengua ligeramente para producir una "s". Notará que el movimiento de la lengua es mínimo, pero el efecto acústico es máximo: en la [i] se produce una vocal (**sin** contacto entre órganos bucales), mientras que en la [s] se produce una consonante (**con** contacto entre la lengua y la zona alveolar, localizada inmediatamente detrás de los dientes).*

Al articular las vocales altas [i] en *bicho* o *silla*, y la [u] en *cura* o *ninguna*, aunque se produzcan sin obstrucción, la mandíbula está relativamente cerrada, por lo que se llaman **vocales cerradas**. Asimismo, se conocen como **vocales débiles** porque su energía es menor al ser articuladas en una posición alta en la boca. Queremos señalar ya aquí que **no todas las letras ortográficas "i" y "u" equivalen a vocales altas** puesto que, como veremos en el próximo capítulo, a veces estas representan **semivocales** en diptongos: *pierde = p[i̯]erde, auto = a[u̯]to*, o consonantes: *hueco = [w]eco, hierro = [j]erro*. Por el momento, el estudiante no debe preocuparse por la diferencia entre vocales y semivocales.

Si la boca está en una posición muy abierta, la lengua está baja y la vocal se articula con más energía, se dice que la vocal es **abierta**[2] o **baja**. La vocal [a] de *niña* o *cama* es una vocal abierta o baja. La Figura 2.5. ilustra la posición de la lengua en la producción de la [a] española.

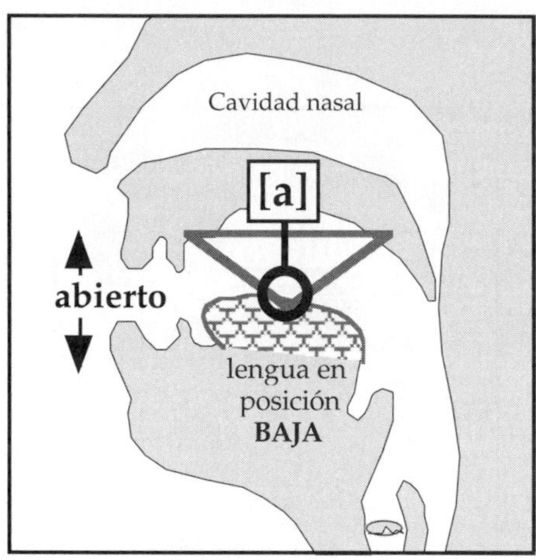

Fig. 2.5. Posición de la lengua al producirse la vocal [a].

Aunque sea posible articular el sonido [a] con menor apertura de la mandíbula de lo que sugiere la figura, recomendamos que el estudiante se acostumbre a este tipo de posicionamiento de los órganos bucales, y evite cualquier reducción vocálica en la articulación de la "a" y de cualquier otra vocal en español. Esto le ayudará a no tener un acento extranjero, producido por lo que en capítulos posteriores llamaremos el sonido ***schwa*** *del inglés. La schwa es un sonido vocálico central medio, presente en palabras como* hinted *o* amazing.

El estudiante podrá confirmar nuestra descripción de la posición de la lengua en la producción de las vocales **altas** y **bajas** realizando el siguiente experimento: ponga el índice (o cualquier otro dedo) en la punta de la lengua, apriete el dedo contra el dorso de la lengua con cierta fuerza, y articule lentamente la secuencia vocálica "i — a — u". ¿Puede Ud. confirmar que la lengua efectivamente se mueve desde una posición alta hacia una posición baja (Fig. 2.5), y luego nuevamente hacia una posición más alta? Repita ahora el ejercicio y articule nuevamente "i — a — u", prestando atención esta vez al movimiento de la mandíbula (mayor y menor apertura).

Hemos tenido la ocasión hasta ahora de presentar vocales altas y bajas. Para completar la descripción de las vocales de acuerdo a la posición vertical de la lengua, nos faltan las **vocales medias** [e] y [o]. Ejemplos representativos se encuentran en las palabras *pese, renta, pozo* y *llamó*.

[2] Sobre la clasificación de las vocales en "abiertas" y "cerradas", debemos precisar que todas las vocales dependiendo de su posición en la sílaba y su entorno fonético, pueden producirse como abiertas (y relajadas) o cerradas (y tensas). Por ello, en este manual simplificaremos usando solo las denominaciones: "vocales altas", "medias" y "bajas".

Hasta el momento hemos discutido tres **grados de apertura** —alto, medio y bajo—, y hemos calificado los sonidos vocálicos producidos en estas zonas de la boca como **vocales altas, vocales medias** y **vocales bajas**. El punto de articulación exacto de cada uno de estos elementos fónicos puede desprenderse del triángulo en la Figura 2.6. Recuerde que en la producción de vocales, pese a su desplazamiento vertical, la lengua no crea un obstáculo para la corriente de aire procedente de la laringe, ya que, en las vocales, la lengua nunca cierra por completo el pasaje bucal.

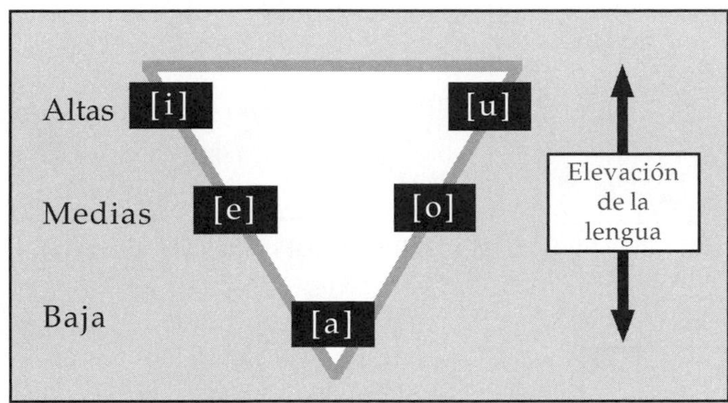

Fig. 2.6. El triángulo vocálico.

La disposición triangular de las vocales es interesante porque no es ni arbitraria ni única del lenguaje humano; así, primates, loros, perros y otros animales también producen vocales. Por ejemplo, el "habla" de los gatos está esencialmente limitada a la palabra "mieaou", que encierra la secuencia vocálica que encontramos en el triángulo vocálico. El gato articula vocales simplemente porque logra colocar su lengua en una posición anterior alta (/i/), desplazándola de manera progresiva (/e/) hacia la región central baja (/a/), la posterior media (/o/) y, finalmente, la posterior alta (/u/). Para que el estudiante pueda averiguar por su propia cuenta el movimiento de la lengua que ejecuta el gato al articular "mieaou", sugerimos que apriete el dedo índice contra la lengua y pronuncie lentamente esa secuencia vocálica. En contraste, si pronuncia "mieaou" con rapidez, el efecto fónico será distinto ya que, como aprenderemos en los próximos dos capítulos, la palabra se reducirá de cinco a tres sílabas por la conversión de la [i] y de la [u] en semivocales, o sea, [mi̯e-a-ou̯].

Para precisar aun más la articulación de las vocales también se toma en cuenta la posición de la lengua desde un **plano horizontal**, esto es, el movimiento de la lengua en la boca hacia delante o hacia atrás. En la producción de las vocales [i] y [e] la lengua está en una posición más avanzada que en la producción de [u] y [o]. De ahí que [i] y [e] se denominen vocales **anteriores** (o palatales), mientras que [u] y [o] son vocales **posteriores** (o velares). Al producir una [a], la lengua está en una posición **central** (ni anterior ni posterior). Compárese la Figura 2.7 donde la lengua está en posición alta anterior para producir la vocal [i]. Obsérvese que en la descripción de vocales se considera generalmente primero el eje [ingl. 'axis'] *horizontal* y luego el eje *vertical*; por lo tanto, se habla por lo general de una "vocal anterior alta" (véase también la Figura 2.8).

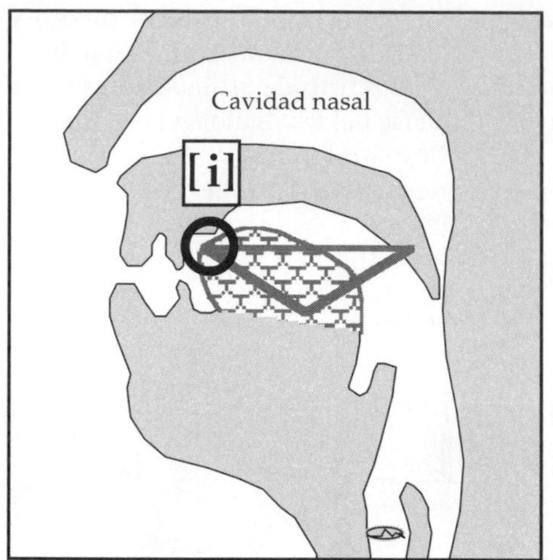

Fig. 2.7. Lugar de articulación de la vocal anterior alta [i].

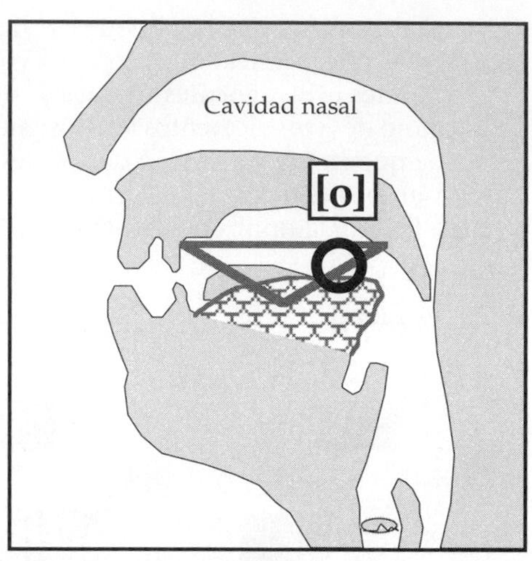

Fig. 2.8. Lugar de articulación de [o].

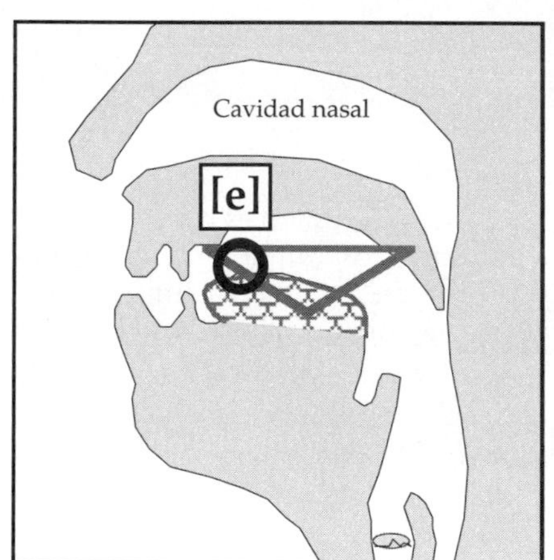

Fig. 2.9. Lugar de articulación de la vocal anterior media [e].

Al articularse el sonido [e], la lengua está en una posición casi neutra.

Al clasificar las vocales hemos tenido en cuenta el grado de elevación vertical de la lengua (alta, media, baja) y, asimismo, su grado de desplazamiento horizontal (anterior, central, posterior). Estas oposiciones ("alto/bajo" o "anterior/posterior") denotan valores **graduales** y no discretos, o sea, estos puntos de articulación no son absolutos sino relativos. En este tipo de descripción, el grado de elevación de la lengua es siempre relativo a su posición neutra (más relajada), que en español coincide más o menos con aquella que se obtiene al articular la vocal media "e" en palabras como *he̲, de̲, fe̲,* etc. (Fig. 2.9).

Otro criterio importante en la descripción de la producción de vocales es la **configuración (o posición) de los labios**. Esta configuración varía según las lenguas, y veremos más adelante (§2.3) que el español y el inglés exhiben diferencias fundamentales en cuanto a la cantidad de tensión que se aplica a los labios al pronunciar ciertas vocales. Podemos observar ya aquí que, por lo general, el estudiante anglohablante **no** emplea suficiente tensión labial al hablar español, lo que puede causar un considerable acento extranjero. Los párrafos a continuación describen cómo evitar dicho acento extranjero.

Las dos vocales [u] y [o] se producen con los labios **redondeados** y tensos. Este redondeamiento de los labios es particularmente importante al articular la vocal [u]. Al pronunciar palabras como *tu̲, su̲, u̲niversidad, su̲sto* o *u̲bicar,* los hablantes no nativos de español que ignoran este consejo revelan su acento extranjero. La diferencia entre una [u] en inglés y español se ilustra en la Figura 2.10, modelo para pronunciar, de manera nativa, pares contrastivos como ingl. *Sue* [su:] o [su:u̯] vs. esp. *su* [su].

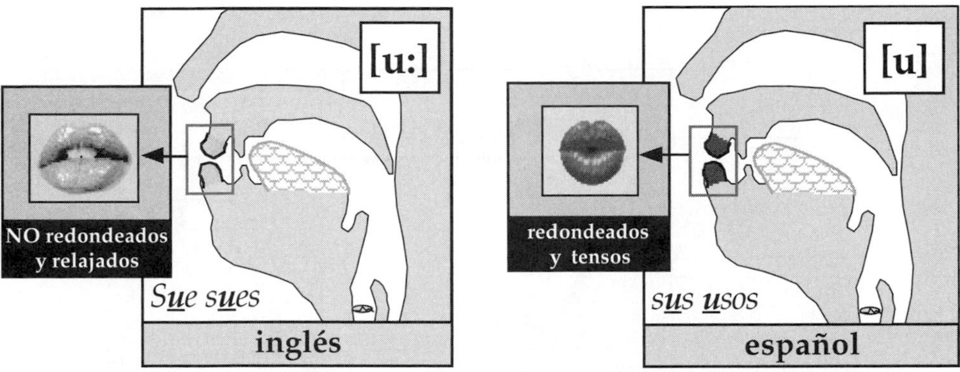

Fig. 2.10. Posición de los labios al articular la /u/ inglesa y española.

Para pronunciar correctamente la [u] española, recomendamos que el estudiante mantenga sus labios muy redondeados y tensos ANTES *de empezar a articular expresiones como "sus usos". Conserve la forma redondeada y tensa desde el inicio hasta el final de la expresión.*

La posición de los labios al pronunciar la vocal [a] es **neutra**. En la articulación de las vocales anteriores [i] o [e], los labios están en posición **estirada** (la [i] suele articularse con los labios más estirados que la [e]). Por razones que explicaremos más adelante (Caps. 5 y 6), muchos estudiantes anglosajones articulan la [e] y sobre todo la [i] con acento inglés (cp. **hestoria* en vez de *historia*, **enteresante* en vez de *interesante*). Para adquirir una pronunciación nativa de estos sonidos, **recomendamos que el estudiante se acostumbre a producir la [e] y sobre todo la [i] con los labios muy estirados y tensos** (Fig. 2.11).

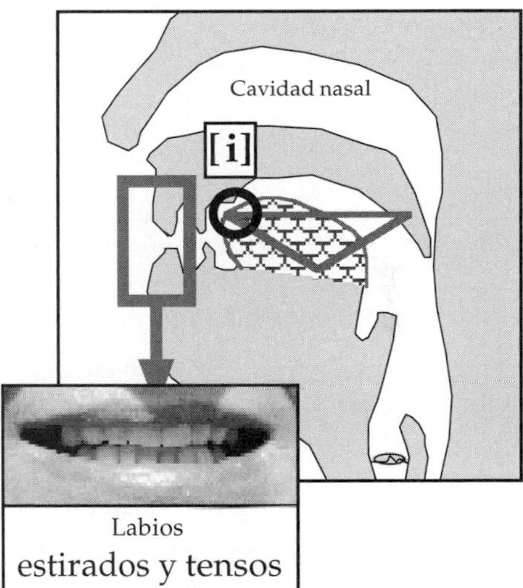

Fig. 2.11. Producción de la [i] en español.

Es posible pronunciar la [i] con los labios en posición neutra, pero es mejor acostumbrarse a estirar los labios en dicho sonido, ya que tal práctica suele resultar en una pronunciación más nativa. Es igualmente aconsejable que mantenga los labios muy TENSOS.

En resumen, hemos introducido los siguientes términos: vocal "alta", "baja", "media", "abierta", "cerrada", "anterior", "central", "posterior", "neutra", "estirada" y "redondeada". Si, en la representación del triángulo vocálico, unimos los conceptos de desplazamiento vertical y horizontal de la lengua al criterio de la posición de los labios, gráficamente obtenemos la Figura 2.12.

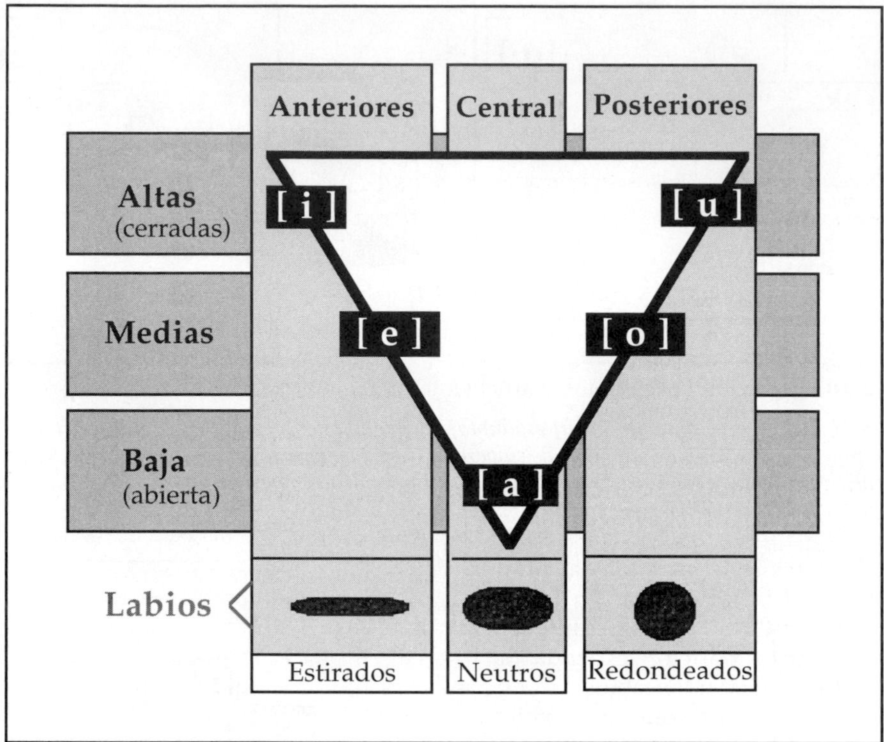

Fig. 2.12. El triángulo vocálico y la configuración de los labios.

En lingüística, las características articulatorias de las vocales suelen clasificarse también según una **matriz binaria de rasgos fonéticos**, donde el signo "+" representa la presencia de la característica correspondiente, y el "–" su ausencia (Fig. 2.13). Para ilustrar la producción de vocales, en este libro seguiremos usando el triángulo vocálico presentado anteriormente y no el tipo de descripción binaria de la Figura 2.13.

		/i	e	a	o	u/
Lengua:	anterior	+	+	–	–	–
	posterior	–	–	–	+	+
	alto	+	–	–	–	+
	bajo	–	–	+	–	–
Labios:	redondeados	–	–	–	+	+
	estirados	+	+	–	–	–

Fig. 2.13. Matriz binaria de los rasgos fonéticos de las vocales españolas.

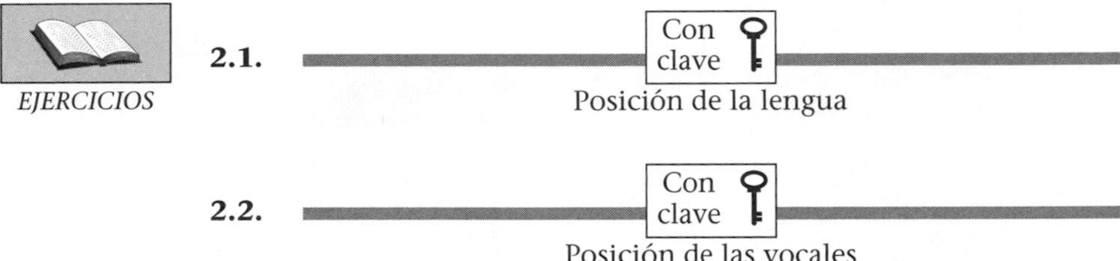

2.3. Articulación de las vocales en español (y en inglés)

Las vocales en español son, generalmente, muy estables y, por tanto, no muestran apenas variación dialectal en su articulación, en comparación con las consonantes (Figs. 2.14 y 2.15). Al producirse una vocal en español, la boca se mantiene en una posición tensa. Tampoco hay mucha variación en la duración de las vocales, que suelen ser cortas. Esta brevedad y estabilidad las diferencia de las vocales del inglés que suelen ser largas y tienden a resultar en diptongos. Por supuesto, en español hay ocasiones en las que prolongamos más la vocal de alguna palabra que queremos enfatizar; sin embargo, en su naturaleza las vocales del español son *cortas* en duración.

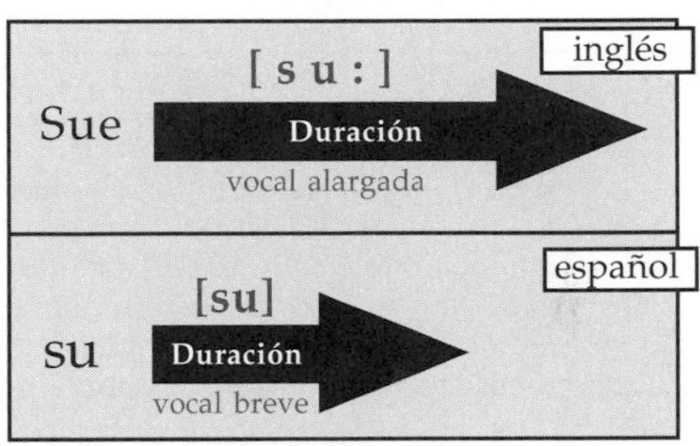

Fig. 2.14. Diferencia entre el inglés y español en la duración de las vocales.

Esta diferencia de duración también va acompañada de diferencias en la tensión de los labios (más tensos y estables en español).

Fig. 2.15. Inglés vs. español: diferencia en la duración de vocales.

Hay otras consideraciones que conviene tener en cuenta al pronunciar las vocales en español. Al pronunciar las vocales [o] de *loco* y sobre todo la [u] de *música, mucho, salud* o *tú,* la posición de los labios es muy redondeada. **En inglés, en cambio, al articular la [o] y la [u], los labios NO se redondean tanto como en español**. Por ejemplo, en la palabra inglesa *Sue,* los labios se quedan prácticamente en posición neutra, mientras que en la palabra española *su* se redondean considerablemente.

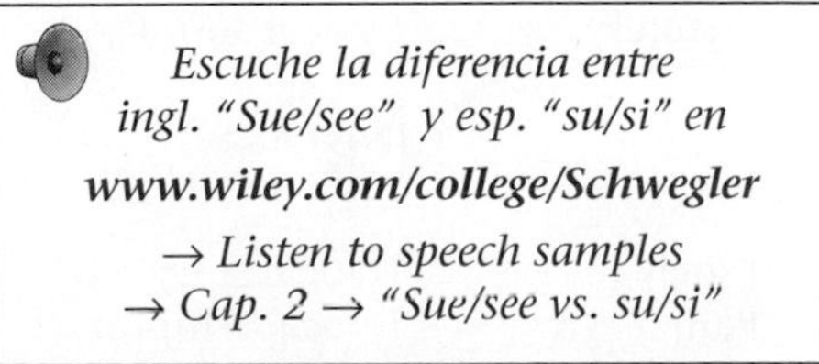

Escuche la diferencia entre ingl. "Sue/see" y esp. "su/si" en
www.wiley.com/college/Schwegler
→ Listen to speech samples
→ Cap. 2 → "Sue/see vs. su/si"

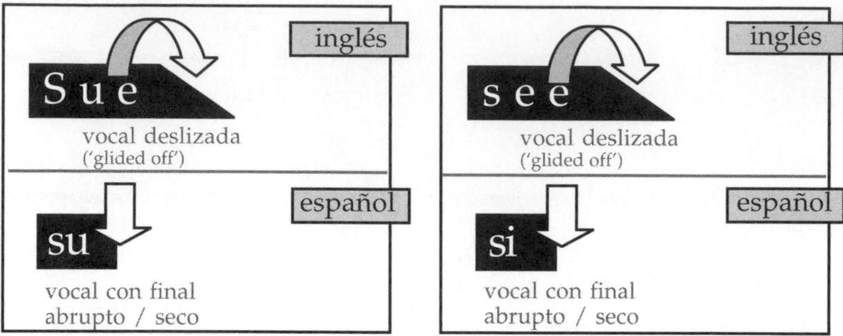

Fig. 2.16. Diferencia entre el final de una vocal en español y en inglés.

En inglés, las vocales suelen ser deslizadas ('glided off'); esto es, se "cierran" de manera mucho menos abrupta y menos tensa que en español. Así pues, para adquirir un acento nativo en español, el estudiante tendrá que pronunciar sus vocales de modo más seco o "staccato". A la vez, durante la producción de una vocal en español, debe evitarse mover la mandíbula para que el sonido producido sea totalmente estable (sin deslizamiento). Como hemos señalado antes, al mismo tiempo tendrá que evitar el alargamiento de las vocales.

También es importante el final de la vocal española: este suele ser muy seco (o abrupto), estable y breve (Fig. 2.16). Al contrario de lo que ocurre con las vocales inglesas, en español, las cuerdas vocales dejan de vibrar de una manera relativamente abrupta al terminarse de articular una vocal. No se prolonga mucho la vocal ni tampoco hay un descenso o disminución lenta al final de esta, sino que se termina de forma seca y corta y todas son *monoptongos*. En inglés, en cambio, muchas veces se tiende a prolongar la vocal o a diptongarla. Compárense los siguientes ejemplos:

BREVE	español	inglés	ALARGADA
	coco	*cow*	
	yo	*go*	
	traeré	*tree*	
	macho	*macho*	
	lo	*low*	

Contrastando los casos del inglés y el español de arriba, el estudiante notará que en español, siempre que ortográficamente tengamos una vocal simple, su articulación es un monoptongo, dado que los diptongos siempre se representan con dos vocales. Contraste:

Monoptongo			Diptongo	
pedo	['peðo]	vs.	*puedo*	['pu̯eðo]
nade	['naðe]	vs.	*nadie*	['naði̯e]

ESPAÑOL

1 letra =
1 vocal simple

Monoptongo			Diptongo	
organ	['orgən]	vs.	*sole*	['sou̯l]
all	['aɫ]	vs.	*ale*	['ai̯ɫ]

INGLÉS

1 letra =
1 vocal simple o
1 vocal + diptongo

Existe además una importante diferencia adicional entre ciertas vocales inglesas y españolas que hay que explicar para que el estudiante de español aprenda a eliminar por completo su acento inglés. En nuestra descripción de la [i] y la [u] españolas hemos dicho que se trata de dos vocales altas. La [i] y la [u] inglesas también se articulan con la lengua en posición alta, pero —y esto es un punto clave— en la articulación de estas vocales inglesas, la lengua alcanza una posición menos alta que en la [i] y [u] del español (Fig. 2.17). Esto hace que, al articularse la [u] inglesa, el espacio entre la lengua y el velo sea relativamente grande, mientras que en español ocurre lo contrario: el mismo espacio se reduce a un mínimo en la producción de la [u]. Por esta razón, las vocales altas de pares contrastivos (inglés/español) como *Sue/su* o *see/si* no son idénticas. El estudiante debe prestar atención a este hecho, ya que los hablantes nativos perciben como acento extranjero el que al pronunciar las vocales [i] o [u] no se coloque la lengua en una posición muy alta.

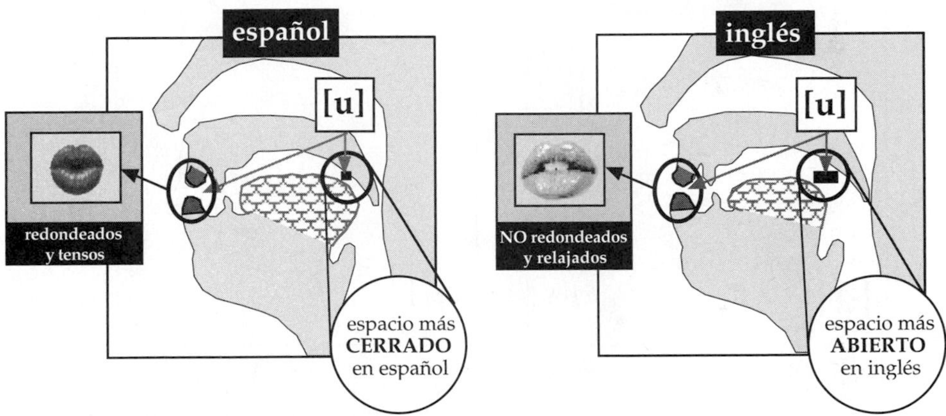

Fig. 2.17. Contraste entre el sonido [u] del inglés y del español.

La lengua está más baja (y por lo tanto más relajada) en la [u] del inglés. Recuerde también que, además de la posición alta de la lengua, los labios se redondean mucho más en la [u] española.

Por último, como veremos en los Capítulos 5, 6 y 17, en contraste con las vocales españolas, que siempre se mantienen íntegras (no pierden su calidad ni su tensión), el inglés suele reducir las vocales que estén en una posición no acentuada; ejs. *ago* = *[ə]go, hinted = hint[ə]d*. Como señalamos en la Figura 2.5 (pág. 26), el sonido que representa esta reducción se llama **schwa** y se transcribe como [ə]. Por el momento, lo importante es recordar que la schwa *no* es un sonido del español estándar.

2.4. Vocales orales / nasales

Como señalamos al inicio de este capítulo, tanto en inglés como en español, hay dos tipos de vocales: **las** vocales **orales** y las **nasales**. Las vocales orales se articulan con el velo del paladar levantado, dejando la cavidad nasal incomunicada con la faringe y la boca, por lo que el aire solo pasa por la boca. En contraste, las vocales nasales se articulan con el velo en posición caída, por lo que el aire circula por la cavidad nasal (Fig. 2.18). Los lingüistas indican la nasalidad con una tilde ("~") encima de la vocal; por ejemplo: [ã] y [õ].

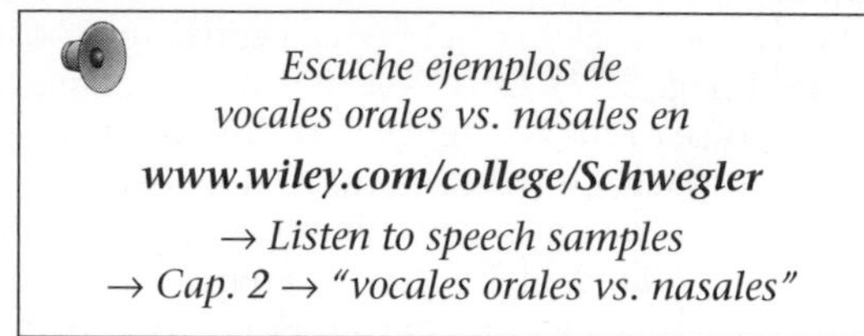

Escuche ejemplos de
vocales orales vs. nasales en
www.wiley.com/college/Schwegler
→ Listen to speech samples
→ Cap. 2 → "vocales orales vs. nasales"

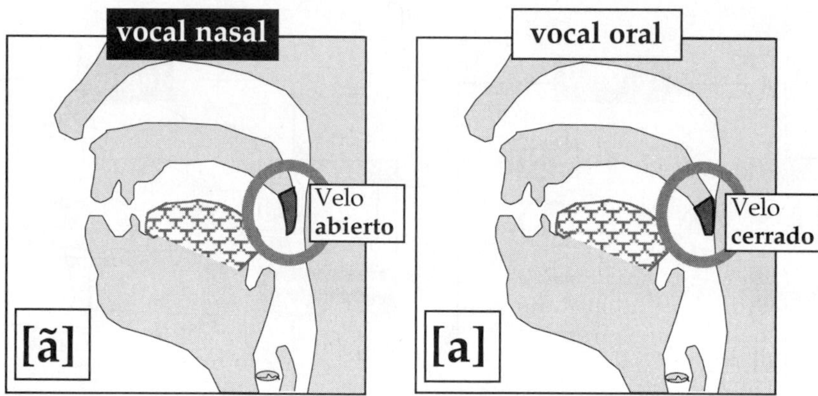

Fig. 2.18. Vocal nasal vs. oral.

Obsérvese en la [ã] ***nasal*** *cómo el velo baja, permitiendo así el flujo de aire a la cavidad nasal.*

Es fácil comprobar la diferencia articulatoria y acústica entre vocales orales y nasales: tápese la nariz y pronuncie una [**a**]. Resultará una [a] *oral* (con la nariz tapada, es imposible producir un sonido nasal). Por el contrario si no tapa la nariz, podemos mandar aire tanto por la boca como por la nariz y producir así una [ã] *nasal*. Compare las siguientes variantes, con y sin vocal nasal:

CON VOCAL **NASAL**		CON VOCAL **ORAL**
*s[**ã**]lir*		*s[**a**]lir*
*[**ã**]rde*	vs.	*[**a**]rde*
*c[**ã**]sa*		*c[**a**]sa*

En lenguas como el francés o el portugués, la diferencia entre vocales orales y nasales es de gran importancia porque los significados de algunas palabras se distinguen solo por la presencia o ausencia de nasalidad. Considérense, por ejemplo, los siguientes pares franceses:

[bõ]	→	***bon***	'bueno'	
[bo]	→	***beau***	'lindo, bonito, guapo'	
[mõ]	→	***mon***	'mi'	En combinación, [mõ mo]
[mo]	→	***mot***	'palabra'	denota "mi palabra".

En español estándar, el contraste entre vocales orales y nasales es menos importante ya que jamás se emplea para diferenciar significados. Simplificando, podemos decir que en español la nasalización de una vocal se produce *obligatoriamente* bajo dos circunstancias; **cuando una vocal está situada:**

1. **entre dos consonantes nasales** (o sea, entre "m", "n" o "ñ"): *niño* = *n[ĩ]ño*, *mano* = *m[ã]no; maña* = *m[ã]ña;*
2. **en posición inicial de palabra y seguida de consonante nasal** (i.e., "m, n, ñ"): *emitir* = [ẽ-**mi**ˈtiɾ], *ama* = [ˈã-**ma**].

La fórmula de la Figura 2.19 resume estos dos hechos:

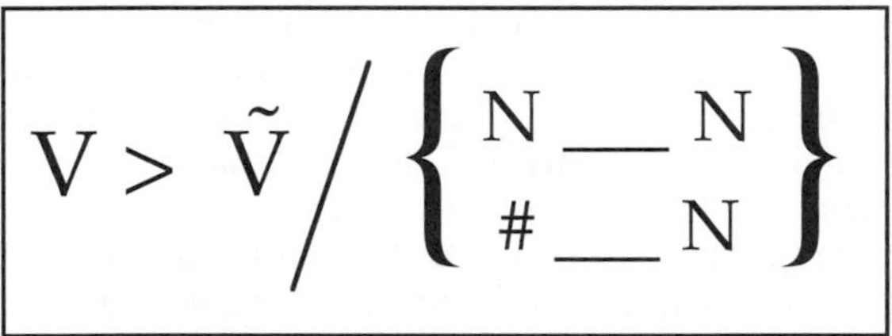

Fig. 2.19. Fórmula para la nasalización de vocales.[3]

En todos los demás casos, la nasalización de vocales es libre, es decir, no obligatoria. Por lo tanto, puede articularse con o sin nasalización: *m[**u**]cho* o *m[**ũ**]cho*, *gr[**a**]cias* o *gr[**ã**]cias*. A veces, la nasalización de vocales se emplea para expresar emociones o actitudes "especiales" (por ejemplo, aburrimiento, desinterés, disgusto, etc.). Así, en una expresión como "¡ay! qué feo huele!" → "¡[ã]y!, ¡qué f[**ẽõ**] h[**ũẽ**]le!", la nasalización puede señalar un disgusto muy fuerte.

La adición de la nasalidad opera pues según los principios citados arriba y estas dos reglas podrán verificarse con facilidad. Tápese la nariz y articule *ma-no*: sentirá que la nariz se llena automáticamente de aire en la "a", confirmando así la Regla #1. De igual modo, sentirá un ligero flujo de aire en su nariz al pronunciar la "e" de *emitir* = [ˈẽ-mitiɾ], ya que está en posición *inicial* de palabra, seguida de consonante nasal (véase Regla #2 arriba). Contraste esto ahora con palabras como *casa, susto* o *papá,* en las cuales la nasalización *no* es obligatoria (podrá pronunciarlas sin enviar aire por la nariz), debido a que no hay ninguna consonante nasal en su entorno.

En vista de que, en español, la nasalización de vocales no juega un papel tan importante como en otras lenguas, las transcripciones fonéticas, por lo general, omiten distinguir entre vocales orales y nasales. Con excepción de algunos pocos casos donde nos importará subrayar el carácter nasal de una vocal, en este manual **transcribiremos**

---

3 "#" = "inicio de palabra"; "N" = cualquier consonante NASAL.

todas las vocales como **orales**: así ['ma-no] en vez de ['mã-no], ['mi-na] en vez de ['mĩ-na], etc. El estudiante deberá entender, sin embargo, que esto es una mera convención, adoptada únicamente para simplificar la transcripción fonética.

No queremos terminar este breve examen de vocales nasales sin mencionar que la (fuerte) adición de nasalidad a veces sirve de identificador dialectal y/o (socio)lingüístico. Así, expresiones como "¡oye! ¿cómo estás?" → ['õ: ʝẽ: # 'kõmõ ẽs'tãs], articuladas con fuerte nasalización, y alargamiento de las vocales en *oye*, se asocian típicamente con el habla vernacular de ciertos hispanohablantes mexicanos.

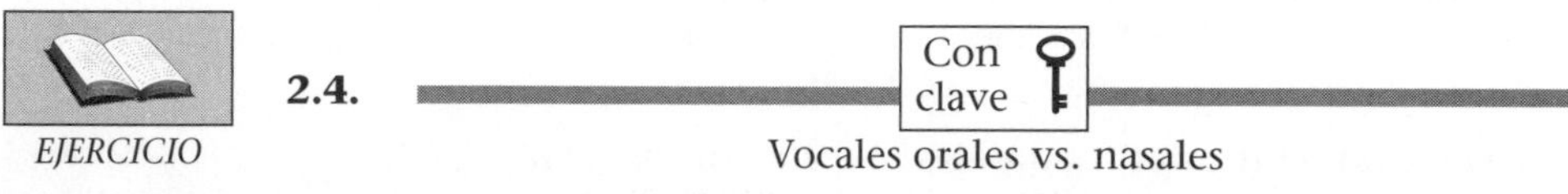

Resumen

Una **vocal** es un sonido que se produce cuando el aire de los pulmones pasa a la laringe y luego por la boca (o por la nariz y la boca) sin ninguna obstrucción audible con la excepción de las vibraciones de las cuerdas vocales.

Si existe alguna obstrucción o parada del aire, el resultado es una **consonante**. En lingüística, los cambios en la **calidad vocálica** de un sonido se denominan generalmente **cambios de timbre**. Así, el paso de [i] a [e] en *si* → *sé* es un cambio de timbre.

Los símbolos fonéticos para las **cinco vocales** del español son idénticos a las letras "i, e, a, o, u", excepto que se escriben entre corchetes: [i, e, a, o, u]. Nótese también que la letra *y* puede (por si sola) representar [i] en la conjunción *y* = ingl. 'and' (en otros casos, por ejemplo *yo* = [ʝo], la "y" es una consonante). En algunos casos, una vocal escrita no se corresponde a ningún sonido, ya que se trata de una pura convención ortográfica (cp. *que* [ke], *guerra* [ge]rra, *Quito* [ki]to, *guitarra* [gi]tarra), donde la "u" lógicamente se omite en la transcripción fonética.

Para facilitar la clasificación de las vocales, los lingüistas comparan la cavidad bucal con un triángulo. Las vocales que se pronuncian con la lengua en una posición relativamente alta dentro de este triángulo se llaman **vocales altas** (también llamadas **cerradas** ya que la mandíbula está casi cerrada al articularlas). Las que se articulan con la lengua en la parte posterior de la boca se llaman **vocales posteriores**. Al usar este sistema de descripción vocálica, suele tomarse en cuenta la posición vertical y la posición horizontal de la lengua, respectivamente. Hemos puesto énfasis, sin embargo, en que estas oposiciones ("alto/bajo" o "anterior/posterior") denotan valores **graduales** y no discretos, o sea, estos "puntos" de articulación no son absolutos sino relativos: en este tipo de descripción, la elevación de la lengua es siempre relativa a su posición neutra (más relajada) que, en español, coincide más o menos con aquella que se obtiene al articular la vocal "e" en palabras como *he, de, fe,* etc.

Otro criterio importante en la descripción de la producción de vocales es la **configuración de los labios**. Por lo general, el estudiante anglohablante *no* aplica suficiente tensión labial al hablar español. Esto es particularmente grave en el caso de las vocales altas [i] y [u]. La vocal [u] debe producirse con los labios en posición muy *redondeada*. En cambio, la posición de los labios al pronunciar la [a] es neutra y esto no causa mayores problemas al anglohablante. Hay que recordar, sin embargo, que al articular la [a], debe bajarse mucho la mandíbula para evitar la **schwa** inglesa (sobre este punto, véanse los Capítulos 5, 6 y 17). Por lo general puede decirse que *en inglés los labios no se redondean tanto como en español.*

Las vocales del español son, por lo general, muy estables, es decir, no hay mucha variación ni dialectal ni en su duración: todas suelen tener una duración corta. La vocal acentuada es, sin embargo, normalmente un poco más alargada, aunque su diferencia es mínima en comparación con las vocales largas de muchos otros idiomas.

En inglés, una vocal se "cierra" de manera mucho menos abrupta y menos tensa que en español, tienden a ser largas y muchas veces diptongadas. Para adquirir un acento nativo en español, el estudiante tendrá que pronunciar sus vocales *sin deslizarlas*, es decir, de modo "staccato" (breve y tenso).

Hemos distinguido entre **vocales orales** y **vocales nasales**. Las vocales nasales se producen obligatoriamente bajo dos circunstancias: (1) entre dos nasales (*mano* = ['mãno], *mina* = ['mĩ-na]) y (2) cuando una vocal está en posición *inicial* de palabra, seguida de consonante nasal: *emitir* [ẽ-mi'tiɾ], *ama* ['ã-ma]. En todos los demás casos, las vocales pueden articularse orales o nasales (en la mayoría de los casos son "orales"). Al contrario de lo que ocurre en algunas lenguas, en español la presencia/ausencia de nasalización no es clave, ya que no sirve para cambiar el significado de palabras (así: ['dile], ['dĩle] y ['dĩlẽ] significan lo mismo, i.e., *dile*).

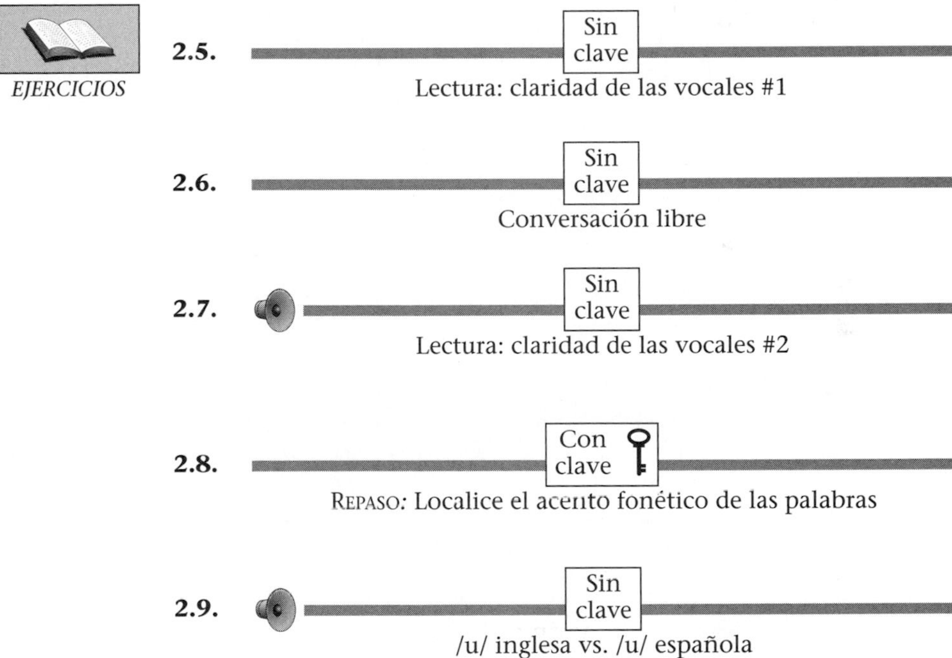

EJERCICIOS
2.5.
Sin clave
Lectura: claridad de las vocales #1
2.6.
Sin clave
Conversación libre
2.7.
Sin clave
Lectura: claridad de las vocales #2
2.8.
Con clave
REPASO: Localice el acento fonético de las palabras
2.9.
Sin clave
/u/ inglesa vs. /u/ española

Nota para el profesor

Recomendamos que al completar este capítulo el profesor asigne una primera lectura del Capítulo 17, "El sistema vocálico del inglés", y que haga **en clase** algunos de los ejercicios que acompañan a ese capítulo. Puesto que el contraste entre el sistema vocálico del inglés y el español es un componente particularmente útil en la adquisición de una pronunciación nativa, se recomienda que, cuando complete los Capítulos 1–16, vuelva a asignar el Capítulo 17.

Capítulo 3

La sílaba — Los diptongos — El hiato

3.1. La sílaba

La **sílaba** es la unidad rítmica fundamental de la lengua española. La sílaba suele definirse como una **unidad rítmica mínima** (ingl. 'minimal rhythmic unit'). Una unidad rítmica mínima (sílaba) está constituida por uno o varios sonidos articulados que constituyen un solo núcleo fónico *entre dos depresiones sucesivas de la emisión de voz*.

En una palabra como *amor* hay dos sílabas (*a—mor*). Estas dos sílabas se perciben como tales porque cada una de ellas se pronuncia en un solo golpe de voz y con dos depresiones sucesivas: *a* ⇓ *mor* ⇓. En la palabra *sílaba* hay tres unidades rítmicas mínimas (*sí—la—ba*, con tres depresiones: *sí* ⇓ *la* ⇓ *ba* ⇓) mientras que en *universidad* hay cinco (*u—ni—ver—si—dad*). Algunas palabras consisten de una sola sílaba (cp. *tu, mi, ti, tus, mis, o, y, ha*).

La sílaba es la base para el desarrollo de una buena pronunciación en español ya que casi todos los procesos fonológicos dependen de una manera u otra de su estructura. Además, como veremos, el ritmo del español —elemento fundamental en la buena pronunciación— depende directamente del número de sílabas de la oración.

Cada sílaba contiene una vocal, por lo que no hay sílabas sin vocal. Las palabras que constan de una sola sílaba se llaman **palabras monosilábicas**, o simplemente **monosílabos**. Las demás son todas **polisílabos**, también llamadas **palabras polisilábicas** o **multisilábicas**. En español hay un buen número de palabras que constan de una sola vocal, formando así cada una de ellas una sílaba. Las palabras a continuación son ejemplos de monosílabos y polisílabos (los números entre paréntesis indican el número de sílabas de cada palabra):

Monosílabos		**Polisílabos**		
y	(1)	*doce*	do—ce	(2)
ha	(1)	*llora*	llo—ra	(2)
han	(1)	*meses*	me—ses	(2)
es	(1)	*oreja*	o—re—ja	(3)
o	(1)	*palabra*	pa—la—bra	(3)
con	(1)	*Francisco*	Fran—cis—co	(3)
ir	(1)	*invisible*	in—vi—si—ble	(4)
mi	(1)	*consonantes*	con—so—nan—tes	(4)

En los ejemplos de monosílabos y polisílabos anteriores, cada sílaba contiene una sola vocal escrita (por ej., *con—so—nan—tes*). Veremos en la segunda parte de esta lección (véase "3.3. Los diptongos y triptongos", pág. 55) que esto no es siempre así, ya que algunas palabras tienen *dos* vocales escritas dentro de una sola sílaba. Este es el caso, por ejemplo, en *Ma—rio*, donde el segmento "—rio" consta de una sola sílaba a pesar de contener dos vocales escritas (por lo tanto silabearemos *Ma—rio* y no **Ma—ri—o*).

3.1.1. *Sílabas abiertas y sílabas cerradas*

Hay dos tipos de sílabas: sílabas **abiertas** (también llamadas "**libres**") y sílabas **cerradas** (o "**trabadas**"). Las sílabas abiertas siempre terminan en **vocal**, mientras que las cerradas terminan en **consonante**. Como lo ejemplifican las Figuras 3.1 y 3.2, una sílaba **abierta** puede constar de una sola vocal (cp. *o—la, a—la*) o de una combinación de una o más consonantes + vocal (cp. *sa—la, cla—ro, fra—se*).

No importa pues la cantidad de "letras" (o sonidos) de una sílaba para que esta sea abierta: las sílabas que terminan en vocal siempre son sílabas abiertas. Lo mismo sucede con las sílabas **cerradas**: no importa el número de consonantes dentro de la misma sílaba. Cualquier sílaba que termina en consonante es cerrada (Fig. 3.2). Por ejemplo, la expresión *mis plantas* contiene un total de tres sílabas cerradas: (1) *mis* (2) *plan-* (3) *-tas*. La palabra *can—sa—do* tiene tres sílabas en total, la primera de ellas cerrada y las otras dos abiertas (Fig. 3.1):

can—	sa—	do
CERRADA	ABIERTA	ABIERTA
CV**C**	C**V**	C**V**

Fig. 3.1. Silabeo de *cansado*.

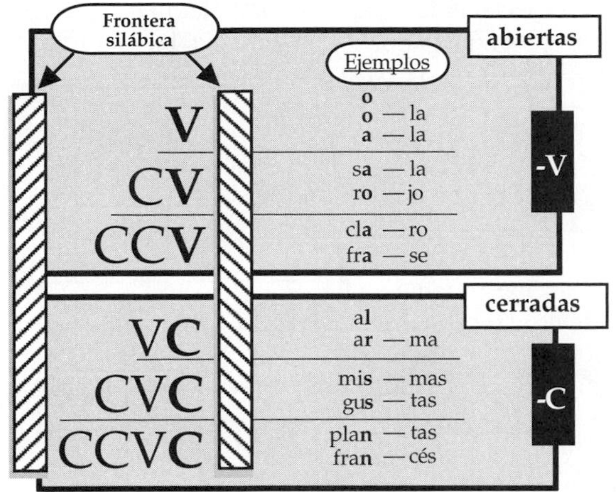

Fig. 3.2. Las dos configuraciones de sílabas: abiertas y cerradas.

Las abreviaturas

En su forma abreviada, las vocales se representan con "V", las consonantes con "C".

En su forma breve, la secuencia CONSONANTE + VOCAL *se representa pues con "CV". La secuencia "CCV" corresponde a* CONSONANTE + CONSONANTE + VOCAL.

3.1.2. *Separación de sílabas: la secuencia VCV*

La lengua española tiene una fuerte tendencia hacia sílabas abiertas, por lo que **la secuencia fonética VCV siempre se silabea V—CV** en vez de VC—V: *e—so, a—ma, a—la, a—gu—ja, fa—vo—ri—to*. Dicho de otra manera, la consonante siempre se une con la vocal que le sigue **(V + CV)**, produciendo así dos sílabas abiertas. Compare los siguientes ejemplos:

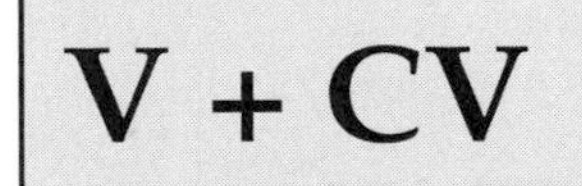

e—so	o—jo	A—na
a—ma	e—cha	i—do
a—la	o—ro	o—la
a—gu—ja	e—so	A—mé—ri—ca
fa—vo—ri—to	E—va	i—ló—gi—co

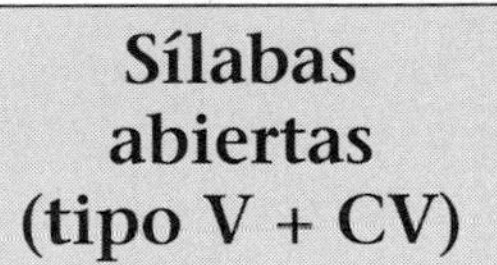

Un caso singular en cuanto a vocales abiertas es el de los **grafemas "qu-" y "gu-" acompañados de los sonidos [e] o [i]**. En estos casos la "u" *no suena*. Así, en las palabras "que" y "guisante" no se articula la "u"; no decimos *[ku̯e] ni *['gu̯i]sante, sino [ke] y [gi]sante.[1]

quí-mi-ca	**que**-so	pa-**que**-te
gui-san-te	a-**gui**-jón	**gue**-rra

[1] Para una revisión exhaustiva de las normas ortográficas relativas a "que-" / "qui-" y "gui-" / "gue-", consulte las páginas 231–232 y 268–270 de este manual.

Como se ha mencionado, otro grafema especial es la "**h**". Así en la palabra *hola,* la "h" no se articula.[2] Según esto, podemos entender que, al igual que en *hola,* los ejemplos a continuación son todos casos de V—CV (y no de CV—CV):

Hu—go	ho—yo
ha—ga	hi—go
ha—cha	hi—lo
ho—ra	hu—mo
he—cho	hi—zo

¡ho — la!
V CV

Un caso algo especial lo constituyen los grafemas "**ll**", "**rr**" y "**ch**" (Fig. 3.3). A pesar de constar de dos letras, cada una de estas combinaciones ortográficas corresponde, en realidad, a un solo sonido, representado [ʝ], [r] y [tʃ], respectivamente (véase Cap. 8). Dado el valor articulatorio de "ll", "rr" o "ch" (= 1 sola consonante), es lógico que palabras como *allá, arreglo* y *ocho* se silabeen *a—**llá*** (V—CV), *a—**rre**-glo* (V—CV), *o—**cho*** (V—CV), respectivamente. Compare también los siguientes ejemplos a continuación:

Con "ll"	**Con "rr"**	**Con "ch"**
ca—**ll**e	pe—**rr**o	pe—**ch**o
mi—**ll**ón	ca—**rr**e—ra	**ch**i—co
si—**ll**a	a—ho—**rr**o	ha—**ch**a

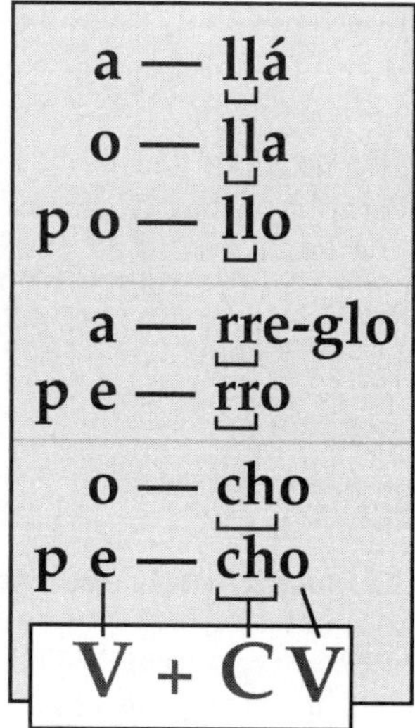

Fig. 3.3. "ll", "rr", "ch".

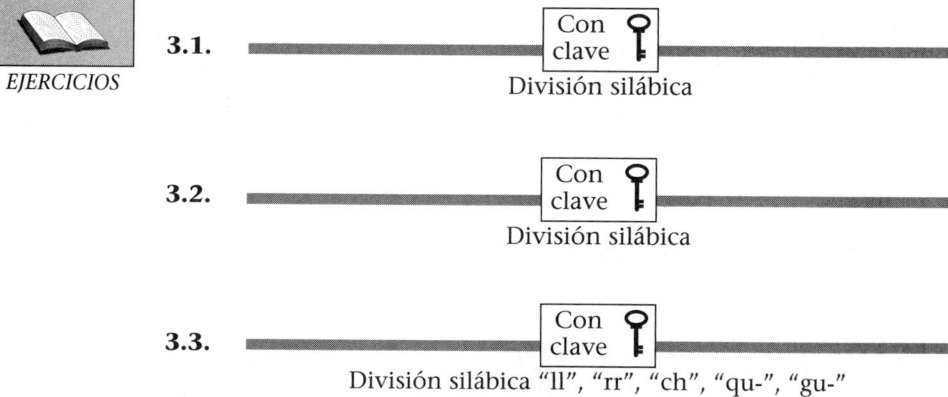

---

[2] Recuerde que un **grafema** es una representación ortográfica, por lo que en ocasiones no tiene correlato en el sonido (i.e., a nivel fonético). Un ejemplo es el grafema "h"; se escribe "h" en "hola", pero sólo se articula ['ola].

3.2. Separación de sílabas

3.2.1. *Separación de sílabas: grupos de DOS consonantes*

Como lo ilustran los grupos consonánticos ('consonant clusters') a continuación, el silabeo de *dos* consonantes contiguas (CC) tiene dos soluciones distintas, cada una de ellas determinada por reglas fijas que examinaremos en seguida.

Separación de dos consonantes contiguas

Primera solución:		**Segunda solución:**	
al — to es — te	C — C	pa — trón chi — cle	— CC

¿Cómo puede determinar el estudiante cuál de estas dos soluciones (¿C—C o —CC?) es la división silábica correcta en *agrio, ofrecer, limpio, Enrique* u otras palabras similares, donde hay un grupo consonántico "CC"? La respuesta correcta se encuentra en las dos reglas siguientes:

> ***Regla #1:*** Cuando el grupo consonántico PUEDE COMENZAR una palabra, este NO SE DIVIDE.

Ejemplos		**Explicación**
pa—	**trón**	"**tr**" NO se divide porque este grupo consonántico puede comenzar una palabra (por ej., *traer, tres, trabajar*).
chi—	**cle**	"**cl**" NO se divide porque este grupo consonántico puede comenzar una palabra (por ej., *claro, clave, clima*).
a—	**grio**	"**gr**" NO se divide porque este grupo consonántico puede comenzar una palabra (por ej., *gris, grueso, gritar*).
o—	**fre**— cer	"**fr**" NO se divide porque este grupo consonántico puede comenzar una palabra (por ej., *frío, fresco, francés*).

> ***Regla #2:*** Cuando el grupo consonántico NO PUEDE COMENZAR una palabra, este SÍ SE DIVIDE.

Ejemplos		**Explicación**	
a**l**—	**t**o	"**lt**"	Sí se dividen porque estos grupos consonánticos jamás comienzan una palabra.
e**s**—	**t**e	"**st**"	
li**m**—	**p**io	"**mp**"	
E**n**—	**r**i— que	"**nr**"	
NA**F**—	**T**A	"**ft**"	
ma**g**—	**m**a	"**gm**"	
a**p**—	**t**o	"**pt**"	
a—	mí**g**— **d**a— la	"**gd**"	
a—	né**c**— **d**o— ta	"**cd**"	
a—	rá**c**— **n**i— do	"**cn**"	

El lector se preguntará: ¿cómo puedo saber yo si un grupo consonántico efectivamente puede comenzar una palabra en español? Afortunadamente, el inglés y el español son lenguas muy similares en cuanto a las secuencias consonánticas permitidas (o no) al inicio de palabras. Gracias a estas similitudes, el estudiante puede simplemente seguir su "intuición lingüística" al determinar si, por ejemplo, "lr" (cp. *alrededor*) y "sr" (cp. *Israel*) pueden comenzar una palabra ("lr" y "sr" jamás inician palabras ni en inglés ni en español, por lo que "lr" y "sr" deben dividirse en *al—re—de—dor* e *Is—ra—el*, respectivamente).

Hay, sin embargo, una excepción a esta similitud general entre el español y el inglés: la lengua inglesa permite el grupo "s + CONSONANTE" (por ej., *st-, sl-, sp-, sc-*) al inicio de palabras, mientras que el español jamás lo permite. Los ejemplos a continuación ilustran la diferencia entre las dos lenguas.

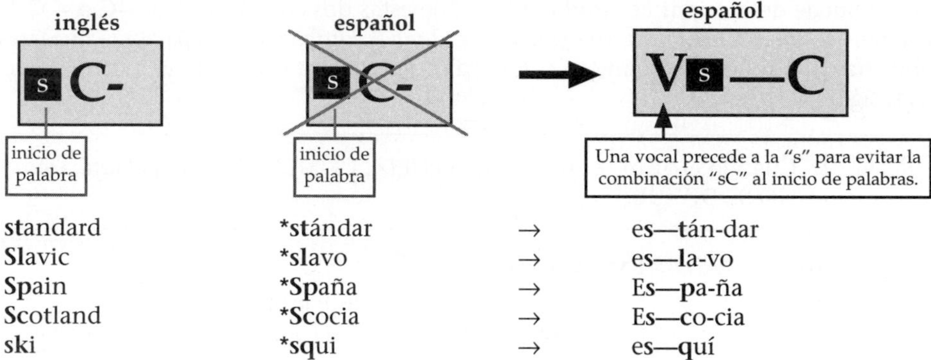

Dada la inexistencia en español de *st-, sl-, sp-, sc-* al inicio de palabra, el estudiante entenderá ahora:

a. por qué un hablante monolingüe de español normalmente tiende a articular **estreet*, **eslave*, **espeech* en vez de ingl. *street, slave, speech*; y

b. por qué la división silábica de palabras como *estar, isla, español, escapar* debe ser *es—tar, is—la, es—pa-ñol, es—ca-par.*

Para entender mejor la **regla #2**, es importante fijarse en un fenómeno dialectal que sucede con los grupos consonánticos **"ct"** y **"cc"**. Estos grupos son conocidos tradicionalmente como grupos latinos, porque etimológicamente muchas palabras que presentan los grupos "ct" o "cc", los conservan de las palabras originarias latinas. Así: *eccema, pactar, acceso, dictado*, etc. Tanto en regiones norteñas peninsulares (Galicia, Asturias, etc.), como en amplias zonas de Latinoamérica, es frecuente que en los grupos "ct" y "cc" los hablantes no pronuncien la primera "c" y que por lo tanto articulen: *abstra[**t**]o* en lugar de *abstra[**k**]to*, *a[**s**]eso* en lugar de *a[**ks**]eso*, *estru[**t**]ura* en lugar de *estru[**kt**]ura*, etc. Se trata de un fenómeno común, a veces más frecuente con el grupo "cc" que con "ct", y que no distingue entre variedades diastráticas y diafásicas[3] de la lengua. Esto es válido independientemente de la clase social, estilo y/o registro de los hablantes.

En cuanto a la división silábica de estos grupos, salvo cuando transcribamos un habla dialectal que manifieste los fenómenos arriba señalados, aplicaremos siempre la **regla #2** (división de los grupos "ct" o "cc"). Observe en los ejemplos a continuación que las palabras en español nunca comienzan con "ct" o "cc":

Ejemplos				**Explicación**
pac—	to			
oc—	to—	sí— la— bo		
con—	flic—	to		"**ct**" jamás comienza una palabra
pro—	duc—	tor		
a—	fec—	tar		
fic—	ción			
in—	duc—	ción		"**cc**" jamás comienza una palabra
sec—	ción			
frac—	ción			

Hay otros casos que nos pueden plantear dudas porque tenemos consonantes dobles como "**nn**": *perenne, connotación*; o muy próximas fonéticamente, como los grupos "**mn**" y "**nm**": *omnipotente, comúnmente*. En estos casos, aplicamos la **regla #2** siempre (C)V**C**-**C**V(C), dado que ninguna palabra o sílaba en español comienza con estos grupos. Así dividiremos:

pe-re**n**—**n**e	co-mú**n**—**m**en-te
co**n**—**n**o-ta-ción	o**m**—**n**i-po-ten-te

Hemos progresado lo suficiente para resolver, a manera de ejemplos adicionales, el silabeo de *cansado* y *cobrar*. En cuanto a *cansado,* nos preguntamos: ¿existen palabras que comienzan con el grupo "ns"? Puesto que la respuesta es negativa (no hay, por ejemplo, palabras como **nsalada* o **nseguro*), el grupo "ns" debe separarse: *can—sa-do.* En *cobrar,* el resultado es lo opuesto, ya que "br" sí puede ocurrir al comienzo de palabras (*bravo, broma, brincar*). Por lo tanto, *cobrar* se silabea *co—brar.*

En la práctica, todo lo aprendido sobre la separación de grupos de dos consonantes puede resumirse con las dos observaciones expuestas en la Figura 3.4. Se notará que en los grupos "indivisibles" bajo (1), las combinaciones consonánticas siempre incluyen una "l" o "r" como segundo elemento; así "pl" y "pr":

---

[3] Ambos términos, **variación diastrática y diafásica**, se emplean en **Sociolingüística** y **Dialectología**. La **variación diastrática** se refiere a la variación del habla relacionada con la ubicación sociocultural, socioeconómica, edad y sexo del hablante. Por ejemplo, una persona mayor sin educación formal y proveniente de una zona rural empleará con más frecuencia algunos sonidos, que un hablante joven, urbano, con formación educativa superior no usará.

Por otro lado, la **variación diafásica** se refiere a las distintas modalidades de habla, estilos y registros, que el hablante escoge para adecuar su variedad a la situación y funciones comunicativas. Así, no hablamos igual con un amigo sobre el último libro que hemos leído, que con nuestro profesor de literatura en la universidad cuando analizamos la misma obra. En el primer caso, es probable que hablemos coloquialmente, mientras que en clase intentaremos usar una variedad más formal haciendo uso de un vocabulario rico en términos literarios.

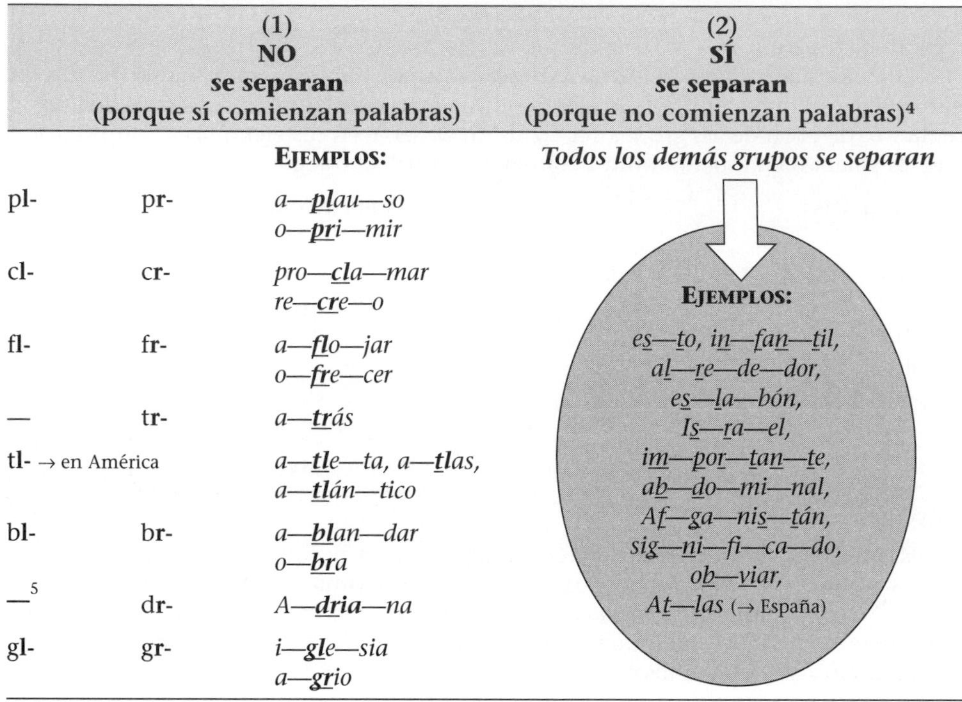

		(1) **NO** **se separan** (porque sí comienzan palabras)	(2) **SÍ** **se separan** (porque no comienzan palabras)[4]
		Ejemplos:	***Todos los demás grupos se separan***
pl-	pr-	*a—**pl**au—so* *o—**pr**i—mir*	
cl-	cr-	*pro—**cl**a—mar* *re—**cr**e—o*	**Ejemplos:**
fl-	fr-	*a—**fl**o—jar* *o—**fr**e—cer*	*es—to, in—fan—til,* *al—re—de—dor,*
—	tr-	*a—**tr**ás*	*es—la—bón,* *Is—ra—el,*
tl- → en América		*a—**tl**e—ta, a—**tl**as,* *a—**tl**án—tico*	*im—por—tan—te,* *ab—do—mi—nal,*
bl-	br-	*a—**bl**an—dar* *o—**br**a*	*Af—ga—nis—tán,* *sig—ni—fi—ca—do,*
—[5]	dr-	*A—**dr**ia—na*	*ob—viar,* *At—las* (→ España)
gl-	gr-	*i—**gl**e—sia* *a—**gr**io*	

Fig. 3.4. Grupos consonánticos y su separación.

Un caso especial lo presenta el grupo "**tl**". En Hispanoamérica, "tl" por lo general no se separa en dos sílabas, sino que se articula en una sola sílaba: *a—tle-ta, a—tlán-ti-co, a—tlas*. Lo opuesto ocurre en España, donde sí se suele separar (cp. *at—lán-ti-co, at—las*).[6] La preferencia por la no separación de "tl" en diversas regiones de Hispano-

[4] Como excepción a esta regla #2 se encuentran algunos grupos consonánticos que comienzan palabras en español: "**ct**", "**gn**", "**mn**", "**ps**" y "**pn**". Véanse las palabras: ***ct**enóforos*, ***gn**omo*, ***gn**óstico*, ***mn**emotécnico*, ***ps**icodelia*, ***ps**icópata*, ***ps**iquiatría*, ***pn**euma*. Estas combinaciones son posibles porque al incorporar estos términos al español estándar se ha respetado su correspondiente etimología, i.e., estas palabras suelen derivar del griego o del latín. En su mayoría responden a términos técnicos, relativos a la zoología, la mitología, la filosofía o la medicina.

Debe notarse que dada la complejidad ortográfica de estos términos, desde hace tiempo la RAE considera admisible la simplificación ortográfica de los grupos cultos "ps-", "mn-", "pn-" (por derivar de lenguas clásicas, se les suele llamar así), que se reducen a "s-" y "n-". Así se escriben: *siquiatría, sicópata, nemotécnico, neuma*, etc. Sin embargo, hay que señalar que sigue existiendo una clara preferencia por mantener los grupos cultos en la escritura, y que se considera raro, y en ocasiones hasta incorrecto (aunque esté admitido en la norma estándar), escribir estas palabras en su versión simplificada.

[5] La secuencia /dl/ nunca aparece en español a principio de palabra, sin embargo la encontramos en interior de palabra, donde es poco común: *hace**dl**o, trabaja**dl**o, A**dl**er → A-**dl**er; Chan**dl**er → Chan-**dl**er.* Para más información, consúltese Guitart (2004: 218).

[6] Esta regla no es válida para toda España: en Galicia, al igual que en América, "tl" *no* se separa.

américa se explica por la influencia de las lenguas amerindias. Por ejemplo en México, se dan palabras como *Tlaxcala* o *Tlascala* (nombre de un estado mexicano), *Tlacuache* (animal marsupial, también llamado *zarigüeya*), o *Tlacoyo* (tortilla rellena de frijoles, carne, etc., acompañada de nopales, queso, etc.), que proceden del **náhuatl**, lengua en la que el grupo "tl" sí puede iniciar palabras. En México, el grupo "tl" por lo tanto se considera inseparable.

Por el contrario, en España no hay palabras que empiecen con "tl", y por lo tanto es lógico que en la Península el grupo se divida normalmente en dos (i.e., "t—l").

3.2.1.1. La letra "x": su valor fonético

La letra "x" se distingue de las demás letras del alfabeto español por representar generalmente **dos** sonidos. Al pronunciar palabras como *éxito, máximo* o *léxico,* el valor fonético de la "x" en el habla lenta enfática corresponde no a uno sino a dos sonidos, es decir **[k+s]**. Puesto que la "x" jamás empieza una palabra,[7] este grupo consonántico debe dividirse en "k—s".

Por contraste, en una **pronunciación relajada y no enfática**, la RAE señala que tanto en posición intervocálica como a final de palabra [k+s] suele pronunciarse como **[g+s]**. Así son posibles las siguientes realizaciones:

	"x" = [k-s]	**"x" = [g-s]**
examen	e[**k—s**]a-men	e[**g—s**]a-men
exhibir	e[**k—s**]i-bir	e[**g—s**]i-bir
tórax	tó-ra[**ks**]	tó-ra[**gs**]

Al mismo tiempo es común la pronunciación de la "x" *intervocálica* como una simple [s], aunque desde una perspectiva normativa se considera subestándar. Así, es frecuente: *éxito* ['e—**s**i-to] en lugar de ['e**k—s**i-to] o ['e**g—s**i-to]. En este texto, cuando así lo pronuncien los hablantes, transcribiremos la "x" por [s]; en ejemplos escritos (no grabados) transcribiremos la solución más normativa (con [ks]): ['e**k—s**i-to].

La realización de la "x" como [s] también aplica a aquellas palabras del español que, si bien no frecuentes, comienzan con "x" como *xilófono, xilografía, xenofobia, xerografía, xeromorfo*, etc., y que son normalmente términos literarios, artísticos o científicos (Botánica, Medicina, Química, etc.).

Asimismo, se han incorporado al español mexicano y, por extensión, al español estándar palabras del náhuatl que comienzan con "x", dado que en esa lengua es común esta secuencia; por ejemplo, *Xochimilco* (lugar de México), *Xochiquetzal* (diosa de la fertilidad y la agricultura en la mitología azteca), *xocoatole* (papilla agria de maíz), etc. En todos estos casos, en español estándar la **"x" en posición inicial se pronuncia y transcribe como [s]** (cp. *[s]ochimilco, [s]ochiquetzal, [s]ocoatole*).[8]

---

[7] Especialmente en el español mexicano hay algunos préstamos (indigenismos) que sí empiezan con "x" (cp. *Xochimilco* = 'lugar de México'). Pero como se trata de indigenismos, no violan realmente la regla general de que, en español, la "x" no empieza una palabra.

[8] En posición inicial de palabra, se encuentran excepciones a esta regla en el español de México y en otras zonas de América por influencia del náhuatl. Así, se pronuncian con "jota" palabras como *Xalapa* (poblado de México), y con "sh" [ʃ] *xolo/xola* (macho y hembra del pavo o guajolote), *Xotepingo* (nombre de una estación de tren en México), etc. Estos casos reproducen la pronunciación de la lengua indígena y se mantienen en el español estándar.

Por último, hay que notar que la pronunciación con [ks] o [gs] contrasta con el uso de la "x" INTERVOCÁLICA en **palabras del español mexicano que proceden del náhuatl**, y cuya pronunciación se ha preservado en español estándar. En este caso, la "x" se pronuncia **con "jota"**: [x] o, en su variante dialectal, la aspirada [**h**]:

	CON [x]	**CON [h]** (variante dialectal)
Texas	Te[x]as	Te[**h**]as
Oaxaca	Oa[x]aca	Oa[**h**]aca
México	Mé[x]ico	Mé[**h**]ico
texana	te[x]ana	te[**h**]ana
oaxaqueño	oa[x]aqueño	oa[**h**]aqueño
mexicanismo	me[x]icanismo	me[**h**]icanismo

Algunos nombres propios y apellidos conservan su forma gráfica arcáica: *Xavier, Ximena Ximénez, Mexía* (estas mismas palabras también se encuentran deletreadas con jota, i.e., *Javier, Jimena Jiménez, Mejía*). En todos estos casos, la pronunciación de la equis es [x] o [h] (variante dialectal); por ejemplo: *Xavier* = *[x]avier* o *[h]avier*.

3.2.1.2. La letra "x": su silabeo

En el nivel fonético, el silabeo correcto de ejemplos anteriores como *éxito, máximo* o *léxico* es [ˈek—si—to], [ˈmak—si—mo] y [ˈlek—si—ko]. Ahora bien, como el grupo intervocálico [ks] se representa por una sola letra ("x") en la ortografía, esta letra única no puede dividirse, lo cual crea una discrepancia entre el silabeo de la "x" ortográfica y el segmento fonético [ks] (silabeado "k—s").[9] Esto es evidente en los ejemplos a continuación, donde la separación silábica de la "x" en el nivel ortográfico sigue las pautas que rigen a las consonantes simples:

"x" = [k+s]

*Al silabear un **texto ortográfico**, el estudiante seguirá las reglas aplicadas aquí bajo la columna "Ortografía".*

ORTOGRAFÍA			**FONÉTICA**		
é—	**x**i—	to	[ˈe**k**—	si—	to]
má—	**x**i—	mo	[ˈma**k**—	si—	mo]
lé—	**x**i—	co	[ˈle**k**—	si—	ko]
ne—	**x**o		[ˈne**k**—	so]	
se—	**x**ual		[se**k**—	ˈsu̯al]	

*Al silabear un **texto fonético**, el estudiante dividirá los sonidos representados por la "x" como se hace aquí bajo la columna "Fonética".*

En frontera silábica, i.e. **posición final de sílaba**, se encuentran casos como *extremo* o *texto* que fonéticamente se dividen como sigue: [e**ks**—ˈtre-mo] o [e**gs**—ˈtre-mo], [ˈte**ks**—to] o [ˈte**gs**—to]. Esta pronunciación se da en gran parte de América. En

[9] En casos de "x" intervocálica como *Texas, mexicano, Mexía*, en donde la "x" se realiza como "jota", obsérvese que la división silábica es V-CV: [ˈte—xas], [me—xi—ˈka—no], [me—ˈxi—a].

España y algunas regiones del continente americano, aunque la pronunciación con énfasis coincide con el uso de [ks] o [gs], está muy generalizada la pronunciación de "x+CONS" con "[s]+ CONS": *extremo* = *e[st]remo*, *texto* = *te[st]o*, *excusa* = *e[sk]usa*, *explicar* = *e[sp]licar*.[10] En posición final de sílaba, cualquiera de las tres pronunciaciones es considerada estándar, como lo muestra el esquema a continuación.

Las tres articulaciones estándares de "x+ CONS.":

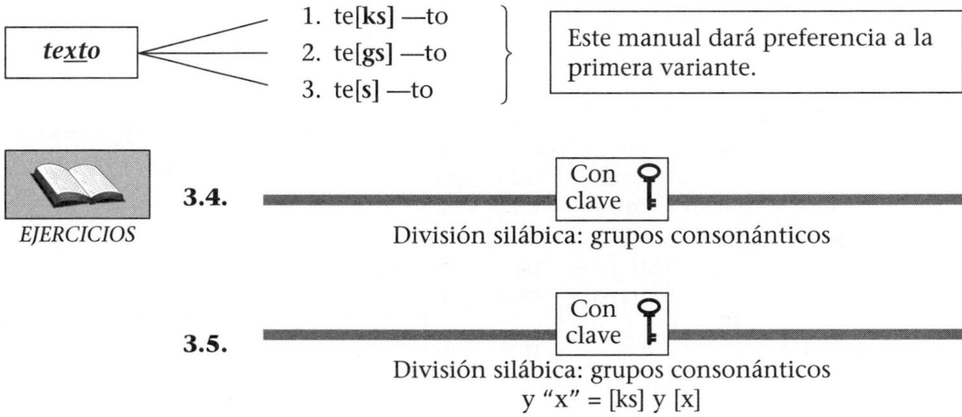

3.2.2. *Separación de sílabas: grupos de TRES consonantes*

Al igual que con los grupos de dos consonantes, el silabeo de *tres* consonantes sigue dos reglas distintas:

1. **tres consonantes siempre se dividen en C+CC (Regla #1), excepto**
2. **cuando la segunda consonante es una "s", CCC se divide Cs+C (Regla #2).**

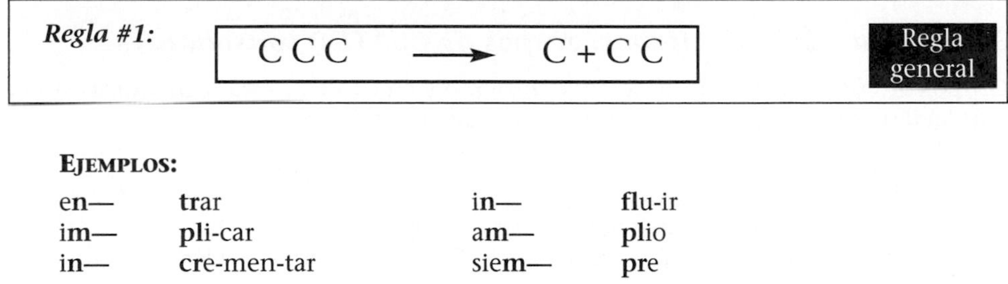

EJEMPLOS:

en—	**tr**ar	i**n**—	**fl**u-ir
i**m**—	**pl**i-car	a**m**—	**pl**io
i**n**—	**cr**e-men-tar	sie**m**—	**pr**e

[10] Para mayor información sobre este fenómeno, véase el Capítulo 10.

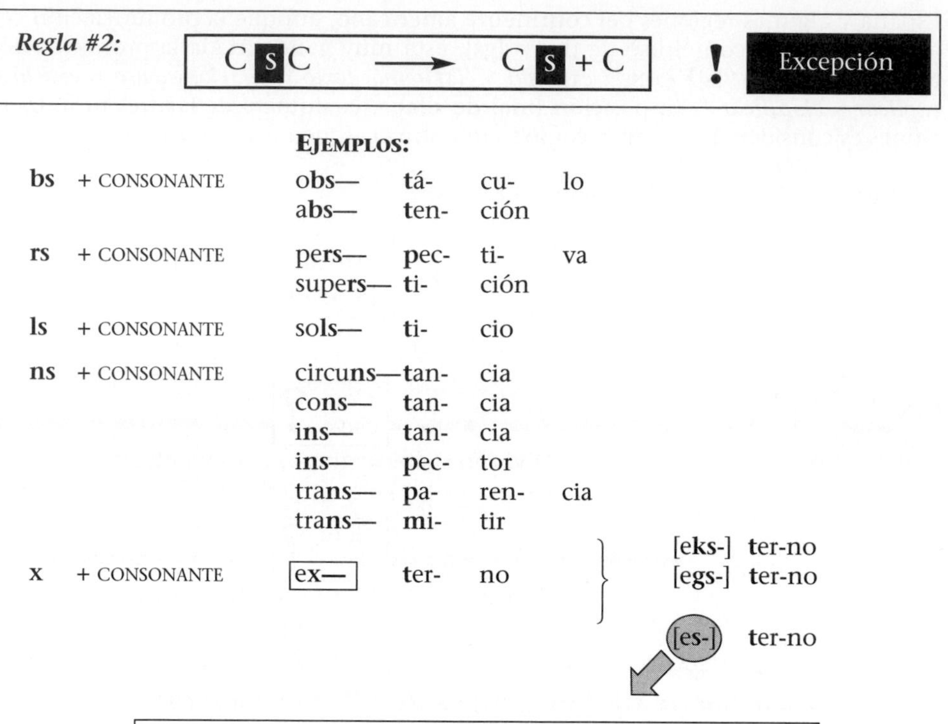

Regla #2:
C s C ⟶ C s + C
! Excepción
Ejemplos:
bs + consonante
obs— tá- cu- lo
abs— ten- ción
rs + consonante
pers— pec- ti- va
supers— ti- ción
ls + consonante
sols— ti- cio
ns + consonante
circuns—tan- cia
cons— tan- cia
ins— tan- cia
ins— pec- tor
trans— pa- ren- cia
trans— mi- tir
x + consonante
ex— ter- no
[eks-] ter-no
[egs-] ter-no
[es-] ter-no

Muchos hispanohablantes pronuncian la combinación "x" + CONSONANTE como [s] + CONSONANTE. Así *[est]erno* o *[esk]usa* (= *excusa*). Ambas pronunciaciones pertenecen al español estándar.

3.2.3. *Separación de sílabas: grupos de CUATRO consonantes*

Grupos de cuatro consonantes se dividen siempre en CC+CC. Esta regla quizás sea la más fácil de todas, así que no necesitará explicación adicional.

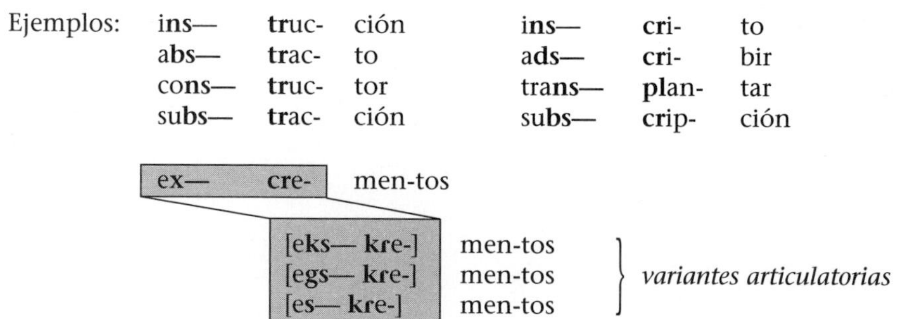

Ejemplos:
ins— truc- ción
abs— trac- to
cons— truc- tor
subs— trac- ción
ins— cri- to
ads— cri- bir
trans— plan- tar
subs— crip- ción
ex— cre- men-tos
[eks— kre-] men-tos
[egs— kre-] men-tos
[es— kre-] men-tos
variantes articulatorias

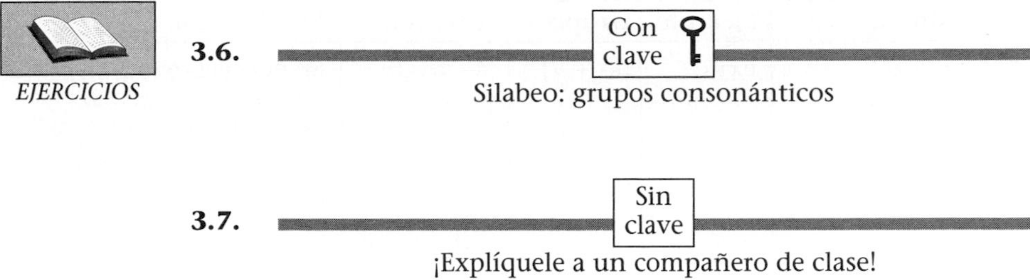

3.2.4. *Breve repaso: silabeo de la letra "x"*

Puede ser útil repasar aquí el silabeo de palabras que contienen la letra "x". Sugerimos que se estudie el tipo de ejemplos presentados en la Tabla 3.1 (pág. 52), y que el estudiante preste atención especial a las explicaciones en la columna a la derecha de cada ejemplo. Se notará que las explicaciones no difieren de las reglas que hemos estudiado hasta ahora. La Figura 3.5 da tres ejemplos de silabeo con "x" en forma de resumen gráfico.

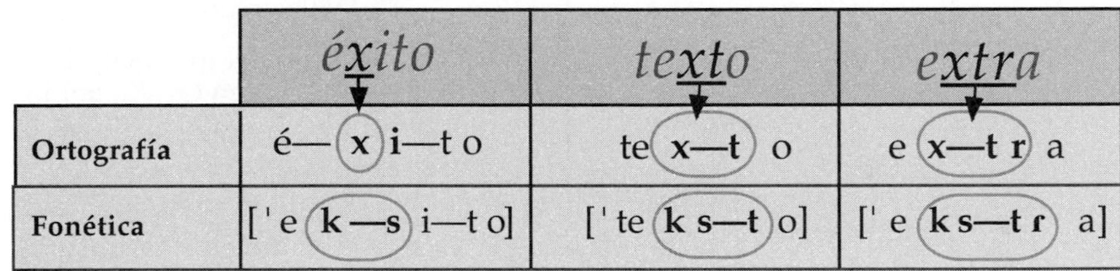

Fig. 3.5. El silabeo de "x": tres ejemplos representativos.

Posición de la "x"	Ejemplo	Grupo	División	Explicación
"x" + VOCAL[11]	éxito	[ks + V]	*é—**xi**—to*	En el nivel **ortográfico**, la división es *é—xi—to*, ya que la letra "x" cuenta como una sola consonante.
			['e**k—s**i-to]	En el nivel **fonético**, la "x" (= [k—s]) se divide porque [ks] jamás puede empezar una palabra.
			['e—**s**i-to]	En el nivel **fonético**, la "x" intervocálica se articula comúnmente [s]. Como es natural, la secuencia resultante VCV se silabifica V—CV.
"x" + 1 CONSONANTE	texto	[ks + C]	*tex—to*	En el nivel **ortográfico**, "x" + 1 CONSONANTE se divide en dos.
			['te**ks—t**o]	En el nivel **fonético**, CsC se divide en Cs—C, por lo que ['teks—to] es el resultado esperado. Ejemplos similares son: *mixto* = ['miks—to] *sexto* = ['seks—to]
"x" + 2 CONSONANTES	extra	[ks + CC]	*ex—**tr**a* ['e**ks—tr**a]	Cuatro consonantes contiguas siempre se dividen en CC + CC.

Tabla 3.1. Silabeo de la letra "x".

3.2.5. *División silábica: resumen*

Resumamos aquí brevemente las reglas más importantes expuestas hasta ahora sobre la división silábica. Se notará que estas pueden reducirse esencialmente a cuatro reglas generales (Tabla 3.2).

---

[11] Acuérdese de que la "x" *intervocálica* se realiza también como "**jota**" [x] en palabras que proceden del náhuatl, hoy en día totalmente integradas en el español estándar, como *Texas, Oaxaca, México* y sus derivados: *mexicanismo, oaxaqueño*, etc., y en las variantes americanas de algunos nombres propios y apellidos: *Xavier, Ximena, Ximénez, Mexía.*

En estos casos la división silábica es V-CV: *México* ['me—xi—ko], *texana* [te—'xa—na], *Mexía* [me—'xi—a].

Número de consonantes	Configuración	División	Ejemplos	Reglas
1	VCV	V—CV	*a—la* *hi—lo* *o—la* *éxito = é—[si]-to*	La consonante en posición intervocálica se une a la segunda vocal.
2	CC	C—C	*en—ci—ma* *é[k—s]ito* *é[g—s]ito* *pe-re[n—n]e*	(a) Si el grupo consonántico en cuestión **no** puede comenzar una palabra, entonces el grupo CC **sí** se divide.
		—CC	*ne—gro* *ma—dre*	(b) Si el grupo consonántico en cuestión **sí** puede comenzar una palabra, entonces el grupo CC **no** se divide.
3	CCC	C—CC	*im—ple-men-tar* *in—cre-í-ble* *[es—kre]-men-to* *excremento* *Reducción de [eks—kre]-men-to*	(a) Siempre se divide en C+CC, **excepto** ...
	CsC	Cs—C	*cons—tan-cia* *sols—ti-cio* *ins—pi-rar*	(b) ... en las secuencias consonánticas CsC, donde se divide Cs+C.
4	CCCC	CC—CC	*ins—cri-bir* *ins—tru-men-to* *ex—cre-men-tos =* [eks—kre-]men-tos [egs—kre-]men-tos	Siempre se divide en CC+CC.

Tabla 3.2. Reglas para la división silábica.

3.2.6. *Una excepción a las reglas de división silábica: prefijos en la ortografía*

Hemos insistido previamente en que en español la consonante siempre forma sílaba con la vocal que le sigue (así VCV = V—CV como en *a—la, o—la;* y CVCV = CV—CV, como en *de—do, ca—ro*). En la pronunciación, esta regla siempre se mantiene. Sin embargo, en la **ortografía**, esta regla ***no*** se observa necesariamente cuando se trata de *prefijos*. Se aplican las siguientes convenciones ortográficas para dividir prefijos:

1. el guión no debe separar letras de una misma sílaba.
2. un prefijo puede considerarse un **segmento integral** aunque la división no coincida con el silabeo de la palabra. En tales casos, se permiten dos soluciones, ilustradas por los ejemplos a continuación:

Ejemplos de PREFIJOS y su silabeo ortográfico al final del renglón

*Este texto analizará elementos **in**-estables ya que estos aparecen con mayor frecuencia.*

*A veces estos elementos **in**-esperadamente se comportan de manera distinta.*

*Curiosamente la palabra "**en**-amarillecer" se silabifica a veces "**en**—a-ma-ri-lle-cer" en la ortografía a pesar de que en el habla se silabifique "e—na-ma-ri-lle-cer".*

Solución #1:	**Solución #2 (más común en el habla):**
des— a-pa-re-cer	**de**— sa -pa-re-cer
in— a-ni-ma-do	**i**— **na**- -ni-ma-do
sub— ra-yar	**su**— **bra** -yar
↑ *Prefijos*	↑ ↑ *Prefijos (divididos)*

Los expertos en fonética y fonología coinciden en que existe una **tendencia general** en español a que **toda consonante intervocálica se incorpore a la misma sílaba de la vocal que le sigue (cp. *a–ma, mu–cha—cha; a—la*)** siendo así **CV (sílaba abierta)** la **estructura silábica preferida.** De ahí que en casos como los señalados arriba, el silabeo más común entre los hablantes es ***de-sa**-pa-re-cer* (CV-CV-...), ***i-na**-ni-ma-do* (V-CV-...), etc. Esta división silábica tiene en muchos casos su correlato ortográfico y por eso es frecuente encontrar divisiones silábicas ortográficas que son iguales a las presentadas a nivel fonético.

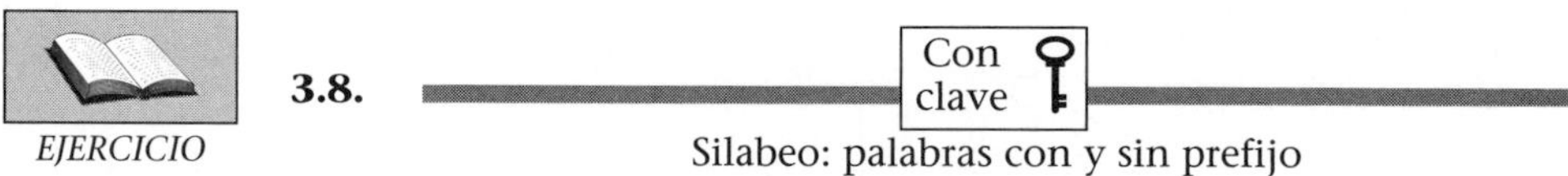

EJERCICIO

3.8. Silabeo: palabras con y sin prefijo

3.3. Los diptongos y triptongos: una primera introducción

Todos los ejemplos de palabras examinadas hasta ahora se han caracterizado por contener un solo elemento vocálico por sílaba; así, en *o—jo, ma—nos* y *pla—ta,* cada sílaba contiene una sola vocal. En esta sección analizaremos ejemplos que contienen dos y hasta tres elementos vocálicos dentro de una sílaba (por ej., *pues—to, ha—cia, sien—to, Pa—ra—guay*).

Todo hablante nativo del español siempre articula una palabra como *pie* como una sola sílaba, y esto a pesar de que *pie* se escriba con dos vocales. Dicho de otra manera, el silabeo correcto de *pie* no es *"pi—e"* (2 sílabas) sino *"pie"* (1 sílaba).

Algo similar se da en *serio,* silabeado *se—rio* (2 sílabas), donde las 2 letras *–io* pertenecen a la misma sílaba (silabear **se—ri—o* con 3 sílabas sería un error). Otros ejemplos son *peine* = *pei—ne* y *adiós* (= *a—diós* y no **a-di—ós*).

Cuando dos elementos vocálicos contiguos ocurren dentro de una misma sílaba, estos forman un **diptongo** (del griego *dí+phthongos,* literalmente "con dos vocales"). Así, los segmentos subrayados de *pie, serio, peine* y *adiós* son todos diptongos. Un lingüista diría por eso que la palabra *peine* contiene el diptongo "ei", mientras que *serio* contiene el diptongo "io".

Todos los diptongos constan de dos segmentos vocálicos *desiguales,* o sea,

1. de un sonido vocálico "puro" (o "fuerte"), cuyo nombre técnico es **vocal nuclear,** caracterizada por ser el centro de la sílaba y por predominar fonéticamente sobre los demás sonidos dentro de la misma sílaba, y
2. de un sonido vocálico "débil", llamado **semivocal o deslizada.** Como se verá en el Capítulo 4, las semivocales se caracterizan como "débiles" por (a) tener una duración más breve, (b) carecer de un acento primario (son siempre átonas) y (c) ser menos prominentes fonéticamente que las vocales "fuertes". En español hay dos semivocales: la semivocal "i" y la semivocal "u" (Fig. 3.6). Estas se representan con los símbolos fonéticos **[i̯]** y **[u̯]**, respectivamente. Así: *pie* = [pi̯e], *peine* = ['pei̯-ne], *serio* = ['se-ɾi̯o], *puesto* = ['pu̯es-to], *auto* = ['au̯-to], etc.

5 vocales puras	2 semivocales
[a]	[i̯]
[e]	[u̯]
[i]	
[o]	
[u]	

Fig. 3.6. Inventario de vocales y semivocales del español.

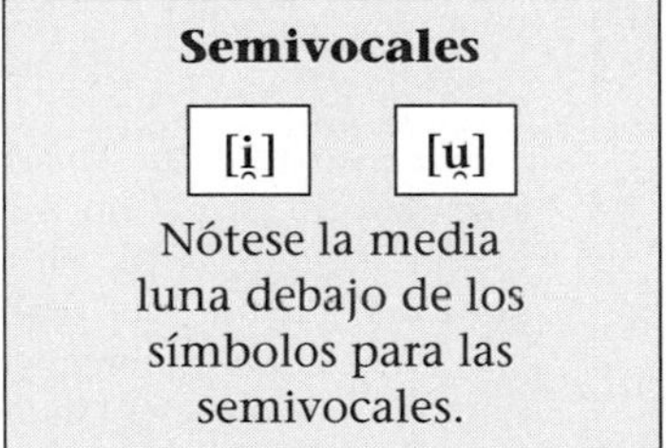

Semivocales
[i̯]
[u̯]
Nótese la media luna debajo de los símbolos para las semivocales.

A manera de ejemplo, considere la siguiente lista de palabras con diptongos,[12] y observe como (1) en la ortografía los diptongos contienen dos vocales *escritas*, mientras que (2) en la fonética solamente contienen una vocal (la otra "vocal" es la semivocal).

Ejemplos con diptongos (letra subrayada = vocal nuclear del diptongo)

1. mie— do	['mi̯e]— do	SEMIVOCAL + VOCAL
2. cuar— ta	['ku̯aɾ]— ta	
3. dios	[di̯os]	
4. pei— ne	['pei̯]— ne	VOCAL + SEMIVOCAL
5. sau— na	['sau̯]— na	
6. oi— go	['oi̯]— go	

Escuche estos ejemplos en:
www.wiley.com/college/Schwegler
→ Listen to speech samples
→ Cap. 3 → "Diptongos"

Analicemos algunos ejemplos de la lista. En *miedo* (#1), la vocal nuclear del diptongo corresponde a la letra "e". El elemento semivocálico es la "i", acústicamente menos prominente que la vocal nuclear "e". La primera sílaba de *mie—do* contiene, pues, una semivocal y una vocal, o sea [i̯e]. Nótese que hay una importante diferencia entre el

---

12

Nota importante

Palabras como *quien* o *quiere* contienen diptongos y no triptongos ya que, en el nivel articulatorio, "qu-" no contiene ninguna vocal: *quien* = [ki̯en]; *quiere* = ['ki̯eɾe]. De manera similar, la "u" en *queso* ['keso] no tiene ningún valor fonético ya que forma parte del grafema "qu" (= [k]).

Es de notar también que secuencias como "gui" o "gue" no contienen ningún diptongo ya que representan los sonidos [gi] y [ge], respectivamente: cp. *guitarra* = [gi'tara]; *guerra* = ['gera] (sobre este punto, véase "§12.5. Problemas ortográficos" del Capítulo 12). En contraste, cuando la letra "u" lleva diéresis ("ü"), su valor fonético es el de la semivocal [u̯]. Compare estos ejemplos:

guerra	['**ge**]rra	*güera**	['**gu̯e**]ra
guitarra	[**gi**]tarra	*pingüino*	pin['**gu̯i**]no

*Forma femenina de *güero,* término muy usado en el español mexicano. Significa lo mismo que *persona rubia.*

nivel ortográfico y el fonético: en el nivel **ortográfico**, la palabra *miedo* contiene tres vocales, mientras que en el nivel **fonético** sólo contiene dos vocales (i.e., *mie̲do̲*) y una semivocal (i.e., *mi̲edo*).

En la palabra *cuarta* (#2), el diptongo consta de las dos vocales ESCRITAS *—ua—*. La vocal nuclear (= el elemento vocálico fuerte del diptongo) se encuentra en la "a" de *cua̲rta*; la semivocal (= elemento débil) es la "u".

En la palabra *peine* (#4), la primera sílaba contiene las dos vocales ESCRITAS *—ei—*, que forman el diptongo "ei" (['pei̯—ne]). La vocal nuclear (= el elemento vocálico fuerte del diptongo) se encuentra en la "e" de *pe̲ine*, y la semivocal en la "i" (*pei̲ne*). Nuevamente, observamos una diferencia fundamental entre el nivel ortográfico y el fonético: en su forma ortográfica, *peine* contiene un total de tres vocales; y, en contraste, en su forma fonética contiene solamente dos vocales "puras" o "enteras", a saber:

Transcripción fonética

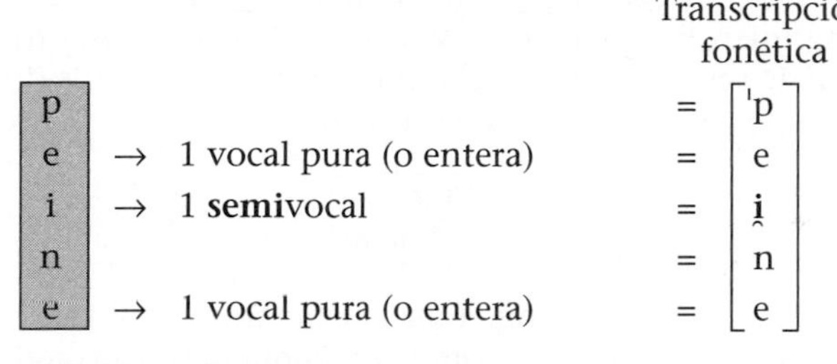

Total: 2 vocales puras (o enteras)
1 semivocal

Curiosamente, en español la letra "y" —generalmente considerada como "consonante"— tiene el valor fonético de una semivocal cuando ocurre al final de una sílaba. Considere los siguientes ejemplos monosilábicos, donde cada palabra termina en la semivocal [i̯] (cada palabra contiene un diptongo, cuya vocal nuclear está subrayada):

1. vo̲y = v [o̲i̯]
2. do̲y = d [o̲i̯]
3. so̲y = s [o̲i̯]
4. le̲y = l [e̲i̯]
5. re̲y = r [e̲i̯]

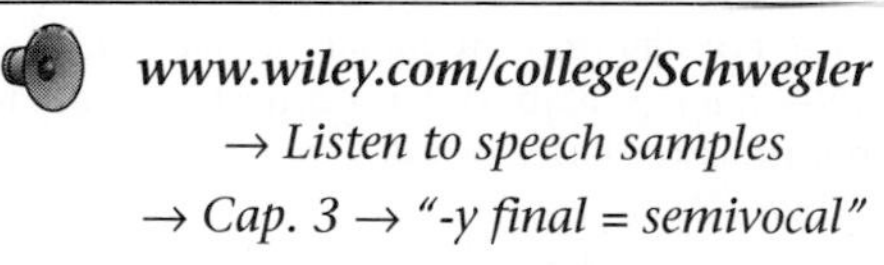

Puede comprobarse el valor semivocálico de la letra "y" en palabras como *hoy* al contrastarla con una palabra cuya primera sílaba suena exactamente como "hoy", pero cuya ortografía se distingue por contener una "i" en vez de una "y". Analice los dos ejemplos a continuación, donde las sílabas iniciales de *hoy* y *oigo* son fonéticamente idénticas ya que ambas contienen el diptongo [oi̯].

1. **hoy**[13] [oi̯]
2. **oi**— go ['oi̯]—go

www.wiley.com/college/Schwegler
→ *Listen to speech samples*
→ *Cap. 3 → "hoy/oigo"*

Hasta este punto hemos estudiado aquellos casos en los que dos vocales forman parte de una misma sílaba. A esto se añade que en español se dan también algunos casos de **triptongos** (del griego *tri+phthongos*, literalmente 'con tres vocales'). Así pues, los triptongos agrupan tres elementos vocálicos dentro de una misma sílaba, de los que solo uno puede ser la vocal nuclear, mientras que los otros dos son semivocales [i̯], [u̯]. Los triptongos siempre forman la secuencia siguiente:

$$V_{\text{débil}} + \mathbf{V}_{\underline{\text{fuerte}}} + V_{\text{débil}}$$

Un buen ejemplo de un triptongo es la palabra monosilábica *buey* [bu̯ei̯], donde la vocal nuclear de la sílaba es la "e". Como la palabra *buey* consta de una sola sílaba y contiene **tres** elementos de carácter vocálico (representados ortográficamente por "uey") diremos que el triptongo *-uey* consta de la secuencia SEMIVOCAL [u̯] + VOCAL [e] + SEMIVOCAL [i̯] (v. Fig. 3.7). Otros ejemplos son *miau* [mi̯au̯], *vaciáis* [ba—'si̯ai̯s] o *Paraguay*, donde la sílaba final *-guay* contiene la SEMIVOCAL [u̯] + la VOCAL [a] + la SEMIVOCAL [i̯], o sea, [u̯ai̯].[14]

[13]Recuerde que la "h" inicial de *hoy* no tiene ningún valor fonético. Contrástese este caso con palabras que llevan **"h" intercalada** en medio de palabra, con vocales débiles junto a vocales fuertes, como *ahijado, ahumar, prohibir*, etc. En estos casos el estudiante puede dudar si la "h" marca o no una división silábica. Por ejemplo, en *ahijado* se puede preguntar si la división debe ser *a—hi-ja-do* (4 sílabas) o *ahi—ja-do* (3 sílabas). La respuesta es que depende de la variación dialectal y del ritmo del habla (más o menos rápida), por lo que la división de los ejemplos puede ser:

	1. CON HIATO		2. CON DIPTONGO**
ahijado	**[a—i]**—ja—do	o	**[ai̯]**—ja—do
ahumar	**[a—u]**—mar	o	**[au̯]**—mar
prohibir	**[pro—i]**—bir	o	**[proi̯]**—bir

**división favorecida en este texto

[14]Al igual que en *voy, doy, soy*, en el triptongo *-guay* de *Paraguay*, la letra "-y" representa el sonido de la semivocal "i".

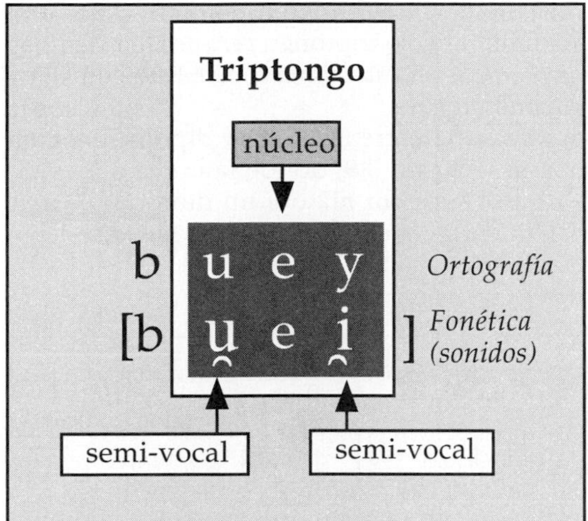

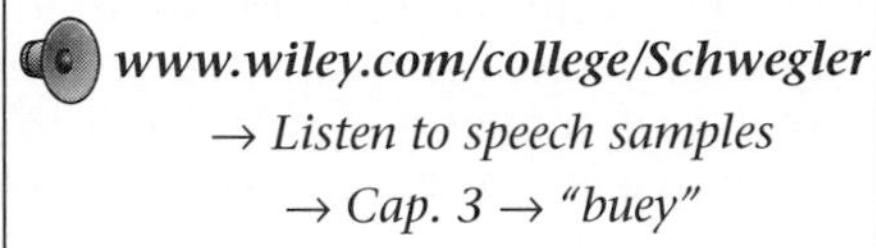

Fig. 3.7. Ejemplo de un triptongo y sus componentes.

3.4. El hiato

Hay que presentar ahora un concepto que es de suma importancia y que suele confundir a los estudiantes principiantes en fonética y fonología. Existen en español (y también en inglés) palabras que exhiben dos o más vocales **escritas** yuxtapuestas que **no** forman ningún diptongo o triptongo porque cada una de estas vocales escritas se articula efectivamente como una vocal pura — separada cada una por una frontera silábica. Ejemplos de tales palabras son:

Raúl	=	*Ra—úl*	[ra—'ul]
leí	=	*le—í*	[le—'i]
sea	=	*se—a*	['se—a]
aéreo	=	*a—é —re—o*	[a—'e—ɾe—o]
día	=	*dí—a*	['di—a]
poema	=	*po—e—ma*	[po—'e—ma]
leer	=	*le—er*	[le—'eɾ]
trae	=	*tra—e*	['tɾa—e]

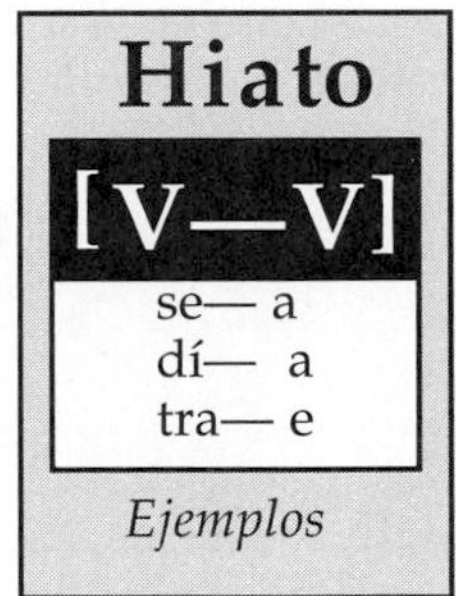

Fig. 3.8. *Definición de "hiato"*

Un hiato es el encuentro de dos vocales enteras sin la interposición de una pausa o consonante.

Cuando dos vocales contiguas se asignan a sílabas distintas, diremos que "están en **hiato**". Así en las palabras *Ra—úl, dí—a* y *tra—e,* cada una de las vocales está en hiato (Fig. 3.8). Un **hiato** puede definirse como el **encuentro de dos vocales puras sin la interposición de una pausa o consonante.** Expresado de otra manera, **un hiato es el encuentro de dos vocales contiguas que pertenecen a dos sílabas distintas.** En términos esquemáticos, es la secuencia "V—V".

En cierto sentido, el hiato es lo contrario de un diptongo o triptongo: mientras que los elementos vocálicos que forman un diptongo o triptongo *pertenecen a la misma sílaba*, las vocales que están en hiato *jamás pertenecen a la misma sílaba*. Esto equivale a decir que las vocales en hiato jamás forman diptongo.

Podemos apreciar plenamente esta diferencia entre un hiato y diptongo al contrastar los pares de palabras presentados en la Figura 3.9, donde la única diferencia fonética entre cada par reside en el contraste entre un hiato y un diptongo. Así, el primer ejemplo *leí* contiene el hiato [e—i] mientras que *ley* contiene el diptongo [ei̯].

Ortografía		Silabeo		Descripción	Fonética		Descripción
(1a) **leí**	'I read'	**le—í**	→	POLISÍLABO	[le—ˈi]	→	HIATO
(1b) **ley**	'law'	**ley**	→	MONOSÍLABO	[lei̯]	→	DIPTONGO
(2a) **reí**	'I laughed'	**re—í**	→	POLISÍLABO	[re—ˈi]	→	HIATO
(2b) **rey**	'king'	**rey**	→	MONOSÍLABO	[rei̯]	→	DIPTONGO
(3a) **oí**	'I heard'	**o—í**	→	POLISÍLABO	[o—ˈi]	→	HIATO
(3b) **hoy**	'today'	**hoy**	→	MONOSÍLABO	[oi̯]	→	DIPTONGO

Fig. 3.9. Hiato vs. diptongo.

www.wiley.com/college/Schwegler
→ Listen to speech samples
→ Cap. 3 → "Hiato vs. diptongo"

Nota para el profesor

Le recomendamos al profesor que articule los ejemplos en voz alta con los estudiantes para que capten plenamente la diferencia acústica entre un hiato y un diptongo. Así se observará que:

1. *la [i] de "leí" (hiato) es más larga y fonéticamente más prominente que la semivocal [i̯] (semivocal) de "ley";*
2. *la voz* SUBE *y se intensifica ligeramente al articular la "í" acentuada de "leí" [leˈ**i**], mientras que la voz baja en la "–y" final de "ley" = [le**i̯**].*

Retomaremos el tema de la articulación exacta de los diptongos en las próximas secciones. Es, sin embargo, aconsejable que estos detalles articulatorios se subrayen desde un principio.

En el análisis silábico de los ejemplos (1)–(3) que aparecen abajo, nótense las diferencias fundamentales entre la ortografía y la transcripción (articulación). Así, en *día* y *diario* (ejemplos 1a-b), las primeras tres letras *no* se articulan de la misma manera: en *día* se articula un hiato (= [ˈdi—a]), mientras que en la primera sílaba de *diario* se pronuncia un diptongo (= [ˈdi̯a—ɾi̯o]). En otras palabras, la vocal "í" de *día* tiene una articulación más larga que la primera "i" de *diario*. Algo similar ocurre en *S<u>aú</u>l* vs. *P<u>au</u>la* (2a-b), donde hay una frontera silábica entre "aú" de *Saúl* (= *S<u>a</u>—<u>úl</u>*) pero no entre "au" de *P<u>au</u>la* (= *P<u>au</u>—la*). Lo mismo ocurre en (3a-b): *oído* (= *<u>o</u>—<u>í</u>—do*), se articula con hiato, mientras que *oigo* (= *<u>oi</u>—go*) se pronuncia con diptongo.

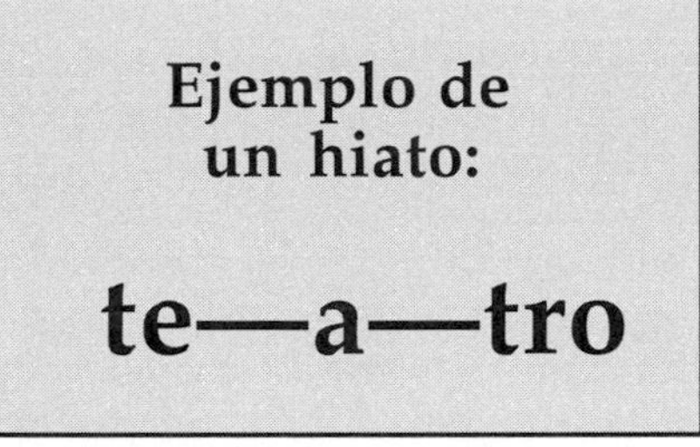
Ejemplo de
un hiato:
te—a—tro

*El Capítulo 6 explicará que en ciertas hablas dialectales y/o en el habla rápida, palabras como "t<u>ea</u>tro" a veces se articulan con un diptongo, i.e., [ˈ**ti̯**a-tɾo]. A estas alturas, el estudiante debería de articular "teatro" con un hiato, siguiendo así las pautas más comunes del español estándar.*

	Ortografía	Silabeo	Fonética	Descripción
Ejemplos				
1. a.	**día**	dí—**a**	[ˈdi—**a**]	hiato
b.	**diario**	**dia**—rio	[ˈd**i̯a**—ɾ**i̯o**]	diptongo
2. a.	**Saúl**	Sa—**úl**	[sa—ˈ**u**l]	hiato
b.	**Paula**	**Pau**—la	[ˈ**pau̯**—la]	diptongo
3. a.	**oído**	**o**—**í**—do	[**o**—ˈ**i**]—do	hiato
b.	**oigo**	**oi**—go	[ˈ**oi̯**]—go	diptongo

Nota: Nuevamente le recomendamos al profesor que articule estos ejemplos en voz alta con los estudiantes para que puedan percibir con claridad la diferencia entre un hiato y un diptongo.

www.wiley.com/college/Schwegler
→ Listen to speech samples
→ Cap. 3 → "día / diario"

En "El acento ortográfico" ("Materiales suplementarios", en *www.wiley.com/college/Schwegler*) señalamos que cualquier vocal acompañada de un acento escrito (tilde) lleva, por definición, el acento prosódico ('stress'). En el español estándar esto implica dos cosas: (1) las letras "í" y "ú" (con tilde) siempre representan vocales puras, o sea, jamás son semivocales, y (2) estas mismas letras siempre forman un hiato cuando van combinadas con otra vocal. Los ejemplos a continuación ilustran estos dos hechos.[15]

[15] Para más detalles sobre la acentuación de palabras como *maíz, Raúl, ataúd, reúne,* etc., ver Material suplementario – "El acento ortográfico (tilde)".

día	oído	caí	maíz
aún	reúne	baúl	ataúd
grúa	líe (de *liar*)		

> Una letra (vocal) con acento escrito por definición es una vocal pura (entera).

Por otro lado, la presencia de una "h" intercalada no es impedimento para que se produzca un hiato en casos como *prohíbe, bahía, ahínco, ahí* (*pro—hí—be, ba—hí—a*, etc.). Reiteramos que la "h" es un grafema que no tiene valor fonético (no corresponde a un sonido), por lo que los ejemplos citados son todos casos de **hiatos**.

Por último hay que señalar que otros casos especiales de hiatos son las palabras compuestas separadas o no por guión como *antiitaliano, austro-húngaro, boquiancho*; y los diminutivos como *tiíto* (diminutivo de *tío*), en las que en habla lenta y/o con énfasis se suele marcar el hiato, mientras que en un habla rápida en casos como *antiitaliano* y *tiíto* las vocales se simplifican a una sola vocal alargada (que en la transcripción fonética se marca con dos puntos ":"). Así, *antiitaliano* se reduciría a *an[ti:]taliano*, y *tiíto* a *[ti:]to*. Estos fenómenos serán objeto de estudio en el Capítulo 6.

3.4.1. *El hiato: casos como "leer" y "alcohol"*

Si dos vocales iguales están en hiato (cp. *leer, coordinación, alcohol*), el hablante puede mantener el hiato (*le—er, co—or—di—na—ción, al—co—ol*) o fundir las dos vocales en una sola vocal (*ler, al—col*). Si se funden, el resultado es normalmente una sola vocal algo alargada, cuyo alargamiento, como se ha señalado en el apartado anterior, marcaremos con dos puntos; así, *leer* = [le:ɾ]. Como veremos en el Capítulo 6, esto también se aplica a dos vocales en hiato que pertenecen a dos palabras distintas (cp. *la amo* = [ˈla:—mo]). Aunque es verdad que, sobre todo en el habla rápida, es poco común el mantenimiento del hiato en casos como *leer, coordinación* y *alcohol*, el estudiante debe recordar que en la vida real se encuentran tanto casos de [le—ˈeɾ] como de [le:ɾ] y [leɾ] (en la última variante, la vocal ya no se alarga sino que se pronuncia como si el verbo fuera **ler* en vez de *leer*).

3.5. El hiato vs. el diptongo

De todo lo antedicho puede desprenderse que el silabeo de *vocales* escritas *contiguas* puede llevar a dos resultados diferentes:

1. la **separación** de las vocales escritas en dos sílabas distintas (por ej., *dí—a, le—o, se—a, pe—ón, a—e—ro—puer—to, po—e—ta, dú—o*) o

   Hiato

2. la **agrupación** (o inclusión) de dos o tres vocales escritas dentro de una sola sílaba (*dia—gra—ma, au—to, Pa—ra—guay*).

   Diptongo

Estos ejemplos ilustran nuevamente que, en el nivel ortográfico, la lengua española no distingue sistemáticamente entre vocales y semivocales. Sin embargo, *en el nivel fonético (articulación) esta distinción es clara*. La transcripción fonética sistemáticamente recoge esta distinción entre vocales y semivocales. Los símbolos fonéticos usados para distinguir las vocales (5 en total) de las semivocales (2 en total) son los siguientes:

Vocales (puras)			Semivocales		
[i]	*mi*	= [mi]	[i̯]	*pie*	= [pi̯e]
				furia	= [ˈfu-ɾi̯a]
				seis	= [sei̯s]
				hoy	= [oi̯]
				oigo	= [ˈoi̯-go]
[u]	*tu*	= [tu]	[u̯]	*pues*	= [pu̯es]
				estatua	= [es-ˈta-tu̯a]
				cuota	= [ˈku̯o-ta]
				auto	= [ˈau̯-to]
				Europa	= [eu̯-ˈɾo-pa]
				bou[16]	= [bou̯]
[a]	*Lola*	= [ˈlo-la]		*no hay semivocal "a"*	
[e]	*le*	= [le]		*no hay semivocal "e"*	
[o]	*sonríe*	= [son-ˈri-e]		*no hay semivocal "o"*	

Fig. 3.10. Las vocales y las semivocales en transcripción fonética.

Solamente las dos semivocales (columna a la derecha) están representadas por símbolos "especiales", i.e., [i̯] y [u̯]. Los símbolos usados para representar las vocales son los mismos que las letras habituales del alfabeto, pero, como en toda transcripción fonética, siempre entre corchetes.

Nos preguntamos entonces: si aparecen dos vocales *escritas* contiguas en palabras como *miedo* o *vea*, ¿cómo podemos determinar si se trata de diptongos o hiatos? La solución a este problema se comprenderá mejor al considerar las siguientes observaciones generales sobre los diptongos y sus constituyentes:

1. Los diptongos constan siempre de dos elementos *desiguales*: una vocal pura (la vocal nuclear) —que puede ser cualquiera de las cinco vocales [a, e, i, o, u]— más uno de los sonidos semivocálicos (es decir, la semivocal "i" o la semivocal "u").
2. Una semivocal nunca lleva el acento primario, lo que equivale a decir que las semivocales son, por definición, **átonas** mientras que las vocales que llevan el acento primario o prosódico son **tónicas**. Así, en la palabra *bien* [bi̯en], la "i" **no** puede ser la vocal tónica (o vocal nuclear) ya que es la "e" la que lleva el acento tónico.
3. Las semivocales [i̯] y [u̯] **jamás ocurren en posición inicial de sílaba** (cp. *bien* [bi̯en], *ha—cia* [ˈa—si̯a], *pues—to* [ˈpu̯es—to], *auto* [ˈau̯—to], *Europa* [eu̯—ˈɾo—pa], *soy* [soi̯], *rey* [rei̯]). Expresado de otra manera, **las semivocales siempre se encuentran en el interior o al final de una sílaba**.

[16] Los casos de diptongos en español con [u̯o] y [ou̯] son poco comunes. El último aparece solamente en palabras de origen gallego-portugués o del catalán, por ejemplo en apellidos (*Sousa*), topónimos (*Poulo*) o préstamos integrados al estándar (*bou* = 'procedimiento de pesca').

4. En cuanto a su articulación, las semivocales [i̯] y [u̯] son muy similares a las vocales puras [i] y [u], excepto que [i̯] y [u̯] suelen articularse de manera **más breve** que las vocales. Esta diferencia de duración es muy notable en pares de palabras como *ahí* vs. *hay*, fonéticamente [a—ˈi] vs. [ai̯] (pronuncie estas dos palabras para oír la diferencia de duración).
5. No hay semivocal que no vaya acompañada de una vocal pura. En otras palabras, las semivocales no son lo suficientemente "fuertes" para formar sílabas. Por ejemplo la [u], por sí misma, puede formar una sílaba en *¡uh, qué es eso!*, pero no puede decirse lo mismo de la semivocal [u̯] que, por definición, requiere la presencia de una vocal pura: cp. [ˈpu̯eɾ—ta].

Volvamos a nuestra pregunta de cómo podemos determinar si las vocales escritas en *miedo* y *vea* representan diptongos o hiatos. Consideremos primero el caso de *miedo*, cuyo acento primario ('stress') cae en la "e" (*miedo*). La combinación *—ie—* efectivamente podría ser un diptongo ya que la "i" de *miedo*:

a. ocurre en combinación con otro elemento vocálico (v. observaciones #1 y #5);
b. no lleva el acento primario (v. observación #2, i.e., las semivocales jamás están acentuadas); y
c. no ocurre en posición inicial de la sílaba *mie-* (v. observación #3: "las semivocales siempre se encuentran en el interior de una sílaba").

Como última consideración, es muy importante verificar la articulación nativa de la palabra. *Miedo* siempre se pronuncia con una "i" breve y deslizada[17], lo que gráficamente podríamos representar así: mi̯edo" (la media luna debajo de la "i̯" simboliza el deslizamiento; el tamaño reducido de la letra indica la brevedad de la vocal).

Ahora que hemos verificado algunas de las características principales de la primera sílaba de *miedo* ya podemos responder de manera positiva y con confianza a nuestra pregunta inicial: *miedo* efectivamente contiene un diptongo en su sílaba inicial, por lo que su transcripción correcta es

m[i̯e]—do

De acuerdo con lo anterior, podemos concluir que una pronunciación con hiato (o sea, **miiiii—e—do*) sería equivocada, ya que es un indicio de mucho acento extranjero.

El caso de *vea* es más simple: como contiene dos vocales ("e" y "a") que en el español estándar no forman diptongo (compare la observación #1 arriba, donde insistimos que solamente la "i" y la "u" pueden ser semivocales), se trata lógicamente de un hiato, cuyo silabeo correcto es *ve—a*. Además, ninguno de sus elementos vocálicos se desliza, lo que constituye otra razón para calificar *vea* como palabra sin diptongo. Idéntico habría sido nuestro análisis en palabras similares como *trae, lea, tarea* (= *tra—e, le—a, ta—re—a*).

No queremos terminar este capítulo sin subrayar que en última instancia la pronunciación nativa de una palabra es la que siempre nos guiará en el análisis de diptongos e hiatos. Es decir, si los hablantes nativos suelen pronunciar una determinada palabra con diptongo, entonces transcribiremos dicho diptongo consistentemente con los símbolos fonéticos requeridos. Así, una palabra como *diario* se transcribirá siempre [ˈdi̯a—ɾi̯o] y no *[di—ˈa—ˈɾi—o] ya que los hablantes del español estándar

---

[17] *Deslizar* 'to glide or round off'. *Deslizamiento* (sust.) 'glide'. Ver Capítulo 4 para un mayor desarrollo del concepto de "deslizada".

suelen articularla con dos sílabas (i.e., con diptongo y no con hiato). Los mismos hablantes pronunciarán *día* siempre con hiato, por lo que su transcripción correcta es ['di—a] y no *[di̯a]. Se entiende, pues, que la transcripción trata de representar el habla española con todos sus detalles articulatorios. Es la comprensión y aplicación de estos detalles lo que llevará al estudiante hacia una pronunciación más nativa del español. Es esta misma comprensión de detalles fonéticos la que ya nos ha llevado a poder entender que la ortografía a menudo esconde (o distorsiona) una realidad fonética en la cual los *detalles* son de gran importancia. Este es el caso, por ejemplo, en las tres palabras *oigo, hoy* y *oí* (analizadas en la Figura 3.11), cuya realidad acústica es mucho más transparente en su transcripción que en la ortografía.

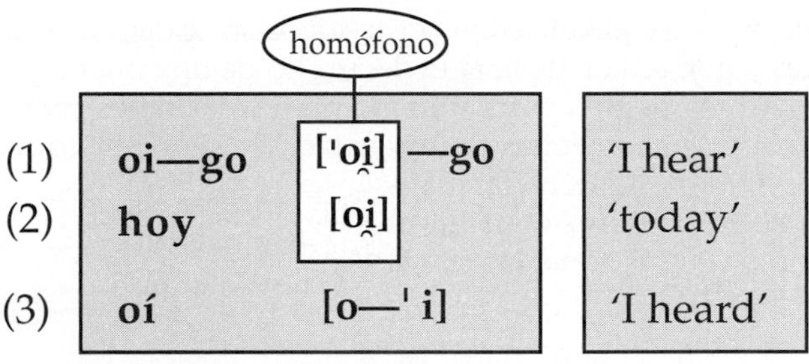

Fig. 3.11. *Oigo, hoy, oí.*

Comentario a los ejemplos (1)-(3) arriba:

La sílaba inicial de "oigo" (#1) y la palabra "hoy"[18] *(#2) son fonéticamente idénticas por constar del diptongo [oi̯].*

El ejemplo "oí" (3), a su vez, contiene un hiato, por lo que su pronunciación difiere considerablemente del diptongo [oi̯] de "hoy" y "oi—go". Estas diferencias articulatorias son importantes ya que [oi̯] y [o—'i] tienen dos significados muy distintos (i.e., 'today' y 'I heard').

¡Practique la articulación de diptongos e hiatos en voz alta con la oración siguiente!

Hoy oí "oigo" por primera vez.
[oi̯ o—'i 'oi̯]go" por primera vez.

Fig. 3.12. *Oigo, hoy, oí* dentro de una misma oración.

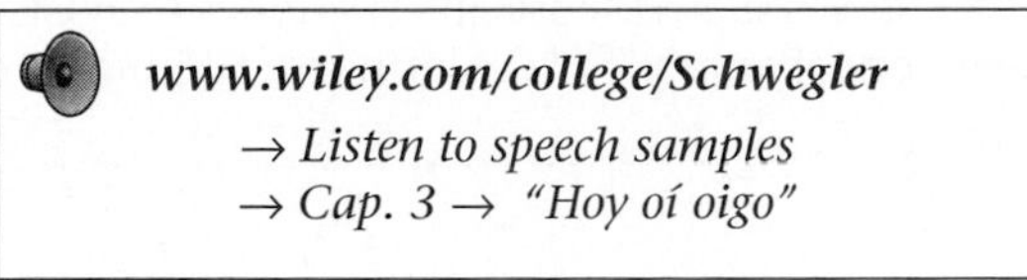

[18] Recuerde que la "h" inicial de *hoy* no tiene ningún valor fonético.

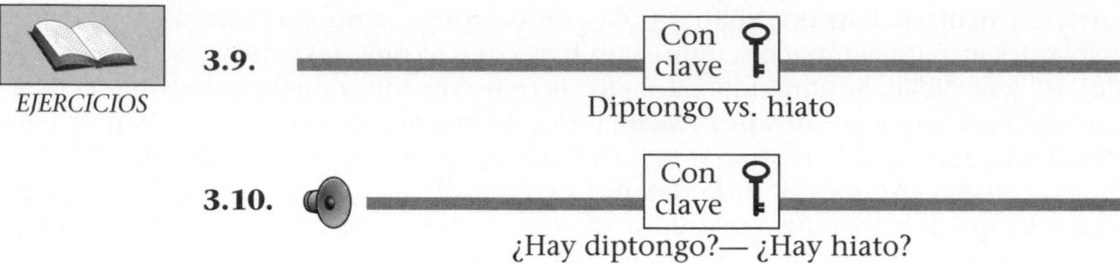

Resumen

Hemos empezado este capítulo diciendo que la **sílaba** suele definirse como una **unidad rítmica mínima**, y que es la base para el desarrollo de una buena pronunciación en español. Diferenciamos además entre **sílabas abiertas** y **sílabas cerradas**; las abiertas siempre terminan en vocal, mientras que las cerradas "se cierran" con una consonante.

La división silábica sigue reglas fijas. Por ejemplo, la regla para **dos consonantes contiguas** (cp. *negro, encima*) es la siguiente:

1. **cuando el grupo consonántico PUEDE COMENZAR una palabra, NO SE DIVIDE** (cp. ***ne—gro*** ☞ *gris, grande;* ***pa—trón*** ☞ *tres, triste*);
2. **cuando el grupo consonántico NO PUEDE COMENZAR una palabra, SÍ SE DIVIDE** (cp. *en—cima:* el grupo "nc" nunca ocurre al inicio de palabra; cp. *al—to,* donde "lt" se divide porque este grupo tampoco inicia una palabra en español; "nz" tampoco empieza una palabra).

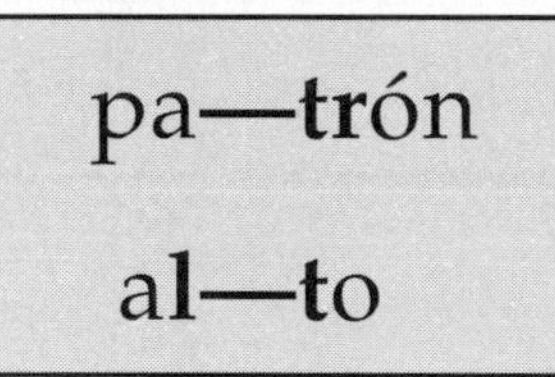

Dos consonantes contiguas y su silabeo.

tr- = **SÍ** puede comenzar una palabra = no se divide.

lt- = **NO** puede comenzar una palabra = sí se divide.

La regla para la división de **tres** consonantes es: (1) **CCC siempre se divide en C+CC** (cp. *im—ple—men—tar, in—cre—í—ble*), (2) **excepto en las secuencias consonánticas "CsC", donde la división es Cs+C:** *cons—tan—cia, ex—ter—no (= eks—ter—no), sols—ti—cio.* La combinación **s+C** jamás puede empezar una sílaba en español.

La mayor agrupación de consonantes posibles en español es CCCC (= 4 consonantes). **Cuatro consonantes contiguas se dividen siempre en 2 y 2 (CC+CC):** *ins—cri—bir, ads—tra—to, ex—cre—men—tos* (= *eks—cre—men—tos*).[19] De lo dicho sobre la división silábica de consonantes puede deducirse entonces que dos es el máximo número de consonantes que puede darse antes y después de la vocal nuclear. Por lo tanto, la configuración silábica más extensa en español es CCVCC (cp. *trans—por—te*), donde "C" es cualquier consonante y "V" cualquier vocal pura.

[19] También articulado *[egs]—cre—men—tos* y *[es]—cre—men—tos.*

Estas reglas de silabeo pueden aplicarse siempre. Sin embargo, en el caso de palabras con **prefijos**, en la *ortografía* se permite hacer divisiones silábicas que respetan la integridad de los prefijos. Ortográficamente, palabras como *desaparecer* o *desarmar* pueden dividirse al final de un renglón de la siguiente manera:

En español hay palabras **monosilábicas** (por ej., *o, han, ir*) y **polisilábicas** (por ej., *co—mo, mu—cha—cho, re—fe—ri—do, pro—fun—da—men—te, clan—des—ti—na—men—te, u—ni—ver—si—dad*). El elemento fónico de mayor importancia de un **diptongo** o **triptongo** es la vocal nuclear, que puede estar rodeada de las **semivocales** [i̯] o [u̯].

Desde un principio hemos enfatizado que el estudiante debe distinguir cuidadosamente entre **sonidos** (fonética) y **letras** (ortografía). Al tomar como base la fonética (más que la ortografía) hemos podido mostrar, por ejemplo, que en una sílaba jamás se articula más de una vocal (pura). Así la palabra monosilábica *pie* = [pi̯e] contiene una sola vocal a nivel fonético, a pesar de que en el nivel ortográfico se escriba con dos vocales (Fig. 3.13). Este tipo de distinción entre *sonido* y *letra* también nos ha llevado a entender que una palabra como *dia—rio* contiene un total de cuatro vocales escritas, pero a nivel fónico solo contiene dos vocales puras, es decir *diario* [ˈdi̯a—ri̯o].

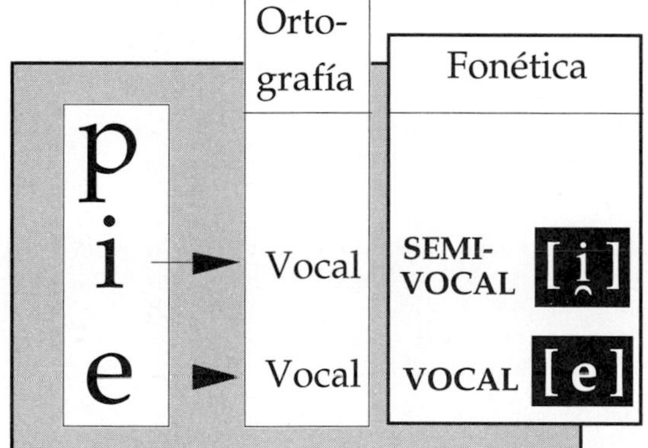

Fig. 3.13. La palabra *pie*: ortografía vs. fonética.

Es importantísimo distinguir entre "vocal = sonido" y "vocal = letra". En la palabra "pie", por ejemplo, hay dos vocales escritas, pero solo una corresponde a una vocal en el sentido fonético. En "guía" se articulan dos y no tres vocales, i.e., [ˈgia]; la "u" no se articula. La palabra "vocal" suele usarse, pues, en dos sentidos muy distintos: en un sentido equivale a "letra" vocálica. En el otro —el fonético— equivale a "sonido" vocálico.

Con respecto a las **semivocales** hemos dicho que se articulan de manera más breve que las vocales (puras). Esto equivale a decir que no está permitido alargar las semivocales. Articular *buuuu—e—nos días* en lugar de *buenos* [ˈbu̯e-nos] *días* sería un error que sonaría a acento extranjero. El rasgo posicional más característico de las semivocales es que siempre ocurren en el interior de una sílaba (jamás ocurren en posición inicial de sílaba).

El **hiato** es lo contrario de un diptongo ya que se da cuando dos vocales contiguas no forman una sola sílaba sino dos, formando así parte de diferentes sílabas contiguas (cp. *dí—a, Ra—úl, se—a* y *te—a—tro,* donde se inserta una frontera silábica entre las vocales). Un hecho notable de los hiatos es que cuando una de sus dos vocales está acentuada ('stressed'), esta se articula casi siempre con una notable elevación en la voz y con mayor duración. Así en *día,* la "í" se pronuncia como "ííí" (alargada) y con la voz relativamente alta (la "a" que le sigue se articula con la voz más baja).

En el próximo capítulo discutiremos nuevamente la articulación exacta de hiatos, diptongos y semivocales. Allí ofreceremos también un resumen gráfico de las características sobresalientes de las semivocales (Figuras 4.18a y 4.18b, pág. 93–94).

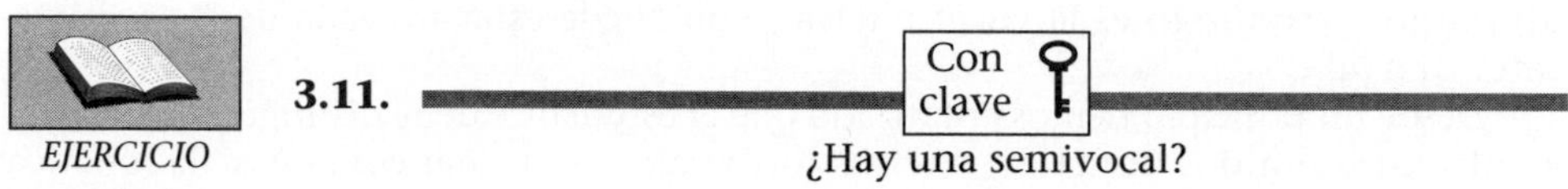

3.11.

¿Hay una semivocal?

Capítulo 4

Las consonantes [ʝ] y [w]

Diptongos y semivocales: repaso y más detalles

4.1. Las consonantes [ʝ] y [w]

Los símbolos fonéticos [ʝ] y [w] se emplean en lingüística para representar, entre otros, los sonidos iniciales de *yoga* y *whisky,* respectivamente. El sonido [ʝ] tiene el nombre técnico de **yod**, mientras que **wau** es el nombre para [w]. De origen griego, ambas son letras del alfabeto hebreo. Ambos sonidos son clasificados fonéticamente como "aproximantes".

En la ortografía, el sonido yod [ʝ] tiene una representación variada. Por ejemplo, en *yoga, llamar* y *hielo,* las letras iniciales *y-, ll-, hi*[1] + VOCAL corresponden a [ʝ]. Tal variación gráfica no se presenta en la fonética, donde la yod se transcribe de modo consistente con [ʝ]. Los ejemplos a continuación ilustran la diferencia entre la ortografía y la transcripción (articulación):

[1] Recuerde que en palabras como *hielo* o *huerta,* la letra "h" no tiene ningún valor fonético; en el nivel articulatorio, es como si la "h" no existiera.

"y"	*yo*	[ʝ]o
"ll"[2]	***ll**amar*	[ʝ]a—mar
"hi" + VOCAL	***hi**elo*	[ʝ]e—lo

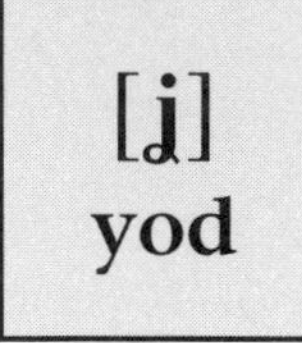

Una variación ortográfica similar ocurre con el sonido [w], representado por las letras (1) "hu" + VOCAL (*<u>hu</u>erta*), (2) "w" (*<u>W</u>ili*) y (3) "o" (*<u>O</u>axaca*):

"hu"	***hu**erta*	[w]er—ta
"w"	***w**eb*	[w]eb
	*sánd**w**ich*	sánd—[w]ich
	***w**hisky*	[w]his—ky
"o" + VOCAL FUERTE[3]	***O**axaca*	[w]a—xa—ca

Compare ahora los siguientes ejemplos, donde los segmentos en negrita siempre tienen el mismo valor fonético, es decir, [ʝ] y [w], respectivamente:

LETRA(S)	**SONIDO**	**EJEMPLOS**
y	[ʝ]	*cón-**y**u-ge, **y**o, **y**u-ca, ma-**y**o, ho-**y**o, o-**y**e, **y**o-do, **y**e-so*
ll		***ll**a-mo, ca-**ll**e, ha-**ll**a, se-**ll**o, mu-ra-**ll**a*
hi + VOCAL		***hi**e-lo, **hi**e-dra, **hi**er-ba, **hi**e-rro*
hu[4] + VOCAL	[w]	***hu**e-lla, **hu**e-so, **hu**er-ta, **hu**e-co, ná-**hu**atl*
w		*Ha-**w**ai, **w**his-ky, **W**i-li, **w**alk-man, **w**ind-surf*
o-		***O**a-xa-ca, **o**a-xa-que-ño/a, **o**es-te*

Los sonidos [ʝ] y [w] tienen dos características notables: **(1) [ʝ] y [w] siempre ocurren en posición inicial de sílaba** y **(2) al actuar como consonantes, [ʝ] y [w] siempre van seguidos por una vocal** (Figs. 4.1a-b). En este sentido se distinguen de las semivocales en que jamás ocurren en posición inicial de sílaba.

---

[2] Fíjese que en este caso opera el fenómeno del **yeísmo**, i.e., los hablantes articulan de la misma manera lo que se representa en la ortografía con "ll" y "y": ambos son producidos como [ʝ] (cp. *yo me llamo = [ʝ]o me [ʝ]amo*). Como se verá más adelante, en el castellano rural del norte y centro de España y en algunas regiones andinas, se practica lo opuesto, i.e., el **lleísmo.** Este consiste en pronunciar el grafema "ll" con el sonido **[ʎ]** (así: *calle* [ˈkaʎe], el cual suena similar al segmento subrayado de ingl. *sta<u>lli</u>on* o *meda<u>lli</u>on*).

[3] Caso poco frecuente, destacándose *Oaxaca* y sus derivados: *oaxaqueño/a*. Como veremos en el Capítulo 5, cuando "o" actúa como conjunción (ingl. *or*) y va seguida de una palabra que comienza por las vocales *a* o *e*, dicha "o" se articulará [w]: cp. *o este o tú = [wes]te o tú; o a las cinco = [wa] las cinco.*

[4] Es importante precisar que "hi" y "hu" representan a [ʝ] y [w], respectivamente, solo cuando les sigue una vocal. Así, en palabras como *<u>hu</u>mo, <u>hu</u>rto, <u>Hu</u>go,* el segmento "hu-" representa la vocal [u] y no la consonante [w]. Lo mismo ocurre en el segmento "hi-" seguido por una consonante: *<u>hi</u>jo, <u>hi</u>lo, <u>hi</u>storia,* donde el valor de *hi-* es [i] y no [ʝ].

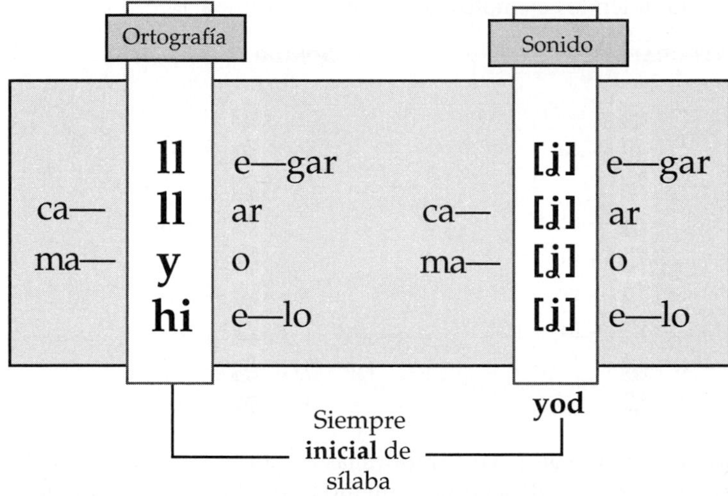

Fig. 4.1a. Posición y representación ortográfica de la yod.

> *www.wiley.com/college/Schwegler*
> → *Listen to speech samples*
> → *Cap. 4* → *"La yod"*

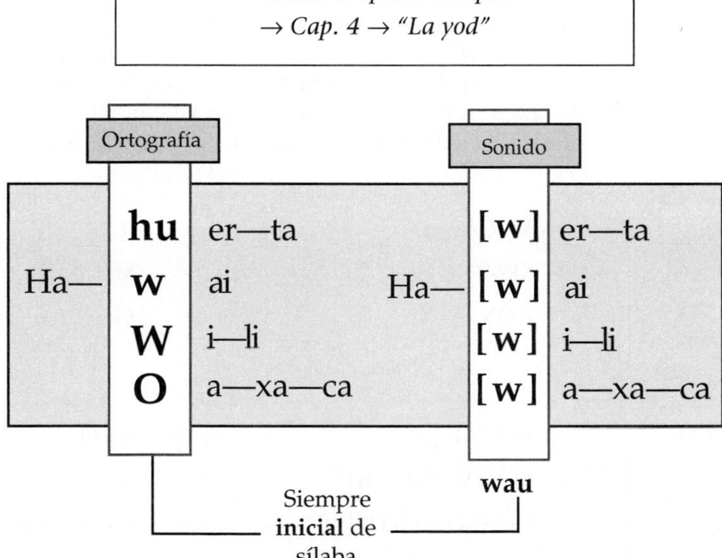

Fig. 4.1b. Posición y representación ortográfica de la wau.

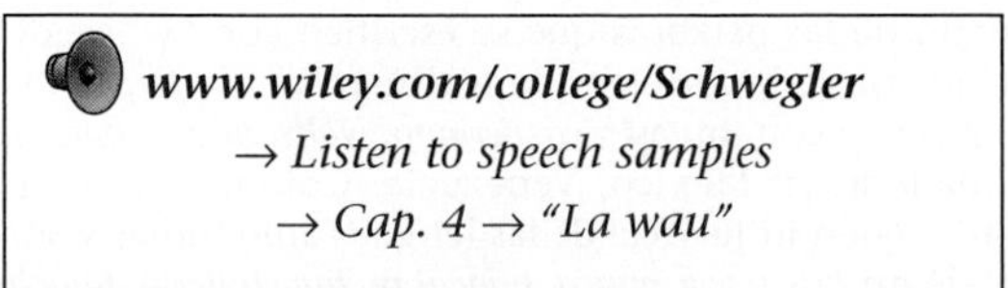

> *www.wiley.com/college/Schwegler*
> → *Listen to speech samples*
> → *Cap. 4* → *"La wau"*

Considérense también los ejemplos de [ʝ] y [w] a continuación:

	Ortografía ↓	**Sonido** ↓
1.	y o	[ʝ] o
2.	y u — ca	[ʝ] u — ca
3.	ma — y o	ma—[ʝ] o
4.	ll a — mar	[ʝ] a — mar
5.	ll e — no	[ʝ] e — no
6.	ga — ll e — go	ga—[ʝ] e — go
7.	**hi** e — lo	[ʝ] e — lo
8.	Ha — **w** a i	Ha—[w] a i
9.	**hu** e — co	[w] e — co

En el español estándar, son poco comunes las palabras que contienen el sonido [w]. Esta baja frecuencia se explica en gran medida por el origen extranjero de estas palabras que se integran en español preservando, en su mayoría, la lengua original tanto ortográfica como fonéticamente[5].

4.2. Las letras "i" y "u": sus valores fonéticos

Como acabamos de ver en la sección anterior, las letras "i" y "u" se realizan a veces como *sonidos consonánticos* [ʝ] y [w], respectivamente, en casos como *hielo* y *hueco*. Esta representación ortográfica de **sonidos consonánticos** por medio de **letras vocálicas** hace necesario que el estudiante sepa distinguir con especial cuidado el valor fonético exacto de las letras "i" y "u", las cuales pueden tener un triple valor, o sea:

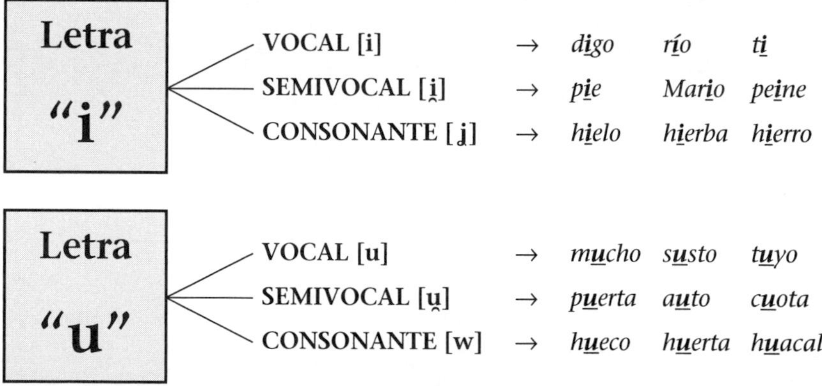

[5] Sobre la pronunciación de las palabras que se escriben con "w" se debe señalar que, si bien muchas se pronuncian con [w], por ejemplo *walkie-talkie, waterpolo, webcam, wínchester*, etc.; otras muchas se pronuncian con [b], así: *wagneriano, wolframio, wáter*, etc.

[6] *Huacal* = cajón de madera (en México, Venezuela, Colombia). Muchas de las palabras que comienzan por "hua-" tienen influencia de las lenguas amerindias y son usadas, casi exclusivamente, en el español de América; así: *huaca, huacatay, huachafería, huachinango, huarache, huaso*, etc. Para el significado de estas palabras consulte *www.rae.es*.

En el nivel fonético hay una estrecha relación entre la consonante [ʝ] y la vocal [i], y entre la consonante [w] y la vocal [u]. En el caso de la [w], por ejemplo, la posición de la lengua es similar a la del sonido vocálico [u], dado que, en ambos casos, la lengua se acerca al velo, lo que equivale a decir que tanto la [u] como la [w] son sonidos velares. Sin embargo, la [w] se distingue de su contraparte semivocálica [u̯] por la **fricción labiovelar** que típicamente la acompaña. Con mucha frecuencia en el mundo hispanohablante, esta cualidad velar se refuerza hasta tal grado que la wau [w] se convierte en una [u̯] deslizada en primer lugar y después en una [gu̯]. Tal conversión es frecuente sobre todo en estratos de nivel educativo más bajo cuando el habla es lenta. A este fenómeno de añadidura de un fonema [g] al comienzo de palabra se le denomina **prótesis**, y suele producirse con mayor incidencia después de pausa o de consonante nasal. Así, es frecuente encontrar los siguientes casos:

	Estándar	**Dialectal**
huerta	['weɾ] -ta	['**gu̯**eɾ] -ta
huésped	['wes]-ped	['**gu̯**es]-ped
huevo	['we]-vo	['**gu̯**e]-vo

En contraste, en el habla dialectal de varias zonas (por ejemplo México), se suele generalizar el uso de la wau sobre todo en el habla rápida; así, palabras como *guacamole, guapo* o *guante* suelen articularse con una [w] inicial de palabra[7]. Compare:

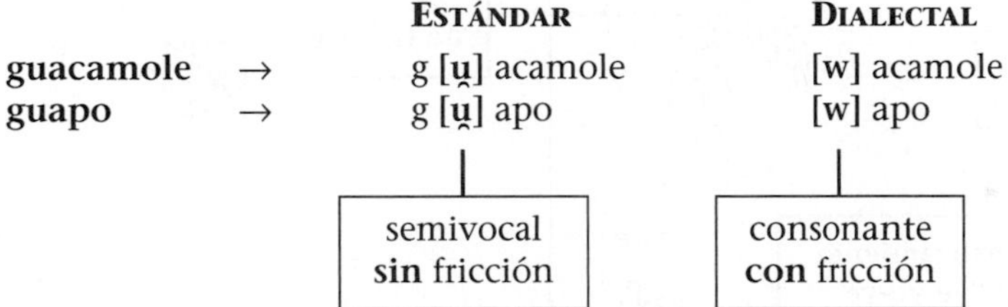

De igual modo, la [ʝ] se distingue de la [i] y de la [i̯] por la mayor **fricción palatal** que se produce en la yod (ver Fig. 4.2). Tanto la yod como la **wau** son, pues, consonantes que llamaremos **fricativas**.

Sin fricción	**Con fricción**
Vocal [i] y semivocal [i̯]:	**Consonante [ʝ]:**
[i]: *si, grito, día*	*yo, mayo, calle, **ll**oro, **hi**edra*[8]
[i̯]: *pie, siete; hay, soy*	
Vocal [u] y semivocal [u̯]:	**Consonante [w]:**
[u]: *su, mucho, gusto, grúa*[9]	***hu**elga, **w**hisky, **hu**érfano, **O**axaca*
[u̯]: *suave, rueda, auto, euro*	

[7] Un caso similar es el de la pérdida de la consonante oclusiva "b/v" en el sur de España, el Caribe y determinadas zonas de Latinoamérica, en variedades populares fundamentalmente. Así, las palabras que comienzan con "bu + vocal" como *bueno* suelen eliminar la oclusiva [b], pronunciándose primero como ['*gu̯eno*], y posteriormente con una [w] en ['*weno*].

[8] También escrita *yedra*. En la pronunciación cuidada de España, esta palabra suele pronunciarse *sin* fricción.

[9] *Grúa* ingl. 'crane, derrick'.

Otra diferencia importante entre la consonante [ʝ] y las vocales es que al articularse la yod, la lengua se **desliza** ('glides') desde su posición inicial hacia el lugar de articulación de la vocal nuclear que le sigue (Fig. 4.2). En el caso de la yod, este **deslizamiento** ('gliding') es particularmente fácil de detectar cuando se articulan palabras "inventadas" como *ye-ye-ye-ye* o *yo-yo-yo-yo,* en las cuales el deslizamiento se produce reiteradamente (sugerimos al estudiante que pronuncie estas dos "palabras" en voz alta para sentir cómo, al articular el sonido **palatal** de la yod, la lengua se desliza progresivamente de su posición inicial hacia el punto de articulación del sonido vocálico que le sigue; este movimiento es bastante fácil de detectar si Ud. coloca el dedo índice en la punta de la lengua durante la articulación de *ye-ye-ye-ye* o *yo-yo-yo-yo*).

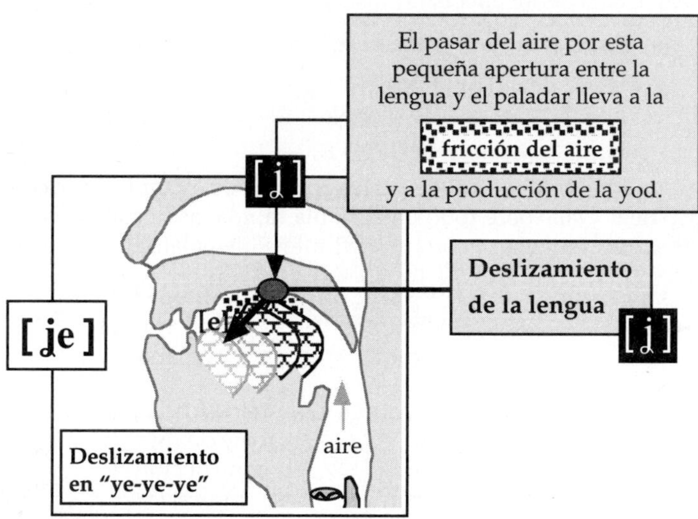

Fig. 4.2. La yod y el movimiento progresivo (deslizamiento) de la lengua desde la [ʝ] hacia la [e].

Queremos mencionar ya una característica adicional, el **yeísmo rehilado**, que será examinada con mayor detalle en el Capítulo 21. En el habla de muchos hispanohablantes (algunas zonas de Andalucía y Extremadura en España, ciertas regiones de México y Chile, y en toda Argentina y Uruguay), la yod se pronuncia con una mayor fricción, y exhibe una variación articulatoria que se acerca al sonido representado por la letra "s" en *mea<u>s</u>ure* o *plea<u>s</u>ure*, al de *ju<u>dg</u>e* o *<u>J</u>ohn*, o al primer sonido de la palabra inglesa *<u>sh</u>op.* De ahí, en Argentina, palabras como *<u>ll</u>amar* y *<u>y</u>o* se articulan a menudo como "<u>sh</u>amar" y "<u>sh</u>o", respectivamente.

4.3. La letra "y": su valor fonético

Como ya hemos visto, en algunos casos, una letra determinada puede representar más de un sonido. Así la letra "i" corresponde al sonido [i] en *s<u>i</u>n* [sin], a la semivocal [i̯] en *pie* [pi̯e], y a la yod en *<u>hi</u>elo* ['ʝe-lo].

La letra "y" se caracteriza por una similar variación fonética. Como se ve en los ejemplos a continuación, la letra "y" puede representar tres sonidos distintos, o sea: (1) la vocal [i] cuando "y" actúa como conjunción (ingl. 'and'), (2) la semivocal [i̯] cuando ocurre al final de palabra, y (3) la consonante "yod" cuando ocurre en posición inicial de sílaba:

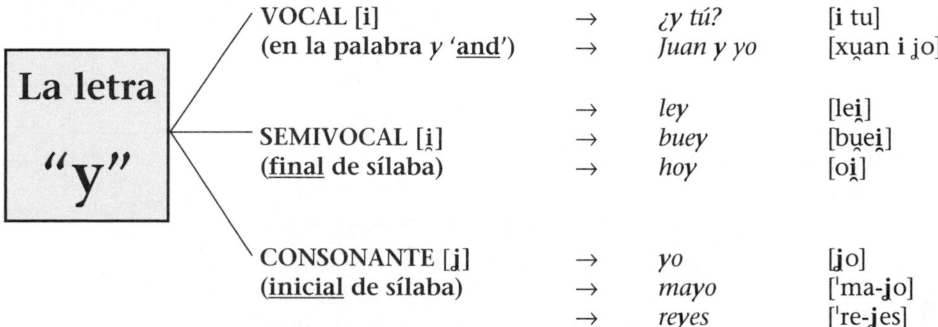

4.4. Resumen gráfico de [ʝ] y [w]

La Figura 4.3a resume en forma gráfica los puntos más importantes que hemos presentado hasta ahora sobre [ʝ] y [w]. La tabla (Fig. 4.3b) que le sigue presenta las posibles combinaciones de [ʝ] / [w] + VOCAL.

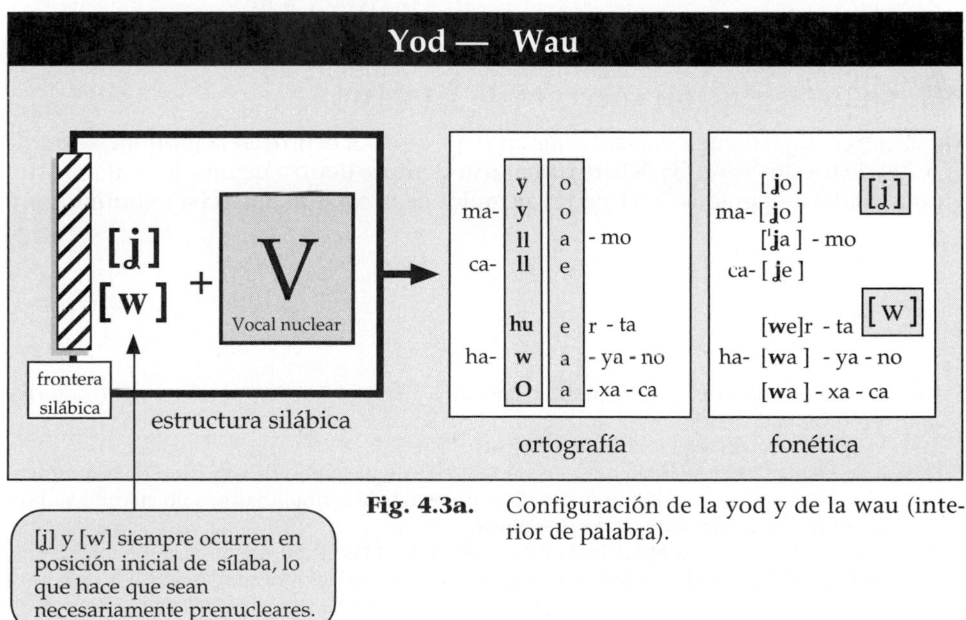

Fig. 4.3a. Configuración de la yod y de la wau (interior de palabra).

letra(s)	sonido	[i]	[e]	[a]	[o]	[u]
y	[j̞]	*yin* [j̞in][10]	*yema* ['j̞e]ma	*ya* [j̞a]	*yo* [j̞o]	*yudo*[11] ['j̞u]do
ll	[j̞]	*allí* [a-'j̞i]	*llena* ['j̞e]na	*cállate* cá[j̞a]te	*llorar* [j̞o]rar	*lluvia* ['j̞u]via
hi+V	[j̞]	——[12]	*hiena* ['j̞e]na	*hiato*[13] ['j̞a]to	——	——
		[i]	**[e]**	**[a]**	**[o]**	**[u]**
hu+V	[w]	*huir* [wi]r[14]	*hueco* ['we]co	*náhuatl* na[wa]tl	——	——
w	[w]	*whisky* [wi]ski	*webcam* [we]bcam	*walkman* ['walk]man	——	——
o	[w]	——	oeste [we]ste[15]	*Oaxaca* [wa]xaca	——	——

Fig. 4.3b. Posibles combinaciones de (1) [j̞] + VOCAL y (2) [w] + VOCAL (interior de palabra).

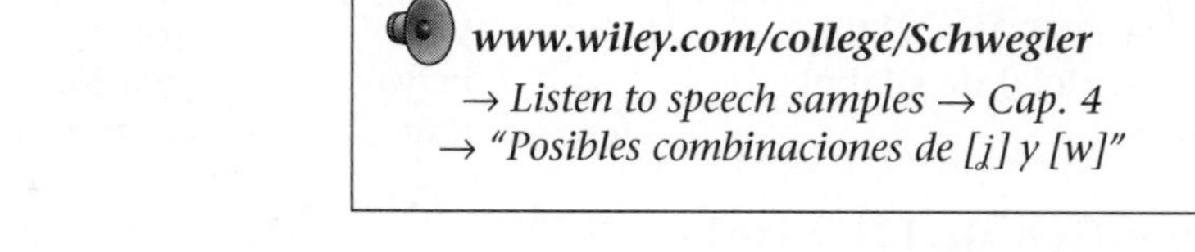

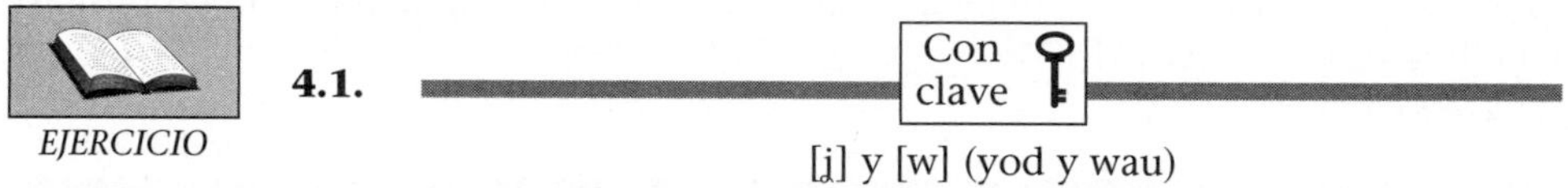

4.5. La articulación correcta de [j̞] y [w]

Un error común del anglohablante que aprende español ocurre en la pronunciación de [j̞] y [w]. **Estos dos sonidos deben articularse siempre dentro de una sola sílaba y no en dos sílabas separadas.** Note en los ejemplos de la columna derecha a continuación

---

[10] *Yin* = en la filosofía china, "fuerza pasiva o femenina". En español, hay pocos ejemplos con [j̞i].

[11] También deletreado "judo".

[12] "——" significa que esta combinación no existe.

[13] El caso de *hiato* es especial dado que generalmente se divide como [i-'a-to]; esto es, es un hiato excepcional en sí mismo. Adoptamos la división señalada arriba, ['j̞a]to, solo cuando se produce en un habla rápida con reducción silábica.

[14] *Huir* se suele articular en el habla lenta y cuidada [u-'iɾ]. Más comúnmente, en el habla rápida, se produce [wiɾ] o [u-'wiɾ]. Volveremos sobre esta y otras variaciones similares en los próximos capítulos.

[15] Para los casos de "o" como conjunción, ver la nota 3 más arriba y el Capítulo 5.

los posibles problemas articulatorios que acabamos de exponer, i.e., el alargamiento excesivo de [w] y [ʝ]:

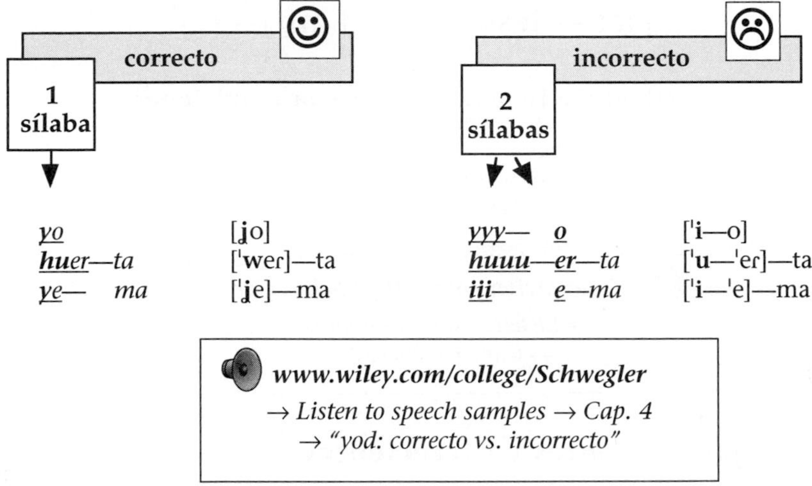

www.wiley.com/college/Schwegler
→ *Listen to speech samples* → *Cap. 4*
→ *"yod: correcto vs. incorrecto"*

4.6. El silabeo de palabras como "leyes" y "millas"

Hemos visto que una palabra como *ley* [lei̯] es monosilábica. A primera vista, el estudiante podría pensar que el plural (*leyes*) de esta misma palabra se silabeara *[lei̯—es]. Pero esto no es así ya que la solución correcta es *le—yes*. Se debe notar que al pluralizarse el sustantivo *ley* [lei̯], la deslizada [i̯] se vuelve consonántica [ʝ]: ['le—ʝes]. Este fenómeno se conoce como **consonantización**. Así, la división silábica responde a una regla básica, estudiada en el capítulo anterior: puesto que *leyes* contiene la secuencia VCV (cp. *-eye-*), esta debe dividirse en V—CV (*e—ye*), es decir, *le—yes*. Nótese que el silabeo *le—yes* es similar al de *mi—llas* (= ['mi—ʝas])[16], donde la yod es inicial de sílaba.

Aunque esta división de *le—yes* y *mi—llas* (y su consecuente articulación) sea la estándar, hay que reconocer que en la lengua hablada existe cierta variabilidad en la pronunciación de tales segmentos. *Leyes* suele articularse tanto ['le—ʝes] como ['lei̯—ʝes] (= con semivocal + yod).[17] Mencionamos este detalle para que los estudiantes nativos consideren también correctas ciertas articulaciones (por ej., ['lei̯—ʝes]) que quizás les parezcan más naturales y comunes. Para propósitos de transcripción en este manual optaremos por ['le—ʝes] para representar la variante más difundida. Los ejemplos a continuación ilustran una vez más la variación fonética en cuestión.

---

[16] El paso de sustantivos como *Paraguay* y *Uruguay* a sus correspondientes adjetivos: *paraguayo, uruguaya*, y sus variantes, es un caso semejante al de *leyes*.

[17] Esta variación (o resilabeo) hace que segmentos como "rey es" en la oración *El rey es alto* vs. la palabra *reyes* puedan diferenciarse fonéticamente en la lengua hablada. El primer segmento —*rey es*— no puede resilabearse a *re-yes* mientras que el segundo sí.

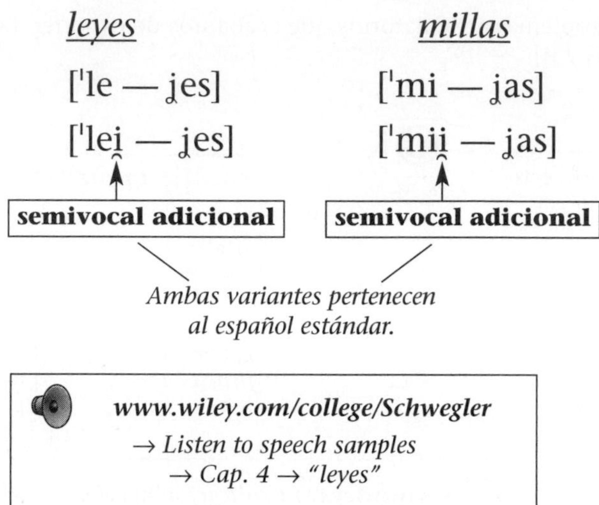

www.wiley.com/college/Schwegler
→ *Listen to speech samples*
→ *Cap. 4* → *"leyes"*

4.7. Diptongos crecientes y decrecientes

Antes de presentar un cuadro de los posibles diptongos en español, debemos introducir un concepto adicional: hemos observado hasta ahora que las semivocales ocurren tanto inmediatamente antes como después de la vocal nuclear (cp. *pue̲rta*, donde la semivocal [u̯] ocurre ANTES de la vocal nuclear "e"; y *au̲to*, donde la semivocal [u̯] aparece DESPUÉS de la vocal nuclear "a").

Considerando la vocal nuclear como el centro o la cima ('peak') del diptongo, los lingüistas suelen distinguir los **diptongos crecientes** de los **diptongos decrecientes.** Los crecientes "crecen" (o se abren) hacia la vocal nuclear, los decrecientes "decrecen" (o se cierran) *después* de ella. Las Figuras 4.4 y 4.5 ilustran estos conceptos.

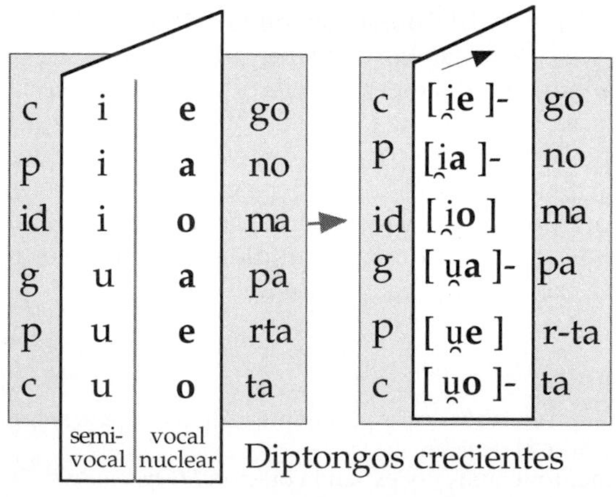

Fig. 4.4. Diptongos crecientes.

Los diptongos CRECIENTES *siempre tienen una semivocal inmediatamente* ANTES *de la vocal nuclear.*

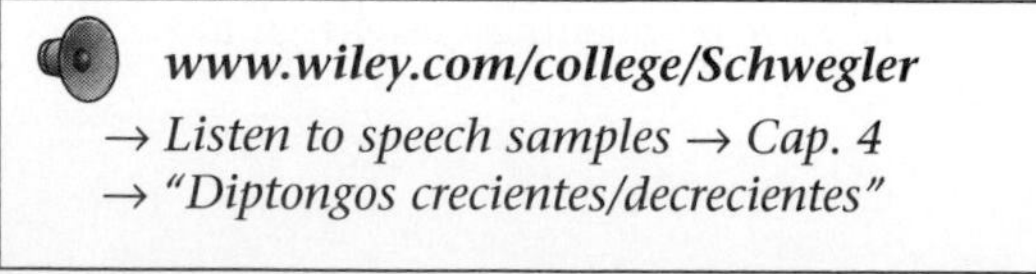

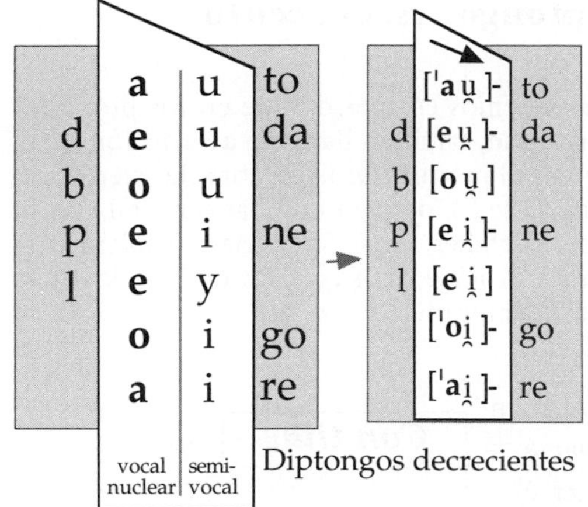

Fig. 4.5. Diptongos decrecientes.

Los diptongos DECRECIENTES *siempre tienen una semivocal inmediatamente* DESPUÉS *de la vocal nuclear.*

Nota: Como se señaló en el Capítulo 3, los casos de diptongos en español con [u̯o] y [ou̯] son poco comunes; de hecho [ou̯] solo aparece en palabras de origen gallego-portugués o del catalán, por ejemplo en apellidos (*Couto*), topónimos (*Poulo*) o préstamos integrados al estándar (*bou* = 'procedimiento de pesca').

El cuadro siguiente (Fig. 4.6) presenta las posibles composiciones de diptongos crecientes y decrecientes del español en el **interior** de palabras.

		Vocal nuclear i	**Vocal nuclear e**	**Vocal nuclear a**	**Vocal nuclear o**	**Vocal nuclear u**
LETRA	SONIDO	CRECIENTES				
i	**[i̯]**	----[18]	bien b[i̯e]n	hacia ha-c[i̯a]	adiós a-d[i̯o]s	ciudad c[i̯u]-dad
u[19]	**[u̯]**	cuido c[u̯i]-do	cuesta c[u̯e]s-ta	cual c[u̯a]l	cuota c[u̯o]-ta	----
		DECRECIENTES				
i	**[i̯]**	----	seis s[ei̯]s	aire ['ai̯]-re	oigo ['oi̯]go	fui f[ui̯] [20]
y	**[i̯]**	----	ley l[ei̯]	hay [ai̯]	hoy [oi̯]	muy m[ui̯] [20]
u	**[u̯]**	----	deuda d[eu̯]-da Europa [eu̯]-ro-pa	auto ['au̯]-to sauna s[au̯]-na	----	----

Fig. 4.6. Posibles composiciones de diptongos crecientes y decrecientes (interior de palabras).

[18] Como veremos a partir del Capítulo 5, los diptongos se forman no solo en el *interior* de palabras. La formación de diptongos *entre* palabras también es muy común. Puede observarse en expresiones como *mi hijo = m[i̯i]-jo, si amas = s[i̯a]-mas*, o en *tu alma = t[u̯a]l-ma.*

[19] Téngase en mente que, como ya hemos explicado arriba, no todas las letras "u" seguidas por "i" son semivocales (cp. *guía* —fonéticamente ['gi-a]— o *guerra, guitarra,* donde la letra "u" no tiene ningún valor fonético).

[20] La articulación de los segmentos *–ui* o *–uy* varía según el dialecto. En algunas zonas (por ejemplo, en México) se oye a veces como [ui̯], es decir con diptongo **decreciente** (así se dan los *crecientes* [fu̯i, mu̯i] y asimismo los *decrecientes* [fui̯, mui̯]). Veremos en la sección 4.10.1 que la variante *creciente* es más común.

4.8. La vocal nuclear de los diptongos vs. el acento primario ('stress')

Como ya vimos en el Capítulo 1, y como veremos en más detalle en los próximos capítulos, cada palabra tiene un **acento primario**, también llamado **acento fonético**, i.e., la marca de la fuerza entonativa de la voz al pronunciar la palabra. En ciertas palabras, el acento primario se indica con una **tilde** (´), pero en muchas otras tal acento primario no se marca ortográficamente (para detalles, véase "Materiales suplementarios: El acento ortográfico", en ***www.wiley.com/college/Schwegler***). Compare la lista a continuación, donde las vocales acentuadas se imprimen en negrita:

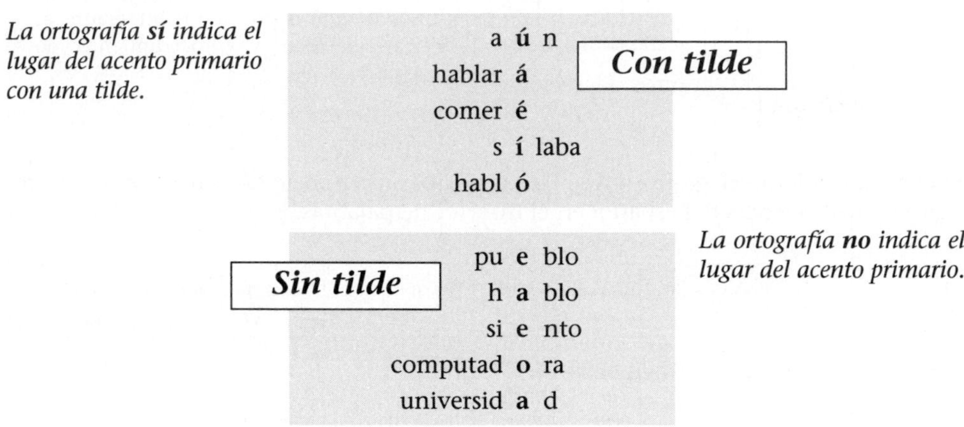

En muchos ejemplos presentados en las secciones anteriores, la vocal nuclear del diptongo o triptongo coincide con el acento primario ('stress') de las respectivas palabras. Este hecho se compara en la Figura 4.7.

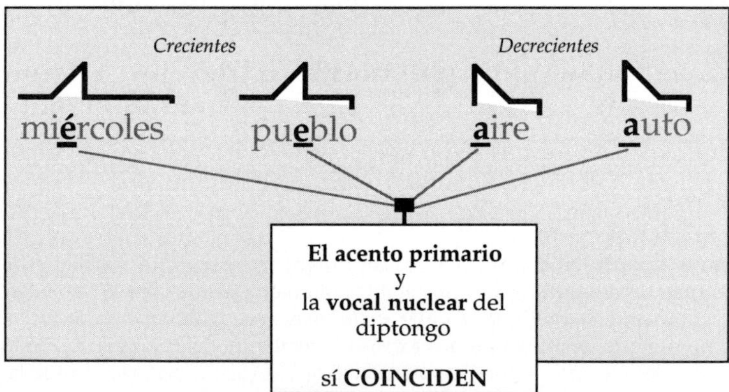

Fig. 4.7. El acento primario y la vocal nuclear coinciden.

Sería, sin embargo, erróneo pensar que el acento primario siempre cae en la vocal nuclear del diptongo. Si analizamos la palabra *pueblito* notamos que fonéticamente el diptongo [u̯e] no es el lugar "más fuerte" o prominente de la palabra. Como se ilustra en la Figura 4.8, el acento primario en *pueblito* cae sobre la sílaba *-bli-* (*pue-bli-to*), mientras que en *pueblo* cae sobre la sílaba *pue-* (*pue-blo*).

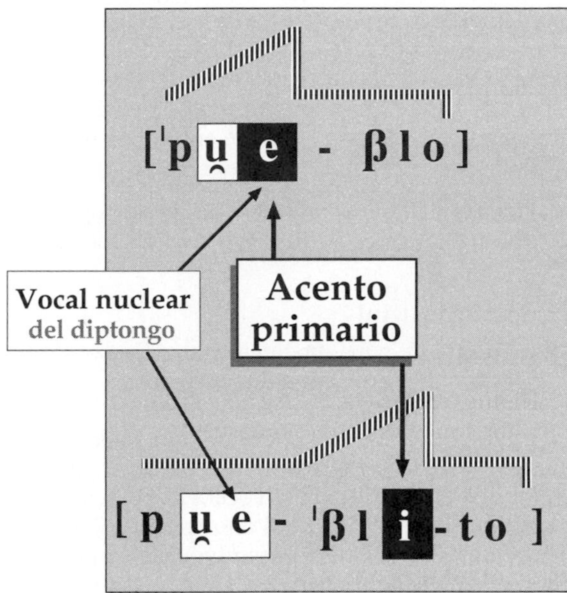

Fig. 4.8. El acento primario en *pueblo* y *pueblito*.

La vocal nuclear del diptongo a menudo no coincide con el lugar del acento primario de la palabra.

*Como indica la línea suprasegmental en la Figura, la voz suele subir e intensificarse en la vocal **acentuada**, dándoles así mayor prominencia acústica a los segmentos subrayados de "pueblo" y "pueblito".*

Otros ejemplos de palabras donde la vocal nuclear de un diptongo no coincide con la vocal acentuada (en negrita) de la palabra son:

naci**o**n**a**les = na—c[i̯o]n**a**—les
c**a**mbia = c**a**m—b[i̯a]
puert**i**ta = p[u̯e]r—t**i**—ta

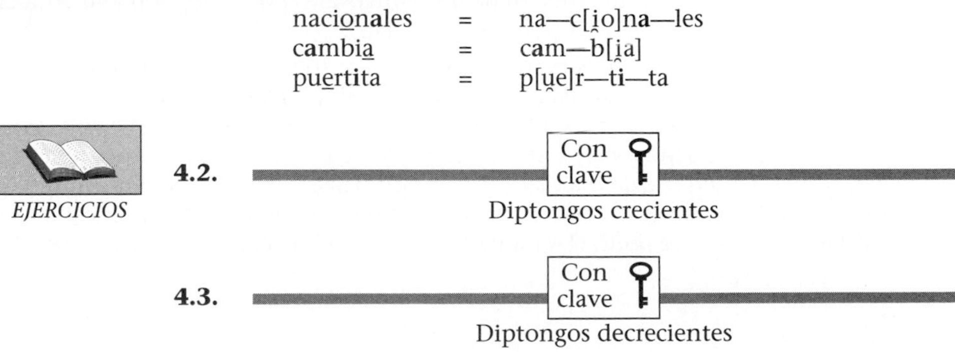

4.9. Las semivocales [i̯] y [u̯]: más detalles

Volvamos nuevamente a las semivocales para detallar de forma más extensa algunas de sus características. Recordará el estudiante que:

1. hay dos semivocales en español, a saber, [i̯] y [u̯];
2. el elemento vocálico fuerte de un diptongo se llama *vocal nuclear*;
3. dentro de un diptongo, **todo elemento vocálico que precede o sigue a la vocal nuclear se llama** SEMIVOCAL. Así, en la palabra monosilábica *bien* (articulada siempre [bi̯en] y no *[bi—ˈen]), la "i" es el elemento semivocálico, y la "e" es la vocal nuclear del diptongo. En la palabra *Mario,* silabeada correctamente *Ma—rio* (dos sílabas) y no **Ma—ri—o* (tres sílabas), la "o" es la vocal nuclear del diptongo mientras que la "i" es la semivocal en la terminación [-ɾi̯o]. Se entenderá que una semivocal **nunca puede formar sílaba por sí misma**.

Reiteramos que las semivocales tienen las siguientes representaciones ortográficas (la vocal nuclear de cada diptongo o triptongo aparece en **negrita**; las semivocales están subrayadas):

SEMIVOCAL [i̯]		SEMIVOCAL [u̯]	
Letra "i":	ca—m<u>i</u>**ó**n, **a**c<u>e</u><u>i</u>—te	**Letra "u":**	p**a**<u>u</u>—ta, len—g<u>u</u>**a**, c<u>u</u>**i**—da—do
Letra "y":	M**a**<u>y</u>—ra, r**e**<u>y</u>	**Letra "ü":**	lin—g<u>ü</u>**i**s—ta, g<u>ü</u>**e**—ro[21]

Las semivocales [i̯] y [u̯] pertenecen al grupo de sonidos que hemos llamado *deslizados* ('glides'). Se distinguen de otras deslizadas —de la yod y wau— por no tener fricción (ver apartado 4.2). Acústicamente hay gran semejanza entre la vocal [u] y la semivocal [u̯], y asimismo entre la vocal [i] y la semivocal [i̯]. La principal diferencia fonética entre los elementos vocálicos y sus correspondientes elementos semivocálicos reside en su distinta duración: **las semivocales son típicamente más breves que las vocales**. Además, las semivocales suelen deslizarse, mientras que tal deslizamiento no se observa en las vocales. Al pronunciar diptongos, el estudiante deberá prestar atención especial a lo siguiente:

1. los diptongos siempre constan de *una sola sílaba*: [ˈdi̯a—ɾi̯o] = dos sílabas, dos diptongos. El alargamiento (incorrecto) de las semivocales por definición aumenta el número de sílabas (cp. *[ˈdi—a—ˈɾi—o] = 4 sílabas).
2. en los diptongos decrecientes es necesario articular (deslizar) la semivocal de manera precisa, *con rapidez* y *hasta el final*. La parte final debe ser una [i̯] o [u̯] muy cerrada. Si no se respeta este detalle articulatorio, el estudiante puede llegar a omitir o "achicar" las semivocales, articulando así **le* en vez de *ley*, **pene* en vez de *peine,* o *[ba-ˈlaɾ] en vez de [bai̯-ˈlaɾ], generando palabras que nada tienen que ver con el significado original, con el consecuente malentendido de significado (¡al articular *pene* en vez de *peine,* el estudiante expresará ingl. 'penis' en vez de 'comb'!).

[21] Pronunciado [ˈgu̯e-ɾo]. Es una palabra mexicana y venezolana que significa 'rubio; de piel clara'.

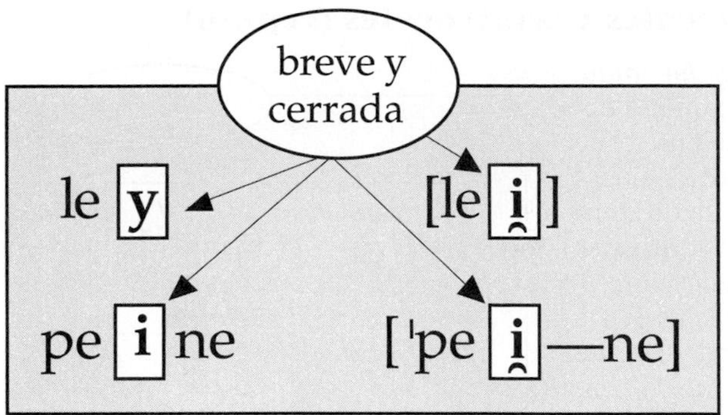

Fig. 4.9. Articulación de semivocales.

La [i̯] debe sonar como una "i" rápida (breve) y muy cerrada.

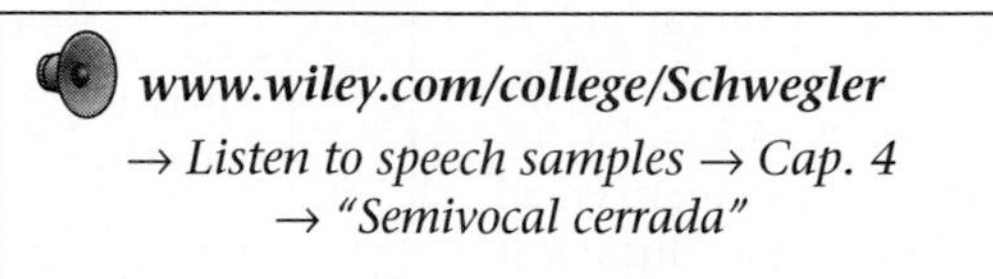

Las diferencias de duración y de deslizamiento en las (semi)vocales pueden observarse con relativa facilidad en los pares de palabras presentados en la Figura 4.10.

Ortografía			Fonética	
Dar**í**o	*vs.*	d**ia**r**io**	Da-r[**i—o**]	d[**i̯**a]-r[**i̯o**]
var**ío**[22]	*vs.*	var**ió**	va-r[**i—o**]	va- r[**i̯o**]
M**ía**	*vs.*	M**ia**mi	M[**i—a**]	M[**i̯a**]-mi
d**ía**	*vs.*	d**ia**grama	d[**i—a**]	d[**i̯a**]-gra-ma
secretar**ía**[23]	*vs.*	secretar**ia**	se-cre-ta- r[**i—a**]	se-cre- ta-r[**i̯a**]
			Vocal [i]	**Semivocal [i̯]**
			Más larga y **SIN** deslizamiento	Menos larga y **CON** deslizamiento

Fig. 4.10. Hiato vs. diptongo en pares de palabras.

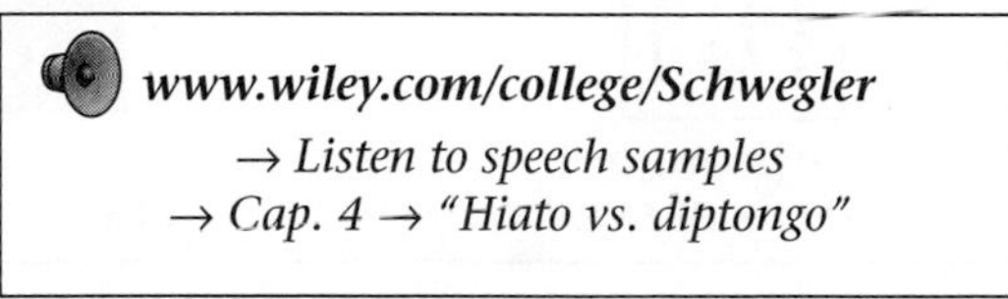

EJERCICIO

4.4. División silábica / diptongos y triptongos

---

[22] Del verbo *variar* 'to vary'. *Varío* 'I vary', *varió* 'he/she/it varied'.

[23] Compárense: (1) *secretaría* = ingl. 'office of secretary, secretariat'; (2) *secretaria* = ingl. 'secretary'.

4.10. Articulación de vocales y semivocales (repaso)

Al articular las palabras *adiós, fui, auto, Mayra* o *buey,* el estudiante percibirá, o debería de percibir de aquí en adelante, que la representación ortográfica variable de las semivocales **no** conlleva ninguna diferencia articulatoria, y que, por lo tanto, las letras subrayadas en *Mayra* y *peine,* corresponden a un solo sonido, es decir [i̯]. De lo contrario, habrá de entender a partir de ahora que las dos letras "u" en una palabra como *usual* **no** representan exactamente el mismo sonido, ya que la primera "u" es una **vocal** mientras que la segunda es una **semivocal** (cp. [u—ˈsu̯al], Fig. 4.11). La "u" inicial está en una posición nuclear (vocal pura), por lo que tiene una duración mayor que la [u̯] semivocal del segmento final [-ˈsu̯al]. Hay, además, otras diferencias articulatorias entre estas dos vocales (por ej., ligeras diferencias de fricción), pero en este texto introductorio no nos ocuparemos de ellas. Compare ahora también la variable duración de la "i" en *secretaria* vs. *secretaría,* ilustrada gráficamente en la Figura 4.12.

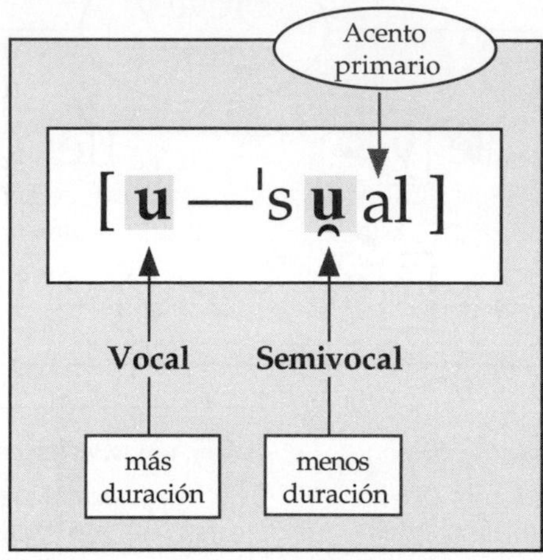

Fig. 4.11. La letra "u" y sus dos valores fonéticos en la palabra *usual.*

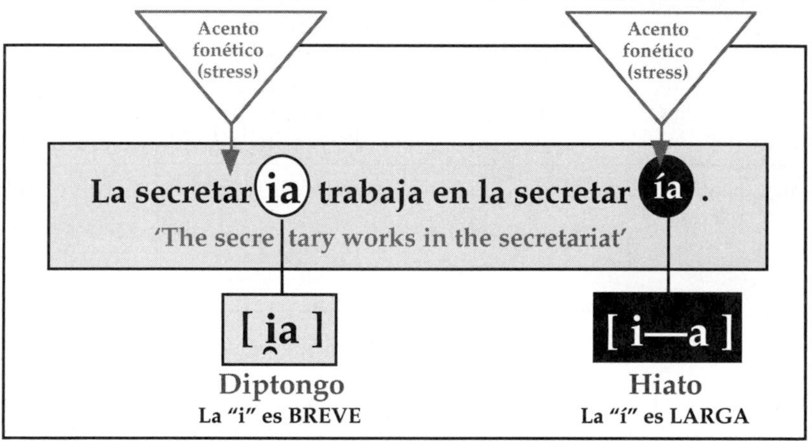

Fig. 4.12. *Secretaria* vs. *secretaría.*

Escuche y articule esta frase varias veces en voz alta, con poca duración en la "i" de ***secretaria****, y más duración en la "í" de* ***secretraría*** *(= secretaríííía).*

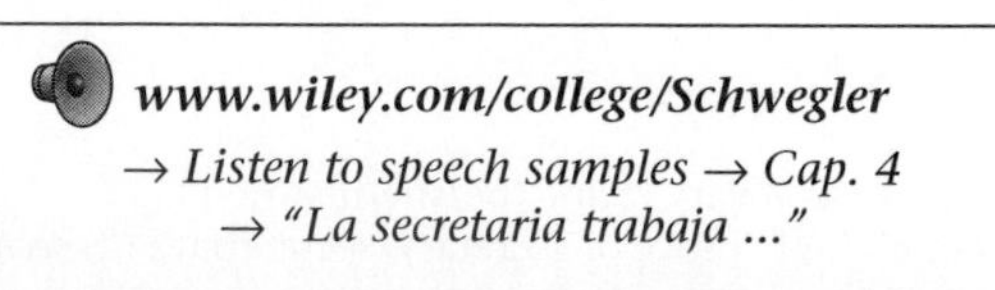

www.wiley.com/college/Schwegler
→ Listen to speech samples → Cap. 4
→ "La secretaria trabaja ..."

4.10.1. *Variable articulación de los diptongos "ui" e "iu"*

Una explicación especial se merecen las letras "u" e "i" cuando están yuxtapuestas, como en *fui, buitre, cuida,* o *ruido.* En todos los casos, la combinación "ui" se articula como un diptongo (lo mismo sucede con la combinación *–uy* de *muy* ya que en este caso la "y" tiene el mismo valor fonético que la "i" de *fui*). Pero, como muestran las variantes a continuación, *los hispanohablantes varían su pronunciación, articulando estos segmentos tanto como diptongos crecientes como decrecientes* (varios factores pueden determinar la selección de estas variantes, incluídas la procedencia geográfica del hablante y la rapidez del habla). En este manual, sin embargo, daremos preferencia a la transcripción *creciente.*

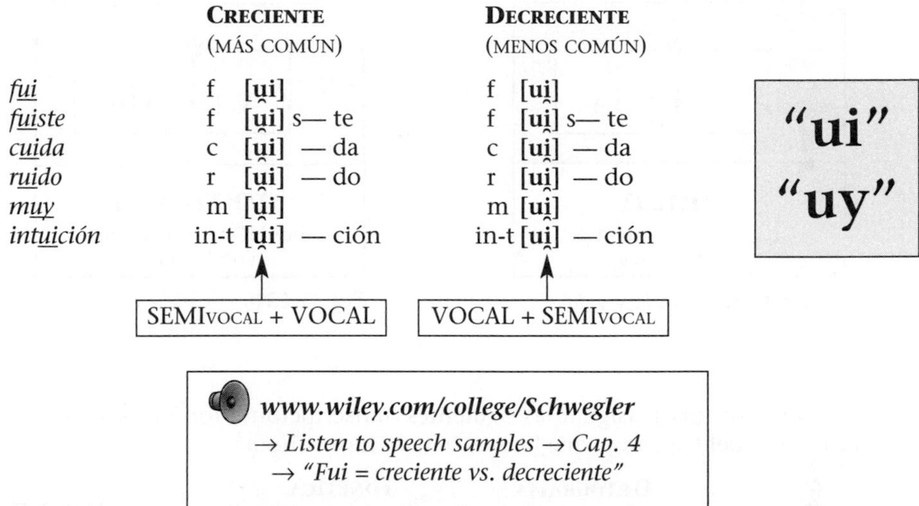

CRECIENTE
(MÁS COMÚN)
DECRECIENTE
(MENOS COMÚN)
fui — f [u̯i] — f [ui̯]
fuiste — f [u̯i] s— te — f [ui̯] s— te
cuida — c [u̯i] — da — c [ui̯] — da
ruido — r [u̯i] — do — r [ui̯] — do
muy — m [u̯i] — m [ui̯]
intuición — in-t [u̯i] — ción — in-t [ui̯] — ción
SEMIvocal + VOCAL
VOCAL + SEMIvocal
"ui"
"uy"
www.wiley.com/college/Schwegler
→ Listen to speech samples → Cap. 4
→ "Fui = creciente vs. decreciente"

La misma variabilidad articulatoria se observa en la secuencia inversa, o sea "iu". Así, la primera sílaba de *ciudad* se realiza tanto *[si̯u-]dad* como *[siu̯]dad*, y la misma alternancia creciente y decreciente ocurre en *viuda = v[i̯u]—da* o *v[iu̯]—da*. En el mundo hispano, la articulación *creciente* [si̯u-] suele ser la más común, por lo que daremos preferencia a esta transcripción en nuestro texto.

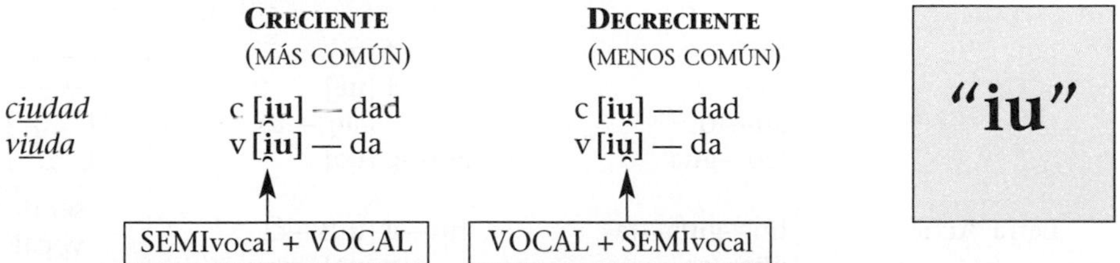

Por todo lo señalado anteriormente, se entenderá que en fonética se llame **diptongos acrecientes** a los diptongos con dos vocales cerradas yuxtapuestas ("iu", "ui"). Ahora bien, la preferencia por la articulación *creciente* de estos diptongos, como en *cuida* ("ui") y *viuda* ("iu"), tiene una correlación tan interesante como lógica: puesto que la mayoría de los hablantes prefiere la articulación creciente, *cuida* normalmente rima con *vida* (y no con *suda*); esto demuestra que la vocal nuclear (o pura) de *cuida*

efectivamente es la "i" y no la "u". Lo mismo vale para la secuencia opuesta: *viuda* normalmente rima con *suda* (y no con *vida*), ya que la vocal nuclear de "iu" suele ser la "u". Las Figuras 4.13a y 4.13b ilustran estos hechos.

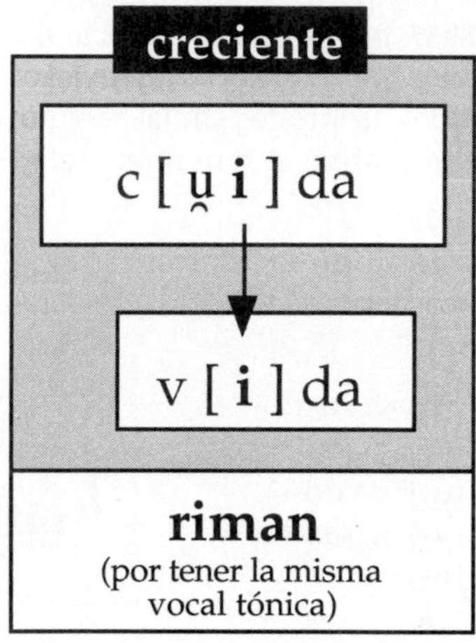

Fig. 4.13a. *Cuida* y *vida* riman.

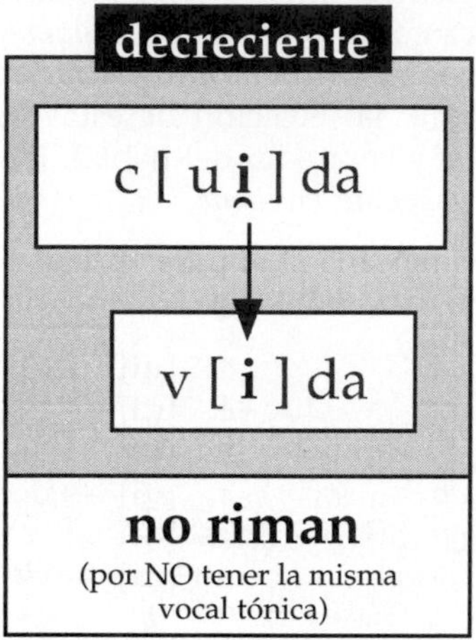

Fig. 4.13b. *Cuida* y *vida* no riman.

Podemos, entonces, asignar las siguientes transcripciones fonéticas a los casos de los diptongos y del triptongo que hemos tratado hasta ahora:

	Ortografía	**Fonética**	
Letra "**i**":	a—d**i**ós	a—d [i̯o]s	[i̯] semi-vocal
	pe**i**—ne	p [ei̯]—ne	
Letra "**y**":	Ma**y**—ra	M [ai̯]—ra	
	bue**y**	b [u̯ei̯]	
Letra "**u**":	f**u**i	f [u̯i]	[u̯] semi-vocal
	f**u**e	f [u̯e]	
	a**u**—to	[ˈau̯]—to	
	len—g**u**a	len—g [u̯a]	
Letra "**ü**":	lin—g**ü**is—ta	lin—g [u̯i]s—ta	
	g**ü**e—ro	g [u̯e]—ro	

4.10.2. *Valor fonético de la letra "u" en "guerra", "guía", etc.*

Hemos venido subrayando que dos o más letras diferentes a veces representan un mismo sonido (así "i" e "y" en *pie* y *ley* ambos representan la semivocal [i̯]; compare [pi̯e] con [lei̯]). También hemos señalado que puede ocurrir lo contrario: una sola letra —por ejemplo la "y"— puede representar varios sonidos, y que el valor fonético de tal letra puede ser tanto vocálico como consonántico. Compare nuevamente:

Carlos y María	=	[i] **vocal:**	*Carlos [i] María*
le y	=	[i̯] **semivocal:**	[lei̯]
so y	=	[i̯] **semivocal:**	[soi̯]
y o	=	[ʝ] **consonante** "yod":	[ʝo]
ma- y o	=	[ʝ] **consonante** "yod":	['ma-ʝo]

Para completar el panorama de las letras "i" y "u" hace falta una observación más. Hemos visto arriba que, delante de "i" o "e", la letra "u" puede tener el valor de la *semivocal* [u̯] (cp. *fui* [fu̯i], *fue* [fu̯e]), mientras que en otras ocasiones la misma letra "u" representa la *vocal* "u" (cp. *tu, susto, gustar*). Sin embargo, existen también casos donde la letra "u" seguida por "i" o "e" no tiene ningún valor fonético. Así, en *guía*, fonéticamente ['gi-a], la "u" tiene un valor puramente ortográfico (Fig. 4.14). En este y en casos similares (por ej., *guerra, sigue, Miguel*), la "u" se inserta en medio de "gi" y "ge" para que esta secuencia de letras no corresponda a "ji" o "je", respectivamente. Así *guerra* corresponde a ['ge-ra] y no al inexistente **gerra*. De la misma manera, *guía* corresponde a ['gi-a] y no al inexistente **gía*. Los ejemplos a continuación ilustran los cuatro empleos diferentes de la "u" en la ortografía:

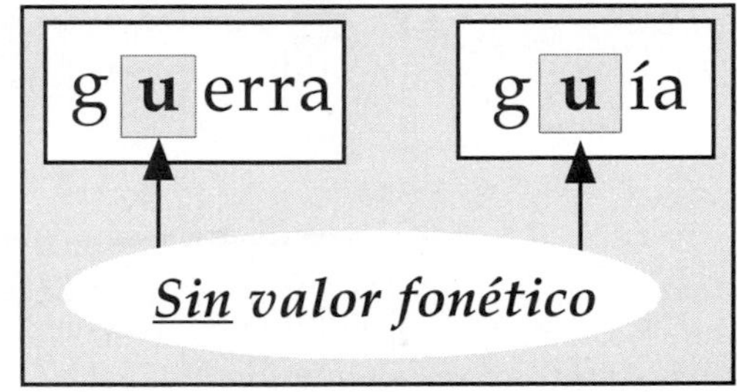

Fig. 4.14. La "u" muda.

				Ortografía	**Fonética**
1.	Letra "u"	=	[u] vocal:	tu	[**tu**]
				ú-til	['**u**-til]
				sur	[s**u**r]
2.	Letra "u"	=	[u̯] semivocal:	gua-po	g[u̯a]-po
				a-gua	a-g[u̯a]
				cuo-ta	c[u̯o]-ta

		Ortografía	Fonética
3. Letra "u"	= [w] wau:	huer-ta	[ˈweɾ-ta]
		hue-so	[ˈwe-so]
		huir	[wiɾ], *también* [u-ˈwiɾ] *o* [**u**-ˈiɾ][24]
4. Letra "u"	= *sin valor fonético:*	gu**i**-ta-rra	[g]i-ta-rra
		gu**e**-rra	[g]e-rra
		Mi-gu**e**l	[mi-ˈgel][25]

Existe un quinto uso de la "u" en casos como *lingüista, lingüini,* donde la "u" lleva dos puntos (diéresis) encima de la letra. En estos casos el valor fónico de "**ü**" es siempre [u̯]: *pingüino = ping[u̯i]no.* Volveremos sobre el empleo de "ü" en el Capítulo 12.

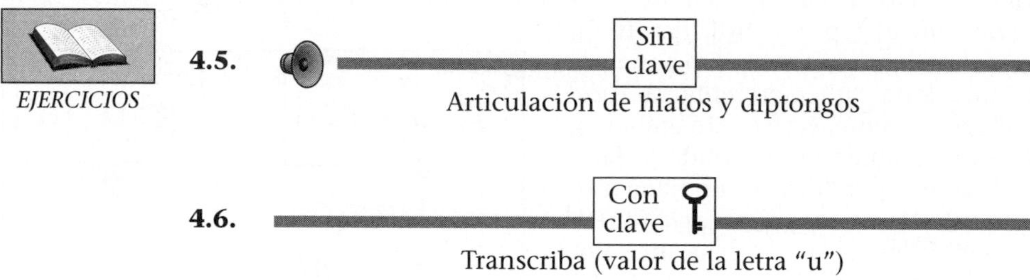

4.11. Articulación de las semivocales

Uno de los errores articulatorios más típicos del anglohablante que aprende español ocurre en la pronunciación de las semivocales [i̯] o [u̯] y de las consonantes [ʝ] o [w]. **Estos cuatro sonidos deben articularse siempre dentro de una sola sílaba y no en dos sílabas separadas** (por lo tanto, su articulación es lo contrario de lo que se da en un hiato). Nótese, por ejemplo, la articulación correcta de "bueno" en la Figura 4.15a abajo, y compárela con la incorrecta a la derecha (Fig. 4.15b), donde la semivocal [u̯] se alarga de manera excesiva, transformándola en una vocal pura (alargada). Tal alargamiento produce un hiato *[bu—ˈe—no], dándole el sonido extranjero de **buu—ee—no*. Los estudiantes tienen la tendencia de articular **buueeno* en vez de *bueno* (breve) porque la lengua inglesa no tiene diptongos crecientes (así, *[bu—ˈe—no] corresponde al sistema del inglés, mientras que [ˈbu̯e—no] corresponde al sistema del español).

[24] En este capítulo, ver nota 14.

[25] En capítulos posteriores aprenderemos que la transcripción [mi-ˈgel] = *Miguel* necesita ajustarse a [mi-ˈɣel] para representar la pronunciación exacta de la "g".

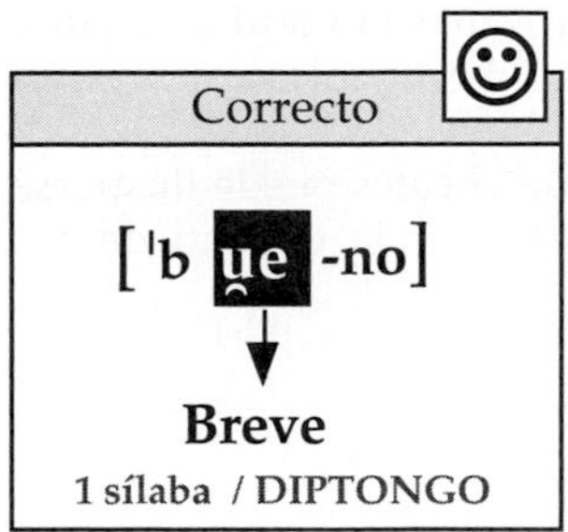

Fig. 4.15a. Articulación correcta de un diptongo.

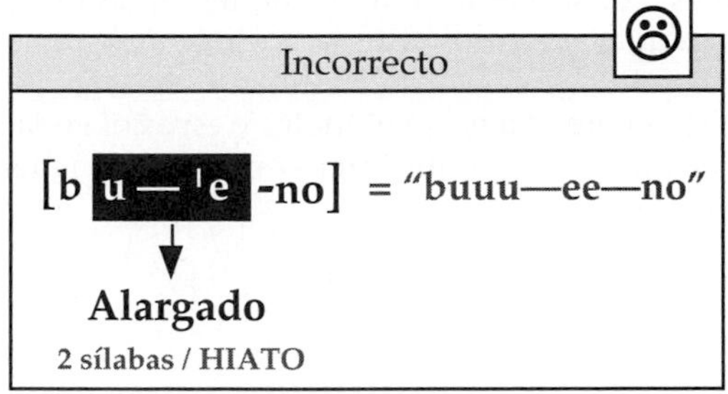

Fig. 4.15b. Articulación incorrecta de un diptongo.

Ejemplos adicionales:

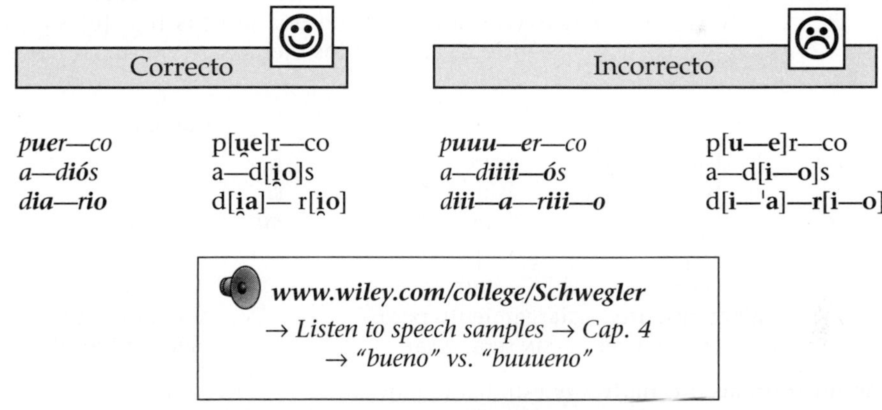

Correcto
Incorrecto
puer—co p[u̯e]r—co *puuu—er—co* p[u—e]r—co
a—diós a—d[i̯o]s *a—diiii—ós* a—d[i—o]s
dia—rio d[i̯a]— r[i̯o] *diii—a—riii—o* d[i—ˈa]—r[i—o]
www.wiley.com/college/Schwegler
→ *Listen to speech samples* → *Cap. 4*
→ *"bueno" vs. "buuueno"*

4.12. Articulación de las vocales (puras)

En la sección anterior hemos dicho que las semivocales deben articularse dentro de la misma sílaba, *y siempre de manera breve* (así *bue-no* y no **buu-ee-no*). Una observación similar es también válida para las vocales (puras) del español, como se explicará a continuación.

Como señalamos en el Capítulo 2, las vocales en español son, por lo general, muy estables y tensas (por "tensas" entendemos aquí "articuladas de modo *staccato* y corto", i.e., *staccato* = sin deslizarlas). La variación dialectal en su pronunciación es mínima. En español, *las vocales suelen ser breves* y *agudas* ('crisp'), aun cuando son tónicas o cuando por alguna razón reciben énfasis. Es verdad que la vocal *tónica* de una palabra (por ej., la "a" en *hace, muchacho, pintar, saldrá*) suele ser más larga que una vocal átona (cp. *hace, muchacho, pintar, saldrá*); pero este aumento en la duración de las *tónicas* es poco en comparación con las vocales alargadas del inglés y de muchos otros idiomas. Por supuesto, hay ocasiones en las que prolongamos más la vocal de alguna palabra que queremos enfatizar; sin embargo, por lo general, las vocales del español son, repetimos, cortas en duración.

Esta diferencia entre el inglés y español en la duración de vocales puede ilustrarse con palabras casi homófonas que se distinguen solamente por la calidad de sus vocales:

INGLÉS	**ESPAÑOL**
Sue	su
see	si
me	mi

En inglés, las vocales se "cierran" de manera mucho menos abrupta y menos tensa que en español. La duración alargada del inglés conlleva una relativa inestabilidad de las vocales, las cuales se deslizan fácilmente hacia un diptongo decreciente.[26] Así en ingl. *Sue,* la vocal se alarga y se desliza ('glides off') al final, lo que a menudo produce la adición de la semivocal [u̯]. Por lo tanto en inglés suele articularse [suu̯] = *Sue*. Lo mismo ocurre con ingl. *see* [sii̯] o *me* [mii̯]. Es práctica general en lingüística distinguir entre vocales breves y largas con la adición de dos puntos (cp. [u] vs. [u:]). Podemos entonces representar la diferencia entre los ejemplos anteriores de la siguiente manera:

	INGLÉS				**ESPAÑOL**
Sue	[su:u̯]	o	[su:]	*su*	[su]
see	[si:i̯]	o	[si:]	*si*	[si]
me	[mi:i̯]	o	[me:]	*mi*	[mi]
	CON alargamiento y CON semivocal		CON alargamiento pero SIN semivocal		SIN alargamiento y SIN semivocal

Para adquirir un acento nativo, el estudiante tendrá que (1) pronunciar las vocales de modo más breve y sin deslizarlas, y (2) evitar el movimiento de la mandíbula, dejando así totalmente estable la vocal española. La Figura 4.16 conceptualiza estas diferencias articulatorias.

[26] Las diferencias de duración también van acompañadas de diferencias en la tensión de los labios (más tensos y estables en español).

inglés

Sue	see
Duración	Duración
[s u : u̯]	[s i : i̯]
Con diptongo / Deslizado ('glided off')	Con diptongo / Deslizado ('glided off')
CON deslizamiento	**CON deslizamiento**

español

su	si
staccato	staccato
Duración	Duración
[s u]	[s i]
Vocal con final abrupto / seco	Vocal con final abrupto / seco
SIN deslizamiento	**SIN deslizamiento**

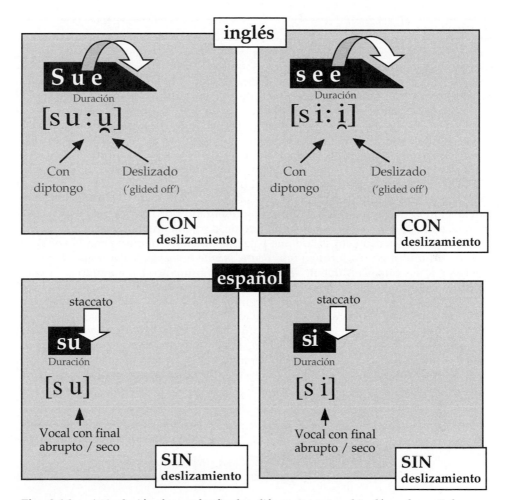

Fig. 4.16. Articulación de vocales finales: diferencias entre el inglés y el español.

La duración alargada del inglés conlleva una relativa inestabilidad de las vocales, las cuales se deslizan fácilmente en dirección a un diptongo decreciente (cp. "Sue", "see"). Al contrario de lo que ocurre con las vocales inglesas, en español las cuerdas vocales dejan de vibrar de una manera relativamente abrupta al terminarse de articular una vocal. No se prolonga mucho la vocal ni tampoco hay disminución lenta al final de la vocal sino que se termina de manera seca y corta. En cambio, en inglés se tiende a prolongar y diptongar la vocal. Compare, por ejemplo, la "o" del inglés "go" con la "o" del español en "yo no lo hablo".

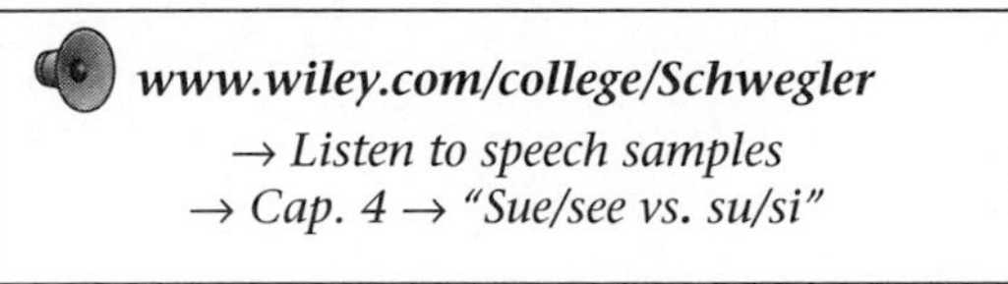

Resumen

Los símbolos para la yod y la wau son [ʝ] y [w], respectivamente. Se trata de dos sonidos cuya representación ortográfica es variada: *yema, llama, hiedra* empiezan todos con [ʝ], y el mismo sonido también ocurre en *mayo* y *milla*. [w] es el sonido inicial en *whisky* y *huerta*. La wau también ocurre en el interior de palabras (*sándwich*). El rasgo posicional identificador de [ʝ] y [w] es que siempre ocurren en posición inicial de sílaba (*ye-ma, lla-ma, hie-dra, ma-yo, ca-lle, hueso, sándwich, oaxaqueño*).

La yod y la wau se consideran consonantes, ya que van acompañadas de una fricción (obstrucción parcial del aire). En el caso de la **wau**, esta fricción ocurre simultáneamente en el velo y en los labios, mientras que, en la **yod**, esta se da en el paladar. En algunos dialectos del español (tanto peninsulares como americanos), la yod se ha convertido en una consonante producida con una mayor fricción, cuya articulación variable se acerca al sonido representado por la letra "s" en *measure* o *pleasure*, al de *judge* o *John*, o al primer sonido de la palabra inglesa *shop*.

El acento primario ('stress') de una palabra coincide a menudo con la vocal nuclear de un diptongo o triptongo (cp. *siento, puente* o *pueblo;* y *Paraguay*), pero hay muchas vocales nucleares que no llevan el acento primario. Un ejemplo es la vocal nuclear del diptongo [u̯e] en *pueblito* (vocal acentuada subrayada).

La transcripción, y por consiguiente también su silabeo, está caracterizada por cierta inestabilidad debida a que determinados hispanohablantes varían la pronunciación de tales segmentos. Así hemos visto que una palabra como *ley* —articulada [lei̯]— es estable, mientras que no pasa lo mismo en su forma plural *leyes,* donde se da, aun en el habla estándar, tanto [ˈle—ʝes] como [ˈlei̯—ʝes]. A esto se añade que las combinaciones de letras "iu" y "ui" pueden representar tanto diptongos *crecientes* como *decrecientes,* según la preferencia del hablante:

		Creciente (común)	**Decreciente** (poco común)
viuda	=	v[i̯u]—da	v[iu̯]—da
cuida	=	c[u̯i]—da	c[ui̯]—da

Este capítulo y el anterior han aclarado que (1) una sola vocal escrita en sí puede constituir un núcleo vocálico (cp. las sílabas *o, lo, no,* cuyo núcleo es "o"), (2) no todas las vocales escritas necesariamente constituyen un núcleo silábico (cp. *hueso* [ˈwe-so] donde la "u" representa el sonido [w], y (3) la "u" en palabras como *guerra* [ˈge-ra] o *guitarra* [gi-ˈta-ra] tiene una función exclusivamente ortográfica.

Las Figuras 4.17–4.18a/b resumen de forma gráfica las características sobresalientes de las [ʝ], [w], [i̯] y [u̯] deslizadas del español estándar.

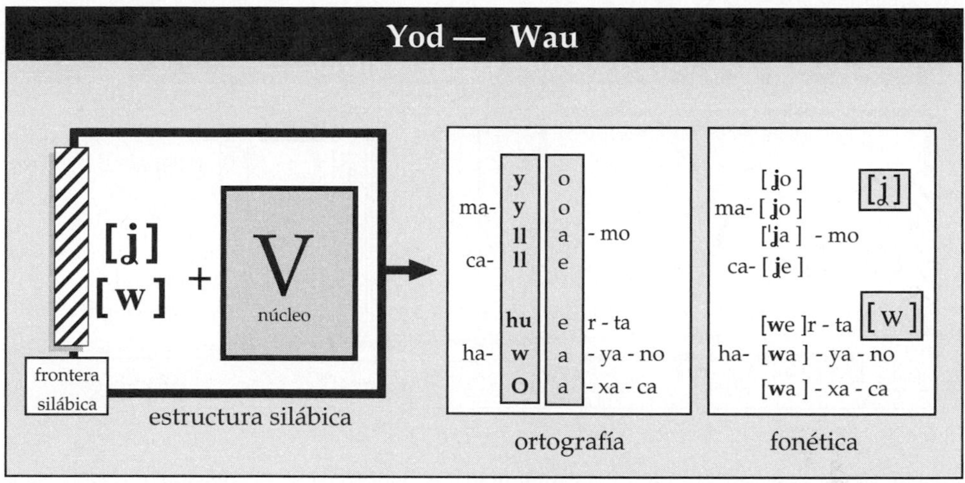

Fig. 4.17. Yod y wau.

Características de [ʝ] y [w]:

1. *Siempre empiezan la sílaba.*
2. *Siempre preceden a una vocal pura (la vocal nuclear de la sílaba).*
3. *Siempre conllevan fricción (fricción palatal para la **yod**; fricción labiovelar para la **wau**).*
4. *Tienen una representación ortográfica variable.*

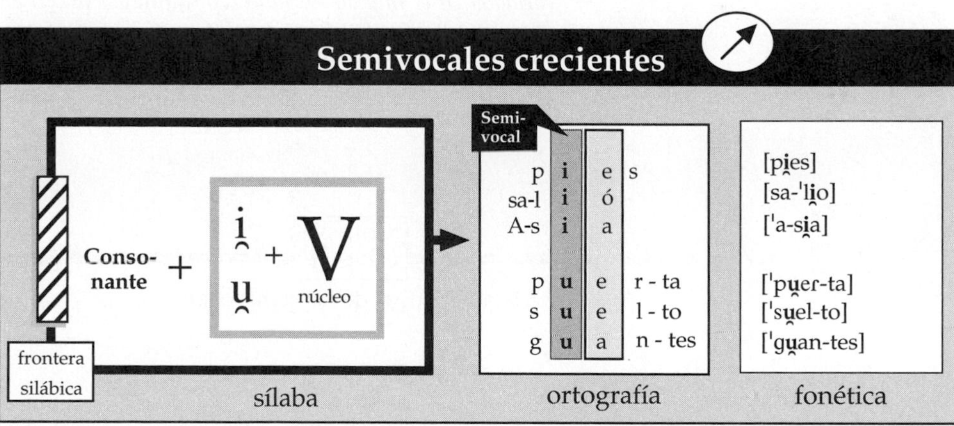

Fig. 4.18a. Diptongos crecientes.

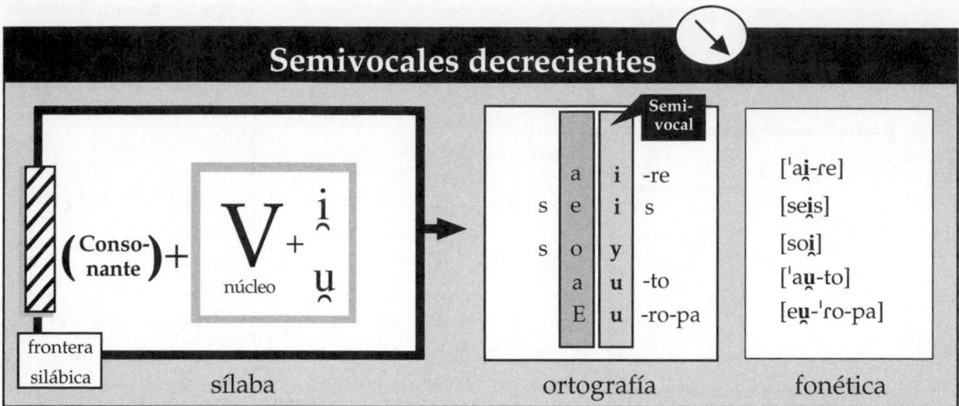

Fig. 4.18b. Diptongos decrecientes.

Características de las semivocales:

1. *Se limitan a los elementos semivocálicos [i̯] y [u̯].*
2. *Jamás empiezan una sílaba y no pueden constituir sílaba por sí mismas.*
3. *Jamás llevan acento primario ('stress').*
4. *Siempre están en contacto inmediato con una vocal "pura" (la vocal nuclear de la sílaba).*
5. *Se articulan con menor duración que las vocales "puras".*
6. *No presentan variación dialectal en su articulación, i.e., se pronuncian siempre de la misma manera. En este sentido se diferencia de la yod, la cual tiene articulaciones variadas en el mundo hispano (cp.* ll*amar o ma*y*o en Argentina y Uruguay (área rioplatense), donde se pronuncia "shamar" y "masho", respectivamente).*
7. *Se deslizan (las vocales "puras" no se deslizan).*
8. *Tienen una representación ortográfica variable.*

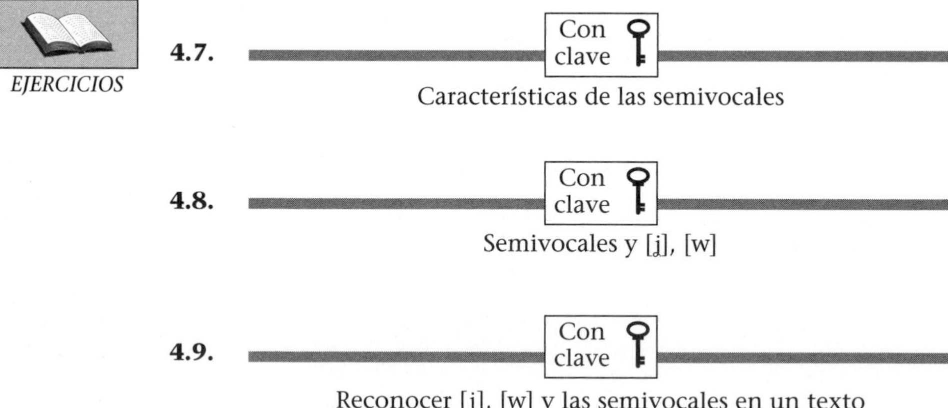

EJERCICIOS

4.7. Con clave

Características de las semivocales

4.8. Con clave

Semivocales y [j], [w]

4.9. Con clave

Reconocer [j], [w] y las semivocales en un texto

4.10. Sin clave

División silábica: reglas generales

4.11. Sin clave

Claridad y brevedad de las vocales

EXAMEN DE PRÁCTICA 1 (CAPS. 1-4)

www.wiley.com/college/Schwegler
→ "Practice exams"

<u>Claves en</u>:

www.wiley.com/college/Schwegler
→ Practice exams → "Keys to practice exams"

Nota para el profesor

Algunos profesores preferirán asignar el Capítulo 17 "El sistema vocálico del inglés" ya a estas alturas. Allí se examinan rasgos articulatorios adicionales del inglés que causan interferencia en el español de los estudiantes principiantes.

Capítulo 5

La sílaba — Las vocales — El ritmo

5.1. El encadenamiento de sílabas[1]

> **"Grupo fónico"**
>
> *Entendemos por* GRUPO FÓNICO *el conjunto de sonidos articulados que se dan entre dos pausas.* Dos rasgos caracterizan al grupo fónico: (1) la unidad de significado y (2) la necesidad de inhalar aire suficiente para seguir hablando.*
>
> * *Definimos "pausa" como una interrupción o un "silencio" en el discurso.*

En el Capítulo 3 hemos visto lo esencial de la estructura silábica del **grupo fónico**, y hemos descrito la formación de diptongos en el **interior** de palabras ([ˈsi̯en-to], [ˈpu̯en-te], [ˈai̯-ɾe], [eu̯-ˈɾo-pa], [au̯-ˈmen-to], etc.). Esta sección introduce una noción nueva que es de gran importancia para la correcta articulación de palabras: el **encadenamiento** o enlace de palabras en la cadena hablada.

Al hablar español, deben conectarse las fronteras silábicas de las palabras **como si el enunciado fuera una sola secuencia de palabras encadenadas**. Este enlace de sílabas se aplica a lo largo de *todo* el grupo fónico (Figs. 5.1 y 5.2), produciendo así su resilabeo. En una expresión como *sin azúcar,* las dos palabras se encadenan en el nivel silábico, dando así rítmicamente

[1] La palabra *encadenamiento* significa 'interlocking.' Está relacionada etimológicamente con *cadena* 'chain' (de allí la idea de 'interlocking').

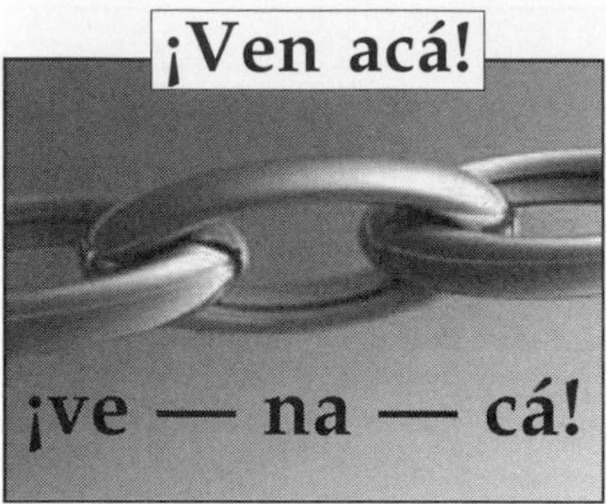

Fig. 5.1. El encadenamiento.

si—na—zú—car en vez de **sin—a—zú—car*. Idéntico es el caso de *¡ven acá!*, articulado *¡ve—na—cá!* y no **¡ven—a—cá!* (Fig. 5.1). Como puede observarse en estos dos ejemplos, el ritmo silábico del español no respeta las fronteras de palabras.

Para conceptualizar esta idea del encadenamiento aun más, considérese la primera mitad de una oración como:

En estos años es algo difícil ir *(de vacaciones a California)* (Fig. 5.2)

Esta oración puede articularse —y normalmente se articula —como *un solo grupo fónico cuyas sílabas están íntimamente interconectadas o encadenadas* (ingl. 'interlocked'). Como ilustra la Figura 5.2, las fronteras silábicas de esta oración **no** coinciden con el principio o final de palabra. Palabras como *en*, cuya forma aislada tiene una estructura silábica cerrada (i.e., VC), abandonan esta estructura original a favor de una estructura abierta (i.e., V): *en estos → e—nes—tos*.

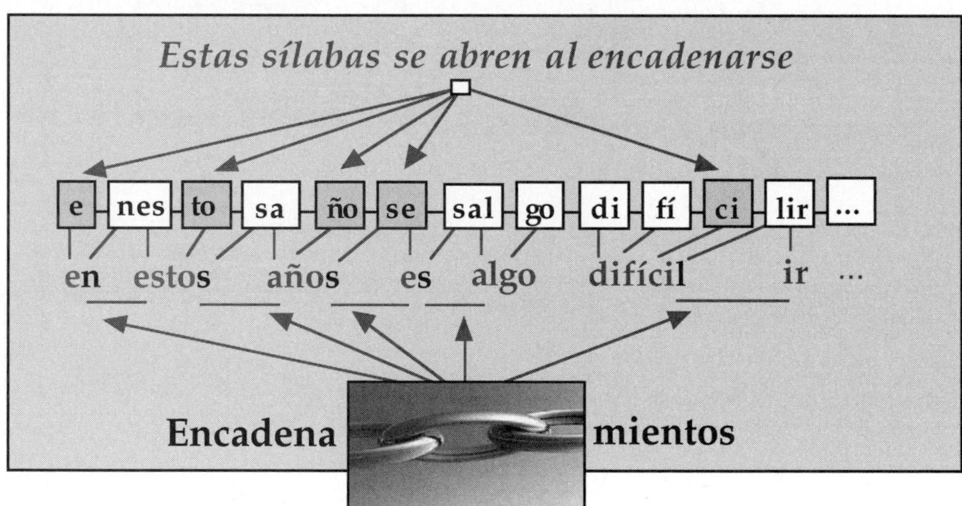

Fig. 5.2. Encadenamiento de sílabas.

Nótese sobre todo que las fronteras de palabras NO *coinciden siempre con las fronteras silábicas.*

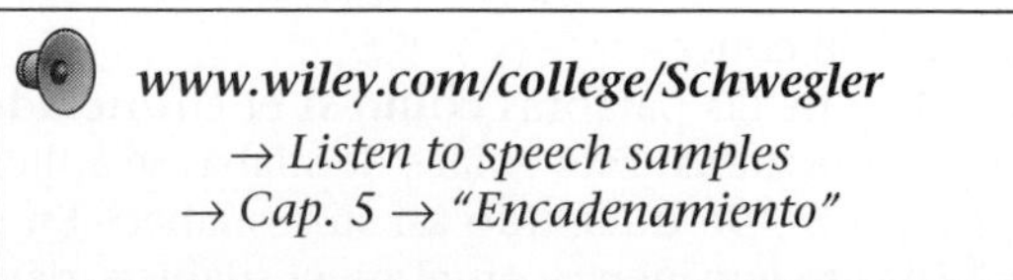

A primera vista, el silabeo extraño de "en estos años es algo difícil ir" tiene su origen en la fuerte tendencia del español hablado hacia la **sílaba abierta**. Esto significa que *cualquier secuencia de VCV se divide siempre en V—CV*, formando así dos sílabas abiertas. Los ejemplos a continuación ilustran que esta división de VCV → V—CV se aplica tanto dentro de palabras como entre ellas:

EJEMPLOS	SILABEO	ESTRUCTURA	
amigo	**a—mi**-go	**V—CV**-CV	VCV **dentro** de palabras
Alabama	**A—la**-ba-ma	**V—CV**-CV-CV	
preso	pre—**so**	CCV—**CV**	
desarmar	**de—sar**-mar[2]	CV—CVC-CVC	
Encadenamientos:			
gran amigo	**gra—na**-mi-go	**CCV—CV**-CV-CV	VCV **entre** palabras
sus ideas	**su—si**-de-as	**CV—CV**-CV-VC	
el amor	**e—la**-mor	**V—CV**-CV	

Para facilitar la memorización de esta regla, podemos decir que cuando una consonante ocurre en posición *intervocálica*, esta consonante siempre se junta con la vocal que le sigue (Figs. 5.3–5.4).

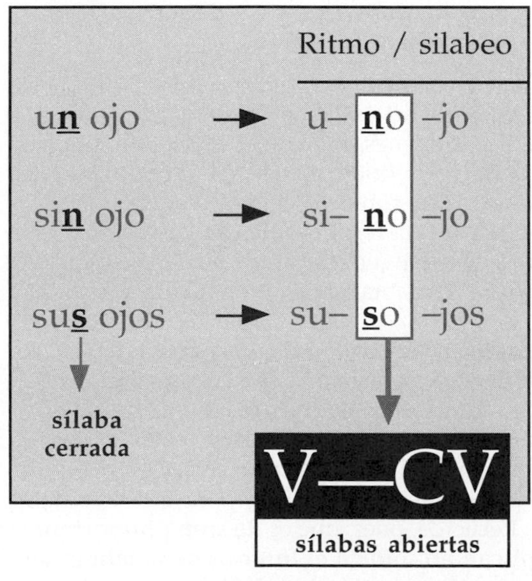

Ritmo / silabeo
un ojo → u- no -jo
sin ojo → si- no -jo
sus ojos → su- so -jos
sílaba cerrada
V—CV
sílabas abiertas

Fig. 5.3. Apertura de sílabas cerradas en posición final de palabra.

Obsérvese en las Figuras 5.2 y 5.3 que la apertura de las sílabas cerradas ocurre siempre cuando una consonante ocupa una posición intervocálica.

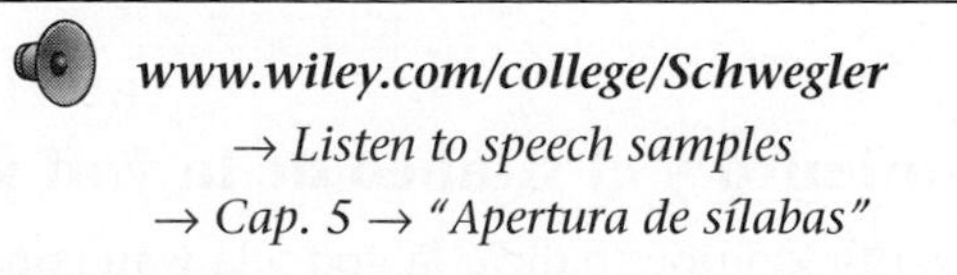

[2] Como se explicó en el Capítulo 3, en la ortografía, una palabra como *desarmar* (con prefijo) también puede silabificarse *des—ar—mar.*

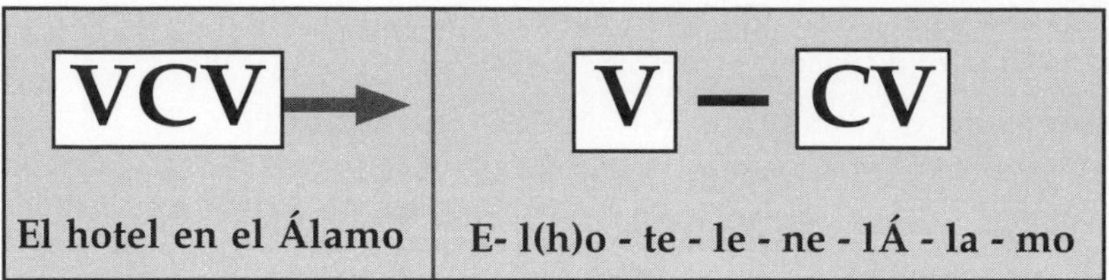

Fig. 5.4. La división de secuencias VCV entre y dentro de palabras.

En la cadena hablada, las sílabas de esta oración son todas abiertas.

Veamos ahora algunos ejemplos de encadenamiento en un texto. Solo damos aquí la división de sílabas donde hay encadenamiento:

> E—**n el**— capítulo anterio—**r (h)**e—mos visto lo esencial de la estructura silábica del grupo fónico, y hemos descrito la formación de diptongo—**s e**—**ne**—**l in**—terior de palabras... Ahora e—**s el** momento adecuado para introduci—**r u**—na noción nueva que es de gra—**n im**—portancia para la correcta articulación de palabra—**s en**— la cadena hablada y que, como veremos má—**s a**—delante, afecta directamente a la formación de diptongo—**s en**—tre palabras.

Es importante que el alumno aprenda a reconocer y a aplicar esta división silábica del grupo fónico español, y que se dedique a imitar el silabeo del hablante nativo. La frecuencia de los sonidos vocálicos y su disposición especial en el sistema fonético en lo que respecta a la estructura silábica —con su predominio de sílabas *abiertas*— crea un ritmo constante y continuo en todo el grupo fónico. Esta adherencia a la separación de secuencias VCV en V—CV es, a la vez, la responsable, en gran parte, de la percepción entre estudiantes principiantes de la lengua de que el español se habla generalmente de manera muy rápida, como si las palabras salieran de una ametralladora ('machine gun').

No es difícil, pues, comprender los problemas articulatorios que causa el trasladar el silabeo inglés al español. Articular a la manera anglosajona *en* + *es* + *tos* + *a* + *ños* en lugar de *e* + *nes* + *to* + *sa* + *ños* es hablar con un acento extranjero. A menos que el estudiante no nativo supere la tentación de siempre dividir sílabas entre palabras, no podrá adquirir jamás una pronunciación española nativa o seminativa. El estudio del silabeo es, pues, uno de los primeros pasos que debe hacerse para que los malos hábitos no se arraiguen en el estudiante. Recuerde, pues, que es **de suma importancia observar que las reglas de silabeo se aplican no solo en el interior de palabras sino también entre palabras**, convirtiendo así en la cadena hablada sílabas normalmente cerradas en sílabas abiertas.

5.2. El encadenamiento y el silabeo de la yod y de la wau

En el Capítulo 4 hemos optado por analizar la yod y la wau como consonantes (más que como semiconsonantes). Puede preguntarse entonces si la yod de ejemplos como *el yerno* se encadena con la consonante final de la palabra anterior (**e—l yer-no*), o si la división silábica se hace entre las dos palabras (*el—yer-no*). De igual modo, en la secuencia *los huesos*, el estudiante puede preguntarse si la división será: **lo—s(h)ue-sos* o *los—hue-sos*. La respuesta a estas preguntas es que tanto la [j] como la [w] son consonantes y, por tanto, deben colocarse *después* de la frontera silábica. Al aplicar esta división, seguimos simplemente una regla general expuesta en el Capítulo 3: grupos de dos consonantes que jamás se encuentran en el inicio de una palabra se dividen en C+C. Compare:

el yerno	=	el—yer-no	un llanto	=	un—**ll**an-to
sus llaves	=	sus—**ll**a-ves	el hielo	=	el—**hi**e-lo
un whisky	=	un—**wh**is-ky	las huertas	=	las—**hu**er-tas

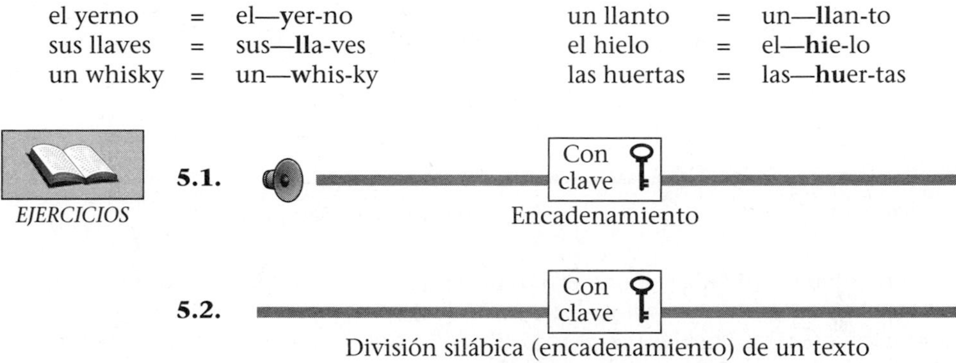

5.3. Ajustes vocálicos entre palabras

Un fenómeno conceptualmente similar pero no igual al encadenamiento se observa cuando ciertas vocales entran en contacto *entre* dos palabras. Esta sección revelará que en secuencias de vocales *entre* palabras, **solo** algunas de las vocales sufren ajustes (o cambios) vocálicos. Como veremos, la siguiente regla (Fig. 5.5) tendrá validez general: **los ajustes vocálicos (1) ocurren únicamente con vocales** ÁTONAS, nunca con las tónicas; y (2) **se limitan a las llamadas "vocales débiles" (i.e., "i" y "u"), así como a la "-o" final de palabra**; por lo tanto, la **"a"** y **"e" son enteramente estables**, i.e., no cambian.

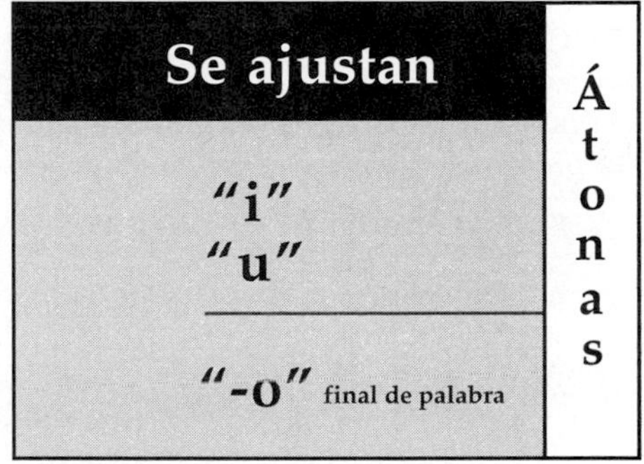

Fig. 5.5. Vocales en contacto.

Este capítulo detallará que estas tres vocales son las únicas que cambian en el encuentro con otras vocales.

Como es lógico, a la luz de este fuerte contraste entre vocales tónicas y átonas, será importantísimo fijarse en el lugar preciso del **acento prosódico** ('stress') de las palabras. Nos acordamos (Cap. 1) de que

a. el acento prosódico se encuentra en la vocal tónica, acústicamente más prominente (*solo, impaciente, veo, hablar, sauna, oigo*);
b. las palabras con acento *escrito* (tilde) siempre llevan el acento prosódico en la vocal que lleva la tilde (así podemos estar seguros, por ejemplo, que *hablaré, vendrá, olvidó, salí, bebé* y *mamá* terminan en vocal tónica); y
c. en este texto consideraremos *átonas* todas las *palabras monosilábicas* (recordamos que esto es una mera convención "práctica", y no refleja siempre la compleja acentuación de monosílabos).[3]

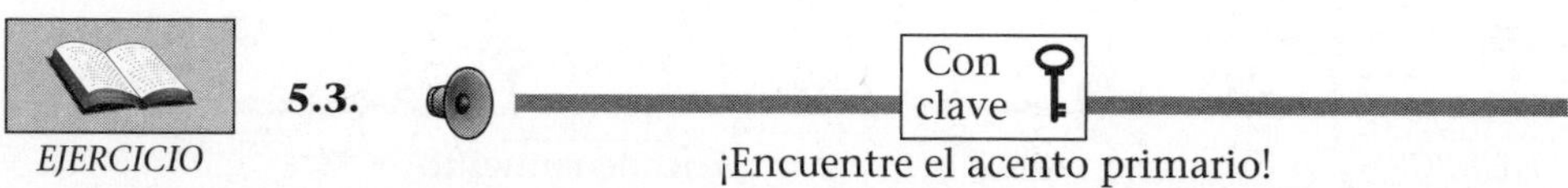

5.3. ¡Encuentre el acento primario!

En el habla cuidada y lenta, un grupo fónico como *su amigo español* se articula, como es de esperar, *su—a-mi-go—es-pa-ñol*. Sin embargo, en el habla más rápida, en contacto con otras vocales, las átonas "i", "u" (comúnmente llamadas "**vocales débiles**") y la "-o" final de palabra tienden a convertirse en semivocales o, en raros casos, en consonantes (ejemplos abajo).

Esta conversión de vocal en semivocal lleva a que en la cadena hablada *su amigo español* se articule comúnmente *s[u̯a]-mi-g[u̯e]s-pa-ñol* en lugar de *s[**u—a**]mi-g[**o—e**]s-pa-ñol*. Como muestran los ejemplos a continuación, en el caso de la vocal "-o", el ajuste articulatorio tiene por resultado lo que podríamos llamar "sustitución de un sonido": (1) **la vocal "-o" final de palabra se realiza como** SEMIVOCAL [u̯]; (2) **la "o-" inicial de palabra se realiza como** CONSONANTE [w]:

"-o" átona final de palabra:

hablo español	a-bl**[u̯**e**]**s-pa-ñol	→	**[u̯]**	Semivocal
sigo así	si-g**[u̯**a**]**-sí	→	**[u̯]**	

"o-" inicial de palabra:

¿o es así?	[ˈ**we**]-sa-sí[4]	→	**[w]**	Consonante
¿o habla el otro?	[ˈ**wa**]-bla-e-lo-tro[5]	→	**[w]**	

[3] También se considerarán átonas en la transcripción aquellas palabras monosílabas que se distinguen por el acento, llamado **tilde** o **acento diacrítico**, como los pares: *tú* (pronombre personal) vs. *tu* (determinante posesivo); *él* (pronombre personal) vs. *el* (artículo definido), etc.
[4] También articulado *[o-ˈwe]-sa-sí.*
[5] También articulado *[o-ˈwa]-bla-e-lo-tro.*

El ajuste de una vocal a una semivocal a veces produce resultados que, para el hablante no nativo, pueden ser sorprendentes. En el caso de una articulación rápida de expresiones como *si esta chica ...*, la "i" de *si* se convierte en [i̯] semivocal, por lo que las dos expresiones *si esta chica* y *siesta chica* pueden llegar a ser homófonas (i.e., suenan igual). La Figura 5.6a ilustra este fenómeno.

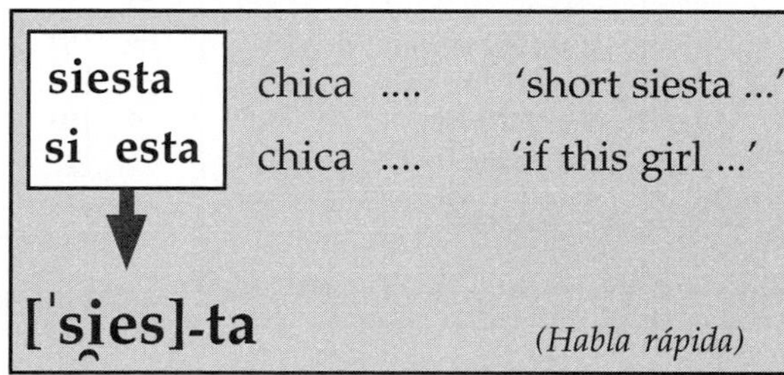

Fig. 5.6a. La articulación de *siesta* vs. *si esta* en el habla normal (rápida).

Estas dos expresiones llegan a ser homófonas, y solo el contexto aclara el significado exacto.

Similar es el caso de *su ave* vs. *suave* ya que, en el habla rápida (normal), la articulación de estas dos expresiones es idéntica: la "u" átona de *su* se "ajusta" como semivocal en un diptongo creciente (Fig. 5.6.b).

Fig. 5.6b. "Suave" vs. "su ave".

Las dos expresiones ("su ave" / "suave") son homófonas en el habla rápida.

Los fenómenos articulatorios que acabamos de describir dan lugar consecuentemente a una reducción del número total de sílabas. Las oraciones en la Figura 5.7 ejemplifican esta reducción (los números entre paréntesis indican el número total de sílabas).

Ejemplo	Habla lenta (cuidada)		Habla rápida (normal)		Se realiza
	Vocal		⟶		Semivocal
si esta chica	si—es-ta-chi-ca	(5)	s[i̯e]s-ta-chi-ca	(4)	→ [i̯]
mi amigo	mi—a-mi-go	(4)	m[i̯a]-mi-go	(3)	→ [i̯]
si es	si—es	(2)	s[i̯e]s	(1)	→ [i̯]
digo eso	di-go—e-so	(4)	di-g[u̯e]-so	(3)	→ [u̯]
la idea	la—i-de-a	(4)	l[ai̯]-de-a	(3)	→ [i̯]
su historia	su—his-to-ria	(4)	s[u̯i]s-to-ria	(3)	→ [u̯]
Juan y Alicia	Juan—y—A-li-cia	(5)	Jua-n[i̯a]-li-cia	(4)	→ [i̯]
mide y dime	mi-de—y—di-me	(5)	mi-d[ei̯]-di-me	(4)	→ [i̯]
	Vocal		⟶		Consonante
y él	i—él	(2)	[ʝe]l[6]	(1)	→ [ʝ]
tapa y echa	ta-pa—y—e-cha	(5)	ta-pa—[ˈʝe]-cha	(4)	→ [ʝ]
¿o es así?	o—e-sa-sí	(4)	[ˈwe]-sa-sí	(3)	→ [w]
¿o habla él?	o—ha-bla-él	(4)	[ˈwa]-bla-él	(3)	→ [w]

Fig. 5.7. Realización de vocales como semivocales y la consiguiente reducción en el número de sílabas.

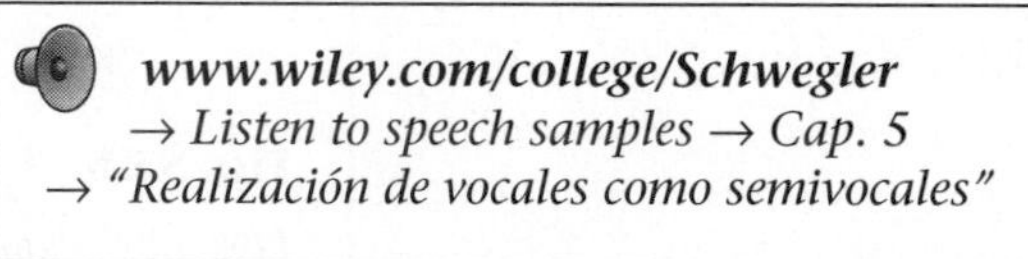

www.wiley.com/college/Schwegler
→ Listen to speech samples → Cap. 5
→ "Realización de vocales como semivocales"

☞ *Lea las dos oraciones silabeadas abajo en voz alta en ambas versiones (habla lenta y habla rápida). Observe y practique los ajustes vocálicos (vocales inacentuadas) en la formación de diptongos entre palabras.*

1. *"Aquí, eso es un problema muy grande."*

Habla lenta: A - quí — e - so — e - sun — pro - ble - ma — muy — gran - de. **12 sílabas**

Habla rápida: A - quí — e - s[u̯e] - sun — pro - ble - ma — muy — gran - de. **11 sílabas**

[6] Aunque menos frecuente, también articulado [i-ˈʝel].

2. *"La importancia de una isla ...*

Habla lenta: La — im - por - tan - cia — de - u - na — is - la[7] —
Habla rápida: L[ai̯]m - por - tan - cia — d[eu̯] - na — is - la —

depende de su industria."

de - pen - de — de — su— in - dus - tria. **18 sílabas**
de - pen - de — de — s[u̯i]n - dus - tria. **15 sílabas**

En este punto, si volvemos sobre el texto anterior donde marcamos los encadenamientos (subrayados infra), podemos observar aquellos segmentos en donde se producen ajustes vocálicos (resaltados en trasfondo gris):

> E—n el— capítulo anterio—r (h)e—mos visto lo esencial de la estructura silábica del grupo fónico, y hemos descrito la formación de diptongo—s e—n e—l in—terior de palabras... Ahora e—s el momento adecuado para introduci—r u—na noción nueva que es de gra—n im—portancia para la correcta articulación de palabra—s en— la cadena hablada y que, como veremos má—s a—delante, afecta directamente a la formación de diptongo—s en—tre palabras.

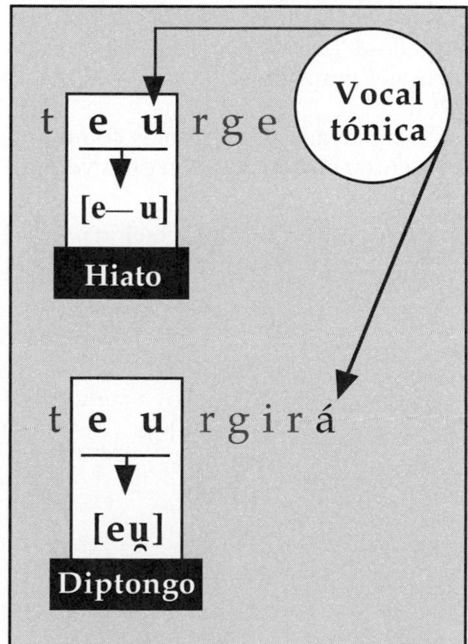

Fig. 5.8. *Te urge vs. te urgirá.*

Obsérvese que en el primer caso la "u" es tónica (i.e., recibe el acento primario de la palabra), lo que bloquea su realización como semivocal. En "te urgirá", la "u" es átona, y se convierte en semivocal, formando así el diptongo [eu̯].

[7] En el ejemplo, la palabra *isla* lleva el acento primario en la primera sílaba "*is-*". Como se verá más adelante en el capítulo, por ser tónica no es posible que forme diptongo con la vocal anterior; así, no es posible **-n[ai̯]s-la*.

Es importante notar que no todas las vocales están sujetas a tales ajustes articulatorios en el habla rápida. Así, en el español estándar, **"a" y "e" son siempre vocales fuertes** en contacto con otras vocales. Por lo tanto, en expresiones como *la escuela* o *te adoro*, la [a] y la [e] permanecen puras y estables, o sea, no sufren ningún ajuste articulatorio: *[la—e]s-cue-la* / *[te—a]-do-ro*.

El comportamiento de la vocal "o" es más complejo puesto que varía de acuerdo a su posición: **"o" es fuerte (estable) en el inicio de palabras** (*la otra* → [la—'otɾa]; *le ordeno* → *[le—**o**]rdeno*), y **débil (inestable) en posición final de palabras** (*solo eso* → ['so-'lu̯e-so], *puedo abrir* → *pue-d[u̯a]-brir, hago escala* → *ha-g[u̯e]s-ca-la, mucho impacto* → *mu-ch[u̯i]m-pac-to*).

Como ya vimos más arriba, **las "débiles" "i" y "u" son inestables** (de ahí su nombre de "débiles"), por lo que en el habla rápida se realizan como semivocales (*si esta* → ['si̯es-ta]; *tú eres* → ['tu̯e-ɾes]). Debemos añadir, sin embargo, que estas "débiles" se convierten en semivocales solamente en posición átona. Esto es así por consecuencia de una regla más general: **todas las vocales, incluso las llamadas "vocales débiles" ("i" y "u"), se resisten a ajustes articulatorios *cuando llevan el acento prosódico*.** Esta regla es válida tanto para el inicio como para el final de palabra.

La variación en el comportamiento de las vocales débiles tónicas y átonas se ilustra en la Figura 5.8, donde *te urge* (con hiato) contrasta con *te urgirá* (con diptongo). Allí se observará que la "u" en *te urge* mantiene el hiato debido a que esa "u" es *tónica*. En cambio, en *te urgirá* la "u" se realiza como parte del diptongo [eu̯] puesto que en este caso la "u" es *átona*.

Se entenderá ahora también por qué la "–ó" tónica de *ganó el premio* normalmente se mantiene como vocal pura (i.e., *ga-['no—e]l pre-mio*), aun en el habla rápida. Lo mismo ocurre con la "í" acentuada en *salí ayer* [sa-'li—a-'ʝeɾ] o *así es* [a-'si—es]. En este texto transcribiremos tales casos siempre como vocales puras (o sea: *ga-['no—el] premio* en vez de **ga['nu̯el] premio*).

Siguiendo la misma lógica, las vocales tónicas subrayadas en ejemplos como *uso, Hugo, hija, ira, salí, hindú* deben permanecer puras al entrar en contacto con otras vocales:

	La vocal tónica <u>no</u> cambia a semivocal 	**Pronunciación incorrecta** 
INICIO DE PALABRA		
de uso	d[e—'**u**]-so	*d[eu̯]-so
para Hugo	pa-r[**a**—'**u**]-go	*pa-r[au̯]-go
la hija	l[a—'**i**]-ja	*l[ai̯]-ja
tu ira	t[u—'**i**]-ra	*t[u̯i]-ra
FINAL DE PALABRA		
salí a comer	sa-l[**i**—a]—co-mer	*sa-l[i̯**a**]—co-mer
un hindú alto	u-n(h)in-d[**u**—a]l-to	*u-n(h)in-d[u̯**a**]l-to

Este comportamiento de "resistencia fonética" de vocales tónicas puede demostrarse con particular eficacia al contrastar las dos oraciones a continuación, donde *irá* ('will go') e *ira* ('wrath') se diferencian no solamente por su acento prosódico (*irá* es palabra aguda, *ira* es llana) sino también por la calidad de su vocal inicial (*la irá* forma un diptongo, mientras que *la ira* forma un hiato):

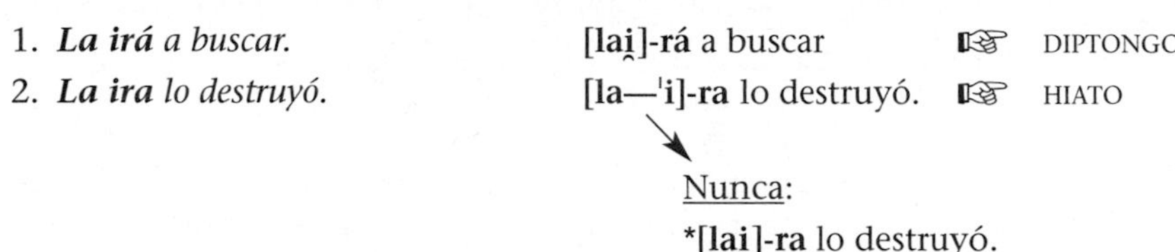

1. ***La irá** a buscar.* **[lai̯]-rá** a buscar ☞ DIPTONGO
2. ***La ira** lo destruyó.* **[la—ˈi]-ra** lo destruyó. ☞ HIATO

Nunca:
*[**lai̯**]-**ra** lo destruyó.

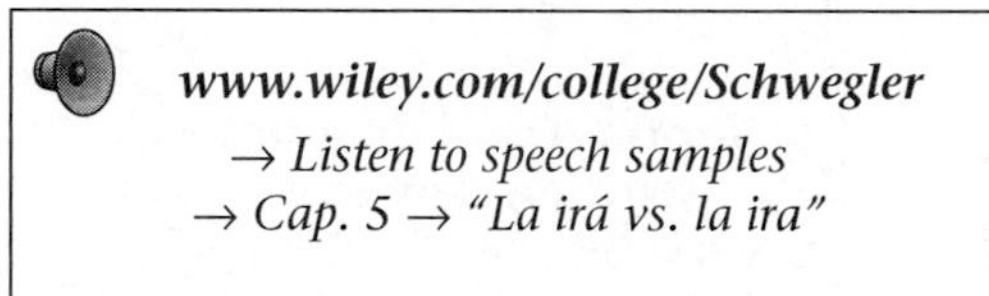

www.wiley.com/college/Schwegler
→ *Listen to speech samples*
→ *Cap. 5 → "La irá vs. la ira"*

En el ejemplo #1, la "i" inicial de *irá* es átona. De acuerdo con la lógica expuesta arriba, el ajuste vocálico (*la irá* → [lai̯ˈra]) sí es factible, y efectivamente se realiza así en la mayoría de los casos (habla rápida). En cambio, en el ejemplo #2, el acento primario en la "i" inicial de *ira* bloquea su realización como semivocal: ***[la—ˈi]—ra** lo destruyó* (con hiato en vez de diptongo) es la solución (**[lai̯]—ra* no constituye una articulación viable).

5.3.1. *Ajustes de vocales: vocales débiles entre sí*

Ya hemos examinado (Cap. 4) la articulación *variable* de las vocales débiles cuando estas entran en contacto entre sí (i.e., "iu" o "ui"). Reiteramos que, en el interior de palabras, los hispanohablantes articulan estos segmentos tanto con diptongo creciente como decreciente, y que en este manual daremos preferencia a la variante *creciente* —la más generalizada en el mundo hispano (por lo tanto, transcribiremos *ciudad* = c***[i̯u]**—dad*, *cuida* = *c**[u̯i]**—da*). El comportamiento de "iu" y "ui" *entre palabras* es igual: se le da preferencia al diptongo creciente.

Vocales "débiles" inacentuadas
en contacto entre sí
(forman diptongos CRECIENTES)

tu hijito	t[u̯i]-ji-to
tú y yo	t[u̯i]—yo
ni una vez a ...	n[i̯u]-na—vez ...
si uno ...	s[i̯u]-no

Al igual que en el caso de las "débiles" en contacto entre sí (ver arriba), la "-o" (átona) final de palabra se ajusta al entrar en contacto con "i" o "u". En posición final de palabra, el comportamiento de la "-o" átona es, pues, uniforme: en contacto con cualquiera de las vocales ("i, e, a, u"), se convierte en semivocal.

"-o" átona (final de palabra),
seguida de vocal
ÁTONA "i" "e", "a", "u"
("-o" se realiza como semivocal [-u̯])

mucho impacto	mu-ch[**u̯i**]m-pac-to
lo importante	l[**u̯i**]m-por-tan-te
solo iré	so-l[**u̯i**]-ré
no urgirá	n[**u̯u**]r-gi-rá
pero Umberto	pe-r[**u̯u**]m-ber-to[8]
hablo español	ha-bl[**u̯e**]s-pa-ñol
sigo así	si-g[**u̯a**]-sí

En todos los ejemplos anteriores, la "-o" final precede a una vocal átona. Como es lógico, cuando la "-o" átona precede a una vocal *tónica*, el resultado es el mismo que en los ejemplos anteriores con los diptongos entre "i" y "u": la "-o" pasa a [-u̯] semivocal para así formar un diptongo creciente.

"-o" átona seguida de vocal TÓNICA
("-o" se realiza como semivocal [-u̯])

eso hace que	e-s[**u̯a**]-ce—que
un solo indio	un—so-l[**u̯i**]n-dio
lo hizo	l[**u̯i**]-zo
hijo único	hi-j[**u̯u**]ni-co
solo uno	so-l[**u̯u**]-no

[8] En el Capítulo 6 estudiaremos casos como *pero Umberto* o como *no urgirá, hijo único, solo uno*, en donde las transcripciones *n[**u̯u**]rgirá, hij[**u̯u**]nico, sol[**u̯u**]no* se reducirán a *n[**u**]rgirá, hij[**u**]nico, sol[**u**]no*; estudiaremos, por tanto, como las vocales idénticas se reducen a una sola vocal.

La Figura 5.9 ofrece un resumen de las variantes con respecto al comportamiento de las vocales tónicas y átonas en contacto con otra vocal. Se observará que, en los ejemplos de la columna derecha, el acento bloquea la conversión de la vocal (en negrita) a semivocal. Para facilitar el análisis, subrayamos las vocales acentuadas.

Vocal ÁTONA en contacto con otra vocal		Vocal TÓNICA en contacto con otra vocal	
CON DIPTONGO		SIN DIPTONGO	
	FINAL DE PALABRA		
***si** abrirás*	s[i̯a]-bri-rás	*pedí algo*	pe-d[**i**—a]l-go
***tu** edad*	t[u̯e]-dad	*un hindú alto*	u-n(h)in-d[**u**—a]l-to
eso existe	e-s[u̯e]-xis-te	*pintó eso*	pin-t[**o**—e]-so
***lo** intentó*	l[u̯i]n-ten-tó	*terminó Irma*	ter-mi-n[**o**—i]r-ma
	INICIO DE PALABRA		
*la **Un**esco*	l[au̯]-nes-co	*la **ú**nica*	l[a—ˈ**u**]-ni-ca
*de **Hu**mberto*	d[eu̯]m-ber-to	*de H**u**go*	d[e—ˈ**u**]-go
*le **im**porta*	l[ei̯]m-por-ta	*le **i**ba mal*	l[e—ˈ**i**]-ba-mal
*la **ir**á a buscar*	l[ai̯]-rá- ...	*la **i**da*	l[a—ˈ**i**]-da

Fig. 5.9. Ejemplos de vocales átonas y tónicas en contacto con otra vocal (entre palabras).

Las vocales tónicas están subrayadas. Obsérvese que en los ejemplos de la columna derecha, el acento bloquea la diptongación de las vocales en cuestión.

La lista de ejemplos adicionales en la Figura 5.10 "Ajustes de vocales en contacto (entre palabras)" ofrece un resumen más completo del comportamiento de secuencias de vocales entre palabras. Puesto que los ejemplos en dicha figura ilustran un punto fundamental de la fonética española, le recomendamos al estudiante que estudie cada ejemplo de manera muy detenida.

Estables		**(no cambian a semivocal)**
"a"	Final de palabra	
	una escuela	u-n[**a**—**e**]s-cue-la
	chica inteligente	chi-c[**a**i̯]n-te-li-gen-te
	Inicio de palabra	
	le agrada	l[**e**—**a**]-gra-da
	mi amigo	m[i̯**a**]-mi-go
"e"	Final de palabra	
	te adoro	t[**e**—**a**]-do-ro
	este horno	es-t[**e**—**o**]r- no
	Final de palabra	
	la escuela	l[**a**—**e**]s-cue-la
	su hermano	s[u̯**e**]r-ma-no
"-i", "-u"[9], "-o" **tónicas**	Final de palabra	
	salí así	sa-l[**i**—**a**]-sí
	hindú alto	hin-d[**u**—**a**]l-to
	tomó eso	to-m[**o**—ˈe]-so
	Inicio de palabra	
	la hija	l[**a**—ˈ**i**]-ja
	le urge	l[**e**—**u**]r-ge
	la hora	l[**a**—ˈ**o**]-ra
"o-" **inicial de palabra**[10]	*una oreja*	u-n[**a**—**o**]-re-ja
	te ofrezco	t[**e**—**o**]-frez-co
	si omites	s[i̯**o**]-mi-tes
	tu otra	t[u̯ˈ**o**]-tra *(cont.)*

Fig. 5.10. Ajustes de vocales en contacto (entre palabras).

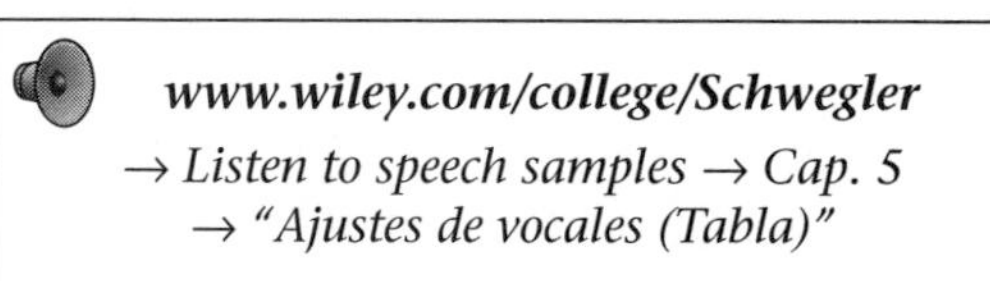

www.wiley.com/college/Schwegler
→ Listen to speech samples → Cap. 5
→ "Ajustes de vocales (Tabla)"

[9] Recuérdese que para la "i" y "u" tónicas la regla solo aplica a su contacto **con vocales fuertes** (*e, a, o* tónica).

[10] Algunos especialistas sostienen que la formación de un diptongo se daría también en estos casos (cp. *un[au̯]reja*). Los autores de este texto, sin embargo, opinan que esto no es un resultado típico.

Inestables	**(sí cambian a semivocal)**		
"i" átona	Final de palabra		
	si esta	→	s[i̯e]s-ta
	mi alma	→	m[i̯a]l-ma
	Inicio de palabra		
	una-iglesia	→	u-n[ai̯]-gle-sia
	la historia	→	l[ai̯]s-to-ria
"u" átona	Final de palabra		
	su escuela	→	s[u̯e]s-cue-la
	tu alma	→	t[u̯a]l-ma
	Inicio de palabra		
	le urgió	→	l[eu̯]r-gió
	en la Unesco	→	en—l[au̯]-nes-co
"-o" **final de palabra** (en posición átona)	*solo esto*	→	so-l[u̯e]s-to
	dicho así	→	di-ch[u̯a]-sí
	vino una vez	→	vi-n[u̯u]-na—vez
	mucho impacto	→	mu-ch[u̯i]m-pac-to
	solo hizo	→	so-l[u̯i]-zo

Reglas generales (secuencias de vocales entre palabras)

La información expuesta en las secciones anteriores y en esta figura 5.10 permite establecer unas reglas generales que le pueden ser útiles al estudiante:

1. Las vocales tónicas son siempre estables.
2. La "a" y la "e" (tónicas o no) son siempre estables.
3. En posición átona, y en el habla rápida, las "vocales débiles" siempre forman diptongo.
4. En posición tónica, las vocales "débiles" **no** forman diptongo con las vocales fuertes (cp. *compró esto* = [kom'pro-'es-to]). Hay ajuste cuando las débiles son átonas: *ni Hugo = n[i̯u]-go, lo hizo = l[u̯i]-zo.*
5. La "o" varía según su posición:
   a. en posición **inicial** de palabra: es siempre estable (cp. ***la otra*** = *l[a—o]tra*). EXCEPCIÓN: cuando una *o-* inicial va seguida de vocal (como en *Oaxaca*), entonces la *o-* se convierte en [w]: *[wa]xaca, ¿o es así? = ['we]-sa-sí.*
   b. en posición **átona al final de palabra** cambia a semivocal (cp. *lo es* = *l[u̯e]s, lo imité = l[u̯i]-mi-té*).

Fig. 5.10. Ajustes de vocales en contacto (cont.).

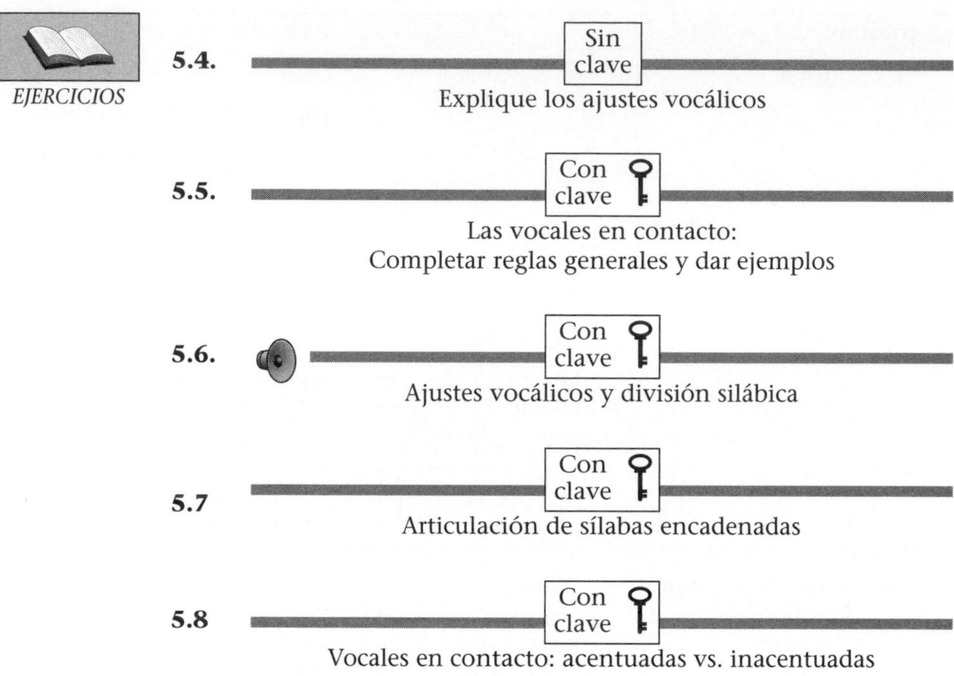

EJERCICIOS
5.4.
Sin clave
Explique los ajustes vocálicos
5.5.
Con clave
Las vocales en contacto:
Completar reglas generales y dar ejemplos
5.6.
Con clave
Ajustes vocálicos y división silábica
5.7
Con clave
Articulación de sílabas encadenadas
5.8
Con clave
Vocales en contacto: acentuadas vs. inacentuadas

5.4. Duración de las vocales

En el Capítulo 3 notamos que las sílabas en español son **tónicas** o **átonas**, y que ambos tipos de sílabas tienen una duración casi idéntica. En inglés, en cambio, las sílabas tónicas se alargan mucho, y las átonas se reducen significativamente.

La palabra *consideración,* por ejemplo, se silabea de la siguiente manera: *con-si-de-ra-ción.* La sílaba tónica es "*-ción*" y, como tal, se le da más intensidad. Obsérvese sin embargo que esta sílaba tónica "*-ción*" (1) se prolonga solo un poco más que las átonas "*con-si-de-ra...*", y (2) jamás se alarga hasta tal punto que se aproxime al complejo bisilábico *"*-ci—ón*". Por lo tanto, pronunciar *con-si-de-ra-CI—ÓN* con un hiato sería un error que produciría un acento extranjero.

La palabra inglesa *consideration,* en cambio, muestra un patrón de acentuación muy distinto. Como lo ilustra la Figura 5.11, *consideration* suele contener:

—	1 sílaba tónica (vocal alargada):	*conside**ra**tion*
—	1 sílaba semitónica:	*con**si**deration*
—	3 sílabas inacentuadas (estas son casi átonas, i.e., con muy poco tono o duración):	***con**si**de**ra**tion***

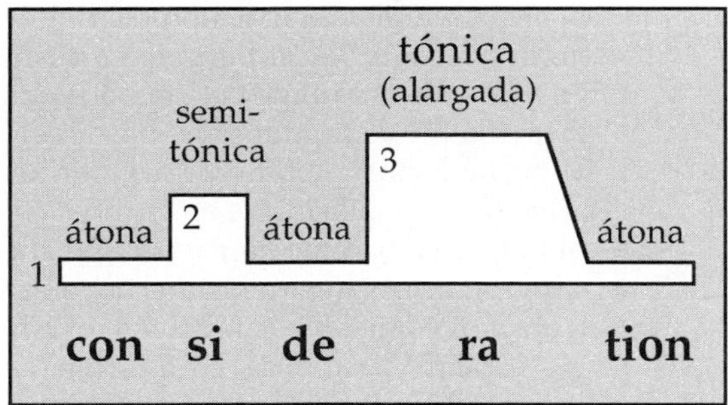

Fig. 5.11. Sílabas tónicas, semitónicas y átonas en inglés.

Al igual que en otras palabras del inglés, la sílaba tónica (alargada) de *consideration* suele acompañarse de una fuerte subida en el tono de la voz. Tal subida contrasta con una voz notablemente baja en las sílabas semitónicas o átonas. *Tales altibajos (elevaciones y descensos) son ajenos al español.* Es lógico pues que en expresiones como *mucho gusto* o *buenos días* deban evitarse realizaciones como

buu-ee- nos díí-as | muu-cho guus-to

donde los altibajos y el alargamiento en las vocales tónicas (subrayadas) son típicos en estudiantes principiantes de la lengua. En español no hay tanto movimiento de un nivel de tono a otro. Es decir, el tono de la voz es más llano, aun cuando se trata de poner énfasis en una palabra determinada. Por ejemplo, en *me gustó MUCHO* 'I liked it VERY much', la "u" de *MUCHO* no debe articularse con una elevación progresiva del tono de la voz (**mu↗ucho*).

Por lo general, las sílabas átonas del inglés son tan cortas y relajadas que casi no se perciben. Lo que se oye en tales sílabas, articulatoriamente débiles, es una vocal muy corta, pronunciada con la lengua en una posición relajada. El término técnico para designar a este sonido débil es **schwa**, representado en lingüística con el símbolo fonético [ə] (Fig. 5.12).

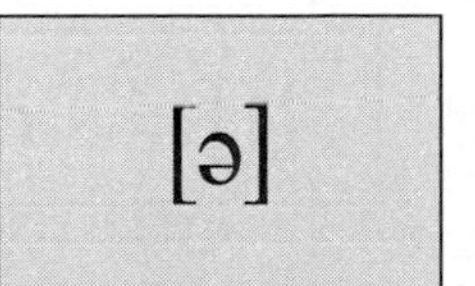

Fig. 5.12.
El símbolo de la schwa.

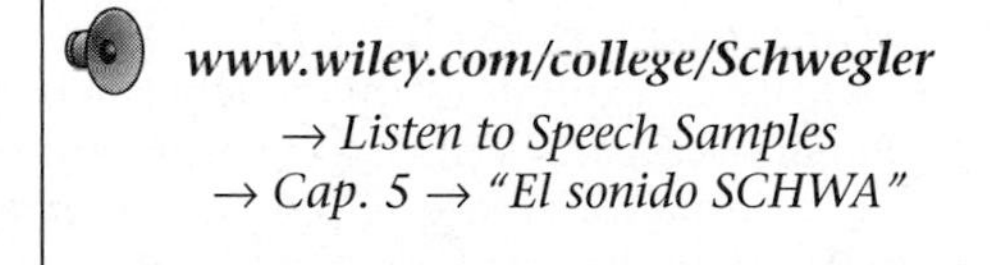

www.wiley.com/college/Schwegler
→ Listen to Speech Samples
→ Cap. 5 → "El sonido SCHWA"

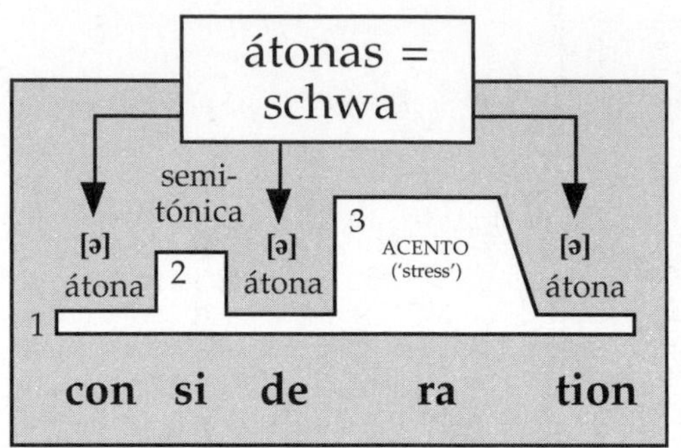

Fig. 5.13. Sílabas átonas y su articulación como *schwa.*

Una característica notable de la schwa es que jamás lleva acento primario. El sonido inglés [ə] tiene varias representaciones ortográficas (Fig. 5.13), y puede aparecer en la mayoría de las sílabas átonas, inclusive en las que van subrayadas en los ejemplos abajo. Por ahora, el estudiante tendrá que recordar ante todo que **esta schwa no existe en español**, y que la producción de tal sonido en español (por influencia del inglés) lleva invariablemente a un acento extranjero.

hinted	*gases*	*a man*	*the man*	*another*	*elephant*
painted	*dishes*	*a woman*	*the woman*	*university*	*darken*
listed	*houses*	*a child*	*the child*	*American*	*apparent*

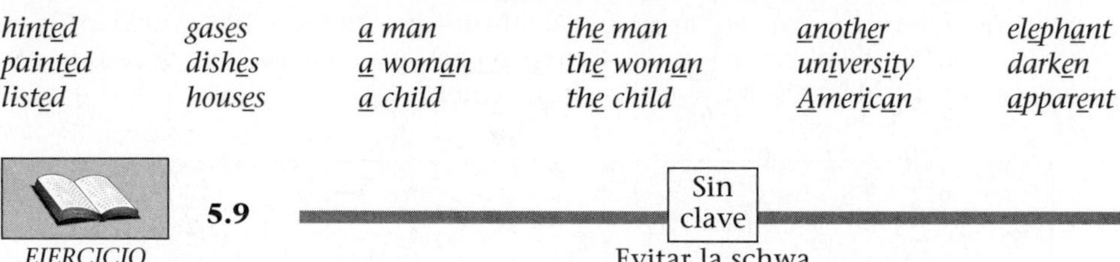

EJERCICIO **5.9** Sin clave

Evitar la schwa

Queremos repetir aquí una vez más que tal relajación de sonidos vocálicos no existe en español. Eso equivale a decir que las vocales átonas siempre mantienen su timbre (calidad), y se distinguen claramente las unas de las otras. Por ejemplo, las sílabas átonas (subrayadas) de las palabras siguientes no se reducen. Se mantienen puras en el habla esmerada de cualquier hispanohablante: *pisó, pesó, pasó, pusieron.*

En resumen, es importantísimo mantener la calidad (timbre) de la vocal átona española. Así podrá evitarse que los hábitos articulatorios de los anglohablantes —notablemente la reducción vocálica y la consiguiente realización de una schwa— contagien al español. Este problema de contagio es particularmente grave en las palabras que terminan en el sonido inacentuado "-a": *una, bonita, muchacha, cariñosa, coma,* etc. Esta pronunciación errónea podrá corregirse si el estudiante se acostumbra a articular la "-a" final de palabra con la **boca abierta** de modo verdaderamente exagerado, algo que le causará, al mismo tiempo, una fuerte tensión muscular en la región de la mandíbula (ingl. 'jaw').[11] La expresión "una muchacha bonita" es un excelente diagnóstico para verificar si el estudiante sabe evitar la schwa en su español (véase Fig. 5. 14). Recomendamos que el estudiante repita esta expresión varias veces en voz alta, y que la practique diariamente hasta dominar su articulación por completo.

[11] Queremos aclarar aquí que los hablantes nativos articulan la [a] *sin* bajar la mandíbula tan exageradamente como indicamos aquí. Sin embargo, para el hablante no nativo del español, es un excelente método introductorio para prevenir la realización de la schwa.

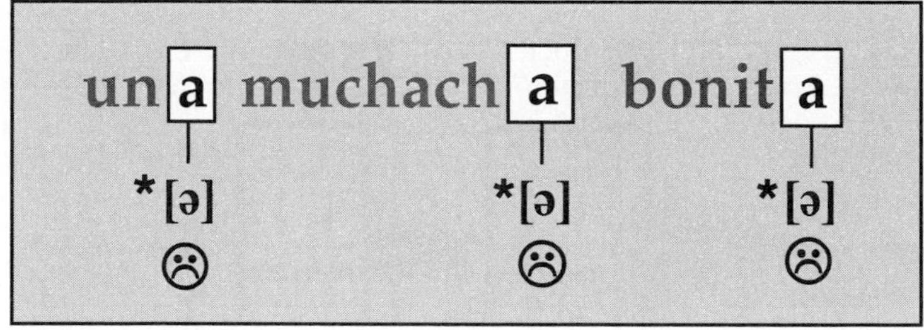

Fig. 5.14. ¿Sabe Ud. evitar la schwa?

El anglohablante corre el riesgo de articular cualquier "a" átona como schwa, sobre todo cuando esta ocurre en posición final de palabra.

El primer paso para corregir este problema es aprender a identificar (acústicamente) lo que es una schwa. Con práctica (y una buena dosis de paciencia) el estudiante podrá alcanzar una pronunciación nativa de esta "-a" final.

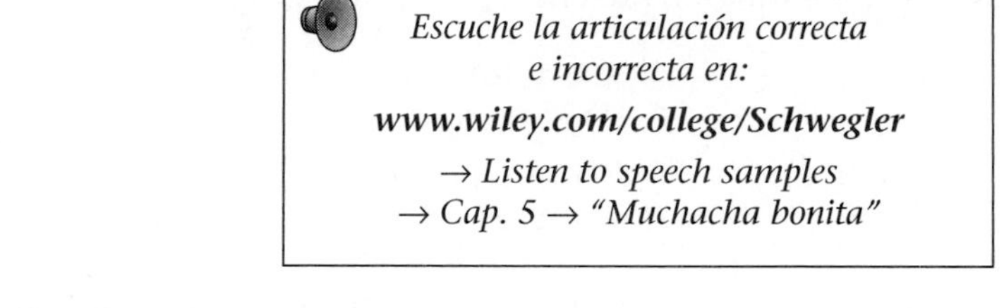

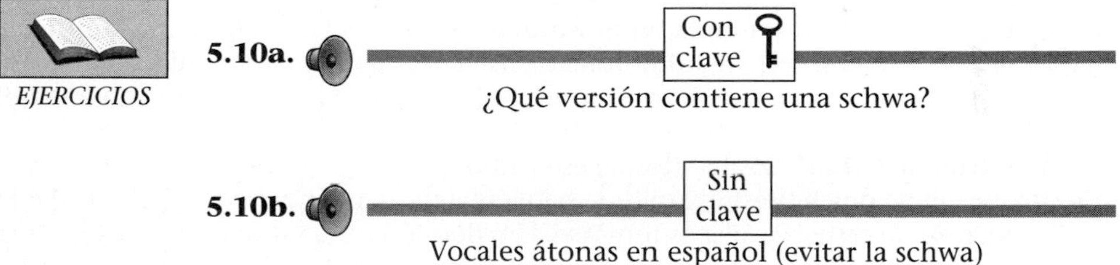

EJERCICIOS
5.10a.
Con clave
¿Qué versión contiene una schwa?
5.10b.
Sin clave
Vocales átonas en español (evitar la schwa)

5.5. Ritmo

El ritmo del español se deriva de las características de la pronunciación de las sílabas y se basa en la sílaba misma. En comparación con el inglés, en español cada sílaba, sea tónica o átona, tiene prácticamente igual duración. Por eso, la duración de una oración española se basa directamente en el número de sílabas que contiene. En español, una oración con mayor número de sílabas siempre tardará más en pronunciarse que una oración con menor número de sílabas. Por ejemplo: *ellos fueron contigo* contiene siete sílabas; *ellos fueron allí* tiene seis. Al pronunciar la primera oración (= 7 sílabas) se tarda más que al pronunciar la segunda (= 6 sílabas).

En inglés, el ritmo **no** depende directamente del número de sílabas. Lo que más importa para determinar el ritmo de una oración es la alternancia de las sílabas tónicas, semitónicas y átonas. Esta alternancia se nota en palabras como *dètèrminátion, commèmorátion,* o en oraciones como *he's góing to gó with yóu to the móvies* (esta última oración puede, desde luego, tener varios ritmos distintos: la palabra *he*, por ejemplo, puede alargarse al darle énfasis, produciendo así "*heeee* is going" en lugar de "he is *going*" o "he *is* going"). **En inglés, la duración de una oración no depende directamente del número total de sílabas sino del número de sílabas *tónicas* (es decir, del número de sílabas que llevan acento primario)**, que siempre presentan una mayor duración; esto es, cuantas más sílabas tónicas contenga una oración inglesa, más larga será. Es correcto, pues, establecer las siguientes ecuaciones:

español	=	lengua con **ritmo silábico**
inglés	=	lengua con **ritmo acentual** (i.e., ritmo que depende fuertemente de la secuencia y/o cantidad de sílabas tónicas)

Comparemos las dos oraciones inglesas siguientes (su acentuación puede variar; por lo tanto, los esquemas de acentuación presentados aquí no son los únicos posibles):

Hé wánts to bé a dóctor.	(4 sílabas tónicas) (7 sílabas en total)
Hé's convínced hé's a magícian.	(4 sílabas tónicas) (8 sílabas en total)

En la primera oración hay cuatro sílabas tónicas, e igual número en la segunda. La primera oración contiene siete sílabas mientras que la segunda tiene ocho. Sin embargo, **a pesar de esta diferencia en el número total de sílabas, la duración de las dos frases es esencialmente igual** porque contienen igual número de sílabas tónicas.

En vista de lo dicho en los párrafos anteriores, no sorprende que el ritmo en español se denote como un **ritmo silábico** ('syllable-timed rhythm'), y que el del inglés se denomine **ritmo acentual**. Los hábitos de ese ritmo acentual inglés se manifiestan en la pronunciación de muchos estudiantes de habla inglesa al aprender español. Se les nota la prolongación excesiva de sílabas tónicas y la reducción de las átonas, lo que crea una serie de alternancias entre acentos tónicos y vocales átonas. Tal articulación de vocales largas y breves imitan el sistema rítmico del inglés, y es un claro indicio de una pronunciación extranjera. Por ejemplo, en la oración *fue indiscutiblemente delicioso,* el estudiante trata a veces de crear una alternancia tónica-átona, prolongando y acentuando así las sílabas de la manera siguiente: **in-discu-tíiiii-ble-méen-teeey de-li-ciii-óoo-sou.*

Es casi universal, entre principiantes, cometer este error de alargar y deslizar las dos vocales "e" en el segmento final de palabras que terminan en *-mente* (*finalmente* → **finalmeeenteeeey*, *completamente* → **completameeenteeeey*). Le recomendamos desde un principio que:

1. mantenga ambas vocales de *-mente* muy estables en cuanto a la posición de la lengua, y que asimismo las mantenga *reducidas en cuanto a su duración*, dándoles así el ritmo "staccato" característico del español, y

2. al mismo tiempo evite deslizar las vocales *-e* y *-o* en posición final de palabras, articulando así *[fi-nal-ˈmen-te]* y no **finalmenteeeey*, y *[ˈdi]-go* y no **diiigou*.

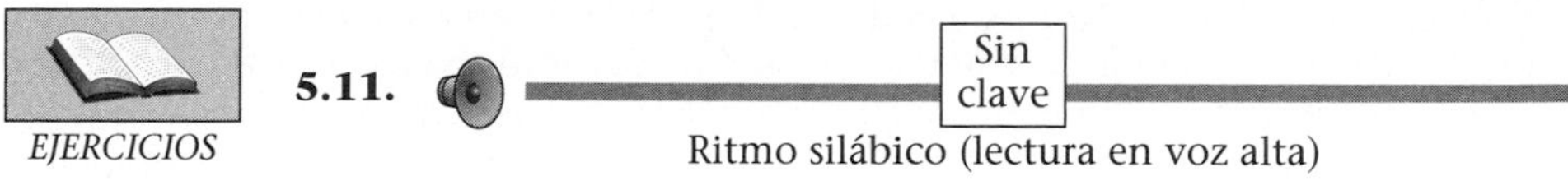

EJERCICIOS
5.11.
Sin clave
Ritmo silábico (lectura en voz alta)

Resumen

En español, las secuencias de palabras en un grupo fónico se articulan como si estas fueran una sola palabra encadenada. Este **encadenamiento** se da ante todo porque cualquier secuencia de **VCV** —dentro de palabras o entre palabras— se divide siempre en **V-CV**, produciendo así fronteras silábicas que no coinciden necesariamente con las fronteras de palabras: *en estos años es difícil ir* = ***e-nes-to-sa-ño-ses—di-fí-ci-lir.***

Hemos dicho que la sílaba suele definirse como "unidad rítmica mínima." Puesto que el ritmo del español depende directamente del silabeo, es de suma importancia que el alumno aprenda a reconocer y a aplicar la división silábica correcta de grupos fónicos, y que se dedique a imitar el silabeo de un hablante nativo.

En inglés, el ritmo *no* depende directamente del número de sílabas. Lo que más importa para determinar el ritmo de una oración inglesa es la alternancia de sílabas tónicas, semitónicas y átonas. Expresado de otra manera, en inglés la duración de una oración no depende directamente del número total de sílabas sino del número de sílabas **tónicas** (es decir, del número de sílabas que llevan un acento primario). Puede entenderse ahora por qué se dice que (1) el **español es una lengua con ritmo silábico**, mientras que (2) el **inglés es una lengua con ritmo acentual.**

La sílaba en español es **átona** o **tónica**. Si es tónica lleva el **acento prosódico**; las sílabas átonas, en cambio, no lo llevan. **Por regla general, cada palabra en español contiene solo una sílaba tónica,**[12] y, si es una palabra de más de dos sílabas, varias sílabas átonas. Al comparar la pronunciación de las sílabas átonas con las tónicas, notamos que su duración es casi idéntica.

Muy distinto es el caso del inglés: la cantidad de acentos que puede recibir una vocal puede variar mucho, y esta inestabilidad prosódica de las vocales conlleva que su duración sea muy variable (por lo general, las vocales acentuadas exhiben mayor duración que las vocales inacentuadas). En cambio, en español, cada sílaba tiene prácticamente igual duración (las acentuadas son solo ligeramente más largas). Estas observaciones explican por qué debe evitarse una articulación alargada de sonidos como los que están subrayados en las palabras a continuación: *mucho, puedo, gato.*

En inglés, prácticamente todas las vocales átonas se articulan con una **schwa**. En lingüística, este sonido schwa se representa por un símbolo fonético especial que se parece a una letra "e" invertida [ə]. Una característica notable de la schwa es que

[12] Los adverbios que terminan en *-mente* pueden recibir *dos* acentos primarios:

		2 ACENTOS	1 ACENTO
eternamente	=	[e-ˈteɾ-na-ˈmen-te]	[e-teɾ-na-ˈmen-te]
fuertemente	=	[ˈfu̯eɾ-te-ˈmen-te]	[fu̯eɾ-te-ˈmen-te]

nunca lleva acento primario. La schwa tiene varias representaciones ortográficas, y aparece, por ejemplo, en las vocales subrayadas de *another, university, American*. Es muy importante recordar que **la schwa no existe en español**, y que la introducción de tal sonido en el español (por influencia del inglés) revela invariablemente un acento extranjero. Deben igualmente evitarse alargamientos y altibajos excesivos del tipo *"m↗uucho↘ g↗uusto↘"*. En el habla cuidada y lenta, secuencias de palabras como *su amigo* se articulan, como es de esperar, *su—a-mi-go* (con hiato). Sin embargo, en el habla más rápida, las vocales inacentuadas "i", "-o" y "u" tienden a realizarse como semivocales o, según el caso, como consonantes. Esto lleva a que en la cadena hablada el ejemplo anterior se articule comúnmente *s[u̯a]-mi-go* (3 sílabas), en lugar de *s[u—a]-mi-go* (4 sílabas).

Hemos notado que, en el contacto de vocales entre palabras, solo algunas de las vocales están sujetas a realizarse como semivocales. Las siguientes reglas generales son válidas:

1. **Las vocales tónicas son siempre estables.**
2. **El ajuste a semivocal se presenta únicamente en vocales átonas.** Compare el ejemplo átono *mi asma* ['mi̯as—ma] con el tónico *así es* [a-'si—es] → nunca *[a-'si̯es], y con el caso del *tu* átono de *tu hija* ['tu̯i-xa].
3. **[a] y [e]** (tónicas o no) **son siempre estables** (*la escuela = l[a—e]scuela, te adoro = t[e—a]doro*).
4. Los **ajustes vocálicos** se limitan a
   a. las llamadas **"vocales débiles"** [i] y [u] (cp. ***si*** *esta* → ['si̯es-ta]; *tú eres* → ['tu̯e-ɾes]; *una iglesia → un[ai̯]-gle-sia*); *si huyes* → ['si̯u-ʝes]);
   b. **[-o] final de palabra** (cp. *lo es* → [lu̯es], *todo eso → to-d[u̯'e]-so*).
5. El comportamiento de la vocal "o" varía según su posición y acentuación:
   a. **[o-] es invariable en posición INICIAL de palabra** (*la otra* [la-'o-tra]), excepto seguida por vocal, en donde se articula como consonante: *Oaxaca = [wa]xaca, ¿o es así? = ['we]-sa-sí;* y
   b. **[-o] es variable en posición FINAL de palabra**, a saber:
      ✧ en posición **átona** → se realiza como **semivocal** (cp. *solo eso* → ['so-'lu̯e-so] = diptongo).
      ✧ en posición **tónica** → **no cambia** (se mantiene) (cp. *tomó eso* → [to-'mo—'e-so] = hiato).

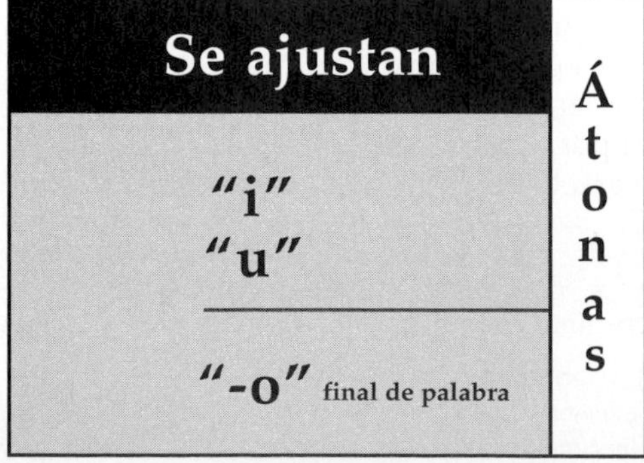

Fig. 5.15. Máxima síntesis del comportamiento de vocales átonas.

Solamente 3 de las 5 vocales del español se ajustan, y únicamente en posición átona.

No queremos terminar este capítulo sin subrayar que nuestra exposición del comportamiento de vocales en contacto describe fuertes *tendencias generales* del español estándar. Como es lógico, la realidad articulatoria de un hablante determinado puede alejarse a veces de manera considerable de estas tendencias. No puede afirmarse categóricamente, por ejemplo, que el habla rápida de un hispanohablante exhiba siempre el diptongo [u̯e] en vez del hiato [o—e] en expresiones como *hablo español* → *abl[u̯e]spañol.*[13] Pero estas "alternativas" ocasionales reducen en nada la utilidad de una descripción centrada en tendencias generales. Aplicadas de manera consistente por parte del estudiante, estas tendencias articulatorias constituirán, sin duda, un primer gran paso hacia la eliminación de un acento extranjero y la consiguiente adquisición de un español más nativo.

> En la página 120 presentamos unas frases modelo (con comentarios explicativos) que ejemplifican algunos de los ajustes más importantes que ocurren en el encuentro de vocales en la cadena hablada.

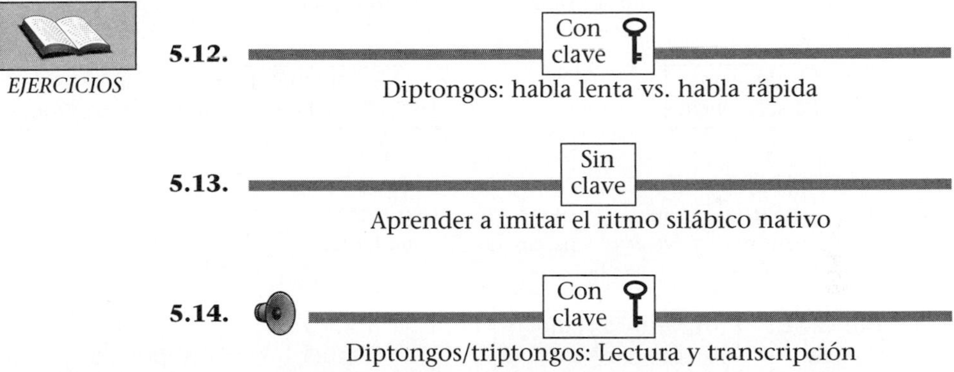

EJERCICIOS
5.12.
Con clave
Diptongos: habla lenta vs. habla rápida
5.13.
Sin clave
Aprender a imitar el ritmo silábico nativo
5.14.
Con clave
Diptongos/triptongos: Lectura y transcripción

[13] Tampoco es cierto que solo la rapidez del habla condiciona la diptongación de vocales en contacto: la (in)formalidad, el contexto social, la familiaridad entre los interlocutores etc. son igualmente factores contribuyentes.

Frases modelo con ajustes vocálicos

Los ajustes vocálicos hechos abajo siguen las convenciones adoptadas a lo largo de este libro.

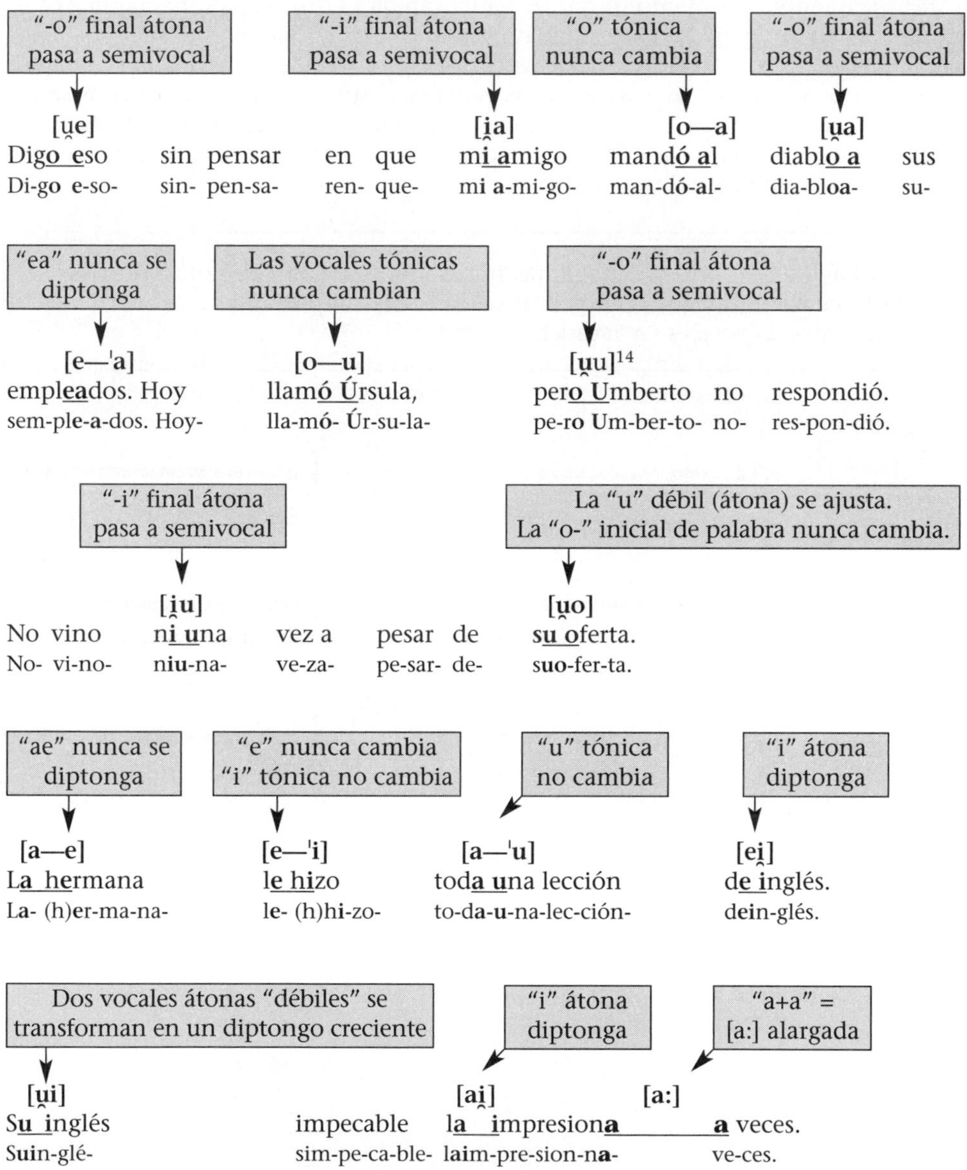

14 [u̯u] suele simplificarse a [u:]. Así *pero Umberto = per[u̯u]mberto → per[u:]mberto.*

Capítulo 6

Vocales en contacto — Más sobre la schwa — Repaso de algunos puntos importantes

6.1. Vocales en contacto: repaso

En los capítulos precedentes hicimos mención de la pronunciación de las vocales contiguas, es decir, del encuentro de dos o más vocales. Hemos visto que, en ciertas circunstancias, la secuencia de dos vocales origina un diptongo.

Se diptongan siempre *Dentro de palabras*		**Se diptongan en el habla rápida** *Entre palabras*		
tiene	t[i̯e]ne	*hablo español*	→	(h)abl[u̯e]spañol
liana	l[i̯a]na	*mi alma*	→	m[i̯a]lma
puedo	p[u̯e]do	*tu ojo*	→	t[u̯o]jo
guapo	g[u̯a]po	*su úlcera*	→	s[u̯u]lcera[1]

CRECIENTES

[1] Recuérdese la regla enunciada en el Capítulo 5: Vocal átona "i/u" + Vocal tónica "i/u" = Diptongo. En el habla rápida, expresiones como *s[u̯u]lcera* suelen reducirse a *s[u:]lcera* e incluso a *s[u]lcera.*

Se diptongan siempre		**Se diptongan en el habla rápida**		
Dentro de palabras		*Entre palabras*		
aire	['ai̯]re	*le urgirá*	→	l[eu̯]rgirá
peine	p[ei̯]ne	*la unión*	→	l[au̯]nión
causa	c[au̯]sa	*te importa*	→	t[ei̯]mporta
deuda	d[eu̯]da	*llamó Irene*	→	llam[oi̯]rene

D E C R E C.

En este capítulo examinaremos el contacto de vocales *entre palabras* de manera más detallada. Será importante corregir la tendencia generalizada, entre estudiantes principiantes, de separar (en vez de enlazar) fónicamente vocales contiguas en ejemplos como *no la he visto,* y, sobre todo, para llamar una vez más la atención sobre

a. la común y errónea separación de elementos vocálicos que deben formar diptongos en vez de hiatos (cp. ['bu̯e—no] vs. *[bu—'e—no], o ['di̯a—ri̯o] vs. *['di—'a—ri—o]), y

b. la frecuente intrusión de la schwa en sílabas átonas (por ej., en *universidad, chica bonita* → **un[ə]vers[ə]dad, *chic[ə] b[ə]nit[ə]*).

6.1.1. *La diptongación entre palabras: repaso de puntos clave*

Hasta este punto hemos indicado que, en determinados casos, algunas vocales contiguas entre palabras se ajustan para formar un diptongo. En el habla normal (rápida), **los ajustes se hacen solamente en sonidos *átonos*.** Estos átonos se limitan a:

1. **las vocales débiles [i] y [u]** (*si esta* → *s[i̯e]sta; su esposo* → *s[u̯e]sposo; tu isla* → *t[u̯i]sla*), y

2. **la [-o] en posición final de palabra**[2] (*solo eso* → *sol[u̯e]so; puedo abrir* → *pued[u̯a]brir; hago escala* → *hag[u̯e]scala*).

Las demás vocales átonas, i.e. [a], [e] y [o], son estables, tanto en posición inicial de palabra como en contacto entre ellas. Por lo tanto, [a], [e] y [o] inicial de palabra resisten la conversión a diptongos:

la escuela	=	l[a—e]scuela	trae	=	tr[a—e]
te adoro	=	t[e—a]doro	sean	=	s[e—a]n
la otra	=	l[a—'o]tra	Mao Tse-Tung	=	M[a—o] ...

Recuérdese que, por contraste, las deslizadas [i̯] y [u̯] nunca aparecen como letra inicial de palabra: *hielo* ['ʝelo], *huerta* ['werta], pero nunca *hielo* *['i̯elo] o *huerta* *['u̯erta].

Estos procesos articulatorios de ajuste vocálico naturalmente dan lugar a una reducción del número total de sílabas. Las expresiones de la Figura 6.1 ejemplifican esta reducción (los números entre paréntesis indican el total de sílabas).

---

[2] Hay que dar a notar que si bien no en todas las variables dialectales se produce una [u̯] tan clara en la "-o" átona final de palabra, en algunas variedades, como las de Asturias, Cantabria y algunas regiones de Canarias en España, se aplica siempre esta regla a todos los masculinos singular terminados en "–o" átona: *gato histérico = ga-[tu̯i]s-té-ri-co, palo alto = pa-l[u̯a]l-to,* etc. Así, si bien la tendencia a la /-u/ no es general, al ser mayoritaria en habla rápida, en este libro optaremos por la transcripción ['so-'lu̯e-so] frente a ['so-lo-'e-so].

Ejemplo	Habla lenta (cuidada)		Habla rápida (normal)		Se realiza
	Vocal →		Semivocal		
si_esta chica	si—es-ta-chi-ca	(5)	s[i̯ e]s-ta-chi-ca	(4)	"i" → [i̯]
mi_amigo	mi—a-mi-go	(4)	m[i̯ a]-mi-go	(3)	"i" → [i̯]
si_es	si—es	(2)	s[i̯ e]s	(1)	"i" → [i̯]
digo_eso	di-go—e-so	(4)	di-g[u̯e]-so	(3)	"o" → [u̯]
su_historia	su—his-to-ria	(4)	s[u̯i]s-to-ria	(3)	"u" → [u̯]
te_idealiza	te—i-de-a-li-za	(6)	t[ei̯]-de-a-li-za	(5)	"i" → [i̯]
lo_usual	lo—u-sual	(3)	l[u̯u]-sual[3]	(2)	"u" → [u̯]
	Vocal →		Consonante		
y_él[4]	i—él	(2)	[ɉe]l[5]	(1)	"y" → [ɉ]
¿o_es así?	o—e-sa-sí	(4)	[we]-sa-sí	(3)	"o" → [w]
¿o_habla él?	o—a-bla-él	(4)	[ˈwa]-bla- él	(3)	"o" → [w]

Fig. 6.1. Realización de vocales como semivocales y la consiguiente reducción en el número de sílabas.

Con respecto a las vocales en contacto entre palabras, subrayamos en el capítulo anterior que en el habla rápida, la articulación (entre palabras) de las combinaciones "i + u" y "u + i" **átonas** es variable ya que pueden constituir o bien un diptongo creciente o uno decreciente. El creciente es mucho más común. Compárese *tu industria,* donde la variación entre [tu̯i] (= creciente) y [tui̯] (= decreciente) es esencialmente libre y depende de varios factores, como el dialecto del hablante, la formalidad del discurso y la rapidez del habla:

tu_industria	t[**u̯i**]ndustria	= DIPTONGO CRECIENTE (más común)
su_historia	s[**u̯i**]storia	
tu_industria	t[**ui̯**]ndustria	= DIPTONGO DECRECIENTE
su_historia	s[**ui̯**]storia	

Finalmente, deben recordarse también los casos donde la vocal final de una palabra lleva el acento primario (por ej., *terminó, llevé, mintió*). Por lo general, la **vocal tónica se mantiene** aun en el habla rápida. Cuando le preceden o siguen las vocales átonas [i] o [u], estas se convierten típicamente en semivocales:

Ejemplo	**Habla cuidadosa (lenta)**	**Habla rápida (normal)**
terminó_y se sentó	termin[o—i] se sentó	termin[oi̯] se sentó
habló_un poco	habl[o—u]n poco	habl[ou̯]n poco
contó_historias	cont[o—i]storias	cont[oi̯]storias

EJERCICIO **6.1.** Con clave

Vocales en contacto entre palabras

[3] También con reducción de vocales idénticas: *l[u]-sual.*

[4] Por otra parte, se debe recordar que, además de como yod, la conjunción "y" después de pausa, seguida o precedida por vocal, se articula [i̯] en casos como *la ciudad y el pueblo = la-ciu-da-d[ie]l-pue-blo.*

[5] También articulado [i-ɉel].

6.2. Vocales en contacto: información adicional (triptongación, reducción, etc.)

6.2.1. *La formación de triptongos entre palabras*

Si bien en español los **triptongos** (por ej., *Paraguay*) no son tan numerosos y no suelen aparecer en el interior de palabras, es, por el contrario, en el contacto de vocales **entre palabras** donde se produce un mayor número de ellos. Compare:

	TRIPTONGO		
1.	[i̯ei̯]	cambié incluso ...	camb[i̯ei̯]ncluso ...
2.	[i̯ai̯]	cambia incluso ...	camb[i̯ai̯]ncluso ...
3.	[i̯oi̯]	cambió incluso ...	camb[i̯oi̯]ncluso ...
4.	[i̯eu̯]	cambie usted ...	camb[i̯eu̯]sted ...
5.	[i̯ou̯]	cambio urgente[6] ...	camb[i̯ou̯]rgente ...
6.	[u̯eu̯]	fue urgente ...	f[u̯eu̯]rgente ...
7.	[u̯ai̯]	agua importada ...	ag[u̯ai̯]mportada ...
8.	[u̯au̯]	agua usada ...	ag[u̯au̯]sada ...
9.	[u̯oi̯]	antiguo y ...	antig[u̯oi̯] ...
10.	[u̯ou̯]	antiguo uniforme ...	antig[u̯ou̯]niforme ...

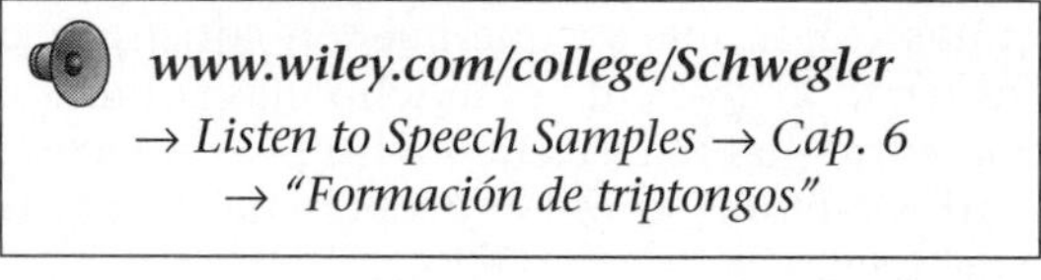

Se ha de insistir en que la formación de tales triptongos no es un mero "detalle fonético". El ritmo natural y fluido del español hablado incluye por definición estos ajustes fonéticos, por lo que el estudiante deberá emplearlos en su propia pronunciación. El ejercicio 6.3 le ayudará a dar un primer paso hacia la articulación fluida de triptongos entre palabras.

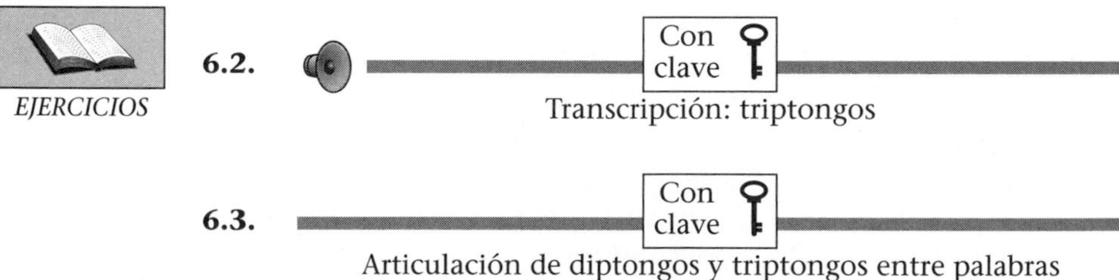

[6] Con este ejemplo se quiere recordar al estudiante la estructura del triptongo: **Semivocal + Vocal + Semivocal.** El caso *cambio urgente* (al igual que los casos *antiguo y*, *antiguo uniforme*, más abajo), muestra que pese a que la "o" es átona y está al final de la palabra, en la secuencia "-iou-", la [o] no transforma a [u̯], por lo que las transcripciones **cam-b[iu̯-u]r-gen-te* o **cam-b[iu̯u̯]r-gen-te*, no serían posibles.

6.2.2. *Reducción y omisión de vocales*

6.2.2.1. Reducción de vocales idénticas entre palabras

Cuando dos **vocales idénticas**, sean tónicas o átonas, entran en contacto entre dos palabras, es común su reducción a una sola vocal. En algunas variantes dialectales e incluso sociolectales (i.e., el mantenimiento de vocales en el habla de los ancianos vs. su pérdida en el habla de los jóvenes en núcleos urbanos), esta reducción es opcional; aunque cuanto más rápida y descuidada sea el habla, más se tiende a reducir la vocal alargada a una más breve. Por ejemplo, en el habla rápida, *mi hijo* se pronuncia típicamente con solo dos en vez de tres sílabas, i.e., *mi-hi-jo* → *mi-jo*. Por estar compuesta originalmente de dos vocales, esta nueva sílaba es, a veces, un poco más larga: *m[i:]jo*. Por supuesto, si se produce una pausa entre las dos palabras, no habrá ni reducción parcial ni total (omisión) de vocales, y se articula *[mi—ˈi]jo*. Otros ejemplos similares de reducción parcial o total:

		Reducción parcial *de la duración de dos vocales idénticas*	***Reducción total*** ***(omisión)*** *de una vocal*
lo otro[7]	→	l[**o:**]tro	l[**o**]tro
la amo	→	l[**a:**]mo	l[**a**]mo
le escribe	→	l[**e:**]scribe	l[**e**]scribe
tu uso	→	t[**u:**]so	t[**u**]so

www.wiley.com/college/Schwegler
→ Listen to Speech Samples → Cap. 6
→ "Reducción parcial vs. total"

De aquí en adelante, este manual adoptará como convención general una transcripción de vocales idénticas que muestra el ligero alargamiento: *l[**o:**]tro, l[**a:**]mo*, etc. Recomendamos a los estudiantes que adopten esta misma convención en sus propias transcripciones.

6.2.2.2. Reducción y omisión de las vocales [e, a, o] átonas entre palabras

Es frecuente en el habla rápida e informal la *reducción* e incluso la *omisión* de las vocales [e, a, o] átonas cuando ocurren en las siguientes combinaciones vocálicas:

COMBINACIÓN	**EJEMPLOS**		**OMISIÓN**
[-e] + VOCAL:[8]	le invité	=	l' invité
	tiene oro	=	tien' oro
	d(e) usarla	=	d' usarla

[7] En este ejemplo concreto sobre la "-o" átona de *lo* no opera el cambio a [u̯], sino que el enlace se trata como una reducción de vocales idénticas. De aquí en adelante se transcribirá como una [o:] el enlace de la "-o" átona final de palabra en contacto con una "o-" inicial de palabra. Así transcribiremos *lo observó* como *l[**o:**]b-ser-vó*, y no como **l[u̯o]b-ser-vó*.

[8] En el habla coloquial, es más frecuente la omisión de la "-e" final en contacto con la "i-" inicial de otra palabra, mientras que la pérdida de "-e" en casos como *tien(e) oro, d(e) usarla*, se da en menor medida. Asimismo, la omisión de la "e-" en posición inicial total de palabra, precedida de otra palabra que termine en vocal, también es frecuente como en *si (e)stás, para (e)ntrar*, etc.

COMBINACIÓN	EJEMPLOS		OMISIÓN
[-a] + VOCAL:	la insistencia	=	l' insistencia
	la hermana	=	l' (h)ermana
	la amiga	=	l' amiga
	la otra	=	l' otra
	la universidad	=	l' universidad
[-o] + [u]:	lo unieron	=	l' unieron

Lo más aceptable en el habla formal y esmerada es el enlace *sin* reducción, por lo que en términos de transcripción, salvo que el hablante refleje la reducción en su producción, en este manual optaremos por no omitir las vocales en contacto en casos como los arriba señalados (así transcribiremos *la otra* como [la-'o-tra] en vez de ['lo-tra]). La llamada *sinalefa,* otro tipo de reducción (parcial) de vocales, se examinará en la próxima sección.

6.2.3. *La sinalefa*

La **sinalefa** es un concepto que pertenece a la poesía. El *Diccionario de la Real Academia Española* la define así:

> Enlace de sílabas por el cual se forma una sola de la última de un vocablo y de la primera del siguiente, cuando aquel acaba en vocal y este empieza con vocal, precedida o no de *h* muda. A veces enlaza sílabas de tres palabras; p. ej., *Partió a Europa.*

En términos menos técnicos, podemos decir que la sinalefa denota la realización de vocales en contacto (entre palabras) cuando estas (a) **mantienen su timbre** (i.e., no se convierten, por ejemplo, en semivocal), y (b) **se enlazan (o "comprimen") rítmicamente para caber dentro de una sola sílaba.** La sinalefa es, pues, un enlace vocálico que se obtiene —siempre con una pronunciación *seguida y continua*— al juntar dos o tres vocales enteras (normalmente un hiato) entre dos depresiones sucesivas de una emisión de voz (sílaba).

Para que el estudiante no nativo del español aprenda a articular grupos fónicos como si fueran un **continuum fluido** de sílabas y evite hacer pequeñas pausas entre palabras, los textos a veces indican la sinalefa con la marca "‿" entre las vocales afectadas. Ejemplo:

Lea‿este‿artículo en menos de‿ocho‿horas.

Debe tenerse en mente, sin embargo, que las transcripciones fonéticas "profesionales", a menudo omiten la marca de la sinalefa. Para simplificar las cosas, en este texto omitiremos la marca "‿", con la excepción de algunos ejemplos y ejercicios que se centran en el enlace de las palabras.

La sinalefa puede aplicarse, por ejemplo, para fines rítmicos en la canción "Cielito lindo":

Cielito lindo

Ese lunar que tienes,
Cielito lindo, junto a la boca,
no se lo des a nadie,
Cielito ***lindo que‿a*** *mí me toca.*

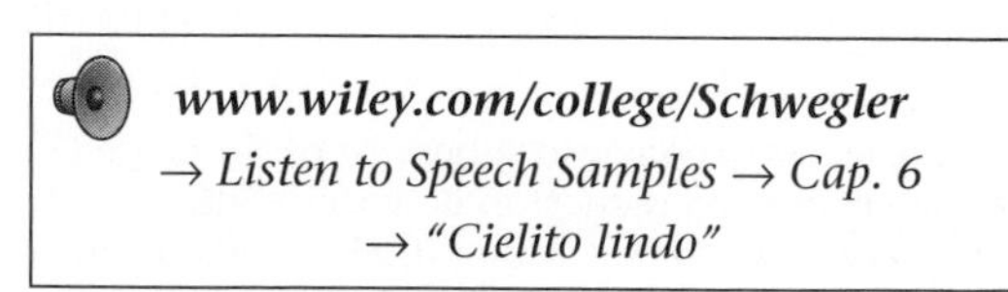

... lindo que‿a mí ...

Ay, ay, ay ay,
canta y no llores,
*porque cantando **se‿alegran**,*
Cielito lindo, los corazones.

... se‿alegran ...

Otros ejemplos de sinalefa:

	Hiatos		**Sinalefa de 2 vocales:**
votó Alberto	vot[**o—a**]lberto	→	vot[**o‿a**]lberto
pide oscuridad	pid[**e—o**]scuridad	→	pid[**e‿o**]scuridad
habla español	habl[**a—e**]spañol	→	habl[**a‿e**]spañol
de una manera	d[**e—ˈu**]na manera	→	d[**e‿ˈu**]na manera
			Sinalefa de 3 vocales:
le habló a Ernesto	le habl[**o—a—e**]rnesto	→	le habl[**o‿a‿e**]rnesto
ayúdale a este	ayúdal[**e—a—e**]ste	→	ayúdal[**e‿a‿e**]ste
le escribí a otro	le escrib[**i—a—ˈo**]tro	→	le escrib[**i‿a‿ˈo**]tro

Si bien en este texto no se marcarán las sinalefas, salvo en ejercicios y casos específicos, dado que el enlace de sílabas forma parte intrínseca de un ritmo natural y fluido del español hablado, si Ud. tiene la tendencia de no enlazar las palabras (tanto a través del encadenamiento como a través de la sinalefa), le recomendamos que añada la marca "‿" en los textos de práctica. Así podrá visualizar mejor el continuum fluido de las oraciones, y agrupar los segmentos fónicos que en español suelen estar íntimamente conectados.

6.2.4. *La sinéresis*

La **sinéresis** es similar a la sinalefa, excepto que se refiere a vocales en el **interior de palabras**. La sinéresis es la unión de vocales que pertenecen a diferentes sílabas **dentro** de una palabra. Para indicarla usamos el mismo símbolo que para la sinalefa "‿". Ejemplos:

sinéresis

po-e-ta	(3 sílabas)	→	[ˈpo‿**e**—ta]	(2 sílabas)
a-ho-ra[9]	(3 sílabas)	→	[ˈ**a**‿**o**—ɾa]	(2 sílabas)
te-a-tro	(3 sílabas)	→	[ˈte‿**a**—tɾo]	(2 sílabas)
tra-e	(2 sílabas)	→	[ˈtɾa‿e]	(1 sílaba)

En la poesía, la sinéresis, al igual que la sinalefa, es considerada una **licencia poética** en la manera tradicional de contar las sílabas. Recordemos que el fenómeno contrario, es decir, la separación de vocales contiguas en sílabas distintas, se llama *hiato*.

[9] Coloquialmente también producido como: *[ˈau̯]ra* y a veces incluso como *[ˈa]ra.*

6.2.5. *Reducción y omisión de vocales a una sola vocal en el interior de palabra*

Dentro de una palabra también pueden reducirse dos vocales idénticas en el habla rápida, pero esta reducción (o su posible omisión) es menos común que en el caso de vocales en contacto entre palabras. Así *alcohol* puede pronunciarse de tres formas distintas, siendo la última la más frecuente:

al-c[o-o]l	con dos [oo]	← MANTENIMIENTO
al-c[o:]l	con una [o:] ligeramente alargada	← REDUCCIÓN
al-c[o]l	con una sola [o]	← OMISIÓN (más común)

En muchos dialectos, sin embargo, estos procesos de reducción y omisión se ven frenados en palabras bisilábicas donde una de las vocales en cuestión es tónica. Compare, por ejemplo:

		MANTENIMIENTO (más común)	**REDUCCIÓN** (menos común)
le̲e̲	=	[ˈle̲—e̲]	[le̲]
cre̲e̲n	=	[ˈkɾe̲—e̲n]	[kɾe̲n]
cre̲e̲r	=	[kɾe̲—ˈe̲ɾ]	[kɾe̲ɾ]

Esto explica por qué *cre̲e̲ncia* se reduce a veces a *cr[e]ncia,* mientras que *cre̲e̲* suele resistir la reducción a *[kɾe̲].

Por otro lado, es importante notar el fenómeno dialectal de **acortamiento y elisión de vocales átonas**, conocido como **vocales caedizas**. Así se acortan, por ejemplo, las vocales átonas en *a vece̲s → a vec's, diose̲s → dios's, hueso̲s → hues's*. El fenómeno, prevalente en regiones altas e interiores de México, Costa Rica, Colombia y los países andinos, afecta sobre todo a las vocales medias "e, o", que en una sílaba cerrada (i.e., terminada en consonante), y en posición final de palabra, especialmente ante "s" y ante consonantes sordas, suelen perderse. Nótese que en ninguno de estos dialectos suele darse el debilitamiento o la pérdida de la /s/[10], por lo que es frecuente que en *entonc(e)s, cien pes(o)s, pu(e)s*, no se pronuncie la vocal entre paréntesis por su posición no acentuada, al tiempo que se mantiene la "s" final.

6.2.6. *Sinalefa y sinéresis: tradición literaria (poesía) vs. español hablado*

Como acabamos de ver, *sinalefa* y *sinéresis* son dos términos técnicos, aplicados ante todo en la poesía (tradición literaria). Ambos términos se refieren al *enlace* de sonidos vocálicos. En la práctica (español coloquial), estos enlaces corresponden esencialmente a la formación de diptongos, o, según el caso, a reducciones en la duración de vocales idénticas en contacto. Los ejemplos a continuación ilustran la diferencia:

[10] Para más información, consúltese Hualde (2005: 129).

Ortografía	**Poesía**	**Español hablado (coloquial)**	
		Diptongación:	
se apareció	se‿a-pa-re-ció	s[i̯a]-pa-re-ció	
teatro	te‿a-tro	t[i̯a]-tro[11]	
		Vocales idénticas:	
		Reducción	*Omisión*
solo oye	so-lo‿o-ye	so-l[o:]-ye	so-l[o]-ye
alcohol	al-co‿(h)ol	al-c[o:]l	al-c[o]l
le he escrito	le‿(h)e‿es-cri-to	l[e:]s-cri-to	l[e]s-cri-to

A partir del Capítulo 9, este manual empleará este tipo de transcripción sin **sinalefa** ni **sinéresis**. Esto refleja una práctica general de la lingüística.

6.2.7. *Conversión de hiatos en diptongos (interior de palabras)*

Como ya hemos explicado en el capítulo anterior, en el habla normal (rápida), la vocal átona [-o] final de palabra se realiza como semivocal [u̯] cuando entra en contacto con otra vocal (por ej., *lo es* = [lu̯es]).

Este mismo cambio también puede aplicarse en el interior de palabra: cp. *poesía* = [pu̯e-ˈsi-a], de forma menos frecuente que entre palabras, aun cuando la articulación sea rápida. De ahí que lo más frecuente sea oír *poeta* y *poesía* con hiato, o sea, [po-ˈe-ta] y [po-e-ˈsi-a], respectivamente. **En este texto, el grupo vocálico "oe" en posición *interior* de palabra se transcribirá siempre como hiato (cp. [po—ˈe-ta], [po—e-ˈsi-a]).** Esta práctica de transcripción sugerida es, desde luego, algo arbitraria, dado que, como veremos más abajo, en muchas variables dialectales estos fenómenos de cambio vocálico son frecuentes. Sin embargo, para reflejar la variante más próxima al estándar, recomendamos que en los ejercicios de este manual el estudiante siga esta misma práctica y transcriba [po—ˈe-ta] en vez de la forma dialectal [ˈpu̯e-ta].

Debido a la fuerte tendencia a la reducción de dos vocales en contacto a una sola sílaba que hay en el habla rápida, las combinaciones

[e] + VOCAL ACENTUADA   [o] + VOCAL ACENTUADA

pueden convertirse en diptongos. Este fenómeno de cambio de la **[o]** > **[u̯]** y **[e]** > **[i̯]**, ejemplificado en *poesía* [pu̯e-ˈsi-a], se conoce como **cerrazón** vocálica y se produce cuando las vocales medias *átonas* "e, o", en contacto con otra vocal media o central ("a") *tónica*, se articulan como "i, u", respectivamente. Si el estudiante vuelve sobre el triángulo vocálico (Capítulo 2), visualizará más claramente el cierre de las vocales medias a las respectivas vocales altas o cerradas ("i, u"). Así, la "e", vocal anterior, se cierra en la "i", vocal anterior alta, y la posterior "o" en la posterior alta "u" (Fig. 6.2a).

---

[11] *T[i̯a]tro* es una variante dialectal; en contraste, el español estándar emplea *t[ea]tro*, donde la secuencia [ea] es estable.

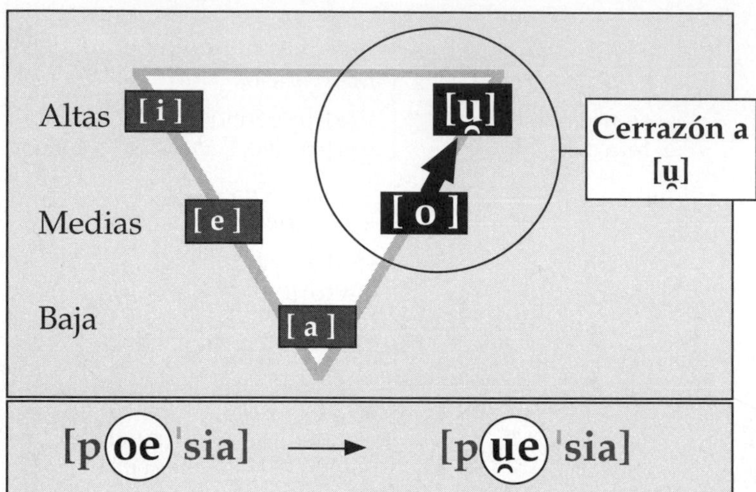

Fig. 6.2a. Ejemplo de una cerrazón de vocal media.

Con frecuencia, en el habla informal de algunos hispanohablantes, en el español chicano, en México y otros países latinoamericanos, el grupo vocálico "ea" se realiza como [i̯a]: *teatro* pasa a [ˈti̯a-tɾo] y *real* a [ri̯al]. De igual modo, *peor* se articula [pi̯oɾ], y *toalla* = [ˈtu̯a-ʝa]. Obsérvese que este tipo de cambio articulatorio se produce en casos donde la *segunda* vocal del grupo (y no la "e, o") es tónica. Esto explica por qué, en la articulación de algunos hispanohablantes, palabras como *sea, vea* o *lea* jamás se diptongan (la primera vocal lleva el acento tónico), mientras que *seamos* y *teatro*, con el acento en la segunda vocal, sí pueden pasar a [ˈsi̯a-mos] y [ˈti̯a-tɾo], respectivamente.

En otros casos, la reducción a diptongo se consigue mediante un cambio en el lugar del acento tónico. Así, *maíz* puede pasar de [ma—ˈis] a [mai̯s], y *país* de [pa—ˈis] a [pai̯s]. Aunque este proceso de diptongación es muy natural y existe desde hace siglos en el habla del mundo hispánico, no es aceptable para el uso de la lengua en situaciones formales o cuando uno quiere expresarse con esmero. En este manual transcribiremos tales palabras en sus formas normativas: [ma—ˈis], [to—ˈa-ʝa], [te—ˈa-tɾo], [re—ˈal]. Debe entenderse, sin embargo, que las variantes no-estándares (véase Figura 6.2b) no son intrínsicamente "inferiores", ya que en determinados

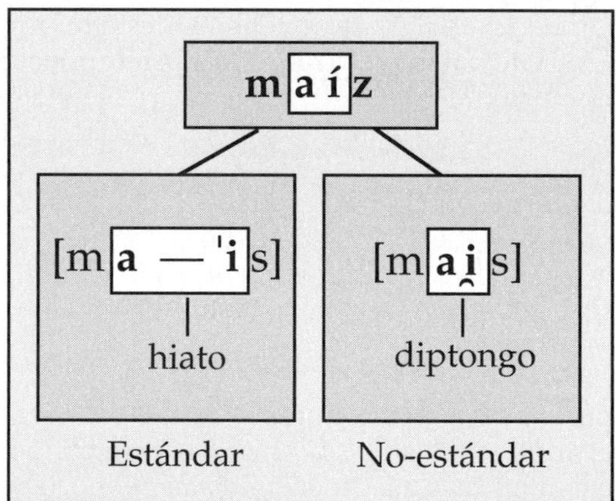

Fig. 6.2b. Pronunciación de *maíz.*

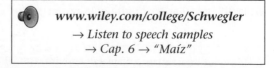

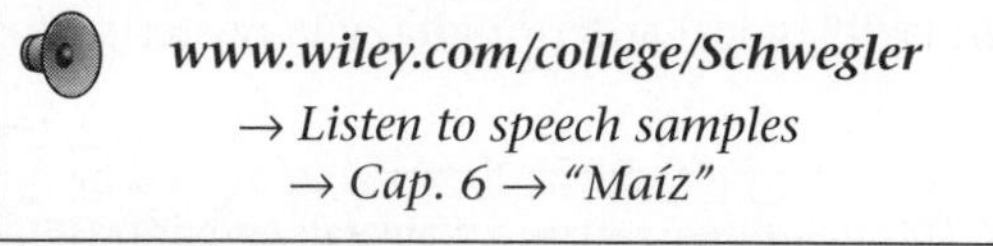

contextos familiares e informales pueden ser, entre otras cosas, un indicio de solidaridad y pertenencia sociocultural.

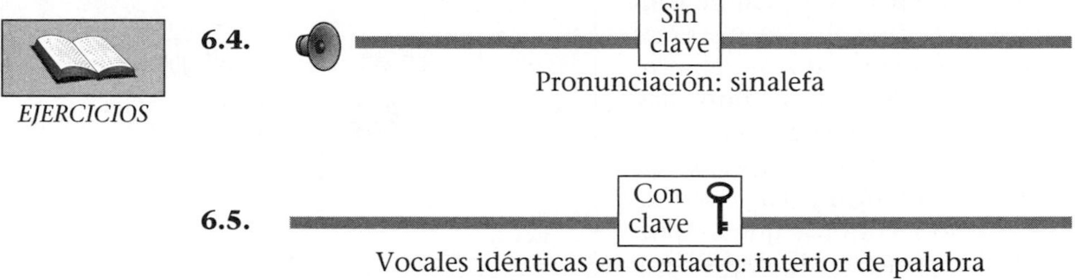

6.2.8. *Resumen parcial: articulación de las vocales*

En este capítulo hemos visto que el comportamiento de las vocales dentro de la cadena hablada puede ser bastante complejo. La articulación de las vocales está en gran parte regida por la rapidez y formalidad/informalidad del habla. Es de suma importancia entender, sin embargo, que a pesar de esta relativa flexibilidad del sistema vocálico, **la lengua española**, en contraste con el inglés, **no acomoda variaciones vocálicas que se acercarían al sonido neutro que hemos llamado** SCHWA, examinado nuevamente en (§6.6), al tiempo que tampoco convierte en diptongos los monoptongos. En este sentido, **el aumento en la rapidez del habla de un hispanohablante en ningún caso afecta la claridad de las vocales**, lo que equivale a decir que ni siquiera una pronunciación muy rápida incorporará vocales relajadas como la schwa del inglés. En definitiva, las vocales —*todas* las vocales— deben ser agudas ('crisp'), cortas y tensas (frente a las vocales inglesas que tienden a ser largas, neutras y diptongadas). A su vez, es aconsejable enlazarlas cuando entran en contacto entre palabras (conversión de hiatos en diptongos, sinalefa) o dentro de palabras (diptongos, sinéresis).

En español, la articulación de vocales varía sobre todo cuando el contacto de palabras ocasiona el "encuentro" de dos o más vocales dentro de un grupo fónico. Hemos visto que, con respecto a las vocales, expresiones como *la oficina* o *la usó* pueden tener las realizaciones expuestas en la Figura 6.3a:

Habla cuidadosa		**Habla rápida (normal)**	
SIN enlace	**CON enlace pero *sin* formación de** diptongo	**CON enlace y *con* formación de** diptongo	**Omisión de vocal**
la oficina:			*l'oficina*
[**la** - **o** - fi - ˈsi - na]	[la‿**o** - fi - ˈsi - na]	—	[**lo**-fi-ˈsi-na]
la usó:			*l'usó:*
[**la** - **u** – ˈso]	[la‿**u** - ˈso]	[la**u̯**- ˈso]	[**lu** - ˈso]

Fig. 6.3a. Las expresiones *la oficina* y *la usó* en el habla cuidadosa y rápida (normal).

En casos donde el encuentro de dos vocales lleva a la eliminación de una de ellas, es ***siempre*** *la primera la que se elimina: "la usó" → "l'__ usó"; "la industria" → "l'__ industria"; "casa hermosa" → "cas'__ hermosa".*

Algunos de los fenómenos descritos en las secciones anteriores para el habla rápida son exclusivos del español americano, y cuando ocurren en la Península, suelen ser más comunes en el sur que en el resto de España. En este sentido, hay que destacar, por la atención que despierta entre los expertos en fonética, fonología y dialectología, la variación vocálica que se produce en España en la región este de Andalucía (las provincias de Almería, Jaén, Granada), y en menor medida en algunas zonas de Extremadura. El fenómeno, llamado **armonía vocálica**, consiste en la asimilación en altura, anterioridad/posterioridad u otro rasgo, que una vocal provoca en las vocales de su entorno dentro del ámbito de la palabra.

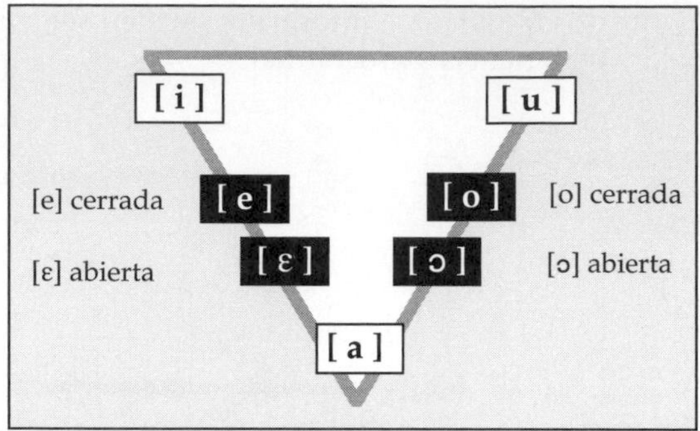

Fig. 6.3b. La "e" y "o" cerradas y abiertas en el triángulo vocálico.

Como claro ejemplo de armonía vocálica en el dialecto andaluz tenemos la apertura de las vocales medias ("e, o") que tiene lugar en palabras en plural, ante la frecuente pérdida/aspiración de la "-s" final de palabra; cp. *codos* [ˈk**o**ð**o**s] > [ˈkɔðɔs]; *papeles* [paˈpeles] > [paˈpɛlɛs]. La asimilación se produce cuando esa calidad más abierta de la vocal final se extiende al resto de las vocales de la palabra[12]; así, la "-o" y "-e" abiertas finales (representadas por [ɔ] y [ɛ], respectivamente) se extienden a la vocal anterior (Fig. 6.3c y ejemplos a continuación).

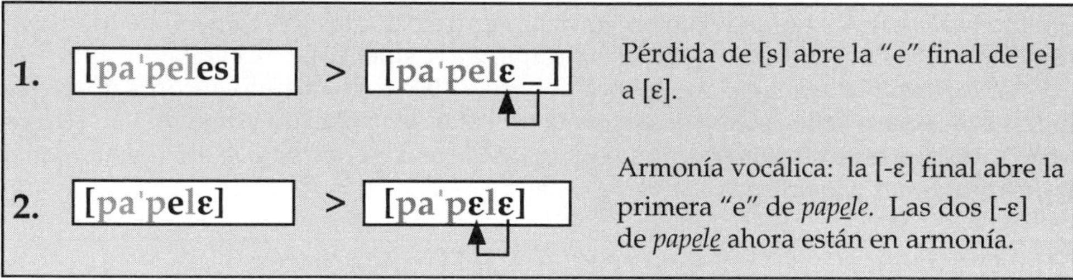

Fig. 6.3c. La armonía vocálica (español meridional de España).

La armonía vocálica es un proceso que incluye dos pasos: (1) primero la pérdida de la [-s] final abre la vocal final de [e] a [ɛ]; (2) luego esta nueva [ɛ] armoniza la [e] que le precede ([paˈpelɛ] > [paˈpɛlɛ]).

[12] La armonía vocálica es un fenómeno común a lenguas como el turco, el húngaro, finés y muchas lenguas bantúes. Para bibliografía sobre el fenómeno en las variedades andaluzas, consultar Hualde (2005: 110, 130).

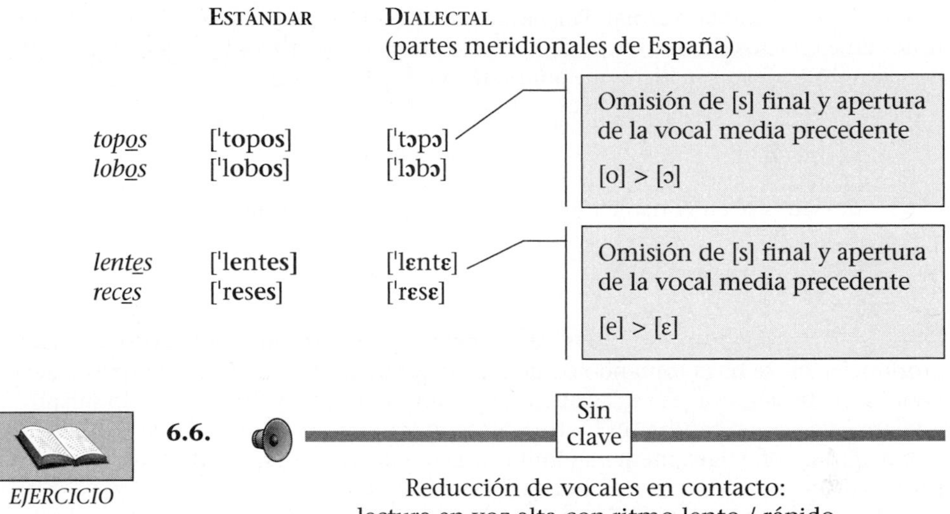

ESTÁNDAR
DIALECTAL
(partes meridionales de España)
topos ['topos] ['tɔpɔ]
lobos ['lobos] ['lɔbɔ]
Omisión de [s] final y apertura de la vocal media precedente
[o] > [ɔ]
lentes ['lentes] ['lɛntɛ]
reces ['reses] ['rɛsɛ]
Omisión de [s] final y apertura de la vocal media precedente
[e] > [ɛ]
EJERCICIO
6.6.
Sin clave
Reducción de vocales en contacto:
lectura en voz alta con ritmo lento / rápido

6.3. El grupo fónico

Tanto el encadenamiento (C-VC) como la formación de diptongos *entre* palabras (*mi alma* = ['mi̯al-ma]) ocurren a lo largo de todo el **grupo fónico**. Reiteramos (Cap. 5) que entendemos por grupo fónico "el conjunto de sonidos articulados que se da entre dos pausas". Dos rasgos caracterizan al grupo fónico: (1) la unidad de significado y (2) la necesidad de inhalar aire suficiente para seguir hablando.

Un **grupo fónico** (también llamado **emisión**) no siempre corresponde a lo que se escribe entre puntos o comas. En la cadena hablada, una pausa puede insertarse prácticamente en cualquier momento, así que no deben sorprendernos agrupamientos fónicos como los siguientes, donde indicamos las pausas con "#"; (pausas más largas a veces se señalan con "##"):

# micasa # serásucasa # ¡vengaavernos # hoymismo! #	[4 grupos fónicos]
# micasa # serásucasa¡vengaavernos # hoymismo! #	[3 grupos fónicos]
# micasaserásucasa # ¡vengaavernoshoymismo! #	[2 grupos fónicos]
# micasaserásucasa¡vengaavernoshoymismo! #	[1 grupo fónico]

De aquí en adelante, adoptaremos una práctica tan simple como artificial: al transcribir textos escritos, *interpretaremos **la oración** como un solo grupo fónico*. Esto implica, por ejemplo, que un punto señalará la frontera de un grupo fónico. Como es lógico, estas convenciones no son realmente representativas del español *hablado,* ya que, como hemos señalado antes, una pausa puede insertarse prácticamente en cualquier

Delimitación del grupo fónico

En este manual, se interpretarán como final de un grupo fónico los siguientes cuatro signos ortográficos:

1. el **punto** (pero no la coma ni tampoco el punto y coma) (".")
2. **dos puntos** (":")
3. los **signos de exclamación** ("¡ ___ !")
4. los **signos de interrogación** ("¿ ___ ?")
5. los **puntos suspensivos** ("...")

momento en el habla normal. Pero al mismo tiempo, estas convenciones nos serán útiles en ejercicios de transcripción basados en textos escritos. Los ejemplos a continuación ilustran las prácticas que adoptaremos en este texto:

Cayó en el piso; pero no le dolió.
El dijo: # "no creo que sea así, pero sí es posible."
"¡Esto no es así!", # dijo él.
Por ejemplo, en el habla rápida, *mi hijo* se pronuncia típicamente con *solo* dos en vez de tres sílabas.
"¿Cuándo llegará tu tío de México?" # "¿No lo sabes?"
"¿No lo ...? # ¿no lo sabes?"

Son varias las razones por las cuales debemos insistir en que la enseñanza de la pronunciación se haga tomando como base el grupo fónico. El hablante nativo del español respeta siempre las reglas que rigen el grupo fónico, y al no hacer lo mismo, el hablante no nativo tendrá un fuerte acento extranjero, o, en el peor de los casos, no se hará entender. Lógicamente, la imitación cuidadosa y la práctica diaria son una excelente manera de adquirir una buena pronunciación.

El no seguir de cerca los principios de la fonética en la enseñanza de las lenguas lleva a los alumnos a adquirir una serie de "vicios" articulatorios, tales como la omisión del enlace de las palabras, la articulación de hiatos en lugar de diptongos, la oclusión glotal (§6.5), la alteración del valor fónico de los sonidos hacia una articulación más bien extranjera, así como la imposición de una curva de entonación no nativa, causada en parte por el alargamiento excesivo de vocales acentuadas (cp. **muuucho guuusto*). Es particularmente grave la alteración del valor fónico de ciertos sonidos según hábitos "naturales" del inglés que son inexistentes en español. Es cierto, por ejemplo, que cualquier vocal débilmente acentuada en inglés se convierte automáticamente en schwa. Sin embargo, esta schwa no suele ocurrir en español. Tan grave suele ser el problema de la schwa que podemos calificarlo como el "enemigo número uno" del anglohablante interesado en refinar su pronunciación del español. El apartado "La schwa", sección §6.6, explicará en mayor detalle este sonido y por qué es tan difícil evitar la schwa en palabras como *policía, universidad* o *interesante.*

6.4. Repaso de algunos puntos importantes

En esta sección repasaremos algunos puntos importantes, expuestos en los capítulos anteriores. A la vez introduciremos terminología nueva relacionada con conceptos ya examinados.

6.4.1. *Vocales, semivocales, sílabas, hiato, sinalefa, sinéresis*

En el sistema fonológico del español son muy importantes las vocales. Aproximadamente un 70% de las sílabas españolas terminan en un sonido vocálico.

Como hemos visto, las sílabas que terminan en vocal —es decir sílabas como *pre-, fra-, mi, ti, a, o, de*— se llaman **sílabas abiertas**; las que terminan en consonante (por ej., *tan, van, han, al*) se llaman **sílabas cerradas**.

La sílaba de máxima fuerza o énfasis dentro de una palabra la llamamos **sílaba tónica**. Las palabras suelen clasificarse según la posición de esta sílaba tónica. Así distinguimos palabras **(1) agudas, (2) llanas, (3a) esdrújulas y (3b) sobreesdrújulas** (Fig. 6.3d). De estas tres formas principales, predominan las llanas sobre las demás.

TIPO DE PALABRA		POSICIÓN DE LA SÍLABA TÓNICA	FRECUENCIA
1. aguda	⇨	**última** sílaba: *ha-bla-ré, sa-lí, to-mó, ha-blar, por-tal, sa-lir*	COMUNES
2. llana	⇨	**penúltima** sílaba: *ha-bla, sa-le, to-ma, or-den, di-fí-cil, dí-a*	MUY COMUNES
3a. esdrújula	⇨	**antepenúltima** sílaba *es-drú-ju-la, miér-co-les, Ál-va-ro*	POCO COMUNES
3b. sobreesdrújula	⇨	**antes de la antepenúltima** sílaba *¡dí-ga-me-lo!, ¡cómpramelas!*	

Fig. 6.3d. Las tres formas básicas de palabras en español.

En español hay dos semivocales, la [i̯] y la [u̯]. La formación de **diptongos** y **triptongos** es común entre palabras, y contribuye de manera significativa al enlace fluido de las sílabas en el discurso oral. Dentro de palabras, los diptongos **crecientes** (por ej., *pie, puerta*) son mucho más frecuentes que los **decrecientes** (por ej., *peine, auto*). El elemento fónico más fuerte de los diptongos y triptongos es el **núcleo**. Los demás elementos vocálicos de diptongos y triptongos por definición son **semivocales**.

El **hiato** consiste en la articulación de dos vocales yuxtapuestas en el interior de una palabra en dos sílabas independientes: *Raúl = Ra—úl, María = Ma-rí—a, tío = tí—o.*

Hemos denominado **sinalefa** al enlace fónico *entre* palabras. Se presenta en vocales contiguas no deslizadas, en una pronunciación *seguida y continua.* La sinalefa "comprime" dos (o tres) vocales dentro de una sola sílaba sin cambiar el timbre (o la calidad) de las vocales en contacto:

se alegran	→	[se‿a]-le-gran
le habló a Ernesto	→	le-ha-bl[o‿a‿e]r-nes-to

La **sinéresis** es el enlace fónico *dentro* de palabra sin que este cambie el timbre de las vocales en contacto: *te-a-tro* (3 sílabas) → *te‿a-tro* (2 sílabas), *po-e-sí-a* (4 sílabas) → *po‿e-sí-a* (3 sílabas).

6.5. La oclusión glotal

Un fenómeno fonético que puede observarse en inglés, si bien en pequeña escala, es lo que el lingüista Tomás Navarro ha llamado "ataque duro", pero que en inglés recibe el nombre de "glottal stop" (= "**oclusión glotal**", "**cierre glotal**" o "**golpe de glotis**" en español). Este fenómeno consiste en la separación *brusca* de las cuerdas vocales

(Figs. 6.4a–6.4c), cuya oclusión cede a la presión del aire acumulado en la tráquea, provocando así una ligera explosión laríngea. Las cuerdas vocales se abren repentinamente, produciendo así un golpe de aire que se percibe como una oclusión. Esta oclusión glotal se indica en la transcripción fonética con [ʔ].

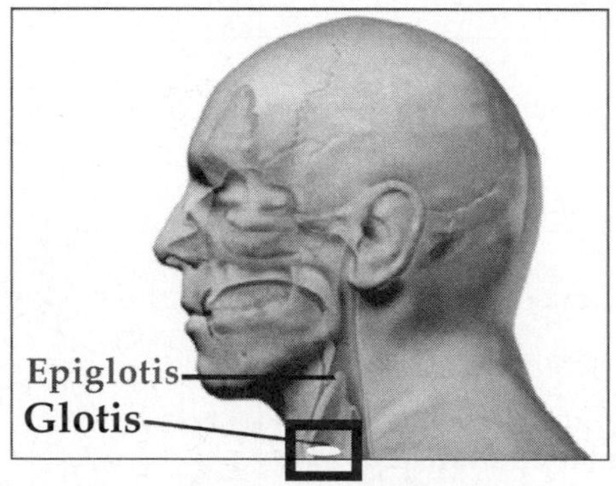

Fig. 6.4a. Localización de la glotis.

La glotis no debe confundirse con la epiglotis (una especie de "puertecita"), cuya función es la de abrir y cerrar el paso hacia los pulmones y el estómago.

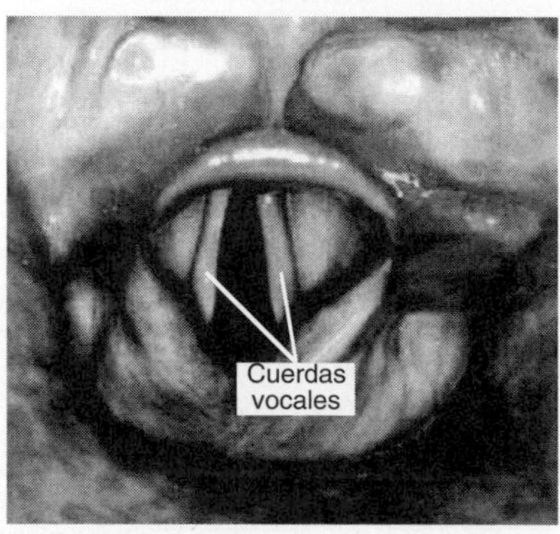

Fig. 6.4b. La glotis y sus cuerdas vocales.

La oclusión glotal se forma cuando las membranas de la glotis se abren repentinamente.

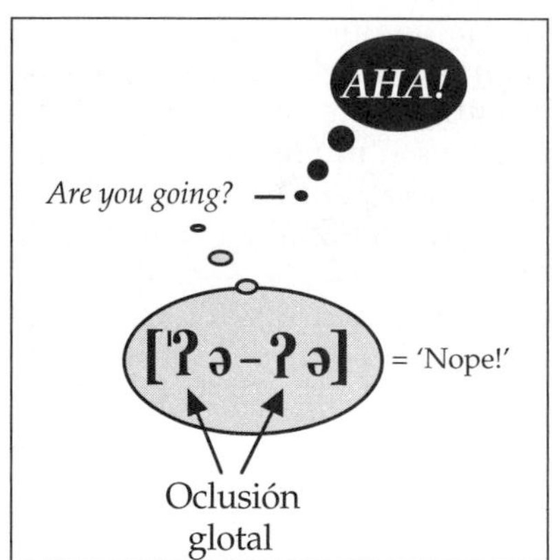

www.wiley.com/college/Schwegler
→ *Listen to Speech Samples*
→ *Cap. 6* → *"Oclusión glotal"*

Fig. 6.4c. Ejemplo de una oclusión glotal.

En varias lenguas, incluso el inglés (habla informal), lo contrario de "aha!" ('yes') es [ʔə-ʔə] 'nope!' ('no'). En dicha expresión, la oclusión glotal se detecta con relativa facilidad.

Acústicamente, la oclusión glotal es muy similar al efecto que uno siente en la laringe al empujar para hacer un esfuerzo mayor. Se fuerza el aire de los pulmones con el diafragma y después se suelta el aire de golpe sin voz por las cuerdas vocales. La oclusión glotal ocurre, por ejemplo, en la última sílaba de las palabras inglesas *button* (= *buttʔn*), o aun más claramente en la expresión negativa informal *nope* = [ʔəʔə] (Fig. 6.4c). La oclusión glotal también se realiza en la posición inicial de la palabra inglesa *aim,* o en cualquier palabra aislada con vocal inicial; esto es así porque una palabra aislada *no* puede empezar con una vocal, de ahí que, en inglés, la vocal deba precederse de un cierre glotal. La oclusión glotal produce el sonido (o pausa) que normalmente insertamos en inglés en frente de "aim" cuando decimos:

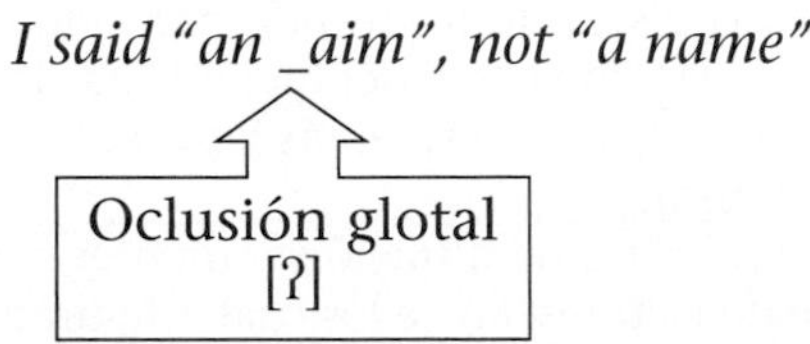

Al hablar español, el estudiante debe evitar la oclusión glotal, ya que es un rasgo no frecuente en español normativo[13] y que se produce con frecuencia en muchos estudiantes principiantes al realizar una pausa breve entre palabras o en posición final de palabra; un problema que surge fundamentalmente por considerar la palabra (en vez del grupo fónico) como la unidad fundamental del español hablado. Es, por ejemplo, incorrecto pronunciar las siguientes expresiones con oclusión glotal:

ahora	*[ʔa-ˈo-ɾa] o *[a-ˈʔo-ɾa] o *[ʔa-ˈʔo-ɾa]
es la gran artista de Madrid	*[ʔes] la gran artista de Madrid
vi a unos chicos	*vi a *[ˈʔu-nos] chicos

Recomendamos hacer lo siguiente para eliminar la oclusión glotal: aprenda primero a identificar auditivamente lo que es la oclusión glotal al escuchar nuestros ejemplos *con* oclusión glotal en la red:

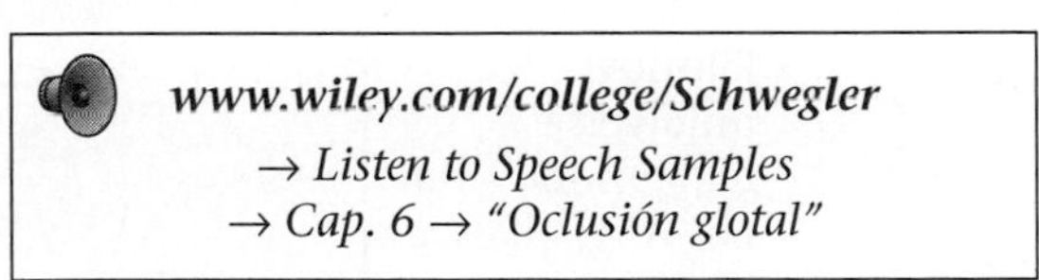

Luego empiece lo más pronto posible a aplicar y practicar los principios ya mencionados (1) del **enlace**, (2) de la **sinalefa** y (3) de la **sinéresis** que rigen la estructura silábica del grupo fónico en una pronunciación con rapidez normal. Puesto que estos principios insisten en la concatenación fluida de sonidos vocálicos, su aplicación consistente llevará a la eliminación de la oclusión glotal, la cual, como acabamos de decir, ocurre normalmente después de la inserción no nativa de (breves) pausas articulatorias en el grupo fónico.

---

[13] De acuerdo a Hualde (2005: 294) y Lipski (1994: 77-82), en regiones hablantes del guaraní (Paraguay y zonas fronterizas de Argentina y Bolivia), por influencia de esta lengua, la oclusión glotal entre dos vocales es característica no solo del español de bilingües (guaraní y español), sino también de los monolingües en español.

6.6. La schwa: el sonido más frecuente del inglés

Como ya señalamos en el capítulo anterior, **la schwa** (= [ə]) no se suele producir en español.[14] Hemos calificado este sonido como "el enemigo número uno" para los anglohablantes que desean adquirir una pronunciación (semi)nativa del español. La intrusión de la schwa en el habla de los no nativos suele ser tan persistente que este sonido "traiciona" incluso a anglohablantes con años de práctica y gran fluidez en español.

La schwa es el sonido vocálico más común de la lengua inglesa. En los manuales de lingüística se describe a veces como un sonido parecido al "uh" del inglés americano (por ej., *"**uh**, I am so tired"*), o al "er" del inglés británico (cp. *corn**er***). Dos características notables de la schwa son que (1) jamás lleva acento primario, y (2) siempre es un sonido relajado (no tenso).

La schwa es un sonido neutro, de duración muy breve. Su aparición en el habla depende de toda una serie de factores, entre los cuales figuran: (1) la presencia de consonantes adyacentes; (2) la rapidez del habla, así como otras consideraciones rítmicas; (3) el dialecto del hablante y (4) la acentuación —a menudo variable en inglés— de una sílaba determinada. La existencia de tales factores hace que la descripción y la detección por parte del estudiante de lo que es (o no es) una schwa sea particularmente compleja. Los párrafos a continuación son una simplificación de la realidad fónica de la schwa, pero bastarán como primera introducción a la problemática.

La Figura 6.5 muestra el punto de articulación de la schwa. Se trata de un sonido medio central, lo que quiere decir que se produce en el centro de la boca. En términos más técnicos, según el *Alfabeto Fonético Internacional* (AFI),[15] diríamos que "ocupa exactamente el centro del triángulo vocálico". Se produce siempre con la lengua en una posición relajada, de ahí que sea un sonido "neutro". Cada uno de los ejemplos a la izquierda de la Figura 6.5 contiene al menos una vocal inacentuada (subrayada) que tiene el valor fonético de la schwa:

annoy = [ə]nnoy
universe = un[ə]verse
telephone = tel[ə]phone
Los Angeles = Los Ang[ə]l[ə]s
camera = cam[ə]r[ə]
catches = catch[ə]s
omen = om[ə]n
rugged = rugg[ə]d
panda = pand[ə]
lesson = less[ə]n
lessen = less[ə]n

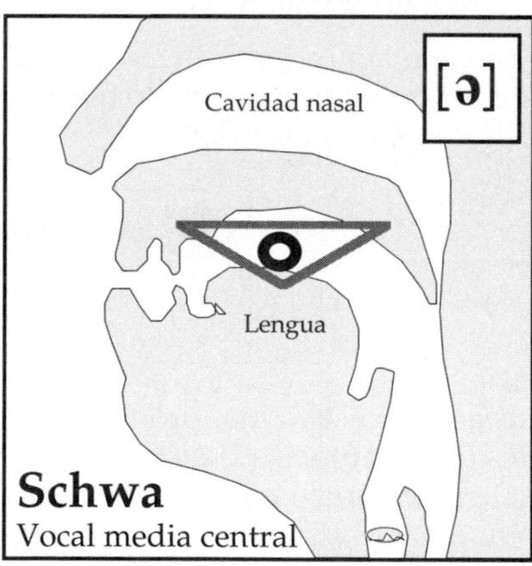

Fig. 6.5. Localización de la schwa.

En el nivel de ortografía, la schwa puede ser representada por cualquier vocal escrita. Por ejemplo, en la mayoría de los dialectos del inglés, la vocal subrayada en la lista de palabras a continuación corresponde a la schwa (le recomendamos al

[14] En realidad, la schwa existe en determinados dialectos del español, sin embargo, para el propósito de este texto es suficiente decir que "la schwa no se suele producir en español".

[15] Recordamos que en inglés, la etiqueta correspondiente es *International Phonetic Alphabet* (IPA).

estudiante que articule estas palabras varias veces en voz alta para empezar a identificar la naturaleza acústica del sonido en cuestión):

Letra "**a**":	*about*
Letra "**e**":	*synthesis*
Letra "**i**":	*decimal*
Letra "**o**":	*harmony*
Letra "**u**":	*medium*
Letra "**y**":	*syringe*

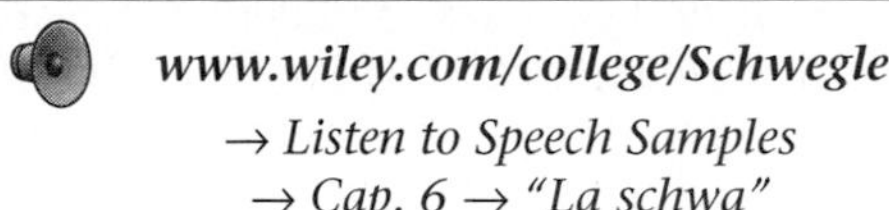

Obsérvese en las palabras siguientes cómo, en el nivel fonético, cada una de ellas termina en [-əl], y esto a pesar de representaciones ortográficas muy diversas:

Letras "**al**":	*capit-**al***	[-əl]
Letras "**el**":	*couns-**el***	[-əl]
Letras "**il**":	*stenc-**il***	[-əl]
Letras "**ol**":	*capit-**ol***	[-əl]
Letras "**ul**":	*helpf-**ul***	[-əl]

> ***Beverage* vs. *bev'rage***
>
> La schwa es un sonido inacentuado tan breve y débil que su eliminación por lo general no reduce su inteligibilidad.
>
> En palabras como *beverage,* la "e" es comúnmente omitida. Una omisión similar de una vocal inacentuada en español causaría acento extranjero y, posiblemente, problemas de comunicación. Así, *comeré* o *terminaré* jamás se convierten en *com'ré* o *term'n'ré.*

Por lo general, las sílabas átonas del inglés son tan cortas y relajadas que casi no se perciben. Lo que se oye en tales sílabas articulatoriamente débiles es precisamente la schwa. El hecho de que la schwa sea típicamente muy breve y "ligera" hace que a menudo pueda prácticamente omitirse sin que esto afecte a la comprensión de la palabra. Así, *harmony* puede "achicarse" a *harm'ny* sin reducir su inteligibilidad. Lo mismo ocurre con *syringe,* cuya reducción a *s'ringe* en el inglés hablado no reduce la eficacia comunicativa. Obsérvese, sin embargo, que tales reducciones articulatorias son solo posibles con vocales inacentuadas, precisamente aquellas que suelen articularse como schwa. Por ejemplo, no se puede reducir o eliminar la vocal tónica "e" de *decimal* ya que **d'cimal* probablemente no sería inteligible. Y de igual modo, no es factible eliminar la "i" acentuada de *syringe,* ya que **syr'nge* no se reconocería.

Considérense ahora las siguientes expresiones, cuyas vocales subrayadas se realizan típicamente con schwa:

hinted	*gases*[16]	*a man*	*the man*	*another*	*emphasis*
painted	*dishes*	*a woman*	*the woman*	*university*	*darken*
listed	*houses*	*a child*	*the child*	*American*	*apparent*

[16] Algunos manuales consideran que en la mayoría de los dialectos del inglés norteamericano, la "e" de *gases, dishes, houses* no es una schwa sino una vocal central cerrada. Sin embargo, para nuestros propósitos será, sin embargo, suficiente agrupar estos casos con el resto de las vocales inacentuadas, articuladas como schwa.

Ya hemos mencionado que la *variación* en la acentuación de una sílaba a veces determina la presencia (o ausencia) de una schwa. Algunas de las expresiones que acabamos de citar tienen una articulación *estable* en cuanto a su acentuación. *Hinted, painted, listed, gases, dishes* y *houses* caen dentro de este grupo estable. Muy distinto es el caso de *a man, a woman, a child, the man, the woman* y *the child,* donde la variación en el acento prosódico ('stress') de los artículos *a* y *the* conlleva por definición un cambio en el timbre vocálico:

	Sin *acento prosódico*	***Con*** *acento prosódico*
a man	[ə] *man*	[ei̯][17] *man*
a woman	[ə] *woman*	[ei̯] *woman*
a child	[ə] *child*	[ei̯] *child*
the man	th[ə] *man*	th[i:] *man*
the woman	th[ə] *woman*	th[i:] *woman*
the child	th[ə] *child*	th[i:] *child*

En inglés, lengua que contrasta nítidamente entre sílabas acentuadas e inacentuadas[18], **la schwa es una consecuencia de FACTORES RÍTMICOS.** Los segmentos acentuados (o "enfáticos") no contienen por definición ninguna schwa. Así, dentro de una oración como *he is THE best actor,* el artículo enfático *THE* se realiza con "i" tónica alargada, i.e. *th[i:] best actor.* En cambio, si el hablante quiere enfatizar que *HE is the best actor* (rítmicamente muy distinto del ejemplo previo), se realizará con la schwa átona, i.e. *HE is th[ə] best actor.*

El hecho de que factores rítmicos influyan tanto en la calidad precisa de las vocales inglesas contribuye de manera significativa a que el análisis de este sonido sea más complicado de lo que podría parecer a primera vista. Los ejemplos adicionales que aparecen a continuación serán suficientes para ilustrar el caso.

Pronunciado de forma aislada, el segmento inicial de la palabra *emotional* tiene una pronunciación variable, i.e., *[ə]motional* (con schwa) e *[i]motional* (con [i]). Sin embargo, en varios dialectos del inglés norteamericano esta variabilidad se ve reducida cuando *emotional* se inserta en una expresión como *he is so incredibly emotional.* En tal caso, factores rítmicos contribuyen a que se le dé preferencia a la variante *con* schwa (i.e., *incredibly [ə]motional*).

Estos ejemplos ilustran cómo, al analizar oraciones inglesas, el estudiante tendrá que ser consciente de que la articulación *aislada* de palabras puede alterar la calidad de sus vocales. Un ejemplo particularmente claro es ingl. "to" (como en *to speak, to sing, to go*). Sin mayor contexto, este "to" tiene una sola articulación, i.e., [t^hu]. Pero en la cadena hablada, su vocal se convierte comúnmente en una schwa cuando, en el habla informal, se combina con "got" o "want":

---

[17] Utilizamos aquí convenciones de transcripción normalmente empleadas para representar sonidos del español. Lo hacemos para no tener que introducir nuevos símbolos fonéticos del AFI.

[18] Recuerde que la lengua española *no* distingue tan nítidamente entre sílabas tónicas y átonas. Esto es porque por lo general las sílabas tónicas y átonas se diferencian solamente por ligeras diferencias de duración, lo que equivale a decir que son casi idénticas. El hecho de que sean tan similares explica en parte por qué los estudiantes de nivel elemental —sobre todo los de habla hispana— a menudo tienen dificultad para encontrar el acento prosódico de una palabra.

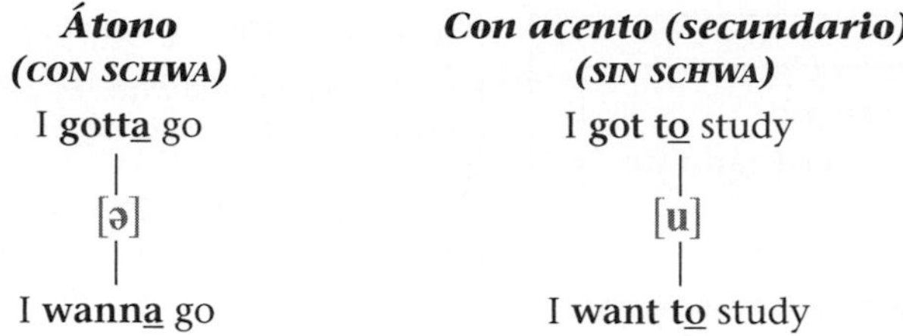

Puede ser útil a estas alturas prevenir al estudiante de que, en el análisis de la schwa, ciertas prácticas ortográficas del inglés pueden llevar a confusión. Es error común del estudiante pensar, por ejemplo, que la terminación verbal "-ed" contiene siempre una schwa. Que este no es siempre el caso se ve en los ejemplos de la columna #2 de abajo, donde la letra "e" es una mera convención ortográfica.

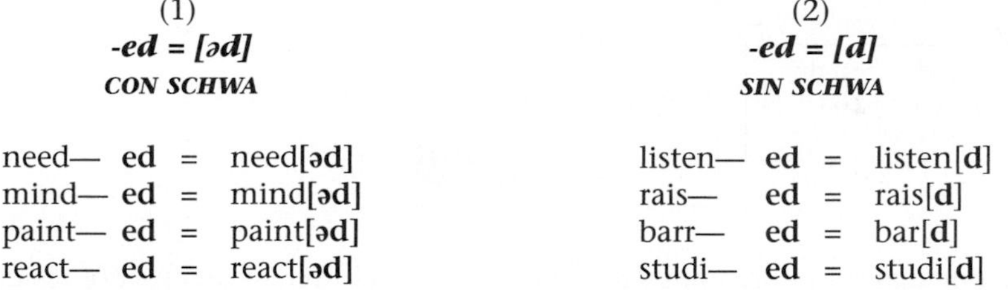

(1) *-ed = [əd]* CON SCHWA				(2) *-ed = [d]* SIN SCHWA			
need—	**ed**	=	need[**əd**]	listen—	**ed**	=	listen[**d**]
mind—	**ed**	=	mind[**əd**]	rais—	**ed**	=	rais[**d**]
paint—	**ed**	=	paint[**əd**]	barr—	**ed**	=	bar[**d**]
react—	**ed**	=	react[**əd**]	studi—	**ed**	=	studi[**d**]

El no diferenciar cuidadosamente entre *letra* y *sonido* puede tener consecuencias graves al estudiar la fonética, puesto que normalmente las conclusiones extraídas son equivocadas. Por lo tanto, no será necesario insistir en que la presencia de la schwa en pares de palabras como *lesson* y *lessen* o *capital* y *capitol* hace que estas sean distinguibles solo en su forma escrita:

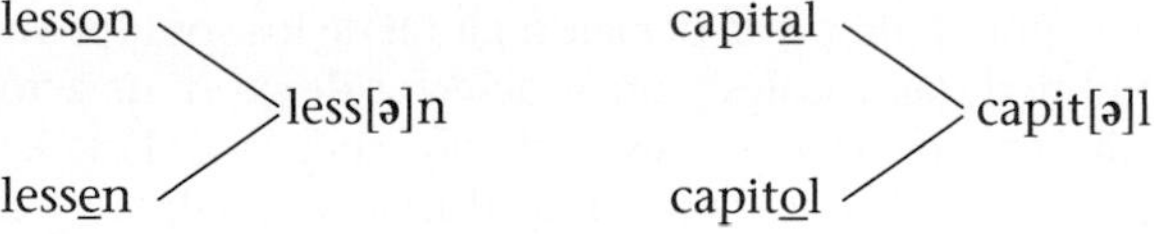

6.6.1. *Resumen parcial*

La transferencia de la schwa anglosajona a sílabas inacentuadas en español es uno de los rasgos más llamativos de un acento extranjero anglosajón. Es de suma importancia reconocer que **la schwa no existe en español**. El anglohablante debe recordar, además, que en español las vocales *no* se alargan como en inglés. Por ejemplo, en palabras como *policía* (Fig. 6.6) cada una de las vocales debe articularse (1) de manera tensa, y (2) con su acento apropiado, es decir, con acento secundario en toda la palabra excepto en el segmento final "-ía", donde la "i" tónica debe alargarse un poco (v. Fig. 6.6). Cualquier acercamiento a una schwa en las vocales de *policía* producirá inevitablemente un acento extranjero.

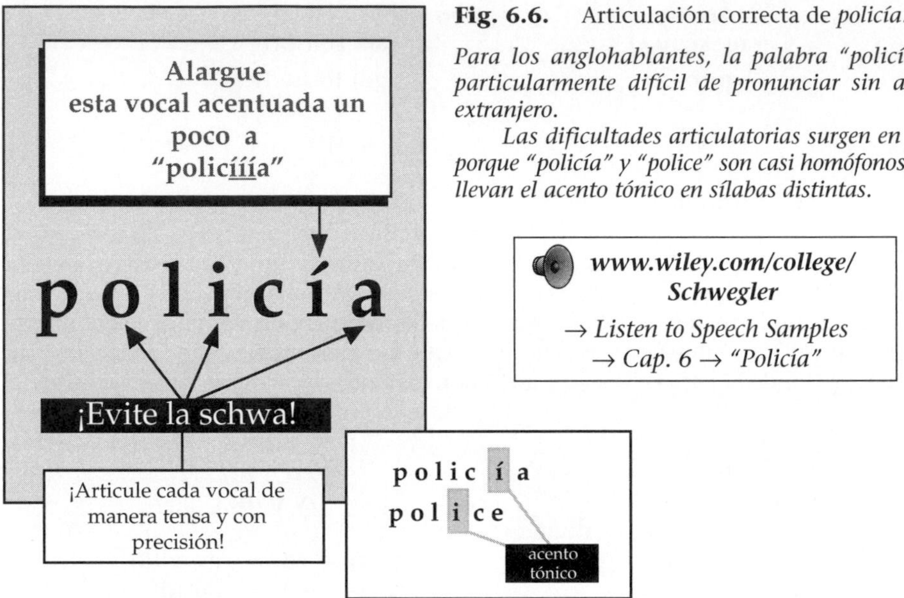

Fig. 6.6. Articulación correcta de *policía*.

Para los anglohablantes, la palabra "policía" es particularmente difícil de pronunciar sin acento extranjero.

Las dificultades articulatorias surgen en parte porque "policía" y "police" son casi homófonos, pero llevan el acento tónico en sílabas distintas.

La diferencia articulatoria más fundamental entre el inglés y el español reside en la claridad ('crispness') de las vocales. Dada esta pronunciación clara, *ninguna de las vocales del español tiene un carácter diptongal*, lo que contrasta fuertemente con las vocales largas del inglés que suelen ser poco tensas y bimembres (cp. la "a" del ingl. *la̲te*, pronunciado [lei̯t]; o la "o" de *ho̲pe* = [hou̯p]).

Desgraciadamente, muchas veces no se enfatiza lo suficiente la importancia de una pronunciación correcta nativa. Se omite, por ejemplo, corregir el problema de la schwa, o se dejan de explicar las reglas que rigen el enlace entre palabras. El resultado es una pronunciación lenta, caracterizada por el hiato y la oclusión glotal de los sonidos vocálicos, la falta de precisión en el timbre de las vocales y otros defectos de pronunciación.

Por lo que respecta a la "mala" entonación, es inevitable que suceda si (1) se ignora el carácter unitario del grupo fónico y (2) se le da unidad rítmica a la palabra y no al grupo fónico.

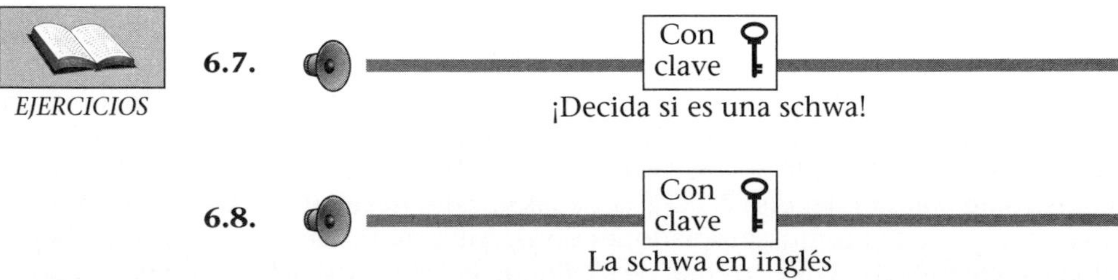

Resumen

En el habla rápida de los hispanohablantes, el contacto entre dos vocales contiguas resulta a menudo, y de manera muy natural, en la formación de diptongos (o, según el caso, de triptongos). La diptongación entre palabras puede darse, por ejemplo, en expresiones como *se interesó = s[ei]nteresó* o *tu industria = [tui]ndustria*, donde la vocal alta se realiza como semivocal. Hemos notado que esta conversión de hiatos en diptongos es mucho menos común cuando la vocal final de una palabra lleva el acento primario (cp., *insistí en eso* [in-sis-'ti—e-'ne-so]), lo que equivale a decir que, por lo general, **las vocales tónicas se mantienen** inalteradas aun en el habla rápida.

Hemos señalado también que los triptongos son poco comunes en el interior de palabra (por ej., *Uruguay*). En contraposición, el contacto de vocales *entre* palabras puede, sin embargo, producir toda una serie de triptongos (cp. *antiguo uniforme = antig[uou]niforme; antiguo y ... = antig[uoi] ...*). Entre palabras, la **sinalefa** enlaza las vocales (no semivocales) *sin* que esto cambie su timbre (*te amo → te‿a-mo = tea-mo*). La **sinéresis** tiene el mismo efecto en el interior de palabra: [po—'e—ta] → ['po‿e—ta]).

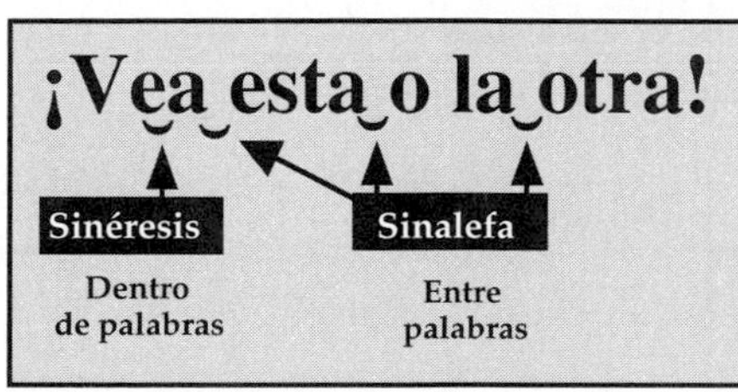

Fig. 6.7. Sinéresis / sinalefa.

Son dos términos técnicos, aplicados ante todo en la poesía. Ambos se refieren al ENLACE *de sonidos vocálicos que mantienen su timbre, y que pueden estar (o no) acompañados de otros fenómenos como la cerrazón vocálica.*

Cuando dos vocales **idénticas** entran en contacto entre dos palabras, es común su reducción. Esta reducción puede ser parcial o total (omisión). En la reducción parcial, resulta una sola vocal más larga (cp. *mi hijo → m[i:]jo*). En la reducción total, la primera vocal se omite por completo (*mi hijo → m[i]jo*). Esta alternancia entre mantenimiento y reducción (parcial o total) es **libre**, al igual que en los demás casos donde dos vocales idénticas entran en contacto entre palabras.

En el interior de palabra, tal reducción es también común (cp. *vehemente = v[e:]mente / v[e]mente*), pero este proceso de reducción raramente se da cuando una de las vocales en cuestión es tónica (cp. *lee* = ['le—e] y no *[le]). A veces, una misma vocal se agrupa en secuencias de más de dos vocales, como por ejemplo en *¿qué va a hacer con él?* Tales casos pueden igualmente reducirse a una sola vocal algo alargada (cp. *¿qué v[a:]cer con él?*). En este manual optamos por transcribir estos casos de alargamiento y otros similares de manera consistente con el símbolo ":" (cp. *vehemente = v**[e:]**-men-te, hable español = ha-bl**[e:]**s-pa-ñol*).

La reducción de [e, a, o] átonas es frecuente en el habla rápida, y puede llevar a su omisión (cp. *la otra = l'otra, le invité = l'invité*). Hay que notar, sin embargo, que lo más aceptable en el habla formal es el enlace *sin* omisión.

Las combinaciones [e] + VOCAL y [o] + VOCAL se convierten frecuentemente en diptongos, por la cerrazón de las vocales medias ("e, o") a vocales altas ("i, u", respectivamente): ['tia-tro] ← *teatro;* [pior] ← *peor;* ['tua-ja] ← *toalla*. En otros casos, principalmente en variedades no normativas, se consigue la reducción a diptongo mediante un cambio en el lugar del acento tónico (cp. *maíz* = [ma—'is] → [mais]). Para eliminar la oclusión glotal (cp. *[a-'ʔo-ɾa] o *[ʔa-'ʔo-ɾa] en vez de [a-'o-ɾa] *ahora*) pueden aplicarse los principios del **enlace**.

Queremos subrayar una vez más que **el sistema vocálico de la lengua española no es lo suficientemente flexible para acomodar el sonido neutro de la schwa**. En español las vocales son claras y tensas, y esta claridad se mantiene incluso cuando el habla es rápida. Insistimos sobre este último punto porque, en los ejercicios de práctica, algunos estudiantes tienen la tendencia a aumentar de manera excesiva la rapidez del habla para poder evitar así algunos de los problemas articulatorios que hemos estudiado en este capítulo. Sin embargo, tal incremento en la rapidez del habla solo aumenta los problemas, por lo que no presenta ninguna solución viable. Repetimos: las vocales deben articularse con gran exactitud aun cuando la pronunciación sea acelerada.

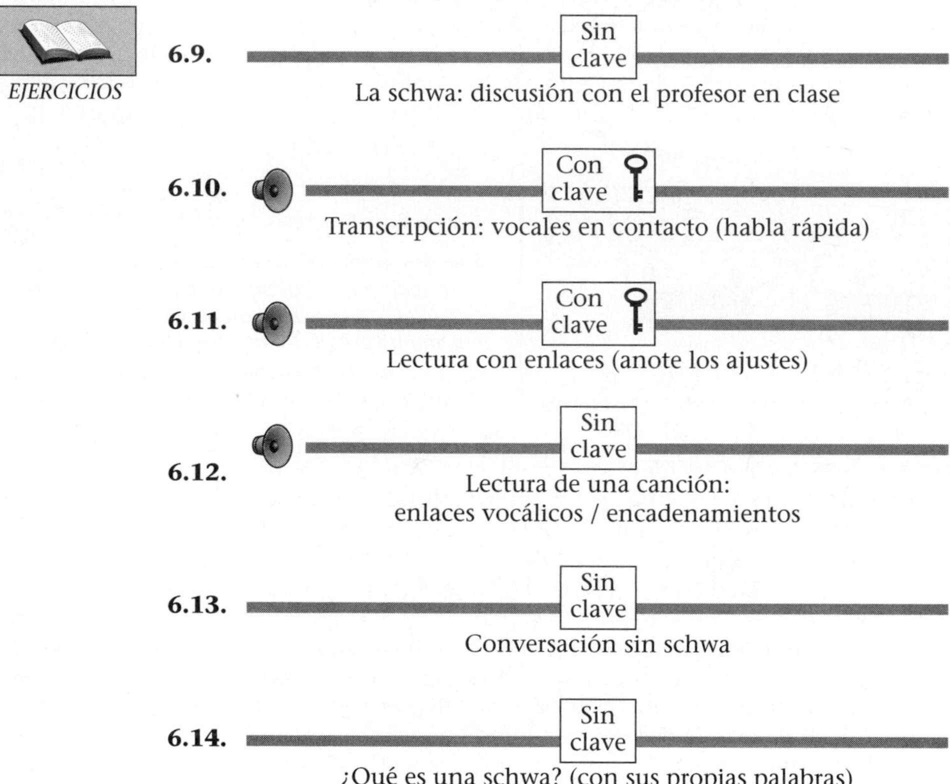

EJERCICIOS
6.9.
Sin clave
La schwa: discusión con el profesor en clase
6.10.
Con clave
Transcripción: vocales en contacto (habla rápida)
6.11.
Con clave
Lectura con enlaces (anote los ajustes)
6.12.
Sin clave
Lectura de una canción:
enlaces vocálicos / encadenamientos
6.13.
Sin clave
Conversación sin schwa
6.14.
Sin clave
¿Qué es una schwa? (con sus propias palabras)

EXAMEN DE PRÁCTICA 2 (CAPS. 5-6)

www.wiley.com/college/Schwegler
→ "Practice exams"

Claves en:

www.wiley.com/college/Schwegler
→ Practice exams → "Keys to practice exams"

Capítulo 7

Fonética articulatoria: las consonantes

7.1. Introducción

En el Capítulo 2, empleamos tres parámetros para describir las **vocales**: (1) la posición horizontal de la lengua, (2) la posición vertical de la lengua y (3) la configuración de los labios. En la descripción de las **consonantes** se emplean asimismo tres parámetros:

1. el **punto de articulación** (ingl. 'point of articulation'),
2. el **modo de articulación** (ingl. 'manner of articulation')
3. presencia o ausencia de **sonoridad** (ingl. 'voicing').

Este capítulo examina estos tres parámetros.

7.2. Puntos de articulación: panorama general

En la producción de una consonante, el flujo del aire que sale de los pulmones al expandirse (espiración) y contraerse (inspiración) el diafragma es interrumpido y modificado por algún órgano del tracto vocal[1]. La modificación de esta corriente de aire puede

[1] Usaremos este término general para referirnos a la región superior del conducto respiratorio que aloja a la laringe, faringe, y las cavidades nasal y oral, y donde se producen y modifican los sonidos. El habla tiene lugar durante la salida del aire (espiración), que atraviesa la laringe y progresivamente la faringe y la cavidad bucal hasta llegar al exterior.

producirse por articuladores activos (aquellos con movilidad), como la lengua, los labios, los dientes y la úvula; o por articuladores pasivos (zonas del aparato fonador no móviles), como el paladar, el velo o los alvéolos. **El lugar principal donde se interrumpe o modifica la salida del aire por la boca se llama el** PUNTO DE ARTICULACIÓN.[2]

La Figura 7.1 ilustra los órganos y las cavidades del tracto vocal más importantes en la articulación de las consonantes del español.

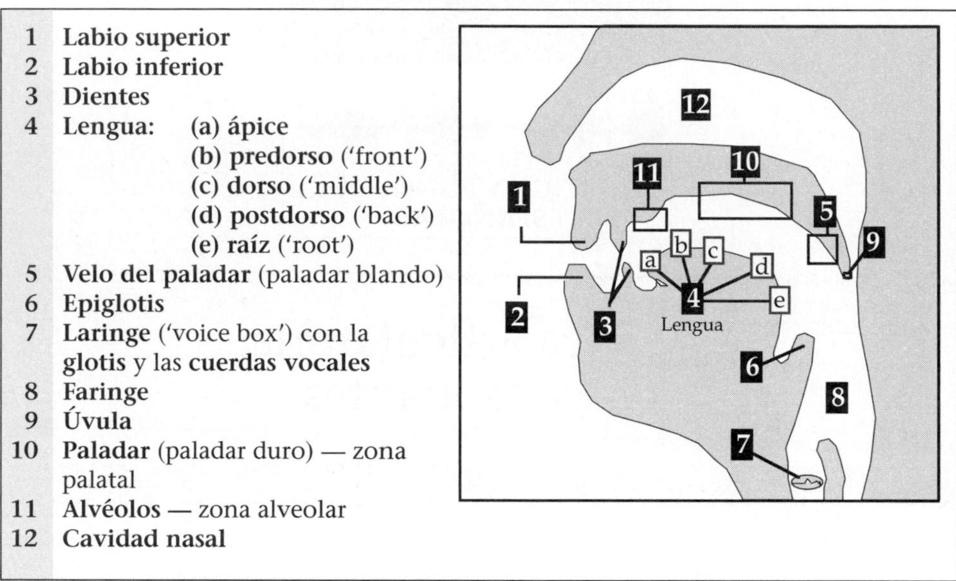

Fig. 7.1. Órganos y cavidades del tracto vocal que intervienen en la articulación de las consonantes.

El **labio inferior** (órgano #2) hace contacto con los dientes superiores (#3) en la articulación de la [f] de *frente*. Tomando como base estos dos puntos de articulación, diremos que [f] es un sonido **labiodental**. El contacto directo de los dos labios forma sonidos como la [m] de *mamá*, [p] de *papá* y [b] de *ambos*. Tanto [m] como [p] y [b] son, pues, sonidos **bilabiales** (se llaman así porque al producirse entran en acción los

[2] Las vocales difieren de las consonantes en que se articulan sin obstrucción. Así, en la producción de la voz, las cuerdas vocales se abren y cierran con rapidez (a una velocidad de unas cien veces por segundo) ante el paso del aire procedente de los pulmones, generando con este movimiento un sonido, el *tono laríngeo*, que está formado por una frecuencia principal estable y distintas frecuencias acompañantes. En el caso de las vocales, estas frecuencias se filtran en el tracto vocal que actúa como una caja de resonancia ensanchándose y estrechándose para producir la calidad de una determinada vocal, saliendo sin que ningún órgano obstaculice su paso. Por su parte, las consonantes modulan el tono laríngeo en la cavidad bucal mediante los movimientos y obstrucciones que generan la lengua, los labios y los articuladores pasivos. Para un mayor desarrollo de la noción de frecuencia y *timbre* (combinación de frecuencias secundarias), consúltese Guitart (2004: 19).

dos labios). Los **dientes** superiores (#3) entran en contacto con el **ápice** (también llamado **punta**) de la lengua (#4a) al producir sonidos como la [t] de *tanto* y la [d] de *ando*. Calificaremos estos sonidos como **ápico-dentales** (a menudo llamados simplemente **dentales**).

> ☞ ***Advertencia al estudiante***
>
> *Para facilitar la comprensión de este capítulo, sugerimos que el estudiante pronuncie en voz alta los sonidos descritos en esta y en las próximas secciones.*

Son sonidos **alveolares**: [n], [l], [ɾ], [r], [s] y [z]. En ellos, el ápice de la lengua (#4a) toca los **alvéolos** (#11) para producir consonantes como la [n] de *nada,* la [l] de *Lola,* la [ɾ] de *caro* y asimismo la [r] doble (también llamada "[r] múltiple") de *carro*. El sonido [s] (cp. *sopa, pasaje;* y con seseo: *hice, decir, hizo, azul*) también es alveolar, pero en América y el sur de España generalmente se articula mediante contacto con el **predorso** (también llamado **lámina**) de la lengua (#4b), y no con el ápice como en los casos de [n], [l], [ɾ] y [r]. Al articular la [s] predorso-alveolar, el ápice de la lengua (#4a) suele estar apoyado contra los dientes inferiores (#3). Por contraste, en el español del norte y centro de España, y excepcionalmente en algunas regiones de Colombia, la /s/ es **ápico-alveolar** (representada por el símbolo [s̺]).

El punto de articulación (alveolar) de la [s] es idéntico al de la [z] —versión sonora de la [s] ante consonante sonora— que, opcionalmente, puede producirse en palabras como *mi[z]mo, a[z]no, I[z]rael, i[z]la, ra[z]go*. Obsérvese, sin embargo, que la letra "z" en variantes con seseo no corresponde al sonido [z] sino a [s] en casos como *hizo, maza, taza, voz → hi[s]o, ma[s]a, ta[s]a, vo[s]*.

En el **paladar duro** (#10) hay una aproximación del predorso de la lengua al pronunciar el sonido [ʝ] de *mayo*. Dada la articulación palatal de la yod en palabras como *mayo* o *suyo,* diremos que el sonido [ʝ] es una **consonante palatal.** La "ñ" de *niño* es igualmente palatal. Su símbolo fonético correspondiente es [ɲ].

La zona (o región) intermedia entre los alvéolos (#11) y el paladar duro (#10) se denomina la zona (o región) **alveopalatal**. Esta misma zona intermedia a veces se denomina también **zona prepalatal**. La articulación **alveopalatal** aparece en la pronunciación del sonido "ch". Pronunciada con el predorso de la lengua, la "ch" se representa en lingüística con [**tʃ**]: *chico → [tʃ]ico, muchacho → mu[tʃ]a[tʃ]o*. Explicaremos en una sección posterior de este capítulo por qué "ch" se transcribe con dos símbolos fonéticos (i.e., [t] + [ʃ]) y no uno solo.

"ch" = [tʃ]	
chocolate	*[tʃ]ocolate*
Lucho	*Lu[tʃ]o*
chachachá	*[tʃatʃaˈtʃa]*

La Figura 7.2 destaca las zonas articulatorias más importantes para la nomenclatura lingüística, y precisa con más detalle cómo ciertas regiones bucales suelen subdividirse conceptualmente.

La parte posterior o final del paladar es flexible y cierra o abre el paso del aire a la cavidad nasal, convirtiéndola, cuando se abre, en una cavidad adicional para la articulación de sonidos (*vid.* consonantes **nasales**). Este órgano móvil que abre y cierra la

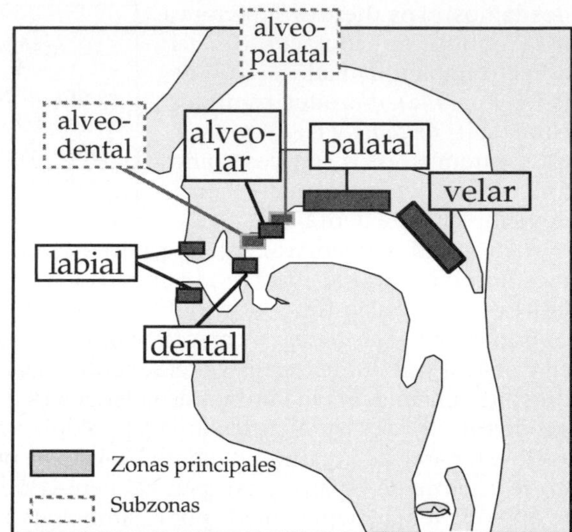

Fig. 7.2. Zonas principales en la cavidad bucal para la descripción de los puntos de articulación.

cavidad nasal se llama **úvula** (o **campanilla**) (#9). Con la excepción de algunas pocas variedades dialectales (por ej., la "r" en algunas regiones de Puerto Rico, o la "j" con fuerte fricción en el centro de España), la úvula combinada con el dorso de la lengua no interviene como articulador en la producción de sonidos ni en español ni en inglés (contrástese con el francés, donde la úvula produce la "r").

En el **velo** o paladar blando (denominado así por no tener un hueso detrás) (#5) se efectúa la articulación de los sonidos **velares**, usándose el postdorso de la lengua (#4c) contra esta región velar para producir sonidos como la [g] de *tengo,* la [k] de *cana* y la jota de *jaula* o *gitano.* Nótese que en la transcripción fonética, la jota se representa con [x]: *trajo* = *tra[x]o, jota = [x]ota, lejos = le[x]os.* En la ortografía, la [x] se representa también con "g" en las combinaciones "gi" y "ge": *gitano = [x]itano, dirigir = diri[x]ir, gesto = [x]esto, gemelos = [x]emelos.*

jota = [x]	
gente	*[x]ente*
giro	*[x]iro*
justo	*[x]usto*
ojo	*o[x]o*
reloj	*relo[x]*

Finalmente, hay que mencionar la **epiglotis** (#6) y la **laringe** (#7). La posición baja que la laringe tiene junto con la modificación que otros mecanismos respiratorios sufrieron en la evolución del ser humano, por contraste con los demás mamíferos[3], hace que la laringe sea crucial en la producción de la voz (o *fonación*). Así, en su parte inferior, a la altura de la prominencia conocida como *nuez de Adán* (más sobresaliente en los varones), se encuentran dos tendones musculados elásticos llamados las **cuerdas vocales**, y en el espacio que hay entre ellos se aloja una abertura en forma de "v": la **glotis** (foto en Fig. 6.4b, pág. 136). Al abrirse y cerrarse,

[3] Para un mayor desarrollo de las diferencias evolutivas del aparato fonador humano, consúltense Arsuaga & Martínez (2000: 314–319) y Simone (1993: 84–87).

las cuerdas vocales (#7) producen la **sonoridad** ('voicing') que normalmente acompaña a todas las vocales[4] y a la mayoría de las consonantes. Se examinará más abajo cómo el hablante logra producir **sonidos sonoros** y **sordos** ('voiced and unvoiced sounds'). Por su parte, la epiglotis no interviene directamente en la producción de sonidos. Este cartílago, sin embargo, tiene la importante función de proteger a la laringe (#7), tapándola cuando se traga, para que los alimentos o la bebida pasen al esófago y no al conducto respiratorio (la **tráquea** y los pulmones).

Aunque el estudiante tendrá que conocer la nomenclatura y la posición de todos los órganos que acabamos de citar, tendrá que familiarizarse primero sobre todo con la fisiología de la cavidad bucal, ya que es la que sirve de base para la descripción de consonantes.

7.3. Puntos de articulación: sonido por sonido

> ☞ ***Advertencia al estudiante***
>
> *Los puntos más importantes de este capítulo pueden encontrarse, de forma concentrada, en la figura "Alófonos consonánticos" en el interior de la portada (= 'front inside cover') de este manual. Recomendamos que el estudiante se familiarice poco a poco con esta importante y útil tabla.*

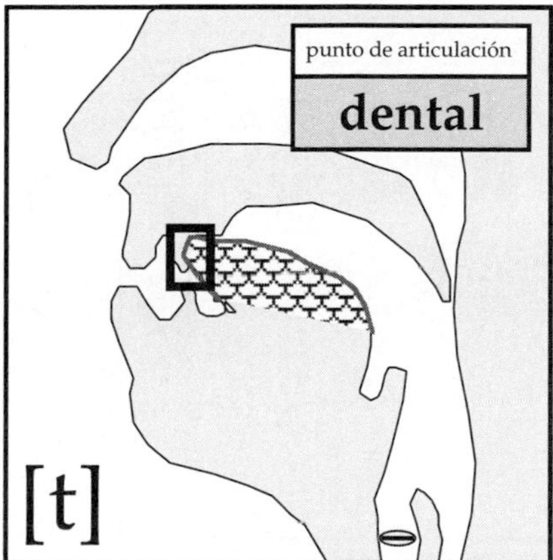

Fig. 7.3. El punto de articulación dental.

*Nótese que el **ápice** de la lengua toca la parte trasera de los dientes superiores. Por lo tanto, la [t] es una consonante **ápico-dental.***

Con el término **punto de articulación** nos hemos referido a la zona donde se realiza el contacto entre los diferentes órganos del tracto vocal, para interrumpir y modificar la salida del aire. Por ejemplo, al articular la consonante [t], el ápice de la lengua hace contacto con los dientes superiores y el sonido se clasifica como dental (Fig. 7.3). Así hemos podido distinguir un total de siete puntos principales de articulación. Al señalar ciertos puntos de articulación, los lingüistas suelen ser muy precisos en cuanto a la parte de la **lengua** que entra en contacto con la región superior de la cavidad bucal. Por esta razón, la lengua suele dividirse conceptualmente en, por lo menos, cuatro zonas. La Figura 7.4 ilustra esta división y a la vez ofrece la nomenclatura necesaria para la descripción precisa de ciertas consonantes.

[4] Para el ensordecimiento de vocales en algunos dialectos, véase el Capítulo 21 ("El español méxico-americano", §21.3.2).

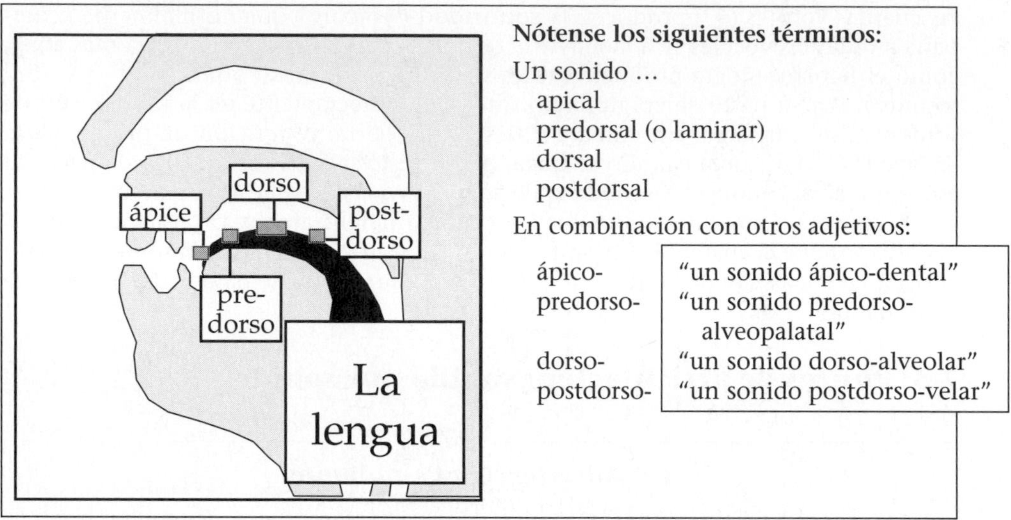

ápice
dorso
post-dorso
pre-dorso
La lengua
Nótense los siguientes términos:
Un sonido ...
apical
predorsal (o laminar)
dorsal
postdorsal
En combinación con otros adjetivos:
ápico- "un sonido ápico-dental"
predorso- "un sonido predorso-alveopalatal"
dorso- "un sonido dorso-alveolar"
postdorso- "un sonido postdorso-velar"

Fig. 7.4. La lengua y sus principales áreas.[5]

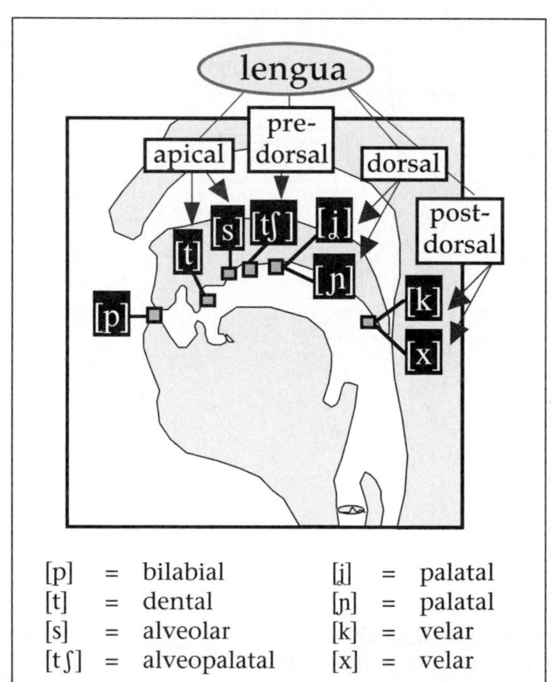

Fig. 7.5. Puntos de articulación de algunos sonidos en español.

*Nótese que el punto de la lengua que hace contacto varía según el sonido ([t] es **ápico**-alveodental mientras que [ɲ] es **dorso**-palatal).*

[5] La clasificación articulatoria de consonantes *faríngeas* sería la correspondiente a una articulación con la **raíz** de la lengua, al acercarse esta a la pared de la faringe. Ni en español ni en inglés encontramos estos sonidos, más propios de lenguas como el árabe, de ahí que no se incluya su clasificación en este esquema.

En la producción de un sonido **bilabial** intervienen los dos labios: la [p] de *poco* es bilabial. Un sonido **labiodental** se produce cuando el labio inferior se acerca a los dientes superiores: la [f] de *frente* es un sonido labiodental. El sonido **dental** se produce con la lengua contra los dientes superiores: la [t] de *todo* es dental. Igualmente dental es la [d] de *dama* y *ando*. En la transcripción fonética puede insistirse en el carácter dental de [t] y [d] al añadir el símbolo especial "̪": cp. *[t̪]odo, [d̪]ama*. En este manual generalmente usaremos la representación simplificada *sin* el símbolo de dentalidad: así [t], [d], *[t]odo, [d]ama*.

Un sonido **alveolar** se produce cuando el ápice de la lengua toca (o, en algunos casos, se aproxima a) los **alvéolos**, la región inmediatamente detrás de los dientes; un ejemplo es la [s] de *solo, paso, masa,* o *hizo, paz, maza,* producidos con seseo en los alvéolos.

Un sonido **alveopalatal** es parcialmente alveolar y parcialmente palatal: la [tʃ] de *chico* es un ejemplo de ello.

Al sonido producido en la región del paladar duro se le llama **palatal**: la yod es un sonido palatal, representado en la ortografía tanto por "y" como "ll" (y en pocos casos también por "hi-" + vocal, como vimos en el Capítulo 4): cp. *yo = [j̞]o, mayo = ma[j̞]o, llegar = [j̞]egar, calle = ca[j̞]e, hiedra = [j̞]edra.*

Un sonido **velar** se pronuncia en la parte posterior de la boca, con el postdorso de la lengua elevado hacia el **velo** del paladar (también llamado **paladar blando**): la [k] de *casa* es un sonido velar. La [g] de *gota* o *tango* y la [x] de *gemelos* o *hijo* son igualmente velares.

7.4. Nomenclatura variable de sonidos

La descripción de los puntos de articulación de algunos de los sonidos que acabamos de repasar es algo flexible en el sentido de que, de acuerdo a las necesidades, los lingüistas los describen con mayor o menor detalle. Por ejemplo, en el caso de la [tʃ], ortográficamente "ch", se dice que es una consonante predorso-**alveopalatal** cuando quiere precisarse su punto de articulación exacto, y simplemente **palatal** cuando se busca indicar el mismo sonido en términos más generales. En algunos casos, los especialistas quieren efectivamente distinguir entre una articulación alveopalatal y una articulación palatal, dos articulaciones que pueden de hecho coexistir dentro de un mismo dialecto; así, en varios dialectos de Hispanoamérica se alterna entre una [tʃ] alveopalatal y palatal. En tales casos, el uso del término "palatal" no es una simple generalización sino una descripción muy precisa que se opone a "alveopalatal". De igual modo, al referirse a [j̞] —un sonido "palatal"— los lingüistas por lo general hablan simplemente de la "yod palatal", omitiendo así el hecho de que este sonido a veces se produce en la zona **prepalatal**. Subrayamos este detalle técnico en el uso de la nomenclatura lingüística

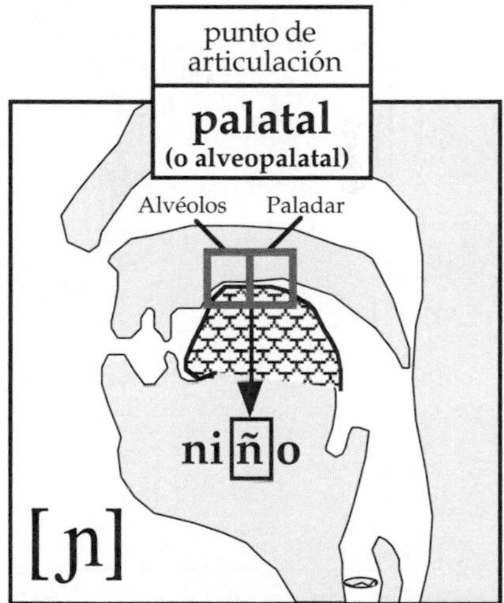

Fig. 7.6. Nomenclatura variable de algunos sonidos.

Hemos clasificado aquí la /ɲ/ como palatal, usando así una descripción más bien generalizadora. Una clasificación alternativa más precisa sería ***alveopalatal*** *ya que el predorso de la lengua en realidad se coloca entre la región alveolar y palatal.*

para que el estudiante entienda desde el principio la variable descripción de los sonidos. Al mismo tiempo, queremos aclarar que nuestra nomenclatura de sonidos será consistente: en este manual llamaremos siempre (1) **"alveopalatal" a la [tʃ]**, (2) **"palatal" a la [ʝ]** y (3) **"dental" a la [t]**.

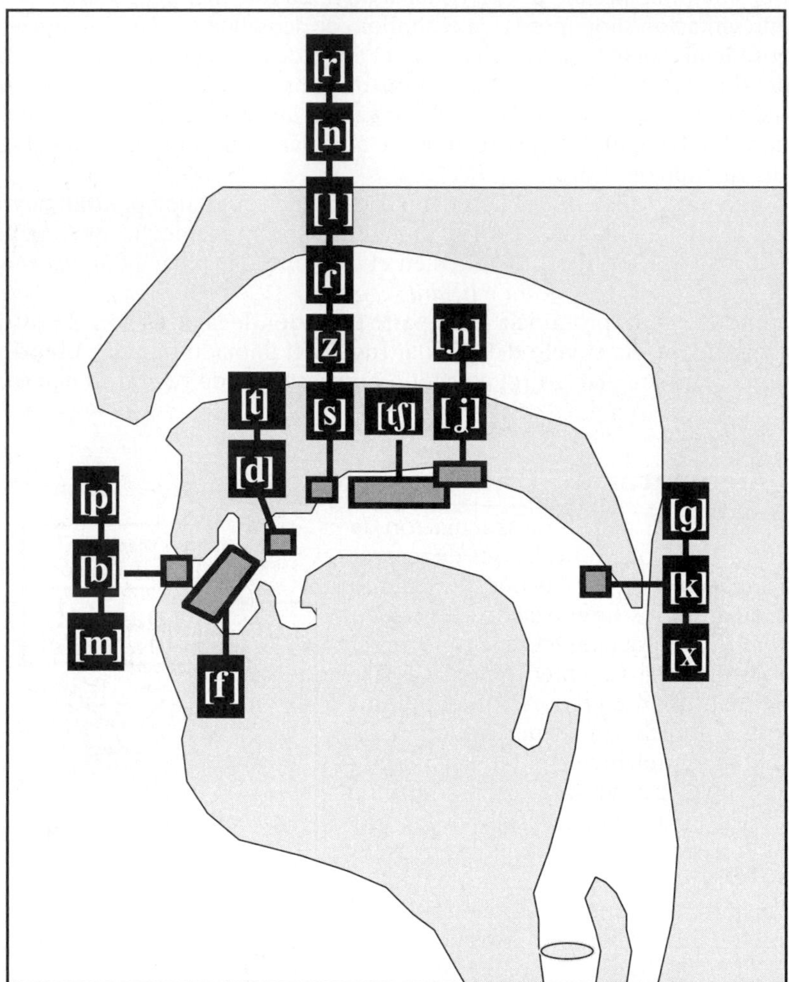

Fig. 7.7. Resumen de sonidos examinados hasta ahora (puntos de articulación).

Bilabial:	[p], [b], [m]	**Alveopalatal:**	[tʃ]
Labiodental:	[f]	**Palatal:**	[ʝ], [ɲ]
Dental:	[t], [d]	**Velar:**	[g], [k], [x]
Alveolar:	[s], [z], [ɾ], [r], [n], [l]		

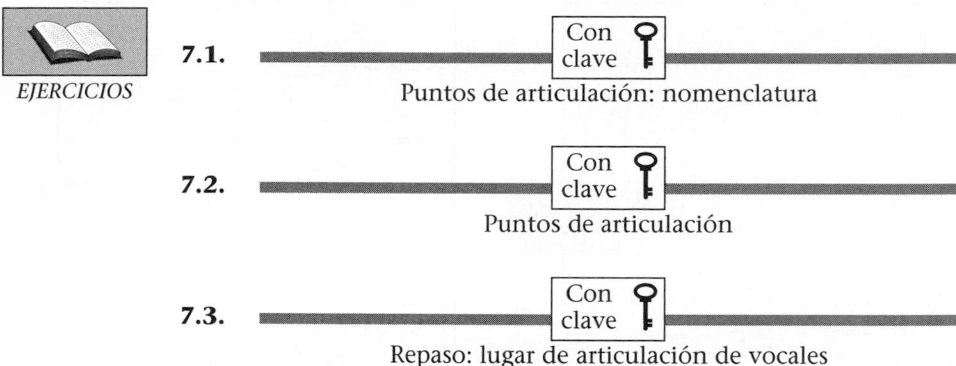

EJERCICIOS
7.1.
Con clave
Puntos de articulación: nomenclatura
7.2.
Con clave
Puntos de articulación
7.3.
Con clave
Repaso: lugar de articulación de vocales

7.5. Modo de articulación: panorama general

Al hablar del **punto de articulación**, nos hemos centrado siempre en **dónde** se produce una consonante determinada. Al hablar del **modo** (o **manera**) **de articulación**, nos centraremos en **cómo** se produce un determinado sonido. Es este segundo eje descriptivo el que nos permitirá distinguir entre sonidos que se articulan en el mismo punto de articulación, como es el caso, por ejemplo, con la [s] y la [ɾ] (ambos alveolares), pero que difieren en la *manera* en que se producen. Así, veremos que en el caso de la [s] hay **fricción** entre el dorso de la lengua y los alvéolos, mientras que en la [ɾ] la lengua produce una **vibración** —un tipo de "toque" rápido— contra los alvéolos. Esta diferencia en el modo de articulación es lo que nos autoriza a hablar de sonidos **fricativos** y sonidos **vibrantes**. En los próximos párrafos veremos que pueden distinguirse los siguientes siete modos de articulación:

1. la nasalidad
2. la oclusión
3. la vibración
4. la fricción
5. la africación
6. la lateralidad
7. la aspiración

Véanse también los ***espectrogramas 1-5*** *en las páginas 163–165.*

Distinguiremos primeramente entre consonantes **nasales** y **orales**. Las nasales se producen cuando el velo del paladar y/o la úvula están en una posición baja facilitando que el aire pase mayormente por la cavidad nasal. En cambio, los sonidos orales (mayoritarios en español) se producen cuando el velo se eleva y se adhiere a la cavidad faríngea cerrando el paso del aire hacia la cavidad nasal, y haciendo que toda la fuerza del aire de los pulmones salga por la boca.

La cavidad nasal es importante en la producción de los sonidos cuando el velo del paladar desciende y deja pasar la columna del aire en vibración por la nariz. De esta manera se produce por ejemplo la [m] de *mamá* o la [n] de *gana* (notará que al taparse la nariz, es imposible producir un sonido nasal como [m], ya que el aire no puede escapar por dicho órgano).

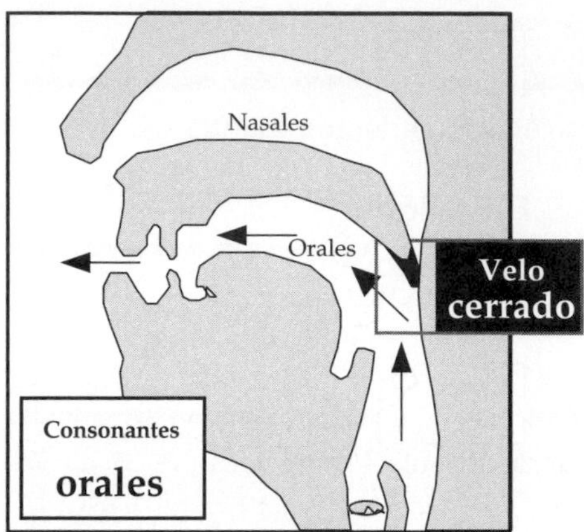

Fig. 7.8a. Producción de consonantes orales.

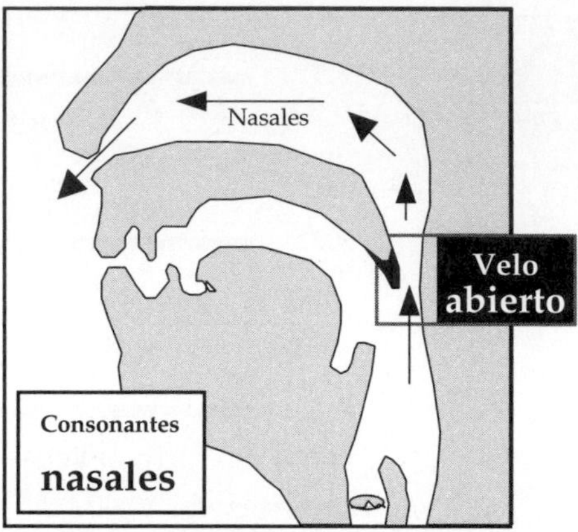

Fig. 7.8b. Producción de consonantes nasales.[6]

Las consonantes nasales (i.e., [n, m, ɲ]) son enteramente nasales ya que el aire se expulsa únicamente por la nariz. Para comprobar el paso del aire por la nariz, pronuncie el sonido [m] por cinco segundos y mientras tanto cierre la nariz con el índice y el pulgar de la mano. ¿Qué efecto obtiene?

Son **tres** los **sonidos nasales** principales del español[7] (Fig. 7.9): **(1)** la **[m] bilabial** (cp. *madre, cama*), pronunciada con los labios cerrados; **(2)** la **[n] alveolar** (cp. *nada, pan*), articulada con el ápice de la lengua contra los alvéolos; y **(3)** la **[ɲ] palatal** (cp. *niño, señal*), producida con el dorso de la lengua contra la región palatal dura. En la [m] los labios cerrados impiden la salida del aire de la cavidad bucal. En el caso de [n] y [ɲ] la lengua obstaculiza el paso del aire, provocando su salida por la cavidad nasal.

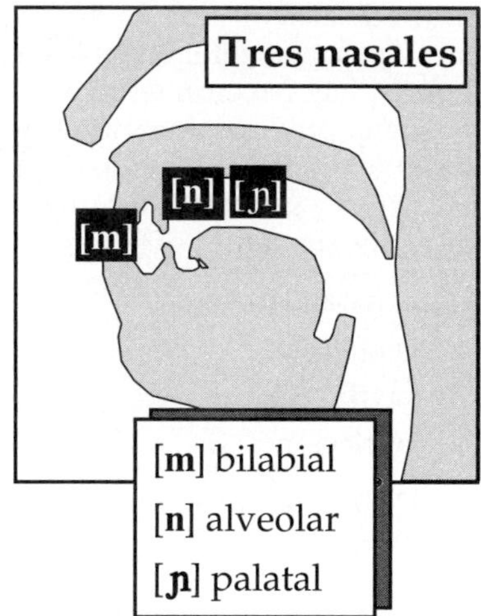

Fig. 7.9. Tres sonidos nasales.

---

[6] Queremos recordar aquí que, como se señaló en el Capítulo 2, la cavidad nasal se emplea no solo en la producción de consonantes sino también en la de las vocales nasales. Así, es posible articular una [a] oral (sin nasalización) y una [ã] nasal (en las orales nasales, el aire pasa tanto por la cavidad nasal como por la bucal).

[7] Como veremos en el Capítulo 11, las consonantes nasales tienen la particularidad de cambiar o asimilarse de acuerdo con sonidos circundantes; de ahí que el estudiante haya notado los símbolos [ɱ] [ŋ] [ɳ] [n̪] en la tabla de alófonos consonánticos de la contraportada. Estos símbolos serán objeto de estudio a partir del Capítulo 11.

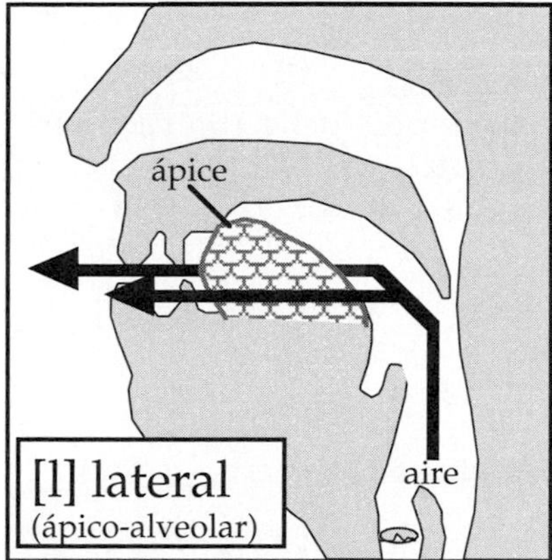

Fig. 7.10. Una lateral.

Al articular una lateral, el aire pasa por los dos lados de la lengua.

Otro modo de articulación se basa en un rasgo llamado **lateralización.** Con este término nos referimos a la manera en que en la producción de estas consonantes, al tiempo que aparece un obstáculo total similar al de las oclusivas, el aire pasa por ambos lados de la lengua (Fig. 7.10). El sonido **lateral** más importante del español es la [l], producida al elevar el ápice de la lengua contra los alvéolos: *lana, solo, genial.* Como se notará en la Figura 7.10., la [l] de la lengua española tiene una articulación ápico-alveolar (punto de articulación). Por lo tanto, la [l] se denomina **"lateral ápico-alveolar"**. Pero es igualmente común referirse a dicho sonido simplemente con **"lateral"**.

La **[ɾ] simple** de *pero* y la **[r] múltiple** de *perro* son sonidos **vibrantes** porque se articulan con una o más vibraciones rápidas de la lengua contra los alvéolos, aunque son percibidas como un solo sonido. En el caso de un solo toque de la lengua (cp. *cara, mar, perla*), la [ɾ] es singular o **simple** (en inglés, la [ɾ] simple corresponde a 'tap' o 'flap'). En palabras como *carro,* con una serie de toques fundidos y producida con mayor tensión, la vibrante [r] es **múltiple** (ingl. "trill"). La vibrante es siempre múltiple en al menos dos circunstancias:[8]

1. cuando se escribe con **"rr" doble en la ortografía** (cp. *perro* ['pe-**r**o], *corre* ['ko-**r**e], *hierro* ['ʝe-**r**o]);
2. cuando ocurre **en posición inicial de palabra** (*rama* ['**r**a-ma], *rico* ['**r**i-ko], *Rosa* ['**r**o-sa]).

[ɾ]	vs.	**[r]**
simple		**múltiple**

Obsérvese bien la ligera diferencia en la forma de estos dos símbolos fonéticos. Ambas vibrantes son normalmente alveolares.

El hecho de que la "r" inicial de palabra se realice siempre con una [r] múltiple explica la posible homofonía (articulación idéntica) de pares como "*derramas / de ramas*" o "*irrita / y Rita*", cuyas vibrantes se articulan todas con toques o vibraciones múltiples de la lengua (Fig. 7.11).

---

[8] Los demás contextos en que la vibrante es múltiple se examinarán en el Capítulo 13.

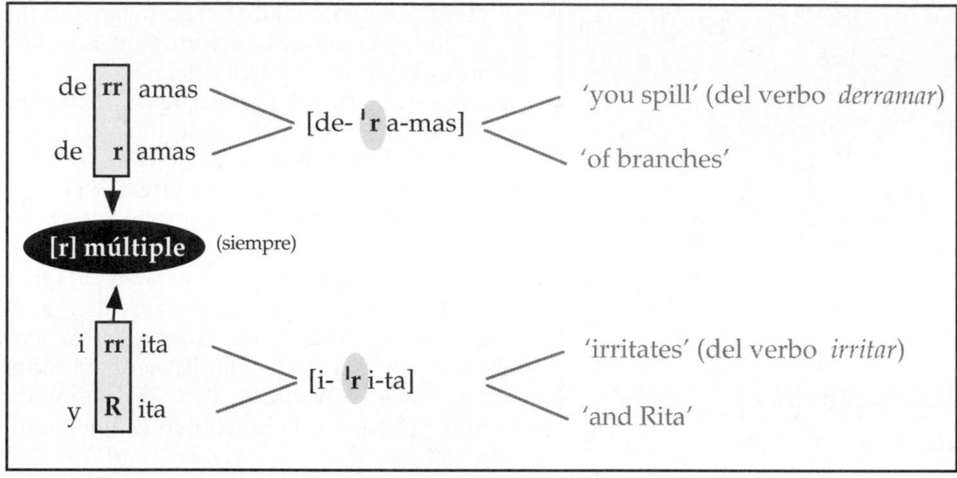

Fig. 7.11. La [r] múltiple.

La "r" inicial de palabra se articula siempre como si fuera una "rr" múltiple ("rama" = "rrrama", "Rita" = "Rrrita"). Esto explica la posible homofonía de las expresiones "derramas / de ramas" e "irrita / y Rita".

Un sonido **oclusivo** es un sonido que se produce cuando en algún punto de la articulación el aire queda totalmente obstruido; es decir, en algún punto del proceso de articulación se produce una **oclusión** total por la clausura de los órganos de articulación, lo cual frena un tránsito libre del aire que, una vez desbloqueado, se expulsa con un ruido a modo de explosión. En la [p] de *polo,* una **oclusiva bilabial**, la oclusión es producto del contacto de los labios. En la [t] de *taza,* un sonido **oclusivo ápico-dental**, la oclusión es producida por el contacto del ápice de la lengua contra los dientes superiores. El sonido [k] de *cama,* un sonido **oclusivo postdorso velar**, se produce cuando el postdorso de la lengua toca el velo del paladar. Así pues, los sonidos sordos [p], [t], [k] y sus correspondientes sonoros [b], [d], [g] —bilabial, dental y velar, respectivamente— son oclusivos.

Un sonido **fricativo** posee un grado intermedio de apertura entre un sonido oclusivo y una vocal. En vez de producirse con una oclusión total, los fricativos se producen con un **cierre parcial** que deja escapar al menos una parte del aire. Tal articulación desemboca normalmente en un grado significativo de fricción audible durante la producción del sonido (de ahí "fricativo"); es el caso de [f], [s] y [z] que, debido al alto grado de estrechamiento y ruido en su producción, se clasifican como **estridentes** (ingl. 'strident, harsh'). El sonido [f] de *familia* es un sonido **fricativo labiodental** que se produce por medio del acercamiento del labio inferior contra los dientes superiores. La **fricativa alveolar [s]** de *sopa* se produce con una fricción **sibilante** considerable, resultado del acercamiento del predorso de la lengua contra los alvéolos.[9] Igualmente **fricativa alveolar** es **[z]** en palabras como *mi[z]mo, a[z]no, I[z]rael, i[z]la, ra[z]go.* Por último, el sonido **fricativo velar [x]** de *jefe* se produce por medio del acercamiento del postdorso de la lengua al velo del paladar (Nota: obsérvese que se usa una equis

[9] La denotación de este sonido [s], junto con la [z], la [ʃ] y la [ʒ], como "sibilante" se debe al efecto acústico de silbato (ingl. 'whistling sound') que se genera por la estrechez que presentan los órganos al paso del aire. Las sibilantes son una subcategoría de las fricativas.

para transcribir la jota). Una palabra como *jefe* ['xe-fe] contiene pues dos fricativas: la [x] velar y la [f] labiodental.

Si bien en el área central de México, en Chile y Perú la [x] es velar, en el sur de España, el Caribe y otras zonas de Latinoamérica, el mismo sonido se realiza con una **[h]**[10] fricativa **aspirada laringal** (o **glotal**). Esta es menos fricativa que la [x] velar (Fig. 7.12). En algunos dialectos del español (por ej., norte de España), la jota es **postvelar** o **uvular** y mucho más estridente en comparación con sus variantes americanas; su representación es **[χ]**.

Siguiendo prácticas generales de la lingüística hispana transcribiremos *jefe, gesto* y *jamás* con ['**x**e-fe], ['**x**es-to], [**x**a-'mas], en vez de ['**h**e-fe], ['**h**es-to], [**h**a-'mas]. Se entenderá, sin embargo, que ambas articulaciones y transcripciones pueden ser correctas.

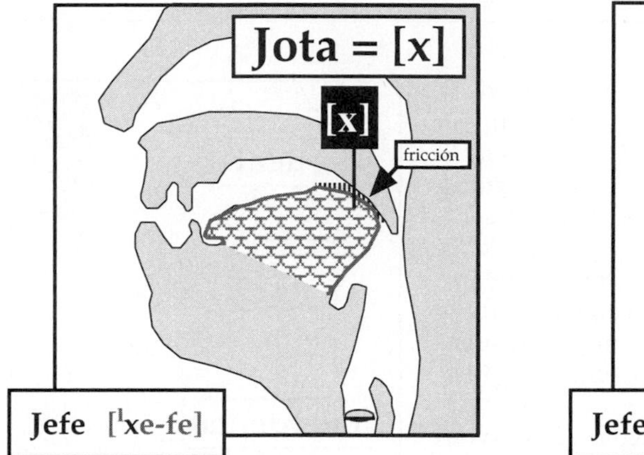

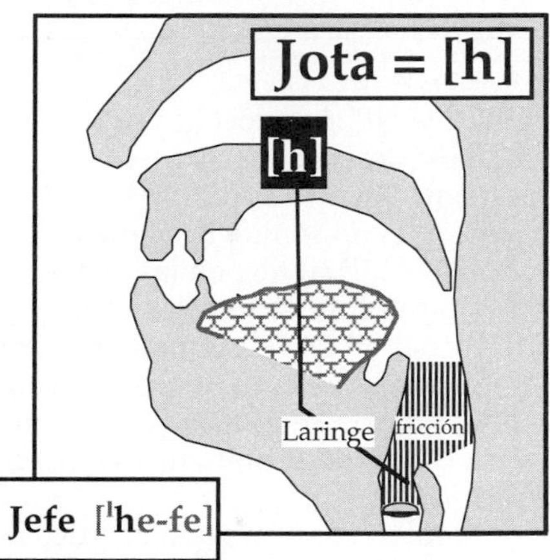

Fig. 7.12. La fricativa velar [x] vs. la aspirada laringal [h].

Las fricativas [x] y [h] son dos sonidos muy similares. Su diferencia radica en un menor o mayor acercamiento de la lengua al velo, lo que resulta en una fricción disminuida en el caso de la [h] aspirada.

El grado de fricción (y aspiración) suele depender de varios factores como el dialecto (el español madrileño, por ejemplo, prefiere [x] mientras que el del Distrito Federal de México tiene [h]), y la rapidez del habla (mayor fricción en una pronunciación lenta y cuidadosa).

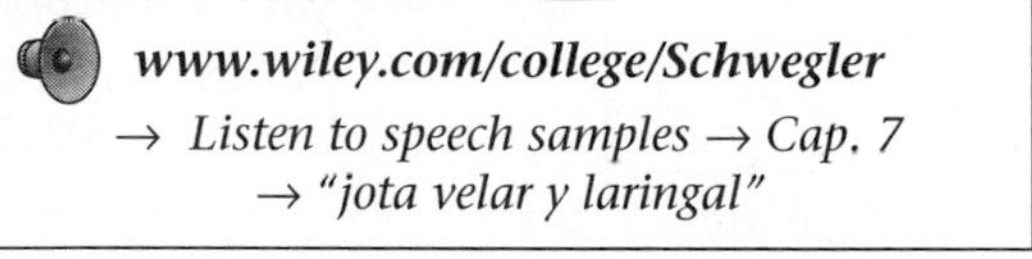

www.wiley.com/college/Schwegler
→ *Listen to speech samples → Cap. 7*
→ *"jota velar y laringal"*

La articulación de los sonidos representados por las **letras "ll, y, g, b/v, d"** es muy variable. A veces su articulación es oclusiva, pero, normalmente, los sonidos que corresponden a estas letras se pronuncian sin que se produzca una oclusión total. Por ejemplo, en *ca<u>v</u>a* los labios se acercan, pero el aire sigue escapándose y el resultado es una **fricativa bilabial [β]**. A pesar de la diferencia ortográfica entre las letras "b" y "v", *en español ambas letras corresponden a un comportamiento fonético idéntico,* es decir, "b" y

---

[10] Similar pero no idéntico a la [h] del inglés en palabras como <u>h</u>elp, <u>h</u>ope, <u>h</u>ot. En comparación con la [h] del inglés, la [h] aspirada del español latinoamericano y sur de España se caracteriza por una mayor fricción.

"v" no representan ninguna diferencia articulatoria.[11] Como se examinará con detalle en el Capítulo 12, en posición postvocálica las letras "b" y "v" corresponden casi siempre a una [β] fricativa, y solo raramente a una [b] oclusiva. Compare la articulación de las siguientes palabras, donde los elementos subrayados son **idénticos** en cuanto a su articulación tanto en España como en Latinoamérica:

Letra "b":	*cabo*	[ˈka-**β**o]	Articulación: bilabial fricativa **[β]**
Letra "v":	*cava*	[ˈka-**β**a]	
Letra "b":	*tubo*	[ˈtu-**β**o]	
Letra "v":	*tuvo*	[ˈtu-**β**o]	

En la "d" postvocálica de *adiós* el ápice de la lengua se acerca a los dientes pero no hay ningún momento de oclusión total (Fig. 7.13 y 7.14a). El resultado es un sonido ligeramente fricativo, transcrito [ð]. Al igual que en las dentales oclusivas [t̪] y [d̪], puede insistirse en el carácter dental de [ð] fricativa al añadir el símbolo especial " ̪ ": *a[ð̪]iós, to[ð̪]o, la[ð̪]o*. Este manual usará generalmente la representación simplificada *sin* el símbolo de dentalidad: así transcribiremos casi siempre *a[ð]iós, to[ð]o, la[ð]o*.

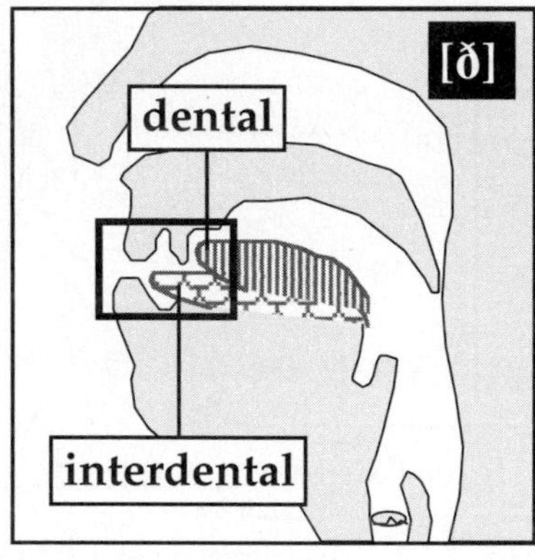

Fig. 7.13. [ð] dental vs. interdental.

Ambas articulaciones se practican y es mínima su diferencia auditiva.

Tampoco hay oclusión al articular la "y" (yod) de *mayo* [ˈma-ʝo] o la "g" de *mago* [ˈma-ɣo]. En estos dos sonidos —i.e., [ʝ] y [ɣ]—, la lengua se acerca al paladar y al velo, respectivamente, pero estos movimientos de la lengua no culminan en una cerrazón completa entre la lengua y la parte superior de la boca (véase la Fig. 7.14b-c). En el dibujo de la Figura 7.14a se notará que en la "d" de *nada* **no** hay oclusión completa entre la lengua y la zona ápico-dental en la producción de la [ð] fricativa. Esta [ð] de *nada* (o asimismo de *miedo,*

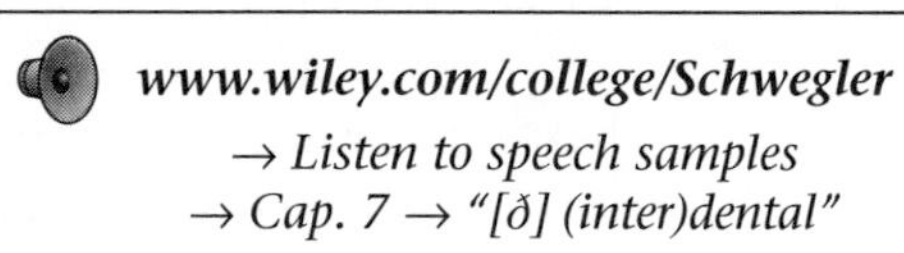

[11] En regiones de Argentina, Colombia y Cuba hay tendencias a pronunciar la letra "v" con la fricativa labiodental sonora [v] en vez de [b] o [β], por ejemplo cuando una palabra comienza con "v" como en *ven*, o en el interior de palabra como en *llevan*. Tal articulación labiodental se origina en la creencia falsa de que el grafema "v" debe pronunciarse con [v]. Se trata de una estrategia de **hipercorrección** que, buscando "purificar" las variedades regionales que consideran llenas de vulgarismos, se justifica, entre otras cosas, por la existencia de este sonido en lenguas como el inglés o el francés.

Por otro lado, tanto en variedades de Chile como de Cuba existe una variación libre a pronunciar con [v] las palabras escritas con "v", e incluso las escritas con "b"; así es posible encontrar *barco* [ˈvaɾko], *villa* [ˈviʝa], etc. Para un desarrollo más extenso de todas estas cuestiones, consúltese Guitart (2004: 121–122) e Isbasescu Haulica (1970: 473–478).

la<u>d</u>rón, agu<u>d</u>o) es muy similar al sonido que corresponde a la combinación de letras "th" en las palabras inglesas *<u>th</u>en, <u>th</u>is* y *bro<u>th</u>er*. En español, la /ð/ puede realizarse con una de dos articulaciones posibles: la **dental** y la **interdental** (Fig. 7.13); esta última producida con el ápice de la lengua colocado entre los dientes superiores e inferiores. Un mismo hablante a veces varía entre estas dos variantes articulatorias. En el habla rápida (normal), la diferencia auditiva entre la [ð] dental y la [ð] interdental es casi nula.

Para el principiante, la articulación suave de "g" es uno de los sonidos más difíciles de pronunciar correctamente, y esto a pesar de que el sonido existe en algunas pocas palabras inglesas (por ejemplo en *su<u>g</u>ar*). En español, la "g" es menos enérgica que la "g" de palabras inglesas como *<u>g</u>et* o *bi<u>gg</u>er*. El estudio profundo de aspectos teóricos en este capítulo constituirá un primer paso para la progresiva eliminación del acento extranjero causado por una articulación excesivamente oclusiva de la "g" en palabras como *digo, hago, mago, saga, plaga, juega, higo, traigo*, etc. Por el momento, lo más importante será que el estudiante se familiarice con los símbolos [β, ð, ɣ], y que aprenda a reconocerlos y escribirlos con facilidad.

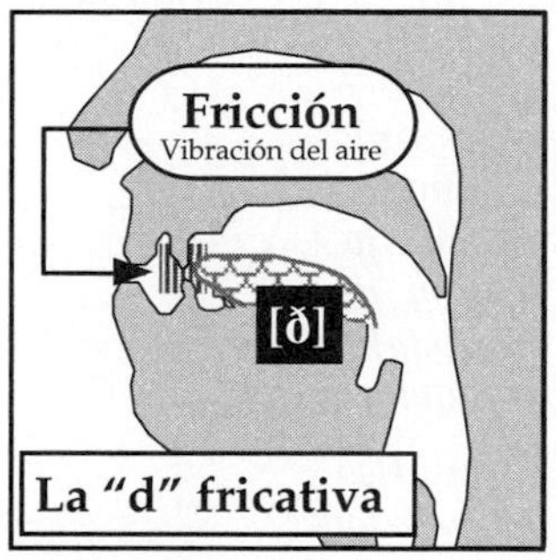

Fig. 7.14a.

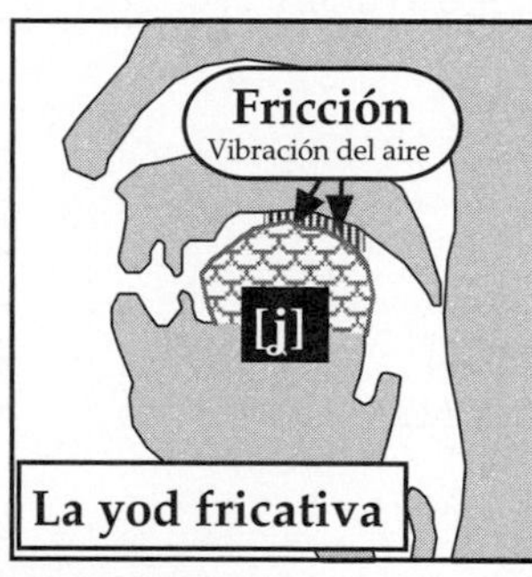

Fig. 7.14b.

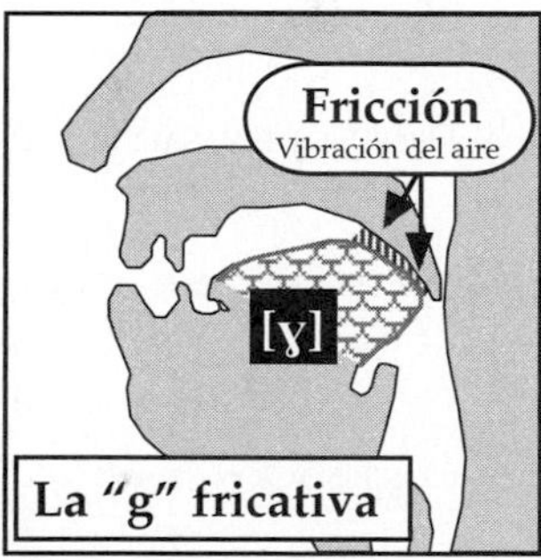

Fig. 7.14c.

Tres sonidos fricativos: [ð, ʝ, ɣ].

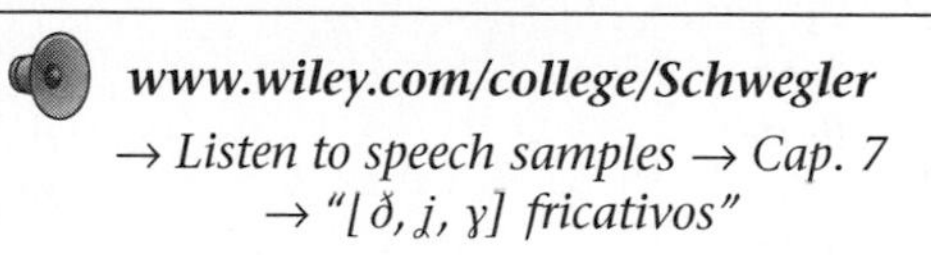

En estas tres consonantes fricativas, la fricción resulta de la compresión del aire entre la lengua y el órgano bucal en cuestión: los dientes en la [ð], el paladar en el caso de la [ʝ], y el velo en la [ɣ]. En todas las consonantes fricativas, la lengua se aproxima a la región (dientes / paladar / velo) ***sin*** *tocarla, permitiendo así el (casi) libre escape del aire con un mayor o menor grado de fricción audible. En el caso de las fricativas [β], [ð], [ɣ], al presentar un grado de apertura mayor, el aire sale con menor estridencia. En palabras como "na<u>d</u>a" o "la<u>d</u>rón", la "d" es fricativa y no oclusiva (Fig. 7.14a). De igual modo, en "ma<u>y</u>o" [ˈma-ʝo] la "y" es fricativa y no oclusiva (Fig. 7.14b). Lo mismo ocurre con la "g" de "ma<u>g</u>o" [ˈma-ɣo] (Fig. 7.14c).*

Nos importa señalar, a estas alturas, que a las letras "b/v, d, g" no les corresponden siempre los sonidos fricativos [β, ð, ɣ]. En algunos entornos fonéticos, el paso del aire se cierra totalmente y se produce una oclusión:

tam<u>b</u>ién	→	[b]	*bailan<u>d</u>o*	→	[d]	Con oclusión
in<u>v</u>itación	→	[b]	*tan<u>g</u>o*	→	[g]	

Sin embargo, como veremos, estas articulaciones oclusivas de [b, d, g] ocurren con menos frecuencia que las fricativas [β, ð, ɣ]. **Por su alta frecuencia consideramos la pronunciación FRICATIVA, es decir, aquella en que se evita la oclusión, como la más frecuente para los grafemas "b/v, d, g".**

En español, la selección entre [β, ð, ɣ] fricativas y [b, d, g] oclusivas está condicionada por diversos entornos fonéticos, demasiado complejos para examinar aquí. A estas alturas será suficiente saber aplicar las siguientes dos reglas generalizadoras, elaboradas con mayor detalle en el Capítulo 11:

1. **"b/v, d, g" son oclusivas [b, d, g] después de:**
   a. **una pausa**
   b. **una consonante nasal ("m, n, ñ")**
   c. **"l" (→ [ld])**

   Ejemplos:

DESPUÉS DE PAUSA:	*# ¡Dámelo tú!*	→	*¡[#**d**]ámelo tú!*
	# ¡Ven acá!, # dijo su papá.	→	*[#**b**]en acá [#**d**]ijo su papá.*
DESPUÉS DE NASAL:	*ambos*	→	*am[**b**]os*
	con vino	→	*con [**b**]ino*
	ando	→	*an[**d**]o*
	son dos	→	*son [**d**]os*
	ángulo	→	*án[**g**]ulo*
	álbum grande	→	*álbum [**g**]ran[**d**]e*
COMBINACIÓN "L + D":	*aldea*	→	*al[**d**]ea*
	el dato	→	*el [**d**]ato*
	Ronaldo	→	*Ronal[**d**]o*

2. **En todos los demás casos, "b/v, d, g" son fricativas, i.e., [β, ð, ɣ].**

   Ejemplos:

Interior de palabra:	*labios*	→	*la[**β**]ios*
	Alberto	→	*Al[**β**]erto*
	servir	→	*ser[**β**]ir*
	salida	→	*sali[**ð**]a*
	perder	→	*per[**ð**]er*
	pagado	→	*[paˈ**ɣ**a**ð**o]*
	algo	→	*al[**ɣ**]o*
Entre palabras:	*tu bebida*	→	*tu [**β**eˈ**β**i**ð**a]*
	ser viuda	→	*ser [ˈ**β**i̯u**ð**a]*
	tu dedo	→	*tu [ˈ**ð**e**ð**o]*
	tus datos	→	*tus [**ð**]atos*
	tu gato	→	*tu [**ɣ**]ato*
	tus gustos	→	*tus [**ɣ**]ustos*

Un sonido **africado** representa la combinación de un sonido oclusivo y un sonido fricativo, porque al iniciarse hay un momento de oclusión completa, al cual le sigue una fricción. El sonido africado más común del español es el que se pronuncia con el predorso de la lengua apoyado contra la región que está entre los alvéolos y el paladar duro, o sea, el sonido predorso-alveopalatal [tʃ] de *chico, muchacho*.

Otro sonido africado, típico de una pronunciación enfática dialectal de la yod rioplatense (Argentina), es [dʒ]. Se encuentra en palabras como *yo, mayo, huye* o *llueve, calle, rollo*. En el habla rioplatense son comunes articulaciones como [dʒo te ˈdʒamo] = *yo te llamo*. En Argentina es igualmente común la variante con yod fricativa [ʒ]: [ʒo te ˈʒamo] = *yo te llamo*. Tanto [dʒ] como [tʃ] son sonidos africados alveopalatales. Se trata pues de dos sonidos íntimamente relacionados, diferenciados solamente por la presencia / ausencia de sonoridad, donde la [tʃ] es sorda y la [dʒ] es sonora (véase el apartado §7.6).

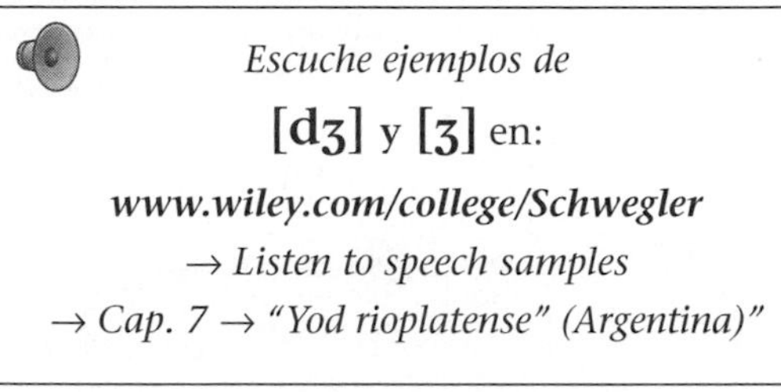

Escuche ejemplos de
[dʒ] y [ʒ] en:
www.wiley.com/college/Schwegler
→ Listen to speech samples
→ Cap. 7 → "Yod rioplatense" (Argentina)"

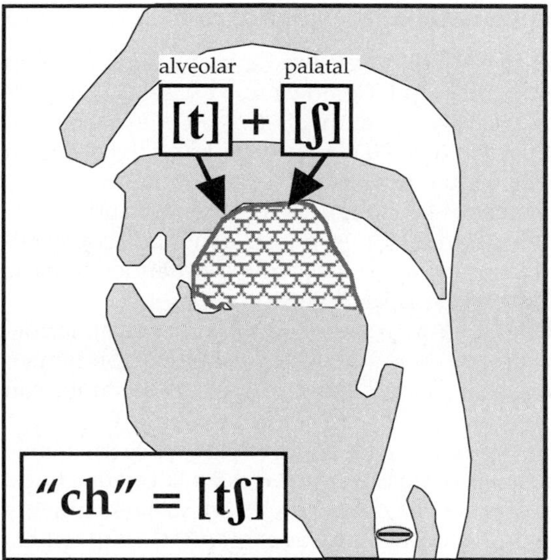

Fig. 7.15. La "ch" bipartita.

La africada [tʃ] es un sonido con dos componentes fónicos coarticulados, es decir una [t] alveolar, seguida por una [ʃ] palatal (el símbolo [ʃ] representa el sonido fricativo de las letras "sh" de ingl. "sheet", "ship", "cash").

Habíamos visto más arriba que en español la [t] es DENTAL *(es generalmente* ALVEOLAR *en inglés). En la articulación de [tʃ], la [t] es alveolar porque acerca (o "asimila") su punto de articulación a la palatal [ʃ], reduciendo así la distancia entre los dos sonidos en cuestión. Veremos en capítulos posteriores que asimilaciones consonánticas de este tipo son muy comunes en español.*

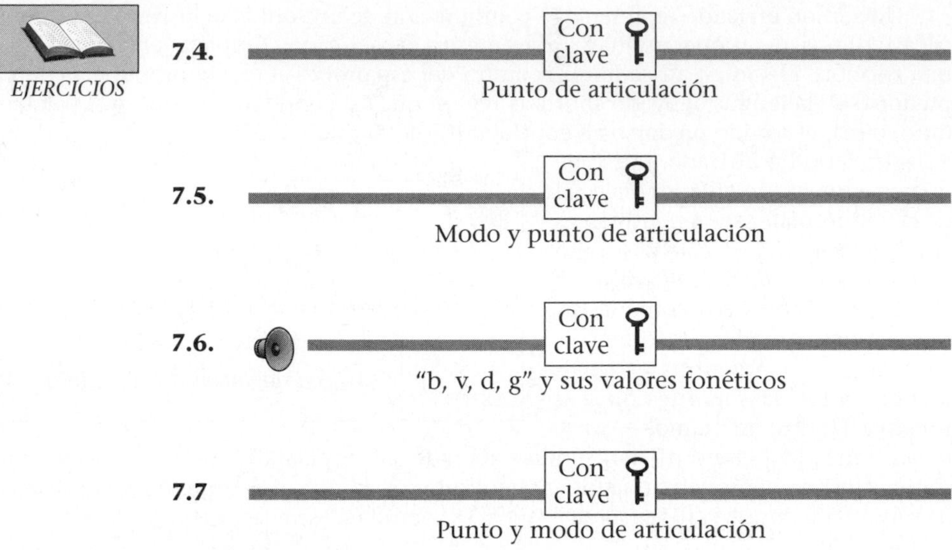

EJERCICIOS
7.4.
Con clave
Punto de articulación
7.5.
Con clave
Modo y punto de articulación
7.6.
Con clave
"b, v, d, g" y sus valores fonéticos
7.7
Con clave
Punto y modo de articulación

7.5.1. El modo de articulación: fricativos y espirantes

Hemos llamado sonidos **fricativos** tanto a **[f]**, **[s]** y **[x]** como a las pronunciaciones suaves de **"b/v" = [β]**, **"d" = [ð]**, **"ll" = [j]**, **"g" = [ɣ]**. Como ya se ha señalado, *el grado de fricción audible de estos sonidos varía mucho*, al igual que la *tensión muscular* de los órganos articulatorios empleados para producirlos. En el caso de la [s] y [z], la fricción causada por el acercamiento de la lengua contra los alvéolos es relativamente fuerte y sibilante. En la articulación de la [f] hay menos fricción, pero sigue siendo audible. De ahí que hayamos llamado *estridentes* a los sonidos [f], [s] y [z]. La jota [x] es generalmente mucho más suave (menos fricativa) que estos, especialmente cuando la jota se realiza como aspirada [h] laringal: cp. ['**x**o-ta] vs. español mexicano ['**h**o-ta].

En el caso de la pronunciación de [β], [ð], [ɣ], y sobre todo [j] (cp. *mayo*), la fricción es muy reducida y destaca poco excepto en los casos de pronunciación lenta o enfática. Además, la tensión muscular es baja en estos sonidos si los comparamos con la producción de [s] y [x].

Algunos lingüistas prefieren llamar **espirantes** a los sonidos [β, ð, ɣ]. Si bien en la articulación de las espirantes se producen las mismas restricciones en la cavidad bucal que en las fricativas, en su caso, los órganos articulatorios están sustancialmente menos tensos. En este manual seguiremos categorizando las espirantes simplemente como fricativas.

Antes de pasar al tercer parámetro descriptivo de las consonantes —el de la sonoridad—, queremos apuntar que en la Figura 7.26 (pág. 180), el estudiante puede encontrar un resumen de los puntos y modos de articulación presentados hasta aquí.

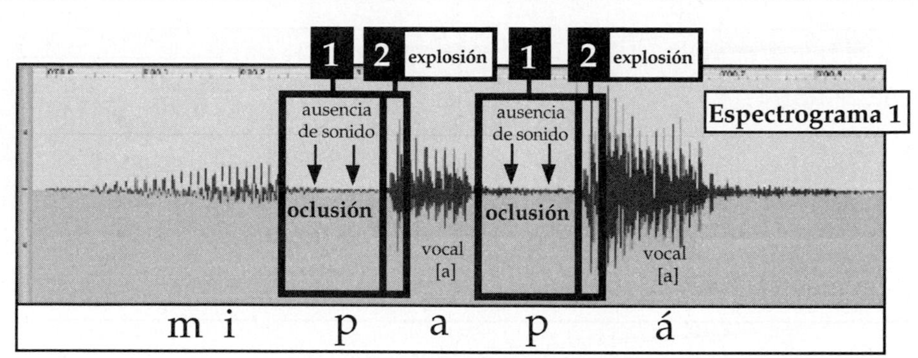

CONSONANTES OCLUSIVAS: **la oclusiva [p] en *mi papá*.**

Una consonante oclusiva se origina por una oclusión (cierre) en algún lugar del tracto vocal. En el caso de la [p], el cierre ocurre en los dos labios. Una característica acústica durante ese cierre es la ausencia de sonido (ver punto 1). Al terminarse la oclusión, la presión de la columna de aire se rompe o relaja (ver punto 2) y se produce un ruido explosivo más o menos fuerte (es más fuerte en [p, t, k] que en [b, d, g]). La duración de las oclusivas es relativamente breve, como puede apreciarse en la figura (compare la vocal [a], cuya duración es aproximadamente 10 veces más larga).

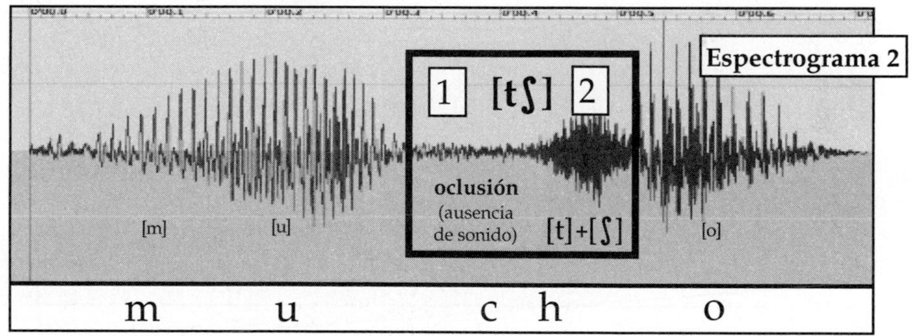

CONSONANTES AFRICADAS: **la africada [tʃ] en *mucho*.**

Las africadas son similares a las oclusivas visto que presentan primero una oclusión o cierre del tracto vocal. Esta oclusión tiene como resultado una breve ausencia de sonido (ver punto 1).

Al terminar la oclusión se produce una explosión muy breve de la [t], la cual va seguida de la fricción (más prolongada) de [ʃ]. La fricción de la [ʃ] se produce en la zona alveopalatal, donde el dorso de la lengua comprime el aire al dejar abierto un pasaje muy estrecho.

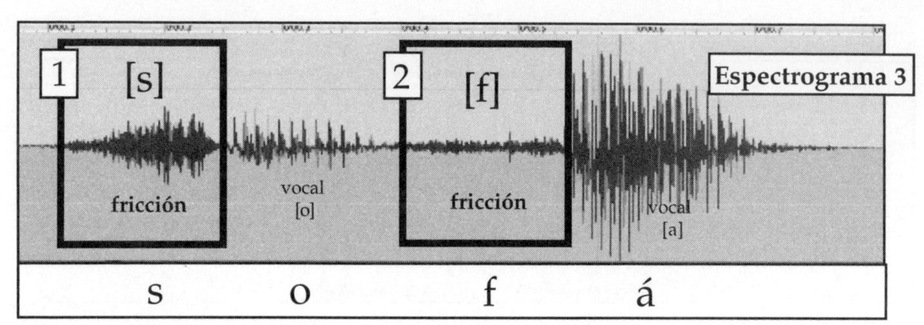

CONSONANTES FRICATIVAS: **las fricativas [s] y [f] en *sofá*.**

Acústicamente, las consonantes fricativas constan de puro ruido, causado por la fricción más o menos fuerte de aire proveniente de los pulmones. La fricción resulta de la compresión del aire en algún lugar del tracto vocal. En el caso de la [s], esta compresión ocurre entre el predorso de la lengua y los alvéolos; en la [f], la presión ocurre entre los labios inferiores y los dientes superiores. Como puede apreciarse en el espectrograma, la [s] causa más vibración que la [f], pero ambas tienen una duración similar. Puede decirse, pues, que la [s] es más intensa que la [f]. Acústicamente es fácil distinguir los sonidos fricativos del resto del inventario consonántico ya que, por lo general, se caracterizan por su intensidad, energía a lo largo de la fricación y duración.

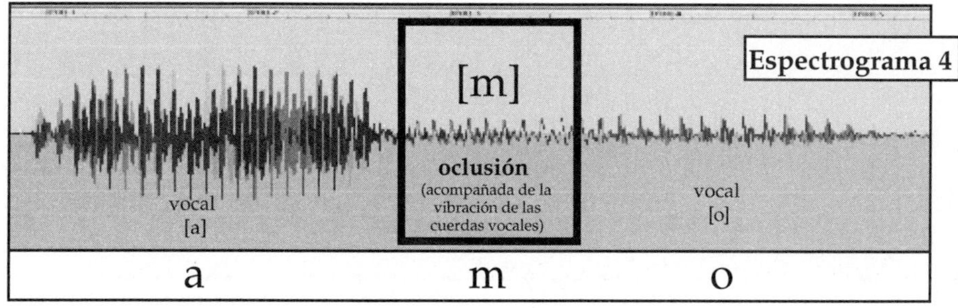

CONSONANTES NASALES: **la nasal [m] en *amo*.**

Una de las principales características acústicas de las consonantes nasales es que aparecen en el espectrograma en forma de bloque recto, sin transiciones graduales ni subidas y bajadas abruptas. En este sentido son similares a las vocales (sobre todo a las inacentuadas), excepto que estas pueden tener una intensidad mucho mayor (compare la "a" inicial en este espectrograma). Esta ausencia relativa de intensidad en las nasales se explica fácilmente: en su producción, la cavidad oral está constricta (cerrada) y el flujo del aire se manda por el pequeño pasaje de la cavidad nasal.

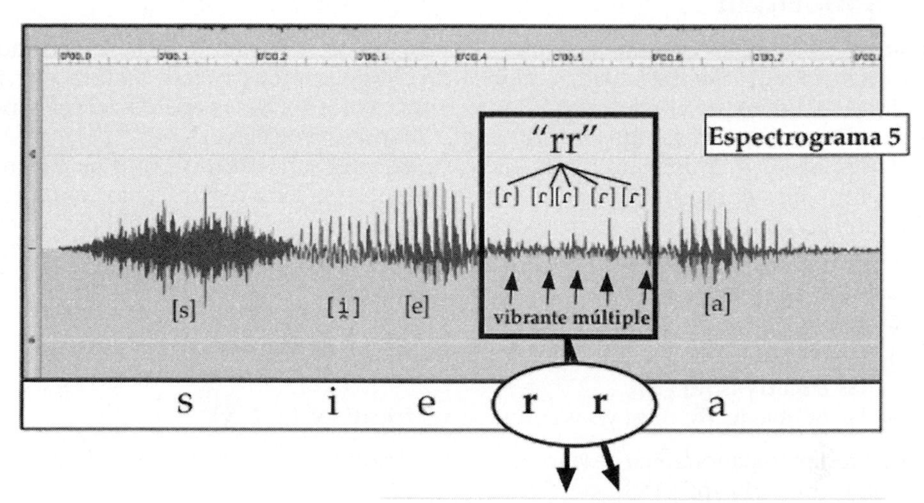

Consonantes vibrantes: la vibrante múltiple [r] en *sierra*.

La principal característica de una vibrante se encuentra en (1) un ***periodo de oclusión*** *que precede a una breve (2)* ***explosión*** *(relajación de la oclusión). En la vibrante múltiple [r], la oclusión y explosión se repiten varias veces y con rapidez. En el caso de la vibrante simple, la oclusión y explosión se producen una sola vez.*

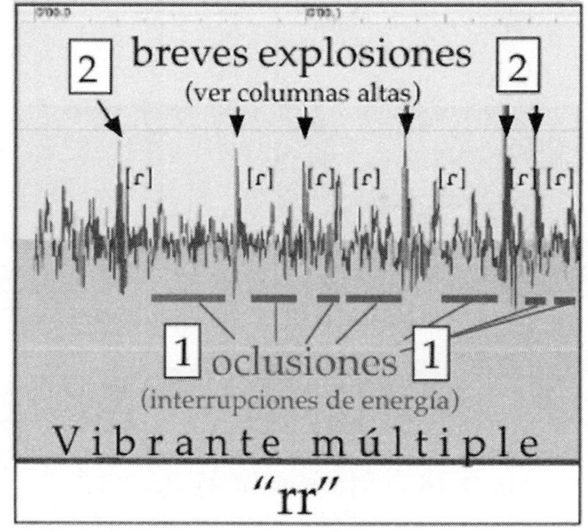

7.6. Sonoridad

La laringe alberga las **cuerdas vocales** (Fig. 7.16a-b) donde se produce la **sonoridad**. *Esta acompaña a la mayoría de las consonantes.* Si las cuerdas vocales entran en vibración, decimos que el sonido es **sonoro** (ingl. 'voiced'). Si las cuerdas vocales no vibran, decimos que el sonido es **sordo** (ingl. 'unvoiced, voiceless').

En español, y también en inglés, todas las **vocales** son **sonoras**. Al producir una vocal entran en vibración las cuerdas vocales mientras la lengua y los labios toman la posición característica del sonido vocálico producido. Asimismo son **sonoras**, entre otras, las siguientes consonantes:

- todas las **nasales** (por ejemplo, [m], [n] y [ɲ]),
- las **vibrantes [ɾ] simple** y **[r] múltiple**,
- las **laterales** (por ejemplo, [l])
- las **fricativas** [z] y [ʝ],
- las **oclusivas [b, d, g]** y sus contrapartes **fricativas [β, ð, ɣ]**.

Para un resumen panorámico de las consonantes sonoras y sordas del español americano, véase la Figura 7.19 (pág.168).

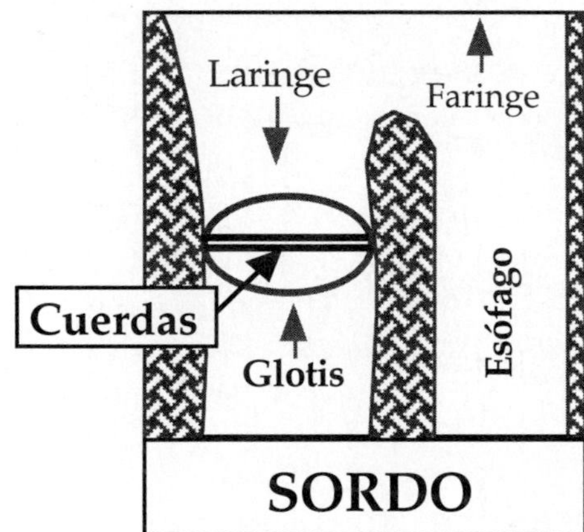

Fig. 7.16a. Las cuerdas vocales no vibran.

*La doble línea recta dentro de la glotis indica que el sonido representado es sordo, es decir, que las cuerdas vocales **no** están en vibración.*

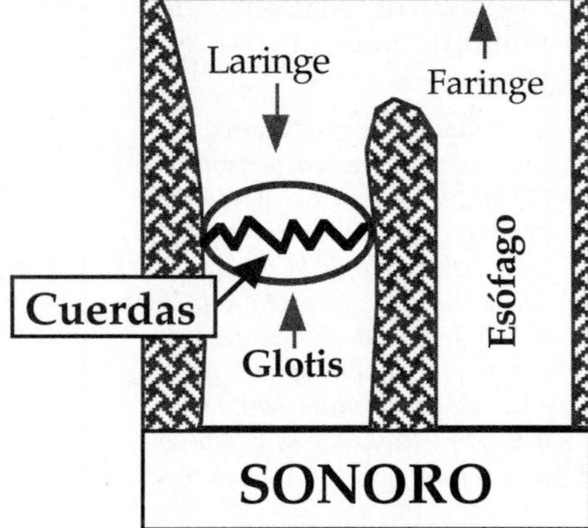

Fig. 7.16b. Las cuerdas vocales sí vibran.

La vibración de las cuerdas vocales produce la sonoridad de los sonidos. Esta aparece representada con una línea curva.

Hay varias maneras de saber si una consonante es sonora o sorda. Una de estas maneras es mediante la vibración que se siente (o no) al tapar los oídos con los dedos cuando se pronuncia fuertemente el sonido detenido. Así en *dijo* → ['di-**xxx**o] o *dice* → ['di-**sss**e] no se siente vibración de las cuerdas vocales en el segmento de la [x] y [s], respectivamente. Lo contrario ocurre en *mamá* [ma-'**mmm**a], donde la [m] hace vibrar las cuerdas vocales. El par de sonidos en los cuales la diferencia entre sorda y sonora quizás contraste con más fuerza es [s] vs. [z]. La Figura 7.17 ilustra cómo puede detectarse la sonoridad en estos dos sonidos con mayor facilidad.

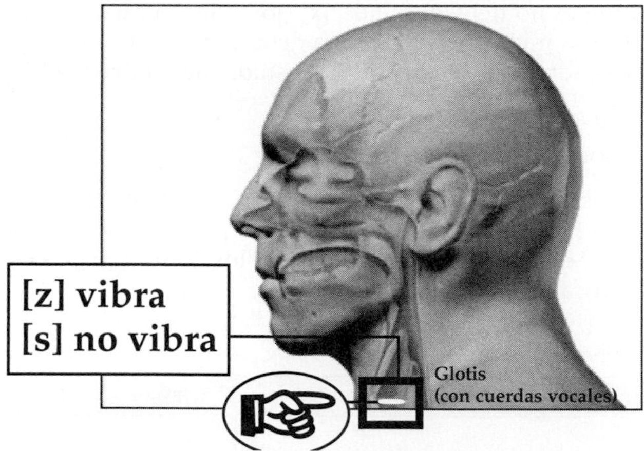

Fig. 7.17. Cómo detectar la sonoridad en [s] vs. [z].

Para "sentir" la diferencia entre consonantes sonoras y sordas, ponga un dedo en la garganta y produzca en voz alta los sonidos del inglés [s] y [z]. Sentirá vibrar las cuerdas vocales en [z] pero no en [s].

Otra técnica eficaz y práctica para determinar el carácter **sonoro** o **sordo** de un sonido es la siguiente: como sabemos, los sustantivos regulares del inglés pluralizan en "-s" o "-es". Para lo que aquí nos interesa, tendremos en cuenta solo las palabras pluralizadas con "-s". Como muestran los ejemplos de la Figura 7.18, las palabras pluralizadas con "-s" en inglés tienen dos articulaciones —[-s] sorda o [-z] sonora—, *condicionadas cada una por la naturaleza sonora o sorda de la consonante* PRECEDENTE:

PLURAL CON [-s]				PLURAL CON [-z]		
		Sonido sordo	**Plural**		**Sonido sonoro**	**Plural**
ha<u>t</u>-s		[-t]	[s] sorda	ga<u>l</u>-s	[-l]	[z] sonora
shi<u>p</u>-s		[-p]	[s] sorda	fa<u>d</u>-s	[-d]	[z] sonora
ra<u>ck</u>-s	(-ck = [k])	[-k]	[s] sorda	ra<u>g</u>-s	[-g]	[z] sonora
lau<u>gh</u>-s	(-gh = [f])	[-f]	[s] sorda	be<u>d</u>-s	[-d]	[z] sonora

Fig. 7.18. Pluralización en inglés.

Ahora bien, la conclusión y la utilidad de lo antedicho es que **si la "-s" final de un sustantivo pluralizado se realiza con [s], entonces el sonido precedente es por definición** SORDO. **Si la "-s" final se articula con [z], el sonido precedente es por definición** SONORO. Según esta simple regla, la "t" de *ha<u>t</u>-[s]* debe ser sorda, y asimismo la "p" de *shi<u>p</u>-[s]*. La "l" de *ga<u>l</u>-[z]* y la "d" de *fad-[z]* naturalmente son sonoras.

Supongamos ahora que Ud. tenga dudas en cuanto a la sonoridad del sonido [n] de *<u>n</u>ada*. Para encontrar la solución tendrá que buscar un sustantivo inglés que termine en "-n", por ejemplo *he<u>n</u>*. ¿Se articula *hen[s]* o *hen[z]* en el plural? Puesto que la respuesta es *hen[z]*, la "n-" de *<u>n</u>ada* debe ser sonora.

Dado que el inglés no tiene el sonido [x] (jota), la aplicación de la regla de pluralización de sustantivos ingleses no sirve para determinar si las cuerdas vocales vibran o no en la jota, que es sorda. En este sentido, el estudiante también debe recordar que[12]:

1. [s], [tʃ] y [f] son sordos,
2. [z] y [dʒ] son sonoros.

En lingüística es común indicar la sonoridad y la ausencia de esta (sordez) con los símbolos "+ / –". La Figura 7.19 ofrece un resumen panorámico de la sonoridad en español (americano). Se observará que del total de los 26 sonidos, solo 9 son sordos (y esto excluye a las vocales, normalmente sonoras).

	Sonoras		Sordas	
Oclusivas:	[b, d, g]	(+)	[p, t, k]	(–)
Fricativas:	[β, ð, ɣ]	(+)	[f, s, ʃ*, x]	(–)
	[z, ʒ*, ʝ, w]	(+)		
Africadas:	[dʒ*]	(+)	[tʃ]	(–)
Nasales:	[m, n, ɲ]	(+)		
Vibrantes:	[ɾ, r]	(+)		
Laterales:	[l]	(+)		
Aspirada:			[h]*	(–)
		*Variante dialectal		*Variante dialectal
Total	*17 sonoras*		*9 sordas*	

Fig. 7.19. Consonantes sonoras y sordas del español americano.
Los sonidos seguidos por un asterisco ocurren únicamente en algunas pronunciaciones dialectales.

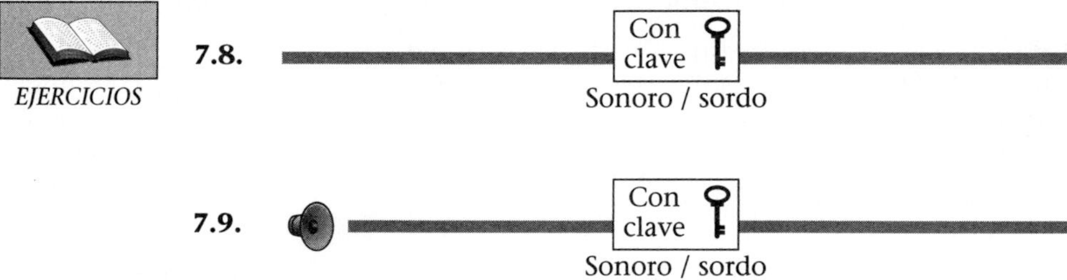

[12] Mencionamos estos hechos una vez más porque, debido a razones demasiado complejas para explicar aquí, la pluralización inglesa no es útil para determinar si [f], [s], [z], [tʃ] y [dʒ] son sordos o sonoros.

7.7. El español de la Península Ibérica (centro / norte): dos sonidos adicionales

Para completar nuestro panorama fonético del español queremos mencionar aquí dos sonidos que caracterizan el español de ciertas áreas de España (Mapas 7.1a-7.1c):

1. el sonido **fricativo interdental sordo [θ]**, muy similar a la "th" del inglés de palabras como *think, path* y *thought,* y empleado en voces españolas como:

zeta = [θ]eta	*cocer = co[θ]er*
haz = ha[θ]	*hice = hi[θ]e*
vez = ve[θ]]	*cigarro = [θ]igarro*
	cerveza = [θ]erve[θ]a

2. el sonido **lateral palatal sonoro** [ʎ], similar al sonido representado por el segmento "-lli-" en la palabra inglesa *medallion*:

llama = [ʎ]ama	*calle = ca[ʎ]e*
pollo = po[ʎ]o	*caballo = caba[ʎ]o*

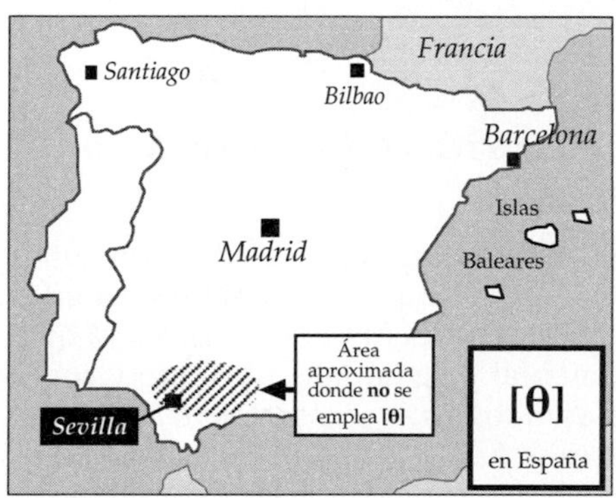

Mapa 7.1a. El sonido interdental [θ] y su amplia difusión en España.

En términos generales puede decirse que el sonido ***fricativo interdental sordo*** *[θ] (Mapa 7.1a) existe en prácticamente toda España, con la excepción de las Islas Canarias (Mapa 7.1c) y algunas zonas de Andalucía (Sevilla, por ejemplo, no emplea [θ]). Allí se emplea [s] en vez de [θ].*

Algo contrario ocurre con el ***sonido lateral*** *[ʎ], que hoy en día solo se encuentra en algunas zonas norteñas (Mapa 7.1b). Además, entre gente joven (al menos menor de 30 años de edad), el uso de [ʎ] en palabras como* gallo, milla, calle *está ya prácticamente extinguido en España. Este retroceso de [ʎ] es un fenómeno relativamente reciente; años atrás, [ʎ] todavía figuraba en el inventario de sonidos de Madrid y otras ciudades importantes del área centro / norte del país.*

Mapa 7.1b. El área centro/norte de España.

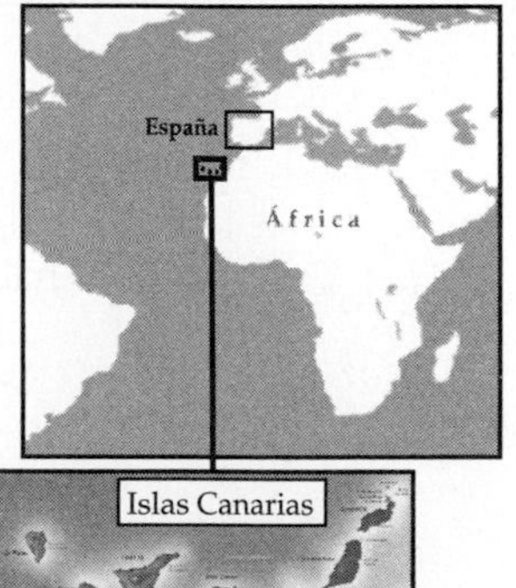

Mapa 7.1c. Localización de las Islas Canarias.

Las islas están a unas 500 millas de España (Sevilla).

En el nivel ortográfico, este sonido [ʎ] se representa con la doble "ll". En el español de América y del sur de España, este mismo sonido normalmente corresponde a la yod: *[ʝ]ama, po[ʝ]o, ca[ʝ]e, caba[ʝ]o.*

Volveremos sobre los dos sonidos dialectales [θ] y [ʎ] en los Capítulos 12, 15, 19 y 20, donde, entre otras cosas, se explicará que [ʎ] se emplea también en algunas modalidades del español americano (sobre todo en la zona andina). Por el momento será suficiente recordar su clasificación, i.e.:

[θ] = **fricativa interdental sorda**

[ʎ] = **lateral palatal sonora**

Escuche ejemplos de [θ] y [ʎ] en:
www.wiley.com/college/Schwegler
→ Listen to speech samples → Cap. 7
→ "Dos sonidos dialectales: [θ] y [ʎ]"

7.8. Importancia y utilidad de la sonoridad: la asimilación de la sibilante [s]

Acabamos de ver que la sonoridad —o sea, la presencia o ausencia de vibración en las cuerdas vocales— es un componente clave en la descripción de consonantes. La utilidad de este concepto de la sonoridad va más allá de simples fines descriptivos ya que, como examinaremos ahora, es también instrumental para entender cuándo y cómo "ajustan" o "**asimilan**" los hablantes ciertos sonidos *en la cadena hablada* (grupo fónico). El análisis de tales ajustes o **asimilaciones** será un tema constante en capítulos posteriores. En lo que sigue nos contentaremos con una simple introducción al tema.

Al citar ejemplos como *sopa, pasaje, hice, decir, hizo, azul* en una sección anterior de este capítulo habíamos ilustrado que, en el nivel ortográfico, el sonido [s] se representa no con una sino con tres letras diferentes, o sea:

1. "s"			*sopa, pasaje, pasta, Óscar, mismo, muslo, desde, mismo, rasgo, isla*
2. "c"	(+ "i", "e")	Hispano-hablantes con **seseo**	*hice, celebrar, cerdo, encima, cigarro, decir, cita*
3. "z"	(+ "a", "o", "u")		*hizo, azul, goza, maza, zorra, Cozumel, zoológico,*
"z"	(final de palabra)		*actriz, talvez, haz*

En todos estos casos, las tres letras en cuestión pueden corresponder a una [s] **sorda**, a saber: *[s]opa, pa[s]aje, mi[s]mo, de[s]de, mu[s]lo, ra[s]go, i[s]la, hi[s]e, de[s]ir,* etc. Resulta, sin embargo, que la articulación de algunas —y solo algunas— de estas palabras es variable: en palabras donde la sibilante [s] va seguida por una *consonante sonora,* la "s" puede sonorizarse a [z] (cp. *mi[z]mo, de[z]de, mu[z]lo, ra[z]go, i[z]la, ha[z]lo, ha[z]me*). Dicho de otra manera, la sibilante sorda [s] puede **asimilar** (o ajustar) su sonoridad a la consonante sonora que le sigue (Fig. 7.20). De esta manera, dos consonantes contiguas llegan a compartir la misma sonoridad. Los ejemplos a continuación ilustran el fenómeno. Obsérvese que la alternancia entre [s] y [z] ocurre solo en aquellos ejemplos, donde la "s" va seguida por una *consonante sonora* (caso #2 a continuación):

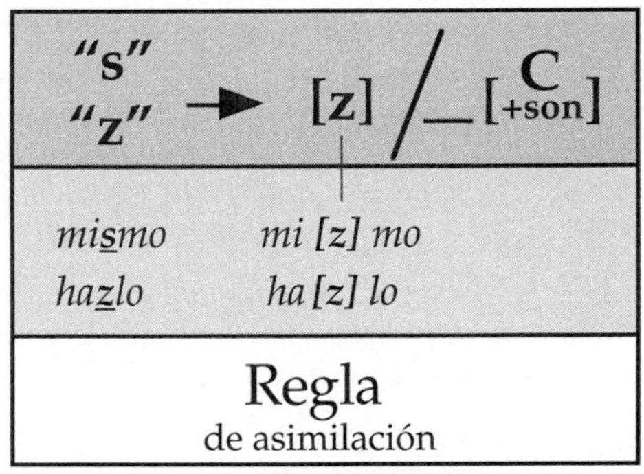

Fig. 7.20. Asimilación libre de "s" o "z" seguida de consonante sonora.

www.wiley.com/college/Schwegler
→ *Listen to speech samples*
→ *Cap. 7* → *"Mismo, hazlo"*

CASO #1: ***[s] seguida de una* CONSONANTE SORDA O VOCAL**

pasta	pa[**s**]ta	(nunca **pa[z]ta*)
Óscar	O[**s**]car	(nunca **O[z]car*)
sopa	[**s**]opa	(nunca **[z]opa*)
pasaje	pa[**s**]aje	(nunca **pa[z]aje*)

CASO #2: ***[s] seguida de una* CONSONANTE SONORA**

	[s]	[z]
mismo	mi[**s**]mo	mi[**z**]**m**o
muslo	mu[**s**]lo	mu[**z**]**l**o
desde	de[**s**]de	de[**z**]**d**e
rasgo	ra[**s**]go	ra[**z**]**g**o
isla	i[**s**]la	i[**z**]**l**a
¡házmelo!	há[**s**]melo	há[**z**]**m**elo

Escuche estos ejemplos en:
www.wiley.com/college/Schwegler
→ *Listen to speech samples*
→ *Cap. 7* → *"Asimilación de /s/ a [z]"*

Falta señalar dos puntos adicionales (el segundo es particularmente importante):

1. frente a una consonante sonora, **la alternancia** entre "s" y [z] **es libre**, es decir, el hablante decide libremente si quiere (o no) sonorizar la [s]. La frecuencia del fenómeno es tal que la variante SONORA (*mi[z]mo*) es mayoritaria. Es común que un mismo hablante alterne entre articulaciones sordas y sonoras aun dentro de una misma oración: *él mi[z]mo hizo lo mi[s]mo* o, en orden inverso, *él mi[s]mo hizo lo mi[z]mo.*
2. *la asimilación de sonoridad opera no solamente dentro de palabras sino también A LO LARGO DE TODO EL GRUPO FÓNICO*. Esto explica por qué la "s" final de palabra en las expresiones a continuación suele sonorizarse:

mucha<u>s g</u>racias	['mu-tʃaz – 'ɣɾa-si̯as]
má<u>s d</u>e do<u>s d</u>amas	[maz – **ð**e – ðoz – '**ð**a-mas]
persona<u>s m</u>ayores	[peɾ-'so-naz – **m**a-'ʝo-ɾes]
esta<u>s v</u>istas	['es-taz – '**β**is-tas]
su<u>s n</u>ovia<u>s m</u>exicanas	[suz – '**n**o-βi̯az – **m**e-xi-'ka-nas]

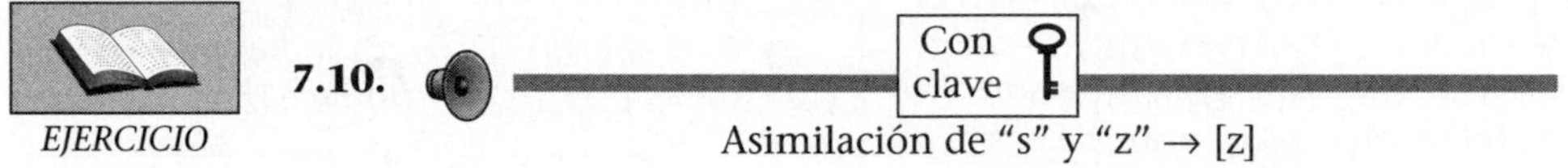

Asimilación de "s" y "z" → [z]

7.9. Descripción técnica de la consonante wau

Debemos volver a un sonido que ya habíamos presentado en el Capítulo 3, pero que hasta ahora no hemos descrito con suficiente precisión. Nos referimos a la consonante wau, transcrita [w] como se recordará.

Esta consonante, llamada **consonante labiovelar**, tiene una articulación en la cual participan simultáneamente dos órganos (Figura 7.21). Por esta razón, la wau tiene un nombre bipartito *—labiovelar—* que se refiere a dos puntos de articulación.

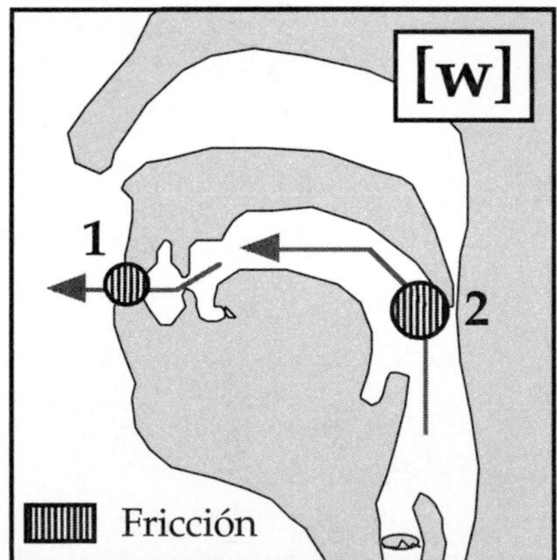

Fig. 7.21. La labiovelar wau (consonante sonora) y sus dos puntos de articulación.

Obsérvese, sin embargo, que las tablas clasificatorias de consonantes (por ejemplo, en la portada de este libro) suelen presentar la [w] como un sonido VELAR (en vez de LABIOVELAR). Estas tablas se limitan a una descripción algo simplificada debido a que, por regla general, un inventario de alófonos registra cada sonido una sola vez (registrar la [w] bajo "labial" y también bajo "velar" violaría la regla general).

La labiovelar es sonora y se produce al hacer vibrar el aire en el paladar mientras que los labios redondeados asumen la forma de una trompeta para causar fricción adicional a la salida de la boca. En inglés, el nombre técnico para la wau del español es "bilabial slit fricative". Este término es paralelo al de la yod, llamada "palatal slit fricative".

7.10. Agrupación clasificatoria de sonidos

Es común en lingüística agrupar determinados sonidos de acuerdo con sus rasgos más destacados. Pueden clasificarse, por ejemplo, en oposiciones binarias las **sonoras** y **sordas**, las **vocales** y **consonantes**, las **oclusivas** y **fricativas**, etc. Tales grupos se llaman **clases naturales.**

En una sección anterior habíamos presentado la clasificación tipológica de las **espirantes**, que son una clase de fricativas, caracterizadas por su menor fricción y tensión muscular. El lector recordará que [β, ð, ɣ] son tres espirantes. Dadas sus características articulatorias "débiles", no sorprende que, en algunos dialectos (por ej., el español caribeño), las espirantes se hayan debilitado hasta tal punto que a menudo se articulan con muy poca fricción, e incluso sin ella. En este último caso, se pierden por completo o, como diría un lingüista, "pasan a una realización cero". Los ejemplos con [ð] que siguen ilustran las tres variantes:

	CON [ð]	DEBILITAMIENTO [^{ð}]	PÉRDIDA [Ø]	
dedo	de[**ð**]o	de[^{ð}]o	de[**Ø**]o	(*deo*)
hablado	habla[**ð**]o	habla[^{ð}]o	habla[**Ø**]o	(*hablao*)
lado	la[**ð**]o	la[^{ð}]o	la[**Ø**]o	(*lao*)

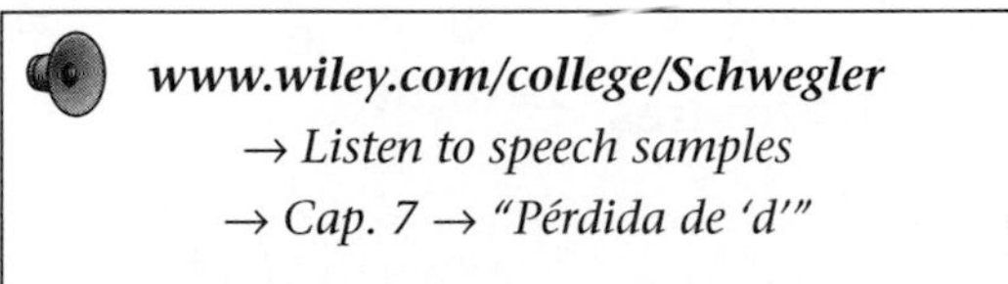

www.wiley.com/college/Schwegler
→ Listen to speech samples
→ Cap. 7 → "Pérdida de 'd'"

Otra agrupación clasificatoria común se centra en la distinción entre las **sonantes** (también llamadas "resonantes") y las **obstruyentes.** Las sonantes incluyen las vocales y las consonantes [l, n, m, ɲ, ɾ, r, j, w] y tienden a pronunciarse *sonoras*, combinando una obstrucción total de la lengua con el paso libre del aire por distintas partes del aparato fonador. Las obstruyentes [p, t, k, tʃ, f, s, x] tienden a ser *sordas*, con un obstáculo total y sin paso libre del aire.

Acabamos de señalar que dentro de las sonantes figuran las laterales ([l], [ʎ]) y las vibrantes ([ɾ], [r]). En conjunto, estos sonidos se clasifican como **líquidos**. Reciben esta denominación porque en su modo de articulación comparten características asociadas tanto a vocales como a consonantes; así, como consonantes presentan una ligera obstrucción, al tiempo que muestran la apertura propia de las vocales, con las que también comparten el ser sonoras. Como veremos en los Capítulos 13, 14 y 20, sobre todo en el Caribe y en Andalucía, es característico el intercambio de la lateral por la vibrante y viceversa en posición final de sílaba: *alma* > ['aɾma], *Puerto Rico* > ['pu̯elto 'riko].

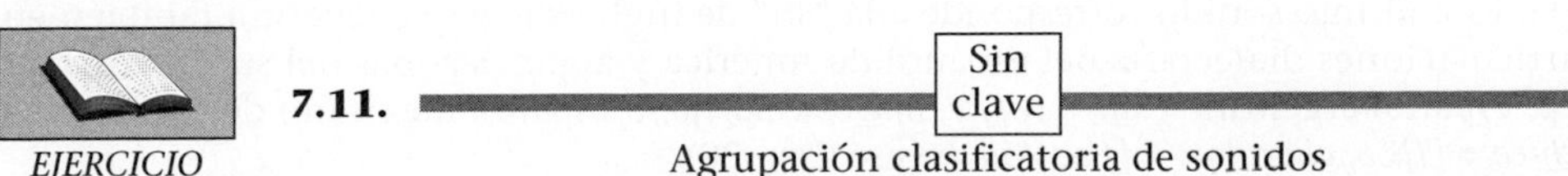

Agrupación clasificatoria de sonidos

Resumen

Junto con la lengua, los órganos más importantes que intervienen en la articulación de sonidos consonánticos son los labios superiores e inferiores (1 y 2), los dientes (3), los alvéolos (11), el paladar (10) y el velo (5). Estos cinco órganos son todos **puntos de articulación**.

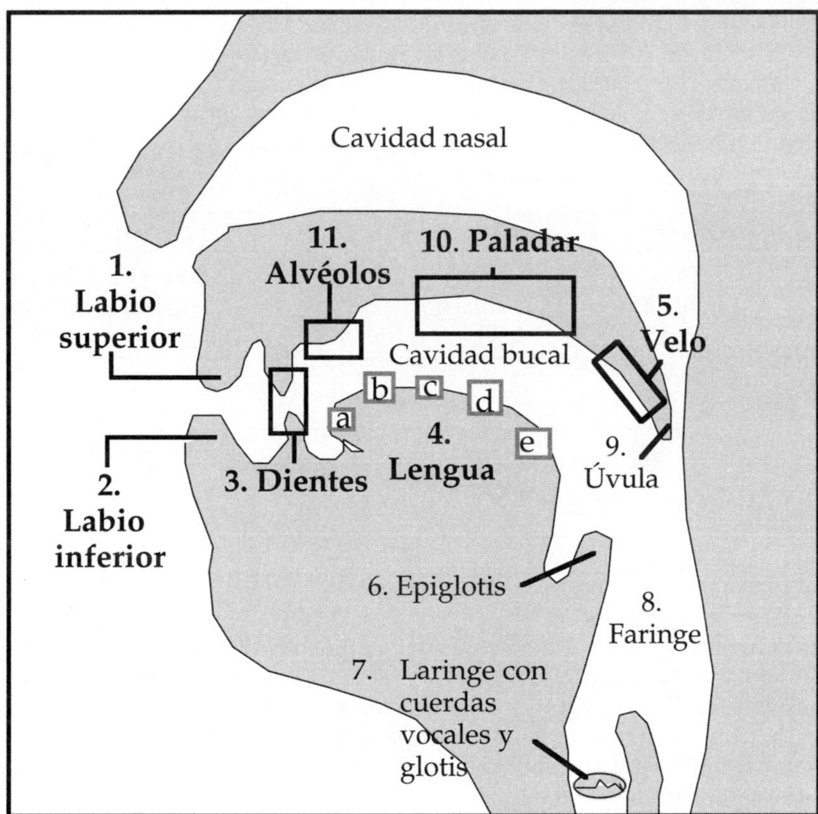

Fig. 7.22. Órganos articulatorios.

Hemos podido distinguir zonas intermedias como la **alveodental** y la **alveopalatal**, o las zonas **dental** e **interdental**. En la zona alveopalatal se producen los sonidos **coarticulados**: las africadas [tʃ] y [dʒ], segmentables en [t] alveolar + [ʃ] palatal, y [d] alveolar + [ʒ] palatal, respectivamente. La consonante [tʃ] pertenece al español general, mientras que [dʒ] ocurre solamente en algunos dialectos; por ejemplo en el español argentino, donde [tʃ] y [dʒ] aparecen en variación libre, condicionados por factores sociales y educacionales. En la zona palatal también se realizan [ʝ], [ɲ] y [ʃ]. Este último sonido corresponde a la "sh" de ingl. *ship*, y se encuentra también en articulaciones dialectales del español de América y algunas zonas del sur de España: cp. español argentino *calle = ca[ʃ]e, mayo = ma[ʃ]o*, o español mexicano de Chihuahua *chico = [ʃ]ico, chocolate = [ʃ]ocolate* (véase Cap. 20).

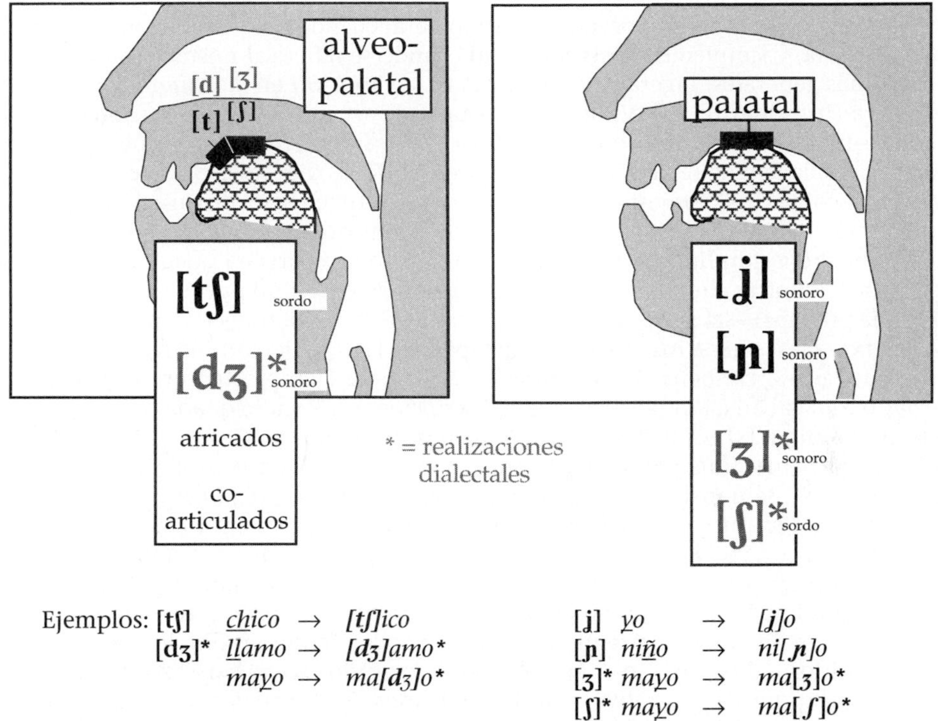

Ejemplos: **[tʃ]**	*chico*	→	*[tʃ]ico*	[ɟ]	*yo*	→	*[ɟ]o*
[dʒ]*	*llamo*	→	*[dʒ]amo**	[ɲ]	*niño*	→	*ni[ɲ]o*
	mayo	→	*ma[dʒ]o**	[ʒ]*	*mayo*	→	*ma[ʒ]o**
				[ʃ]*	*mayo*	→	*ma[ʃ]o**

Fig. 7.23. Sonidos alveopalatales y palatales.

La **cavidad nasal** se opone a la **cavidad oral** o **bucal**. La primera interviene en la producción de sonidos cuando el velo del paladar y la úvula se abren dejando pasar la columna de aire en vibración por la nariz. De esta manera, se producen los sonidos llamados **nasales**, como la [m] de *mamá*, la [n] de *nada* y la [ɲ] de *caña*. Estos sonidos nasales se oponen a los sonidos orales, es decir, aquellos que se producen cuando el velo/úvula cierra el paso hacia la nariz. Otros órganos como la **epiglotis** (que cierra y abre el paso hacia el estómago o los pulmones) no intervienen directamente en la producción de sonidos. Recordamos, sin embargo, que la **faringe** interviene en la producción de la **[h] aspirada** (cp. *[h]amás = jamás, Mé[h]ico = México*).

Hay sonidos consonánticos en cuya producción no interviene la lengua. Así, en la [f] o [p], la lengua no juega ningún papel importante. Sin embargo, en muchos casos la lengua es el órgano clave en la producción de consonantes. Así, en la articulación de [t] o [k] es la lengua la que hace presión contra las zonas dentales y velares, respectivamente, produciendo una oclusión momentánea total del aire. De igual modo, al articularse el sonido [s], la lengua se alza con cierta fuerza hacia los alvéolos para comprimir el aire.

Dada la importante función de la lengua en la articulación de las consonantes, no sorprende que sea útil subdividir las varias regiones de este órgano. Hemos distinguido el ápice (punta), el predorso (lámina), el dorso, el postdorso y la raíz de la lengua.

En este capítulo hemos subrayado, además, que la descripción del punto de articulación de ciertos sonidos es algo flexible en el sentido de que pueden describirse con mayor o menor detalle. En el caso de la [tʃ], ortográficamente, "ch", por ejemplo, se dice que es una consonante **predorso-alveopalatal** cuando quiere precisarse su articulación exacta, y simplemente **alveopalatal** cuando se refiere al mismo sonido en términos más generales. Ligeramente distinta es la variación en la nomenclatura de la **fricativa (inter)dental [ð]**. Vimos que el punto de articulación de este sonido puede variar —inclusive en un mismo hablante— entre "interdental" y "dental" (en el segundo caso, la lengua se acerca a la parte *posterior* de los dientes superiores). En determinados contextos, los especialistas quieren efectivamente distinguir entre una articulación dental y una interdental[13]. En tales contextos, el uso del término "dental" no es una mera simplificación sino una descripción muy precisa que se opone a "interdental". En otras circunstancias, la descripción de un sonido puede variar porque el enfoque principal está sobre aspectos dialectales. Al transcribir *jamás* con [**h**a-ˈmas] en vez de [xa-ˈmas] puede insistirse, por ejemplo, en la articulación **laringal** (en vez de velar) de la jota caribeña. Finalmente, en el caso de ejemplos como *mismo, desde, hazme* o *isla,* la variación posible en la transcripción está condicionada por la **libre alternancia entre [s] y [z] delante de consonantes sonoras**. Como es lógico, si un hablante articula "mismo" con [s] sorda, se transcribirá [ˈmi**s**-mo]. Si el hablante sonoriza la "s", se transcribirá [ˈmiz-mo] con [z] sonora. Puesto que la variante sonora predomina en cuanto a frecuencia, en este manual daremos siempre preferencia a la transcripción con [z]: *mi[z]mo* en vez de *mi[s]mo.* Le pedimos al estudiante que a partir de ahora siga esta misma práctica al completar los ejercicios de transcripción.

El segundo parámetro usado en la descripción de consonantes es el **modo de articulación**. Se distinguen siete modos de articulación, lo que nos ha llevado a hablar de los **sonidos oclusivos**[14] [b d, g] y [p, t, k], los **sonidos fricativos**[15] sonoros [β, ð, ɣ, z, ʒ, ʝ, w] y sordos [f, s, ʃ, x, θ[16]], **sonidos africados** (en los cuales se coarticulan una oclusión y una fricción: [dʒ] = [d+ʒ] y [tʃ] = [t+ʃ]), **sonidos laterales** (porque el aire circula por los dos lados de la lengua; cp. [l] alveolar y [ʎ] palatal), **sonidos nasales** (porque el aire pasa por la nariz: cp. [m, n, ɲ]), **sonidos vibrantes** (cp. la [ɾ] simple o la [r] doble que "vibran" contra los alvéolos) y el **sonido aspirado** [h] (cp. *gemelos ejemplares = [h]emelos e[h]emplares*, variante de *[x]emelos e[x]emplares*). Dentro del modo de articulación de estos sonidos se destaca el de la [w], un sonido labiovelar que se agrupa normalmente bajo las velares en vez de con las bilabiales. Habrá que entender, sin embargo, que esto es una mera conveniencia clasificatoria. El punto de articulación de la [w] es siempre bipartito, i.e., **labiovelar** (= fricción en los labios y también en el velo).

Hemos distinguido las **sonantes** de las **obstruyentes**. Las sonantes —que incluyen las vocales y las consonantes [l, n, m, ɲ, r, ɾ, ʝ, w]— suelen pronunciarse *sonoras*, mientras que las obstruyentes [p, t, k, tʃ, f, s, x] suelen ser *sordas*. Se observará, sin embargo, que la lengua española también tiene obstruyentes sonoras (i.e., [b, d, g] — [β, ð, ɣ]).

En este capítulo ha sido importante distinguir nuevamente entre la articulación de los sonidos y su diferente representación en la ortografía. Hemos notado, por ejemplo, que las **letras** "b/v, d, g" representan más de un sonido. A veces su articulación es oclusiva, pero, normalmente, los sonidos que corresponden a estas letras se pronuncian

---

[13] Por ejemplo, al estudiar la frecuencia de [ð] interdental vs. dental.

[14] "Oclusivos" (ingl. 'stops') porque el aire se detiene momentáneamente al cerrar el pasaje bucal.

[15] "Fricativos" porque un cierre parcial causa fricción (= vibración del aire).

[16] Recuerde que el sonido [θ] es propio del español peninsular (*zeta, cocina, cerveza*).

sin producir una oclusión total, esto es, de manera fricativa: así en *cava*, los labios se acercan, pero el aire sigue escapándose dando como resultado la fricativa bilabial [β]. Algo contrario ocurre generalmente en el español americano con las letras "ll, y", las cuales representan un mismo sonido (cp. los homófonos[17] *calló* vs. *cayó* = [ka-ˈʝo]). Con respecto a la diferencia entre letras y sonidos es importante recordar que a pesar de la diferencia ortográfica entre las letras "b" y "v", **en español ambas representan el mismo comportamiento fonético**, es decir, **no hay diferencia articulatoria en la producción correcta de los sonidos representados por estas dos letras** (esto explica por qué los hablantes nativos del español a veces cometen errores ortográficos al escribir **abe* y **suabe* en vez de *ave* y *suave*).

La nítida distinción entre letras y sonidos es igualmente importante en el caso de la letra "r" (Fig. 7.24). Como tuvimos la ocasión de ver en este capítulo, la "r" simple en la ortografía puede corresponder a una "r" simple en la articulación: *cara* [ˈka-ɾa], *pero* [ˈpe-ɾo], *mar* [maɾ], *perla* [ˈpeɾ-la]. Pero una "r" simple ortográfica puede también equivaler a una "rr" *múltiple*: en posición inicial de palabra, la vibrante es obligatoriamente múltiple: *Rosa* = *Rrosa* [ˈ**r**o-sa], *rojo* = *rrojo* [ˈ**r**o-xo], *rico* = *rrico* [ˈ**r**i-ko]. El caso de la "rr" doble ortográfica es menos complicado ya que, en el nivel articulatorio, siempre corresponde a "rr" múltiple (i.e., [r]): *perro* [ˈpe-**r**o], *corre* [ˈko-**r**e], *hierro* [ˈʝe-**r**o]).

"r" → [r] / inicial de palabra	rojo Ricardo
→ [ɾ] / demás	pren—sa per—la hablar
"rr" → [r] / siempre	carro

Fig. 7.24. Regla básica para "r" y "rr".

La Figura 7.25 (pág. 179) muestra cómo cualquier sonido puede ser descrito en detalle usando los siguientes tres parámetros:

1. lugar o **punto** de articulación (el "¿dónde?")
2. **modo** o manera de articulación (el "¿cómo?"), y
3. la **sonoridad** (sordo/sonoro)

El ejercicio 7.18 "Su propia lista de sonidos" ayudará al estudiante a clasificar los sonidos presentados en este capítulo según el punto y modo de articulación. Las Figuras 7.26-7.28 (págs. 180–182) dan un resumen de los sonidos que hemos analizado hasta ahora según los tres parámetros mencionados en la Figura 7.25 (pág. 179). La Figura 7.28 se encuentra también en las Figuras y Tablas reproducidas al inicio de este manual en la contraportada. Nótese, sin embargo, que allí la tabla aparece con mayor detalle que la Fig. 7.28 ya que también incluye sonidos y símbolos fonéticos introducidos en los Capítulos 8–15. Recomendamos que el estudiante consulte estas tablas con frecuencia.

[17] "Homófono" = 'Que suena de igual modo que otra palabra, pero que difiere en el significado', p. ej., *tubo* ingl. 'tube' y *tuvo* ingl. 'he/she had'.

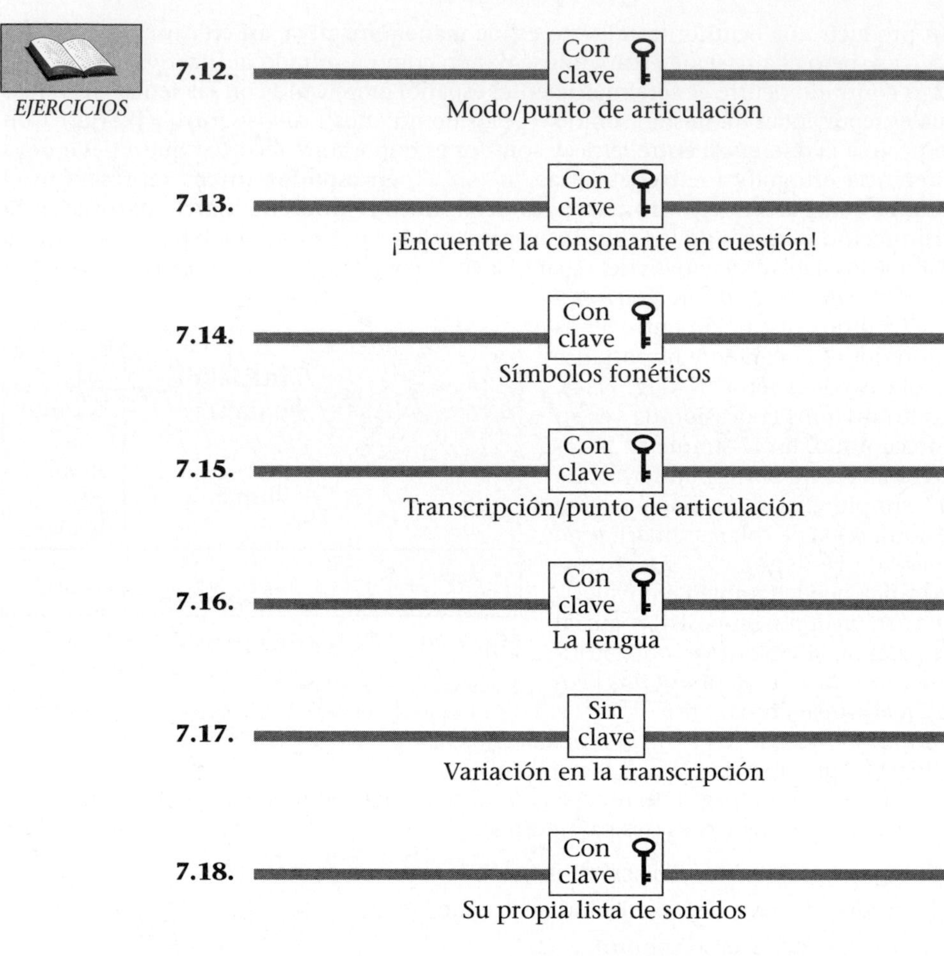
EJERCICIOS
7.12.
Con clave
Modo/punto de articulación
7.13.
Con clave
¡Encuentre la consonante en cuestión!
7.14.
Con clave
Símbolos fonéticos
7.15.
Con clave
Transcripción/punto de articulación
7.16.
Con clave
La lengua
7.17.
Sin clave
Variación en la transcripción
7.18.
Con clave
Su propia lista de sonidos
7.19.
Con clave
Espectrogramas

1. **Punto de articulación**	2. **Modo de articulación**	3. **Sonoridad (voz)**
¿DÓNDE?	¿CÓMO?	¿SONORO/SORDO?
1. Labio(s) 2. Dientes 3. Alvéolos 4. Alveo-paladar 5. Paladar 6. Velo 7. Laringe	1. Oclusivo 2. Fricativo 3. Nasal 4. Lateral 5. Vibrante 6. Africado 7. Aspirado	**SONOROS**: Son **sonoros** todos los sonidos que se producen con vibraciones de las cuerdas vocales (laringe). Véase también Fig. 7.27.
LENGUA • Ápice • Predorso • Dorso • Postdorso • Raíz		• Vocales • Nasales • Vibrantes • Laterales • [b, d, g — β, ð, ɣ] • [ʎ*, ʒ*, dʒ*] **SORDOS**: [p, t, k, f, s, ʃ*, x, h*, tʃ, θ*] **Variante dialectal*

Fig. 7.25. Los tres parámetros de la descripción fonética.

Los 8 puntos de articulación:

Sonido ...			
	1.	**bilabial:**	[p], [b], [β], [m] — [w]†
	2.	**labiodental:**	[f]
	3.	**dental:**	[t], [d], [ð] (tamb. transcritos [t̪, d̪, ð̪])
		interdental:	[θ]*
	4.	**alveolar:**	[s], [z], [n], [l], [ɾ], [r]
	5.	**alveopalatal:**	[tʃ] — [dʒ]* (coarticulados)
	6.	**palatal:**	[ʝ], [ɲ] — [ʃ]*, [ʒ]*, [ʎ]*
	7.	**velar:**	[k], [x] (= jota), [g], [ɣ], [w]†
	8.	**laringal (o glotal):**	[h]*

www.wiley.com/college/Schwegler
→ Listen to speech samples
→ Cap. 7
→ "Sonidos consonánticos"

Los 7 modos de articulación:

Sonido ...			
	1.	**oclusivo:**	[p], [t], [k], [b], [d], [g]
	2.	**fricativo:**	[f], [s], [x] — [ʃ]*, [θ]* [β], [ð], [ɣ], [ʝ], [w], [z] — [ʒ]*

SUBCATEGORÍA:

Sibilantes:	[s]	cp. *sopa*	=	*[s]opa*
	[z]	cp. *mismo*	=	*mi[z]mo*
	[ʃ]*	cp. *llamo*	=	*[ʃ]amo*
	[ʒ]*	cp. *llamo*	=	*[ʒ]amo*

3.	**africado:**	[tʃ] — [dʒ]*
4.	**lateral:**	[l] — [ʎ]*
5.	**vibrante:**	[ɾ] simple [r] múltiple
6.	**nasal:**	[n], [m], [ɲ]
7.	**aspirado:**	[h]*

* *Variantes dialectales o regionales*

† Este sonido labiovelar se agrupa normalmente bajo las velares más que bajo las bilabiales. Habrá que entender, sin embargo, que esto es una mera conveniencia clasificatoria. El punto de articulación de la [w] es siempre bipartito, i.e., labiovelar.

Fig. 7.26. Puntos y modos de articulación con ejemplos de sonidos.

	Sonoras		Sordas	
Oclusivas:	[b, d ,g]	(+)	[p, t, k]	(–)
Fricativas:	[β, ð, ɣ]	(+)	[f, s, ʃ*, x]	(–)
	[z, ʒ*, ʝ, w]	(+)		
Africadas:	[dʒ*]	(+)	[tʃ]	(–)
Nasales:	[m, n, ɲ]	(+)		
Vibrantes:	[ɾ, r]	(+)		
Laterales:	[l], [ʎ]*	(+)		
Aspirada:			[h]*	(–)
		**Variante dialectal*		**Variante dialectal*
Total	*18 sonoras*		*9 sordas*	

Fig. 7.27. Consonantes sonoras y sordas del español americano.

Los sonidos seguidos de un asterisco ocurren únicamente en algunas pronunciaciones dialectales.

Cavidad nasal

Puntos de articulación

Modos de articulación

Labio

Diente

Cavidad bucal

Labio

LENGUA

	Bilabial	Labiodental	Interdental	Dental	Alveolar	Alveopal.	Palatal	Velar	Postvelar
Oclusivas	[p]			[t] (1)				[k]	
	[b]			[d] (1)				[g]	
Nasales	[m]				[n]		[ɲ]		
Fricativas		[f]	([θ]) (2)		[s]		([ʃ]) (3)	[x]	
	[β]			[ð] (1)	[z]		([ʒ]) (4) [ʝ]	[ɣ] [w] (5)	
Africadas						[tʃ]			
						([dʒ]) (4)			
Líquidas – Laterales					[l]		([ʎ]) (6)		
Líquidas – Vibrantes					[ɾ] [r]				
Aspirada									([h]) (7)

sonoro sordo ([_]) alófono dialectal

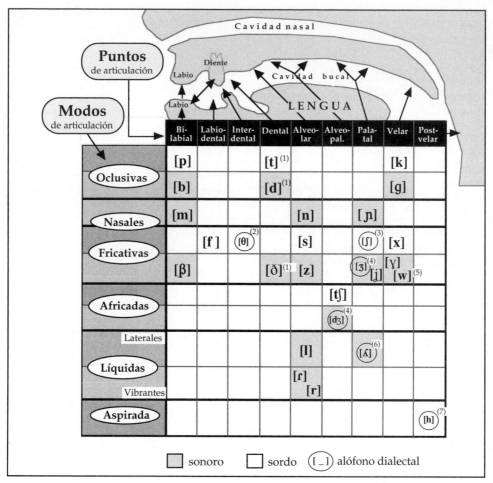

Fig. 7.28. Sonidos consonánticos presentados en este capítulo.

Esta tabla no incluye los alófonos resultantes de procesos de asimilación, ni algunos otros sonidos dialectales.

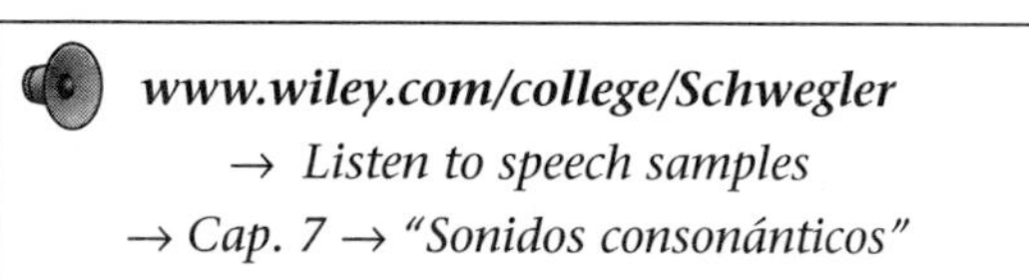

Notas:

(1) [t, d, ð] = también transcritos [t̪, d̪, ð̪] para subrayar el carácter dental de estos alófonos.

(2) [θ] = alófono de /θ/, usado en toda España, exceptuando algunas regiones seseantes de Andalucía y las Islas Canarias. Inexistente en América.

(3) [ʃ] = alófono de /ʝ/ en algunos dialectos americanos (por ej. Argentina: *yo* = [ʃo]); en México (Chihuahua) y en zonas de Andalucía es alófono de /tʃ/: *chico* = [ˈʃiko].

(4) [ʒ]/[dʒ] = alófono dialectal de /ʝ/, particularmente frecuente en el habla rioplatense.

(5) [w] = sonido con *dos* puntos de articulación, i.e., labial y velar (co-articulados).

(6) [ʎ] = alófono dialectal en recesión. Frecuente en la zona centro-norte de España y en algunas regiones andinas. También presente en asimilaciones (v. Cap. 14), cp. *al llamar* [aʎʝaˈmaɾ], *alianza* [aˈʎi̯ansa].

(7) [h] = (a) alófono aspirado, variante "suave" del fonema /x/ (jota). Frecuente en Latinoamérica (Caribe, México, etc.), Andalucía y Canarias. Ejemplo: *ajo* [ˈa**h**o].
(b) alófono de /s/ (final de sílaba): *¿cómo estás* → *¿cómo e*ʰ*ta*ʰ*?*

EXAMEN DE PRÁCTICA 3 (CAP. 7)

www.wiley.com/college/Schwegler
→ "Practice exams"

Claves en:

www.wiley.com/college/Schwegler
→ Practice exams → "Keys to practice exams"

Capítulo 8

La transcripción fonética

8.1. Introducción

Este capítulo desarrolla, paso a paso, los conocimientos básicos que se necesitan para hacer una transcripción fonética del español hablado. La transcripción fonética obtenida no será completa, pero servirá como una base que irá ampliándose a lo largo de los capítulos posteriores de este texto.

Consideremos primero lo que es una transcripción fonética y algunas de las razones por las que hacemos una transcripción de esta índole. En el fondo, una transcripción fonética pretende ser una representación simbólica de los sonidos que produce un hablante en una ocasión dada. Con la transcripción fonética tratamos de anotar los detalles de la pronunciación. No es siempre necesario, ni deseable, transcribir *todos* los detalles articulatorios de un texto oral. A veces es preferible destacar solo los elementos que, por un motivo u otro, son de particular interés en ese momento. Es decir, al transcribir oraciones, el lingüista tiene que decidir de antemano si quiere presentar **una transcripción estrecha**, que mostrará un máximo de detalles fonéticos, o si desea exponer una **transcripción muy amplia** (por definición poco detallada), en la cual se limitará a distinguir sólo los mínimos detalles fonéticos que sirven para distinguir el significado de las palabras.

En el caso de las vocales, por ejemplo, habíamos señalado en el Capítulo 3 que hay dos tipos de vocales (orales y nasales), pero que en este manual se escogerá una transcripción relativamente *amplia* al no diferenciar entre representaciones orales y nasales como ['ma-no] vs. ['mã-no] o ['mi-na] vs. ['mĩ-na]. En última instancia, esta estrategia es una mera convención mayormente arbitraria, adoptada para simplificar la transcripción fonética. De igual modo, si un fonetista quiere estudiar *de cerca* las vocales de algún hablante o de algún grupo de hablantes, transcribirá con mayor detalle las variaciones con respecto a las vocales (= transcripción estrecha), mientras que usará solo un sistema simplificado (= transcripción amplia) para la representación de las consonantes.

La transcripción usada en este capítulo será relativamente amplia, ya que el principal propósito es introducir las reglas básicas de la transcripción en español. Trataremos de ceñirnos a fenómenos fonéticos generales en el mundo hispánico para que las reglas desarrolladas puedan servir de guía para la transcripción del habla de cualquier hispanohablante. El resultado del trabajo hecho en esta lección no será, pues, una transcripción completa ni perfecta, pero servirá como base para los ejercicios de los capítulos siguientes. Iremos poco a poco presentando más detalles sobre la pronunciación del español, con lo cual las transcripciones fonéticas de los capítulos siguientes serán progresivamente más estrechas.

Para el propósito de esta lección, usaremos el texto de la entrevista a continuación como base y, a la vez, punto de partida. Luego, en capítulos posteriores, haremos transcripciones basadas en textos orales (grabados, disponibles en la red).

8.2. Primer texto de transcripción

Primero lea en voz alta el diálogo "Entrevista" a continuación, y luego siga con la lectura de esta lección. Los materiales didácticos presentados en los EJERCICIOS le ayudarán a completar la transcripción del texto con éxito.

Entrevista

A: *¿Y cuántos niños tiene usted, señora?*

B: *Yo tengo cuatro niños.*

A: *¿Cuatro? ¿Y todos seguidos?*

B: *Bueno, más o menos. El mayor tiene ahora quince años; luego tengo una niña de doce años y medio, otro de nueve, y el último tiene siete años.*

A: *¿Y todos están en el colegio?*

B: *¡Sí! En el de San Martín, allí cerca de su huerta. Bueno, yo digo que tengo cuatro hijos. En realidad, tengo tres que son míos. El mayor es en realidad mi hermanito, porque mis padres murieron muy jóvenes cuando él tenía apenas tres años. Y desde entonces está con nosotros.*

A: *¿Tiene más o menos la misma edad que los otros?*

B: *¡Sí! Tiene solamente tres años más que Luisa.*

A: *¿Y no ha habido problemas?*

B: *No, no ha habido ningún tipo de problema. Es que a los niños siempre hay que enseñarles la vida como es realmente, sin engañarlos, sin tratar de esconderles las cosas porque uno teme que puedan sufrir. ¿No cree usted? Los niños sufren precisamente cuando se les engaña, cuando ellos descubren que uno no les está diciendo la verdad o cuando uno les está ocultando ciertas cosas. Yo personalmente creo que es preferible que vean todo como es.*

A: *Claro, hay menos problemas al final si se empieza con la verdad por delante.*

8.3. Repaso

Antes de empezar los ejercicios, queremos repasar algunos conceptos básicos, examinados en capítulos anteriores.

8.3.1. *El grupo fónico*

Un **grupo fónico** (ingl. 'breath group') es una secuencia de palabras que puede articularse cómodamente sin interrupción ninguna. La articulación de grupos fónicos suele ocurrir dentro de una misma expiración de aire. Entendemos, pues, por grupo fónico el conjunto de sonidos articulados que se dan entre dos pausas. Dos rasgos caracterizan el grupo fónico:

1. la unidad de significado y
2. la necesidad de inhalar aire suficiente para seguir hablando.

Al hablar español, el hablante nativo enlaza las fronteras silábicas como si el enunciado fuera una sola secuencia de palabras encadenadas. El elemento final de un grupo fónico jamás se encadena con el primer elemento del próximo grupo fónico.

En la transcripción, las fronteras de tales secuencias, esto es el inicio de la cadena hablada y su final, se indican con el símbolo "#": [# el – me – man-ˈdo – tu – ˈpla-ta #]. Las pausas más largas a veces se indican con "##". Como señalamos en el Capítulo 6, interpretaremos las siguientes cinco marcas ortográficas como el límite de un grupo fónico (pausa normal, correspondiente a "#"):

1. **el punto** (pero no la coma "," ni tampoco el punto y coma ";")

   Ejemplos: *#Cayó en el piso; pero no le dolió.#* ←
   #Por ejemplo, en el habla rápida, "mi hijo" se pronuncia típicamente con solo dos en vez de tres sílabas.# ←

2. **dos puntos** (":")

   Ejemplo: *#Y dijo: #* ← *no llegaré a tiempo.#*

3. **el signo de exclamación** ("!")

   Ejemplo: *#¡Esto no es así!#,* ← *dijo él.#*

4. **el signo de interrogación** ("?")

   Ejemplo: *#¿Cuándo llegará tu tío de México? #* ← *¿No lo sabes?#* ←

5. **tres puntos suspensivos** ("...")

   Ejemplo: *#¡Esto #* ← *... no es así!#*

Ahora bien, puesto que cualquier inicio de un texto (oral) por definición va precedido por una pausa, ya no será necesario indicar dicha pausa inicial con "#". El ejemplo a continuación ilustra nuestra práctica general en este libro:

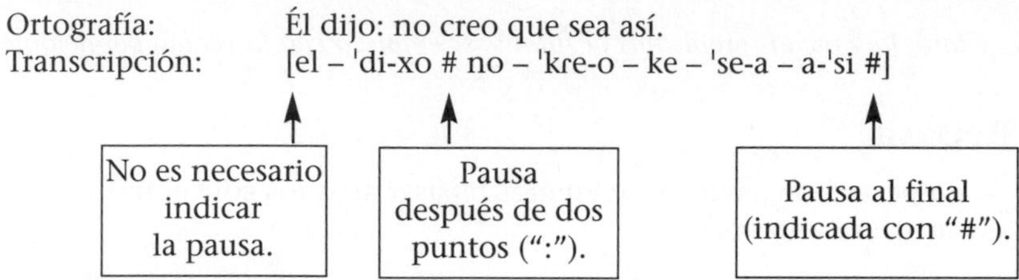

Antes de proceder, debemos subrayar que en el habla diaria natural las fronteras de grupos fónicos a veces no coinciden necesariamente con el lugar donde, en la ortografía, se escribe una coma, un punto o cualquier otro signo de puntuación. Por lo tanto, nuestra colocación de pausas fónicas es una convención más bien arbitraria, pero útil para cualquier estudiante interesado en aprender las nociones básicas de la transcripción fonética.

8.3.2. *Las letras ortográficas no articuladas*

Queremos nuevamente llamar la atención sobre la presencia de las letras que no se pronuncian. Hay dos en español:

1. la "h" no se pronuncia bajo ninguna circunstancia, excepto cuando se combina con "c" para formar el sonido representado por "ch": *(h)ijo, alco(h)ol* vs. *chico, macho,* y

2. la "u" cuando
   a. sigue a la letra "q": *q(u)e, q(u)ien,* o
   b. sigue a la letra "g" + VOCAL ANTERIOR: *ág(u)ila, pag(u)e.*

En su texto de práctica (punto 8.2), hay varias palabras que contienen dichas letras mudas (sin valor fonético). Por ejemplo, la "u" (subrayada) en *"¿Y todos seguidos?"* y *"... tiene ahora quince años ..."*.

8.3.3. *El enlace de consonantes: encadenamiento*

En los Capítulos 5 y 6 aprendimos como ciertas consonantes al final de palabra se encadenan con la vocal de la palabra siguiente, ocasionando así un enlace entre palabras. En el Capítulo 5 habíamos presentado el siguiente ejemplo gráfico:

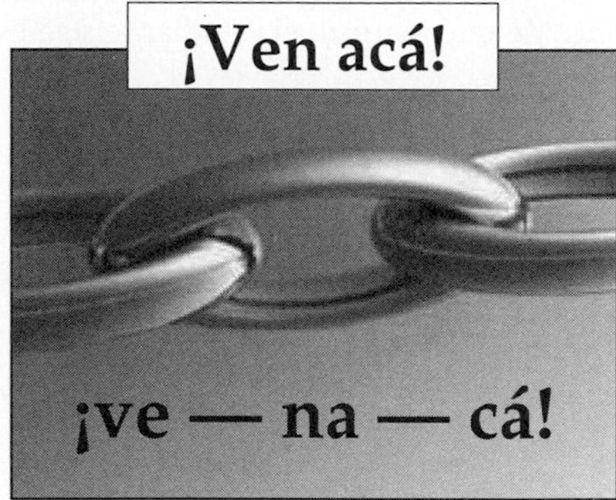

Fig. 8.1. Encadenamiento de sílabas.
La secuencia VCV se divide V—CV tanto dentro como entre palabras.

Emplearemos este tipo de encadenamiento también en la transcripción fonética. Si no se acuerda de las reglas que rigen los encadenamientos, vuelva a los Capítulos 5 y 6 y repase los puntos más importantes.

8.3.4. *La yod, wau y los diptongos en el interior de palabras*

Vimos en los Capítulos 3 y 4 que un diptongo consta de dos elementos vocálicos (i.e., SEMIVOCAL + VOCAL, O VOCAL + SEMIVOCAL), reunidos dentro de una sola sílaba. Recuerde que los diptongos crecientes son [i̯] + VOCAL y [u̯] + VOCAL, y que los decrecientes son VOCAL + [i̯] y VOCAL + [u̯]. No olvide que dentro de los diptongos crecientes también es posible la combinación [i̯u] y [u̯i] como en *vi<u>u</u>da* ['bi̯u-ða] o *c<u>ui</u>dar* [ku̯i-'ðaɾ].

Será necesario prestar atención especial a la letra "y" puesto que puede ser consonante [ʝ] como en *ma<u>y</u>o*, vocal [i] como en *¿<u>y</u> tú?* = [i-tu], o semivocal [i̯] como en *ha<u>y</u>* = [ai̯]. En este contexto es útil acordarnos de que la secuencia "hi + VOCAL" en palabras como *<u>hi</u>elo* corresponde a la yod (cp. ['ʝe-lo]).

Recuerde igualmente que al sonido [w] le corresponden representaciones ortográficas diversas. Así: "hu + VOCAL" en *<u>hu</u>esos* = ['we-sos]; y en el caso de la "o" cuando aparece en secuencias como: *o es azul* [we-sa-'sul] y *Oaxaca* [wa'xaka].

En los Capítulos 3 y 4 vimos asimismo que, dentro de palabra, "oe" y "eo" pueden tener hasta tres resultados distintos: uno *con diptongo*, debido al fenómeno de *cerrazón* de las vocales medias[1] (cp. *poesía* = [pu̯e-'si-a], *peor* = [pi̯oɾ]); otro *con hiato* (*poesía* =

[1] Recuerde que en la cerrazón (Capítulo 6, §6.2.7), las vocales medias átonas en contacto con otra vocal media o central ("a") tónica, ascienden en el triángulo vocálico de medias a altas, articulándose como "i, u", respectivamente. Así, *toalla* ['tu̯a-ʝa], *teatro* ['ti̯a-tro] o *poeta* ['pu̯e-ta]. Véase también el Capítulo 6 para repasar los fenómenos referidos a cambios vocálicos en interior de palabra.

[po—e-ˈsi-a], *peor* = [pe—ˈor]); y, por último, otro con *sinéresis* (*poesía* = [po‿e-ˈsi-a], *peor* = [pe‿ˈor]). En tales casos, el español estándar normalmente favorece el hiato aún en una pronunciación rápida; por lo tanto, lo normal es [po—e-ˈsi-a], [pe—ˈor], [po—ˈe-ta], etc. **En este texto, el grupo vocálico [oe] al principio o interior de palabra se transcribirá siempre como hiato.** Reiteramos que esta práctica, al igual que algunas otras adoptadas en este manual, es algo arbitraria. Sin embargo, recomendamos que, en los ejercicios de este manual, el estudiante siga esta práctica de manera consistente.

8.3.5. *Las vocales en contacto* ENTRE *palabras*

En el Capítulo 5 aprendimos que en el habla rápida, algunas vocales en contacto *entre* palabras sufren ajustes (o cambios) vocálicos. Entre palabras, este contacto da como resultado la creación de diptongos o triptongos (cp. *si es* = [si̯ es]; *lo es* = [lu̯es]; *estudió historia* = [es-tu-ˈði̯oi̯ s-ˈto-ri̯ a]).

Señalamos que la siguiente regla tiene validez general: **los ajustes vocálicos ocurren únicamente:**

1. **con vocales** ÁTONAS (nunca con las tónicas), y
2. **en las llamadas "vocales débiles" (i.e., "i" y "u"), así como en la "-o" final de palabra** (por lo tanto, la **"a" y "e" son enteramente estables**, i.e., no cambian, excepto en casos de cerrazón como en *teatro*, donde [ˈti̯a-tro] es una posible articulación dialectal que a veces compite con la forma normativa [te-ˈa-tro]).

Habíamos dicho también que:

1. en posición **átona**, las "vocales débiles" siempre forman diptongo;
2. la "o" varía según su posición:
   a. en posición **inicial** de palabra siempre es estable (cp. *la otra* = *l[a—ˈ**o**]tra*);
   b. si es átona en posición **final** de palabra cambia a semivocal[2] (cp. *lo es* = [lu̯es], *lo imité* = [lu̯i-mi-ˈte]);
   c. en posición final de palabra, sea átona o tónica, ante una palabra que empiece por "o-", no hay cambio a semivocal; como es lógico, en habla rápida puede haber una reducción de vocales idénticas (cp. *lo oye* [ˈ**lo:**-ʝe] > [ˈ**lo**-ʝe], *miro otros* [ˈmi-ˈr**o:**-tros] > [ˈmi-ˈr**o**-tros]).

Nota importante: para el propósito de este texto, la vocal de **monosílabos** (*vi, si, mi, le, lo,* etc.) se considerará *átona*. De ahí, la "i" de *mi* y *vi* en expresiones como *mi **a**migo* / *vi **u**na película* se transcribirá siempre con **semivocal**: [mi̯**a**-ˈmi-ɣo] o [ˈbi̯**u**-na-pe-ˈli-ku-la].

[2] En triptongos entre palabras como en *estudio (h)istoria*, la "o", pese a ser átona en posición final de palabra, no cambia a semivocal; así transcribiremos: [es-ˈtu-ði̯oi̯s-ˈto-ri̯a].

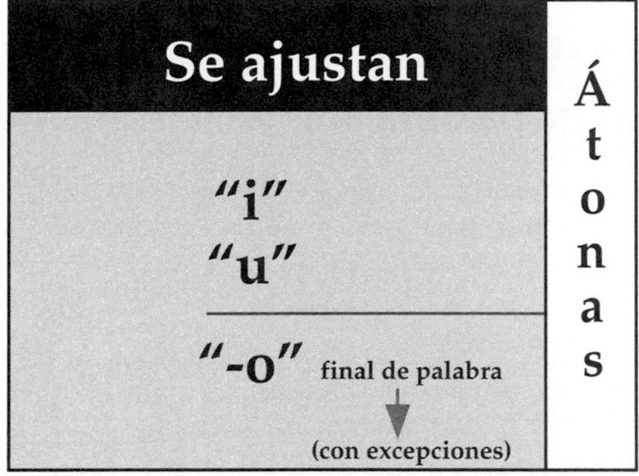

Fig. 8.2. Ajuste de vocales átonas entre palabras (resumen).

La “-o” final de palabra tiene un comportamiento complejo. El “Repaso de reglas” en la pág. 192 da abundantes ejemplos y notas aclaratorias.

Como repaso, damos los ejemplos a continuación, donde se observará que /i/, /o/ y /u/ —representados por las letras “-i”/“y”, “o” y “u”— se realizan como semivocales [i̯], y [u̯], o como [ʝ] y [w], respectivamente. Los números entre paréntesis indican el total de sílabas.

Ejemplo	Habla lenta (cuidada)		Habla rápida (normal)		Se realiza
	Vocal →		Semivocal		
si esta chica	si—**es**-ta-chi-ca	(5)	s[**i̯e**]s-ta-chi-ca	(4)	“i” → [i̯]
mi amigo	mi—**a**-mi-go	(4)	m[**i̯a**]-mi-go	(3)	“i” → [i̯]
si es	si—**es**	(2)	s[**i̯e**]s	(1)	“i” → [i̯]
digo eso	di-go—**e**-so	(4)	di-g[**u̯e**]-so	(3)	“o” → [u̯]
su historia	su—**his**-to-ria	(4)	s[**u̯i**]s-to-ria	(3)	“u” → [u̯]
te idealiza	te—**i**-de-a-li-za	(6)	t[**ei̯**]-de-a-li-za	(5)	“i” → [i̯]
lo usual	lo—**u**-sual	(3)	l[**u̯u**]-sual[3]	(2)	“o” → [u̯]
	Vocal →		Consonante		
y él[4]	i—**él**	(2)	[**ʝe**]l[5]	(1)	“y” → [ʝ]
¿o es así?	o—**e**-sa-sí	(4)	[**we**]-sa-sí	(3)	“o” → [w]
¿o habla él?	o—**a**-bla-él	(4)	[ˈ**wa**]-bla- él	(3)	“o” → [w]

Fig. 8.3. Realización de vocales como semivocales y la consiguiente reducción en el número de sílabas.

[3] También con reducción de vocales idénticas: *l[**u:**]-sual > l[**u**]-sual.*

[4] Recuerde que, además de como yod, la conjunción “y” después de pausa, seguida o precedida por vocal, se articula [i̯] en casos como *la ciudad y el pueblo = la-ciu-da-d[i̯e]l-pue-blo.*

[5] También articulado [i-ʝel].

Repaso de reglas para el comportamiento de

"-o" final de palabra

Al estudiar estas reglas, el estudiante notará que cada una de ellas sigue la lógica general expuesta en capítulos anteriores sobre el comportamiento de vocales en contacto. Por ejemplo, una "-o" acentuada jamás cambia (las vocales acentuadas son "fuertes" y resisten el cambio).

Regla 1: "-o" (tónica o no) en DIPTONGO O TRIPTONGO NO cambia

EXPLICACIÓN: Jamás hay cambio porque es el núcleo del diptongo o triptongo, y por eso es un elemento fuerte que resiste cualquier ajuste. Esta regla es válida tanto para la "-o" tónica como la "-o" átona.

Ejemplos:

pagó un	[pa-ˈɣ**o**u̯n]	*habló Isabel*	[a-ˈβl**o**i̯-sa-ˈβel]	diptongo
cambio un	[ˈkam-bi̯**o**u̯n]	*cogió un*	[ko-ˈxi̯**o**u̯n]	triptongo

Regla 2: "-ó" tónica ante otra vocal NO cambia

EXPLICACIÓN: Sigue la regla general de que las vocales tónicas jamás cambian.

pagó un	[pa-ˈɣ**o**u̯n]	*pagó una*	[pa-ˈɣ**o**-ˈ**u**-na]
llegó Isidora	[ʝe-ˈɣ**o**i̯-si-ˈðo-ɾa]	*logró unirse*	[lo-ˈɣɾ**o**u̯-ˈniɾ-se]
llegó el	[ʝe-ˈɣ**o**-**e**l]	*llegó al*	[ʝe-ˈɣ**o**-**a**l]

EXCEPCIÓN: ante "o-" inicial, la "-o" final simplemente se reduce a [o:] alargada.

llegó otro	[ʝe-ˈɣ**o:**-tɾo]	*llegó Obama*	[ʝe-ˈɣ**o:**-ˈβa-ma]

Regla 3: "-o" átona ante otra vocal SÍ cambia

EXPLICACIÓN: Sigue la regla general de que "o" átona a final de palabra se ajusta frente a otra vocal.

tengo eso	[ˈteŋ-ˈgu̯**e**-so]		
tengo ambos	[ˈteŋ-ˈgu̯**a**m-bos]		
tengo un	[ˈteŋ-gu̯**u**n]	> [ˈteŋ-g**u:**n]	Puede simplificarse a una vocal alargada.
tengo una	[ˈteŋ-ˈgu̯**u**-na]	> [ˈteŋ-ˈg**u:**-na]	

Queremos aclarar aquí una vez más, que son varios los factores que condicionan la conversión de vocales en semivocales y que además de la rapidez son también importantes la variedad dialectal, el estilo y el nivel sociolingüístico del hablante. Se ha de notar también que la realización de las vocales altas (i.e., [i], [u]) como semivocales es más regular que la de las vocales medias (i.e., [e], [o])[6]. En este sentido, cambios articulatorios como *lo es* = [lu̯es] se consideran a veces coloquiales.

Para nuestros propósitos asumiremos que, en la transcripción de los textos *escritos* asignados en este manual, los procesos vocálicos ejemplificados arriba entran en juego con regularidad absoluta, por lo que, al completar los ejercicios, el estudiante tendrá que convertir vocales en semivocales siempre según las reglas citadas arriba. Siguiendo esta lógica, la primera frase del "Texto de práctica" contendrá el diptongo decreciente [eu̯]:

A: *¿Y cuántos niños tiene usted, señora?*

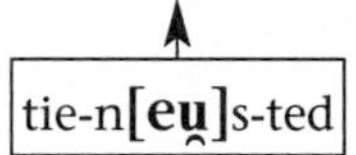

Se forma el diptongo porque la "u" es átona (*usted* es palabra aguda, i.e., [us-ˈte(ð)]).

8.3.6. *Enlace fluido de vocales* ENTRE *palabras*

Como ya sabemos, cuando el contacto de dos vocales entre palabras *no* produce un diptongo, indicamos el hiato resultante con una simple separación silábica:

tiene ahora	[ˈti̯e-ne—a-ˈo-ɾa]
la española	[la—es-pa-ˈɲo-la]
habló así	[a-ˈβlo—a-ˈsi]

Cuando quiere insistirse en el enlace fluido entre palabras, el fonetista coloca la marca "‿" que hemos venido usando para señalar los fenómenos de sinalefa y sinéresis: [ˈti̯e—ne‿a—ˈo—ɾa].

Para que el estudiante no nativo del español aprenda a articular grupos fónicos como si fueran un **continuum fluido** de sílabas (sin oclusión glotal o pequeñas pausas), recomendamos que, sobre todo en los primeros ejercicios de transcripción, se incluya la marca "‿" para indicar una sinalefa o una sinéresis. El estudiante debe tener en mente, sin embargo, que **las transcripciones fonéticas "profesionales" normalmente la omiten y, de aquí en adelante, este texto la omitirá igualmente.**

En este apartado también nos gustaría recordarle al estudiante la conveniencia de revisar la sección 6.2 del Capítulo 6 que trata otros fenómenos del enlace de vocales entre palabras como la triptongación (cp. *agua importada* → *a-g[u̯ai̯]m-por-ta-da*); y la reducción parcial o total de vocales idénticas (cp. *la amo* → *l[a:]mo* (parcial), *l[a]mo* (total)).

---

[6] Cabe recordar que estos casos se producen cuando la segunda vocal del grupo es tónica. Así, en casos donde la primera vocal lleva el tono, como por ejemplo en *lea* [ˈle-a] o *vea* [ˈbe-a], no es posible la cerrazón; cp. con *teatro* [ˈti̯a-tɾo] o *veamos* [ˈbi̯a-mos], donde la segunda vocal del grupo es tónica y donde (en el habla dialectal) sí puede darse el fenómeno.

8.3.7. *Separación silábica*

Se habrá notado en los capítulos anteriores que, con pocas excepciones, nuestros ejemplos transcritos incluyen casi siempre la separación silábica (así: [ˈma—no], en vez de simplemente [ˈmano]). Hemos adoptado esta práctica *con* separación silábica para ejemplificar al máximo posible cómo (y dónde) se silabean grupos fónicos en español.

Queremos mencionar, a estas alturas, que la inclusión de la separación silábica en la transcripción fonética no es habitual, excepto en aquellos casos donde a los autores les importa insistir en un determinado fenómeno relacionado de alguna manera con el silabeo. A partir de aquí, incluiremos el silabeo cuando nos parezca oportuno, y lo omitiremos en casos donde nos importa concentrarnos sobre otros aspectos de la transcripción fonética. Sin embargo, le aconsejamos al estudiante que, por el momento, siga incluyendo la división de sílabas en sus transcripciones, ya que es una excelente técnica para profundizar sus conocimientos del silabeo.

8.3.8. *Colocación del acento fonético*

Un componente importante de la transcripción fonética es la inclusión del acento fonético. Como explicamos en el Capítulo 1, el acento fonético se indica por medio de la marca [ˈ] *en la posición inicial de la sílaba* TÓNICA:

[ˈu-naz – ˈma-nos – ˈsu-si̯as]
unas manos sucias

De aquí en adelante, todas las transcripciones hechas por el estudiante tendrán que señalar el lugar del acento fonético. Reiteramos (Capítulo 1) que:

1. las palabras monosilábicas **no** van acompañadas de la marca [ˈ].
2. las palabras polisilábicas llevan siempre 1 (y solamente 1) acento fonético.

Excepción: los adverbios que terminan en *-mente* pueden llevar dos acentos fonéticos: uno en el segmento final [-ˈmente], y otro en el segmento adjetival (subrayado en los ejemplos de abajo). En sus transcripciones, el estudiante podrá escoger libremente entre una de las dos variantes que siguen. En las claves de los ejercicios, daremos siempre la variante #2.

	VARIANTE #1 (UN ACENTO)	**VARIANTE #2 (DOS ACENTOS)**
finalmente	[final ˈmente]	[fiˈnal ˈmente]
eternamente	[eteɾna ˈmente]	[eˈteɾna ˈmente]
fácilmente	[fasil ˈmente]	[ˈfasil ˈmente]

Simplificando mucho, **consideramos *átonas* todas las palabras monosilábicas**. Este es un punto importante ya que el carácter inacentuado de palabras monosilábicas como *tu, si* o *lo* abre el camino a diptongaciones como las que citamos a continuación:

si es así	[si̯**e**-sa-ˈsi]	*tu hermano*	[tu̯**e**ɾ-ˈma-no]
mi amigo	[mi̯**a**-ˈmi-ɣo]	*lo es*	[lu̯**e**s]

Recuérdese que consideramos igualmente *átonos* los monosílabos que llevan un acento ortográfico (tilde):

tú lo sabes	[**tu** – lo – 'sa-βes]	
tú hiciste eso	[tu̯i-'sis-'te:so]	
tú y tu hermano	[tu̯i – tu̯er-'ma-no]	← habla rápida (normal)
	[**tu** – **i** – tu̯er-'ma-no]	← habla lenta

El **capítulo sobre tildes** puede bajarse en
www.wiley.com/college/Schwegler
→ Materiales Suplementarios
→ Capítulo suplementario sobre tildes

Puede ser útil reiterar (consultar Capítulo 6 y *Materiales Suplementarios* en la red) en este contexto que las palabras suelen clasificarse según la posición de su sílaba tónica:

Palabras **agudas** = con la vocal tónica en la **última** sílaba (*habla-ré, sa-lí, to-mó, ha-blar, por-tal, sa-lir*)

Palabras **graves** = con la vocal tónica en la **penúltima** sílaba *ha-bla, sa-le, to-ma, or-den, lá-piz, di-fí-cil, dí-a*

Palabras **esdrújulas** = con la vocal tónica en la **antepenúltima** sílaba (*es-drú-ju-la, miér-co-les, én-fa-sis, Ál-va-ro*)

Palabras **sobreesdrújulas** = con la vocal tónica antes de la **antepenúltima** sílaba (*muéstramelo, imagínenselo*)

De estas cuatro formas principales, predominan las graves sobre las demás. Son también comunes las palabras agudas. Son relativamente poco comunes las (sobre)esdrújulas. En vista de lo antedicho, es lógico que, en la búsqueda del acento fonético de las palabras, sea generalmente más eficiente detectarlo al empezar con la última sílaba de una palabra (Cap. 1).

Es importante recordar que en los **ajustes vocálicos entre palabras, la posición del acento cambia** al reestructurarse su organización silábica. Los siguientes casos, extraídos de la transcripción del ejercicio 8.3, ilustran tales ajustes:

	Habla lenta		Habla rápida (normal)
tengo una niña	['ten-**go** – '**u**-na – 'ni-ɲa][7]	>	['ten-'**gu̯u**- na – 'ni-ɲa]
			['ten-'**gu:**- na – 'ni-ɲa]
			['ten-'**gu**- na – 'ni-ɲa]
tengo cuatro hijos	['ten-go – 'ku̯a-**tro**–'**i**-xos]	>	['ten-go – 'ku̯a-'**tru̯i**-xos]

[7] Transcripción más avanzada: ['teŋ-go – 'u-na – 'ni-ɲa].

El estudiante notará que tanto en la unión de *tengo una*, como en *cuatro hijos*, marcamos el acento al inicio de la nueva sílaba formada a través del enlace vocálico (diptongos [u̯u] y [u̯i] en los ejemplos). Esto es, el acento que llevan "una" e "hijos" en sus sílabas iniciales es transferido a las palabras anteriores ("tengo" y "cuatro", respectivamente).

Asimismo, en los enlaces o **encadenamientos** entre la consonante final de una palabra y la vocal tónica de la siguiente, por ejemplo en los siguientes ejemplos del ejercicio 8.3:

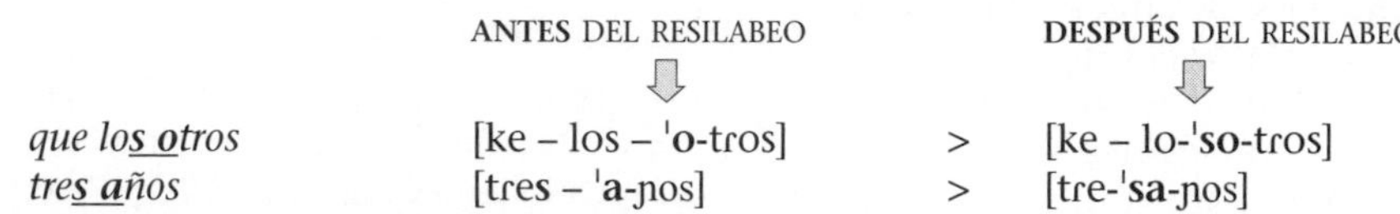

	ANTES DEL RESILABEO		**DESPUÉS** DEL RESILABEO
que los otros	[ke – los – ˈ**o**-tɾos]	>	[ke – lo-ˈ**so**-tɾos]
tres años	[tɾes – ˈ**a**-ɲos]	>	[tɾe-ˈ**sa**-ɲos]

debemos recordar que la posición del acento fonético cambia, colocándose al inicio de la nueva sílaba que se forma como producto del encadenamiento; así, marcamos [ˈ**so**] para "los otros" y [ˈ**sa**] para "tres años".

También conviene repasar la marcación del acento fonético en los casos de **sinalefas** y **sinéresis** en el habla rápida. En contraposición con los casos anteriores, el acento original **no** cambia de posición al pronunciarse ambas vocales en la misma sílaba, como lo ilustran de nuevo ejemplos del ejercicio 8.3:

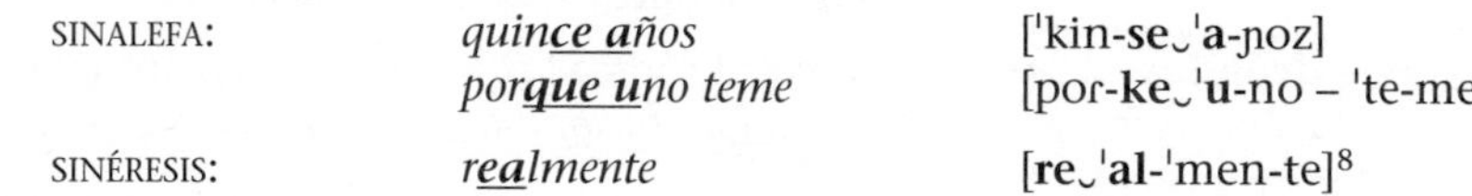

SINALEFA:	*quince años*	[ˈkin-**se**‿ˈ**a**-ɲoz]
	porque uno teme	[poɾ-**ke**‿ˈ**u**-no – ˈte-me]
SINÉRESIS:	*realmente*	[**re**‿ˈ**al**-ˈmen-te][8]

Se observará que en estos ejemplos **no** se producen cambios en la posición de la marca del acento, aunque los sonidos se realicen fonéticamente en una misma sílaba.

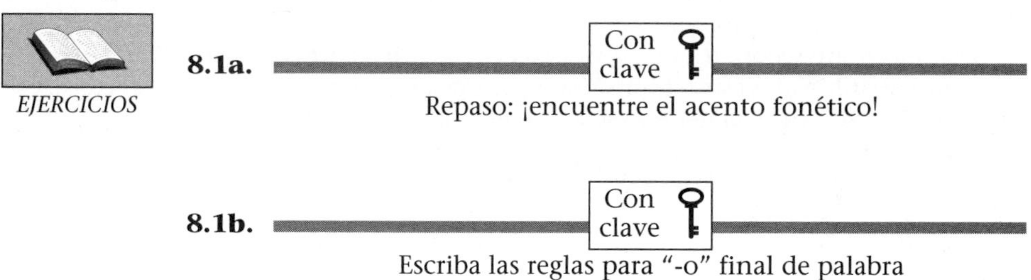

8.1a.

Repaso: ¡encuentre el acento fonético!

8.1b.

Escriba las reglas para "-o" final de palabra

[8] Transcripción más avanzada: [re‿ˈal-ˈmen̪-te].

8.3.9. *El sonido [k] en la transcripción*

En español, la [k] tiene tres representaciones ortográficas:

1	"q"	+	"u" (muda)	*que, quien, máquina*	[**k**e, **k**i̯en, ˈma**k**ina]
2	"c"	+	"a"	*casa*	[ˈ**k**asa]
		+	"o"	*coser*	[**k**oˈseɾ]
		+	"u"	*cumbre*	[ˈ**k**umbɾe]
		+	CONSONANTE	*acceso, aclaro, crío*	[a**k**ˈseso],[9] [aˈ**k**laɾo], [ˈ**k**ɾio]
			FINAL DE PALABRA	*bistec*	[bisˈte**k**] o [bisˈte]
3	"k"		**en extranjerismos**	*kiwi, kodak, Kremlin*	[ˈ**k**iwi], [ˈ**k**oðak], [ˈ**k**ɾemlin]
			términos científicos	*kilómetro, kilo*	[**k**iˈlometɾo], [ˈ**k**ilo]

Recuérdese (Cap. 3) también que el alófono [k] está presente al transcribir algunas palabras que llevan el grafema "x" que transcribimos como [ks], por ejemplo *taxi* [ˈta**k**-**s**i] o *extenso* [e**ks**-ˈten-so].

8.3.10. *Los sonidos [s] y [z] en la transcripción*

En América, en el sur de la Península Ibérica (Andalucía) y en las Islas Canarias, esto es, en las variantes seseantes del español, el sonido [s] tiene varias representaciones ortográficas. Puede escribirse con (1) "s" (*saber, paso*), (2) con "c" ante "e" o "i" (*hacer, hiciste*), y (3) con la letra "z" ante "a, o, u" (*zapato, pozo, azul*), o en posición final de sílaba (*diez, házmelo, estupidez*):

"s" =	[**s**]	*sal, caseta, pasillo, sur, sol*	variantes seseantes
"ci" =	[**si**]	*cigarro, cine, cocinar*	
"ce" =	[**se**]	*cemento, mecer, centro*	
"z" =	[**s**]	*cazar, zorro, zurdo, diez*	

Como detallará el Capítulo 15, en las zonas del centro y norte (noreste y noroeste) de España, los sonidos [s] y [z] tienen una sola representación ortográfica, i.e., "s", ya que las combinaciones *ce, ci,* corresponden a [θe, θi], y la zeta ("z") a [θ] (= alófono fricativo sordo interdental). Se trata, por tanto, de dialectos que hacen distinciones de significado con los sonidos respectivos [s]/[z] vs. [θ], mientras que, como se señala más arriba, los seseantes no hacen tal distinción. Compare de nuevo los ejemplos anteriores, pero esta vez en su realización en el centro y norte de España:

"s" =	[**s**]	*sal, caseta, pasillo, sur, sol*	Centro/ norte (NE y NO) de España
"ci" =	[**θi**]	*cigarro, cine, cocinar*	
"ce" =	[**θe**]	*cemento, mecer, centro*	
"z" =	[**θ**]	*cazar, zorro, zurdo, diez, zeta*	

---

[9] También articulado [agˈseso] o [aˈseso].

Recordemos también que cuando le sigue una consonante *sonora* a la sibilante /s/, esta suele asimilarse a su variante sonora [z] (Capítulo 7), i.e., *israelita* [izrae'lita]. Esta misma asimilación o sonorización del grafema "s" se da también en el dialecto del centro y norte de España; obsérvese, sin embargo, que el fonema /**θ**/ jamás sufre la asimilación a [z] sonora, dado que claramente no se corresponde a un grafema "s", sino a los grafemas "z" y "c" + e, i; es decir, en el centro/norte de España, expresiones como *hazlo* se articulan *ha[θ]lo* y no **ha[z]lo*.

1. AMÉRICA Y PARTES DE ESPAÑA (SUR): ESPAÑOL SESEANTE

		SIN ASIMILACIÓN = [s]		CON ASIMILACIÓN = [z]
a.	*mismo*	mi[s]mo	→	mi[z]mo
	muslo	mu[s]lo	→	mu[z]lo
	desde	de[s]de	→	de[z]de
	rasgo	ra[s]go	→	ra[z]go
	isla	i[s]la	→	i[z]la
b.	*¡hazlo!*	ha[s]lo	→	ha[z]lo
	¡házmelo!	há[s]melo	→	há[z]melo
2. ESPAÑA:		NORTE & CENTRO: DIALECTOS CON DISTINCIÓN		
	¡hazlo!	ha[θ]lo	→	----- (NO VARÍA)
	¡házmelo!	há[θ]melo	→	----- (NO VARÍA)

¡Compare!

La asimilación de sonoridad opera también a través de palabras. Esto explica por qué la /s/ final de palabra (en negrita) en las expresiones a continuación suele sonorizarse en todas las variedades del español:

muchas gracias	['mu-tʃaz –'**ɣ**ɾa-si̯as]
más de dos damas	[maz – **ð**e – ðo**z** – '**ð**a-mas]
personas mayores	[peɾ-'so-naz – **m**a-'ɟ̞o-ɾes]
estas vistas	['es-taz – '**β**is-tas]
sus novias morenas	[suz – '**n**o-βi̯a**z** – **m**o-'ɾe-nas]

8.3.11. *Los sonidos [b, d, g] y [β, ð, ɣ] en la transcripción*

La articulación alternante como fricativas u oclusivas de los sonidos representados por las *letras* "b/v, d, g" está regida por reglas fijas (Capítulo 7). Así, en algunos contextos —la minoría— se realizan como oclusivas: [b, d, g] y en otros contextos como fricativas: [β, ð, ɣ]. En su transcripción se aplicarán las siguientes reglas generalizadoras:

1. **"b/v, d, g" son oclusivas [b, d, g] después de**
   a. una pausa,
   b. una consonante nasal ("m, n, ñ").

   Además, "d" es siempre oclusiva en la combinación "l + d" = [ld].

Ejemplos:

DESPUÉS DE PAUSA:	# *¡Dámelo tú!*	→	*¡[**#d**]ámelo tú!*
	# *¡Ven acá!,* # *dijo su papá.*	→	*¡[**#b**]en acá!, [**#d**]ijo su papá.*
DESPUÉS DE NASAL:	*ambos*	→	*am[**b**]os*
	con vino	→	*con [**b**]ino*
	ando	→	*an[**d**]o*
	son dos	→	*son [**d**]os*
	ángulo	→	*án[**g**]ulo*
	álbum grande	→	*álbum [**g**]ran[**d**]e*
COMBINACIÓN "l + d":	*aldea*	→	*al[**d**]ea*
	el dato	→	*el [**d**]ato*
	Ronaldo	→	*Ronal[**d**]o*

2. **En todos los demás casos, "b/v, d, g" son fricativas [β, ð, ɣ].**

Ejemplos:

INTERIOR DE PALABRA:	*labios*	→	*la[**β**]ios*
	Alberto	→	*Al[**β**]erto*
	servir	→	*ser[**β**]ir*
	subterráneo	→	*su[**β**]terráneo*
	salida	→	*sali[**ð**]a*
	verdad	→	*ver[**ð**]a[**ð**]*
	pagado	→	*pa[**ɣ**]a[**ð**]o*
	algo	→	*al[**ɣ**]o*
	zigzag	→	*zi[**ɣ**]za[**ɣ**]*
ENTRE PALABRAS:	*tu bebida*	→	*tu [**β**eˈβiða]*
	ser viuda	→	*ser [ˈ**β**i̯uða]*
	tu dedo	→	*tu [ˈ**ð**eðo]*
	tus datos	→	*tus [**ð**]atos*
	tu gato	→	*tu [**ɣ**]ato*
	tus gustos	→	*tus [**ɣ**]ustos*

8.3.12. *El símbolo [x] en la transcripción*

El sonido [x] tiene tres representaciones ortográficas. Se escribe con la letra "j" en *jefe* y *jamón,* o con la letra "g" delante de las letras "e" o "i" en *gemir* y *gitano*. También puede ser representado por el grafema "x" como en *Xavier* (también deletreado *Javier*) o *México*[10] (articulado también [ˈme-**hi**-ko]).

[10] En España, se alterna el escribir *México* como *Méjico*, aunque esta última opción cada vez es menos usada.

8.3.13. *Los símbolos [tʃ], [ʝ] y [ɲ] en la transcripción*

Las letras "ch" representan el sonido [tʃ] (cp. *chico, macho, pecho*). Recuerde que [tʃ] es un sonido alveopalatal co-articulado, i.e., compuesto por una [t] alveolar seguida de una [ʃ] palatal (consultar figura 7.15 en el Capítulo 7).

En la ortografía, el sonido [ʝ] tiene una representación variada; así, en *yoga, llamar* y *hielo,* los grupos iniciales *y-, ll-, hi*+VOCAL[11] corresponden al sonido consonántico yod. Tal variación gráfica no se da en su representación fonética, donde la yod se transcribe de modo consistente con [ʝ]: *[ʝ]amar / [ʝ]elo.*

El símbolo fonético para "ñ" es [ɲ]. Recuerde que se trata de un sonido nasal palatal.

8.3.14. *Los símbolos [ɾ] simple y [r] múltiple en la transcripción*

La "rr" doble ortográfica (cp. *carro, perro, sierra*) siempre corresponde a una [r] múltiple en el nivel fonético (cp. ['karo, 'pero, 'si̯era]). Debe articularse, además, obligatoriamente una [r] múltiple:

1. **cuando una palabra empieza con "r":**
   rama ['rama], *rico* ['riko], *Rosa* ['rosa]; y
2. **después de las consonantes "l", "n" y "s":**
   alrededor [alreðe'ðor], *Enrique* [en'rike], *Israel* [izra'el].

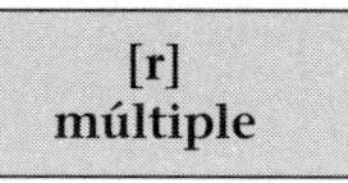

La "r" es simple en los demás casos: cp. *cara* ['kaɾa], *mar* [maɾ], *perla* ['peɾla], *árbol* ['aɾβol], *Úrsula* ['uɾsula], *trabajar* [tɾaβa'xaɾ], por articularse con un solo toque de la lengua contra los alvéolos.

Por el momento, podemos resumir el comportamiento de las vibrantes de esta manera (el Capítulo 13 ampliará esta regla):

grafema "r" =	[r] múltiple	← inicial de palabra	→	*rápido, rico, rojo*
	[r] múltiple	← después de "n, s, l"	→	*Enrique, Israel, alrededor*
	[ɾ] simple	← los demás casos	→	*pero, Carlos, mar*
grafema "rr" =	[r] múltiple	← siempre	→	*perro, carro, jarra*

[11] Recuerde que en palabras como *hielo* o *huerta,* la letra "h" no tiene ningún valor fonético; en el nivel articulatorio, es como si la "h" no existiera.

8.4. ¡Adelante con su primera transcripción!

Ahora que Ud. ha practicado los puntos básicos de la transcripción, es el momento de transcribir fonéticamente el pasaje entero de "¡Adelante con su primera transcripción!". Para hacerlo, necesitará (a) seguir las instrucciones del EJERCICIO 8.2 y (b) el texto impreso del EJERCICIO 8.3 (*"Texto de práctica. ¡Adelante con su primera transcripción!"*), ambos disponibles en:

www.wiley.com/college/Schwegler **→ Ejercicios → Cap. 8**

En la Figura 8.4. (pág. 202 de este manual) reproducimos todos los símbolos fonéticos (consonantes) aprendidos hasta ahora (excluimos sonidos como la [h] y la [ʎ], empleados únicamente para transcribir variantes dialectales). Sugerimos que, antes de comenzar el ejercicio de transcripción, el estudiante se familiarice nuevamente con los símbolos fonéticos, y que preste atención a la representación que los símbolos fonéticos (español americano) pueden tener en la ortografía. Una tabla de símbolos fonéticos más completa se encuentra en las primeras páginas de este libro (pág. 202). Consúltela con frecuencia al leer los próximos capítulos.

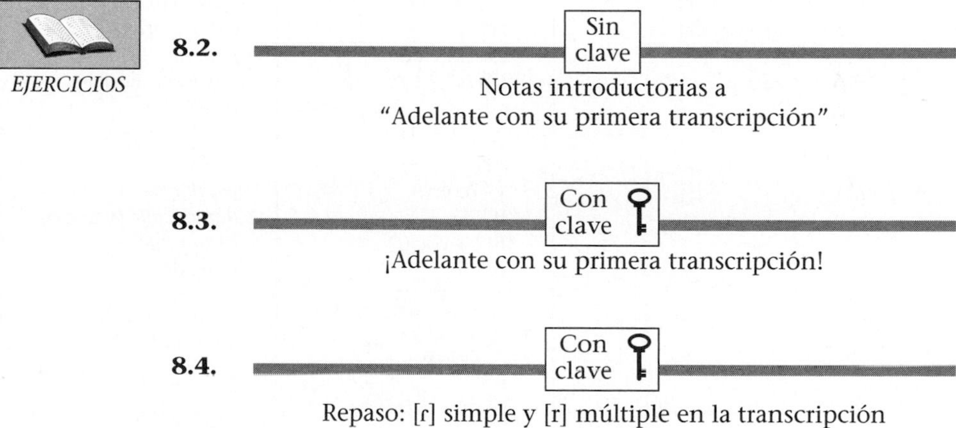

EJERCICIOS
8.2.
Sin clave
Notas introductorias a "Adelante con su primera transcripción"
8.3.
Con clave
¡Adelante con su primera transcripción!
8.4.
Con clave
Repaso: [ɾ] simple y [r] múltiple en la transcripción

	Fonética	Ortografía	
1. bilabial	[p]	"p"	*pan, ropa*
	[b]	"b"	*ambos, símbolo*
		"v"	*enviar, invasión*
	[β]	"b"	*labio, lobo, árbitro*
		"v"	*lavo, ave, calvo*
	[m]	"m"	*mar, amo*
2. labiodental	[f]	"f"	*fama, sofá*
labiovelar	[w] + VOCAL	"hu-" + VOCAL	*huerta, huelga*
		"w"	*whisky, Hawai*
		"o" + VOCAL [a, e]	*Oaxaca, ¿o es así?*
3. dental	[t]	"t"	*todo, hasta*
	[d]	"d"	*ando, caldo*
	[ð]	"d"	*miedo, perder*
4. alveolar	[s]	"s"	*sed, casa*
		"z"	*zorro, cazar, zeta,*
	español de América		*paz, vez*
		"c" + "e, i"	*cigarro, celebrar*
	[z]	"s" + C. SONORA	*mismo, desde*
		"z" + C. SONORA	*hazme, hazlo*
	[n]	"n"	*nada, cansado*
	[l]	"l"	*lado, corral*
	[ɾ]	"r"	*caro, pero*
	[r]	"rr"	*carro, perro*
		"r-" (inicial)	*rojo, rico*
		"l/n/s" + "r"	*alrededor, Enrique, Israel*
5. alveopalatal	[tʃ]	"ch"	*chico, mucho*
6. palatal	[ʝ]	"y" (cons.)	*ya, mayo*
		"ll"	*llamo, calle* (yeísmo)
		"hi" + VOCAL	*hiedra, hiato*
	[ɲ]	"ñ"	*niño, año*
7. velar	[k]	"c" + "a, o, u"	*casa, cosa, cubo*
		"qu" (u muda) + "e, i"	*queso, quien*
		"k"	*kilo, kiosco*
	[x]	"g" + "i, e"	*elegir, gemelos*
		"j"	*jamás, jota, ají, eje*
		"x"	*Texas, mexicano*
	[g]	"g" inicial de oración	*¡Grábalo!, ¿Gotea?*
		"g" después de nasal	*manga, con gusto*
	[ɣ]	"g"	*lagarto, te grita*
		"gu" (u muda) + "i, e"	*águila, sigue, una guitarra*
	[w]	→	v. bajo "labiovelar"
Velar + alveolar	[ks]	"x"	*taxi* [ˈtaksi], *externo*

Fig. 8.4. Símbolos fonéticos aprendidos hasta ahora y su representación ortográfica correspondiente.

Capítulo 9

Fonemas y alófonos: fonología y fonética

9.1. Introducción

La **fonética** es la ciencia que estudia la producción, transmisión y recepción de los sonidos. En el habla espontánea se pueden producir una gran variedad de sonidos diferentes, pero la mayoría de estas diferencias son tan pequeñas que el oyente no las nota, o por lo menos no les presta atención en el momento de interpretar el mensaje que acaba de oír. Por ejemplo, los hablantes nativos del español por lo general no son conscientes de que la "g" en *mango* y *mago* tiene una articulación ligeramente diferente, i.e., *man[g]o* con [g] oclusiva y *ma[γ]o* con [γ] fricativa.

Por otro lado, existen otras diferencias articulatorias —llamadas diferencias **fonológicas** (también conocidas como "diferencias **fonemáticas**")— que son más básicas que las fonéticas porque se utilizan para **distinguir el significado** entre una palabra y otra. Un ejemplo son las palabras *p̲ata, l̲ata, m̲ata*, en las que el intercambio de un solo sonido ([p] ⟷ [l] ⟷ [m]) origina diferencias de significado relevantes.

Este capítulo introducirá los conceptos básicos del sistema fonológico del español. Se limitará a presentar dos nuevos conceptos: **fonema** y **alófono**. Esta información, junto con los detalles que se discutirán en los capítulos que siguen, le ayudarán al estudiante a entender la diferencia fundamental entre la **fonética** y la **fonología**.

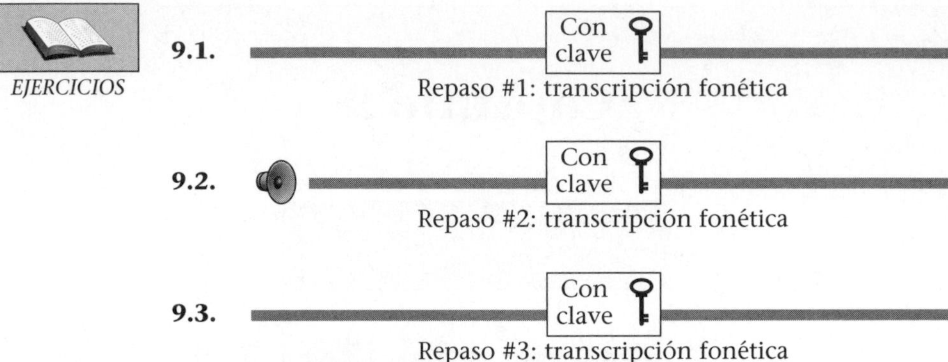

9.2. Fonema y alófono: introducción a dos conceptos básicos

Hasta ahora hemos considerado esencialmente los sonidos del español y del inglés desde el punto de vista de su articulación (o producción fisiológica), dejando de lado consideraciones que se investigarían si algunos de estos sonidos tuvieran una mayor importancia en la formación de palabras o en la transmisión de significado.

Sin embargo, existe otro plano de interés —el **sistema fonológico**— que se centra precisamente en la problemática de cómo ciertas diferencias acústicas (pero no otras) sirven para establecer diferencias de significado. Así, al hablar de **fonemas** (los constituyentes del **sistema fonológico**) y de **alófonos** (los componentes **fonéticos**), veremos por qué la sustitución de un determinado sonido por otro da lugar a cambios de significado en algunos casos pero no en otros (compare los datos bajo 1 y 2 de la Figura 9.1):

1		**2**	
*Cambio de sonido **con** cambio de significado*	*Cambio*	*Cambio de sonido **sin** cambio de significado*	*Cambio*
['**ti**-o] vs. ['**mi**-o]	[t] vs. [m]	['mi**s**-mo] vs. ['mi**z**-mo]	[s] vs. [z]
['**lo**-ɾo] vs. ['**to**-ɾo]	[l] vs. [t]	['aɾ-**b**ol] vs. ['aɾ-**β**ol]	[b] vs. [β]
['ko-**ɾ**o] vs. ['ko-**ð**o]	[ɾ] vs. [ð]	['oɾ-**d**en] vs. ['oɾ-**ð**en]	[d] vs. [ð]
['ko-me**n**] vs. ['ko-me**s**]	[n] vs. [s]	['me-**x**i-ko] vs. ['me-**h**i-ko]	[x] vs. [h]

Fig. 9.1. Cambios de sonido *con* y *sin* cambio de significado.

Queremos analizar primero dos ejemplos de variación fonética, uno del inglés y otro del español, que servirán para ilustrar la diferencia conceptual fundamental entre **fonemas** y **alófonos**. Para este propósito, nos serviremos de dos sonidos que existen tanto en inglés como en español.

El primero de estos es un sonido **fricativo** que ocurre en palabras inglesas como *then, though, feather, mother* o *leather*. Como ya hemos visto en el Capítulo 7, en lingüística este sonido se representa con el símbolo fonético [ð].

El segundo sonido que usaremos para ilustrar la diferencia entre fonema y alófono es un sonido **oclusivo** que suele representarse con el símbolo [d]. Las palabras ingl. *den, done, rider* y *load* contienen esta [d] oclusiva.

Por tanto, en inglés *th*en y *d*en contrastan entre sí por contener una [ð] **fricativa** y [d] **oclusiva**, respectivamente. Articuladas en la zona dental, tanto [d] como [ð] son sonoras. En el nivel articulatorio, la diferencia entre *den* [**d**en] y *then* [**ð**en] es mínima: las dos palabras difieren solo en los sonidos [d] y [ð] (oclusivo vs. fricativo).

En español, estos mismos sonidos [d] (oclusivo) y [ð] (fricativo) también aparecen. Pero, como ya pudimos apreciar en el Capítulo 8, ambos sonidos se representan por la letra "d"; esto equivale a decir que el español tiene no una, sino por lo menos dos articulaciones posibles para la letra "d". Las siguientes palabras permiten contrastar la articulación de la [d] oclusiva (columna izquierda) y la [ð] fricativa (columna derecha) en español:[1]

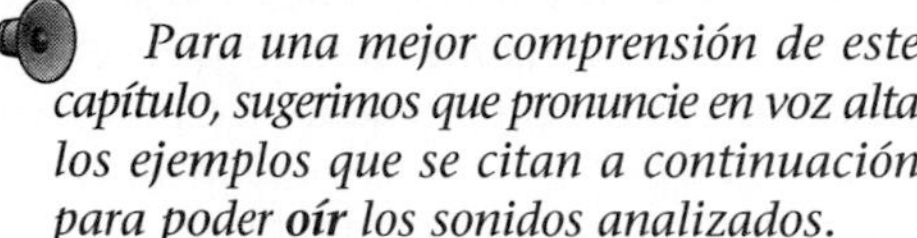

*Para una mejor comprensión de este capítulo, sugerimos que pronuncie en voz alta los ejemplos que se citan a continuación para poder **oír** los sonidos analizados.*

Los ejemplos citados pueden escucharse también en:

www.wiley.com/college/Schwegler
→ Listen to speech samples
→ Cap. 9 → "Ejemplos con [ð]"

[d] vs. [ð] en español

[d] OCLUSIVA ("DURA")		**[ð] FRICATIVA ("SUAVE")**	
ando	an[**d**]o	*nada*	na[**ð**]a
dato	[**d**]ato	*arde*	ar[**ð**]e
caldo	cal[**d**]o	*desdén*	des[**ð**]én
manda	man[**d**]a	*verdad*	ver[**ð**]a[**ð**]
sandía	san[**d**]ía	*mide*	mi[**ð**]e
REGLA: Después de nasal o pausa, y en [ld] la "d" es oclusiva.		REGLA: En los demás casos, la "d" es fricativa	

Ahora que hemos ahondado en los sonidos [d] y [ð] tanto para el inglés como para el español, queremos contrastar una vez más la representación ortográfica de la [ð] en cada una de estas lenguas. Nótese que la articulación de las letras subrayadas a continuación —"d" para el español y "th" para el inglés— de hecho es idéntica:

ESPAÑOL	**INGLÉS**	*ARTICULACIÓN*
lado	*leather*	fricativa dental sonora [ð]
puedo	*weather*	
mido	*wither*	
lodo	*loathe*	
sede	*feather*	

[ð] en español e inglés

Si oye una notable diferencia en la [ð] de los ejemplos españoles e ingleses es porque articula una de las columnas con acento extranjero.

[1] Recomendamos que revise la figura 7.13 (Cap. 7) sobre la articulación dental e interdental de la "d" en español, y escuche los ejemplos de audio relativos a estos sonidos en nuestra página web.

Resumamos brevemente lo expuesto hasta ahora: (1) tanto el inglés como el español cuentan con los sonidos [d] y [ð]; (2) en español, se usa un solo grafema —"d"— para representar estos dos sonidos (nivel ortográfico), mientras que en inglés se emplean dos grafemas, i.e., "d" y "th".[2]

A pesar de la existencia de [d] y [ð] en español e inglés, hay una diferencia fundamental en cómo los hablantes de las respectivas lenguas **interpretan** estas diferencias fonéticas. El lector habrá notado que en los ejemplos del inglés, la oposición o **contraste** entre [d] y [ð] puede usarse para cambiar el significado (cp. *den* vs. *then, load* vs. *loathe*). *En español, este mismo contraste nunca conlleva tal cambio de significado en las palabras*. Expresado de otra manera, en inglés la diferencia entre [d] y [ð] es **funcional, contrastiva** y **distintiva**. Es **funcional** porque funciona para expresar diferencias de significado a través de diferencias fonéticas, más o menos grandes según el caso (en ingl. *den* vs. *then* la diferencia acústica es, como vimos, mínima).[3] Es **contrastiva** porque sirve para contrastar el significado de pares de palabras como ingl. *den* vs. *then*. Y por último, es **distintiva** porque sirve para distinguir los respectivos significados (cp. nuevamente ingl. *den* vs. *then*).

En español, la diferencia fonética [d] vs. *[ð] jamás funciona como diferenciadora de significado*. Esta diferencia funcional entre [d]/[ð] del inglés y [d]/[ð] del español puede observarse fácilmente en los pares fonéticos [den] y [ðen] (ver Fig. 9.2). Ambos pares se dan en las dos lenguas, aunque con significados muy variados. Se notará que el intercambio entre [d] y [ð] conlleva un cambio de significado en inglés (i.e., *den/then*). Muy distinta es la situación en español, donde el intercambio entre [d] y [ð] sirve únicamente para variar la articulación de una sola palabra, i.e., *den* = [ðen] o [den].

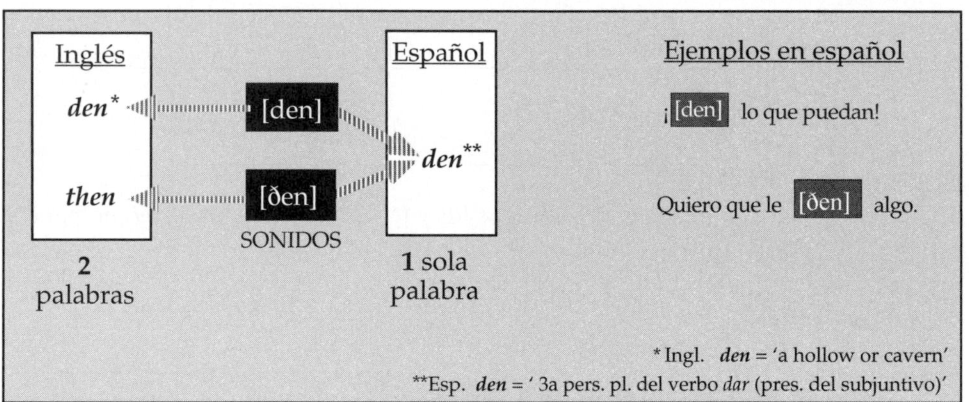

Fig. 9.2. Dos segmentos fonéticos y su interpretación distinta en español e inglés.

La ligera diferencia fonética entre [d] y [ð] solo conlleva un cambio de significado en inglés. En español, (1) [den] y [ðen] se refieren a una sola palabra, i.e., "den"; y (2) la diferencia articulatoria está condicionada por factores puramente fonéticos; así, después de pausa, "den" empieza con [d] oclusiva; mientras que después de vocal (por ej., "... que le den ..."), la /d/ es obligatoriamente fricativa, i.e., [ð].

---

[2] En realidad, el sonido [d] del inglés americano corresponde también a otras letras. Así, en algunas variantes geográficas de América, en las palabras *later* o *Peter*, la "t" se articula con [d].

[3] En otros casos, la diferencia fonética puede ser mayor. Por ejemplo, en *gata* vs. *pata*, la [g] y la [p] difieren tanto en el punto de articulación como en la sonoridad; i.e., [g] es un alófono velar sonoro, mientras que [p] es un alófono bilabial sordo.

9.2.1. *Fonema vs. alófono*

Las diferencias fonéticas que pueden conllevar **cambios de significado** se llaman **diferencias fonológicas**. Una transcripción fonológica se presenta entre barras oblicuas, i.e., "/.../". Por tanto, retomando la explicación anterior, en inglés existe una distinción fonológica entre /ð/ y /d/, pero esta misma distinción no se obtiene en español, donde el mismo cambio fonético no tiene ninguna consecuencia fonológica. Puesto que los sonidos [ð] y [d] pueden cambiar el significado de palabras en inglés, diremos que en esa lengua /ð/ y /d/ son **fonemas**. Por otro lado, en español, como veremos, los sonidos [ð] y [d] pertenecen a un mismo fonema, i.e., /d/.[4]

Podemos definir el fonema así: "Un fonema es la **unidad mínima que puede cambiar el significado de una palabra**". El fonema es siempre una **representación abstracta de uno o de varios sonidos contrastivos de una lengua.** El término técnico para estos sonidos es "**alófono**" (decir "sonido" es lo mismo que decir "alófono"). De aquí en adelante emplearemos este término técnico, y seguiremos transcribiendo cualquier alófono (sonido) entre corchetes (i.e., "[...]").

> **/.../** vs. **[...]**
> FONOLOGÍA FONÉTICA
>
> *El uso de las barras oblicuas /.../ indica que se trata de una representación **fonológica** (también llamada **fonemática**). Tal representación contrasta con la representación **fonética**. Como ya sabemos, esta se presenta entre corchetes ("[...]").*

Es importante señalar que **los alófonos siempre pertenecen a un fonema** (los alófonos españoles [d] y [ð], por ejemplo, pertenecen al fonema /d/). Un fonema puede realizarse con un solo alófono, o con dos o más. Lo más normal es que un fonema tenga varios alófonos. En todas las lenguas, los alófonos son naturalmente siempre más numerosos que los fonemas.[5]

En el caso de una palabra como ingl. *th̲en,* el alófono [ð] es, pues, el que se articula, y es el **fonema** /ð/ el que se percibe o interpreta en el nivel de significado. Podemos decir que el fonema inglés /ð/ fricativo contrasta con el fonema /d/ oclusivo ya que los dos pueden usarse para establecer **pares mínimos** (ingl. 'minimal pairs'); es decir, **pares de palabras donde la sustitución de UN solo sonido conlleva un cambio de significado** (compare nuevamente ingl. *d̲en* con *th̲en*).

Para establecer la totalidad de fonemas dentro de un **sistema fonológico** *se busca el máximo de pares mínimos contrastivos*. Así, en el caso del español, podríamos empezar por averiguar si existe el fonema /d/. Buscaríamos entonces pares mínimos donde el sonido [d] es contrastivo. Esta tarea no es difícil ya que *d̲en* [**d**en] contrasta con *t̲en* [**t**en] o con *v̲en* [**b**en]. El hecho de que exista un par mínimo contrastivo como *den* / *ten* nos autoriza a concluir que /d/ y /t/ son fonemas en español, y que, por lo tanto, podemos transcribir /den/ y /ten/ con las barras oblicuas características de la transcripción fonológica.

---

[4] El hecho de que dicho fonema se represente con /d/ en vez de /ð/ es el resultado, esencialmente arbitrario, de una larga tradición de la lingüística hispánica; muy bien se podría haber escogido /ð/ como el símbolo representativo del fonema en cuestión.

[5] Todas las lenguas exhiben variación alofónica. La cantidad de alófonos de una lengua depende del análisis que se quiera efectuar. Lógicamente, las transcripciones muy estrechas reflejarán un número considerable de alófonos.

Podríamos entonces seguir con nuestra búsqueda de fonemas y tratar de contrastar, por ejemplo, el sonido [t] con [s]. En este caso es también fácil encontrar pares mínimos (cp. t̲i vs. s̲i; o *mat̲a* vs. *mas̲a*), autorizándonos nuevamente a concluir que /t/ y /s/ son efectivamente fonemas en español. En la transcripción fonológica (fonemática), se representará así: /ti/ y /si/, y /ˈmata/ y /ˈmasa/, respectivamente.

Ahora bien, si nos pusiéramos a averiguar si en español el alófono oclusivo [d] puede contrastarse en un par mínimo con el sonido fricativo [ð], buscaríamos en vano, ya que, como hemos aclarado más arriba, el contraste entre [ð] y [d] nunca produce una diferencia de significado. Esto equivale a decir que **en el nivel abstracto de interpretación**, los hablantes del español consideran que [ð] y [d] son equivalentes, y por lo tanto pertenecen a un solo fonema, i.e., /d/. Diremos entonces que el fonema /d/ del español tiene dos **alófonos** cuyas realizaciones son [d] y [ð]. La selección de estos dos alófonos depende, como ya sabemos (Caps. 7 y 8), de su *entorno fonético*: [d] ocurre después de nasal, pausa y en /ld/, y [ð] ocurre en los demás casos.

Debería de estar lo suficientemente claro ahora que, en el nivel de funcionalidad, los sonidos [ð] y [d] son muy distintos en español y en inglés. En inglés [ð] y [d] pertenecen a distintos fonemas —/ð/ y /d/— mientras que en español son "solamente" variantes de un mismo fonema, i.e., /d/. La Figura 9. 3 presenta esta importante diferencia funcional de manera gráfica.

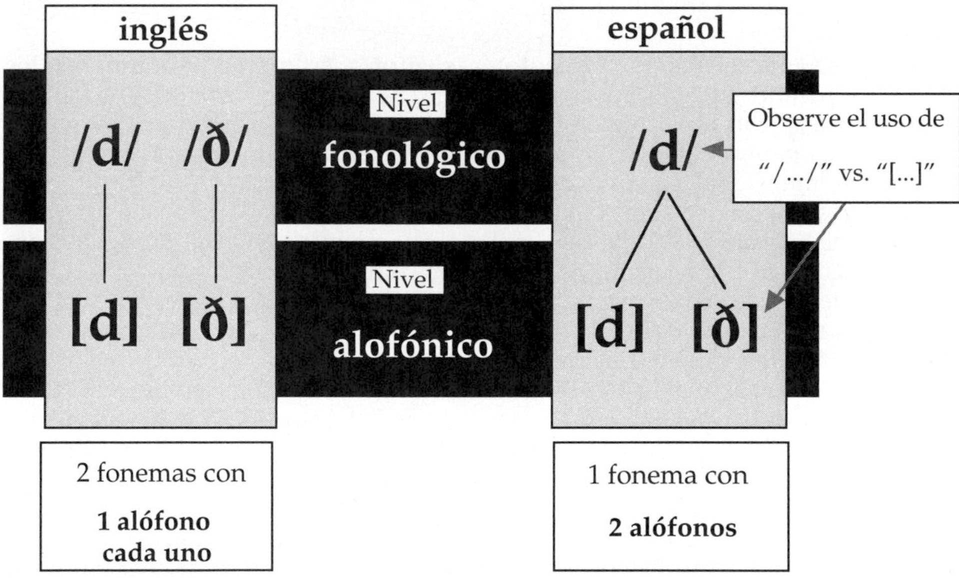

Fig. 9.3. Representación gráfica de fonemas (en inglés y español).

*El fonema es siempre una **representación abstracta** de uno o varios sonidos, y sirve para distinguir significados. Los sonidos que representan los fonemas se llaman "alófonos". Estos se transcriben siempre entre corchetes, i.e., "[...]". Por ejemplo, "día" contiene tres alófonos, i.e., [d], [i], [a].*

Recordará el lector que en un párrafo anterior habíamos analizado la variable funcionalidad, en español y en inglés, de los segmentos fonéticos [**d**en] y [**ð**en]. Volvamos a estos ejemplos una vez más para ver cómo esta distinción de funcionalidad se representa en la transcripción fonológica. Como ilustra la Figura 9.4, en el nivel exclusivamente *fonético*, tanto los hablantes del inglés como del español distinguen entre la [d] oclusiva y la [ð] fricativa, pero contrario al inglés, *en español estas diferencias no tienen ninguna consecuencia a nivel de significado.* Dada esta carencia de contrastividad de [d] vs. [ð] en español, es lógico que la transcripción fonológica ignore su diferenciación. Esto explica por qué, en la Figura 9.4, las transcripciones fonemáticas (o "fonológicas") entre "/.../" al lado derecho de la figura tienen un solo representante —/d/— para los dos alófonos [ð] y [d]; así, tanto [den] como su variante fonética [ðen] se transcriben fonológicamente con /den/. En inglés, la situación es la opuesta: la diferenciación semántica entre *den* [den] y *then* [ðen] nos obliga a diferenciar /d/ y /ð/ en el nivel fonológico.

INGLÉS			ESPAÑOL		
	FONÉTICA	FONOLOGÍA		FONÉTICA	FONOLOGÍA
	2 alófonos	*2 fonemas*		*2 alófonos*	*1 fonema*
den	[d]en	**/d/**	den	[d]en	**/d/**
then	[ð]en	**/ð/**	den	[ð]en	
Ejemplos dentro de oraciones: A **den** is often used as a place of shelter. | **/den/** = **[den]** con [d] oclusiva And **then** he stood up. | **/ðen/** = **[ðen]** con [ð] fricativa			*Ejemplos dentro de oraciones:* ¡**Den** lo que puedan! | **/den/** = **[den]** con [d] oclusiva Queremos que le **den** algo. | **/den/** = **[ðen]** con [ð] fricativa		
El contraste entre [d] oclusiva y [ð] fricativa sí es significativo fonológicamente puesto que sirve para formar el par mínimo *den / then.* Los alófonos [d] y [ð] pertenecen a dos fonemas distintos, i.e., /d/ y /ð/.			El contraste entre [d] oclusiva y [ð] fricativa NO es significativo fonológicamente puesto que no sirve para formar un par mínimo. Los alófonos [d] y [ð] pertenecen al mismo fonema, i.e., /d/.		

Fig. 9.4. La transcripción fonética vs. la fonológica.

Nótese que en español los hablantes intuyen que las diferencias fonéticas entre [den] y [ðen] no son significativas en el nivel semántico (i.e., del significado), porque la sustitución de [d] por [ð] (y viceversa) nunca da como resultado la formación de pares mínimos. Diremos de aquí en adelante que tanto en inglés como en español existen los ***alófonos*** *[d] y [ð], pero que la diferencia entre estos sonidos es* ***fonológica*** *(esto es, "****significativa****" o "****contrastiva****") únicamente en inglés.*

9.3. Otras nociones sobre pares mínimos, fonemas y alófonos

9.3.1. *Pares mínimos*

Como hemos indicado antes, cuando hay (1) una sola diferencia fonética entre dos palabras (como es el caso en ingl. *den* vs. *then*), y (2) cuando esta diferencia implica una distinción de significado, decimos que se trata de un **par mínimo**. Otros pares mínimos son:

	hen	vs.	*pen*
	bed	vs.	*said*
inglés	*tan*	vs.	*ten*
	with	vs.	*wit*
	hated	vs.	*rated*
	sed	vs.	*red*
	lo	vs.	*no*
español	*mucho*	vs.	*macho*
	tango	vs.	*tengo*
	hablan	vs.	*hablas*
	paz	vs.	*par*

Son **pares mínimos**

Un par mínimo puede constar de dos palabras que constan de un solo sonido cada una:

[o] vs. [a] →	***o*** (‘or’)	vs.	***a*** (‘the letter “a”’)
[i] vs. [o] →	***y*** (‘and’)	vs.	***o*** (‘or’)
[e] vs. [i] →	***he*** (cp. *he hecho*)	vs.	***y*** (‘and’)

Son **pares mínimos**

Es importante notar que el concepto de par mínimo está basado en **sonidos** y *no en letras*. Por lo tanto, los siguientes ejemplos **homófonos** (pares de palabras pronunciadas de manera idéntica) **no** constituyen pares mínimos debido a que son distintos solo en el nivel ortográfico pero no en el fonético.

Inglés

NO son pares mínimos			
	sea	vs.	*see*
	flea	vs.	*flee*
	capital	vs.	*capitol*
	horse	vs.	*hoarse*
	right	vs.	*write*

Español americano
(con seseo[6])

NO son pares mínimos					
	si ('if')	[si]	vs.	*sí* ('yes')	[si]
	echo ('I throw')	['etʃo]	vs.	*hecho* ('done, made; fact')	['etʃo]
	haz ('do!')	[as]	vs.	*has* ('you have')	[as]
	vez ('time')	[bes]	vs.	*ves* ('you see')	[bes]
	voz ('voice')	[bos]	vs.	*vos* ('you' [pron. dialectal])	[bos]

HOMÓFONOS

Un par mínimo puede también estar basado en una diferencia prosódica (i.e., en una diferencia de entonación): en español, el **acento** puede tener una función distintiva al marcar un contraste fonológico entre palabras que son (1) idénticas en su escritura (homógrafas), pero (2) diferentes en sus significados y forma prosódica (acentuación fonética). Ejemplos ilustrativos son:

Sí son pares mínimos				
	canto	['kanto]	*cantó*	[kan'to]
	cálculo	['kalkulo]	*calculo*	[kal'kulo]
	hable	['aβle]	*hablé*	[a'βle]
	secretaria	[sekɾe'taɾi̯a]	*secretaría*	[sekɾeta'ɾia]
	termino	[teɾ'mino]	*término*	['teɾmino]

Dado que el acento fonético actúa como un rasgo prosódico distintivo, este se considera un **fonema** más del español. Por ejemplo, en *canto* vs. *cantó,* el acento cumple un papel fonemático ya que sirve para distinguir un par mínimo. Los ejemplos del español

---

[6] Como se ha explicado en capítulos anteriores, en la mayor parte de España (excepto ciertas regiones de Andalucía y Canarias) se mantiene la distinción /θ/ vs. /s/. En estas zonas, los grupos "z" y "c" + "e, i" se pronuncian con interdental fricativa [θ], como en *zorro* ['θoro] o *cera* ['θeɾa] (cp. con seseo: ['soro] y ['seɾa]). En este sentido, los ejemplos *haz, vez* y *voz,* presentados más arriba, sí son pares mínimos en las variedades españolas donde hay distinción:

haz	/aθ/	vs.	*has*	/as/
vez	/beθ/	vs.	*ves*	/bes/
voz	/boθ/	vs.	*vos*	/bos/

de América de la Tabla 9.1 muestran en la columna izquierda pares mínimos similares a *canto/cantó*, ya que satisfacen el requisito fundamental de un par mínimo: exhiben (1) *una* diferencia de sonido (rasgo distintivo), y a la vez (2) tienen significados distintos.

Obsérvese, sin embargo, que los ejemplos de la columna derecha *no* son pares mínimos en ninguna variedad dialectal del español, y esto a pesar de diferenciarse por la presencia / ausencia de una tilde (*accent mark*). En *él* (ingl. 'he') vs. *el* (ingl. 'the') y ejemplos similares, mayormente monosilábicos, la tilde se llama **tilde diacrítica** porque sirve únicamente para diferenciar palabras *a nivel ortográfico*. Expresado de otra manera, en estos casos la tilde diacrítica implica una diferencia de significado y/o categoría gramatical, pero jamás una diferenciación de acentuación fonética. Se entenderá entonces que todos los pares de la Tabla 9.1 (columna derecha) son **homófonos** y por lo tanto *no* constituyen pares mínimos.

Son pares mínimos			No son pares mínimos (son HOMÓFONOS)				
hable [ˈaβle]	vs.	***hablé*** [aˈβle]	***el*** [el]	'the'	vs.	***él*** [el]	'he'
canto [ˈkanto]	vs.	***cantó*** [kanˈto]	***si*** [si]	'if'	vs.	***sí*** [si]	'yes'
hablara [aˈβlaɾa]	vs.	***hablará*** [aβlaˈɾa]	***tu*** [tu]	'your'	vs.	***tú*** [tu]	'you'
cera [ˈseɾa]	vs.	***será*** [seˈɾa]	***mi*** [mi]	'my'	vs.	***mí*** [mi]	'me'

Tabla 9.1. Pares mínimos vs. homófonos.

9.3.2. *Redundancia fonética*

Hemos llamado "**contrastivas**", "**distintivas**", "**fonémicas**" y también "**fonológicas**" a aquellas diferencias fonéticas (de importancia) que sirven para formar pares mínimos, es decir, para distinguir significados. Diremos que una diferencia fonética es **redundante** cuando no es de importancia en el nivel **semántico** (= del significado). Recordemos que a tales realizaciones fonéticas no significativas las llamamos **alófonos** o **variantes**. Así, todas las variaciones alofónicas que *no* conllevan cambios de significado son diferencias redundantes.

Un ejemplo que hemos estudiado es el fonema /d/ que, en español, puede realizarse de dos maneras: con una [d] oclusiva y con una [ð] fricativa, pero esta alternancia de **sonidos jamás tiene consecuencias semánticas**. Por tanto, la **alternancia** entre [d] y [ð] es redundante porque, como hemos visto, no hay pares mínimos basados en el contraste entre [d] y [ð]. Ambos alófonos pertenecen a un solo fonema, i.e., /d/.[7] Por el

[7] Se entenderá que el empleo del símbolo fonológico "oclusivo" /d/ en vez del "fricativo" para la representación fonológica de ninguna manera implica que el sonido oclusivo [d] sea más frecuente o más "normal" que el fricativo [ð], sino que se trata tan solo de una convención abstracta. De hecho, como hemos tenido la oportunidad de ver en el Capítulo 7, la variante fricativa es con mucho la mayoritaria en cuanto a su frecuencia relativa de uso.

contrario, en inglés, la diferencia entre [d] oclusiva y [ð] fricativa es **contrastiva** ya que /d/ y /ð/ son **fonemas** distintos.

9.4. Análisis más detallado de algunos fonemas

9.4.1. *El fonema /p/ en inglés, en español y en otras lenguas*

Examinemos ahora un ejemplo de un fonema del inglés que tiene más de un alófono (i.e., más de una articulación). En inglés, la letra "p" tiene varias posibilidades de pronunciación de acuerdo con la posición que tenga en la palabra. Decimos entonces que la articulación de la "p" inglesa depende de su "**entorno**" ('environs, environment'), también llamado "**contorno**". En inglés, al igual que en las demás lenguas del mundo, el entorno suele **condicionar** la realización fonética de los alófonos. En este sentido, la "p" del inglés no es ninguna excepción: en posición inicial de palabra o sílaba, su pronunciación común es la de un sonido oclusivo bilabial sordo **aspirado** (Fig. 9.5). Al formarse la oclusión en los labios, el sonido oclusivo [p] va acompañado de cierta fricción o explosión, llamada **aspiración** y transcrita con una [^{h}] elevada en lingüística. Esta aspiración en la [p^h] puede verificarse de la siguiente manera. Mantenga un pedazo de papel cerca de los labios y pronuncie las tres palabras a continuación:

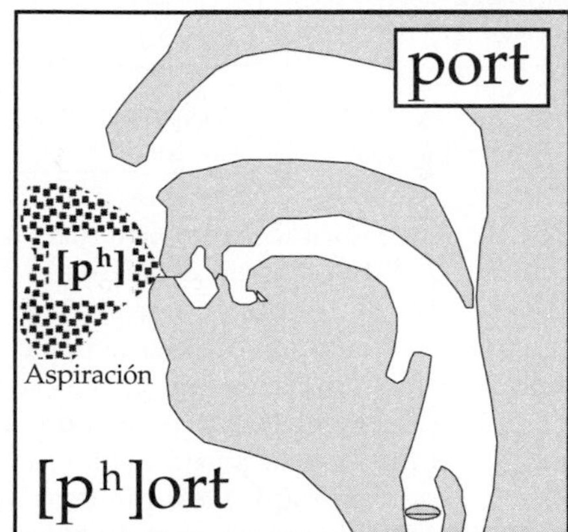

Fig. 9.5. La [p^h] aspirada del inglés.

port *paper* *poor*

Al pronunciarlas, observará que el papel se mueve por la fuerza explosiva del aire que sale entre los labios.

El fonema /p/ no se realiza siempre con igual aspiración en inglés. Si articulamos *sport,* vemos que aunque la [s] sí produce algún escape de aire, la aspiración que se realiza en la /p/ es mínima. Esta /p/ no aspirada de *sport* se llama *oclusiva bilabial sorda **no** aspirada,* transcrita simplemente con [p] (nótese que usamos corchetes para mostrar que se trata de un alófono). Sin embargo, esta diferencia entre [p] y [p^h], aunque muy real fonéticamente, no es usada por el anglohablante para distinguir palabras.[8] Esto equivale a decir que (1) no hay pares mínimos en inglés basados en la diferencia entre [p] y [p^h], y (2) por lo tanto, en el nivel fonológico estos dos sonidos (alófonos) pueden representarse con un solo símbolo: /p/ (fonema) (v. Fig. 9.6).

---

[8] Hay que notar, sin embargo, que en el susurro ('whispering'), la aspiración de las oclusivas sordas sí puede tener una función fonemática. En el susurro, solo la aspiración distingue las oclusivas sordas /p, t, k/ de las oclusivas sonoras /b, d, g/. Este fenómeno lleva a muchos hablantes nativos del inglés a identificar, falsamente, las oclusivas /p, t, k/ del español como /b, d, g/.

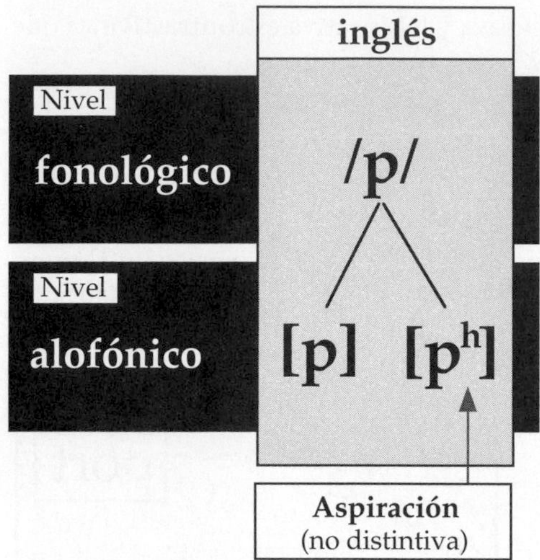

Fig. 9.6. Realizaciones fonéticas del fonema /p/ del inglés.

En otros idiomas, esta interpretación fonológica de la /p/ es diametralmente opuesta, debido a que en esas lenguas el rasgo de aspiración (i.e., [^{h}]) sí es **distintivo**. Al contrario de lo que ocurre en inglés, la presencia y la ausencia de aspiración es percibida de manera consciente por cualquier hablante de tales idiomas. Esto es así porque se forman pares mínimos a base de la presencia o ausencia de aspiración. Un ejemplo específico de una lengua que distingue /p/ y /p^h/ fonológicamente es el tailandés, donde /ˈp^{h}aa/ 'partir' es una palabra, y /ˈpaa/ 'selva' es otra (Fig. 9.7). Por tanto, en este caso, tendríamos dos fonemas distintos, i.e., /p/ y /p^h/.

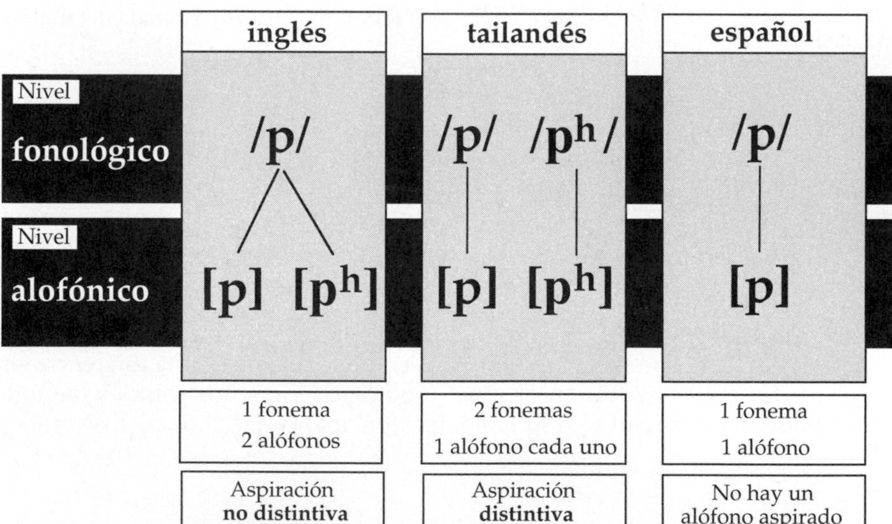

Fig. 9.7. Fonología vs. fonética: comparación de tres lenguas distintas.

Al oír [p] y [p^h], los hablantes del inglés entienden que esta diferencia acústica NO *es contrastiva en el nivel del significado. Lo contrario ocurre con los hablantes del tailandés, quienes identifican la diferencia acústica entre [p] y [p^h] con una diferencia de significado en pares mínimos como /'p^{h}aa/ = 'partir' y /'paa/ = 'selva'.*

9.4.2. *Los fonemas vocálicos del latín*

Otro ejemplo de un fonema lo tomaremos del latín. En el latín hay diez vocales distintas. Cinco de ellas son largas, y cinco breves (el símbolo ":" se emplea aquí para indicar la duración larga de las vocales):

Largas	**Breves**
/a:/	/a/
/e:/	/e/
/i:/	/i/
/o:/	/o/
/u:/	/u/

Latín

EJEMPLOS

[o:s]	'boca'	← /o:/ larga
[os]	'hueso'	← /o/ breve

Estas vocales latinas son **distintivas** fonológicamente, por lo que si el hablante usa erróneamente una vocal breve en lugar de una larga, esto cambia el significado de la palabra: *os* con vocal [o] breve, significa 'hueso', y *os* con vocal [o:] larga, significa 'boca'. Así, en latín es muy importante diferenciar cuidadosamente entre una vocal corta y una larga.

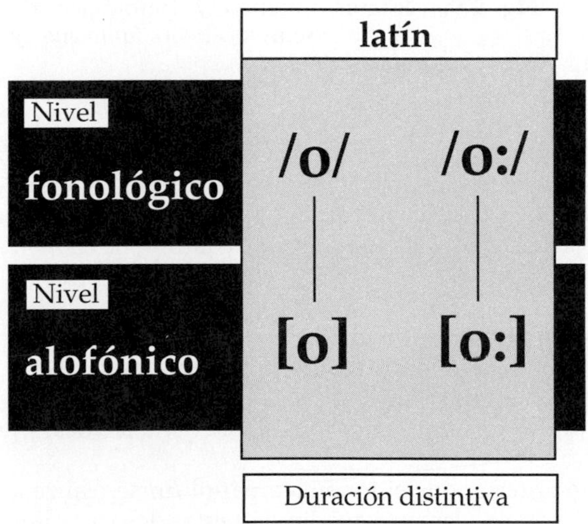

Fig. 9.8. El contraste fonemático (fonológico) entre una vocal breve y larga en latín.

Como acabamos de ver, en el caso del latín hay diferencias articulatorias distintivas en la duración vocálica que resultan en una diferencia de interpretación en la mente del hablante. El caso opuesto se presenta en español, donde todas las vocales son normalmente cortas y donde hay solamente cinco vocales distintivas. Sin embargo, por énfasis o por algún otro motivo, el hispanohablante puede alargar la pronunciación de cualquier vocal. Por consiguiente, en español existen **fonéticamente** —pero no **fonológicamente**— vocales largas y vocales cortas como en el latín. Refiriéndonos exclusivamente al nivel articulatorio, podemos decir que los sonidos vocálicos del latín y del español son casi idénticos ya que ambas lenguas exhiben la doble serie de vocales breves [a, e, i, o, u] y vocales largas [a:, e:, i:, o:, u:]. Pero frente al caso del latín, la diferencia *corta* vs. *larga* no tiene ningún valor distintivo (fonológico) en español, donde esa variación de longitud es puramente **redundante** (en este caso estilística).

Ya que estamos hablando de vocales, podemos señalar ahora que el ajuste vocálico del tipo [**tu** es'posa] → [tu̯es'posa], es decir, la realización en el habla rápida de una vocal como semivocal (Cap. 6), es otro caso de alternancia alofónica. En español, la semivocal [u̯] es un alófono del fonema /u/, al igual que la semivocal [i̯] lo es del fonema /i/ en un caso como *miedo* ['mi̯eðo] = /'m**i**edo/. Concluimos, además, que [u̯] e [i̯] son alófonos y no fonemas porque no hay pares mínimos basados en las distinciones [u] vs. [u̯], [i] vs. [i̯]. Por contraste, encontramos ejemplos como *silla, musa, día* o *Raúl*, en los que la "i" y la "u" actúan como vocales nucleares (i.e., no como semivocales), bien por ser las únicas vocales en la sílaba (*silla, musa*), o bien porque están en hiatos (['**di**-a], [ra-'**ul**]). En estos casos, hablamos de los fonemas /i/, /u/ y sus respectivos alófonos vocálicos [i], [u]. Para el caso de la "ü" en *pingüino* o *ambigüedad*, el estudiante recordará que transcribimos este sonido como [u̯] (cp. [piŋ'gu̯ino] y [ambiɣu̯e'ðað]). Por tanto, para la "ü" diremos que hay un fonema /u/ y un alófono semivocálico [u̯] (contraste entre /ambig**u**e'dad/ y [ambiɣu̯e'ðað] en la Fig. 9.9).

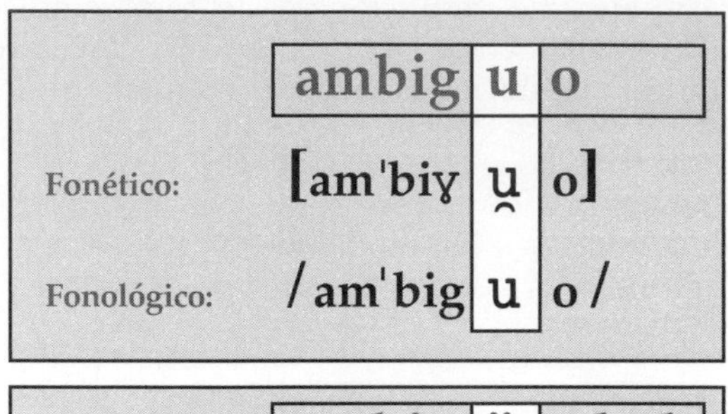

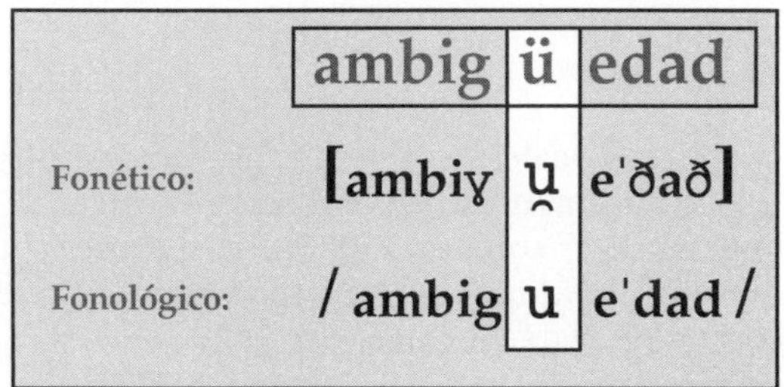

Fig. 9.9. Estatus fonético y fonológico de la "u" semivocal en *ambiguo y ambigüedad.*

En conclusión, en el nivel **fonológico** transcribiremos con vocal palabras como *puerta* /'puerta/ y *miedo* /'miedo/, pero en el nivel **fonético** representaremos estos mismos sonidos con semivocal, cp. ['pu̯erta] y ['mi̯eðo]. El fonema /u/ tiene dos alófonos: la vocal [u] y la semivocal [u̯], y, por su parte, el fonema /i/ tiene la vocal [i] y la semivocal [i̯].

Hemos señalado ya en un párrafo anterior que el fonema español /u/ se realiza a veces con una variante breve y a veces con una larga. Si añadimos a estas dos variantes alófonicas la semivocal [u̯] podemos establecer el tipo de representación gráfica del fonema /u/ que se da en la Figura 9.10. Una transcripción más estrecha incluso podría revelar hasta seis alófonos para el fonema /u/ (Fig. 9.11). Esto es así porque en español todas las vocales pueden ser tanto orales como nasales (Cap. 2, §2.4). La selección entre estas es libre en palabras como *gracias* (cp. *gr[**a**]cias* vs. *gr[**ã**]cias*) o *sala* (cp. *s[**a**]la* vs. *s[**ã**]la*), y obligatoriamente nasal en palabras como *niño = n[**ĩ**]ño, mano = m[**ã**]no,* donde la presencia de las consonantes nasales /n/ y /m/ nasaliza las vocales acentuadas.

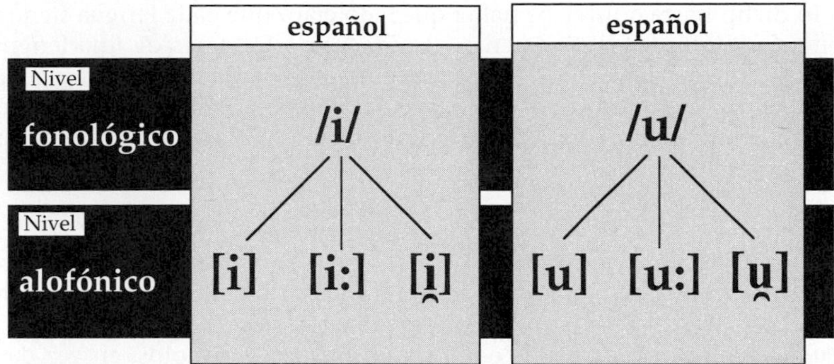

Fig. 9.10. Los fonemas /i/ y /u/.

En esta representación, los fonemas /i/ y /u/ tienen alófonos con duración variada: (1) [i] /[u] ***normal****, (2) [i:] /[u:]* ***alargada*** *y (3) [i̯] /[u̯]* ***semivocal*** *(más breve).*

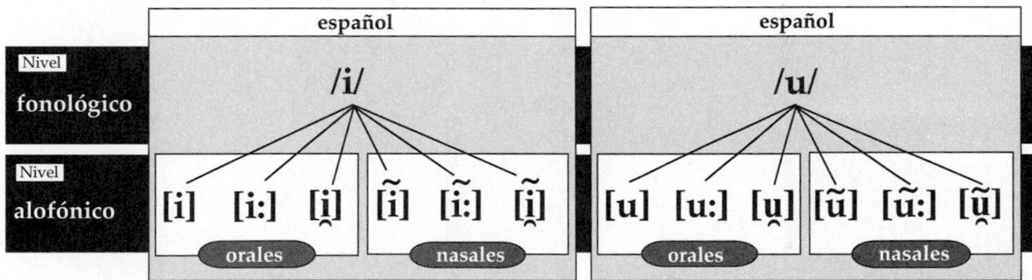

Fig. 9.11. Transcripción más estrecha de dos alófonos vocálicos: /i/ y /u/.

*Se observará que cada uno de estos dos fonemas tiene un total de 6 alófonos (3 orales y 3 nasales). Las vocales /a, e, o/ tienen solo 4 alófonos cada una. Esto es así porque /a, e, o/ no tienen variantes semivocálicas (no existe *[a̯, e̯, o̯]). Por lo tanto, el fonema /a/, por ejemplo, tiene los 4 alófonos orales y nasales [a], [a:], [ã] y [ã:].*

9.4.3. *El fonema: resumen de algunas de sus características*

Hemos visto que **el fonema es siempre una representación abstracta de un grupo de sonidos**, y que el fonema se manifiesta fonéticamente por medio de sonidos (alófonos). Es decir, al pronunciar una palabra no articulamos fonemas sino alófonos, los cuales siempre pertenecen a un determinado fonema. En inglés, no pronunciamos el fonema /p/ sino uno de sus alófonos, i.e., la [pʰ] aspirada o la [p] no aspirada. La selección de estas dos variantes está regida por el entorno: en posición inicial de sílaba, por ejemplo, /p/ se realiza como [pʰ] aspirada. Estas dos articulaciones son las principales representaciones fonéticas del fonema /p/. En español, el fonema /a/ tiene al menos dos alófonos: una [a] corta, que es la más normal, y una [a:] larga que se usa en casos de énfasis. Además, tiene estas mismas dos variantes en su forma nasalizada: [ã], [ã:].

Con lo dicho hasta aquí debe haber quedado claro que cada lengua tiene su propio sistema fonológico. Efectivamente, el número de fonemas de una lengua varía considerablemente de lengua a lengua. Como muestra la Tabla 9.2 (pág. 219), el español americano general tiene un total de 18 fonemas consonánticos. El estudiante podrá también encontrar una lista completa de estos fonemas en la "Tabla Fonológica" en la portada interior de este manual.

9.4.4. *Otro ejemplo de un fonema: /ɾ/ simple vs. /r/ múltiple*

Pasemos ahora a otro ejemplo de clasificación fonológica del español: la [ɾ] simple vs. la [r] múltiple. La [ɾ] simple de *pero* se distingue fonéticamente de la [r] múltiple de *perro* por articularse con un solo toque de la lengua contra los alvéolos, en vez de toques múltiples. Cabe entonces hacerse la siguiente pregunta: ¿es contrastiva esta diferencia articulatoria entre los sonidos vibrantes? La respuesta es afirmativa dado que la sustitución de la [ɾ] simple por la [r] múltiple —más larga acústicamente que la primera— resulta en la formación de un par mínimo: cp. *caro* vs. *carro*. Es enteramente lícita pues la clasificación de [ɾ] y [r] como alófonos de dos **fonemas diferentes** (Fig. 9.12).

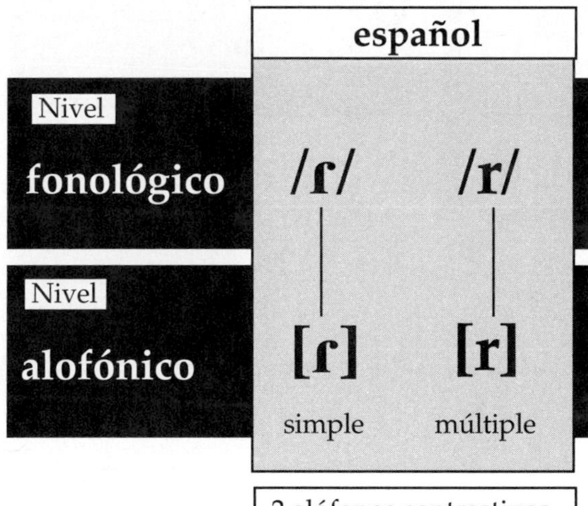

Fig. 9.12. Contraste de las consonantes vibrantes en español.

El Capítulo 13 explicará que el fonema /ɾ/ simple tiene alófonos adicionales.

Los 24 fonemas del español americano (con ejemplos de pares mínimos)		
1.	/p/	*par / mar*
2.	/t/	*ti / mi*
3.	/k/	*cola / sola*
4.	/b/	*bala / sala*
5.	/d/	*dama / mama*
6.	/g/	*gota / bota*
7.	/f/	*fama / dama*
8.	/s/	*ser / ver*
9.	/tʃ/	*chico / rico*
10.	/x/	*jota / rota*
11.	/m/	*mi / ti*
12.	/n/	*no / lo*
13.	/ɲ/	*uña / una*
14.	/ɾ/	*caro / carro*
15.	/r/	*perro / pero*
16.	/l/	*mala / masa*
17.	/ʝ/	*mayo / malo*
18.	/w/	*hueco / yeso*
19.	/i/	*si / se*
20.	/e/	*ve / va*
21.	/a/	*pala / palo*
22.	/o/	*solo / sola*
23.	/u/	*ruta / rata*
24.	ACENTO FONÉTICO:	***hablo** / habló* *termino / término*

España:

En algunos dialectos de España encontramos dos fonemas adicionales:

/θ/	*vez*	→ contrasta con	*ves*
/ʎ/	*calló**	→ contrasta con	*cayó***

**'he/she became quiet' (del verbo* CALLAR*)*
***'he/she fell' (del verbo* CAER*)*

Tabla 9.2. Lista de fonemas.

Observe que esta lista de fonemas incluye un fonema "especial" (véase el número 24), muy distinto de los demás: el acento fonético. Como se ha explicado en el apartado 9.3.1, puesto que pares mínimos como "hable / hablé" o "hablara / hablará" se distinguen únicamente por la diferencia en el lugar de acentuación, el acento prosódico ha de considerarse una unidad abstracta mínima (fonema), capaz de cambiar el significado de una palabra.

9.4.5. *Alternancia fonética y su interpretación en el nivel fonemático*

Todo lo antedicho permite llegar a la conclusión de que la fricción, la oclusión, la nasalidad, la lateralidad, la vibración, la sonoridad e incluso el acento fonético pueden funcionar como rasgos distintivos en español. Debe entenderse, sin embargo, que estos rasgos no siempre son distintivos ya que en muchos casos sirven solo para crear una variación alofónica. Así, la alternancia entre la oclusión y la fricción en el fonema /d/ genera variantes puramente alofónicas, i.e., [d] y [ð]. Y, de igual modo, la alternancia entre la articulación sorda y sonora de /s/ en *mi[s]mo* y *mi[z]mo* es alofónica y no fonémica (obsérvese, sin embargo, que en inglés /s/ y /z/ sí son fonemas: cp. *face* [fei̯s] vs. *faze* [fei̯z]).

Examinemos más de cerca una alternancia alofónica en la cual la existencia de dos alófonos distintos *no* tiene efecto alguno en el nivel de interpretación (nivel fonemático). Recordará el lector que el sonido lateral [l] en español es normalmente alveolar y sonoro. Sin embargo, cuando le siguen los fonemas *dentales* /d/ o /t/, la /l/ no se realiza como alveolar sino como *dental*. Este ajuste articulatorio se representa con el alófono [l̪]. De esta manera, el punto de articulación de la /l/ alveolar se acerca ligeramente al de la /d/dental que le sigue, reduciendo así la distancia que tiene que "viajar" la lengua en la producción de /ld/. La transcripción fonética de tal ajuste en palabras como *al̲d̲ea* es: [al̪'**d**ea]. El término técnico para este tipo de ajuste es "**asimilación**"[9] (Cap. 7). La Figura 9.13 ilustra el proceso de manera gráfica.

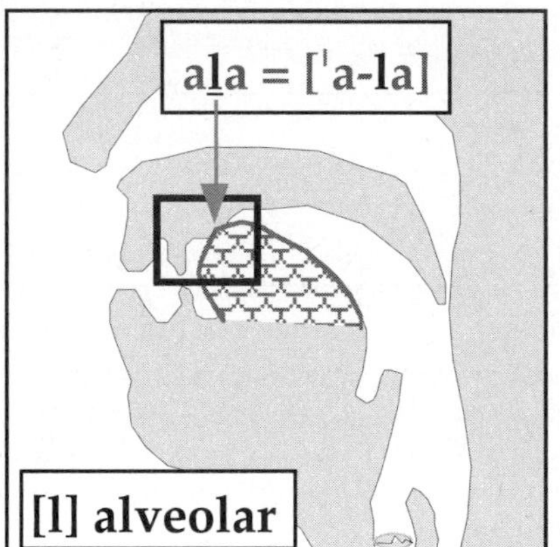

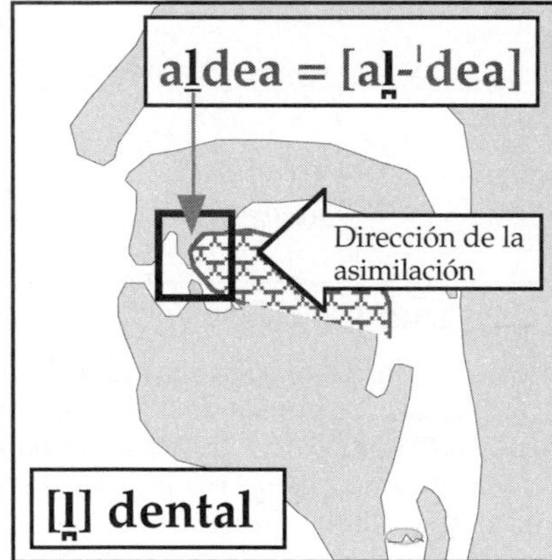

Fig. 9.13. Dos realizaciones alofónicas de /l/. La [l] alveolar y la [l̪] dental.

La posición "normal" o "neutra" de la lateral /l/ es la alveolar. Efectos asimilatorios pueden desplazar el punto de articulación. Por ejemplo, en "aldea" [al̪'dea], la articulación alveo-dental [l̪] es el resultado de una asimilación al punto de articulación del sonido que le sigue, i.e., [d] ***dental****. Como veremos en los siguientes capítulos, este tipo de acercamiento asimilatorio entre dos sonidos es muy frecuente en español.*

El cambio de la zona de articulación —dental a alveolar— no es un rasgo distintivo de la [l] y [l̪] ya que ambos son alófonos de un solo fonema, i.e., /l/. Las dos articulaciones variables de la /l/ pertenecen pues al campo de la fonética y no al de la fonología.

---

[9] Sobre el fenómeno de asimilación se profundizará en los Capítulos 11 y 15. Cabe señalar aquí que la asimilación de derecha a izquierda en un caso como *aldea*, donde la "d" influye en la articulación de la "l", se conoce como "asimilación regresiva".

9.5. Alternancia condicionada y alternancia libre

Hemos observado cómo, desde el punto de vista del sistema, ciertas variaciones articulatorias tienen más "peso" o importancia que otras porque resultan en cambios de significado. Aunque es correcta la idea de que los alófonos de un mismo fonema (por ejemplo [d] y [ð] del fonema español /d/) pueden intercambiarse libremente sin cambiar el significado de una palabra, sería falso pensar que la selección de alófonos pertenecientes a un solo fonema puede hacerse siempre al azar. En muchos casos, el contexto acústico —normalmente el sonido que sigue o precede directamente al elemento en cuestión— **condiciona** (o determina) el tipo de alófono que debe usarse. Esta selección obligatoria entre dos o más alófonos se llama **alternancia condicionada**. Se llama "condicionada" porque en el entorno de un determinado sonido hay una "condición" (por ejemplo, otra consonante con un punto de articulación distinto) que afecta cómo se articula el alófono.

Como se ilustra en la Figura 9.14, una alternancia puede ser condicionada por (1) el lugar de articulación, (2) el modo de articulación, o (3) la sonoridad (+/− sonoro). El ejemplo de *aldea* ilustra cómo la [d] dental condiciona el lugar de articulación de la /l/ precedente, realizada como [l̪] dental. Un ejemplo de un *modo* de articulación que condiciona alternancias articulatorias es la /n/. Dado que en la producción de la /n/ se cierra el pasaje entre la lengua y los alvéolos (§7.5 Cap. 7), la secuencia /nd/ se realiza siempre con oclusión en la /d/, dando así [n̪d̪] y nunca *[n̪ð]: *li[**n̪d̪**]o, be[**n̪d̪**]er, a[**n̪d̪**]a* y nunca **li[**n̪ð**]o, *be[**n̪ð**]er, *a[**n̪ð**]a*.

Finalmente, una alternancia producida por la sonoridad se da en ejemplos como *mismo* o *desde*, donde la presencia de una consonante sonora (subrayada) sonoriza la /s/, cp. *mi[z]mo, de[z]de*.

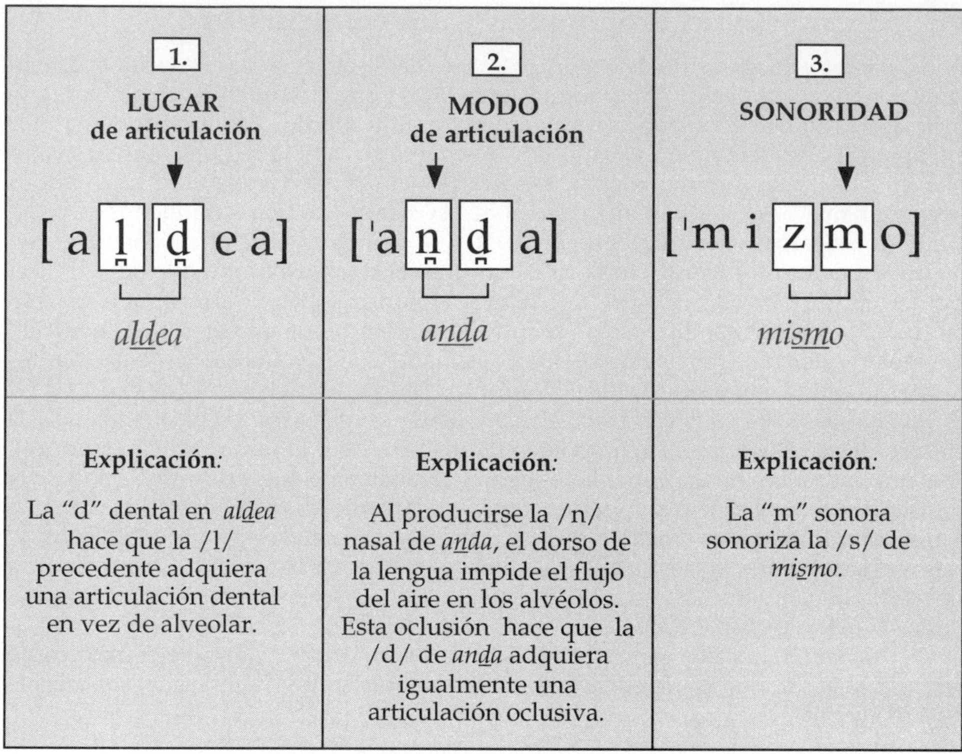

Fig. 9.14. Las tres condiciones que pueden producir una alternancia.

En los tres casos se trata de ***alternancias condicionadas****. En* aldea, *la [d̪] dental condiciona el punto de articulación de la /l/ que le precede, dando como resultado una [l̪] dental en vez de alveolar (el símbolo "̪" debajo de la [l̪] y [d̪] indica esta dentalidad).*

Algo similar ocurre en anda, *donde la /n/ condiciona el carácter oclusivo de la /d/ que le sigue.*

En mismo, *la condición es la /m/, consonante sonora que sonoriza la /s/ que le precede.*

Se observará que en aldea *y* anda, *las consonantes en cuestión adquieren el mismo punto de articulación (son dentales en ambos casos). Cuando dos sonidos llegan a tener el mismo punto de articulación, se dice que son* ***homorgánicos****. En esta Figura, subrayamos el carácter homorgánico de /ld/ = [l̪d̪] y /nd/ = [n̪d̪] con el símbolo "̪" debajo del alófono en cuestión. Se acordará el estudiante de que, en este texto (Cap. 7), la /d/ y /t/ son siempre dentales, por lo que normalmente omitimos el símbolo dental "̪" debajo de [d] y [t].*

De las tres alternancias condicionadas ilustradas aquí, las primeras dos son ***obligatorias*** *(se hacen siempre y de manera automática). El tercer ejemplo (i.e.,* mismo = mi[z]mo*) es un caso de una* ***alternancia libre*** *(no obligatoria) ya que* mi[s]mo *es igualmente una opción articulatoria común y viable. Hay pues alternancias condicionadas que son obligatorias (casos 1 y 2 arriba) y otras que son libres (caso 3).*

Tal y como hemos señalado más arriba, cuando la selección entre variantes alofónicas puede hacerse "a la libre voluntad" del hablante, se dice que se trata de una **alternancia libre**. *Mi[s]mo* vs. *mi[z]mo* es un caso de tal alternancia: el hablante, en cualquier momento, puede escoger libremente entre una de estas dos variantes. En la mayoría de los casos escogerá la variante sonora *mi[z]mo,* porque es la variante favorecida en la gran mayoría de las comunidades de habla hispana.

En los próximos capítulos profundizaremos en el estudio de la agrupación fonológica de los sonidos, indicando si funcionan de manera contrastiva o si simplemente son alófonos de un mismo fonema. Veremos que en muchos casos, un determinado alófono existe tanto en inglés como en español, pero la interpretación de estos sonidos, a nivel fonológico, difiere en los dos idiomas. Prestaremos especial atención a tales diferencias fonológicas para ilustrar cómo pueden causar problemas cuando el anglohablante aprende español.

Resumen

Este capítulo ha presentado dos conceptos clave de la lingüística: **fonema** y **alófono**. Los fonemas son los constituyentes de un sistema fonológico. Para determinar lo que es (o no es) un fonema se deben formar **pares mínimos**. Estos pares se llaman "mínimos" porque en ellos se permite únicamente una sola diferencia fonética; así, *ven* vs. *ten* y *muchacho* vs. *muchacha* son pares mínimos. En contraste, *pasan* vs. *pesar* no es un par mínimo porque muestra no una sino dos diferencias fonéticas. En pares mínimos, **la sustitución de un fonema por otro fonema siempre conlleva un cambio de significado**.

Al transcribir un segmento oracional **fonológicamente** solo distinguimos un mínimo de detalles, es decir, solo diferenciamos entre los **rasgos distintivos** que diferencian significado. El fonema **no** es, pues, una representación de un sonido (como lo es el alófono), sino más bien la representación de un concepto abstracto —esencialmente psicológico— que en el habla puede tener una o varias realizaciones fonéticas. Por lo tanto, **los fonemas no se articulan** (ni se oyen), mientras que los alófonos sí. La transcripción fonológica siempre se da entre barras oblicuas "/.../".

> ***El fonema***
>
> *Un fonema es una* UNIDAD ABSTRACTA MÍNIMA *que puede cambiar el significado de una palabra.*

Contrario a lo que ocurre en la transcripción fonológica, en la **transcripción alofónica** (entre "[...]") nos preocupamos por la representación exacta de los **sonidos** (cuanto más estrecha la transcripción, más exacta la representación). Expresado de manera metafórica, podría decirse que la transcripción alofónica es una especie de fotografía del habla: capta los detalles fonéticos pero **no** se preocupa de cómo estos detalles se analizan en la mente del hablante. Expresado de otra manera, esta "fotografía" no muestra cómo el hablante extrae el significado de toda la variación fonética que se presenta en el habla. De ahí que, por ejemplo, una variación alofónica como la que ocurre en español entre el sonido oclusivo [d] y el fricativo [ð] sea relevante para el **fonetista** (el que transcribe fonéticamente), pero no para el **fonólogo** (el que transcribe fonológicamente). Como hemos visto, la diferencia entre [d] y [ð] es una diferencia fonética real, pero en el nivel de la interpretación no tiene importancia ninguna en español ya que [d] y [ð] no forman pares mínimos. La situación es muy distinta en inglés, donde los hablantes interpretan la diferencia entre [d] y [ð] como importante ya que les asignan una función **fonológica** a ambos sonidos (cp. *den* [den] y *then* [ðen], fonológicamente /den/ y /ðen/, respectivamente).

De lo dicho puede deducirse que, en el nivel fonológico, una palabra española como *den* ('[that] they give [subj.]') —articulada [ðen] o [den] según el entorno fonético— solo puede representarse con /**d**en/ y nunca con */**ð**en/. En español, el alófono [ð] jamás se opone a [d] para distinguir significados. Esto explica por qué concluimos que el sonido [ð] es un fonema en inglés pero solamente un alófono en español. Cuando las variaciones fonéticas (como esp. [d] vs. [ð]) no son de importancia en el nivel **semántico** (del significado), se dice que es una diferencia **redundante**. Otra diferencia redundante en español, por ejemplo, es la que encontramos en la sonorización de la /s/ > [z], cp. *mi[s]mo* vs. *mi[z]mo.* En contraste, las diferencias fonéticas que sí sirven para oponer pares mínimos se llaman diferencias **contrastivas.**

Queremos subrayar aquí una vez más que los **rasgos distintivos** son aquellos donde una diferencia **fonética** entre dos palabras (*te* vs. *ve, graso* vs. *craso, ajo* vs. *amo*) implica una distinción de significado. Por lo tanto, **no** se consideran distintivos homófonos como ingl. *sea/see* o esp. *sí/si* o *vino* 'he came'/*vino* 'wine'.

Todos los alófonos pertenecen siempre a un fonema (los alófonos españoles [d] y [ð], por ejemplo, pertenecen al fonema /d/), y **cada fonema tiene por lo menos un alófono**. Como veremos en las próximas lecciones, algunos fonemas españoles tienen toda una gama de alófonos. En las lenguas del mundo, y en esto el español no es ninguna excepción, los fonemas suelen realizarse con más de un alófono; siendo menos comunes aquellos fonemas con un solo alófono. Como es lógico, determinar el número "exacto" de alófonos de un fonema es algo subjetivo: una transcripción amplia revelará menos alófonos que una estrecha. En el caso de este manual, por ejemplo, distinguiremos solamente un alófono para cada uno de los fonemas /p/, /t/, /k/, /m/ y /f/.

Inventario de alófonos

Para un inventario completo de los alófonos presentados en este texto, véase la tabla en la portada interior de este manual. Recomendamos que el estudiante consulte esta tabla con frecuencia a lo largo de la lectura de los próximos capítulos.

La variación fonética se debe en muchos casos a un fenómeno que hemos llamado **asimilación**. En español, la asimilación se da, por ejemplo, en la secuencia /ld/, donde la /l/ —normalmente *alveolar*— se articula como *dental* [l̪]. De esta manera el lugar de articulación de la /l/ alveolar se acerca ligeramente al de la /d/ dental que le sigue, reduciendo así la distancia que tiene que "viajar" la lengua en la producción de palabras como *aldea,* fonéticamente [al̪'dea].[10]

Finalmente, hemos insistido en que el inventario de fonemas varía de una lengua a otra. El inglés y el español son precisamente dos lenguas cuyos inventarios fonológicos coinciden solo parcialmente. Así, /k, t, f, d, s/, por ejemplo, tienen estatus de

[10] Como se ejemplificará en los capítulos posteriores, estos alófonos pueden ser más o menos distantes el uno del otro. Por ejemplo, el alófono nasal *velar* [ŋ] es más distante de la [n] *alveolar* que de la [n̪] *dental.*

fonema en ambas lenguas, mientras que el alófono [ð] —común tanto en inglés como en español— solamente tiene valor fonológico en inglés (para una representación gráfica de estas diferencias, véase la Figura 9.15).

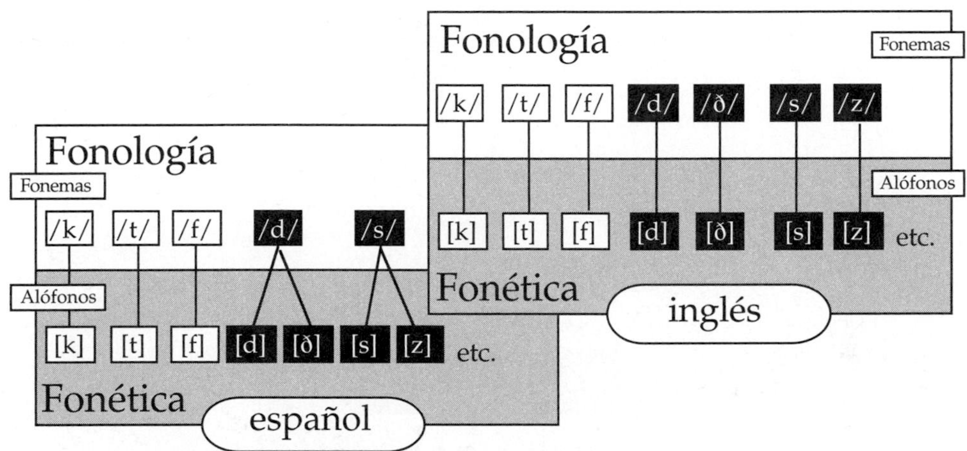

Fig. 9.15. Fonología vs. fonética en dos lenguas distintas.

*De este inventario parcial de alófonos y fonemas del español y del inglés puede desprenderse que las dos lenguas comparten un buen número de sonidos (alófonos), pero que su interpretación difiere de manera sustancial. Así, se notará que ambas lenguas tienen los alófonos [d], [ð], [s] y [z], pero que solamente el inglés los usa todos de manera contrastiva (**cuatro** alófonos = **cuatro** fonemas). En español, tanto [d]/ [ð] como [s]/[z] son pares de sonidos que pertenecen a un solo fonema, i.e., /d/ y /s/, respectivamente (**cuatro** alófonos = **dos** fonemas).*

Ya hemos tenido la oportunidad de estudiar la variabilidad de [d]/[ð] y asimismo de [s]/[z] en capítulos anteriores. Volveremos sobre estos alófonos de manera más detallada en las lecciones que siguen.

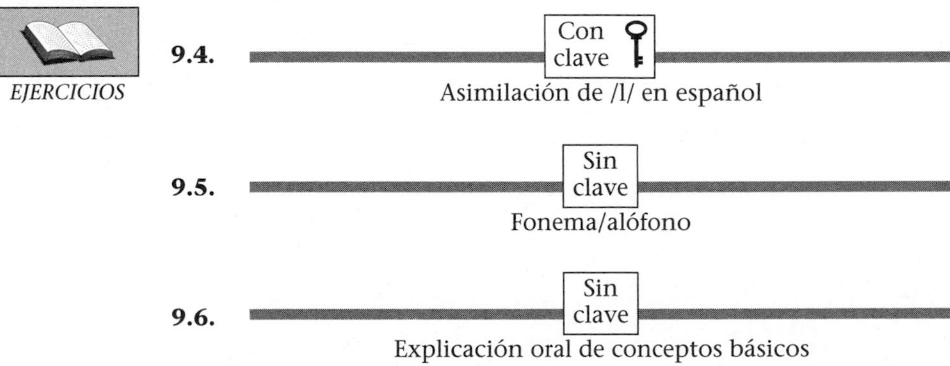

9.4. Con clave — Asimilación de /l/ en español

9.5. Sin clave — Fonema/alófono

9.6. Sin clave — Explicación oral de conceptos básicos

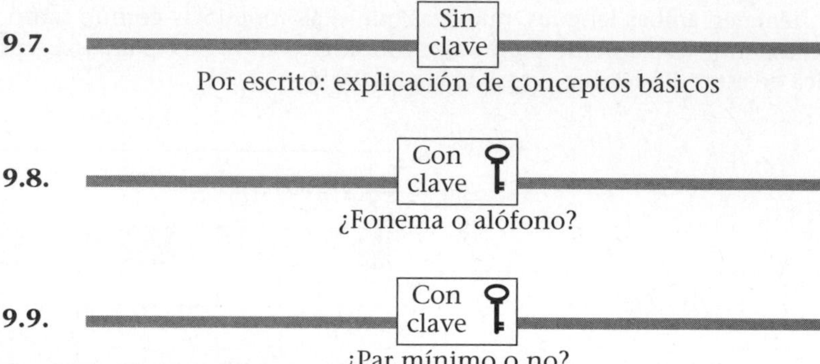

9.7. Sin clave

Por escrito: explicación de conceptos básicos

9.8. Con clave

¿Fonema o alófono?

9.9. Con clave

¿Par mínimo o no?

EXAMEN DE PRÁCTICA 4 (CAPS. 8-9)

www.wiley.com/college/Schwegler
→ "Practice exams"

<u>Claves en:</u>

www.wiley.com/college/Schwegler
→ Practice exams → "Keys to practice exams"

Capítulo 10

Los fonemas oclusivos /p, t, k/ El fonema africado /tʃ/

10.1. Los fonemas oclusivos /p, t, k/

Los tres fonemas **oclusivos sordos** (ingl. 'voiceless stops') del español son:

1. **/p/** bilabial — *papá, Pedro, mapa*
2. **/t/** dental — *total, taco, atlántico*
3. **/k/** velar — *casa, kilo, quemar*

En español, estos fonemas se realizan siempre **sin aspiración**, i.e., con [p, t, k].[1] Muy distinta es la situación en inglés donde /p, t, k/ se realizan comúnmente **con aspiración** [pʰ, tʰ, kʰ]. Compare:

ESPAÑOL (SIN ASPIRACIÓN)	INGLÉS (CON ASPIRACIÓN)
[p]istola	**[pʰ]**istol
[t]abla	**[tʰ]**able
[k]ilo	**[kʰ]**ilo

[1] Ignoramos aquí a propósito, dado que los trataremos más tarde en el capítulo, aquellos casos donde las oclusivas sordas aparecen en posición final de sílaba (*óptimo, atmósfera, actor*), y cuya articulación es algo distinta (aunque tampoco con aspiración). El estudiante de habla inglesa normalmente no tiene mayores dificultades para articular /p, t, k/ al final de sílaba.

Al igual que en inglés, en español los alófonos de /p, t, k/ permiten establecer pares mínimos, por lo que sabemos que se trata de alternancias fonémicas y no simplemente alofónicas:

/p/	**/k/**	**/t/**
[**p**]asa	[**k**]asa	[**t**]aza
[**p**]oca	[**k**]oca	[**t**]oca
ro[**p**]a	ro[**k**]a	ro[**t**]a

Una característica de /p, t, k/ es que, salvo en préstamos (extranjerismos), en español *jamás ocurren en posición final palabra*. En contraste, en inglés, /p, t, k/ sí ocurren comúnmente en este entorno: cp. *lap, fat, pack*.

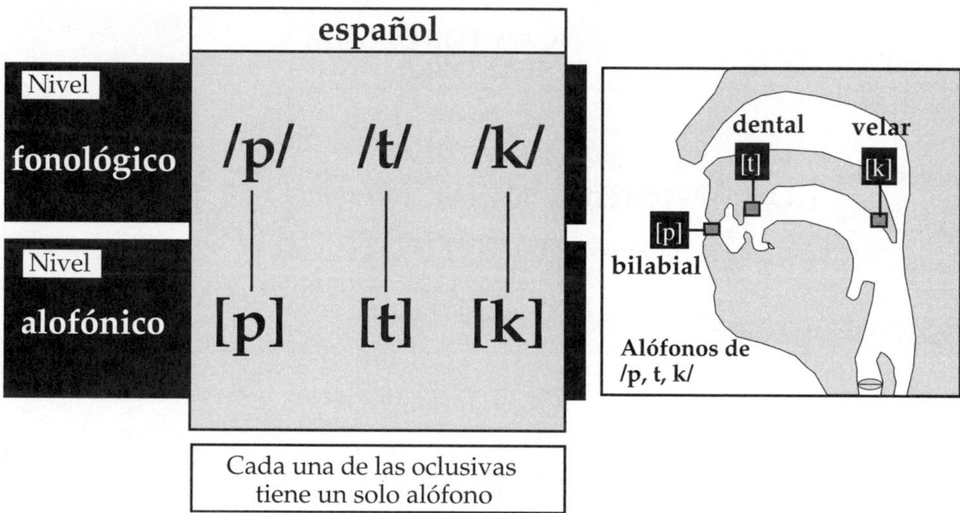

Fig. 10.1. Las oclusivas sordas del español.

El fonema /p/ tiene características comunes con el fonema /p/ del inglés, que es igualmente oclusivo bilabial y sordo. El fonema /k/ también se asemeja considerablemente al sonido /k/ del inglés, el cual también es velar y sordo. Algo distinto es el caso del fonema /t/; en español tiene como alófono principal un sonido **dental [t]** (Fig. 10.1), también representado con [**t̪**]. En inglés, el fonema /t/ de palabras como *tooth* o *tick* tiene como alófono principal un sonido **alveolar [t]**, articulado con la lengua con una oclusión en los alvéolos. Más precisamente la clasificación articulatoria de la /t/ en español, al igual que la /d/, es *laminar denti-alveolar*, dado que se articula con la lámina (predorso) de la lengua plana contra los alvéolos y los dientes superiores. Ahora bien, en español /t/ y /d/ se clasifican como dentales porque el contacto con los incisivos es el punto articulatorio más relevante para la producción de estos sonidos.

En inglés, los fonemas oclusivos sordos /p, t, k/ tienen por lo menos dos maneras principales de pronunciarse, a saber, **con aspiración** ([p^h, t^h, k^h]) y **sin aspiración** ([p, t, k]). Para una comprobación preliminar de este fenómeno de la aspiración, coloque su mano en frente de la boca y articule las palabras inglesas *pill* y *kill* en voz alta. Debido a la explosión de aire que acompaña a las oclusivas /p/ y /k/ aspiradas, en el momento de articular estas palabras usted sentirá en su mano el aire (aspiración), cp. *[pʰ]ill, [kʰ]ill.*

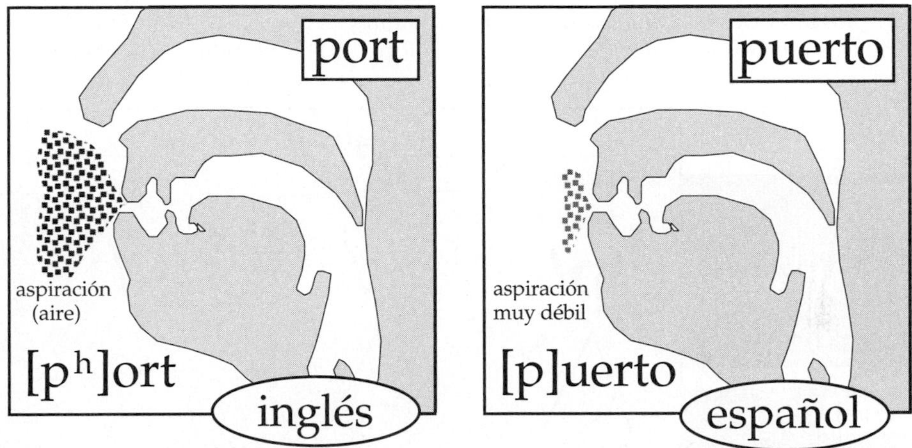

Fig. 10.2. Aspiración fuerte (inglés) vs. débil (español) en la producción de una /p/ a inicio de palabra.

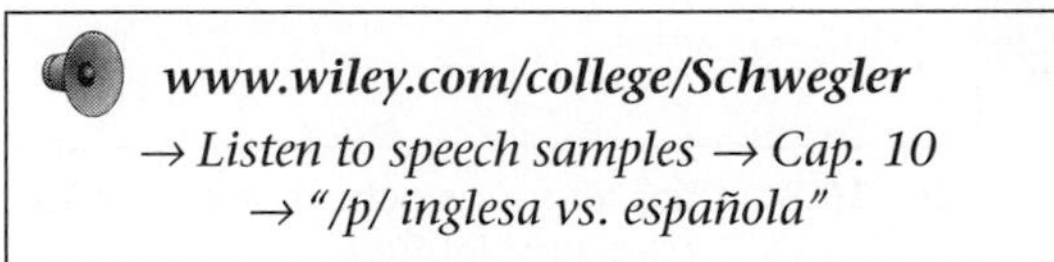

Lo que causa la aspiración de las oclusivas sordas /p, t, k/ del inglés es el uso de más fuerza explosiva cuando se deja escapar el aire. Esta aspiración, muy fuerte en ciertos contextos (cp. Figura 10.2), puede comprobarse mediante un experimento simple, al que ya hicimos mención en el Capítulo 9. Tome un pedazo de papel y colóquelo muy cerca de la boca. Pronuncie una palabra inglesa cuyo sonido inicial es /p, t, k/ (por ej. *Pete, too* o *case*). La aspiración que acompaña a la articulación de estos tres fonemas en posición inicial de palabra hace vibrar y hasta mover el papel. En cambio, si hacemos la misma prueba con los alófonos de las oclusivas sordas del español, al pronunciar estos tres sonidos con cuidado el papel no se mueve (o no debería moverse si usted lo pronuncia sin acento extranjero).

Veamos ahora el proceso de la aspiración en inglés con más detalle. La aspiración inglesa de /p, t, k/ es normal en sílaba tónica, sobre todo en posición inicial de palabra o sílaba ante vocales tónicas. Por ejemplo, en la palabra *pepper,* se aspira más la primera /p/ que la segunda, lo que podría representarse ortográficamente con "p^{hhh}p^{h}er" (nótese que ambas "p" van acompañadas de aspiración). La segunda posibilidad en inglés para la pronunciación de /p, t, k/ es la ausencia de aspiración: [p], [t], [k]. Estas oclusivas no aspiradas aparecen principalmente después del fonema /s/ en palabras como *spot, stop* o *skate,* o después de una sílaba tónica (cp. *leaped* o *rapid,* donde la /p/ no es aspirada). El efecto diferencial de la aplicación de la regla de aspiración se percibe muy bien al comparar los siguientes pares de palabras: *[pʰ]ort* con *s[p]ort*, *[tʰ]op* con *s[t]op*, *[kʰ]ill* con *s[k]ill*. Quizás más claro aun es el par *ra[pʰ]idity* vs. *ra[p]id*: en *ra[pʰ]idity* la /p/ se aspira porque PRECEDE a la sílaba acentuada (*rapidity*). En *ra[p]id* la /p/ no es aspirada porque SIGUE a la sílaba acentuada (*rapid*).

Es lícito concluir entonces que los fonemas oclusivos sordos del inglés tienen al menos dos alófonos principales, uno con aspiración y el otro sin ella. En contraste, en español los mismos fonemas tienen un solo alófono cada uno, siempre inaspirado.

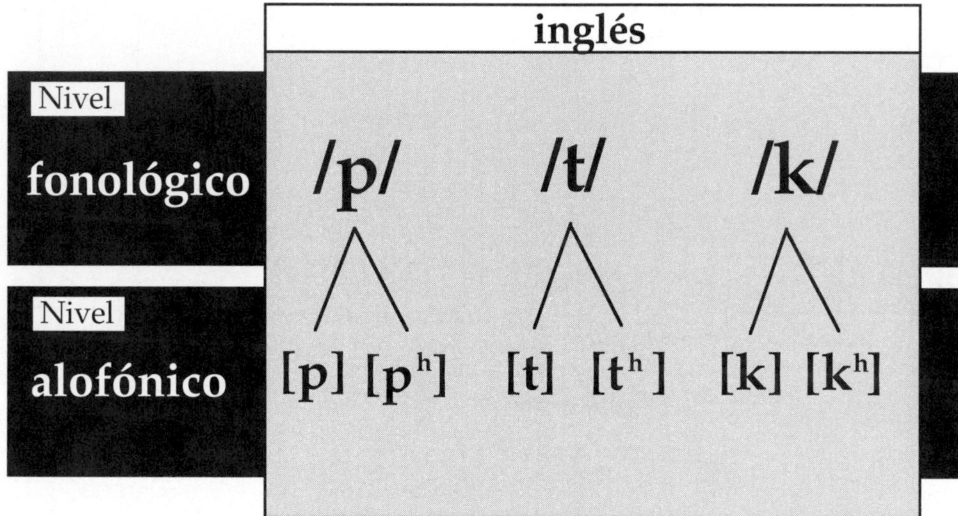

Fig. 10.3. Los alófonos oclusivos sordos ASPIRADOS y NO ASPIRADOS del inglés.

La aspiración es más fuerte cuando la consonante ocurre en posición inicial de una sílaba TÓNICA. La transferencia de esta regla al español puede causar un fuerte acento extranjero en palabras como "puerto", "Pedro", "tengo", "cama", "sentir", "kilo", etc. El español de muchos hablantes anglosajones (aun aquellos que hablan español con gran fluidez) tiende a caracterizarse por este rasgo extranjero de la aspiración.

La teoría detrás de este problema articulatorio es fácil de entender; ponerla en práctica es mucho más difícil, por lo que le recomendamos al estudiante que repita los ejercicios de este capítulo varias veces, sobre todo aquellos que se centran en la producción oral de [p, t, k].

El proceso articulatorio que origina la aspiración de las oclusivas sordas inglesas está tan arraigado en el habla del anglohablante que le es difícil suprimirla al aprender un idioma como el español cuyo sistema fonológico no la tiene. La aspiración de las oclusivas sordas en español puede evitarse al **minimizar la cantidad de aire al producirlas**. Al mismo tiempo, en nuestra experiencia didáctica hemos notado que, en muchos casos, estas dificultades articulatorias pueden corregirse con eficacia al sugerirle al estudiante que, en su mente, haga la sustitución ortográfica "artificial" ilustrada en la Figura 10.4.

Ortografía normal		Sustitución mental de letras	Ejemplos		
p-	→	**bb-** (fuerte, pero sin aspiración)	*ropa*	→	*robba*
			padre	→	*bbadre*
t-	→	**dd-** (fuerte, pero sin aspiración)	*tabla*	→	*ddabla*
			bota	→	*bodda*
k-	→	**gg-** (fuerte, pero sin aspiración)	*como*	→	*ggomo*
			que	→	*ggue*
			taco	→	*taggo*

Fig. 10.4. Sustitución "mental" de sonidos para evitar la aspiración.

Además de la aspiración, debemos destacar un fenómeno adicional que ocurre con el fonema /t/ en inglés, y que, en palabras como *butter* o *water*, con frecuencia causa dificultades articulatorias en español para el estudiante angloparlante. Así, dado que en inglés los grafemas "t" o "tt" en posición intervocálica (entre vocal tónica y vocal átona) en casos como *butter* o *water*, se producen como [ɾ][2] (i.e., con un solo toque rápido en los alvéolos), el estudiante a veces transfiere esta pronunciación al español. Puesto que en español el sonido [ɾ] nunca se produce como alófono del fonema /t/, recomendamos el pronunciar siempre la /t/ como [t]. Así se evitará que palabras como *pita* o *moto* sean articuladas como *['piɾa] o *['moɾo] en vez de ['pita], o ['moto]. Esta pronunciación errónea, además de revelar un fuerte acento extranjero, puede causar problemas de significado: cp. *moro* ('moor') vs. *moto* ('motorbike'), *pira* ('bonfire') vs. *pita* (entre otros significados: 's/he whistles').

10.1. 1. *Representación ortográfica de las oclusivas sordas*

Hay muy pocos problemas asociados con la representación ortográfica de las oclusivas sordas /p, t, k/ del español. El fonema oclusivo sordo /p/ tiene una sola representación ortográfica que es la letra "p" (cp. *poco, después, ropa*). De igual manera, el fonema oclusivo dental sordo /t/ tiene una sola representación ortográfica: la letra "t" (cp. *todo*).

En cambio, la representación ortográfica del fonema oclusivo velar sordo /k/ es algo más complicada. El fonema /k/ está representado de tres maneras según la vocal que le siga:

1. Si la vocal después de /k/ es una **anterior** (i.e., /i/, /e/), se emplean normalmente las letras "qu-" (cp. *quien, químico, líquido, quemar, querer, queso*). En este caso, la "u" en la combinación "qu-" es una letra muda que no representa ningún sonido.
2. Si la vocal después de /k/ **no es anterior** (i.e., /a/, /o/, /u/), se emplea la letra "c": *caso, coco, Cusco*.

[2] En inglés, el alófono representado por [ɾ] es conocido como *flap* o *tap*. Dicho "flap" se produce en variación libre y en algunas variantes más que en otras, por ejemplo en el inglés americano es muy prominente. Se debe destacar además su parecido con la vibrante simple del español; i.e., *para* > *pa[ɾ]a, pero* > *pe[ɾ]o*.

3. Por otro lado, también existe la combinación del grafema "k" seguido de cualquier vocal o consonante. Esta combinación se da en términos científicos (*kilómetro, keroseno*) o préstamos de otras lenguas (*karaoke, kodak, kleenex*). En algunos casos, el uso de "k" imita la ortografía que los préstamos tienen en la lengua original (por ej., *kilómetro, kilometraje, kilogramo*).

Por último, con respecto a la /k/ debe notarse también su presencia en la secuencia fonética [ks], representada por los grafemas "x"[3], "cc" y "xc" en palabras como *taxi, acción* y *exceso,* respectivamente. Los ejemplos a continuación ilustran el fenómeno en cuestión.

	ESPAÑOL DE AMÉRICA	ESPAÑOL GENERAL DE ESPAÑA	
taxi	[ˈtak-si]	[ˈtak-si]	**Igual que en América**
extenso	[eks-ˈtenso]	[eks-ˈtenso]	
acción	[ak-ˈsi̯on]	[ak-ˈθi̯on]	**Diferente a América** (ver más abajo)
acceso	[ak-ˈseso]	[ak-ˈθeso]	
exceso	[ek-ˈseso][4]	[eks-ˈθeso]	
excelente	[ek-seˈlen̪te]	[eks-θeˈlen̪te]	

Nótese en estos ejemplos que en el español americano los grupos "cc" y "xc" se articulan [ks]. En España, donde mayoritariamente se hace la distinción fonemática entre /θ/ y /s/, estos mismos grupos "cc" y "xc" se pronuncian [**kθ**] y [**ksθ**], respectivamente: *acción* [**ak**-ˈ**θ**i̯on], *acceso* [**ak**-ˈ**θ**eso], *exceso* [**eks**-ˈ**θ**eso] y *excelente* [**eks**-**θ**eˈlen̪te].

En muchas partes del mundo hispano seseante (tanto en España como en Latinoamérica), estos mismos tres grafemas "x", "xc" y "cc" también se articulan simplemente [s] en vez de [ks]. Así encontramos:

ESPAÑOL DE AMÉRICA Y ESPAÑA (variedades seseantes)

taxi	[ˈta-si]	*exceso*	[e-ˈseso]	*acción*	[a-ˈsi̯on]
extenso	[es-ˈtenso]	*excelente*	[e-seˈlen̪te]	*acceso*	[a-ˈseso]

10.1.2. *Distribución y variedad dialectal de los fonemas /p, t, k/*

Los fonemas /p, t, k/ pueden aparecer al principio de sílaba (*ma-pa, pa-ta, po-ca*) al igual que al final de sílaba (*ap—to, et—nia, doc—tor*). En posición final de sílaba, la tensión articulatoria de /p, t, k/ es mucho más débil, y la oclusión en su articulación no es siempre total, por lo que en esta posición encontramos una considerable variación dialectal. Así, en el habla rápida y familiar, algunos hablantes incluso los suprimen totalmente:

---

[3] Recuerde excepciones como *México* o *Xavier*, estudiadas en capítulos anteriores, y que transcribimos con jota = [x] o con la aspirada [h], i.e., [ˈmexiko], [xaˈβi̯er] o [ˈmehiko], [haˈβi̯eɾ].

[4] También articulado [eksˈseso], con separación silábica entre la [s-s] desdoblada, i.e., [eks—ˈse—so]. Lo mismo se da en otras palabras que contienen la combinación ortográfica "xc": *excelente* = [ek—se—ˈlen̪—te] y también [eks—se—ˈlen̪—te].

SUPRESIÓN DE /p, t, k/ EN GRUPOS CONSONÁNTICOS

/pt/ > [t]		/kt/ > [t]		/tn/ > [n] — /tm/ > [m]	
apto	[ˈa-to]	*producto*	[pɾoˈðu-to]	*etnia*	[ˈe-nia]
óptimo	[ˈo-timo]	*doctor*	[do-ˈtoɾ]	*ritmo*	[ˈri-mo]

Se observará que en estos grupos consonánticos se pierde siempre la primera consonante y se mantiene la segunda. Esta pérdida de sonidos es particularmente prevalente en zonas rurales tanto de España como de Latinoamérica, así como en el español caribeño (Cuba, Puerto Rico y la República Dominicana).

Por otro lado, en algunas variedades seseantes (América, sur de España y Canarias) suele encontrarse un proceso de simplificación en el grupo "**-cc-**" y el **grafema** "**-x-**".[5] Así se dan las siguientes articulaciones variables con [ks] y [s] (la primera es la más estándar):

"-cc-"	=	[ks]	→	[s]
		ESTÁNDAR		REDUCCIÓN
acción		[ak-ˈsi̯on]		[a-ˈsi̯on]
producción		[pɾoðuk-ˈsi̯on]		[pɾoðu-ˈsi̯on]
acceso		[ak-ˈseso]		[a-ˈseso]
"x"	=	[ks]	→	[s]
taxi		[ˈtak-si]		[ˈta-si]
extenso		[eks-ˈtenso]		[es-ˈtenso]
exceso		[ek-ˈseso] ~ [eks-ˈseso]		[e-ˈseso]
excelente		[ek-seˈlen̪te] ~ [eks-seˈlen̪te]		[e-seˈlen̪te]

VARIEDADES SESEANTES

En Madrid así como en otras zonas de España donde se emplea la interdental sorda [θ], palabras como *acción, acceso, exceso, taxi*, etc., pueden reducirse de la misma manera. Obsérvese, sin embargo, que en frente de una vocal anterior, *los grupos consonánticos en cuestión pierden siempre el* PRIMER *alófono del grupo consonántico*, reduciéndose así de la manera siguiente: "cc" = /k̲θ/ > [θ] y "xc" = /k̲sθ/ > [sθ]. Estos resultados con [θ] y [sθ] son lógicos dado el hecho de que en estas áreas dialectales, "ci" y "ce" se articulan siempre [θi] y [θe], respectivamente.

---

[5] Una simplificación semejante que afecta al sonido [p] tanto en las variedades que marcan la distinción [θ] vs. [s] como en las variedades seseantes, es la que encontramos en la terminación "-pción" en casos como *recepción* o *concepción*. En ellos la variación es como sigue:

Variedades con distinción [θ] vs. [s]			*Variedades seseantes*		
recepción	[reθep'θi̯on]	[reθe'θi̯on]	*recepción*	[resep'si̯on]	[rese'si̯on]
concepción	[konθep'θi̯on]	[konθe'θi̯on]	*concepción*	[konsep'si̯on]	[konse'si̯on]

"-cc-"	=	[k-θ]	→	[θ]
		ESTÁNDAR		REDUCCIÓN
acción		[ak-ˈθi̯on]		[a-ˈθi̯on]
producción		[pɾoðuk-ˈθi̯on]		[pɾoðu-ˈθi̯on]
acceso		[ak-ˈθeso]		[a-ˈθeso]
"-xc-"	=	**[ks-θ]**	→	**[s-θ]**
exceso		[eks-ˈθeso]		[es-ˈθeso]
excelente		[eks-θeˈlen̪te]		[es-θeˈlen̪te]
"-x-"	=	**[k-s]**	→	**[s]**
taxi		[ˈtak-si]		[ˈta-si]
extenso		[eks-ˈtenso]		[es-ˈtenso]

VARIEDADES CON /s/ vs. /θ/

Se acordará el estudiante de que, como señalamos en el Capítulo 3, en una **pronunciación relajada y no enfática**, en posición intervocálica como a final de palabra, [k+s] suele pronunciarse como **[g+s]**. Así son posibles las siguientes realizaciones:

	ÁREAS SESEANTES	**ESPAÑOL PENINSULAR GENERAL**
acción	a **[g-s]** ión	a **[g-θ]** ión
producción	produ **[g-s]** ión	produ **[g-θ]** ión
acceso	a **[g-s]** eso	a **[g-θ]** eso
taxi	ta **[g-s]** i	ta **[g-s]** i
examen	e **[g-s]** amen	e **[g-s]** amen
exhibir	e **[g-s]** ibir	e **[g-s]** ibir
tórax	tóra **[gs]**	tóra **[gs]**

Para terminar nuestra exposición sobre las oclusivas sordas, solo falta señalar que, en español, /p, t, k/ prácticamente no ocurren en posición final de palabra, salvo en algunos préstamos. Entre otros ejemplos:

videoclip	*hábitat*	*coñac*
stop	*ballet*	*aerobic*

La pronunciación de estas palabras oscila entre la producción con oclusivas finales ([koˈɲa**k**], [ˈaβita**t**]) y su omisión ([baˈle]).

Esta ausencia general de /p, t, k/ en posición final en palabras como *coñac* (= [koˈɲa]), es la razón principal por la cual los hablantes monolingües del español a menudo tienen dificultad en percibir y, por lo tanto, articular las consonantes finales de palabras inglesas como *map, caught, backpack*. A la vez explica por qué en español no suele articularse la consonante final "k" en expresiones como *Nueva York* = [ˈnu̯eβa ʝoɾ]. Lo que ningún hablante nativo del español hace, sin embargo, es aspirar, y **es precisamente la adición de aspiración a las oclusivas, por parte del hablante del inglés, una de las características más notorias de un acento extranjero anglosajón.**

10.2. El fonema africado /tʃ/

El único fonema *africado* en español es la /tʃ/, para el cual distinguiremos un solo alófono, i.e., [tʃ] alveopalatal (Fig. 10.5). Como señalamos en el Cap. 7, la articulación africada representa la combinación de un sonido oclusivo y un sonido fricativo, porque al iniciarse hay un momento de oclusión completa, al cual le sigue una fricción. Este sonido no ocasiona ningún problema para el anglohablante debido a que su manifestación fonética en inglés es prácticamente idéntica. Compare, por ejemplo, la pronunciación de /tʃ/ en los siguientes pares de palabras INGLESAS y españolas: CHEW/*chucho;* CHORE/*chorizo;* CHANCE/*chantaje.*

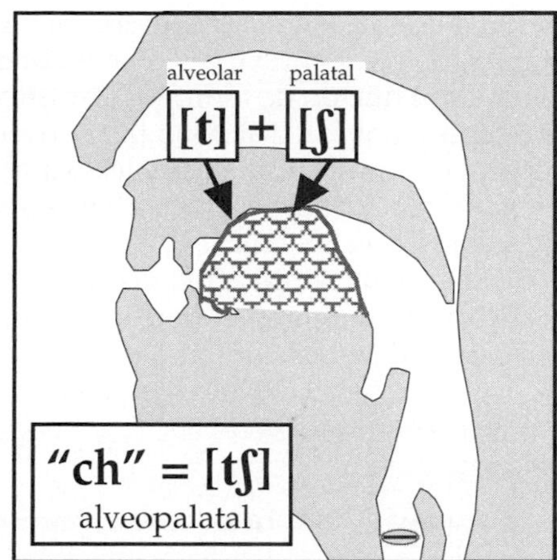

Fig. 10.5. El símbolo dígrafo /tʃ/ para "ch".

El fonema /tʃ/ se representa ortográficamente tanto en inglés como en español con las letras "ch". Pero al contrario del inglés, que tiene varias manifestaciones ortográficas para el fonema /tʃ/ (cp. *picture, cheat, pitcher*), para escribirlo en español se emplea un solo dígrafo: "ch".

Con respecto a su variación dialectal, hay que destacar que la /tʃ/ africada se articula en ciertas áreas como simple /ʃ/ fricativa. Este fenómeno de **desafricación** es una variación común en algunas regiones de (1) Andalucía, (2) el Caribe, (3) Chile, México y Panamá y (4) determinadas partes del suroeste de los Estados Unidos. En todas estas áreas, la [tʃ] se encuentra en variación libre con [ʃ]; así es posible: *chico* ['**tʃ**iko] y ['**ʃ**iko]; *muchacha* [mu'**tʃ**at**ʃ**a] y [mu'**ʃ**a**ʃ**a], *muchas gracias* ['mu**tʃ**az 'ɣrasi̯as] y ['mu**ʃ**az 'ɣrasi̯as].

Resumen

Los fonemas **oclusivos** sordos del español son: /p, t, k/. En español, /p, t, k/ tienen una única realización fonética principal, es decir [p, t, k]. En inglés, los fonemas /p, t, k/ se articulan tanto con aspiración [p^h, t^h, k^h] como sin aspiración [p, t, k], y la selección entre estos alófonos con y sin aspiración está condicionada por su posición dentro de la sílaba o palabra (cp. *port* = [p^h] aspirada en posición INICIAL de sílaba, vs. *sport* = [p] no aspirada en el interior de sílaba). En español, los alófonos [p, t, k] se producen **sin aspiración.**

Los fonemas /p/ y /k/ del español tienen características comunes con /p/ y /k/ del inglés, ya que en ambas lenguas se trata de sonidos oclusivos que tienen una articulación bilabial y velar, respectivamente. Reiteramos que en el caso de /t/, el punto de articulación del alófono principal [t] no es el mismo en las dos lenguas: **en inglés [t] es alveolar** (cp. *tooth*) mientras que **en español es dental**, representado por **[t]** o **[t̪]** (cp. *todo* = ['**t**oðo] o ['**t̪**oðo]).

Desde una perspectiva teórica, la diferencia fundamental entre la aspiración y la no-aspiración de las oclusivas sordas del inglés y español es fácil de percibir. Sin embargo, la aspiración /p, t, k/ → [p^h, t^h, k^h] es a menudo uno de los problemas más persistentes para los anglohablantes que aprenden español. En español, al articular [p, t, k] **siempre debe minimizarse la aspiración.**

Del mismo modo, el estudiante angloparlante debe evitar la producción de la "t" intervocálica como una [ɾ], un sonido frecuente en el inglés, sobre todo en las variedades estadounidenses, en palabras como *water, butter*, etc. Así tendrá que producir *pi[**t**]a* o *mo[**t**]o* y no **pi[ɾ]a* o **mo[ɾ]o.*

La representación ortográfica del sonido oclusivo velar sordo /k/ —representado por dos letras según la vocal que le siga— es más complicada que la de /p/ y /t/. Si la vocal que le sigue a /k/ es **anterior** (i.e., /i/, /e/), se emplean las letras "qu-" (*quien, quemar*). En los demás contextos, /k/ se escribe con "c" (*casa, coma, cura*), o con "k" en un número reducido de términos científicos y préstamos. Asimismo, la /k/ también está presente a través del alófono [ks] que representa a los grafemas "x", "xc" y "cc" en palabras como *taxi* ['ta**k**si], *excusa* [e**ks**'kusa], *exceso* [e**k**'seso] o [e**ks**'seso], *acción* [a**k**'si̯on]. A la vez también existe la reducción /ks/ > [s] como en *taxi* ['tasi], *excusa* [es'kusa], *exceso* [e'seso], *acción* [a'si̯on].

El fonema **sordo africado /tʃ/** tiene un solo alófono principal: **[tʃ] alveopalatal**. Este sonido se representa ortográficamente con las letras "ch", tanto en inglés como en español; pero al contrario del inglés que emplea varias manifestaciones ortográficas (cp. *picture, cheat, nature*), el español usa solamente "ch" para escribirlo.

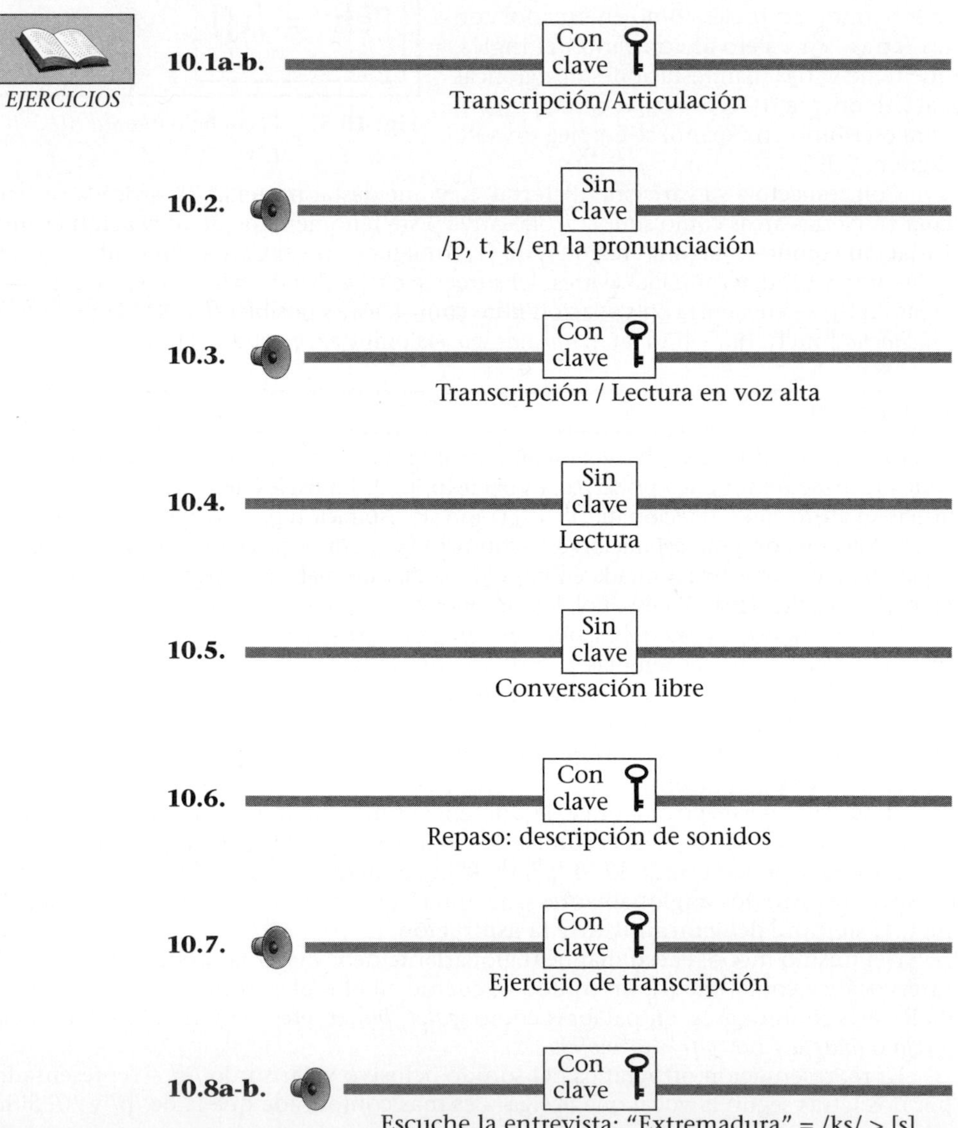

Capítulo 11

Las consonantes nasales

11.1. Introducción

En español, las tres letras "m", "n", "ñ" corresponden a los sonidos nasales [m], [n], [ɲ] en *cama, cana, caña,* respectivamente. Estos ejemplos demuestran, además, que hay tres fonemas nasales contrastivos en la serie de los sonidos nasales. Estos tres fonemas —el **nasal bilabial /m/**, el **nasal alveolar /n/** y el **nasal palatal /ɲ/**— mantienen su función distintiva cuando aparecen en posición inicial de sílaba. La serie *ca-**ma**, ca-**na**, ca-**ña*** ejemplifica su función contrastiva en posición inicial de sílaba interior de palabra. En posición inicial de palabra, la nasal palatal /ɲ/ contrasta con las otras dos nasales /m/ y /n/ *(mapa, napa),* porque hay muy pocas palabras que comienzan con ese sonido.[1] Por lo tanto, el contraste fonemático en posición inicial queda restringido prácticamente al sonido bilabial [m] y al sonido alveolar [n]; cp. *mota* vs. *nota; mido* vs. *nido; mi* vs. *ni.* Por lo que respecta a la posición final de palabra,

[1] Como explican Hualde (2005: 173) y Penny (2002: 61-72), entre otros, la ausencia de palabras con "ñ" inicial se explica porque en latín no existía un fonema /ɲ/. Así pues, en español contemporáneo, la mayoría de palabras que comienzan por "ñ" pertenecen al español de América, y tienen influencia de lenguas amerindias como el quechua, mapuche y guaraní (*ñaño* 'hermano mayor' (Chile); *ñuzco* 'diablo' (Honduras)), o de voces africanas (*ñañigo* 'sociedad de hombres' (Cuba)). En España encontramos *ñoño* 'tonto, pacato' y algún que otro préstamo como *ñú* 'antílope africano'.

la "n" es el grafema más frecuente, y aunque existen casos de palabras terminadas en "m" (en su mayoría, préstamos), estas suelen pronunciarse con [n] y no con [m]:

imam	*álbum*	*currículum*	*ítem*	*referéndum*
[iˈma**n**]	[ˈalβu**n**]	[kuˈrikulu**n**]	[ˈite**n**]	[refeˈren̪du**n**]

Otra norma ortográfica es la que afecta al grafema "m" ante "b" y "p", donde siempre escribimos "m" y no "n", y en consecuencia pronunciamos [m]; cp. *siempre* [ˈsi̯e**m**pɾe], *temprano* [te**m**ˈpɾano], *noviembre* [noˈβi̯e**m**bɾe], *cambiar* [ka**m**ˈbi̯aɾ]. En contraposición, ante el grafema "v" tendremos siempre la letra "n" aunque pronunciamos siempre [m]; así: *invierno* [i**m**ˈbi̯eɾno], *envío* [e**m**ˈbio], etc. Esto es así porque la nasal se asimila a la consonante que le sigue: puesto que la "v" de *invierno* es una bilabial [b], la nasal que le precede también adquiere un punto de articulación bilabial.

En las otras posiciones de la palabra, es decir, *en posición final de sílaba* y, por extensión, a *final de palabra*, se producen ciertas modificaciones asimilatorias en la pronunciación de las nasales. El estudio de estas asimilaciones será el tema principal en este capítulo.

En el interior de palabra se dan los tres sonidos que ya hemos descrito:

1. la nasal **bilabial**: **[m]** *imposible, invierno, envío*
2. la nasal **alveolar**: **[n]** *instante, enlace, Ana*
3. la nasal **palatal**: **[ɲ]** *niño, inyección, miniatura, conlleva*

Los últimos dos casos (*inyección, miniatura*) requieren una explicación: en *inyección*, el sonido palatal [ɲ] se representa ortográficamente con la letra "n", pero su articulación "normal" alveolar ha cambiado a una articulación *palatal* por el influjo de la consonante *palatal* /ʝ/ que le sigue. En términos técnicos diremos que, en *inyección*, la /n/ alveolar **se asimila** a la /ʝ/ palatal que le sigue (cp. [i**ɲʝ**ekˈsi̯on]. Este ajuste asimilatorio de /nʝ/ a [ɲʝ] produce dos **consonantes homorgánicas** ya que tanto [ʝ] como [ɲ] son alófonos palatales. Esto hace que los dos sonidos a menudo se fundan en uno, generando así [i**ɲ**ekˈsi̯on] en vez de [i**ɲʝ**ekˈsi̯on] (este manual le dará preferencia a la segunda transcripción con [ɲʝ]). Casos similares de asimilación se producen también con otras nasales y en otros entornos. La próxima sección se dedica a estudiar algunos de ellos. Al mismo tiempo, estudiará más de cerca el concepto de asimilación que acabamos de examinar en *inyección*.

En el segundo caso (*miniatura*) se palataliza la /n/ a [ɲ] por influjo de la semivocal [i̯], sonido que en varios aspectos es muy similar a [ʝ]. El resultado articulatorio es, pues, [mi**ɲi̯**aˈtuɾa]. El mismo ajuste ocurre en palabras como *Tania* o *Sonia* = [ˈta**ɲi̯**a] / [ˈso**ɲi̯**a]. En todos estos casos, [ɲi̯] se simplifica a veces a [ɲ]:

	CON [ɲi̯]		**CON** [ɲ]
miniatura	[mi**ɲi̯**aˈtuɾa]	>	[mi**ɲ**aˈtuɾa]
Tania	[ˈta**ɲi̯**a]	>	[ˈta**ɲ**a]
Sonia	[ˈso**ɲi̯**a]	>	[ˈso**ɲ**a]

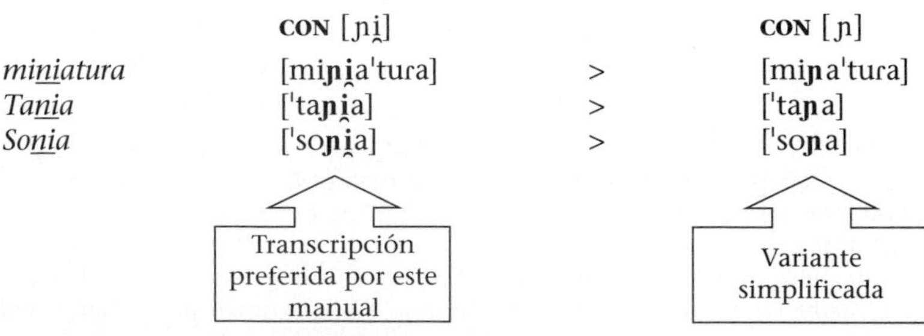

11.2. Procesos asimilatorios en las consonantes nasales

Como ya sabemos, un sonido se asimila si adopta un rasgo de otro sonido (punto, modo de articulación, y/o sonoridad) para asemejarse a él. Esta asimilación puede ser parcial o total. En los casos que vamos a estudiar primero, la asimilación es total puesto que los sonidos en cuestión siempre llegan a ser **homorgánicos** entre sí; esto es, comparten el mismo punto de articulación. Además, y esto es un punto importante que detallaremos con numerosos ejemplos, la asimilación opera no solo en el interior de palabras, sino también entre distintas palabras. Examinemos aquí un primer ejemplo para ilustrar el proceso de asimilación tanto en el interior como entre palabras.

Como ya hemos señalado, una de las asimilaciones posibles de las nasales en español (pero normalmente no en inglés) ocurre cuando la nasal /n/ va seguida del grafema "v" (correspondiente al fonema /b/). Considere los siguientes ejemplos transcritos a nivel fonológico con fonemas:

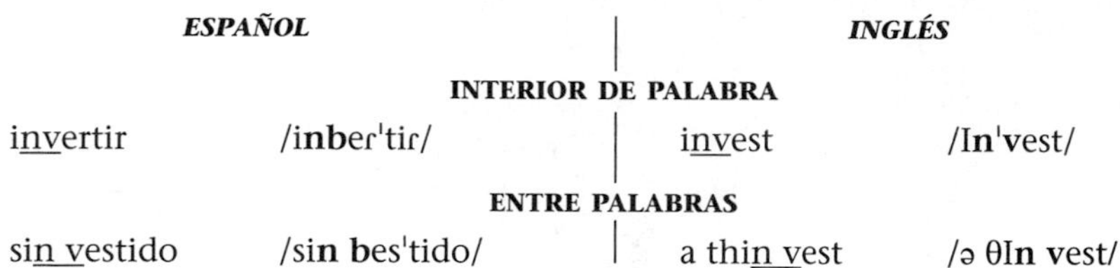

ESPAÑOL		***INGLÉS***	
INTERIOR DE PALABRA			
invertir	/**inb**eɾ'tiɾ/	invest	/**In**'**v**est/
ENTRE PALABRAS			
sin vestido	/si**n b**es'tido/	a thin vest	/ə θ**In v**est/

Tanto la ortografía como la transcripción fonológica podrían dar la impresión de que, en el nivel fonético, la nasal "n" se realiza con una "simple" [n] alveolar. Este es el caso en inglés, pero no en español, como lo muestra la transcripción fonética a continuación:

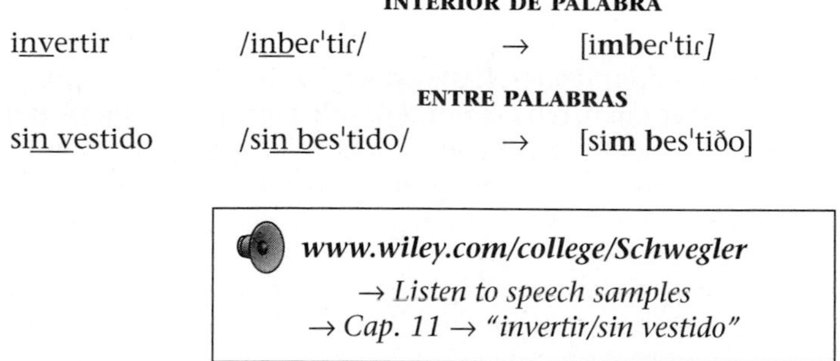

INTERIOR DE PALABRA			
invertir	/inbeɾ'tiɾ/	→	[**imb**eɾ'tiɾ]
ENTRE PALABRAS			
sin vestido	/sin bes'tido/	→	[si**m b**es'tiðo]

www.wiley.com/college/Schwegler
→ Listen to speech samples
→ Cap. 11 → "invertir/sin vestido"

Estos dos ejemplos muestran que, en los casos donde ocurre una "n" contigua al grafema "v", esa "n" se asimila al punto de articulación *bilabial*[2] ("v" = /b/), por lo que naturalmente se transcribe con [**m**] para indicar su bilabialidad. En el caso de *invertir*, el ajuste asimilatorio es obligatorio (cualquier hablante nativo del español lo hace de

[2] Aquí nos importa insistir, una vez más, que en español la letra "v" jamás representa el sonido labiodental [v] (excepto en algunas variantes dialectales de forma minoritaria). Como ya sabemos, hay que relacionar la "v" ortográfica con el fonema bilabial /b/.

manera automática). Algo distinto es el caso de *sin vestido*: aquí el ajuste asimilatorio es *libre* porque ocurre *entre* palabras. Por lo tanto, ambas articulaciones a continuación son posibles:

[si**m**	**b**esˈtiðo]	=	con **[m]**	*bilabial*	**Variación libre**
[si**n**	**b**esˈtiðo]	=	con **[n]**	*alveolar*	(final de palabra)

Sin embargo, en el habla natural, suele predominar la primera variante, i.e., [si**m** **b**esˈtiðo]. Es aconsejable que los estudiantes se acostumbren a imitar esta asimilación nasal, tanto en su español hablado como en sus transcripciones fonéticas.

Consideremos ahora los dos casos NASAL /m/ + /b/ (por ej., *ambos*) y NASAL /m/ + /p/ (por ej., *imposible*), o sea, otros dos casos de una nasal en contacto con un sonido bilabial. Felizmente, estos dos casos no requieren mayor explicación ya que la ortografía "mb" o "mp" ya es representativa de la articulación [**mb**] o [**mp**].

Resumiendo lo anterior, para el comportamiento de nasales asimiladas aplicamos esta regla sencilla: **la nasal es siempre homorgánica con la bilabial que le sigue**. El símbolo fonético que usamos en su transcripción es [**m**]. Ejemplos:

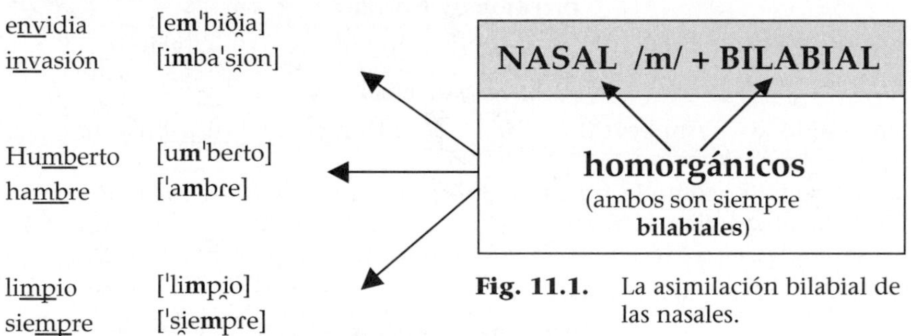

Fig. 11.1. La asimilación bilabial de las nasales.

En los ejemplos de palabras con nasales, hasta ahora nos hemos ceñido principalmente a los sonidos nasales al comienzo o en el interior de palabras, y hemos notado que en estas dos posiciones su articulación alofónica es bilabial (= [m]), alveolar (= [n]) o palatal (= [ɲ]). Sin embargo, existen otras articulaciones de los sonidos nasales que ocurren en posición final de sílaba. En el Capítulo 7 hemos distinguido un total de siete zonas principales de articulación.

Las posibles articulaciones nasales también son siete, como veremos a continuación. Al igual que los examinados anteriormente, todos estos casos de asimilación están **condicionados** por la consonante que les sigue, tanto en el interior de palabra como entre palabras.

Examinemos primero un caso donde un sonido nasal precede a la **labiodental /f/**. En tal caso —como, por ejemplo, en *enfrentar* (Fig. 11.2)—, la /n/ alveolar se asimila al punto de articulación labiodental de la /f/, realizándose así como el alófono nasal **labiodental [ɱ]**. La transcripción alofónica de *enfrentar* es, pues, [e**ɱ**fren̪ˈtaɾ]. Idénticos son los casos de *énfasis* [ˈe**ɱ**fasis] y *enfermo* [e**ɱ**ˈfeɾmo] de la Tabla 11.1 (pág. 242). Otros casos paralelos son *infancia* = [i**ɱ**ˈfansi̯a] e *información* = [i**ɱ**formaˈsi̯on], ambos con [ɱ] labiodental.

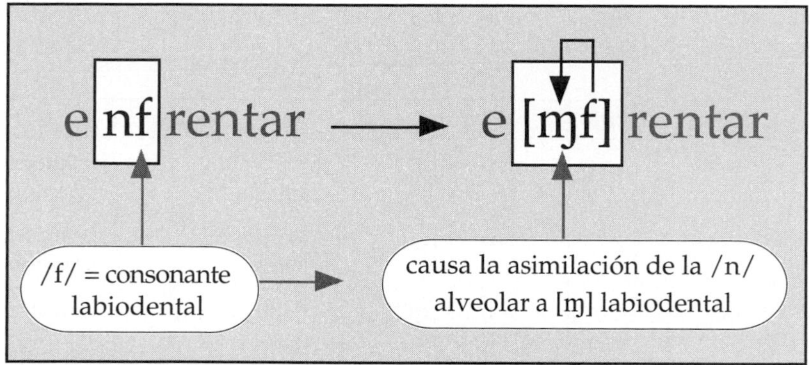

Fig. 11.2. Asimilación de la nasal a la labiodental [f].

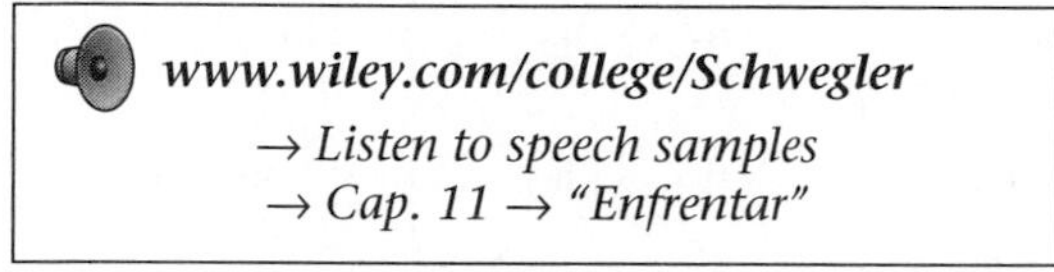

Como hemos explicado en capítulos anteriores, delante de los fonemas **dentales** /**t**/ y /**d**/, la nasal es dental también (Tabla 11.1, núm. 3). Así, *ca<u>nt</u>ar* o *ma<u>nd</u>ó* se articulan con la nasal dental [n̪]; [kan̪ˈtaɾ], [man̪ˈdo]. Nótese que el símbolo fonético de la nasal dental es una "n" con el símbolo " ̪ " debajo del alófono.

Delante los fonemas **alveolares** /**ɾ**/, /**l**/, /**s**/, el alófono nasal es [**n**] alveolar: *E<u>nr</u>ique* [e**n**ˈrike], *e<u>nl</u>ace* [e**n**ˈlase], *i<u>ns</u>tigar* [i**n**stiˈɣaɾ]. Puesto que la pronunciación alveolar es el punto de articulación "normal" o "neutro" de /n/, el símbolo fonético para la [n] alveolar no lleva ninguna marca especial.

Ante el fonema **africado alveopalatal** /**tʃ**/, el alófono nasal se realiza como [ɳ] alveopalatal: *a<u>nch</u>o* [ˈaɳtʃo], *i<u>nch</u>ado* [iɳˈtʃaðo], *pla<u>nch</u>a* [ˈplaɳtʃa].

Cuando le sigue la **palatal** /**ʝ**/, la nasal alveolar /n/ se convierte en palatal [ɲ]; *có<u>ny</u>uge* [ˈkoɲʝuxe], *e<u>ny</u>esar* [eɲʝeˈsar], *i<u>ny</u>ectar* [iɲʝekˈtaɾ].

En casos como *u<u>ni</u>ón* o *Ta<u>ni</u>a,* donde la [n] va seguida de la semivocal [i̯], la nasal se palataliza a [ɲ]; [uˈɲi̯on], [ˈtaɲi̯a].

Delante de las **velares** /**k, g, x, w**/, el alófono nasal es igualmente velar, i.e., [ŋ]; cp. *ci<u>nc</u>o* [ˈsiŋko], *te<u>ng</u>o* [ˈteŋgo], *mo<u>nj</u>a* [ˈmoŋxa], *á<u>ng</u>el* [ˈaŋxel], *sa<u>n</u>(d)<u>w</u>ich* [ˈsaŋwitʃ]. Nótense las diferencias gráficas entre la nasal velar [ŋ] y la nasal palatal [ɲ], cuya representación a veces el estudiante confunde.

[**m**]	=	bilabial
[**ɱ**]	=	labiodental
[**n̪**]	=	dental
[**n**]	=	alveolar
[**ɳ**]	=	alveopalatal
[**ɲ**]	=	palatal
[**ŋ**]	=	velar

En la Tabla 11.1, compare otra vez los símbolos especiales para los siete alófonos de /n/ que acabamos de presentarle:

Punto de articulación	*Alófonos*	*Ejemplos*	
(1) BILABIAL	**/n/ → [m]**	[e**m**ˈ**b**iði̯a] *envidia*	[i**m**ˈ**b**i̯erno] *invierno*
(2) LABIODENTAL	**/n/ → [ɱ]**	[ˈe**ɱf**asis] *énfasis*	[e**ɱ**ˈ**f**eɾmo] *enfermo*
(3) DENTAL	**/n/ → [n̪]**	[ˈa**n̪t**es] *antes*	[ˈa**n̪d**o] *ando*
(4) ALVEOLAR	**/n/ → [n]**	[ˈpe**n**a] *pena*	[ˈ**n**aða] *nada*
(5) ALVEOPALATAL	**/n/ → [n̠ʲ]**	[ˈa**n̠ʲtʃ**o] *ancho*	[i**n̠ʲ**ˈ**tʃ**aɾ] *inchar*
(6) a. PALATAL	**/n/ → [ɲ]**	[ˈko**ɲɟ**uxe] *cónyuge*	[ko**ɲɟ**uˈɣal] *conyugal*
b. SEMIVOCAL [i̯]	**/n/ → [ɲ]**	[ˈta**ɲi̯**a] *Tania*	[uˈ**ɲi̯**on] *unión*
(7) VELAR	**/n/ → [ŋ]**	[ˈte**ŋg**o] *tengo*	[ˈa**ŋk**la] *ancla*
		[ˈmo**ŋx**a] *monja*	[ˈa**ŋx**eles] *ángeles*

Tabla 11.1. Los siete alófonos de /n/.[3]

La [n] alveolar (#4) es el punto de articulación NEUTRO *con que se realiza el fonema.*

Como acabamos de ver, **en posición final de sílaba** (interior de palabra), una nasal siempre asimila su punto de articulación a la consonante que le sigue, convirtiéndose así en un alófono homorgánico. Por consiguiente, sería imposible que en esta posición los diferentes sonidos nasales funcionaran de manera contrastiva. Como el punto de articulación del sonido nasal está totalmente determinado por la siguiente consonante, es imposible conmutar estos sonidos para producir una palabra nueva, y por lo tanto [n̪], [ɲ] y [n̠ʲ] son alófonos y no fonemas (se recordará que más arriba

[3] A este listado debemos añadir el alófono interdental [**n̪̥**] presente en la mayor parte de España, donde se marca la distinción /θ/ vs. /s/; cp. *comen cerdo* [ˈkome**n̪̥** ˈ**θ**eɾðo], *encerrado* [e**n̪̥θ**eˈraðo] (Spicher et al. 2008: 181–182). Dado que en este texto trabajamos mayormente con el español americano, en nuestras transcripciones estos casos se presentarán con [n] alveolar; cp. *comen cerdo* [ˈkome**n** ˈ**s**eɾðo] y *encerrado* [e**ns**eˈraðo].

establecimos el valor fonológico de /n/, /ɲ/ y /m/). Por ejemplo, si empezamos con el grupo [mb] en la palabra *ambos,* no es posible cambiar el punto de articulación de la nasal bilabial [m] a la alveolar [n], **a[**n**]bos,* ya que la presencia de la consonante bilabial determina que la nasal precedente se pronuncie bilabial.

Hemos visto pues que, con relación a las nasales:

1. el contraste fonémico existe sólo en posición inicial de sílaba e inicial de palabra. Así pues, no hay, por ejemplo, casos como *pan* vs. **pam* o **pañ,* ya que en español (a) no hay palabras nativas que terminen en "m, p" (tan solo hay préstamos; i.e., *imam, ítem, stop, clip,* etc.), y (b) no hay ninguna palabra que termine en "ñ";
2. solo tres de los siete puntos de articulación sirven de manera **contrastiva**: la /m/ **bilabial** (*cama*), la /n/ **alveolar** (*cana*), y la /ɲ/ **palatal** *(caña).*

Puesto que el punto de articulación del alófono nasal *en posición final de palabra* no desempeña ninguna función distintiva, podemos decir que en este caso el contraste potencial se ve **neutralizado** a favor de [n]. Por ejemplo, no existen pares mínimos como *comen / *comem,* diferenciándose así del inglés, donde tales pares mínimos abundan: cp. *hen / hem, ran / ram, hone / home,* etc.

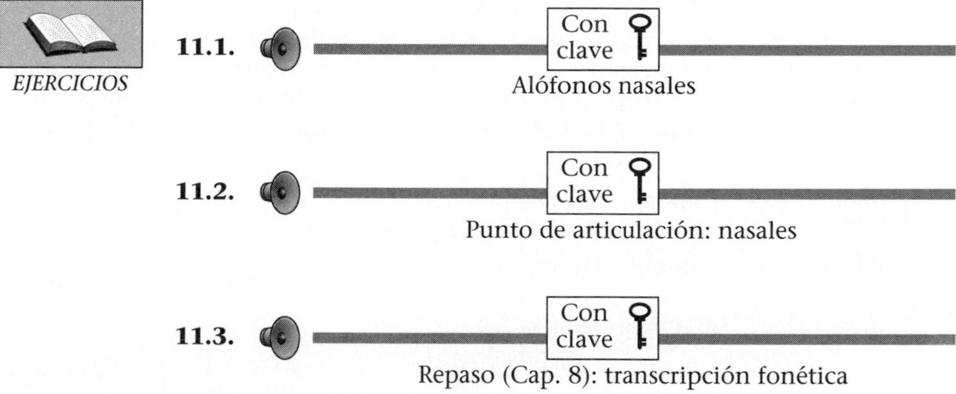

11.3. Asimilación regresiva (anticipatoria)

Es útil a estas alturas adentrarnos un poco más en el concepto de asimilación. La asimilación siempre consiste en la atracción que un sonido ejerce sobre otro, convirtiéndolo a su naturaleza. Por ejemplo, hemos visto que en /ˈtengo/ y /ˈankla/, el rasgo *velar* de /g/ y /k/ afecta a la nasal de tal manera que esta adquiere un punto de articulación *velar*: [ˈteŋ-go], [ˈaŋ-kla]. Vimos asimismo que el rasgo de sonoridad de la /m/ en *mismo* suele afectar a la /s/ de tal modo que su naturaleza *sorda* cambia a *sonora*: /ˈmismo/ → [ˈmizmo].

Suelen distinguirse dos tipos de asimilación:

1. **asimilación regresiva** (un sonido se asimila al siguiente) y
2. **asimilación progresiva** (un sonido se asimila al sonido inmediatamente anterior a él).

Todos los casos estudiados en este capítulo son de asimilación regresiva (a veces también llamada "anticipatoria"). Al contrario que en inglés, **la asimilación progresiva es prácticamente inexistente en español.**

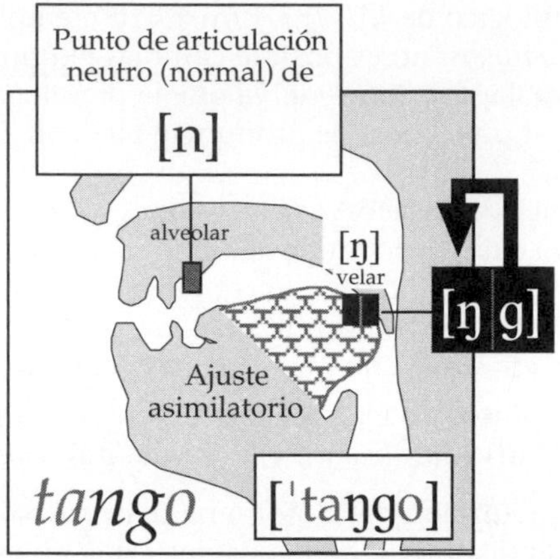

Fig. 11.3. Asimilación velar (regresiva) de /ng/ > [ŋg].

En inglés, un ejemplo de asimilación *progresiva* es la pluralización de sustantivos: la /s/ final siempre asimila su *sonoridad* a la consonante que le precede: cp. los ejemplos SONOROS *fan[z], car[z], sail[z], ham[z]* vs. los SORDOS *ship[s], hat[s], brick[s].*[4]

Como se ilustra en las Figuras 11.3-11.4, la asimilación regresiva (o anticipatoria) ocurre en casos donde, al articular un sonido, el hablante **anticipa** (1) el punto de articulación, (2) el modo de articulación o (3) la sonoridad del fonema que le sigue. Compárense:

/'a**nk**la/	→	['a**ŋk**la]	PUNTO *(velarización)*
/'**mano**/	→	['**mãno**][5]	MODO *(nasalización)*
/'mi**smo**/	→	['mi**zmo**]	SONORIDAD *(sonorización)*

La anticipación de uno (o varios) de estos rasgos se realiza a través de un ajuste asimilatorio del primer sonido del grupo. La asimilación regresiva es en cierto sentido un fenómeno lingüístico que busca limitar, en lo posible, diferencias articulatorias entre sonidos yuxtapuestos. Así, en el caso de *inyección*, silabeado /in-ʝek-'sion/, la lengua tiene que "viajar" menos si la "n" alveolar se articula en la zona palatal ya que el próximo sonido es también palatal. Visto desde esta perspectiva, podemos decir que la asimilación responde a una reducción de esfuerzo articulatorio.

Diremos que la asimilación observada en palabras como *tango* o *inyección* es regresiva porque algún rasgo de la consonante que causa el ajuste asimilatorio *regresa* hacia la nasal precedente. Este tipo de impacto regresivo de consonantes se captura gráficamente en las Figuras 11.3-11.5, donde las flechas negras indican la direccionalidad del ajuste.

[4] En el Capítulo 15, volveremos en más detalle sobre este fenómeno asimilatorio de la /s/ plural del inglés.

[5] En este caso, las dos nasales contribuyen conjuntamente a la nasalización de la vocal [a] → [ã].

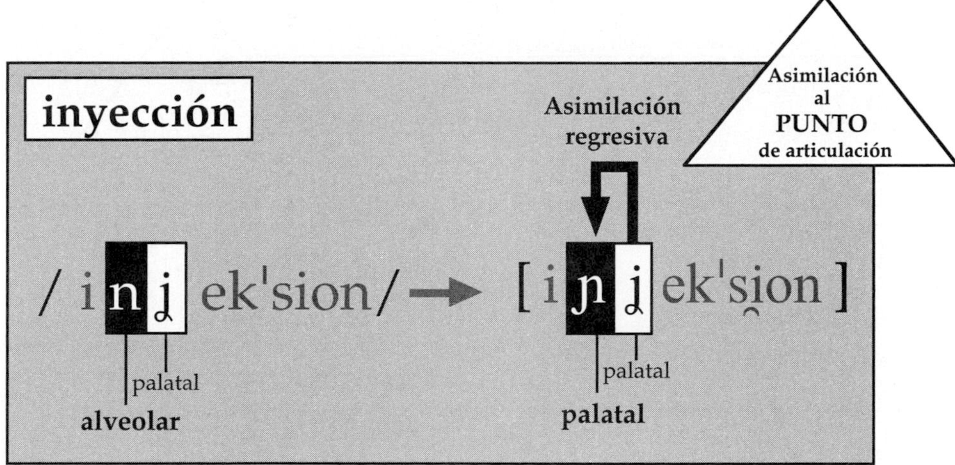

Fig. 11.4a. La asimilación regresiva en *inyección.*

Casos como el de /nj/ → [ɲj] en "inyección" presentan una asimilación regresiva. Se dice regresiva porque el influjo asimilatorio de la segunda consonante del grupo —en este caso de la [j]— "regresa" hacia la nasal precedente.

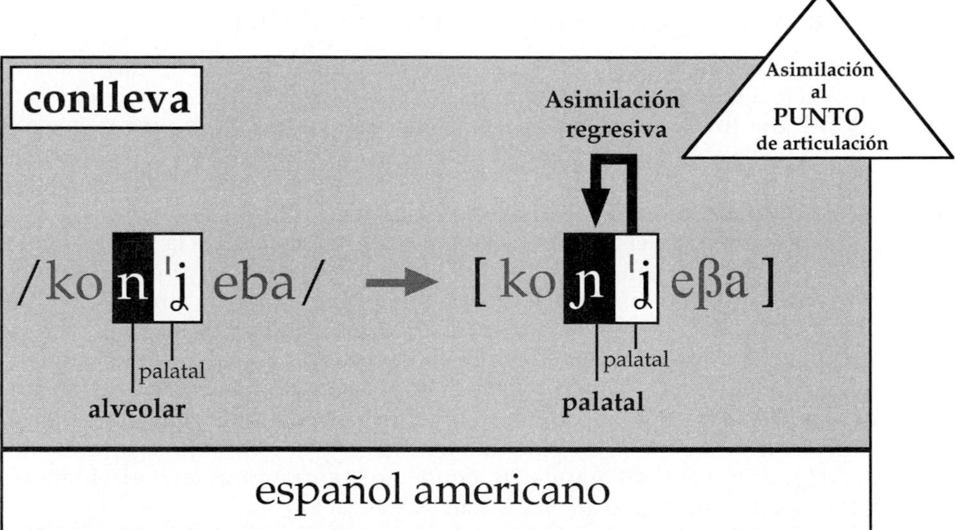

Fig. 11.4b. La asimilación regresiva en *conlleva.*

Es interesante señalar que en hablantes que articulan "ll" con [ʎ][6], no se produce la asimilación regresiva. Por lo tanto, ellos pronuncian [kon'ʎeβa] y no [koɲ'jeβa], pronunciación común al resto de Hispanoamérica.

---

[6] Compare *calle* = ['kaʎe], *llamar* = [ʎa'maɾ], articulación que es común en el norte de España y en algunas zonas andinas.

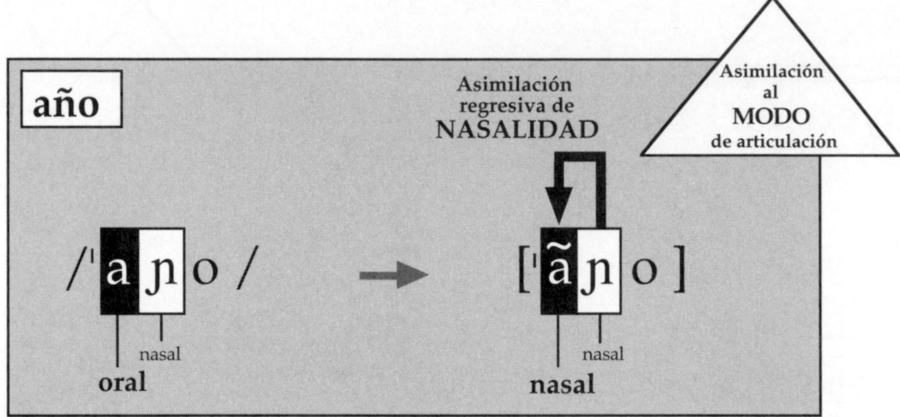

Fig. 11.5. La asimilación regresiva en *a̲ñ̲o.*

En este caso es el MODO *(nasal) el que causa el ajuste asimilatorio. La "n" nasal transfiere su nasalidad a la vocal que le precede ("a̲ñ̲o" → [ˈ**ãɲ**o]). Se trata de una asimilación libre. Como ya se señaló en el Capítulo 3, nuestras transcripciones normalmente no recogen la variación nasal libre en las vocales. Así transcribiremos "año" como [ˈ**a**ɲo] en vez de [ˈ**ã**ɲo]).*

11.4. La nasal /n/ en posición final de palabra

Al pronunciar una palabra aislada (o final de grupo fónico) con "-n" final, la manifestación fonética más común es una pronunciación alveolar: *ta̲n̲, habla̲n̲, irá̲n̲, pa̲n̲,* todas con [n]. Dentro de un grupo fónico, la palabra que termina en nasal puede ir seguida o de una palabra que empieza con vocal (cp. *empieza̲n̲_a hablar*), o de una palabra que empieza con consonante (cp. *empieza̲n̲_con Enrique*). Si la palabra siguiente empieza con **vocal**, en el español estándar suele mantenerse una pronunciación alveolar (cp. *va[n] a Cancún*). En el nivel dialectal, sin embargo, la tendencia general es que la /n/ final de palabra se realice como un sonido nasal **velar** [ŋ], cuya articulación es idéntica a la de "-ng" en palabras inglesas como *ga̲n̲g̲, fa̲n̲g̲, ra̲n̲g̲*. Así, sin importar qué sonido sigue a la "n", en gran parte de Centroamérica, en el Caribe, en zonas costeras de Venezuela, Colombia y México, y también en el sur de España, se oyen comúnmente expresiones como *e[**ŋ**] fi[**ŋ**], si[**ŋ**] problema, ¡ve[**ŋ**] aquí!* en vez de *e[**n**] fi[**n**], si[**n**] problema, ¡ve[**n**] aquí!*. En este capítulo estudiaremos solo la asimilación velar de nasales **ante consonantes**, reservando así el análisis de la asimilación ante vocales como en *¡ve[**ŋ**] aquí!* para el Capítulo 20, donde nos centraremos en variaciones regionales del español americano que presentan esta variación.

Los procesos asimilatorios que hemos estudiado en la sección anterior para el *interior* de palabra se aplican también a la nasal /n/ cuando esta entra en contacto con una consonante inicial de palabra. Expresado de otra manera, *los resultados asimilatorios de las nasales son los mismos dentro de y entre palabras*. La única diferencia entre nasales interiores y finales reside en que, en posición final de palabra, los ajustes asimilatorios son libres (no obligatorios). Sin embargo, suele predominar la asimilación.

Considere los ejemplos a continuación, donde observamos que la /n/ final de sílaba se asimila a la dentalidad de /t/ y /d/, tanto en el interior como al final de palabra.

Interior de palabra		**Final de palabra**	
planta	pla[n̪]ta	*sin tardar*	si[n̪] tardar
onda	o[n̪]da	*sin David*	si[n̪] David

Conceptualmente idénticos son los ejemplos a continuación, donde un elemento velar causa la realización de /n/ como velar [ŋ]:

Interior de palabra		**Final de palabra**	
angustia	a[ŋ]gustia	*tan grande*	ta[ŋ] grande
banco	ba[ŋ]co	*sin comida*	si[ŋ] comida
anginas	a[ŋ]ginas	*tienen gemelos*	tiene[ŋ] gemelos

En casos de nasal seguida de nasal ([mn] o [nm]), la asimilación es igualmente opcional, aunque, en el caso de "nm", esta suele ser más común que el mantenimiento del grupo. En el caso de la asimilación /nm/ → [mm], el grupo consonántico resultante [mm] se simplifica a menudo a [m]; cp. /en mi .../ → [em mi ...] → [e mi ...]. Por lo tanto, en una palabra como *inmediato* pueden darse, en orden de frecuencia, las siguientes variaciones articulatorias:

Mantenimiento (raro):	/nm/ →	[nm]	*i[**nm**]ediato*
Asimilación:	/nm/ →	[mm]	*i[**mm**]ediato*
Asimilación y reducción:	/nm/ →	[m]	*i[**m**]ediato*

En nuestras transcripciones, daremos preferencia a la variante asimilada, i.e., *i[**mm**]ediato,* y recomendamos que el estudiante siga esta misma práctica.

Algo muy similar ocurre en los grupos nasales /mn/ (por ej., *gimnasio, alumna*), donde se observan:

Mantenimiento:	/mn/ →	[mn]	*gi[**mn**]asio*
Asimilación + reducción (i.e., [nn] > [n]):	/mn/ →	[n]	*gi[**n**]asio*

Si bien en español no son frecuentes las palabras con consonantes geminadas, se encuentran algunos casos con "nn" (/nn/); por ejemplo: *innato, perenne, innoble*, etc. Estos grupos tienden a mantener la pronunciación [nn], aunque en niveles socioeducativos bajos y, a veces, en el habla informal suelen simplificarse a [n]. Así, son posibles las siguientes variaciones:

Mantenimiento (frecuente):	/nn/ →	[nn]	*i[**nn**]ato*
Reducción (i.e., [nn] > [n]):	/nn/ →	[n]	*i[**n**]ato*

Similar es el caso donde dos nasales entran en contacto *entre palabras: sin novia, en negro, un niño.* Aquí también hay dos soluciones: mantenimiento ([n-n]) o reducción a [n]. Así: [si**n** ˈ**n**oβi̯a] con mantenimiento, o [si ˈ**n**oβi̯a] con reducción. Este texto dará preferencia al mantenimiento, por lo que transcribiremos normalmente [si**n** ˈ**n**oβi̯a].

Hemos avanzado lo suficiente para entender por qué, en el habla rápida, dos expresiones como *emplumas*[7] y *en plumas* normalmente tienen una realización articulatoria idéntica:

[7] Del verbo *emplumar* 'poner plumas a algo como adorno'.

emplumas	/mp/	*e[**mp**]lumas*	'you put a feather on'
en plumas	/np/	e[***mp***]lumas	'in feathers'
empolvo	/mp/	*e[**mp**]olvo*	'I put in dust, I dust'
en polvo	/np/	e[***mp***]*olvo*	'in dust'

Articulación idéntica (homófona)

Puede ser útil resumir aquí cómo se combinan las nasales entre sí a final y principio de palabras. Observe:

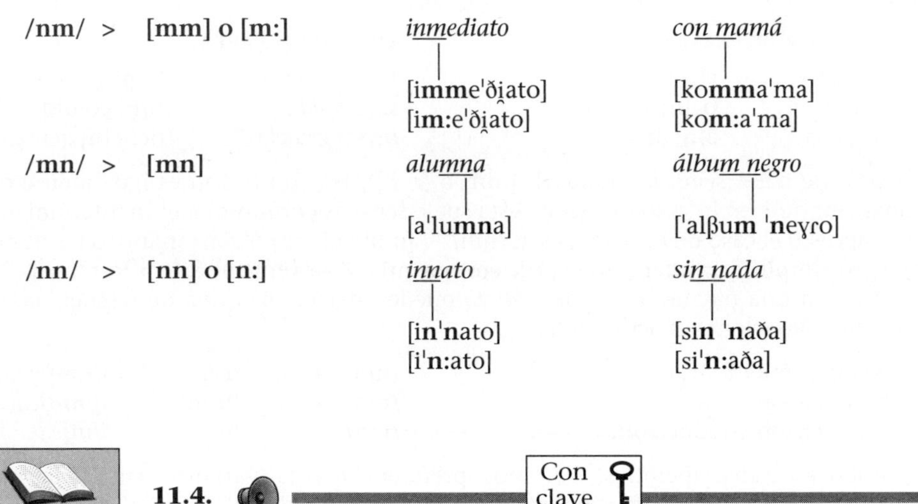

/nm/ > [mm] o [m:] *inmediato* [i**mm**e'ðjato] [i**m:**e'ðjato] *con mamá* [ko**mm**a'ma] [ko**m:**a'ma]

/mn/ > [mn] *alumna* [a'lu**mn**a] *álbum negro* ['alβu**m** '**n**eɣɾo]

/nn/ > [nn] o [n:] *innato* [i**n**'**n**ato] [i'**n:**ato] *sin nada* [si**n** '**n**aða] [si'**n:**aða]

EJERCICIO **11.4.** Con clave

Nasales en el grupo fónico entre palabras

En inglés también existe un proceso de asimilación nasal. Por ejemplo, en la palabra *tank,* la nasal se velariza por la presencia de la /k/ siguiente igual que en español, dando así *ta[ŋ]k.* Esta asimilación es obligatoria en el interior de palabras, **pero es raro que el anglohablante la extienda a las nasales en posición final de palabra**. Así, en ingl. *ten kilos,* la velarización a *te[ŋ] kilos* es opcional y poco común. De igual modo, en *in front,* la labiodentalización a *i[ɱ] front* es opcional y menos común que la ausencia de asimilación.

Por lo tanto, el problema del anglohablante no suele ser la producción de los alófonos nasales sino la extensión del proceso a la nasal en posición final de palabra. Afortunadamente, no es muy difícil adquirir esta capacidad. **Para el hispanohablante, el único contexto en que no suele tener lugar la asimilación nasal es aquel donde interviene una pausa.**

Lo que importa aquí es que el angloparlante evite al máximo la introducción de pequeñas pausas o interrupciones entre palabras. Así, expresiones como *con calma* y *sin llamar* deberían articularse [ko**ŋ** '**k**alma] y [si**ɲ** **ɟ**a'maɾ], en vez de [ko**n** # '**k**alma] y [si**n** # **ɟ**a'maɾ]. En estos y en cualquier otro ejemplo similar, la frase se pronuncia como si fuera una sola palabra (grupo fónico). Así en el habla cotidiana, las dos expresiones *tan bien* y *también* se pronuncian de igual manera, es decir, [ta**m**-'bjen].

Resumen

En español hay tres fonemas nasales: **(1) /m/ bilabial**, **(2) /n/ alveolar** y **(3) /ɲ/ (alveo)palatal**. Los alófonos [m], [n] y [ɲ] funcionan de manera contrastiva en posición *inicial de sílaba*, y de manera no contrastiva en posición final de sílaba. La realización fonética de /m/, /n/ y /ɲ/ es variada (véase la Tabla 11.2 al final de este resumen), y está siempre condicionada por el punto de articulación del sonido que le sigue. Así, el fonema nasal /n/, cuya principal realización es la [n] alveolar, se articula en la zona velar cuando le sigue una consonante velar; para representar este cambio usamos el alófono [ŋ], cp. *ancla* = [ˈaŋ-kla]. A este tipo de ajuste articulatorio lo llamamos **asimilación**.

Hay dos tipos de asimilación: **asimilación regresiva** (la más común) y **asimilación progresiva**. La asimilación regresiva ocurre en casos donde el hablante, al articular un sonido, **anticipa** el punto de articulación, el modo de articulación y/o la sonoridad del sonido siguiente para ajustar el primer sonido de este grupo a las propiedades del segundo. En el caso del ejemplo de *ancla,* se trata de una asimilación regresiva: el hablante anticipa el punto de articulación de la [k] velar de /ˈa**nk**la/, produciendo así [**ŋ**k] en vez de *[**nk**]: [ˈa**ŋ**-kla].

La asimilación nasal está **condicionada** tanto en el interior de palabra como entre palabras. Con esto queremos decir que el hablante aplica con regularidad las asimilaciones nasales que hemos observado en interior de palabra: *ancla* [ˈa**ŋ**-kla], como entre palabras: *han comido* [a**ŋ** ko-ˈmi-ðo].

Las palabras que terminan en nasal pueden ir seguidas o de una palabra que empieza con vocal (cp. *empiezan a hablar*) o de una palabra que empieza con consonante (cp. *empiezan con Enrique*). En el español estándar, si la palabra siguiente empieza con vocal, se mantiene una pronunciación alveolar (cp. *e[n] Alicante),* pero en el nivel dialectal, la /n/ final de palabra se produce en muchos casos como una nasal **velar** [ŋ]; por ejemplo: *e[ŋ] Alicante, e[ŋ] París, e[ŋ] Salamanca.* Los hablantes de dialectos que realizan tal velarización lo hacen de manera **libre**, es decir, no obligatoria.

Vimos, además, que en inglés también existe el proceso de asimilación nasal. Esta asimilación es condicionada (u obligatoria) en el interior de palabras, pero por lo general no se extiende a las nasales en posición final de palabra (es más común oír ingl. *i[n] case* que ingl. *i[ŋ] case).* El problema del anglohablante no es por tanto la producción de nasales asimiladas sino la extensión de este proceso a la nasal en posición final de palabra.

La Figura 11.6 y la Tabla 11.2 (pág. 251) ofrecen una lista de los alófonos nasales analizados en este capítulo. Los ejemplos ilustran asimilaciones nasales en los dos entornos: en posición interior y final de palabra (grupo fónico).

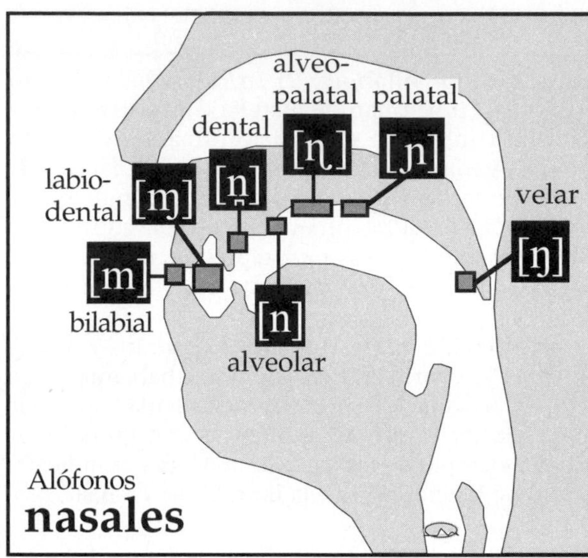

Fig. 11.6. Los alófonos nasales del español.

Recuerde que hay solo tres FONEMAS *nasales en español (i.e., /n, m, ɲ/), pero hay siete* ALÓFONOS *nasales.*

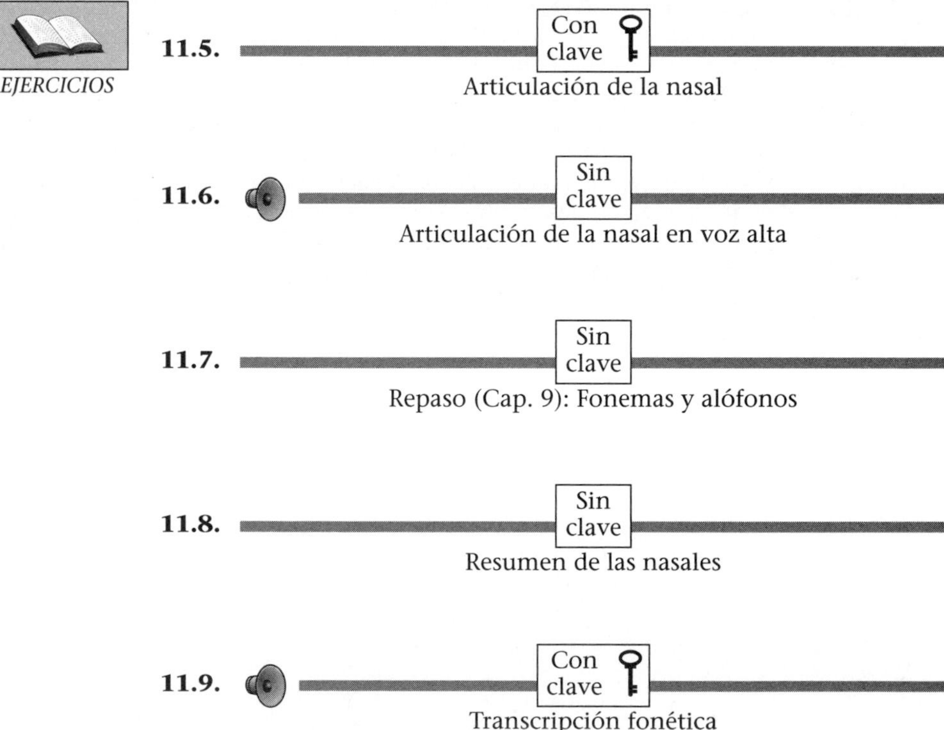

11.5. Con clave
Articulación de la nasal

11.6. Sin clave
Articulación de la nasal en voz alta

11.7. Sin clave
Repaso (Cap. 9): Fonemas y alófonos

11.8. Sin clave
Resumen de las nasales

11.9. Con clave
Transcripción fonética

FONEMAS	EJEMPLOS				ALÓFONO
Inicial de sílaba					
/m/ + vocal	*mu—cho*	['mutʃo]			[m]
/n/ + vocal	*car—ne*	['kaɾne]			[n]
/n/ + /i/ semivocal	*Ta—nia*	['taɲi̯a]			[ɲ]
/ɲ/ + vocal	*ca—ña*	['kaɲa]			[ɲ]
Final de sílaba	***Interior de palabra***		***Entre palabras***		
/m/ + /n/ alveolar	*alum—nos*	[a'lumnos]	*item nuevo*	['item 'nu̯eβo]	[mn]
/n/ + /p/ bilabial	--------------	--------------	*en París*	[em pa'ɾis]	[m]
+ /b/ bilabial	*in—vadir*	[imba'ðiɾ]	*un vaso*	[um 'baso]	
	--------------	--------------	*un beso*	[um 'beso]	
+ /m/ bilabial	*in—menso*	[i'm-menso]	*en México*	[em 'mehiko]	
+ /f/ labiodental	*én—fasis*	['eɱfasis]	*en Francia*	[eɱ 'fransi̯a]	[ɱ]
+ /t/ dental	*an—tes*	['an̪tes]	*sin trabajo*	[sin̪ tɾa'βaxo]	[n̪]
+ /d/ dental	*an—do*	['an̪do]	*sin dormir*	[sin̪ doɾ'miɾ]	
+ /s/ alveolar	*en—salada*	[ensa'laða]	*con sal*	[kon sal]	[n] Alófono neutro
+ /l/ alveolar	*en—lace*	[en'lase]	*en Lima*	[en 'lima]	
+ /r/ alveolar	*son—risa*	[son'risa]	*en Roma*	[en 'roma]	
+ /n/ alveolar	*in—nato*	[in'nato]	*sin nombre*	[sin 'nombɾe]	
+ /tʃ/ alveopalatal	*an—cho*	['aɳtʃo]	*con chicos*	[koɳ 'tʃikos]	[ɳ]
+ /j/ palatal	*in—yección*	[iɲɟek'si̯on]	*sin yodo*	[siɲ 'ɟoðo]	[ɲ]
+ /k/ velar	*ban—co*	['baŋko]	*con calma*	[koŋ 'kalma]	[ŋ]
+ /g/ velar	*ten—go*	['teŋgo]	*con ganas*	[koŋ 'ganas]	
+ /x/ velar	*án—gel*	['aŋxel]	*un gesto*	[uŋ 'xesto]	
	mon—ja	['moŋxa]	*un jabón*	[uŋ xa'βon]	
+ /w/ (labio)velar	*sán(d)—wich*	['saŋwitʃ]	*un huevo*	[uŋ 'weβo]	

Tabla 11.2. Lista de fonemas y alófonos nasales.

La asimilación es obligatoria en el interior de palabras y opcional (pero muy común) entre palabras.

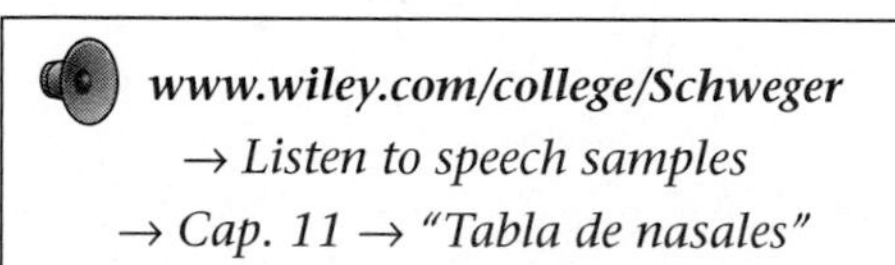

Capítulo 12

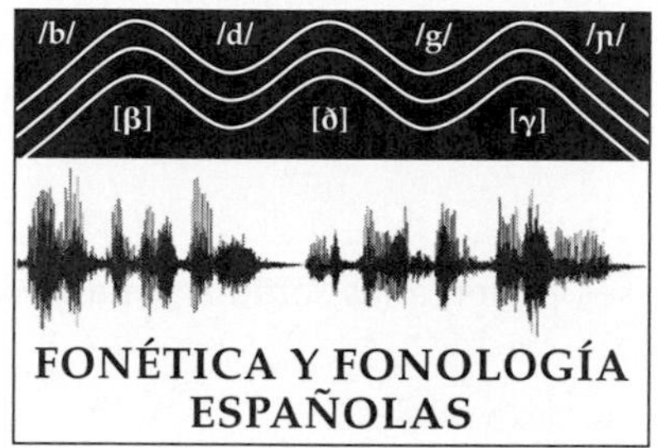

Las obstruyentes sonoras: /b, d, g/ — /ɟ/

12.1. Introducción

Se clasifican como sonidos **obstruyentes** los que se caracterizan por la presencia de un obstáculo (o una obstrucción) durante su articulación. Así, en la articulación de [p], por ejemplo, hay una obstrucción total del aire entre los labios (*bilabial*); hay igualmente obstrucción total en [t], ya que la lengua bloquea —momentáneamente— el aire en la zona *(alveo)dental*. Lo mismo ocurre con [tʃ] y [k], excepto que en estos dos sonidos la lengua cierra el paso en la zona *alveopalatal* y *velar*, respectivamente.

Es importante notar que aunque todos los sonidos consonánticos se articulan con cierta obstrucción en el punto de articulación, en algunos de ellos la clausura o cerrazón del órgano bucal en cuestión es solo *parcial*, permitiendo así el paso intermitente del aire proveniente de los pulmones. Estos sonidos con interrupción parcial del aire son *fricativos*.

Los alófonos en (1)–(3) en el esquema debajo son todos obstruyentes. En el grupo 1 figuran los oclusivos (obstrucción *total*). En el grupo 2 se encuentran los alófonos *fricativos* (obstrucción *parcial*). El grupo 3 reúne sonidos *africados* que, dentro de un mismo alófono, tienen (a) primero una *oclusión total* (i.e., [t] en el caso de [tʃ]) que va seguida de (b) una *fricción con clausura parcial* (por ej., [ʃ] en el caso de [tʃ]). Las variantes dialectales se presentan en color gris.

	SORDOS	*SONOROS*
1. **Oclusivos**, con obstrucción total:	[p, t, k]	[b, d, g]
2. **Fricativos**, con clausura parcial:	[f, θ,[1] s, x, ʃ]	[β, ð, ɣ, ʝ, ʒ]
3. **Africados**, con coarticulación que comienza con una oclusión total y termina con una fricción:	[t]+[ʃ] ⇓ [tʃ]	[d]+[ʒ] ⇓ [dʒ]

Obstruyentes

Los sonidos obstruyentes se oponen a los sonidos **sonantes** (también llamados **resonantes**). Son sonantes:

a. las **vocales**
b. las consonantes **nasales** (/n, m, ɲ/)
c. las **laterales** (/l, ʎ/)
d. las **vibrantes** (/ɾ, r/).

Sonantes

En la articulación de estos sonidos no hay obstáculo, es decir, el aire puede pasar por la cavidad bucal o nasal de manera continua e ininterrumpida. Por eso, las sonantes suelen también llamarse **continuas** (ingl. 'continuants').

12.2. Los fonemas /b, d, g/ en inglés

Antes de analizar la situación en español, veamos cómo se producen /b, d, g/ en inglés. Allí, /b, d, g/ se realizan **siempre** con alófonos *oclusivos* (cp. *[**b**]oy, [**d**]oll, [g]ate*)[2]. Normalmente, /b, d, g/, en inglés, tienen cada uno un solo alófono principal: [b, d, g]. Esta situación contrasta con la del español, donde encontramos alófonos tanto oclusivos [b, d, g] como fricativos [β, ð, ɣ].

En inglés, al realizar /b, d, g/, efectuamos una *oclusión total* que detiene la corriente del aire. Esta oclusión total es igual en inglés que en español. A pesar de ello, para el anglohablante la realización de los alófonos de /b, d, g/ en español es complicada. Las causas de esta complicación se examinan a continuación.

El anglohablante tiene en su idioma dos fonemas distintos /**b**/ y /**v**/. Al igual que en español, el fonema /b/ presenta una oclusión bilabial en casos como *b̲et = [**b**]et, lab̲ = la[**b**], fab̲ulous = fa[**b**]ulous.*

---

[1] Recordemos que el fonema interdental /θ/ es propio del español peninsular (cp. *c̲ervez̲a* [θeɾ'βeθa]). Es un sonido muy cercano al de la "th" inglesa en palabras como *th̲ink* o *path̲*.

[2] Hemos visto en el Capítulo 7 que el fonema /g/ del inglés puede tener una articulación fricativa [ɣ] en palabras como *sugar*, aunque tales casos son raros en inglés.

El alófono principal de inglés /v/ es el fricativo labiodental sonoro [v]. Contrario al español, en inglés hay pares mínimos basados en la oposición entre /b/ vs. /v/:

base / vase *berry / very* *mob / mauve* *lobes / loaves* /b/ vs. /v/

Por consiguiente, el anglohablante está acostumbrado a diferenciar nítidamente entre los dos fonemas /b/ y /v/, produciendo para /b/ un alófono bilabial oclusivo [**b**] y para /v/ uno labiodental fricativo [**v**].

Al ver la letra "b" en español, el estudiante principiante suele producir una oclusiva bilabial, mientras que ante la "v" tiende a producir una fricativa labiodental (en vez de una bilabial), imitando así el sistema articulatorio del inglés. Lo que el estudiante debe recordar es que, en español, (1) ambas letras representan siempre un solo fonema (i.e., /b/), y (2) este fonema /b/ casi siempre tiene la realización **fricativa [β]** (sin contacto entre los labios) en vez de **[b] oclusiva** (con contacto entre los labios). Por ello, en los ejemplos a continuación, los grafemas "b" y "v" representan el fonema /b/, articulado con el alófono fricativo [β]:

labor	[la'**β**oɾ]	*mi barco*	[mi '**β**aɾko]
lavar	[la'**β**aɾ]	*su vaso*	[su '**β**aso]

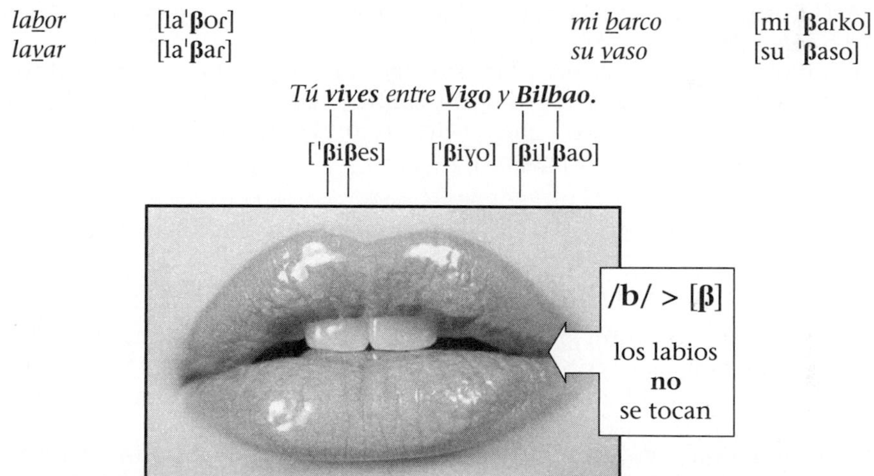

Por su parte, el fonema inglés /d/ presenta una oclusión alveolar: se detiene el aire al elevar el ápice de la lengua contra los alvéolos (cp. *door* = *[**d**]oor, sad* = *sa[**d**]*). Esta articulación contrasta con la /d/ dental del español. Es importante pues que en la articulación de [d] y [ð] en español, el estudiante mantenga la dentalidad y no eleve la lengua hacia los alvéolos (Fig. 12.1).

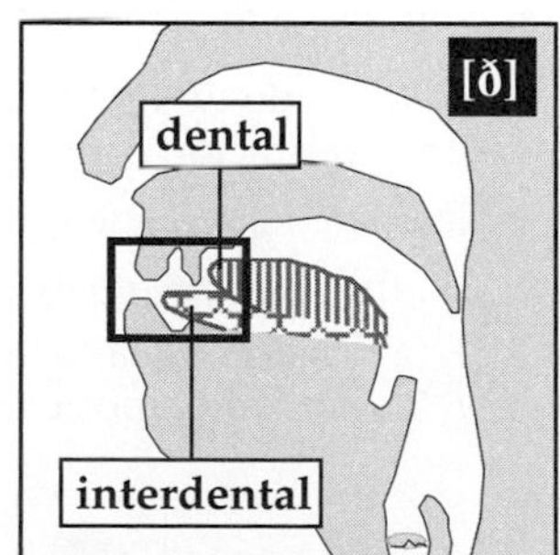

Fig. 12.1. La [ð] fricativa y sus dos articulaciones (variación libre).

Como se explicará con mayor detalle en el Capítulo 13, en inglés, la "d" se produce a veces con un sonido muy semejante a la vibrante simple del español [**ɾ**], tanto desde la perspectiva auditiva como articulatoria. Este es el caso en *ladder, bedding* (= "-dd-") o en *I edit the book* (= vocal tónica + "d" + vocal átona). Dicho sonido se conoce en inglés como *tap* o *flap*. Es conveniente que el estudiante no transfiera este sonido a la /d/ del español, porque de lo contario se arriesgará a confundir pares mínimos como:

mida vs. *mira* *modo* vs. *moro* *fado* vs. *faro* *todo* vs. *toro*

Si bien en inglés la letra "d" se usa para representar únicamente el alófono oclusivo [d], también existe un fonema dental fricativo /ð/, siempre representado con las letras "th": *then, father, brother*. Fonéticamente, esta /ð/ es idéntica a la "d" fricativa tan frecuente del español. Compare:

INGLÉS		**ESPAÑOL**	
leather		*ladrar*	[la'ðɾaɾ]
neither	con [ð]	*nido*	['niðo]
loathe		*lodo*	['loðo]

Pese a la cercanía fonética entre la [ð] del español e inglés, el anglohablante difícilmente se acostumbra a producir una [ð] fricativa en palabras como *nada* ['naða], *tarde* ['taɾðe] o *ladrar* [la'ðɾaɾ].

Por último, en la producción del fonema /g/ en inglés, el aire se detiene al colocar la parte posterior de la lengua, el postdorso, contra la región velar (cp. *get = [g]et, lag = la[g]*). Se articula de igual manera que el oclusivo correspondiente en español en casos como *tengo* ['teŋgo], *mango* ['maŋgo].

12.3. /b, d, g/ en español: nociones básicas

12.3.1. */b, d, g/ dentro del grupo fónico*

En español, la selección entre [β, ð, ɣ] fricativas y [b, d, g] oclusivas está condicionada por factores muy diversos, entre los cuales figuran el entorno fonético, el dialecto, la (in)formalidad y rapidez del habla, y el nivel socioeconómico y educativo del hablante.

Concentrándonos en el entorno fonético, reiteraremos aquí primero las reglas básicas (Cap. 7) para la selección entre realizaciones oclusivas y fricativas. Estas reglas se precisarán con mayor detalle en esta y otras secciones posteriores del capítulo. En los ejemplos a continuación se observará lo siguiente:

a. después de una pausa o después de una consonante nasal, /b, d, g/ suelen tener una realización *oclusiva*;
b. la secuencia /ld/ se realiza con una [d] *oclusiva*, i.e., [ld] en vez de *[lð];
c. /b, d, g/ son *fricativos* en todos los demás casos;
d. estas reglas básicas se aplican a *todo el grupo fónico*. Por lo tanto, cubren /b, d, g/ y /l + d/ tanto en posición inicial como en interior de palabra.

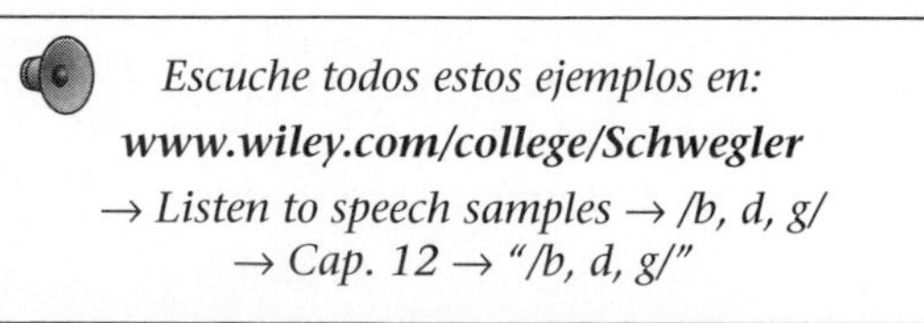

Escuche todos estos ejemplos en:
www.wiley.com/college/Schwegler
→ Listen to speech samples → /b, d, g/
→ Cap. 12 → "/b, d, g/"

Reglas básicas (con ejemplos):

1. a. **/b, d, g/ son *siempre* oclusivos después de una consonante NASAL ("m, n"):**

Ejemplos:			
	ambos	→	[ˈam**b**os]
	sin voto	→	[sim ˈ**b**oto]
	ando	→	[ˈan̪**d**o]
	son dos	→	[son̪ **d**os]
	ángulo	→	[ˈaŋ**g**ulo]
	comen guisantes	→	[ˈkomeŋ **g**iˈsan̪tes]

[b] [d] [g] oclusivos

b. **/b, d, g/ son *casi siempre* oclusivos después de PAUSA.**[3]

Ejemplos:			
	# ¡Dámelo tú!	→	*¡[**d**]ámelo tú!*
	#¡Ven!,# gritó él.	→	*¡[**b**]en!, [**g**]ritó él.*

c. **/d/ es *siempre* oclusivo en la combinación "l + d" = [ld].**

Ejemplos:			
	aldea	→	[al̪ˈdea]
	sueldo	→	[ˈsu̯el̪**d**o]
	Ronaldo	→	[roˈnal̪**d**o]
	el duque	→	[el̪ ˈ**d**uke]
	al decir	→	[al̪ **d**eˈsiɾ]
	mil días	→	[mil̪ ˈ**d**ias]

2. **En todos los DEMÁS CASOS /b, d, g/ son fricativos.**

a. DENTRO DE PALABRAS:			
	labios	→	*la[**β**]ios*
	alba	→	*al[**β**]a*
	huevo	→	*hue[**β**]o*
	servir	→	*ser[**β**]ir*
	salida	→	*sali[**ð**]a*
	sed	→	*se[**ð**]*
	orden	→	*or[**ð**]en*
	desde	→	*des[**ð**]e*
	aguantar	→	*a[**ɣ**]uantar*
	digo	→	*di[**ɣ**]o*
	algo	→	*al[**ɣ**]o*
	Margarita	→	*Mar[**ɣ**]arita*

[β] fricativo

[ð] fricativo

[ɣ] fricativo

[3] En ocasiones, después de pausa puede darse también una pronunciación fricativa; así: *¡[**ð**]ámelo pues!*, *¡[**β**]ámonos!*, en lugar de *¡[**d**]ámelo pues!* o *¡[**b**]ámonos!*.

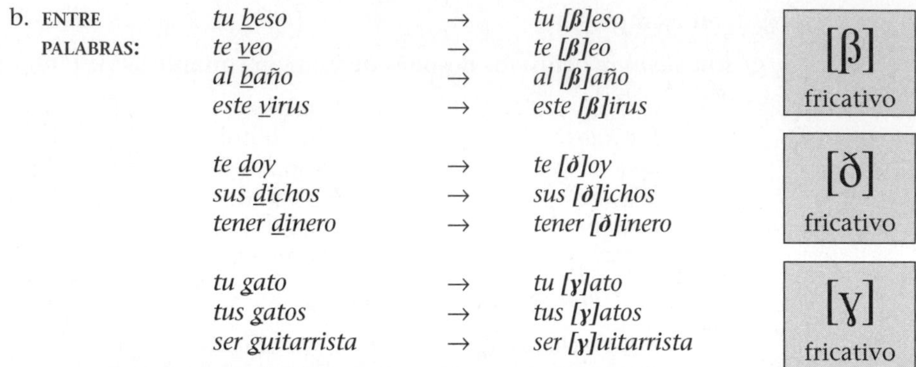

b. ENTRE PALABRAS:

tu beso	→	*tu [β]eso*	[β] fricativo
te veo	→	*te [β]eo*	
al baño	→	*al [β]año*	
este virus	→	*este [β]irus*	
te doy	→	*te [ð]oy*	[ð] fricativo
sus dichos	→	*sus [ð]ichos*	
tener dinero	→	*tener [ð]inero*	
tu gato	→	*tu [ɣ]ato*	[ɣ] fricativo
tus gatos	→	*tus [ɣ]atos*	
ser guitarrista	→	*ser [ɣ]uitarrista*	

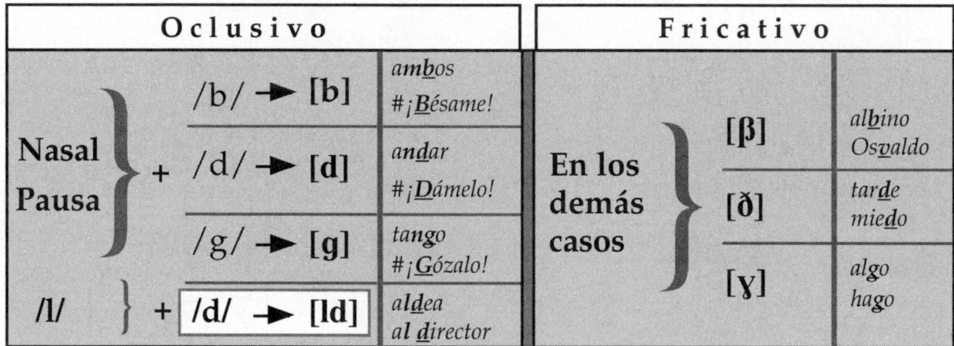

Fig. 12.2. Resumen gráfico de las reglas básicas para /b, d, g/.

Los mismos factores que condicionan el comportamiento de /b, d, g/ en el INTERIOR *de palabra condicionan su comportamiento* ENTRE *palabras. Esto no sorprende, ya que en la articulación de los sonidos en español el factor más determinante es el grupo fónico (y no la palabra).*

Un error común del estudiante suele ser querer articular /b, d, g/ con oclusión cada vez que una palabra empieza con las letras "b-/v-", "d-" o "g-", respectivamente. Por el contrario, los hablantes nativos del español observan con regularidad las reglas presentadas arriba y, por lo tanto, le dan preferencia a una pronunciación **fricativa**. Observe los ejemplos de la Figura 12.3, y preste atención una vez más a la articulación "suave" (i.e., fricativa) de /b, d, g/ cuando estos **no** siguen a una nasal o cuando **no** inician el grupo fónico.

[b, d, g] oclusivos		[β, ð, ɣ] fricativos
INICIO DEL GRUPO FÓNICO	DESPUÉS DE NASAL	EN LOS DEMÁS CASOS
Pausa ⇩		Pausa ⇩
# Voy a cantar un	doble tango.	# Yo voy a darte las direcciones.
# ¡Dame un	beso!	# ¡Dame diez besos suaves!
Articulación "dura"		*Articulación "suave"*

Fig. 12.3. Ejemplos de /b, d, g/ oclusivos y fricativos dentro del grupo fónico.

12.3.2. *[ld] oclusivo vs. [lβ] y [lɣ] fricativos con más detalle*

Como se señaló arriba (§12.3.1), la pronunciación oclusiva se impone cuando /d/ va precedido de /l/. La oclusión total en /ld/ se debe a que en la producción de la lateral /l/, el ápice de la lengua está en contacto directo con los alvéolos (y también con los dientes superiores). Es este contacto el que se mantiene al iniciar la articulación de la [d] que le sigue, lo que resulta en una oclusión más que en una fricción. Queremos subrayar aquí que el estudiante debería producir esta articulación oclusiva solo en el caso de /**l** + **d**/ y **no** en los de /**l** + **g**/ o /**l** + **b**/. Compare:

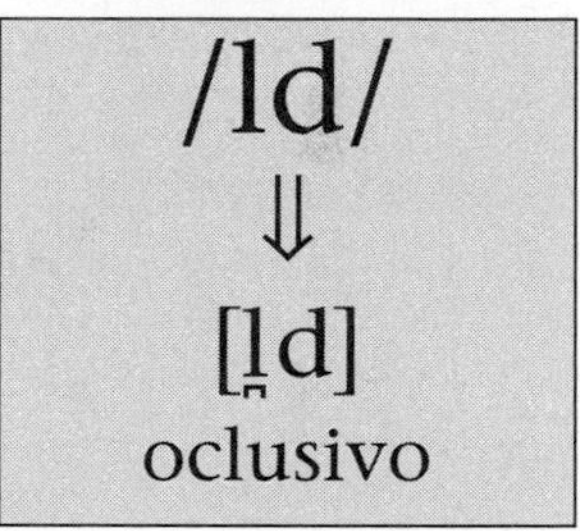

OCLUSIVO ("DURO")		**FRICATIVO ("SUAVE")**	
	DENTRO DE PALABRA		
aldea	[l̪d]	Alberto	[lβ]
Osvaldo	[l̪d]	salvar	[lβ]
sueldo	[l̪d]	algo	[lɣ]
	ENTRE PALABRAS		
el dinero	[l̪d]	el barco	[lβ]
el dólar	[l̪d]	el gato	[lɣ]

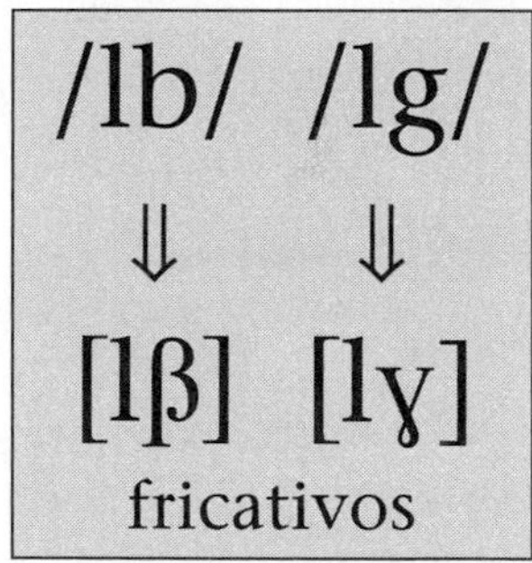

Los factores que acabamos de describir para la producción *oclusiva* de la /d/ en el segmento [l̪d] son esencialmente los mismos que en grupos del tipo NASAL + /b, d, g/, donde se generan las articulaciones *oclusivas* [mb, n̪d, ŋg]. Al pronunciar las nasales /n/ o /m/, se bloquea el flujo del aire en la cavidad bucal, al mismo tiempo que la cavidad nasal expulsa aire. Este bloqueo es esencialmente una oclusión, cuya liberación o relajamiento se perciben como tal cuando le siguen /b, d, g/.

Las Figuras 12.4 y 12.5 comparan la distribución fonológica y alofónica de /b, d, g/ en inglés y en español. Obsérvese nuevamente cómo el inglés tiene cuatro fonemas (/b, d, g, ð/), mientras que el español solo tiene tres (/b, d, g/).

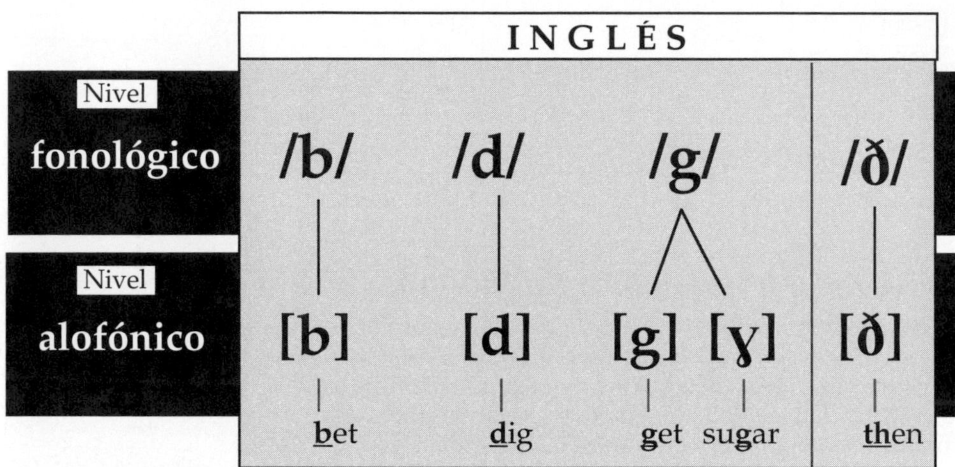

Fig. 12.4. Los fonemas /b, d, g/ y /ð/ en inglés.

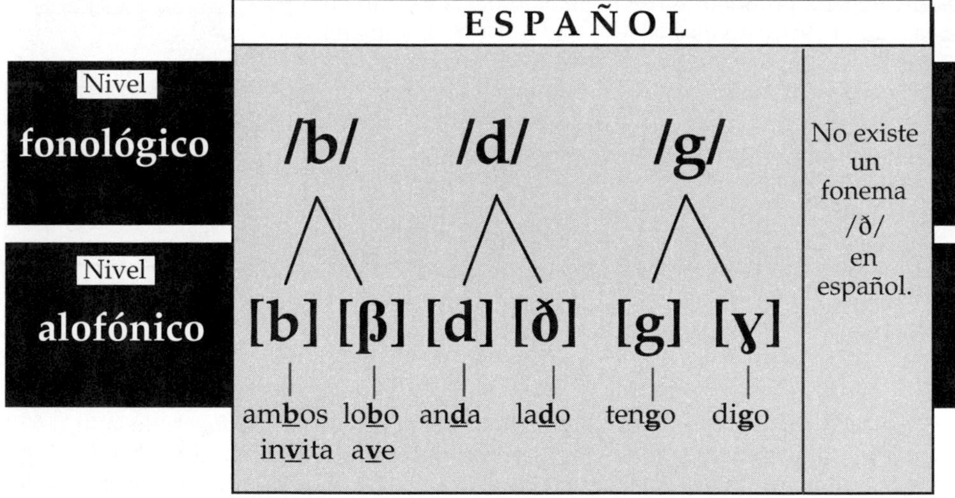

Fig. 12.5. Los fonemas /b, d, g/ en español.

12.3.3. *Consecuencias prácticas para el hablante no nativo*

Todo lo anterior permite hacer una observación eminentemente práctica: la articulación *oclusiva* de los grupos NASAL + /b, d, g/ y /l+d/ es una consecuencia lógica y automática de la fisiología de las nasales y de la lateral. Así, en /ld/ la /l/ cierra el paso del aire en la zona alveolar; en /mb/ la /m/ bloquea el aire en los labios; en /nd/

ocurre lo mismo en la zona alveodental, etc. Esto significa que el estudiante difícilmente sabría evitar una articulación oclusiva de /b, d, g/ en estos entornos. Dada esta producción (casi) "automáticamente oclusiva" de /b, d, g/ en las combinaciones con NASAL y /l+d/, al hablar español, **el estudiante muy bien puede considerar que todos los alófonos de /b, d, g/ son fricativos.** Esto le ayudará a evitar un acento extranjero.

12.4. Producción y comportamiento variable de [β, ð, ɣ]

12.4.1. *Características de la articulación fricativa de [β, ð, ɣ]*

A diferencia del inglés, en la mayoría de los casos, los fonemas /b, d, g/ del español se producen con **fricción**, esto es, sin una oclusión completa. La mayor frecuencia de las variantes fricativas[4] se debe fundamentalmente a que los entornos fonéticos donde aparecen son más frecuentes que los oclusivos (después de nasal o pausa). Esta fricción de la /b, d, g/ es, sin embargo, bastante relajada y mucho menos audible que la de las fricativas /f/ o /s/. La presencia de fricción y, a la vez, la ausencia de oclusión, les da a las variantes alofónicas [β, ð, ɣ] una cualidad fonética que los estudiantes a veces llaman "suave", y que técnicamente se denomina **aproximante.** Las explicaciones y los ejercicios a continuación le ayudarán a acercarse a la pronunciación nativa.

lobo	['lo**β**o]	→	bilabial	sin oclusión
miedo	['mi̯e**ð**o]	→	ápico-(inter)dental	
mago	['ma**ɣ**o]	→	postdorso-velar	

En la palabra *lobo,* el fonema /b/ se produce con los dos labios, es decir, es bilabial, pero se evita la oclusión completa: los labios no llegan a tocarse o cerrarse con firmeza. **El mismo sonido fricativo [β]** aparece en *cava* ['ka**β**a], *leve* ['le**β**e], *suave* ['su̯a**β**e] y, dentro de grupos fónicos: *tu vaca* [tu '**β**aka] o *la verdad* [la **β**eɾ'ða(ð)].

El fonema /d/ de la palabra *cada* ['ka**ð**a] se realiza de manera análoga, es decir, con el ápice de la lengua en contacto con el filo de los dientes superiores, pero sin oclusión completa. El resultado es un sonido relajado ápico-dental, que es muy semejante a la manifestación del fonema inglés /ð/, ortográficamente "th": *father, then.* El sonido [ð] del español es, sin embargo, considerablemente más relajado y con menos fricción que el sonido [ð] del inglés. En español, la articulación de la fricativa [ð] es ápico-dental.

La /d/ del español tiene variantes alofónicas FRICATIVAS que difieren entre sí, tanto en su punto de articulación como en su grado de fricción. Esto es así porque al articular la [ð] la posición exacta del ápice frente a los dientes puede variar algo, inclusive hasta llegar a una posición *interdental* (en vez de simplemente *dental*). Del mismo modo, la fricción en la [ð] puede variar considerablemente, a tal punto que en algunos casos es apenas perceptible (para más detalles sobre este punto, véase §12.4.2). El efecto de tales variaciones no es, en términos acústicos, de gran relevancia, y usaremos solo el alófono [ð] para representar esta gama de (inter)dentales fricativos sonoros.

[4] Las fricativas son variantes más recientes en la evolución del español desde el latín.

El fonema /g/ del español en palabras como *mago* ['maɣo] es un sonido postdorso velar y sonoro. Al acercarse el postdorso de la lengua al velo del paladar, el hablante no cierra totalmente el paso entre el velo y la lengua, emitiendo así una [ɣ] muy suave (Fig. 12.6a–b).

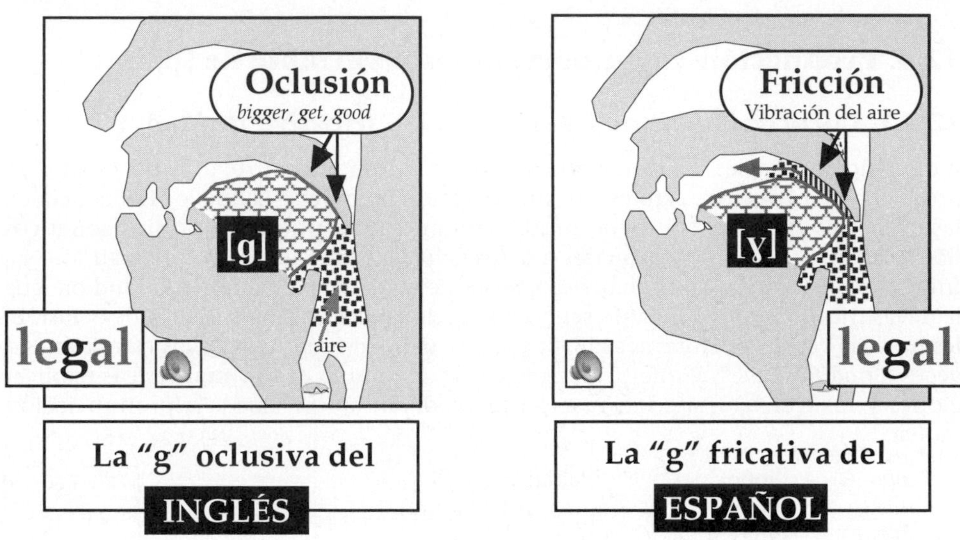

Fig. 12.6a. **Fig. 12.6b.**
Diferencia articulatoria entre la [g] oclusiva y la [ɣ] fricativa en ingl. *legal* y esp. *legal*.

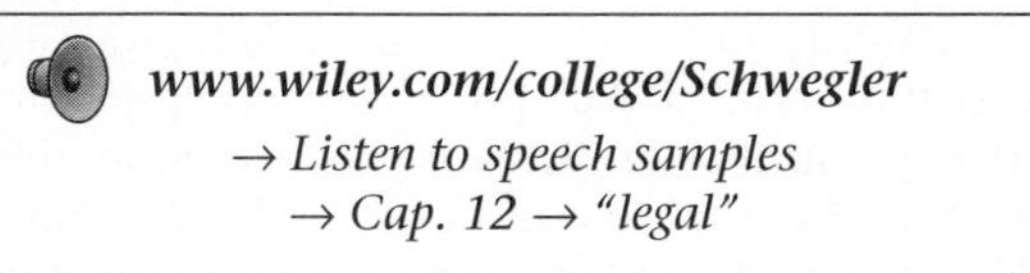

www.wiley.com/college/Schwegler
→ Listen to speech samples
→ Cap. 12 → "legal"

Al articularse la "g" relajada del esp. "legal" (Fig. 12.6b), la lengua se aproxima a la región velar ***sin*** *tocarla, permitiendo así el (casi) libre escape del aire.*

Para el estudiante anglohablante, esta articulación suave de "g" —menos enérgica que la "g" de palabras inglesas como "legal", "get", "bigger" o "good"— es uno de los sonidos más difíciles de articular correctamente, y esto a pesar de que el sonido exista en algunas (pocas) palabras inglesas como "sugar".

Al igual que en el caso de la [ð], la articulación del sonido [ɣ] es variable. En este caso, la variación no concierne tanto al *punto* de articulación sino a su *modo*. El modo de articulación de [ɣ] permanece siempre fricativo, pero el grado de fricción puede variar considerablemente (Figs. 12.7a–c).

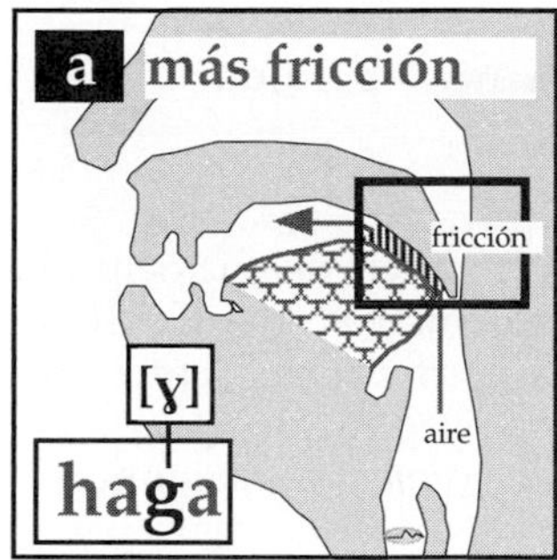

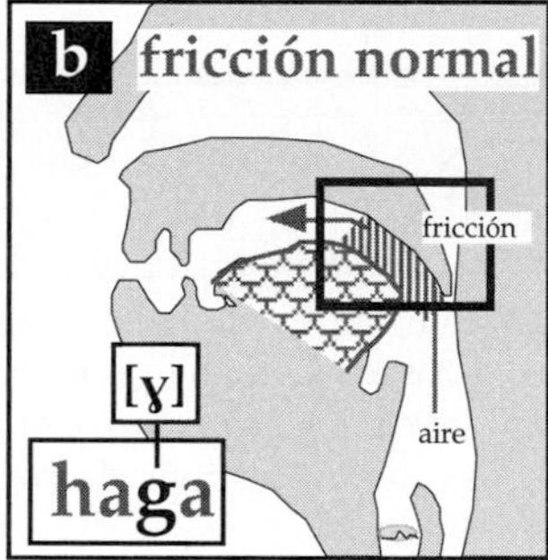

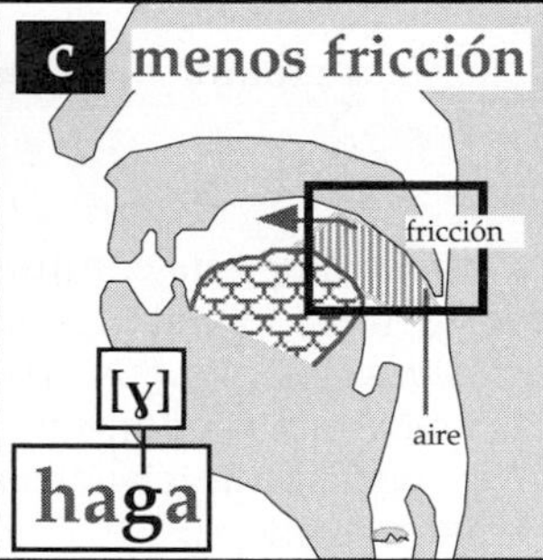

Fig. 12.7a-c. Diferentes grados de fricción en [ɣ].

Ligeras diferencias en el grado de apertura entre la lengua (postdorso) y el velo causan variaciones en el grado de fricción de [ɣ] (cuanta más apertura, menos fricción). Para el estudiante, lo más importante no es el grado exacto de apertura, sino el CONTRASTE *entre* FRICCIÓN *y* OCLUSIÓN *(cerrazón total del paso velar producida por [g]). El estudiante debe cuidarse, pues, de* ***no*** *cerrar el paso velar en palabras como "haga".*

Hemos subrayado que en [β, ð, ɣ] la fricción es bastante relajada, y mucho menos audible que la de las fricativas /f/ y /s/. En algunos dialectos, la fricción de la [ð] es tan suave que, con frecuencia, en posición intervocálica o final de palabra los hablantes la eliminan por completo (reducción total).[5] A este respecto véase también §12.4.3. Así, algunos dialectos del español (por ej., de la Península Ibérica) extienden la obligatoriedad de [ð] fricativa a la /d/ final de palabra: *se<u>d</u>* = [se**ð**], *verda<u>d</u>* = [beɾ'ða**ð**], *uste<u>d</u>* [us'te**ð**]. Por el contrario, en Hispanoamérica y en algunas regiones de España, esta [ð] final de palabra suele omitirse por completo: *uste<u>d</u>* = [us-'te**ø**], *Madri<u>d</u>* = [ma-'ðri**ø**]). Además, en algunos dialectos de España (por ej., en el centro), la /d/ final de palabra se desonoriza a [θ]: compare *Madri<u>d</u>* [ma-'ðri**θ**] con su variante sonora *Madri<u>d</u>* [ma-'ðri**ð**].

12.4.2. *Variación inherente en el grado de fricción de /b, d, g/*

Hemos dicho que, con pocas excepciones (NASAL / PAUSA + /b, d, g/), el hispanohablante evita normalmente la oclusión al realizar los tres fonemas en cuestión. Este rasgo representa una de las diferencias del español frente a otras lenguas europeas como el inglés, el francés, el italiano, el portugués o el alemán.

Al evitar la oclusión, pueden darse distintos grados de apertura y fricción en [β, ð, ɣ], por lo que la idea de un continuum de realizaciones fonéticas con diferentes rangos de apertura u oclusión, dependientes de los distintos contextos fonológicos y de las diversas variedades dialectales, se presenta como una representación ajustada de la fricción en español.

---

[5] El discurso *informal* o *rápido* produce alófonos relajados con grados *menores* de fricción. Es igualmente decisivo el ***contexto fonético***. Por ejemplo, en *higo* y *hago*, la apertura —es decir, el espacio entre lengua y velo— de [ɣ] suele ser ligeramente mayor en *hago* debido a que la vocal que le precede es *baja*, lo que tiende a dejar abierto el espacio velar después de la vocal baja /a/.

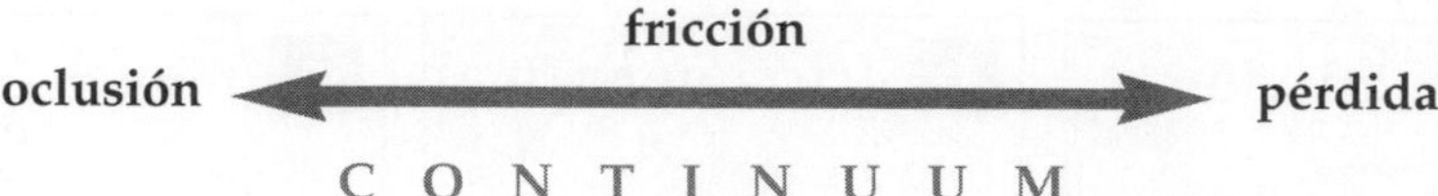

Dentro de este continuum, una posible articulación es la mezcla de una oclusión débil y fricción. Tal mezcla produce lo que llamamos **semi-oclusivas**. En estas semi-oclusivas, los órganos articulatorios se acercan pero no se cierran totalmente, produciendo una fricción suave. La pronunciación semi-oclusiva puede ocurrir para /b, d, g/ en posición inicial absoluta (es decir, después de pausa): *¡vámonos!* [ˈ**β**amonos] o *¡dámelo!* [ˈ**ð**amelo].

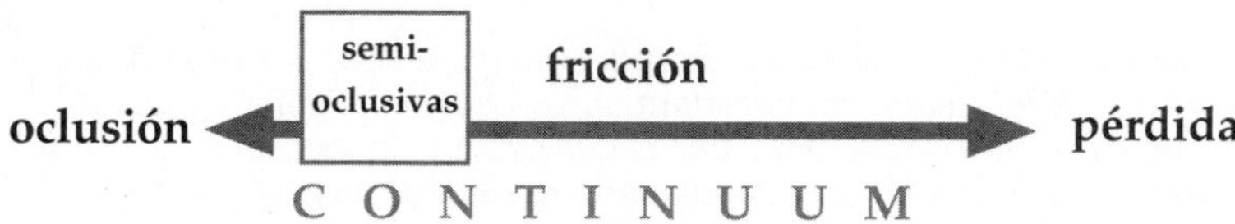

Asimismo, la relajación de las fricativas puede ser tal que la fricción en [β, ð, ɣ] sea apenas perceptible. Esta pronunciación debilitada es particularmente común para [β, ð, ɣ] **intervocálicos**: *iba, hablado, agua;* llegando a la pérdida total del fonema: *habla[ø]o* = [aˈβl**ao**], *a[ø]ua* = [ˈ**awa**], o *nada,* articulado *na'a* [ˈ**naa**] o *na'* [**na:**] ~ [**na**], incluso en aquellos dialectos (por ejemplo el mexicano) que no se caracterizan por una fuerte relajación de /b, d, g/. Otras palabras con debilitación similar son *todo* = *to'o* [ˈ**too**] o *to'* [**to:**] ~ [**to**] y *miedo* = *mie'o* [ˈm**i̯eo**]. Hay que añadir, sin embargo, que tal articulación está a menudo estigmatizada, y a veces se considera característica de un habla descuidada, muy informal, o de clases sociales con un nivel socioeducativo bajo.

Estándar	**Variante dialectal**		
Con varios grados de fricción	Eliminación total		
na[**ð**]a	naa	[ˈ**naa**] ~ [**na:**] ~ [**na**]	*(común)*
habla[**ð**]o	hablao	[aˈβl**ao**]	*(común)*
comi[**ð**]o	comío	[koˈm**io**]	*(menos común)*
de[**ð**]o	deo	[ˈd**eo**]	*(mucho menos común)*

Fig. 12.8. Pérdida de /d/ intervocálica en el español dialectal.

Si bien en situaciones formales se evita la eliminación completa del fonema, excepto en casos establecidos como *tablao* 'club de flamenco', en el habla cotidiana, familiar y rápida, y también en algunas variedades dialectales más que en otras (por ejemplo en el centro-sur de España), las variantes débiles son habituales, especialmente cuando se habla sin énfasis. Las variantes oclusivas o semi-oclusivas aparecen mucho más en el lenguaje lento y formal y, especialmente, durante la lectura en voz alta.

Igualmente frecuente es el debilitamiento y posterior eliminación de la /**b**/ en posición preconsonántica en casos como *su**b**jetivo, su**b**terráneo,* etc. Hace relativamente poco se han aceptado ya propuestas ortográficas simplificadas para que se escriba en español estándar *oscuridad* (< *o**b**scuridad*) y *sustituir* (< *su**b**stituir*).

12.4.3. *Alternancia libre de /b, d, g/ en posición* POSTCONSONÁNTICA

A lo largo del capítulo hemos notado que después de nasal o de pausa, los fonemas /b, d, g/ se pronuncian generalmente con alófonos *oclusivos*, mientras que en los demás casos las variantes *fricativas* son siempre aceptables. Por tanto, su distribución generalmente es complementaria; i.e., en los entornos donde aparecen las oclusivas, no suelen aparecer las fricativas.

Es necesario precisar, sin embargo, que en posición **postconsonántica** (ver ejemplos debajo), excepto después de nasal y en /ld/, los fonemas /b, d, g/ pueden realizarse también como oclusivos. Esto equivale a decir que, en el habla diaria, los sonidos /b, d, g/ postconsonánticos alternan libremente entre [b, d, g] y [β, ð, ɣ]. Este fenómeno destaca dialectalmente en Centroamérica. Los siguientes ejemplos muestran esta variación "libre"; nótese que las oclusivas sonoras van siempre precedidas por una consonante que *no* es /l/, /d/ ni nasal:

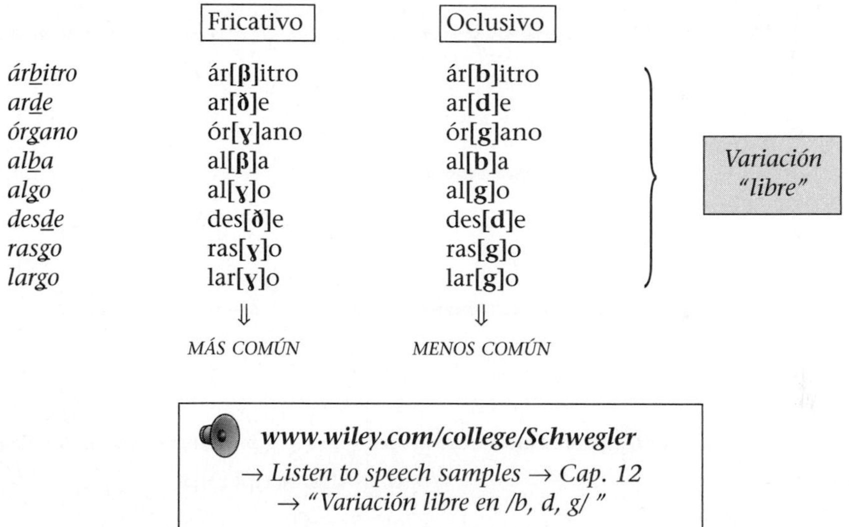

	Fricativo	Oclusivo	
árbitro	ár[**β**]itro	ár[**b**]itro	*Variación "libre"*
arde	ar[**ð**]e	ar[**d**]e	
órgano	ór[**ɣ**]ano	ór[**g**]ano	
alba	al[**β**]a	al[**b**]a	
algo	al[**ɣ**]o	al[**g**]o	
desde	des[**ð**]e	des[**d**]e	
rasgo	ras[**ɣ**]o	ras[**g**]o	
largo	lar[**ɣ**]o	lar[**g**]o	
	⇓ MÁS COMÚN	⇓ MENOS COMÚN	

www.wiley.com/college/Schwegler
→ Listen to speech samples → Cap. 12
→ "Variación libre en /b, d, g/ "

12.4.4. *Resumen del comportamiento de /b, d, g/*

Resumiendo, podemos decir que los fonemas /b, d, g/ tienen dos variantes principales, una oclusiva y una fricativa. Dentro de la variante fricativa podemos considerar como más común la fricativa relajada, con diferentes grados de fricción. Como la oclusión suele producirse después de nasales y en /ld/ —incluso en hablantes de inglés—, el estudiante debe preocuparse únicamente por producir la articulación fricativa [β, ð, ɣ]. En síntesis, para nuestros propósitos diremos que /b, d, g/ son:

1. **obligatoriamente fricativos solo en posición postvocálica**;
2. **obligatoriamente oclusivos después de pausa o nasal, y en la combinación /ld/**;
3. **variables en los demás casos** (i.e., fricativos u oclusivos).

Recuerde que una pronunciación fricativa relajada para "b/v, d, g" no denotará un acento extranjero, pero sí lo hará un uso exagerado de las oclusivas.

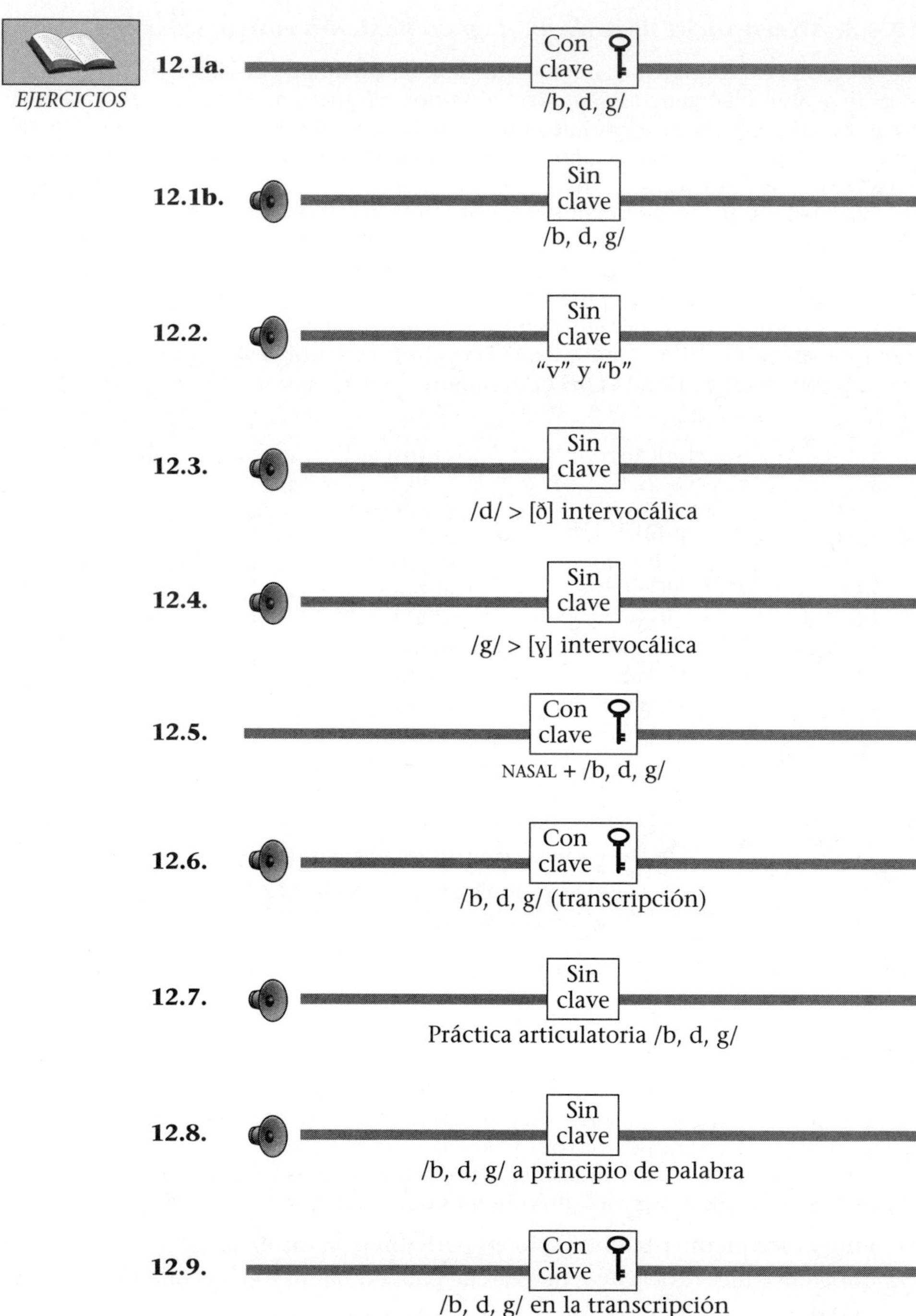
EJERCICIOS
12.1a.
Con clave
/b, d, g/
12.1b.
Sin clave
/b, d, g/
12.2.
Sin clave
"v" y "b"
12.3.
Sin clave
/d/ > [ð] intervocálica
12.4.
Sin clave
/g/ > [ɣ] intervocálica
12.5.
Con clave
NASAL + /b, d, g/
12.6.
Con clave
/b, d, g/ (transcripción)
12.7.
Sin clave
Práctica articulatoria /b, d, g/
12.8.
Sin clave
/b, d, g/ a principio de palabra
12.9.
Con clave
/b, d, g/ en la transcripción

12.5. Problemas ortográficos ("b, v, d, g")

No todos los problemas que tienen los principiantes con los fonemas /b, d, g/ surgen de la existencia y del uso de variantes fricativas en vez de oclusivas. A veces los problemas son puramente ortográficos.

En el caso del fonema bilabial /b/, la ortografía española representa este fonema con dos letras, la "b"[6] y la "v"[7]. La selección entre estas dos letras generalmente radica en su origen latino. Si en latín se escribía una palabra con una "b", esta suele mantenerse en la palabra correspondiente del español moderno; si se escribía con "v", también suele escribirse así en el español moderno. Compare los ejemplos siguientes del latín y español, teniendo en mente que en latín la selección entre "b" y "v" sí correspondía sistemáticamente a dos sonidos distintos (i.e, /b/ y /v/):

LATÍN	***ESPAÑOL***	***LATÍN***	***ESPAÑOL***
/b/	**/b/**	**/v/**	**/b/**
la**b**or	la**b**or	**v**īta	**v**ida
la**b**ium	la**b**io	**v**ictōria	**v**ictoria
brevis	**b**reve	bre**v**is	bre**v**e
bar**b**arum	**b**ár**b**aro	la**v**ō	la**v**o

Hoy en día, aunque tal distinción ya no se mantiene[8], hay algunas limitaciones ortográficas en las combinaciones de consonantes que nos ayudan a predecir dónde ocurrirá "b" o "v"; por ejemplo, "m+b", "b+r" o "b+l" (nunca "m+v", "v+r" o "v+l") en *ambición, abrazar* o *blanco*. Lo más importante es recordar que, en el español actual, **la diferencia gráfica entre las letras "b" y "v" no representa ninguna diferencia fonética**; esto es, "b" y "v" se corresponden al mismo fonema y en entornos fonéticos semejantes (véanse ejemplos debajo) suenan igual.[9]

Recuerde, además, que tanto la letra "v" como la "b" pueden representar un sonido oclusivo si les precede una nasal o una pausa:

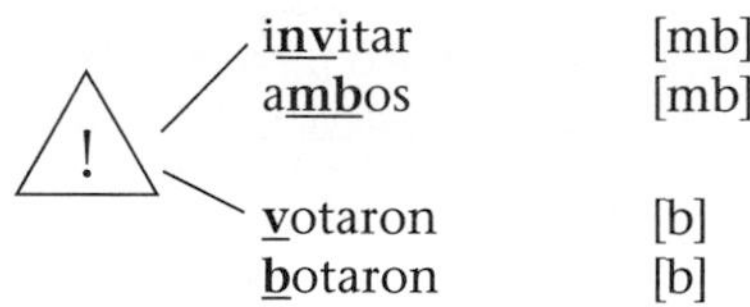

[6] Llamada comúnmente "**be**", "**be grande**" o, popularmente, "**be de burro**".

[7] Llamada comúnmente "**be chica**", "**uve**" o, popularmente, "**be de vaca**".

[8] En español, los sonidos representados por "v" y "b" empezaron a confundirse en la alta Edad Media. Hace siglos que palabras como *vota* y *bota* son homófonas.

[9] No obstante, en México, el Caribe y Estados Unidos existe cierta *variación libre* entre los alófonos [b] y [β] del fonema /b/, y el alófono labiodental fricativo sonoro [v]. Como señalan Spicher et al. (2008:129), esta libre alternancia se ha interpretado como un rasgo de *hipercorrección*; esto es, los hablantes quieren pronunciar "correctamente" casos como *voto* o *vaca* para distinguirlos de *boto* y *baca*, y para ello los articulan con [v] = [ˈvoto] [ˈvaka], de forma que su pronunciación resulta inusual en español, donde "v" y "b" no muestran diferencias fonéticas. Observada, sin embargo, la gran frecuencia de uso del alófono [v], los autores plantean una cuestión: ¿llegará el día en que la lengua, en su evolución en Estados Unidos y otras regiones de Latinoamérica, desarrolle un fonema /v/? Una cuestión abierta de indudable interés.

Al igual que /b/, el fonema /d/ presenta ciertas particularidades ortográficas. En español, su representación ortográfica es muy regular: tanto si se manifiesta con la variante oclusiva como con la fricativa, siempre se representa ortográficamente con la letra "d": *anda* [d], *nada* [ð]. Como ya señalamos en §12.2, en contraste, el inglés muestra dos fonemas con sus correspondientes alófonos: 1) /d/ = [d], ortográficamente representado con "d", cp. *dad, dentist;* y 2) /ð/ = [ð], ortográficamente "th", y fonéticamente muy similar al alófono español [ð], cp. *father, this*. Es conveniente, por tanto, que el estudiante recuerde estas diferencias.

Por su parte, el fonema /g/ igualmente conlleva ciertos problemas ortográficos. En su variante oclusiva [g] o fricativa [ɣ], el fonema /g/ siempre se escribe con la letra "g". Hay otros casos donde la representación de "g" es más problemática dado que la letra "g" tiene un doble valor fonológico y fonético: /x/ y /g/, según la letra que le siga. Estúdiense los ejemplos ilustrativos en la Figura 12.9.

Letras		Fonemas	Ejemplos	
g + i	=	/xi/	*gitano*	sonido [x]
g + e	=	/xe/	*gesto*	
g + a	=	/ga/	*gato*	sonido [g]
g + o	=	/go/	*gota*	
g + u	=	/gu/	*gusto*	

Fig. 12.9. Doble valor fonético de la "g".

Como muestran los ejemplos anteriores, la "g" corresponde a /x/ cuando va seguida de una vocal anterior ("i" y "e").[10] Ahora bien, ¿cómo representar entonces (en la ortografía) las secuencias fonológicas /gi/ o /ge/, que no pueden escribirse, como acabamos de ver, con "gi" y "ge", respectivamente, ya que estas ortografías producen /xi/ y /xe/ en vez de /gi/ y /ge/? La respuesta la encontramos en los ejemplos a continuación, donde la letra "u" se inserta para conservar el valor fonético [g] de la letra "g" cuando va seguida de las letras "i" o "e". Nótese cómo en *guitarra* y *pague* la "u" ortográfica no tiene ningún valor fonético (Fig. 12.10).

[10] Recuerde que la grafía de "g + e, i" = /x/ + /e, i/ en ejemplos como *gente* y *agitar* alterna con la ortografía "j" en casos como *jirafa, jefe*. Si bien la "j" es el grafema más extendido para representar al fonema fricativo sordo /x/, dado que puede aparecer ante cualquier vocal (cp. *jirafa, jefe, jamón, ajo, jugo*), la distinción entre "g" + "e, i" y "j" + "e, i" se ha venido manteniendo por razones etimológicas (su origen latino) y no fonéticas. Así, se conservó la "g" en palabras que la tenían en latín (*gemelo* < *gemellu(m)*), y se puso "j" en las que no la tenían originalmente (*mujer* < *muliere(m)*). Consulte §15.4.1 en el Capítulo 15 para un mayor desarrollo.

LETRAS		FONEMAS	EJEMPLOS	
g + i	=	/xi/	*agitar*	sonido [x]
g + e	=	/xe/	*gente*	
gu + i	=	/gi/	*guitarra*	sonido [g]
gu + e	=	/ge/	*pague*	

Fig. 12.10. Ortografía "gi" / "ge" vs. "gui" / "gue".

Como muestran los ejemplos guitarra *y* pague, *ante las letras "i" y "e", la letra "u" no representa ningún sonido. Recuerde que esto no es así en casos como* aguantar, lengua, antiguo, *donde la "u" representa la semivocal* [u̯]: ag[**u̯a**]ntar, leng[**u̯a**], antig[**u̯o**].

Hay una complicación adicional. Esta proviene de las palabras, relativamente raras, que contienen el segmento fonético [gu̯i] o [gu̯e]. Obsérvense primero los ejemplos en la Figura 12.11.

LETRAS	SONIDOS	EJEMPLOS	
		CON DIÉRESIS	
gü + i	[gu̯i]	lingüista	[liŋ'**gu̯i**sta]
gü + e	[gu̯e]	vergüenza	[beɾ'**gu̯e**nsa]

Fig. 12.11. Ortografía "gü".

En estos casos, la "ü" tiene valor fonético, y el diacrítico especial (la "**diéresis**") encima de la "ü", se coloca para expresar ortográficamente el sonido [u̯]. Por tanto, la letra "ü" se emplea únicamente en las combinaciones ortográficas "güi" y "güe". Compárese la lista de ejemplos a continuación en los que contrastamos varias combinaciones ortográficas con "g", y las acompañamos de explicaciones que aclaran las prácticas ortográficas en cuestión:

lengua
La "g" preserva su sonido [g] porque no le sigue una vocal anterior ("e/i"). La "u" corresponde a [u̯] porque, en combinación con "a, o, u," representa los diptongos [u̯a, u̯o, u̯u]; la última combinación, i.e., [u̯u], suele simplificarse a [u:] o [u].

ungüento
ingl. 'ointment'
La "g" preserva su sonido [g] porque no le sigue una vocal anterior ("e/i"). La "ü" corresponde a [u̯] y no a "cero" porque lleva diéresis.

pingüino
(La misma explicación que en el caso anterior)

Lamborguini[11]
La "g" preserva su sonido [g] o [ɣ] porque le sigue una "u". La "u" corresponde a "cero" (o nada) y tiene que escribirse para evitar la articulación *[lambor'**x**ini] en lugar de [lamboɾ'**g**ini] o [lamboɾ'**ɣ**ini].

---

[11] También deletreado *Lamborghini* (esta ortografía refleja el origen italiano de la marca italiana).

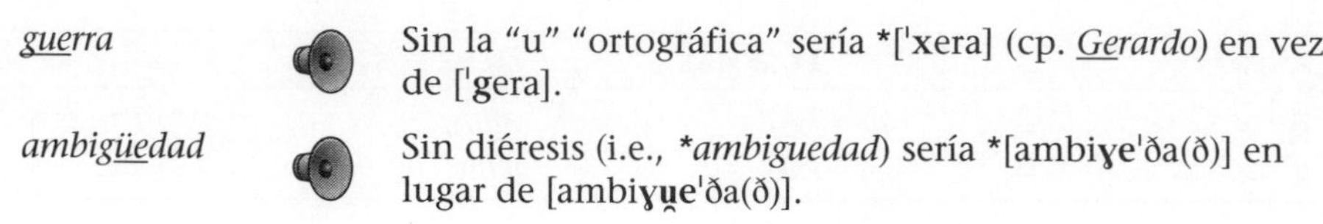

guerra — Sin la "u" "ortográfica" sería *['xera] (cp. *Gerardo*) en vez de ['gera].

ambigüedad — Sin diéresis (i.e., **ambiguedad*) sería *[ambiɣe'ða(ð)] en lugar de [ambiɣu̯e'ða(ð)].

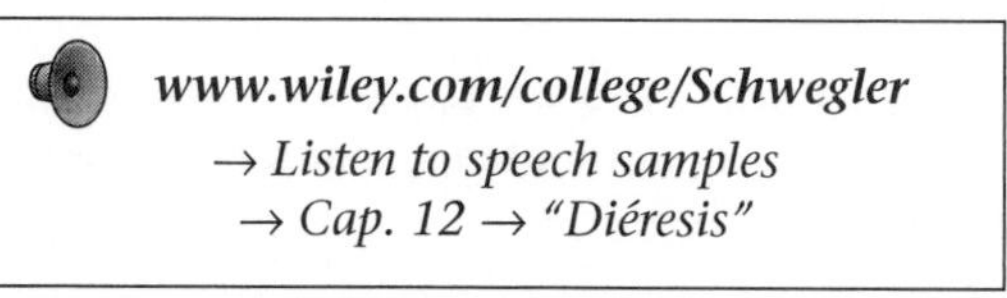

www.wiley.com/college/Schwegler
→ *Listen to speech samples*
→ *Cap. 12* → *"Diéresis"*

ambigüedad* vs. *ambiguo

Es interesante comparar AMBIGÜEDAD *con el adjetivo* AMBIGUO. *¿Sabe determinar por qué la forma adjetival* AMBIGUO ***no*** *necesita la diéresis sobre la "u"?*

Finalmente, debemos llamar la atención sobre aquellos casos —generalmente problemáticos no solo para principiantes sino también para hablantes nativos del español— donde la adición del sufijo diminutivo *-it(o)* / *-it(a)* conlleva ajustes ortográficos que se imponen por la misma lógica de las reglas ortográficas que acabamos de presentar arriba. Compárese:

"u" = [u̯]		**"ü" = [u̯]**	**Explicación:**
agua paraguas	→ →	agüita paragüitas	Sin diéresis sería */a'gita/, es decir, faltaría el sonido [u̯].
"g" = [ɣ]		**"gu" = [ɣ]**	**Explicación:**
lago vago	→ →	laguito vaguito	Sin "u" sería */la'xito/, es decir la "g" sería [x] en lugar de [ɣ].

Fig. 12.12. Problemas ortográficos con "g".

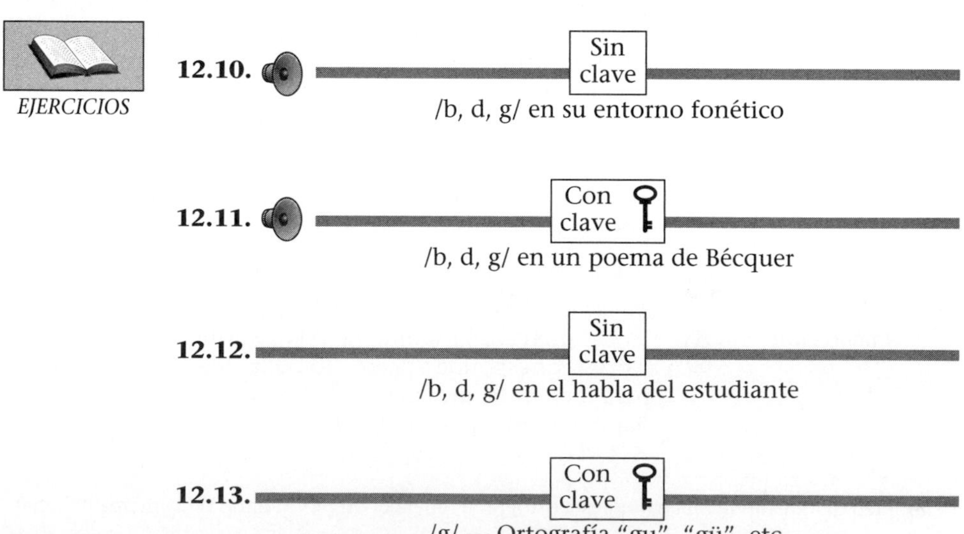

EJERCICIOS

12.10. Sin clave
/b, d, g/ en su entorno fonético

12.11. Con clave
/b, d, g/ en un poema de Bécquer

12.12. Sin clave
/b, d, g/ en el habla del estudiante

12.13. Con clave
/g/ — Ortografía "gu", "gü", etc.

12.6. El fonema palatal /ʝ/

El fonema palatal sonoro yod /ʝ/ es muy semejante en su manifestación fonética a /b, d, g/ dado que se usan variantes que normalmente son fricativas relajadas con grados muy moderados de fricción. Así suelen ser fricativas tanto /b, d, g/ > [β, ð, ɣ] como la yod /ʝ/ > [ʝ].

El fonema /ʝ/, articulado como [ʝ], en Hispanoamérica se representa indistintamente con las letras "y"/"ll"[12]; este fenómeno dialectal se conoce como **yeísmo**. En el apartado 12.6.1 y el Capítulo 20 veremos con más detalle este fenómeno y su opuesto: el **lleísmo**, esto es la distinción entre "y" y "ll". En cuanto a la ortografía "y"/"ll", no hay reglas fijas, por lo que no hay otro remedio que memorizar qué palabras se escriben con "y" y cuáles con "ll".

Definición de "yeísmo"

La realización de "y" y "ll" como un solo fonema, i.e., [ʝ]:

ma **y** a ma **ll** a	} /ʝ/ {	ro **y** o ro **ll** o

El yeísmo prevalece en Hispanoamérica y en algunas áreas de España (sobre todo el centro y sur).

A veces, en el habla familiar y espontánea, la /ʝ/ se pronuncia más relajada e incluso más debilitada que las fricativas [β, ð, ɣ]. Los alófonos débiles son idénticos al sonido inicial *you* y *yes* del inglés. Compare, por ejemplo, la palabra *yo-yo* del inglés con *yo* del español. La diferencia está en que, aunque en español se permite una variante de /ʝ/ tan débil como la del inglés, también se usan variantes más tensas con fricción audible o incluso la semi-oclusiva.[13] La observación de que la variante /ʝ/ del español es algo más tensa y más fricativa que la /ʝ/ del inglés explica un fenómeno articulatorio de los inmigrantes hispanos cuya lengua nativa es el español: al pronunciar palabras inglesas como *yellow* o *yes,* trasfieren la yod tensa y fricativa del español a su inglés, produciendo así articulaciones más cercanas a *jello* o *chess* que a *yellow* y *yes.*

En este texto favoreceremos una transcripción *amplia* de los alófonos de la yod, por lo que no distinguiremos formalmente entre sus variantes. Optamos por una transcripción simplificada (un solo alófono, i.e., [ʝ]) por una razón muy simple: al contrario de lo que ocurre con /b, d, g/ donde los principiantes tienden a favorecer las oclusivas [b, d, g] en vez de [β, ð,ɣ], la selección entre una realización oclusiva o fricativa de /ʝ/ jamás produce un acento extranjero.

En vista de lo antedicho, podría pensarse que la realización de la yod española no es problemática para el anglohablante. Pero esto no es así: suele producirse una fuerte dosis de acento cuando el principiante realiza la /ʝ/ como vocal /i/ en lugar de [ʝ]. Para los hablantes nativos del español, la diferencia entre [i—o] y [ʝo] es significativa, por lo que detectan con facilidad pronunciaciones extranjeras como *"ío"* en vez de *"yo"*. En la [ʝ], la lengua se desplaza —o "desliza"— de su posición inicial palatal en dirección al punto de articulación de la vocal que le sigue. Tal desplazamiento de la lengua *no* ocurre en la [i].

El problema articulatorio que acabamos de describir se debe, en parte, a que en inglés la "y" de palabras como *mayor* o *player* suele pronunciarse con muy poca tensión muscular. Así, los estudiantes transfieren equivocadamente la ausencia de tensión muscular de la [ʝ] inglesa a la **[ʝ] del español que, por el contrario, se pronuncia con**

---

[12] Recuerde que, en todas las variedades de español, la [ʝ] también representa a "hi" + vocal: *hielo* = [ˈʝelo], *hiedra* = [ˈʝeðra].

[13] Este refuerzo ocurre sobre todo en el habla más formal o enfática o bien en la lectura.

un alto grado de tensión muscular. Esta articulación tensa de la [ʝ] española es similar a la de la pronunciación **enfática** de la "y" de ingl. *yes*. Por tanto, al realizar una /ʝ/ el estudiante debe acostumbrarse a colocar la lengua de manera tensa en la región palatal, y deslizarla luego en dirección de la vocal que le sigue. Si aplica esta técnica articulatoria, podrá evitar el error que ilustramos en la columna derecha:

	Correcto ☺			**Falso** ☹	
mayo	[ˈma—ʝo]	o	[ˈmai̯—ʝo]	[ˈmai̯—o]	*Observe la*
ella	[ˈe—ʝa]	o	[ˈei̯—ʝa]	[ˈei̯—a]	***ausencia** de*
suyo	[ˈsu—ʝo]	o	[ˈsui̯—ʝo]	[ˈsui̯—o]	*[ʝ]*

12.6.1. *Variación dialectal del fonema /ʝ/*

En el español estándar, las variantes alofónicas de /ʝ/ difieren tan poco entre sí que hemos podido subsumirlas con un solo símbolo alofónico: [ʝ]. En contraste, existe una gran variación *dialectal* del fonema /ʝ/. A estas alturas, lo mejor para el estudiante es producir una fricativa moderada [ʝ], similar al sonido [j] de *you, yes, yoke* del inglés. Pero, a la vez, le será útil prestar atención a sus distintas realizaciones dialectales (ilustradas más abajo). Esto le ayudará a detectar, poco a poco, el origen geográfico de diversos hispanohablantes.

Como señalamos en la sección anterior, en la mayoría de los hablantes de español se da el **yeísmo**, esto es, el uso del fonema /ʝ/ y su correspondiente alófono [ʝ] que en la ortografía se representa con "y"/"ll". En este libro transcribimos las palabras homófonas *halla* (del verbo *hallar*) y *haya* (del verbo *haber*) ambas con yod: [ˈa**ʝ**a]. Tal transcripción refleja la pronunciación más común de la /**ʝ**/ en el español americano.

En contraposición al yeísmo, tenemos el **lleísmo**, i.e., la distinción de los grafemas "ll" y "y" con la siguiente distribución: "ll" = fonema lateral palatal sonoro /ʎ/ (alófono [ʎ]); "y" = fonema fricativo palatal sonoro /ʝ/ (alófono [ʝ]). Con lleísmo, *halla* y *haya* se transcriben [ˈaʎa] y [ˈa**ʝ**a], respectivamente. Para los lleístas, [ˈaʎa] y [ˈa**ʝ**a] constituyen siempre pares mínimos ya que /ˈaʎa/ y /ˈa**ʝ**a/ se diferencian tanto fonética como semánticamente. Se trata de un fenómeno que, aunque en recesión, está presente en ciertas regiones de Latinoamérica (Paraguay, y las áreas andinas de Perú, Bolivia y partes de Argentina, Colombia y Ecuador). Allí, el lleísmo es un residuo del español colonial, influido en algunas zonas por lenguas amerindias que comparten el sonido [ʎ]. El lleísmo existe también en el noreste de España (sobre todo, Castilla León, La Rioja y Cantabria).

Dentro del yeísmo hay una variación articulatoria considerable. La mejor conocida es quizás la variante fricativa palatal sonora **[ʒ]** de la región del *Río de la Plata* (Argentina, Uruguay y partes de Paraguay). Se trata de una *sibilante* (Cap. 7, §5) que suele alternar con la africada alveopalatal sonora **[dʒ]**. A veces, la [ʒ] se desonoriza (i.e., se ensordece), pasando así a [ʃ]. Igualmente, la [dʒ] puede alternar con [tʃ], aunque esta última variante es menos frecuente. La variación de estos sonidos es libre y todos ellos se dan en el español estándar del área rioplatense[14] (Fig. 12.13):

[14] Asimismo las realizaciones [dʒ] y [ʒ] se encuentran en zonas peninsulares de Andalucía y de Extremadura, y en Latinoamérica en algunas regiones de Chile y de México (en este caso por influencia de lenguas amerindias).

	[ʒ] **SONORA** COMÚN	[dʒ] **SONORA** COMÚN	[ʃ] **SORDA** MENOS COMÚN	[tʃ] **SORDA** POCO FRECUENTE
yo	[ʒo]	[**d**ʒo]	[ʃo]	[**t**ʃo]
mayo	[ˈmaʒo]	[ˈma**d**ʒo]	[ˈmaʃo]	[ˈma**t**ʃo]
llamo	[ˈʒamo]	[ˈ**d**ʒamo]	[ˈʃamo]	[ˈ**t**ʃamo]
calle	[ˈkaʒe]	[ˈka**d**ʒe]	[ˈkaʃe]	[ˈka**t**ʃe]

Fig. 12.13. La yod y sus variantes dialectales.

Tanto en las fricativas [ʒ] y [ʃ] como en las africadas [dʒ] y [tʃ], la corriente de aire y la tensión muscular son más fuertes que en la fricativa palatal [ʝ]. Esta mayor tensión muscular y refuerzo de la fricción en [ʒ, dʒ, ʃ, tʃ] contribuye a que estas variantes alofónicas sean muy prominentes auditivamente, lo que, a su vez, quizás permita identificar a un hablante de Buenos Aires o de Montevideo con más facilidad que al de cualquier otra capital sudamericana.

Esta articulación sibilante se llama **rehilamiento** (o también llamado **yeísmo rehilado**). Su realización alofónica variable es comparable con cuatro sonidos del inglés, representados ortográficamente en la Figura 12.14.

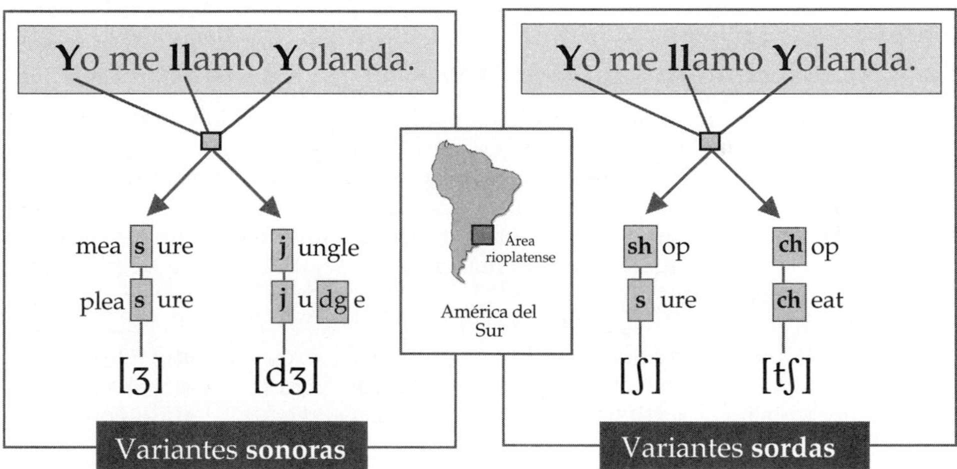

Fig. 12.14. Rehilamiento de la yod.

*Típico del habla rioplatense, el rehilamiento se da también en otras variedades del español, aunque generalmente con menor asibilación (i.e., con menor fricción en la consonante sibilante). Como veremos en el Capítulo 20, existen factores educativos y sociales que condicionan, por lo general, el uso de las sonoras **[dʒ, ʒ]** y sordas **[tʃ, ʃ]**.*

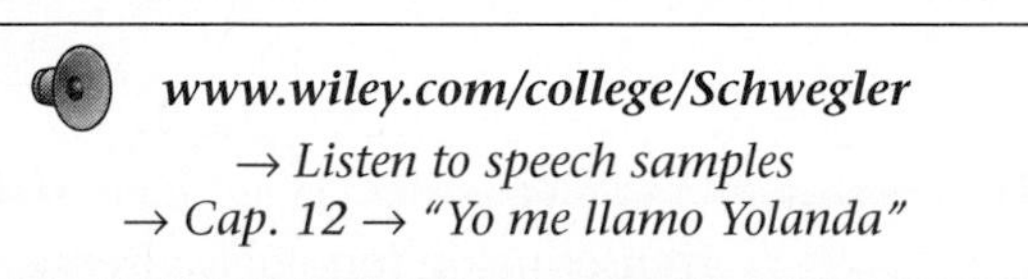

www.wiley.com/college/Schwegler
→ Listen to speech samples
→ Cap. 12 → "Yo me llamo Yolanda"

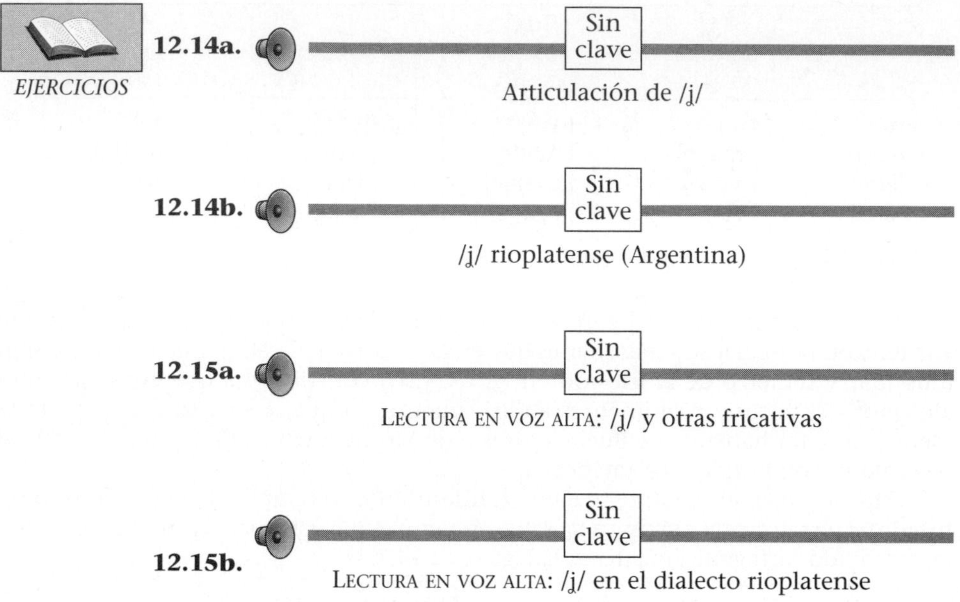

12.7. Transcripción fonológica vs. transcripción fonética

En los capítulos anteriores hemos tenido la oportunidad de estudiar en considerable detalle los alófonos de fonemas como /i, e, a, o, u/, /p, t, k, tʃ, n, m, ɲ, b, d, g, ʝ/. A estas alturas debe estar más clara la diferencia conceptual entre fonema y alófono, y entre la transcripción fonológica y la fonética. Para aclarar una vez más esta distinción fundamental, damos a continuación una breve transcripción, una fonológica y la otra fonética (los elementos diferenciadores más notables se imprimen en negrita). Examine las diferencias de cerca.

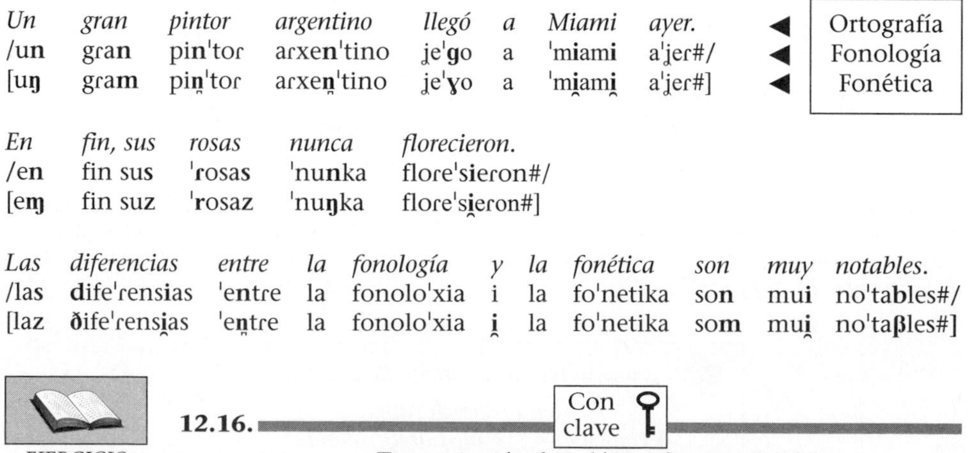

Un	*gran*	*pintor*	*argentino*	*llegó*	*a*	*Miami*	*ayer.*	◀ Ortografía
/u**n**	gɾa**n**	pi**n**'toɾ	aɾxe**n**'tino	ʝe'**g**o	a	'm**i**am**i**	a'ʝeɾ#/	◀ Fonología
[u**ŋ**	gɾa**m**	pi**n̪**'toɾ	aɾxe**n̪**'tino	ʝe'**ɣ**o	a	'm**i̯**am**i̯**	a'ʝeɾ#]	◀ Fonética

En	*fin, sus*	*rosas*	*nunca*	*florecieron.*
/e**n**	fin su**s**	'rosa**s**	'nu**n**ka	floɾe's**i**eɾon#/
[e**ɱ**	fin su**z**	'rosa**z**	'nu**ŋ**ka	floɾe's**i̯**eɾon#]

Las	*diferencias*	*entre*	*la*	*fonología*	*y*	*la*	*fonética*	*son*	*muy*	*notables.*
/la**s**	**d**ife'ɾens**i**as	'e**n**tɾe	la	fonolo'xia	**i**	la	fo'netika	so**n**	mu**i**	no'ta**b**les#/
[la**z**	**ð**ife'ɾens**i̯**as	'e**n̪**tɾe	la	fonolo'xia	**i̯**	la	fo'netika	so**m**	mu**i̯**	no'ta**β**les#]

Resumen

Los sonidos **obstruyentes** se caracterizan por la presencia de un obstáculo (o una obstrucción) durante su articulación. En las obstruyentes [p, t, k, b, d, g], la obstrucción es total, mientras que en [f, θ, s, x, β, ð, ɣ, ʝ] la clausura o cerrazón de los órganos bucales en cuestión es solo parcial. Debido a esta diferencia, las primeros reciben el nombre de **oclusivas** y las segundos se llaman **fricativas**. En la obstruyente [tʃ] encontramos una coarticulación que comienza con una oclusión total y termina con una fricción, dando así una **africada**.

A diferencia del inglés, en español /b, d, g/ normalmente se producen con fricción ([β, ð, ɣ]) en vez de oclusión ([b, d, g]). En algunos dialectos, la fricción en la [ð] es tan relajada que el sonido se elimina por completo: cp. *hablado* > *hablao*. **La pronunciación fricativa de /b, d, g/ puede ocurrir en todos los casos excepto después de** (1) **pausa,** (2) **una nasal,** o (3) **en /ld/** (cp. [al'**d**ea]). Las **distribuciones condicionadas** que acabamos de describir son válidas tanto en el interior de palabras como entre palabras (así, *envía* y *en vía* son homófonos: [em'bia]). Es un error común del estudiante querer articular /b, d, g/ con una oclusión [b, d, g] cada vez que una palabra empieza con las letras "b-/v-", "d-", o "g-", respectivamente. El estudiante deberá acostumbrarse a pronunciar con regularidad los sonidos fricativos [β, ð, ɣ] en casos como *el ve dos gatos* = [el **β**e **ð**oz '**ɣ**atos], y evitar a toda costa realizaciones (1) oclusivas como *['eʝa '**b**ino '**d**ose '**b**eses] = *ella vino doce veces* o (2) labiodentales como *['eʝa '**v**ino 'dose '**v**eses] = *ella vino doce veces.*

Los sonidos **oclusivos** [b, d, g] se articulan a veces con una mezcla de oclusión débil y fricción. Tal mezcla produce lo que hemos llamado sonidos **semi-oclusivos**, representados en la transcripción con los símbolos de las variantes fricativas: [β, ð, ɣ]. Esta pronunciación puede ocurrir para /b, d, g/ en posición inicial absoluta, es decir, después de pausa: *¡Vámonos!* ['**β**amonos] o *¡dámelo!* ['**ð**amelo]. Debemos señalar, sin embargo, que lo más común en estos casos es la articulación **oclusiva** (i.e., ['bamonos] o ['damelo]). Las variantes semi-oclusivas **no** están estigmatizadas, mientras que la debilitación completa de [β, ð, ɣ] por lo general sí lo está; por ejemplo ['n**aa**] ~ [n**a:**] ~ [n**a**] = *nada* o [ko'm**io**] = *comido.*

Hay casos —y en esto hay mucha variación en un mismo hablante— en los cuales la combinación CONSONANTE (NO NASAL) + /b, d, g/ se da con una pronunciación oclusiva (parcial o total) en vez de fricativa. Tal **variación libre** se observa, por ejemplo, en *ár[**β**]ol* vs. *ár[**b**]ol* o *ar[**ð**]e* vs. *ar[**d**]e.*

Sintetizando, /b, d, g/ son:

1. obligatoriamente FRICATIVOS **en posición postvocálica**

   EJEMPLOS: *ladrón* [la'**ð**ɾon]
   labios ['la**β**i̯os]
   sigo ['si**ɣ**o]

2. obligatoriamente OCLUSIVOS **después de pausa o nasal** (y también en el caso de /ld/)

   EJEMPLOS: *¡Ven acá!* [#**b**en a'ka]
   tengo ['teŋ**g**o]
   mandar [man̪'**d**aɾ]
   maldad [mal̪'**d**að]

3. VARIABLES **en los demás casos** (i.e., fricativos u oclusivos; la variante fricativa, sin embargo, es más común).

EJEMPLOS:	*largo*	[ˈlaɾɣo]	~	[ˈlaɾ**g**o]
	sor<u>d</u>o	[ˈsoɾ**ð**o]	~	[ˈsoɾ**d**o]
	Al<u>b</u>erto	[alˈ**β**eɾto]	~	[alˈ**b**eɾto]

Es importante recordar que en español la diferencia gráfica entre las letras "b" y "v" no suele corresponder a ninguna diferencia fonética, ambas se representan con el fonema /b/ porque el español estándar no tiene el sonido [v] (cp. ingl. *[**v**]ictory* vs. esp. *[**b**]ictoria*). El valor fonético de la letra "g" varía según su entorno: g + "a, o, u" = /g/ (cp. *gato, gota, gusto*), y la combinación "g+i" o "g+e", cuyo valor es /xi/ o /xe/, respectivamente (cp. *gitano, gesto*).

El término "**diéresis**" se emplea para describir el símbolo especial que se coloca encima de la "u" en palabras como *lingüista* o *güero*. Allí la diéresis se usa para "preservar" el sonido [u̯]. Sin diéresis, **linguista* y **guero* corresponderían a */linˈgista/ y */ˈgeɾo/, respectivamente.

La palatal sonora /ʝ/ es muy semejante a /b, d, g/ puesto que tiene variantes oclusivas y fricativas. Pero, al contrario de lo que ocurre en el caso de /b, d, g/, donde la articulación oclusiva en vez de fricativa puede causar acento extranjero, la selección precisa (fricativa u oclusiva) de variantes alofónicas de /ʝ/ no es problemática. Esta y otras razones nos han llevado a distinguir un solo alófono [ʝ] para el fonema /ʝ/ del español. Hemos subrayado, sin embargo, que en la articulación de esta yod, el estudiante debe cuidarse de

1. no transferir la ausencia de tensión muscular de la /ʝ/ inglesa a la /ʝ/ del español, ya que esta se pronuncia siempre con un alto grado de tensión muscular; y
2. desplazar la lengua desde el paladar hacia la vocal que le sigue, para producir así el tipo de desliz que le ayudará a evitar articulaciones equivocadas como *[ˈmai̯—o] o *[ˈsui̯—o] en vez de [ˈma—**ʝ**o], [ˈmai̯—**ʝ**o], o [ˈsu—ʝo], [ˈsui̯—**ʝ**o], respectivamente.

En el apartado 12.6 se explicó que en Hispanoamérica y en algunas áreas de España (sobre todo el centro y sur) prevalece el **yeísmo**. Este consiste en la articulación indistinta —con [ʝ]— de lo que en la ortografía se representa con las letras "y"/"ll" (cp. *maya/malla* = [ˈma**ʝ**a] para ambos).

En contraposición al yeísmo hay el **lleísmo**, i.e., la distinción de los grafemas "ll" y "y" con la siguiente distribución: "ll" = fonema lateral palatal sonoro /ʎ/ (alófono [ʎ]); "y" = fonema fricativo palatal sonoro /ʝ/ (alófono [ʝ]). Los lleístas diferencian sistemáticamente entre *maya* y *malla*, por lo que estas dos voces son pares mínimos: /ˈma**ʝ**a/ vs. /ˈmaʎa/.

El **rehilamiento** (también llamado **yeísmo rehilado**) es el nombre técnico que se le da a pronunciaciones de la yod en casos como [**dʒ**aˈmaɾ], [**ʒ**aˈmaɾ], [**tʃ**aˈmaɾ] o [**ʃ**aˈmaɾ] = *llamar*. Típica del habla rioplatense, dicha articulación se da también en otras variedades del español.

América del Sur

Capítulo 13

Las vibrantes: /ɾ/ simple y /r/ múltiple

13.1. Introducción

Este capítulo estudia el complejo comportamiento de las vibrantes **/ɾ/ simple** y **/r/ múltiple** del español, y lo compara brevemente con el de la [ɽ] **retrofleja** del inglés. Además, este capítulo examinará de nuevo la relación entre "alófonos y fonemas" (Cap. 9) para mostrar cómo un determinado alófono a veces se relaciona no solo con uno sino con dos (o más) fonemas distintos.

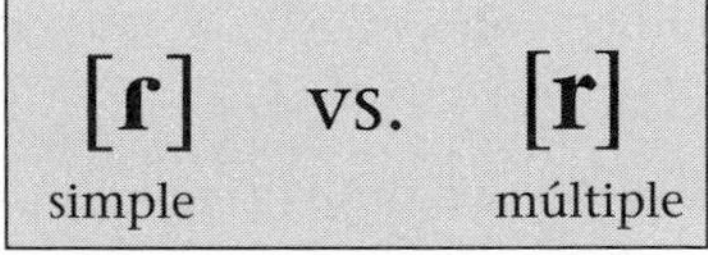

Fig. 13.1. Las dos vibrantes del español.

Con respecto a la producción de las vibrantes españolas, veremos que el anglohablante se enfrenta esencialmente a dos retos: por un lado, la /r/ múltiple le causa dificultades porque se trata de un sonido —*inexistente* en inglés, excepto en el dialecto escocés— cuya producción correcta requiere una alta (por no decir, inacostumbrada) dosis de tensión muscular en la lengua. Puede ser útil señalarle al estudiante desde un principio que, para lograr la exitosa articulación de esa /r/ múltiple, hay que pronunciarla de manera "enérgica". Esta "energía" le ayudará a obtener la tensión muscular de la lengua, requerida para adquirir la "errrrre" española.

Otro problema que enfrenta el estudiante con las vibrantes es que la /ɾ/ simple del español tiene una distribución alofónica relativamente compleja, y su principal alófono (en cuanto a frecuencia relativa) es precisamente la "erre" múltiple, calificada por muchos anglohablantes como el sonido más difícil de producir en español. Así, en *r̲egr̲esar̲*, por ejemplo, la primera "r" es obligatoriamente múltiple, la segunda "r" es obligatoriamente simple, y la "r" final varía libremente entre [ɾ] simple y [r] múltiple. Este capítulo explicará las reglas que rigen la articulación de *regresar* y otras palabras con "r" o "rr".

Las explicaciones teóricas y sugerencias prácticas de este capítulo le ayudarán al estudiante a enfrentar con éxito los retos presentados por las vibrantes del español. Nuestra experiencia docente nos ha mostrado que la mayoría de los estudiantes pueden adquirir la "errrrre" española en cuanto dominan los aspectos teóricos (distribución alofónica, etc.) de los dos fonemas en cuestión.

La sección final de este capítulo ofrece una aclaración sobre la relación entre alófonos y fonemas. Como ya señalamos, existen alófonos que se relacionan no solo con uno sino con dos o más fonemas. Uno de estos alófonos es precisamente la [r] múltiple, por lo que es particularmente oportuno volver sobre el tema de los fonemas y de sus alófonos.

13.2. Los fonemas vibrantes del español: /ɾ/ y /r/

Hay dos sonidos vibrantes (también llamados *róticos*) en español y ambos son sonoros. Su producción es compleja, dado que presentan una primera fase de obstrucción y una segunda fase aproximante, pero son percibidos como un solo sonido. La **"r" simple [ɾ]** (en ing. 'flap' o 'tap') se produce con un solo toque del ápice de la lengua contra los alvéolos; y la **"rr" múltiple** /r/ (en ingl. 'trill') se articula en el mismo punto alveolar, pero con múltiples toques de la lengua (normalmente dos o tres toques) y con mucha más tensión muscular (Fig. 13.2.).

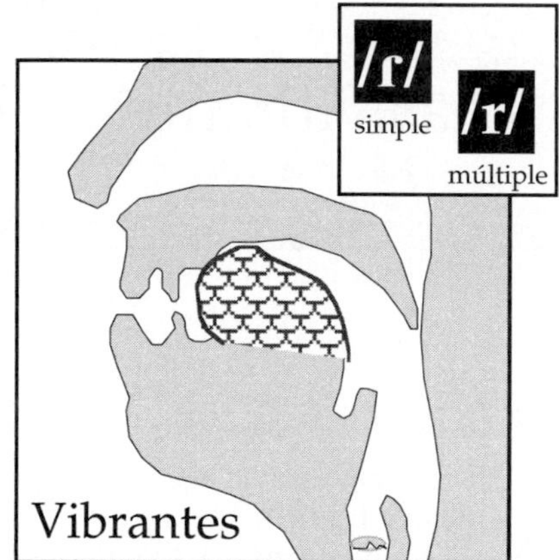

Fig. 13.2. Las vibrantes del español.

Los alófonos de ambos fonemas se articulan en la zona alveolar.

Los fonemas vibrantes y el lateral /l/ se agrupan en la denominación consonantes **líquidas**. Esta agrupación se basa en su producción a medio camino entre las vocales y las consonantes; así, se producen con la apertura típica de las vocales, donde el aire fluye con libertad por la cavidad oral, al mismo tiempo que hay obstrucción (lengua y alvéolos), típico de las consonantes. En comparación con la /l/, cuyo punto de articulación normal es, como sabemos, alveolar, el de las vibrantes [ɾ] simple y [r] múltiple es ligeramente posterior. En realidad, las vibrantes tienen un punto de articulación que es más bien alveopalatal que alveolar. Sin embargo, muchos textos se refieren a estos dos sonidos simplemente como *vibrantes alveolares*. Este manual adopta esta misma nomenclatura.

Como ilustran los ejemplos transcritos a continuación, el símbolo fonético para la "r" simple es [ɾ]. Obsérvese que en los ejemplos a continuación, **el grafema "rr"** (1) **corresponde siempre a un solo fonema /r/ y un solo alófono [r]**, y (2) **se agrupa siempre dentro de una misma sílaba** (es decir, jamás se divide; cp. *pe-rro* y no **per-ro*).

"r" simple		"rr" múltiple		silabeo
pero	['pe—ɾo]	*perro*	['pe—ro]	*pe—rro* (**per—ro* = incorrecto)
caro	['ka—ɾo]	*carro*	['ka—ro]	*ca—rro* (**car—ro* = incorrecto)

13.3. Ortografía vs. articulación de la "r"

A la **"rr" doble ortográfica** le corresponde siempre una realización articulatoria múltiple[1]. Esta [r] múltiple consta de dos o más toques de la lengua contra los alvéolos. *La vibración de la lengua está causada por la (fuerte) presión del aire detrás de la lengua* (Fig. 13.3). Este empuje de aire y a la vez la tensión muscular del ápice de la lengua posibilitan la producción de la famosa "errrrrre" del español.

La pronunciación de la **"r" simple ortográfica** varía considerablemente, y su articulación como [ɾ] simple o [r] múltiple depende ante todo *de la posición que la "r" ocupa dentro de la palabra*. Este capítulo estudia cómo la posición silábica de la /ɾ/ condiciona la selección entre [ɾ] simple y [r] múltiple.

Como ya hemos mencionado, tanto la [ɾ] simple como la [r] múltiple se producen manteniendo una tensión considerable en la lengua. La [r] se obtiene cuando la lengua, más específicamente el predorso de la lengua, mantenido en una posición tensa, toca la zona alveolar dos o más veces con rapidez por lo que el aire sale con una vibración múltiple (Fig. 13.3). Si el hablante desea articular esta [r] doble o múltiple con énfasis, puede prolongar (o, quizás mejor, hacer "re-vibrar") el sonido, formando así una cadena de toques, i.e., "r-r-r-r-r-r-r-r-r". Normalmente se dan aproximadamente de dos a seis toques en la [r] múltiple; más de seis toques se interpreta por lo general como representativo del habla enfática. Este efecto de énfasis se logra cuando el aire pasa por encima de la lengua para facilitar las vibraciones múltiples de esta. Así, es posible —y siempre correcto— variar la articulación de una palabra de tal manera que se produzca, por ejemplo, "carro", "carrro", "carrrro",

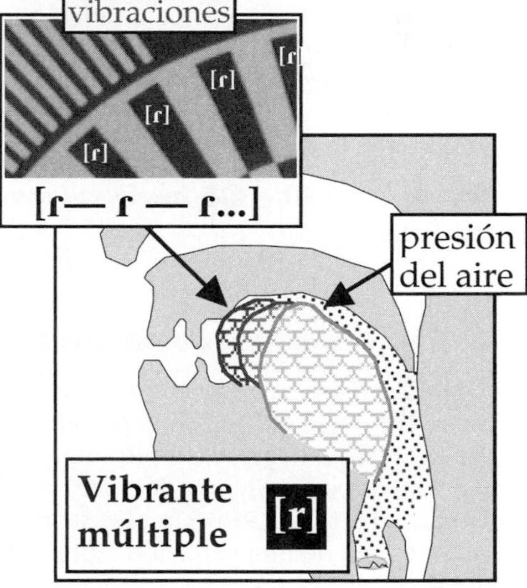

Fig. 13.3. Producción de la [r] múltiple.

Una [r] múltiple empieza con un solo toque (i.e., [ɾ]), después del cual la lengua se retrae con rapidez para luego volver a producir los próximos toques alveolares. La vibración de la lengua es causada por la (fuerte) presión del aire detrás de la lengua.

[1] Para una explicación del origen histórico de la diferencia entre la vibrante simple y múltiple a partir del contraste entre consonantes simples y geminadas del latín, consúltese Hualde (2005: 185–186).

"carrrrrro" o hasta "carrrrrrrrrro". Articulaciones "exageradas" con más de cinco o seis toques se encuentran comúnmente en transmisiones de radio particularmente emocionantes como, por ejemplo, en los partidos de fútbol. El estudiante también puede pensar en la idea de imitar un sonido familiar como es el motor de una moto o de un camión.

Los pares de ejemplos como *pero* y *perro* demuestran que la distinción entre la vibrante simple y la múltiple es contrastiva y funcional y, por lo tanto debe postularse la existencia de dos fonemas[2], /ɾ/ y /r/. En efecto, hay muchos pares mínimos cuya única distinción estriba en el contraste entre vibrante simple y múltiple: *ahora/ahorra, caro/carro, coro/corro, para/parra, moro/morro*. Es importante notar, sin embargo, que esta diferencia articulatoria entre los dos alófonos [ɾ] y [r] es solo contrastiva o complementaria en **posición intervocálica**. En las demás posiciones, la articulación de /ɾ/ está condicionada por la posición que ocupa dentro de la palabra, y en algunos casos encontraremos una variación libre. Las siguientes secciones examinarán la distribución condicionada y su libre variación. Pero antes de pasar a estos fenómenos articulatorios, nos importa reiterar un detalle tan simple como importante: la doble "rr" escrita corresponde siempre a una [r], por lo que las siguientes palabras se articulan siempre con vibrante múltiple: *porro, cigarro, torre, irresistible, irradiar, irrevocable, irritar, errar, horrible, agarrar.*

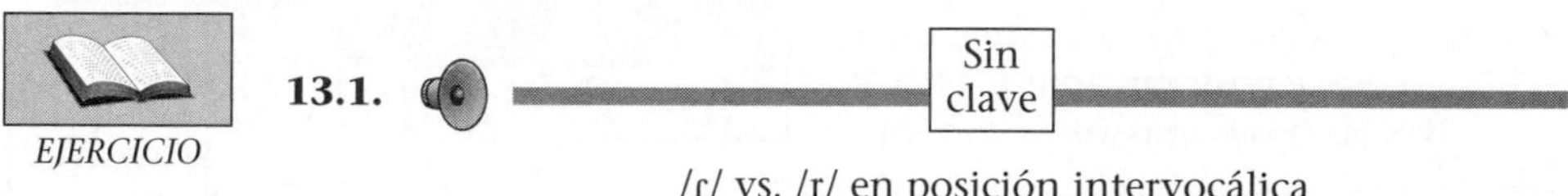

/ɾ/ vs. /r/ en posición intervocálica

13.4. La [ɾ] simple condicionada

La [ɾ] simple aparece *obligatoriamente* bajo dos condiciones: (1) como ya hemos explicado, la articulación de la /ɾ/ es siempre simple cuando se da en posición intervocálica dentro de palabra (*caro, pero*). (2) La misma articulación "simple" se impone —y por esto se trata de una variación alofónica **condicionada**— cuando una "r" POSTCONSONÁNTICA no ocupa la posición inicial de una sílaba. De ahí que se articula normalmente con una y no con dos o más vibraciones la "r" subrayada en:

agrio	[ˈa-ɣɾi̯o]	*propiedad*	[pɾo-pi̯e-ˈðað]
creo	[ˈkɾe-o]	*trago*	[ˈtɾa-ɣo]
abril	[a-ˈβɾil]	*frágil*	[ˈfɾa-xil]
drama	[ˈdɾa-ma]	*fiebre*	[ˈfi̯e-βɾe]

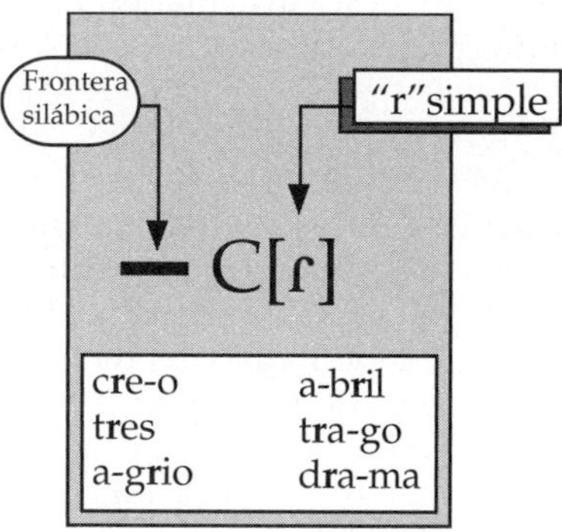

Fig. 13.4. La "r" postconsonántica.

La "r" postconsonántica se articula con [ɾ] SIMPLE cuando esta NO ocupa la posición inicial de sílaba.

---

[2] Para una revisión del debate presente entre especialistas del campo sobre la existencia de dos fonemas (/r/ y /ɾ/), o uno solo con dos alófonos (/ɾ/ = [r] y [ɾ]), teoría del fonema vibrante único, recomendamos Guitart (2004: 146–152).

Expresado en forma de regla podemos decir, pues, que al inicio de una sílaba, la secuencia "—Cr" corresponde fonéticamente a "—C[ɾ]" (Fig. 13.4). Recuérdese, como se explicó en el Capítulo 3, que la "C+r" se da únicamente en las siguientes combinaciones: **pr-**, **br-**, **tr-**, **dr-**, **cr-**, **gr-**, **fr-**.

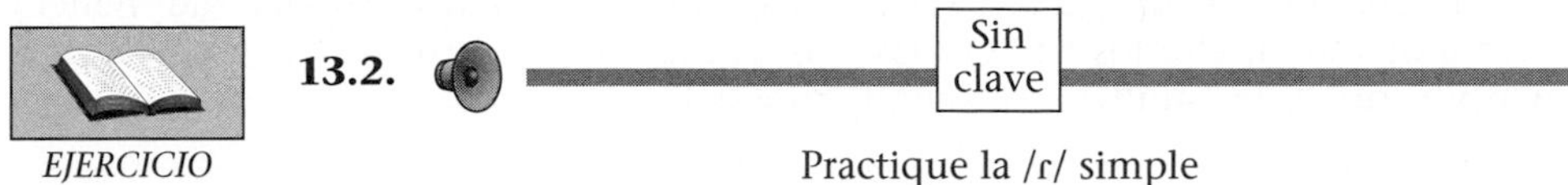

Practique la /ɾ/ simple

13.5. La [r] múltiple condicionada al principio de palabra

Al principio de una palabra, la "r-" se articula siempre con dos toques o más. Es necesario señalar que, contrario a lo que ocurre con otros sonidos, el grupo fónico no afecta a la articulación de la consonante en cuestión. No importa, pues, si la palabra con "r" inicial empieza el grupo fónico: cualquier palabra con "r" inicial siempre se articulará con vibrante múltiple. Compare la oración a continuación y los ejemplos individuales que le siguen (Fig. 3.5):

Ramón recibió una multa. → [**r**a'mon **r**esi'βi̯o 'una 'mul̪ta]

Rosa	['**r**osa]
rojo	['**r**oxo]
ramo	['**r**amo]
rico	['**r**iko]
río	['**r**io]
resto	['**r**esto]
ridículo	[**r**i'ðikulo]

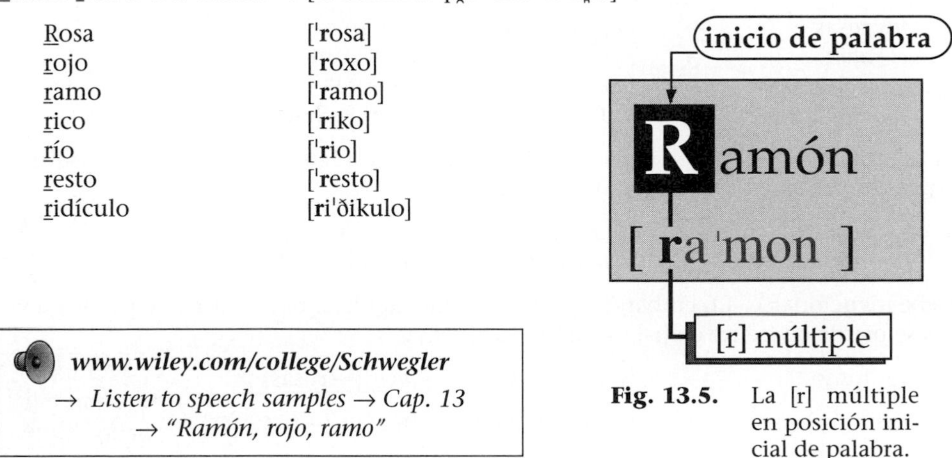

Fig. 13.5. La [r] múltiple en posición inicial de palabra.

www.wiley.com/college/Schwegler
→ Listen to speech samples → Cap. 13
→ "Ramón, rojo, ramo"

Como sabemos, dentro del grupo fónico, ante una vocal el *encadenamiento* puede desplazar una "-r" (o cualquier otra consonante) del final de una palabra al inicio de la próxima palabra: *prestar atención → presta—ratención, ser imposible → se—rimposible.* Contrario a lo que podría pensarse, en tales casos, la "r" *se mantiene simple*: [pres'ta—ɾaten'si̯on], [se—ɾimpo'siβle].

13.6. La [r] múltiple condicionada en el interior de palabra

La misma articulación ([r] múltiple) se presenta siempre cuando la /ɾ/ es POSTCONSONÁNTICA, **pero aparece en posición inicial** de una sílaba (Fig. 13.6a). Hay que distinguir con cuidado entre esta posición postconsonántica *inicial de sílaba* (cp. *al—rededor*) y aquellos casos (ya analizados arriba), donde la /ɾ/ postconsonántica ocurre en el *interior* de sílaba (por ej. *a—grio*, Fig. 13.6b). El no articular una [r] múltiple en ejemplos como los que siguen, por definición, causará un acento extranjero.

Debido al limitado número de consonantes que se agrupan con la "r", la regla presentada abajo en forma gráfica (Fig. 13.6a) puede también expresarse de manera sucinta de este modo: los tres grupos consonánticos **"lr"**, **"nr"** y **"sr"** **se articulan siempre con "erre" múltiple**, o sea: [lr], [nr], [sr].

*a**l—r**ededor*	→	*al—*	***rrr**ededor*	[a**l—r**eðeˈðoɾ]
*U**l—r**ique*	→	*Ul—*	***rrr**ique*	[u**l—**ˈ**r**ike]
*E**n—r**ique*	→	*En—*	***rrr**ique*	[e**n—**ˈ**r**ike]
*e**n—r**ollar*	→	*en—*	***rrr**ollar*	[e**n—r**oˈʝaɾ]
*so**n—r**eír*	→	*son—*	***rrr**eír*	[so**n—r**eˈiɾ]
*I**s—r**ael*	→	*Is—*	***rrr**ael*	[i**z—r**aˈel]
*i**s—r**aelita*	→	*is—*	***rrr**aelita*	[i**z—r**aeˈlita]

"lr"
"nr"
"sr"
siempre con "erre" múltiple

Recuerde que *entre palabras* no importa qué sonido preceda a la /ɾ/ ya que en posición inicial de palabra, la /ɾ/ se realiza siempre como [r] múltiple:

*las **r**osas*	→	*las **rrr**osas*	[las ˈ**r**osas]
*el **r**atón*	→	*el **rrr**atón*	[el **r**aˈton]
*la **r**ata*	→	*la **rrr**ata*	[la ˈ**r**ata]
*tu **R**icardo*	→	*tu **Rrr**icardo*	[tu **r**iˈkaɾðo]

El fonema /ɾ/ en posición inicial de palabra se realiza igualmente como [r] múltiple cuando la palabra anterior termina en "-r":

*ver **r**osas*	→	*ver **rrr**osas*	[veɾ—ˈ**r**osas]
*matar **r**atones*	→	*matar **rrr**atones*	[mataɾ —**r**aˈtones]

Debe mencionarse, sin embargo, que en el habla rápida, esta "-r" final de palabra a veces se pierde en frente de [r-] inicial de palabra:

*ver **r**osas*	→	*ve(r) **rrr**osas*	[ve□—ˈ**r**osas]
*matar **r**atones*	→	*mata(r) **rrr**atones*	[mata□—**r**aˈtones]

pérdida de [-ɾ] ante [r-] múltiple

Tal pérdida va acompañada en muchos dialectos de una tendencia más general a eliminar la "-r" final de palabra, por lo que es común escuchar expresiones como *te voy a hablá, no quiero insistí, no hay nada de comé,* todas articuladas sin la "-r" final en *hablar, insistir, comer*.

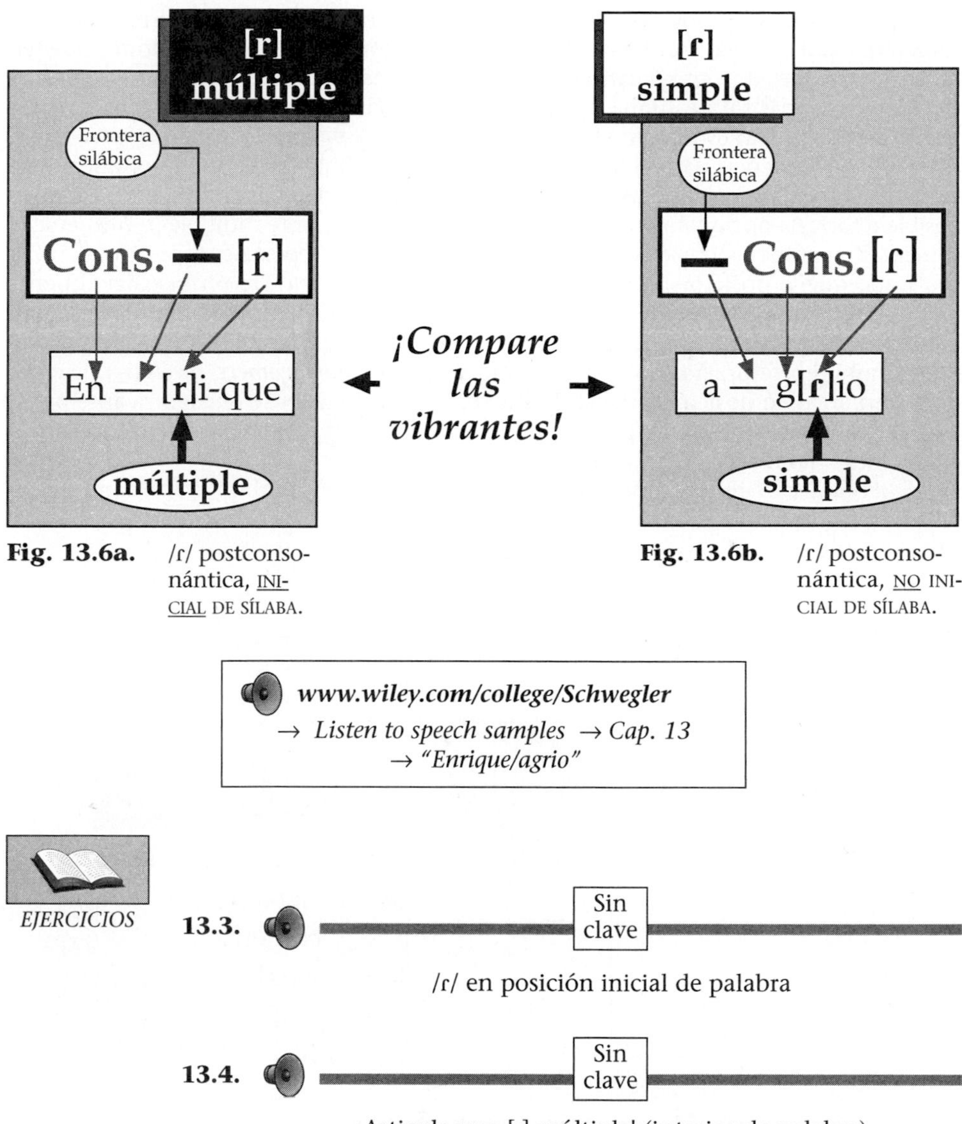

Fig. 13.6a. /ɾ/ postconsonántica, INICIAL DE SÍLABA.

Fig. 13.6b. /ɾ/ postconsonántica, NO INICIAL DE SÍLABA.

www.wiley.com/college/Schwegler
→ *Listen to speech samples* → *Cap. 13*
→ *"Enrique/agrio"*

EJERCICIOS

13.3. Sin clave

/ɾ/ en posición inicial de palabra

13.4. Sin clave

¡Articule una [r] múltiple! (interior de palabra)

13.7. Alternancia libre entre la vibrante simple y la múltiple

En los casos de las vibrantes examinados hasta ahora, la selección entre la [ɾ] simple y la [r] múltiple ha sido *obligatoria* siempre. En *carro* y *Ramón*, la articulación es, como vimos, obligatoriamente múltiple: *Rrrramón* y *carrrro*. En cambio, en *pero, caro, coro* y ejemplos similares, se impone siempre la [ɾ] simple, con un solo toque en los alvéolos. La misma [ɾ] simple se impone, como igualmente vimos, en *ag̱rio* = [ˈaɣɾi̯o], donde la "r" está en posición postconsonántica, no inicial de sílaba.

Muy distintos son los casos que analizamos a continuación. Cada uno de ellos se caracteriza por la selección *libre* entre variantes alofónicas, cuyas vibraciones pueden oscilar entre uno, dos, tres, cuatro o más toques en los alvéolos.

En posición **final de sílaba, la articulación de la "r" es libre** puesto que en estas posiciones se oye tanto [ɾ] como [r] (cp. *pe̲r̲la* = ['peɾ-la] vs. ['per-la], *sue̲r̲te* = ['su̯eɾ-te] vs. ['su̯er-te]). La tendencia natural (más común) en posición final de sílaba es pronunciar una vibrante simple [ɾ] algo debilitada[3]. Sin embargo, si se le quiere dar énfasis a la palabra, es posible reforzarla opcionalmente, pronunciando así una variante múltiple [r] (recuerde el comentario anterior sobre la articulación de la "r" en ciertos reportajes deportivos).

Dado que la posición **final de palabra** (por ej. *dar̲, comer̲, revólver̲*) es igualmente una posición **final de sílaba**, es lógico que (1) la pronunciación más común sea igualmente una vibrante simple (cp. [daɾ, ko'meɾ, re'βolβeɾ]), y (2) esta "-r" final de palabra pueda también reforzarse en casos de énfasis (por ej. *darr̲, comerr̲, revólverr̲*). Este refuerzo enfático en posición final se da ante todo cuando la /ɾ/ se encuentra ante pausa (por ej. *¡No puede ser̲!#* = [no 'pu̯eðe ser#]) o cuando le sigue una consonante (por ej. *el mar̲ báltico* = [el mar 'βal̪tiko]).

La Figura 13.7 ilustra gráficamente cómo tanto la "r" final de sílaba como la "r" final de palabra se caracterizan por su alternancia libre.

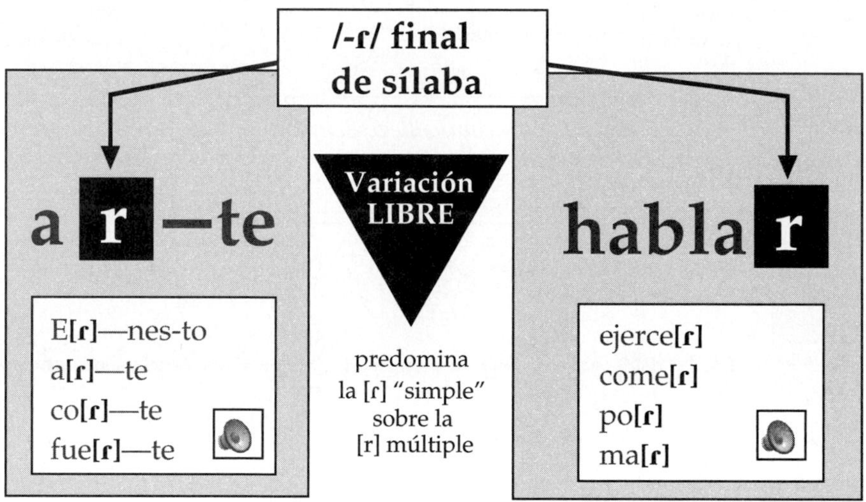

Fig. 13.7. "r" final de sílaba.

En posición final de sílaba o palabra (sobre todo ante pausa), la /ɾ/ puede articularse con más de una vibración. Sin embargo, lo más frecuente es la articulación con un solo toque. Algo muy característico del español es que la ALTERNANCIA *entre [ɾ] y [r] suele darse* AUN EN UN MISMO HABLANTE *y, no pocas veces, dentro de una misma oración.*

---

[3] Dialectalmente es interesante notar que en amplias zonas del norte y oeste de España (País Vasco y partes de Castilla-León) las vibrantes simples en posición preconsonántica (por ej. *ár̲bol, or̲den*) son realizadas frecuentemente como múltiples (cp. ['arβol], ['orðen]). A esto se une un rasgo considerado muy característico de la pronunciación vasca: en casos postconsonánticos (*dr̲ama, tr̲abajo*) e incluso intervocálicos entre palabras (*por̲ ese, mar̲ abierto*) que en otras variantes del español son simples, en el País Vasco se pronuncian como múltiples; así: ['drama], [tra'βaxo], [po-'re-se], [ma-ra-'βi̯erto].

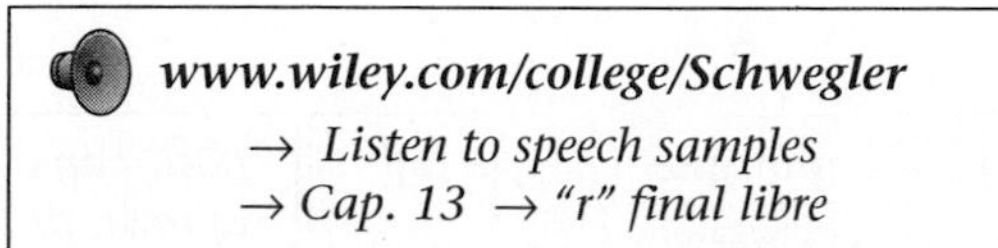

Antes de terminar nuestra exposición sobre la articulación de la /ɾ/, debemos señalar que los hablantes del español no desdoblan (o "multiplican") la "r" en casos donde hay resilabeo, i.e., un encadenamiento ante una vocal; por ej. *el mar azul* [el ma-**ɾa**-'sul], *el mayor hecho* [el ma'ʝo-'**ɾe**-tʃo], o *contar algo* [kon̪'ta-'**ɾal**-ɣo]. Nótese además cómo el mantenimiento de una "r" simple en *ver osas* a continuación permite evitar posibles confusiones de significado, y así distinguir entre 'to see female bears' y 'he/she sees roses':

con [ɾ] simple:	**ver osas**	→	[be '**ɾ**osas]	ingl. 'to see female bears'
con [r] múltiple:	**ve rosas**	→	[be '**r**osas]	ingl. 'he/she sees roses'

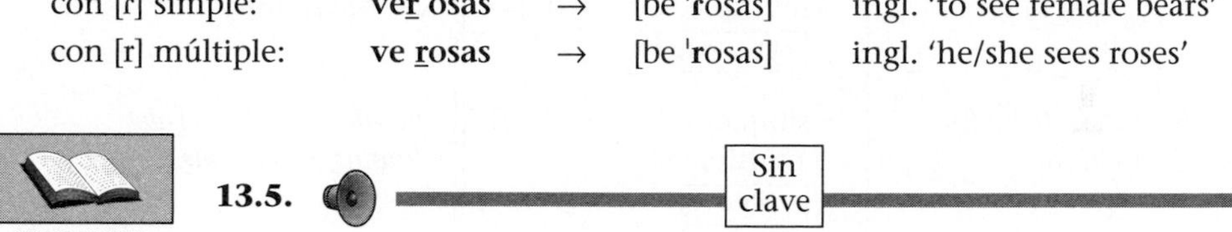

/ɾ/ en posición final de sílaba o palabra

Hemos avanzado lo suficiente para contrastar los fonemas /ɾ/ y /r/ dentro de una oración. En el ejemplo a continuación, observe las semejanzas y las diferencias entre la transcripción fonológica y la fonética de /ɾ/ y /r/:

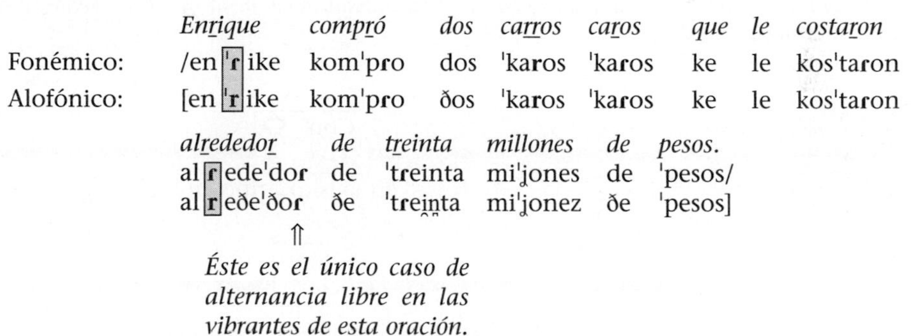

	Enrique	*compró*	*dos*	*carros*	*caros*	*que*	*le*	*costaron*
Fonémico:	/en'**r**ike	kom'p**ɾ**o	dos	'ka**r**os	'ka**ɾ**os	ke	le	kos'ta**ɾ**on
Alofónico:	[en'**r**ike	kom'p**ɾ**o	ðos	'ka**r**os	'ka**ɾ**os	ke	le	kos'ta**ɾ**on

alrededor	*de*	*treinta*	*millones*	*de*	*pesos.*
al**ɾ**ede'do**ɾ**	de	't**ɾ**einta	mi'ʝones	de	'pesos/
al**r**eðe'ðo**ɾ**	ðe	't**ɾ**ei̯n̪ta	mi'ʝonez	ðe	'pesos]

⇑

Éste es el único caso de alternancia libre en las vibrantes de esta oración.

La Tabla 13.1 (pág. 286) ofrece un resumen de las cinco reglas generales que rigen la articulación de la /ɾ/ simple. Téngase en cuenta que estas tendencias son bastante fuertes. En el habla diaria el estudiante debe tratar de imitarlas lo más fielmente posible.

Frontera de sílaba → ▨

1. Inicio de palabra	= múltiple obligatorio	[r]	*Rosa, rama, rico, romántico, la raza, tu Ramón*
2. Intervocálica	= simple obligatorio	[ɾ]	*cara, pero, toro, caro*
3. ▨ Cons. + "r"	= simple obligatorio pero véase el comentario abajo	[ɾ]	*creo, a-grio, tris-te, en-tra*
4. Cons. ▨ + "r"	= múltiple obligatorio	[r]	*En-rique, al-rededor, Is-rael*
5. Final de sílaba o palabra	= simple/ múltiple libre	[ɾ/r]	*per-der, cer-do, ver-de hablar, creer, mar, flor*

Tabla 13.1. Reglas para la /ɾ/ simple.

Excepto en posición final de sílaba o palabra (Regla #5), la selección entre [ɾ] y [r] es siempre obligatoria, i.e., determinada por la posición de /ɾ/ dentro de la palabra o sílaba. Hay que notar, sin embargo, que en grupos consonánticos del tipo FRONTERA SILÁBICA + CONS. + *"r" (Regla #3), se producen a veces múltiples vibraciones (por ej.,* entrrrrra*). Tal articulación es, sin embargo, poco común (y siempre enfática), lo que nos ha inducido a clasificar la realización de la /ɾ/ en este contexto como "obligatoriamente simple".*

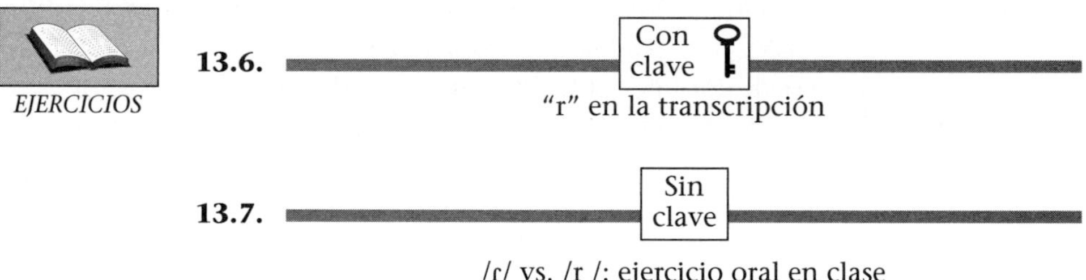

13.8. El fonema /r/ del inglés

El fonema /r/ del inglés tiene varios alófonos, cuya selección está determinada, en parte, por la procedencia geográfica del hablante. En muchas áreas de Estados Unidos, el sonido que se usa es un alófono que no tiene casi nada en común con los sonidos vibrantes del español. El alófono principal del fonema inglés /r/ en palabras como *red, marry, barley, car* se produce normalmente sin ningún contacto entre la lengua y el cielo de la boca.

Durante la producción de una "r" inglesa, el ápice de la lengua se desdobla un poco hacia atrás sin tocar el cielo de la boca en ninguna parte (Fig. 13.8). La retracción de la lengua en esta posición produce lo que llamamos la **retroflexión.** La **"r"** alveopalatal **retrofleja** fricativa que resulta de esta articulación —representada por el símbolo [ɽ]— es bastante notable auditivamente. Su transferencia al español no produce errores de comprensión, pero sí un acento extranjero muy fuerte. El uso de la retroflexión en la pronunciación de las letras "r" y "rr" del español es probablemente uno de los errores más notables que comete el anglohablante y debe evitarse a toda costa.

Igualmente fuerte es el acento extranjero cuando se produce una schwa en vez de una vocal "clara" en casos como *ser, vivir, evitar*: *[səɽ], *[bi'βəɽ], *[eβi'təɽ]. Este problema surge porque en inglés, la terminación de palabras como *smaller, taller, simpler* se articula con schwa (cp. *small[ə]r, tall[ə]r, simpl[ə]r*).

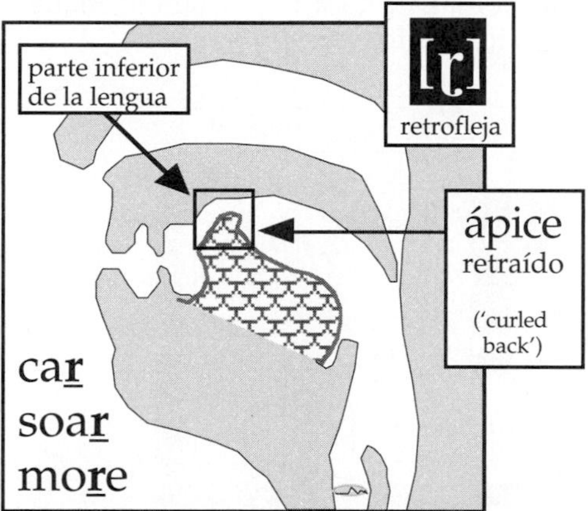

Fig. 13.8. Posición de la lengua en la producción de una [ɽ] retrofleja.

En la "r" retrofleja, la punta de la lengua se retrae tanto que es su parte INFERIOR *la que casi establece contacto con el techo de la boca (de ahí el nombre de "r" retrofleja). Tal retracción o "flexión" de la lengua jamás se da en español.*

Existe en inglés un sonido muy semejante a la vibrante simple del español, tanto desde la perspectiva auditiva como articulatoria. Dicho sonido aparece en palabras y frases como *pretty, ladder, pot of tea, put it on* o *I edited it*. Como ilustran estos ejemplos, este sonido vibrante del inglés no se asocia con la letra "r" sino con "t" y "d" (hay que notar, además, que las letras "t" y "d" del inglés se asemejan a la "r" española solo en ciertas posiciones dentro de la palabra o frase). A veces la enseñanza de la vibrante simple del español, sobre todo la intervocálica, puede facilitarse al subrayar estas semejanzas entre la /ɾ/ y la "t" y la "d" inglesas de expresiones como *ladder* o *pot of tea* (pronunciadas rápidamente).

13.9. Aclaración sobre la relación entre alófonos y fonemas

En el Capítulo 9 nos habíamos centrado por primera vez en el concepto de fonemas y alófonos. Los capítulos posteriores han presentado los alófonos más importantes para los fonemas cuya realización fonética hemos estudiado hasta ahora. Hemos visto, por ejemplo, que los fonemas /b, d, g/ tienen un total de seis alófonos (i.e., [β, ð, ɣ, b, d, g]) o que las oclusivas sordas /p, t, k/ se distinguen por tener un solo alófono cada uno (i.e., [p, t, k]).

En cada caso de alófono analizado hasta ahora, al alófono en cuestión se le ha asignado un solo fonema. El alófono [p], por ejemplo, se ha relacionado siempre —y únicamente— con /p/. Para citar otro ejemplo adicional, el alófono [ð] se ha asignado siempre al fonema /d/.

Hay, sin embargo, alófonos que pueden pertenecer, no solo a uno sino a dos o más fonemas. Hacemos mención de este hecho aquí porque la vibrante múltiple [r], examinada en este capítulo, es precisamente uno de estos alófonos que se asigna a más de un fonema. Los párrafos siguientes aclaran esta posible relación de un alófono con múltiples fonemas.

Recordará el lector que el fonema /ɾ/ simple se realiza con el alófono múltiple en al menos dos situaciones: al inicio de palabra (*R̲amón*), y al inicio de sílaba cuando esta sílaba va precedida por una consonante (*En—r̲ique, al—r̲ededor*). Como ya sabemos, esta misma vibrante múltiple se asocia también con el fonema /r/, cuyo único alófono es la [r] múltiple (en sus varios grados de vibración). La Figura 13.9 aclara de manera gráfica esta relación del alófono [r] múltiple con los dos fonemas /ɾ/ y /r/.

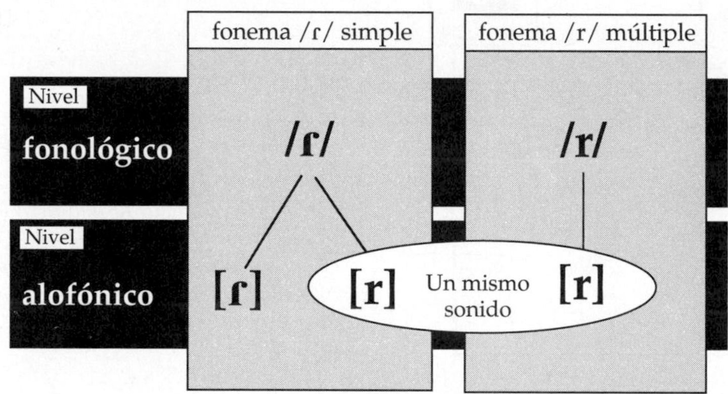

Fig. 13.9. El alófono [r] y su relación con dos fonemas distintos.

Un mismo sonido puede ser el alófono de dos (o más) fonemas.

Un caso paralelo al que acabamos de examinar es el del alófono nasal bilabial [m]. Este sonido es el alófono único del fonema /m/ y, como vimos en el Capítulo 11, uno de los alófonos condicionados del fonema /n/. La Figura 13.10 ofrece un resumen gráfico de la [m] bilabial y su derivación, de no solo uno, sino de dos fonemas. La misma figura también proporciona ejemplos ilustrativos.

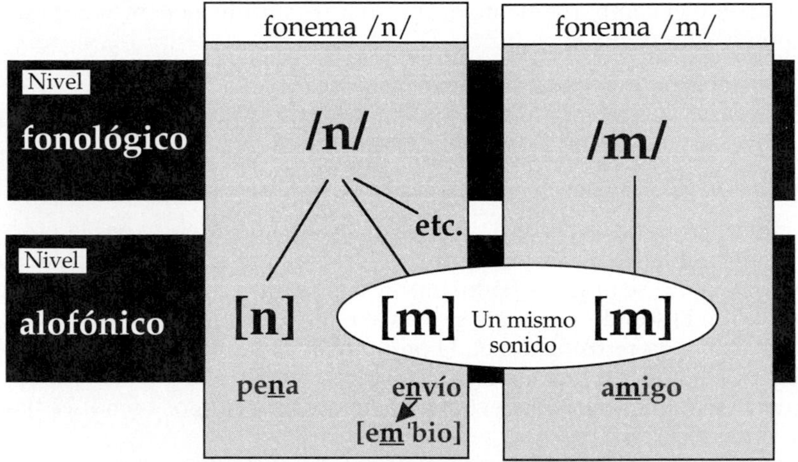

Fig. 13.10. El alófono [m] y su relación con dos fonemas distintos.

Un mismo sonido puede ser el alófono de dos (o más) fonemas.

Resumen

Hay dos fonemas vibrantes en español: la **/ɾ/ simple** y la **/r/ múltiple.** Sus alófonos se articulan todos en el mismo lugar, i.e., en los **alvéolos**. Tanto la "r" simple como la múltiple, se producen manteniendo una **tensión** considerable en la lengua. El sonido múltiple se obtiene cuando la lengua toca la zona alveolar dos o más veces con rapidez.

Los ejemplos de pares contrastivos, como *pero* y *perro,* demuestran que la distinción entre la vibrante simple y la múltiple es funcional y, por lo tanto, debe postularse la existencia de dos fonemas, /ɾ/ y /r/. La diferencia articulatoria entre los dos sonidos [ɾ] y [r] es, sin embargo, **solo contrastiva en posición intervocálica** (*pero* vs. *perro*). En las demás posiciones, la selección entre [ɾ] y [r] está condicionada por la posición de la vibrante dentro de la palabra. A saber:

1. el fonema /ɾ/ simple se realiza *obligatoriamente* como vibrante múltiple [r] cuando (a) inicia una palabra (*Ramón, rico*) o (b) inicia una sílaba en posición postconsonántica (*En—rique, al—rededor, Is—rael*);
2. el fonema /ɾ/ es siempre simple cuando una "r" postconsonántica *no* ocupa la posición inicial de sílaba (por ej., *a-grio, im-pro-vi-sar*);
3. en los demás casos hay alternancia libre entre [ɾ] y [r]. Esta **alternancia libre** entre la vibrante simple y la múltiple se da **al final de sílaba o palabra, y ante pausa**:

		[ɾ] simple	***[r] múltiple***
darlo, dar	=	['daɾ-lo, daɾ]	['dar-lo, dar])
van a comer#	=	[ba-na-ko-'meɾ#]	[ba-na-ko-'mer#]

En tales casos, lo normal es la articulación simple y no la múltiple ya que la segunda se interpreta más bien como un refuerzo enfático.

Resumiendo el comportamiento del fonema /ɾ/ **simple**, podemos decir que **se articula con un solo toque excepto**:

1. en posición inicial de palabra (por ej., *Ramón*),
2. después de una consonante que no pertenece a la misma sílaba que /ɾ/ (por ej., *En—rique, al—rededor, Is—rael*), y
3. en posición final de palabra cuando ejerce una función enfática.

En inglés, la pronunciación de /r/ está determinada en parte por la procedencia geográfica del hablante. El alófono principal del fonema inglés /r/ en palabras como *red, marry, barley, car* se produce normalmente sin ningún contacto entre la lengua y el cielo de la boca. El sonido resultante se llama **"r" retrofleja** y se representa con el símbolo [ɽ]. El uso de la retroflexión en la pronunciación de las letras "r" y "rr" del español es problemática en muchos anglohablantes.

Recuerde también que debe evitarse la schwa en ejemplos como *ser* *[səɽ], *vivir* *[biˈβəɽ], evitar *[eβiˈtəɽ].

Para un resumen de los fonemas y alófonos de las vibrantes del español, véase la Tabla 13.2.

Fonemas	Alófonos	Ejemplos	Distribución
1. **/r/ múltiple** (obligatorio)	[r] múltiple	*perro, carro*	**Sólo ocurre en posición intervocálica**. Su alófono es siempre múltiple (con variación en el número de toques).
2. **/ɾ/ simple** (obligatorio)	[r] múltiple	*Rosa, rojo, rico* *la rosa, los ricos*	**Inicial de palabra**
	[r] múltiple	*al-rededor, son-risa, is-ra-e-li-ta*	**Inicial de sílaba, precedida por una consonante**
	[ɾ] simple	*dra-ma, le-pra, o-tra*	**Postconsonántico interior de sílaba**
	[ɾ] simple	*caro, pero*	**Intervocálica**
(alternancia libre)	[ɾ] simple [r] múltiple	*per-la, hablar* *per-la, hablar*	**Final de sílaba o palabra:** → predomina la [ɾ] simple

Tabla 13.2. Las vibrantes del español.

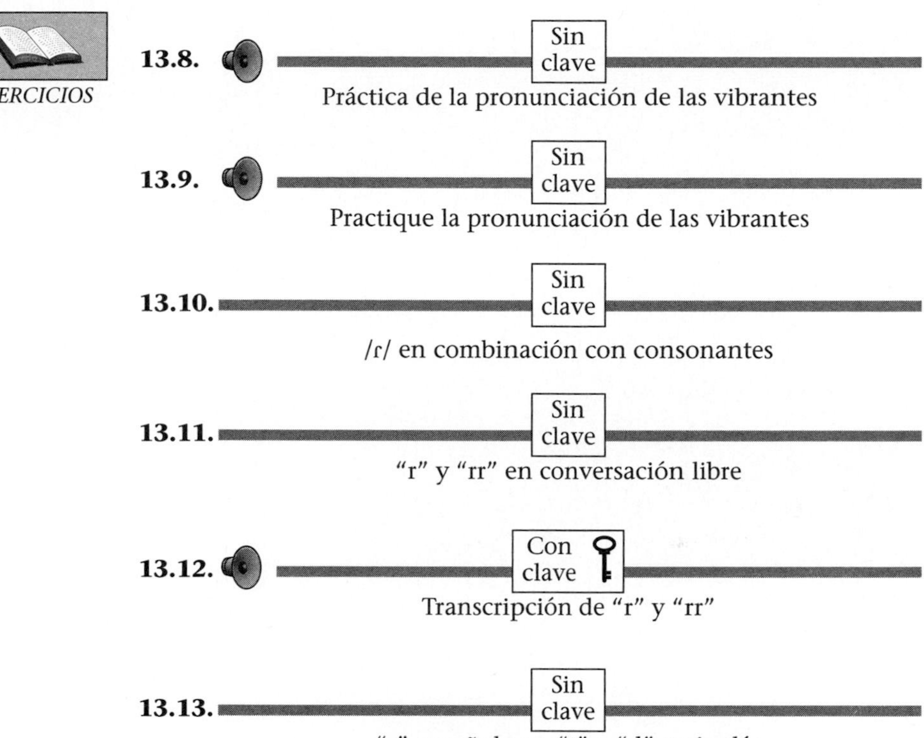
EJERCICIOS
13.8.
Sin clave
Práctica de la pronunciación de las vibrantes
13.9.
Sin clave
Practique la pronunciación de las vibrantes
13.10.
Sin clave
/ɾ/ en combinación con consonantes
13.11.
Sin clave
"ɾ" y "rr" en conversación libre
13.12.
Con clave
Transcripción de "ɾ" y "rr"
13.13.
Sin clave
"ɾ" española vs. "t" o "d" en inglés

Capítulo 14

La consonante lateral /l/

14.1. Introducción

El fonema lateral /l/ tiene normalmente una articulación **alveolar** sonora, i.e., [l]. Al igual que los demás sonidos que hemos analizado, la /l/ tiende a cambiar su punto de articulación (asimilación) según el entorno fonético.

El fonema lateral alveolar /l/ es común a todos los hablantes de español, distinguiéndose así del fonema lateral **palatal** sonoro /ʎ/ —representado en la ortografía por la doble "ll" (cp. *calle, muelle, llamar*) y articulado aproximadamente como las letras subrayadas en la palabra inglesa *medallion*. El uso de la lateral palatal /ʎ/ queda relegado a ciertas áreas del dialecto castellano en la Península Ibérica así como a unas pocas áreas de Sudamérica (por ej., Paraguay y el altiplano andino de Bolivia y Ecuador). En todas estas variedades el uso de este fonema está en recesión, i.e., casi desaparecido de las zonas más urbanas y entre las generaciones más jóvenes. En este capítulo nos centraremos únicamente en el fonema lateral alveolar, dejando el estudio del sonido lateral palatal /ʎ/ para los Capítulos 19 y 20.

Como vimos en el Capítulo 13, los fonemas vibrantes (/r/ y /ɾ/) y el lateral /l/ se agrupan bajo las consonantes **líquidas**. Recordemos que la producción de las líquidas está a medio camino entre las vocales y las consonantes. Esto es, se producen con la apertura y fluidez de las vocales, al tiempo que hay obstrucción a través de la lengua y los alvéolos, aunque esta fricción de las líquidas sea mucho menor que para la mayoría de las consonantes.

14.2. El fonema /l/ y sus alófonos

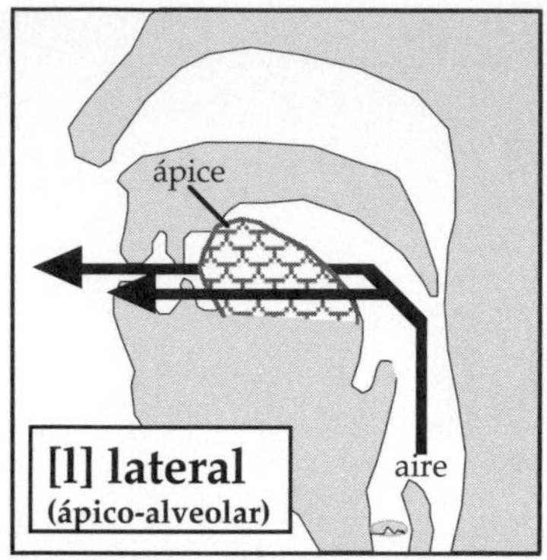

Fig. 14.1. [l] lateral

El fonema /l/ puede aparecer en posición inicial de sílaba (*lado, per–la*), en el interior de sílaba (*blu–sa, ha–blo*) y al final de sílaba o de palabra (*alcohol, calma, al final*). Reiteramos (Cap. 7) que la /l/ obtiene su clasificación "lateral apicoalveolar" porque, en su producción, el aire se escapa por ambos lados de la lengua (*lateral*) mientras que el ápice de la lengua hace contacto con los alvéolos (*apicoalveolar*) (Fig. 14.1).

El alófono [l] es un sonido en el cual la lengua mantiene una posición relativamente alta en la boca. La articulación con el ápice de la lengua elevada se mantiene aun cuando el sonido aparezca en posición final de sílaba o de palabra (*al final*). Mencionamos este hecho porque los anglohablantes tienen una fuerte tendencia a relajar y retraer la lengua al pronunciar cualquier /-l/ final de sílaba, dándole así una característica fonética que podríamos calificar popularmente como más "pesada" u "oscura." Volveremos en seguida sobre este problema; por el momento, contrástense primero los siguientes pares de palabras inglesas y españolas:

Inglés	*Español*
Sal	*sal*
Al	*al*
mill	*mil*

Veamos ahora cuáles son las asimilaciones articulatorias que se efectúan al pronunciar el fonema /l/ del español. Los símbolos fonéticos para cada uno de los alófonos de /l/ se presentan en la Figura 14.2.

Fig. 14.2. Símbolos fonéticos de los alófonos laterales.

Si bien la articulación neutra o normal de la "l" es alveolar (cp. *ala, pelo* = ['ala, 'pelo]), hay tres entornos fónicos en los cuales esta posición alveolar de la lengua cambia ligeramente. Cada una de estas asimilaciones se basa en que la /l/ se acerca al punto de articulación del alófono consonántico que le sigue, esto es, se trata de una **asimilación regresiva**. A estos ajustes en el punto de articulación lateral los llamaremos **asimilaciones laterales**. La Tabla 14.1 presenta diversos entornos y ejemplos donde se produce esta asimilación regresiva.

/l/ + consonante	Alófono	Asimilación	Ejemplos
1. /l/ + /t/ dental	[l̪] dental	→ [l̪t]	*alto, multa*
/l/ + /d/ dental		→ [l̪d]	*aldea, sueldo*
2. /l/ + /tʃ/ alveopal.	[l̠] alveopalatal	→ [l̠tʃ]	*colchón, salchicha*
3. /l/ + /ʝ/ palatal	[ʎ] palatal	→ [ʎʝ]*	*al llamar, mil llamadas* *al yate, ¡sal ya!*
4. /l/ + [i̯] palatal	[ʎ] palatal		*alianza, salieron* *afiliación, auxiliar*

Tabla 14.1.
Asimilaciones de la lateral /l/.

*[ʎi̯] comúnmente se funde en → [ʎ]

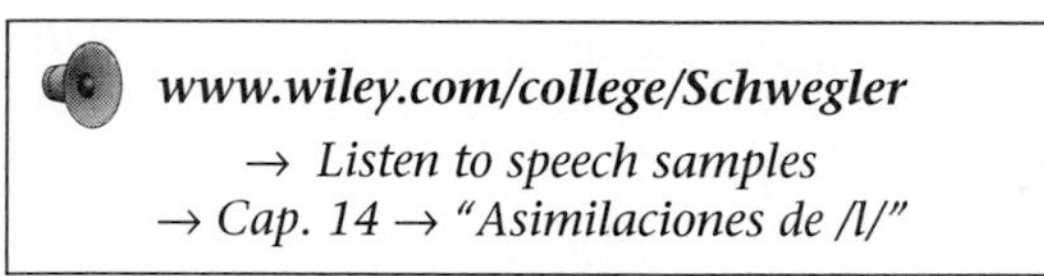

Al articular en voz alta los ejemplos de esta tabla, se observará que la ligera variación en el punto de contacto de la lengua con la parte superior de la boca ***no*** *es muy perceptible al oído. Para el anglohablante, el problema mayor con la /l/ no es tanto la asimilación precisa al alófono siguiente, sino el evitar en español la producción de una /l/ "oscura", descrita en la próxima sección de este capítulo.*

Al examinar los ejemplos de la Tabla 14.1, nótese, primero, que la asimilación es causada por los siguientes fonemas consonánticos:

1. *dentales*	/t/, /d/	EJEMPLO:	*alto*	= [ˈal̪-to]
2. *alveopalatal*	/tʃ/	EJEMPLO:	*colchón*	= [kol̠-ˈtʃon]
3. *palatal*	/ʝ/	EJEMPLO:	*mil yardas*	= [mi-ˈʎi̯ar-ðas]
		EJEMPLO:	*mil llamadas*	= [mi-ʎi̯a-ˈma-ðas]
		EJEMPLO:	*mil hierbas*	= [mi-ˈʎi̯er-βas]

Observe como en el caso (3), en la cadena hablada, la yod /ʝ/ inicial de palabra (*yardas*, *llamadas*, *hierbas*) se convierte en semivocal [i̯] en la secuencia /l/+/ʝ/, como en [mi-ˈʎi̯ar-ðas], [mi-ʎi̯a-ˈma-ðas], [mi-ˈʎi̯er-βas]. La conversión de /l/+/ʝ/ en [ʎi̯] es una consecuencia lógica de una regla estudiada ya en el Capítulo 4: [ʝ] solamente puede ocupar el inicio de una sílaba, mientras que la semivocal [i̯] jamás ocupa esta posición, siendo esta relegada siempre al interior de sílaba. Como el resilabeo en la cadena hablada cambia la posición de la yod al interior de sílaba, la [ʝ] se convierte en semivocal [i̯]. Observe esta transformación en el ejemplo de *yogurt* (Fig. 14.3).

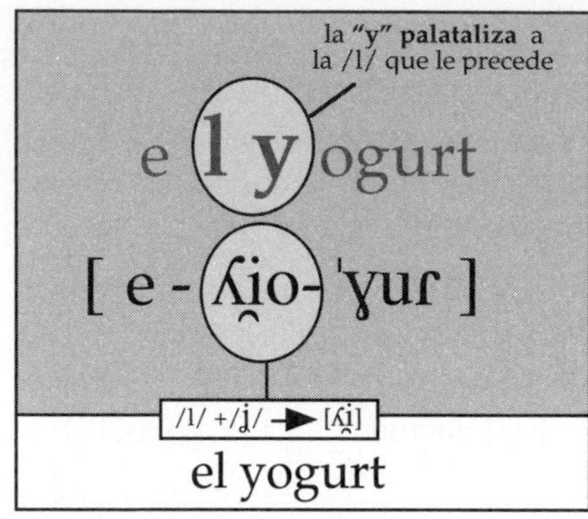

Fig. 14.3. /l/ + /ʝ/ y la conversión de /ʝ/ a semivocal [i̯].

En la secuencia /l/+/ʝ/ de *el yogurt,* la semivocal [i̯] palataliza a la /l/, dando así el resultado [e-ʎi̯o-ˈɣuɾ] con [ʎ]. Del mismo modo, la semivocal [i̯] causa la palatalización de /l/ > [ʎ] en el interior de palabras como:

salieron	*familia*	*alianza*	*aliento*
[sa-ˈʎi̯e-ɾon]	[fa-ˈmi-ʎi̯a]	[a-ˈʎi̯an-sa]	[a-ˈʎi̯en̪-to]

Además, lo más típico es que [ʎi̯] se funda en un solo sonido palatal [**ʎ**], tanto dentro como entre palabras:

salieron	*familia*	*alianza*	*aliento*	*el yogurt*
[sa-ˈʎe-ɾon]	[fa-ˈmi-ʎa]	[a-ˈʎan-sa]	[a-ˈʎen̪-to]	[e-ʎo-ˈɣuɾ]

En una oración como *La familia de Isabel llegó a la aldea del chaval sin lío*, podemos pues transcribir los segmentos subrayados de *familia* e *Isabel llegó* con [**ʎi̯**] o, simplificando, con [**ʎ**]:

1. [la-fa-ˈmi-**ʎi̯**a-ðei̯-sa- ˈβe-**ʎi̯**e-ˈɣo-a-**la**:**l̪**-ˈde-a-ðel̠-tʃa-ˈβal-sin-(ˈ**li**-o)] hiato

[ʎi̯] vs. [ʎ]   [ʎi̯] vs. [ʎ]

2. [la-fa-ˈmi-**ʎ**a-ðei̯-sa- ˈβe-**ʎ**e-ˈɣo-a-**la**:**l̪**-ˈde-a-ðel̠-tʃa-ˈβa**l**-sin-(ˈ**li**-o)] hiato

El estudiante notará que en (1) y (2) arriba, el grupo palatal [ʎi̯] se asocia a la sílaba inicial de *llegó,* y no a la sílaba final de *Isabel.* A la hora de transcribir la /l/ *entre palabras*, el estudiante aplicará el mismo tipo de razonamiento al transcribir expresiones como *mil llamadas* [mi-ʎi̯a-ˈma-ðas], *mil yardas* = [mi-ˈʎi̯aɾ-ðas].

Debemos también destacar el contraste en la transcripción de las palabras *lío* y *familia* (vea los dos círculos en la transcripción). En *lío* hay un hiato que impide su transcripción como *[ʎi̯o]; i.e., se transcribe [ˈ**li**-o]. Por el contrario, en el caso de *familia,* se transcribe como [fa-ˈmi-**ʎi̯a**] ya que en este caso *–lia* se articula con diptongo; esto es, la "l" se palataliza ante la presencia de la [i̯]. Es, pues, incorrecto, transcribir *familia* como *[fa-ˈmi-**li-a**].

Falta añadir una última observación general sobre la /l/. Aunque **nuestras transcripciones favorecerán**, de manera consistente, la **palatalización de la /l/** en los entornos señalados, debemos notar que en casos como *salieron, familia,* etc., la palatalización no se da siempre, ya que depende de varios factores como la rapidez del habla, el dialecto del hablante y el esmero de la articulación.

14.3. La /l/ del inglés

En inglés, el fonema lateral /l/ tiene dos alófonos principales. Uno es casi idéntico al alófono lateral alveolar del español y se da en posición *inicial* de sílaba (*alike, believe, lake, leak*). El otro alófono se articula con la lengua baja y el ápice retraído hacia una posición más posterior en la boca, esto es, hacia la zona del velo del paladar. A este alófono velarizado lo llamamos en términos comunes la "**ele oscura**" (en inglés "**dark l**" o "velarized alveolar lateral approximant"), y se suele representar con el símbolo [ɫ] (Fig. 14.4). La "ele oscura" se produce en inglés cuando el fonema lateral se encuentra en posición no-inicial de sílaba, y con más frecuencia a final de sílaba o de palabra: *milk, plain, all, ball, alright*. El uso del alófono velarizado [ɫ] en palabras españolas como *talco, algo, pedal* o *sale* no origina una palabra distinta (y, por lo tanto, no causa problemas de comunicación), pero sí presenta una pronunciación ajena al español. Este empleo del alófono [ɫ], por influencia del inglés, es un rasgo típico del habla de un principiante anglohablante, y, a oídos de un nativo hispanohablante, una de las características más destacadas del acento norteamericano. Por esta razón, el estudiante debe esforzarse en eliminar cualquier velarización de /l/ en español (para una comparación gráfica de la /l/ española e inglesa, véase la Figura 14.5).

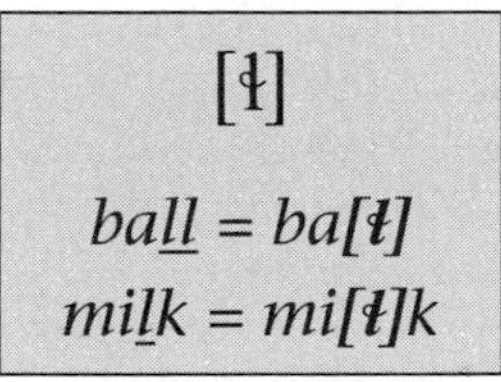

Fig. 14.4. La "l" velar "oscura" del inglés.

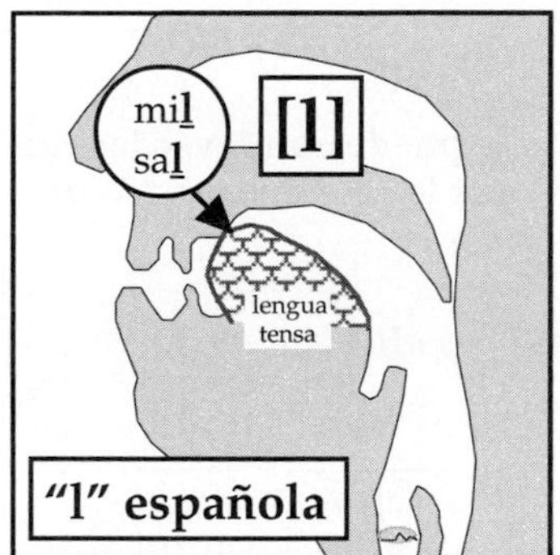

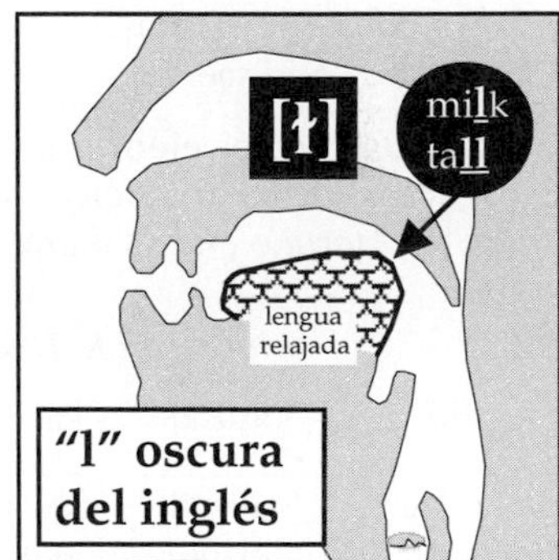

Fig. 14.5. Contraste entre la /l/ del inglés y del español.

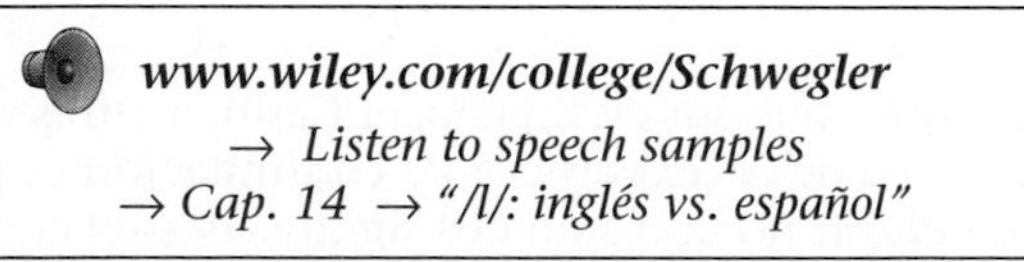

Obsérvese que la /l/ inglesa es mucho más "retraída" (el dorso de la lengua se levanta y se acerca hacia la región velar) y tiene un sonido más "oscuro" que la española. Además, la tensión muscular de la lengua es mayor en español que en inglés.

14.4. Fuente adicional de un acento extranjero: el alargamiento de vocales ante /l/

La posición retrofleja y palatal (en vez de alveolar) de la lengua no es la única fuente de un acento extranjero en la producción de la /l/ final de palabra. Hay otro rasgo que, en combinación con una articulación "oscura" de la /l/, contribuye a que la consonante lateral del español sea uno de los indicios más obvios de una pronunciación no nativa. Nos referimos al *alargamiento excesivo* de la vocal que precede a la /l/. Tal alargamiento es particularmente notable en el segmento /al/ (el problema se incrementa aun más si /al/ pertenece a la sílaba tónica). Así, en expresiones como *al final,* el estudiante tiende a pronunciar [**a:l** fiˈ**na:l**], alargando excesivamente tanto la duración de la /a/ como de la /l/. Una solución cómoda y eficiente es esta: articular el segmento /al/ con rapidez y sobre todo con tensión muscular en la [l]. Tal tensión muscular se obtiene si se empuja enérgicamente la punta de la lengua contra los alvéolos.

14.5. Variación dialectal de /l/

En zonas del sur de España (sobre todo en Andalucía), el Caribe (Cuba, República Dominicana y Puerto Rico), y otras regiones de América (Panamá, Venezuela, Ecuador y Chile) se presenta un fenómeno dialectal con variación libre: el **trueque de líquidas al final de sílaba, i.e., [l] ←→ [ɾ]**. Ejemplos:

	/l/ > [ɾ]		/ɾ/ > [l]
algo	[ˈaɾɣo]	*Marta*	[ˈmal̪ta]
alma	[ˈaɾma]	*cargo*	[ˈkalɣo]
Olga	[ˈoɾɣa]	*enferma*	[eɱˈfelma]
palma	[ˈpaɾma]	*órgano*	[ˈolɣano]
suelto	[ˈsu̯eɾto]	*Puerto Rico*	[ˈpu̯el̪to ˈriko]

Como ilustran los ejemplos a continuación, este trueque puede conllevar la neutralización de la oposición fonemática entre /l/ y /ɾ/, por lo que *calma* vs. *karma, Malta* vs. *Marta* o *alto* vs. *harto* dejan de ser pares mínimos:

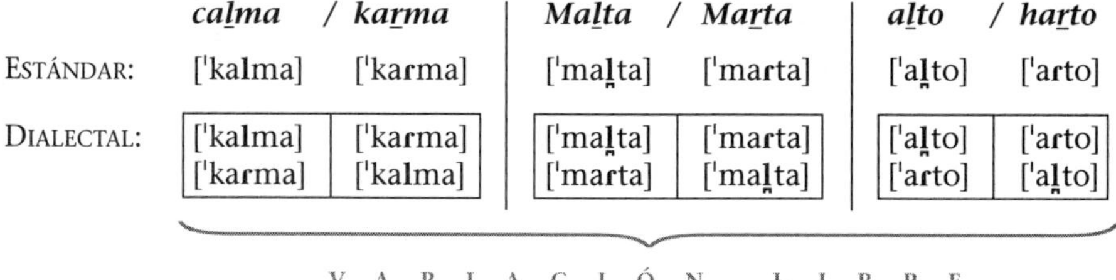

	calma	/ *karma*	*Malta*	/ *Marta*	*alto*	/ *harto*
ESTÁNDAR:	[ˈkalma]	[ˈkaɾma]	[ˈmal̪ta]	[ˈmaɾta]	[ˈal̪to]	[ˈaɾto]
DIALECTAL:	[ˈkalma] [ˈkaɾma]	[ˈkaɾma] [ˈkalma]	[ˈmal̪ta] [ˈmaɾta]	[ˈmaɾta] [ˈmal̪ta]	[ˈal̪to] [ˈaɾto]	[ˈaɾto] [ˈal̪to]

VARIACIÓN LIBRE

Se entenderá entonces que en el sur de España, el Caribe y otras regiones de América, la articulación de cada una de las expresiones a continuación es potencialmente ambigua ya que puede conllevar no uno sino dos significados (el contexto normalmente aclara cúal de los dos es el adecuado).

['kalma] = (1) *calma* (2) *karma*
['ma̪lta] = (1) *Marta* (2) *Malta*
['sue̪lte] = (1) *suelte* (2) *suerte*
['a̪lto] = (1) *alto* (2) *harto*

Cuando la /ɾ/ se articula con [l], el proceso se llama **lambdacismo**: cp. *arma* > ['alma]; *comer* > [ko'mel]; *Marta* > ['ma̪lta]; *cargo* > ['kalɣo]. **Rotacismo** es el término técnico para el cambio contrario, i.e., /l/ > [ɾ]: *Malta* > ['marta]; *algo* > ['arɣo].

TÉRMINOS TÉCNICOS:
lambdacismo: **/ɾ/ > [l]** *arma* > ['alma]
rotacismo: **/l/ > [ɾ]** *Malta* > ['marta]

En los dialectos bajo análisis, la *neutralización* de las líquidas en posición final de sílaba o de palabra va acompañada de una serie de otros fenómenos que afectan a la articulación de /l/ y /ɾ/. Por ejemplo, es común su *eliminación* en posición final de palabra: *papel* > [pa'**pe**]; *comer* > [ko'**me**]. Igualmente común es su *asimilación* total al siguiente sonido, lo que produce la geminación de la consonante a la cual se asimila: cp. *alta* > ['**atta**], *puerta* > ['pu̯**etta**], *calma* > ['ka**mma**].[1] Menos común es la *desconsonantización*, i.e., la conversión de /l/ en semivocal [i̯]: *alta* > ['ai̯ta], *calma* > ['kai̯ma], *puerta* > ['pu̯ei̯ta].

Resumen

La lateral /l/ es normalmente una **alveolar** sonora [l] que tiende a cambiar su punto de articulación según la consonante que le sigue (asimilación regresiva). Mientras que la lateral alveolar /l/ es común a todos los hablantes del español, este no es el caso del fonema lateral **palatal** sonoro /ʎ/ (ortográficamente "ll"). Este fonema es usado, de manera recesiva, en ciertas áreas del dialecto castellano de la Península Ibérica, así como en algunas zonas de Sudamérica (por ej., Bolivia, Ecuador y Paraguay).

Los alófonos del fonema /l/ son siempre sonidos sonoros y la lengua mantiene una posición relativamente alta en la boca. Además, en estos alófonos, *la lengua siempre hace contacto con el punto de articulación,* y de manera intensa. Esta es precisamente una de las diferencias entre la [l] del español y la "l oscura" del inglés: en la [ɫ] "oscura", la lengua se *aproxima* al velo pero no lo toca (cp. *all, ball, call*). Es natural, pues, que los anglohablantes tengan una fuerte tendencia a retraer la lengua al pronunciar cualquier "-l" final de sílaba (cp. *al final*). Esto produce una "l" cuya pronunciación es totalmente extraña a la lengua española.

Por lo que respecta a su variación dialectal en español, es común que en Andalucía (España) y en América, sobre todo en el Caribe, se eliminen la /l/ y /ɾ/ en posición final de sílaba o palabra (*papel* > [pa'**pe**]; *comer* > [ko'**me**]), y se intercambien las consonantes /l/ y /ɾ/ de la siguiente manera:

Rotacismo:	**/l/ > [ɾ]**	*calma* > ['ka**r**ma]	*algo* > ['a**r**ɣo]
Lambdacismo:	**/ɾ/ > [l]**	*cargo* > ['ka**l**ɣo]	*comer* > [ko'me**l**]

[1] Observe que indicamos aquí la geminación con [tt] y [mm], respectivamente. Esta geminación puede producir nuevos pares mínimos, por ej., ['k**a**ma] 'cama' vs. ['ka**mm**a] 'calma/karma'.

Un resumen de las asimilaciones que se efectúan en el fonema /l/ del español se encuentra en la Tabla 14.2.

/l/ + consonante	Alófono	Asimilación	Ejemplos
1. /l/ + /**t**/ dental /l/ + /**d**/ dental	[l̪] dental	→ [l̪**t**] → [l̪**d**]	*alto, multa* *aldea, sueldo*
2. /l/ + /**tʃ**/ alveopal.	[l̠] alveopalatal	→ [l̠**tʃ**]	*colchón, salchicha*
3. /l/ + /**ʝ**/ palatal	[ʎ] palatal	→ [ʎʝ]*	*al llamar, mil llamadas* *al yate, ¡sal ya!*
4. /l/ + [i̯] palatal	[ʎ] palatal		*alianza, salieron* *afiliación, auxiliar*

Tabla 14.2.
Los alófonos del fonema lateral /l/.

**[ʎi̯] comúnmente se funde en* → [ʎ]

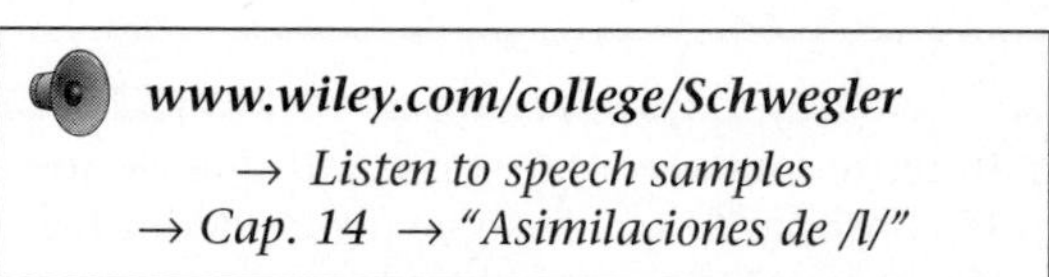

www.wiley.com/college/Schwegler
→ Listen to speech samples
→ Cap. 14 → "Asimilaciones de /l/"

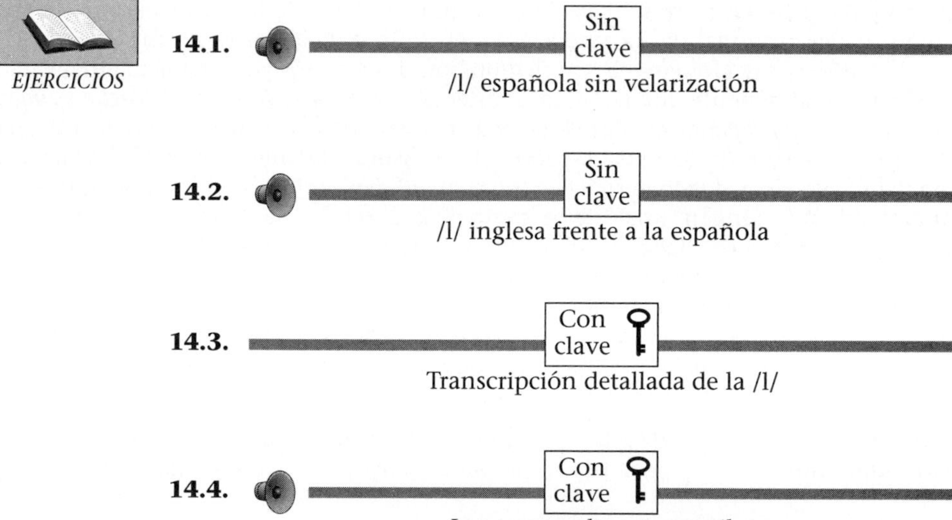

14.5.

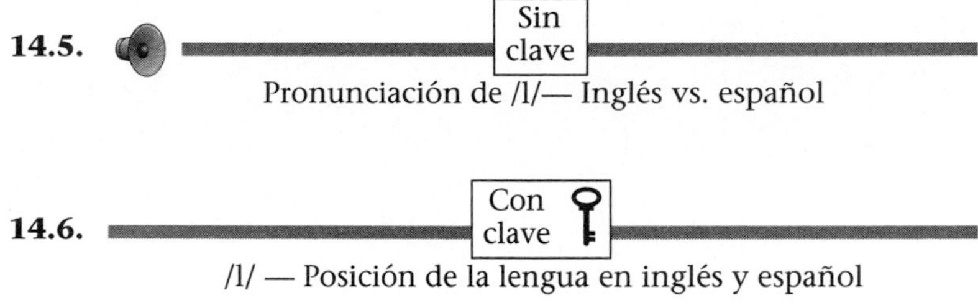

Pronunciación de /l/— Inglés vs. español

14.6.

/l/ — Posición de la lengua en inglés y español

14.7.

Explíquele a un compañero: *el yeso*

14.8.

Conversación libre

Capítulo 15

Los fonemas fricativos /f, s, x/

15.1. Introducción

Este capítulo estudia las tres consonantes fricativas sordas /f, s, x/. La /f/ no presenta problemas, ya que tanto su pronunciación como su representación ortográfica exhiben grandes paralelismos con la /f/ del inglés. Para el anglohablante, la /f/ del español es, pues, uno de los sonidos menos problemáticos.

15.2. La fricativa labiodental /f/

La fricativa /f/ es **labiodental** y tiene un solo alófono principal que es sordo. Este alófono [f] corresponde exactamente a la fricativa labiodental sorda del inglés en palabras como (*friend, finish*). La representación ortográfica de la /f/ también es regular, ya que en español siempre se emplea la letra "f". Además, la /f/ es labiodental en el habla estándar de todos los dialectos del mundo hispánico. En algunas regiones rurales de Latinoamérica (por ej., en la Costa Atlántica de Colombia), la /f/ puede articularse con una "f" **bilabial** sorda (en vez de labiodental), representada por el símbolo fonético [ɸ]. Esta articulación por lo general es considerada menos prestigiosa que la de áreas urbanas. La diferencia fónica entre [f] y [ɸ] es poca, pero suficiente para que cualquier hablante nativo la perciba.

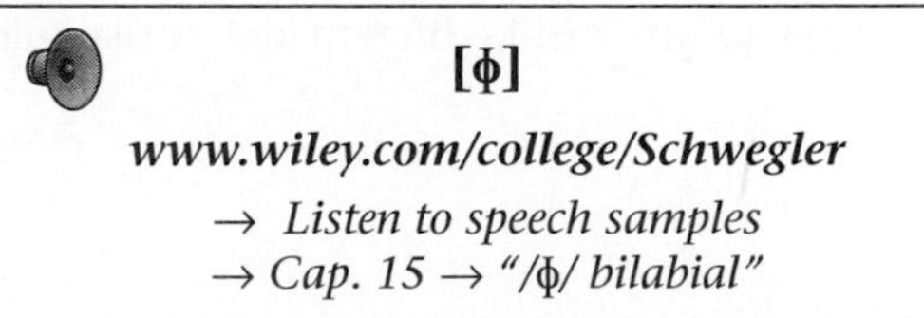

[ɸ]

www.wiley.com/college/Schwegler

→ *Listen to speech samples*

→ *Cap. 15 → "/ɸ/ bilabial"*

15.3. La fricativa alveolar /s/

Como hemos explicado en el Capítulo 7, la /s/ y sus alófonos [s] y [z] pertenecen al subgrupo de las **sibilantes**. Recordemos (Cap. 7) que:

1. la denominación de [s] y [z] como sibilantes se debe al efecto acústico de silbato (ingl. 'whistling sound') que producen, y
2. el alófono [z] solamente se produce frente a una consonante sonora (se trata siempre de una variación libre):

	CON [s] SORDA	CON [z] SONORA
de<u>sd</u>e	[ˈdesðe]	[ˈdezðe]
ra<u>sg</u>o	[ˈrasɣo]	[ˈrazɣo]
mi<u>sm</u>o	[ˈmismo]	[ˈmizmo]

La manifestación fonética de la fricativa alveolar /s/ varía mucho de acuerdo a las regiones del mundo hispánico. La mayoría de los hispanohablantes utiliza su alófono principal, es decir, el sonido sordo, [s], que corresponde al fonema fricativo alveolar sordo del inglés, /s/.

En inglés, tanto como en español, existen variaciones en el punto de articulación de la /s/. La sibilante sorda /s/ puede realizarse esencialmente de dos maneras. La primera variante se encuentra prácticamente en toda Latinomérica y se realiza de manera similar a la [s] del inglés americano estándar. En su producción, el *ápice de la lengua se apoya contra los dientes inferiores*. Esto causa que la lengua se alce para que el **predorso** haga un ligero contacto con los alvéolos. El término técnico para esta sibilante sorda es **"s" predorsal**. Típica del español americano, esta misma [s] predorsal es también la variedad más característica de la dicción andaluza (sur de España).

La segunda variante principal de /s/ es característica de muchas áreas de España (sobre todo del centro y norte), y no se encuentra en América Latina. Se trata de un alófono que se realiza cuando *el ápice de la lengua se coloca contra los alvéolos*, y por ello se la denomina **"s" ápico-alveolar**. Su representación fonética estrecha es [s̺] (el símbolo "̺" bajo la [s] representa su carácter *apical*). Como se explicará en mayor detalle en el Capítulo 20, esta "s" suena como un tipo de silbato suave, muy similar a lo que comúnmente se da en la /s/ "inglesa" de dialectos del sur de Estados Unidos.

Respecto a la "s" española y americana, una diferencia importante reside en la forma asumida por la lengua en la producción de /s/. En la **[s] predorsal** (la americana), la lengua es plenamente *convexa* y el ápice toca los incisivos inferiores. En la [s̺] **ápico-alveolar** (la española), la lengua está *plana* o, a veces, incluso *cóncava*. En términos fisiológicos, esta diferencia es pequeña, pero el efecto acústico es significativo y auditivamente se capta con facilidad como un rasgo distintivo del español peninsular (para una ilustración gráfica de la diferencia y ejemplos grabados, véanse las Figuras 19.5a y 19.5b en la página 373).

La representación ortográfica de la /s/ en español es inconsistente. En áreas peninsulares (centro y norte de España) donde los hablantes diferencian entre los fonemas /s/ y /θ/, hay una nítida diferenciación sistemática: pares mínimos como *ta<u>s</u>a* y *ta<u>z</u>a* se escriben y a la vez se pronuncian de manera distinta, i.e., ['tasa] y ['taθa]. En otras partes del mundo hispano (América, Canarias, sur de España), esta diferencia ortográfica no corresponde a ninguna diferencia de articulación ya que *tasa* y *taza* se pronuncian sin excepción ['tasa], con [s] alveolar sorda (Cap. 19 §19.2).

En esta segunda región (América, el sur de España y las Islas Canarias), donde no existe una oposición fonemática entre /s/ y /θ/, el fonema /s/ está representado por más de una letra. Ante cualquier vocal, puede ir representado por la letra "s": *sí, sé, sapo, sopa, supo*. En otros casos, la letra "c" seguida de /e, i/ corresponde a /s/, como por ejemplo en *cine* ['sine], *circo* ['siɾko], *bicicleta* [bisi'kleta], y *cena* ['sena], *merece* [me'ɾese], *crecer* [kɾe'seɾ]. Para estos mismos hablantes, /s/ se representa además mediante la letra "z" + /a, o, u/ en *zapato* ['sapato], *zorro* ['soro] y *zumo* ['sumo]. Finalmente, la "z" final de sílaba o palabra también corresponde a una [s] (*Cuzco* ['kusko], *haz* [as], *paz* [pas], *vez* [bes]).

Las reglas ortográficas del español son tales que, a excepción de unas palabras de uso poco común[1], **no existe la combinación "z" + /e, i/** ya que en ese entorno se emplea la letra "c". Observe que, en contraste, "c" + /a, o, u/ hacen *casa* /'kasa/, *cosa* /'kosa/, *cuyo* /'kuʝo/, donde la "c" siempre equivale a /k/. Compare los cambios ortográficos que obedecen a estas reglas en la conjugación de los verbos *gozar* y *cocer* (Fig. 15.1), observando siempre que, entre los hablantes mencionados, la alternancia entre "c" y "z" no tiene ninguna consecuencia en el nivel fonético (véanse también las Figuras 15.2a y 15.2b).

Verbo **gozar**		*Verbo* **cocer**		
Indicativo	Subjuntivo	Indicativo	Subjuntivo	
gozo	goce	cuezo	cueza	
gozas	goces	cueces	cuezas	
goza	goce	cuece	cueza	
gozamos	gocemos	cocemos	cozamos	
gozáis	gocéis	cocéis	cozáis	español castellano
gozan	gocen	cuecen	cuezan	
con "z"	con "c"	con "z / c"	con "z"	
[s]		[s]		

Fig. 15.1. Variación ortográfica: "z" vs. "c".

[1] Por lo general, términos científicos o extranjeros como: *zigzag, zigurat, zigoto, zen* o nombres propios como *Zenobia*.

[s]			Ejemplos		
"s"	"c"	"z"	"s"	"c"	"z"
"si" "se" "sa" "so" "su"	"ci" "ce"	"zi" "ze" "za" "zo" "zu" "-z"	*sibilante* *seguro* *saber* *sobre* *susto* *Cusco*	*cigarro* *cacique* *cerebro* *mecer*	*zigzag* *zeta* *zapato* *caza* *zorra* *azúcar* *hazme* *haz* *diez*

Fig. 15.2a. [s] y su variada representación ortográfica (Latinoamérica, Islas Canarias y sur de España).

La [s] puede representarse ortográficamente por "s" o "c/z". El uso de "c/z" como sibilante está restringido por la vocal que le siga: "c" únicamente se combina con "e, i", mientras que "z" puede combinarse con cualquier vocal (y también aparecer a final de sílaba o palabra).

La Figura 15.2b ejemplifica que en frente de las vocales "a, o, u", la letra "c" representa el sonido [k]. En frente de "i" y "e", el mismo sonido [k] se expresa con "qu" en la ortografía (poquito, cheque).

[k]		Ejemplos	
"c"	"qu"	"c"	"qu"
"ca" "co" "cu"	"que" "qui"	*poca* *poco* *culto*	*cheque* *poquito*

Fig. 15.2b. [k] y su variada representación ortográfica.

Como ya señalamos, en toda España (excepto algunas zonas del sur y las Islas Canarias), el fonema inicial de los grupos ortográficos "ci" (*cigarro*), "ce" (*centro*), "za" (*zapato*), "zo" (*gozo*) y "zu" (*azul*) tiene una articulación distinta de la latinoamericana. Lo que es /s/ en español americano, se articula con la **fricativa interdental sorda [θ]**, muy similar al sonido inicial de la palabra inglesa *think* = *[θ]ink*. Para estos hablantes españoles, la letra "s" no representa el mismo fonema que las letras "z" y "c"; cp. el par mínimo *casa* [ˈkasa] 'house' vs. *caza* [ˈkaθa] 'he/she hunts'. Esta diferenciación se examinará más detalladamente en el Capítulo 19.

En resumen, en la ortografía del español americano y del sur de España (incluyendo las Canarias), las siguientes letras representan el fonema /s/:

"z"
"c"+ /i, e/
"s"+ vocal } /s/

En contraste, en el resto de España, la /s/ se articula [s] solo para el grafema "s" de *silla* o *casa*, mientras que en los demás casos la articulación es interdental: cp. *cerveza* [θeɾˈβeθa], fonemáticamente/θeɾˈbeθa/; *paz* [paθ], fonemáticamente /paθ/.

15.3.1. *Problemas articulatorios de /s/ para anglohablantes*

En inglés, la letra "z" casi nunca corresponde al fonema /s/ sino que corresponde a otro fonema distinto: /z/ en *zoo, zap, zip*. La diferencia entre el sonido [s], fricativo alveolar **sordo**, y el sonido [z], fricativo alveolar **sonoro**, está en la sonoridad. Al existir dos fonemas distintos, la diferencia es contrastiva en inglés, como muestran los siguientes pares mínimos:

CON [S] SORDA		CON [Z] SONORA	
Sue	vs.	*zoo*	*Pares mínimos*
sap	vs.	*zap*	
hiss	vs.	*his*	
FONEMA /S/		FONEMA /Z/	

Por consiguiente, el sonido [s] y el sonido [z] pertenecen a dos fonemas distintos en inglés, a saber, /s/ y /z/, respectivamente.

En español, la situación es muy distinta: existe la **[z] sonora**, pero (1) se trata de un rasgo no contrastivo (i.e., puramente alofónico), y (2) su distribución es distinta ya que, en el español estándar, la [z] **jamás ocurre en posición intervocálica** (vocal + /s/ + vocal). Puede decirse *asomar* [asoˈmaɾ], *casa* [ˈkasa] o *presidente* [pɾesiˈðen̪te] con [s] sorda, pero no existen *[azoˈmaɾ], *[ˈkaza] o *[pɾeziˈðen̪te] con [z] sonora.

Un objetivo fundamental de este capítulo es hacer énfasis en que el estudiante se acostumbre a realizar el fonema /s/ con la [s] **sorda** cuando vea la letra "z" en palabras como *zapato,* pronunciado [saˈpato] y no *[zaˈpato], o *Martínez* [maɾˈtines] y no *[maɾˈtinez], y así lo refleje en sus transcripciones. La regla es tan simple como práctica: siempre puede articularse [s] sorda cuando se ve la letra "z", y **no se debe articular la /s/ INTERVOCÁLICA como [z]** (recomendamos que el principiante alargue la "s" en palabras como *presidente* para articular una sibilante **sorda** y **tensa**):

	CORRECTO ☺		**FALSO** ☹	
presidente	*pres(ss)idente*	[pɾesiˈðen̪te]	*prez(zz)idente*	*[pɾeziˈðen̪te]
música	*mús(ss)ica*	[ˈmusika]	*múz(zz)ica*	*[ˈmuzika]
bazar	*baz(zz)ar*	[baˈsaɾ]	*baz(zz)ar*	*[baˈzaɾ]

Naturalmente estas reglas también se aplican cuando una "-s" en posición final de palabra llega a tener una posición **intervocálica** por su encadenamiento con la siguiente vocal. Nótese que en los ejemplos de la Figura 15.3, la sibilante final es **siempre sorda**. Articularla como sonora (*prez(zz)idente, múz(zz)ica, baz(zz)ar*) es un error típico de estudiantes de habla inglesa:

Correcto ☺		**Falso** ☹	
mis amigos	[mi–sa–ˈm–i–ɣos]	**miz amigos*	*[mi–za–ˈmi–ɣos]
sus armas	[su–ˈsaɾ–mas]	**suz armas*	*[su–ˈzaɾ–mas]

Fig. 15.3. [s] intervocálica: siempre sorda en español.

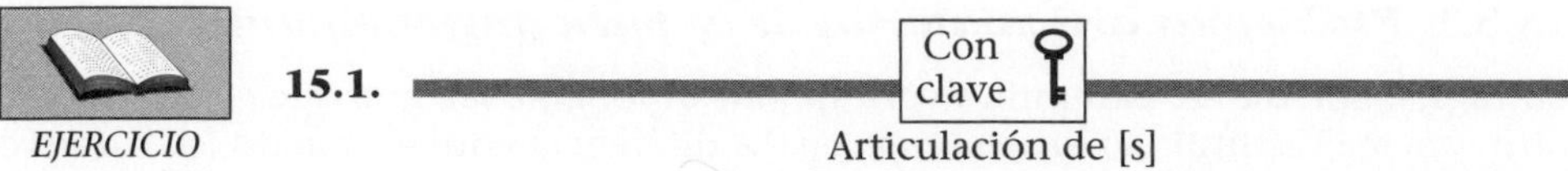

Articulación de [s]

Hasta este momento hemos dicho que el sonido principal de la fricativa alveolar /s/ es el alófono sordo [s]. Indicamos, asimismo, que en inglés existe un sonido sonoro [z] que contrasta con el sonido sordo [s] y que están asociados a dos fonemas distintos /z/ y /s/, respectivamente: cp. *z̲ap* /zæp/ vs. *s̲ap* /sæp/.

En español también existe un sonido sonoro semejante al sonido [z] del inglés. En dicha lengua, **/s/ sólo puede realizarse como [z] cuando esta "sufre" una asimilación regresiva** y se sonoriza (ver Cap. 11 §11.3); esto es, cuando le sigue una **consonante sonora.** Obsérvese, por ejemplo, cómo la "s" de *mis̲mo* se asimila a la sonoridad de la "m" en el ejemplo de la Figura 15.4.

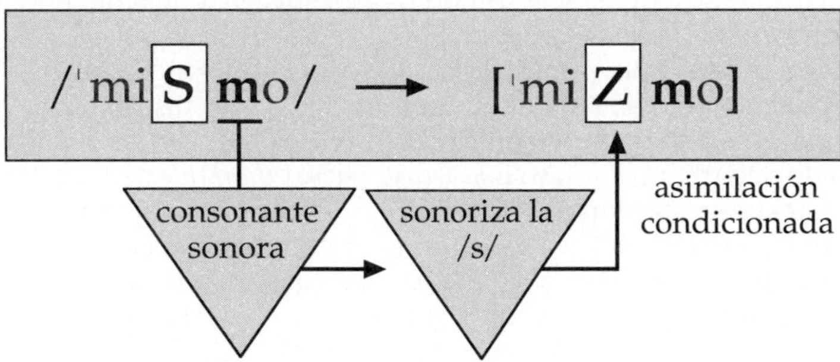

Fig. 15.4. Asimilación regresiva de la /s/.

La Figura 15.5 ilustra que este tipo de sonorización es común tanto en el interior de palabra como entre palabras.

Grupo #1: Asimilación en el interior de palabra (alternancia libre)

/ˈdes̲de/	→	[ˈdezðe]	/sd/ → [zð]
/ˈras̲go/	→	[ˈrazɣo]	/sg/ → [zɣ]

Grupo #2: Asimilación entre palabras (alternancia libre)

/mas̲ ˈlexos/	→	[maz ˈlexos]	/sl/ → [zl]
/tres̲ ˈdedos/	→	[trez ˈðeðos]	/sd/ → [zd]

Fig. 15.5. Sonorización libre de /s/ > [z] en frente de consonante sonora.

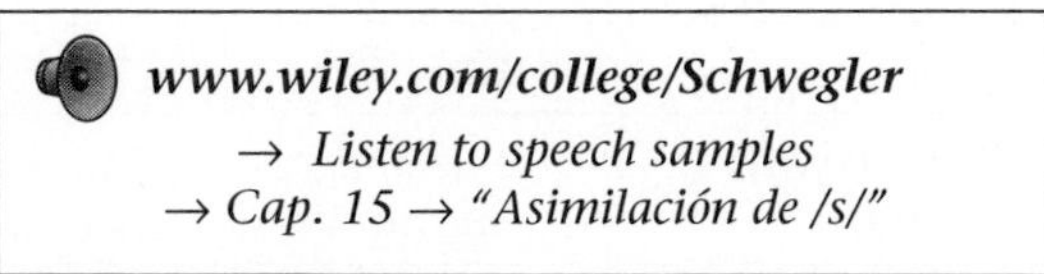

Falta explicar otro aspecto importante de las sibilantes del español: hemos señalado que el inglés tiene los dos fonemas /z/ y /s/ (cp. *zap* /zæp/ vs. *sap* /sæp/). *En español este tipo de contraste fonemático entre /z/ y /s/ jamás se produce.* Esto es así porque en español no hay pares mínimos basados en un contraste fonético entre [s] y [z]. Esto equivale a decir que, en español, [s] y [z] pertenecen a un solo fonema, i.e., /s/ (Fig. 15.6).

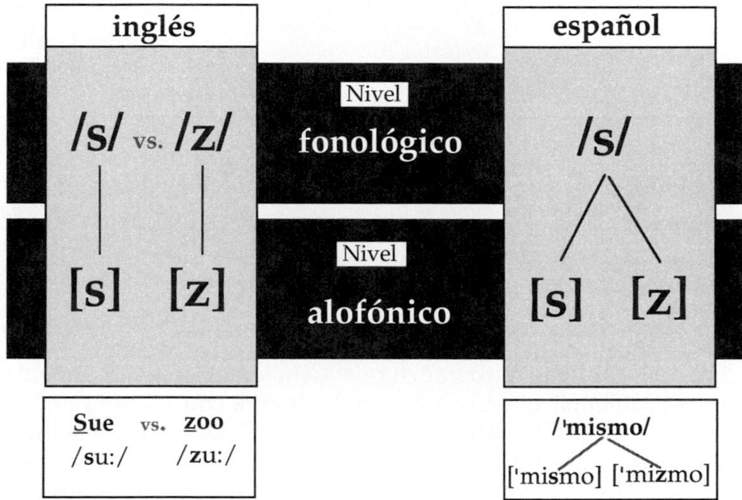

Fig. 15.6. [s] y [z] en inglés y español: su diferencia fonemática.

Hemos señalado hasta ahora que en el mundo hispano, el fonema /s/ suele tener dos alófonos, i.e., [s] y [z], y que el segundo de ellos está siempre condicionado por la presencia de una consonante sonora que le sigue (cp. *mismo* > [ˈmizmo]). Existen, sin embargo, otros alófonos de la /s/ que son de gran importancia porque sirven como rasgo identificador de muchos dialectos. Nos referimos a la aspiración y la omisión de la **/-s/ final de sílaba** (también llamada "/-s/ implosiva") en las llamadas *Tierras Bajas* de Latinoamérica, en el sur de España (Andalucía) y también en las Islas Canarias (Capítulos 19 y 20). La realidad articulatoria de esta aspiración y omisión de la /-s/ final de sílaba es compleja, e incluye también otros alófonos adicionales. Al examinar los ejemplos de la Figura 15.7, el lector tendrá que tener en cuenta que, en algunas áreas dialectales (por ejemplo la República Dominicana), un mismo hablante puede utilizar libremente todas las variantes: [s], [h] y [ø] ("variante zero" por representar la omisión completa de la /s/). En dichas regiones, la coexistencia de estas variantes es un hecho diario y una altísima frecuencia de aspiración o elisión de /s/ suele asociarse con el habla informal de las clases sociales bajas.

	MANTENIMIENTO	ASPIRACIÓN	PÉRDIDA (OMISIÓN)	
listo	[ˈlis-to]	[ˈli^h-to]	[ˈliø-to]	[ˈli-to]
mismo	[ˈmis-mo]	[ˈmi^h-mo]	[ˈmiø-mo]	[ˈmi-mo]
	[ˈmiz-mo]	[ˈmi^h-mo]	[ˈmiø-mo]	[ˈmi-mo]
las casas	[las- ˈka-sas]	[la^h-ˈka-sa^h]	[laø-ˈka-saø]	[la-ˈka-sa]

Hay dos maneras de indicar la pérdida: con o sin el alófono zero "ø".

Fig. 15.7. La /-s/ implosiva y su variada articulación dialectal.

*Siguiendo una práctica general de la lingüística hispánica, indicamos la aspiración de la /-s/ implosiva con una "^{h}" alzada y con tamaño reducido: [la^h-ˈka-sa^h]. Cuando la aspirada [h] ocurre en posición inicial de palabra (como por ejemplo en la expresión dialectal yo sé = [jo **he**]), esta suele indicarse en tamaño y posición normal.*

15.3.2. *Una nota más sobre la articulación de la "s" ortográfica*

Volvamos ahora al problema ortográfico que mencionamos anteriormente. Dijimos que uno de los problemas que tiene el anglohablante con la /s/ es el de romper el hábito de asociar un sonido sonoro [z] con la letra "s". En inglés, el sonido [z] es tan común, que a veces se pronuncia [z] incluso cuando la letra no es "z". La "s" **intervocálica**, por ejemplo, de *visit, present*, o la final de *has, is* y *was* se pronuncia con el sonido **sonoro** [z]. En contraste, la articulación de la letra "s" con [z] en contextos similares en español no es lo usual, y se requiere mucha práctica para corregir articulaciones erróneas como **prezzzidente*.

Como hemos señalado en el Capítulo 7, la asimilación de sonoridad (*mismo* = [ˈmizmo]) es un rasgo opcional. La frecuencia de su aplicación depende de varios factores, y en algunos dialectos la sonorización es muy común (estos dialectos incluyen el de Costa Rica y los de la mayoría de los dialectos de Latinoamérica). Obsérvese en los ejemplos a continuación que la alternancia entre [s] y [z] se produce únicamente cuando la "s" va seguida por una consonante sonora (Caso #2 a continuación):

Caso #1: **[s] seguida de una CONSONANTE SORDA O VOCAL**

pasta	pa[**s**]ta	(nunca *pa[z]ta)
Óscar	O[**s**]car	(nunca *O[z]car)
sopa	[**s**]opa	(nunca *[z]opa)
pasaje	pa[**s**]aje	(nunca *pa[z]aje)

La sonorización de /s/ es **imposible**.

Caso #2: [s] seguida de una CONSONANTE SONORA

INTERIOR DE PALABRA

mismo	mi[s]mo	mi[z]**m**o
muslo	mu[s]lo	mu[z]**l**o
desde	de[s]de	de[z]**d**e
rasgo	ra[s]go	ra[z]go
isla	i[s]la	i[z]**l**a
¡házmelo!	há[s]melo	há[z]**m**elo

La sonorización de /s/ es **posible**.

ENTRE PALABRA

les gusta	le[s] gusta	le[z] gusta
diez mil	die[s] mil	die[z] mil
los mismos	lo[s] mismos	lo[z] mismos
	[s]	[z]

La sonorización de /s/ es **posible**.

*Recomendamos que el estudiante se acostumbre a articular la [z] ante consonantes sonoras, e imitar así la variable pronunciación de aquellos hablantes nativos que alternan entre mi[s]mo y mi[z]**m**o, mu[s]lo y mu[z]**l**o, de[s]de y de[z]**d**e, etcétera.*

En resumen, hemos visto que la asimilación es el proceso mediante el cual un sonido se hace más semejante a otro. La asimilación de la sonoridad (/s/ > [z] en frente de consonante sonora) es una práctica generalizada en español; cp. *ati[z]bar, de[z]de, ra[z]go, a[z]ma, i[z]la* o *I[z]rael.* Sin embargo, el anglohablante puede *siempre* pronunciar [s] en lugar de [z] (cp. *mismo* = ['mismo]), aunque tendrá que tener en cuenta que esto va en contra de la práctica de muchos hablantes nativos, quienes suelen sonorizar[2] la /s/ ante una consonante sonora: *mi[z]mo* es más común que *mi[s]mo.*

Por último, quisiéramos insistir en que la *asimilación progresiva* de la sibilante /s/ con respecto a su sonoridad **jamás** se da en español; las palabras como *alzar*, con /l/ sonora, se articulan siempre [al'saɾ], nunca *[al'zaɾ].

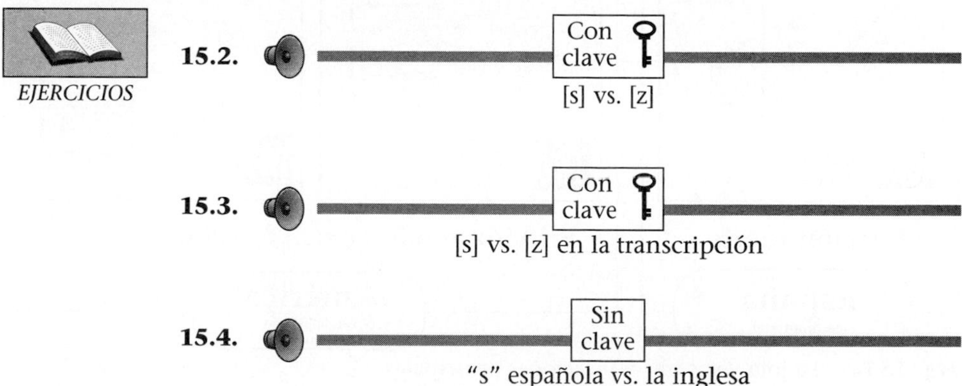

[2] En algunos dialectos (por ejemplo el mexicano), la sonorización de la /s/ es una práctica meramente esporádica.

15.4. La fricativa velar /x/

> [χ]
> Fricativa postvelar (con fricción fuerte), típica del centro y norte de España

Usamos el símbolo /x/ para representar el fonema que ortográficamente puede escribirse en español con las letras "j", "g"+ /e, i/ y "x": *jamás, jirafa, jefe, cajón, jugar, gesto, gitano, México, Texas, Xavier.*

En **España**, la jota suele ser un sonido *postvelar* y *fuertemente fricativo*, aunque el punto de articulación exacto varía según el hablante. Sus alófonos principales son normalmente sordos. También es muy variable el grado de fricción. Su representación fonética es [χ] (véase también la Figura 15. 8).

En **Hispanoamérica**, la jota es generalmente velar *con grados* MODERADOS *de fricción.* Si relajamos la articulación y el grado de fricción de la /x/, el resultado es comúnmente un sonido muy poco fricativo, algo relajado y más posterior, parecido (aunque no igual) a la [h] del inglés de *hat* o *heavy*. Esta manifestación de la /x/ es muy común en el mundo hispánico. Por esta razón la adopción de la [h] del inglés normalmente no causará ningún problema. Dada la considerable variación en la articulación de la "jota" hispanoamericana, es natural que palabras como /ˈxota/ se articulen, aun por un mismo hablante, tanto [ˈxota] como [ˈhota] o [ˈx^{h}ota] (en el último ejemplo, la fricción velar va seguida de una aspiración). Como se ilustra en la Figura 15.8, en términos fisiológicos, la diferencia entre [x] y [h] es relativamente poca: en la [x], la lengua deja poco espacio entre su postdorso y el velo. En la [h] aspirada, este espacio se *incrementa* ligeramente, comprimiendo así el aire menos que en la [x]. Además, en la [h] la fricción resultante no se produce tanto en el velo, ya que es, ante todo, la zona trasera de la laringe la que causa la vibración del aire. En este manual daremos preferencia a la transcripción de la jota con el símbolo [x], simplificando así la variación que suele producirse en Latinoamérica, el sur de España y en Las Canarias.[3]

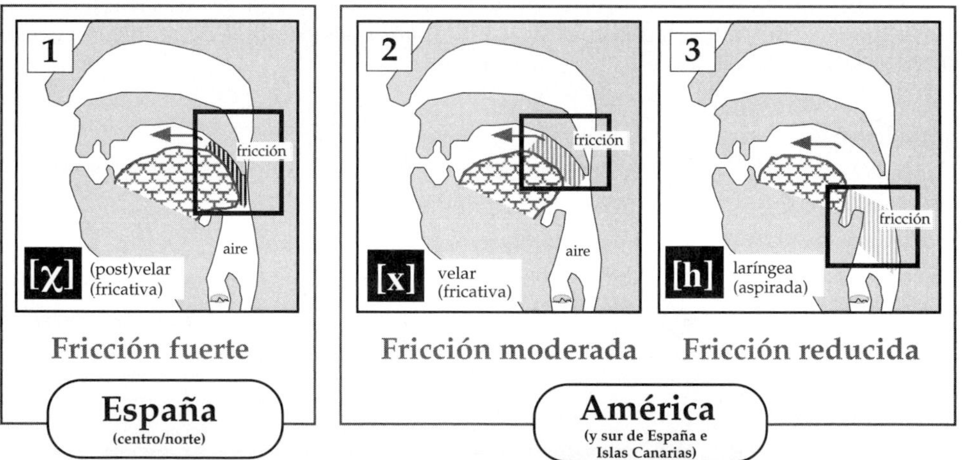

Fig. 15.8. La jota y sus tres realizaciones principales.

[3] Esta representación con [x] intenta simplificar la variable aspiración y fricción, donde la variante con [x^h] suele ser la más frecuente en el continuum de la /x/.

 *www.wiley.com/college/Schwegler*
→ *Listen to speech samples* → *Cap. 15*
→ *"Tres realizaciones de la jota"*

La jota española (cuadro 1) es un sonido velar fricativo tenso y más posterior que la [x] con fricción moderada de Latinoamérica, del sur de España y de las Islas Canarias (cuadros 2 y 3). Tanto en [χ] como en la [x], el dorso de la lengua mantiene cierta tensión. Esto es contrario a lo que ocurre con la [h] aspirada (cuadro 3), en la cual la lengua está en una posición más relajada y más alejada del velo.

Contrario a lo que ocurre con la aspiración y pérdida de la /-s/ implosiva (cp. [ˈe^{h}ta^{h} ˈkasa^{h}] y [ˈeøta ˈkasaø] = estas casas), la variable pronunciación de la jota (con o sin aspiración, y con o sin mucha fricción) no se asocia con distintos estratos socioeconómicos o educativos.

15.4.1. *Problemas ortográficos con /x/*

Delante de "a, o, u", el sonido /x/ siempre se representa con la letra "j": *jamás, ajo, jota, dijo, jugo, ajustar.* En muy pocos casos, /x/ también se representa con "x" (cp. *Xavier,* también deletreado *Javier*).

Ante las vocales "e, i", la situación es más complicada ya que no hay reglas ortográficas fijas para aprender la ortografía de palabras como las que aparecen en las listas a continuación, por lo que recomendamos su progresiva memorización. Como explicamos en el apartado 12.5 del Capítulo 12, la grafía de "g + e, i" = /x/ + /e, i/ en casos como *general* y *agitar* alterna con la ortografía "j" en *jirafa* y *jefe*. La distinción entre "g" + /e, i/ y "j" + /e, i/ se ha venido manteniendo por razones etimológicas (su origen latino) y no fonéticas. Así se conservó la "g" en palabras que la tenían en latín (*gemelo* < Lat. *gemellu(m)*), y se puso "j" en las que no la tenían originalmente (*mujer* < *muliere(m)*).

CON "JOTA"		CON "G"	
jefe	jeringa	gemelos	germano
Jesús	jerarquía	gesto	emergencia
jinete	Jiménez	Egipto	gigante
ajo	jirafa	gira	agente
extranjero	eje	gente	ginecólogo
traje	ají / ajíes (pl.)	ángel	proteger

Es importante tratar también casos como *México, Texas, oaxaqueño, Xavier, Mexía*, etc., en su mayoría topónimos (nombres de lugares) junto con algunos nombres y apellidos, porque añaden una complicación más a la representación ortográfica del sonido /x/. En todos ellos se pronuncia [**x**]: [ˈme**x**iko], [ˈte**x**as], [wa**x**aˈkeɲo], [**x**aˈβi̯er], [meˈ**x**ia]. Esto va en contra de la práctica ortográfica general, según la cual la "x" intervocálica representa el sonido [**ks**]; cp. *taxi* [ˈta**ks**i], *éxito* [ˈe**ks**ito], *sexy* [ˈse**ks**i]. Por tanto, es importante que el estudiante articule *mexicano, texano* y los señalados más arriba con [x] y no con [ks].

Resumen

Este capítulo ha analizado tres **fricativas sordas**: la /f/ labiodental, la /s/ alveolar y la /x/ velar. De estas, la **sibilante** /s/ tiene las realizaciones alofónicas más complejas. En español, es siempre correcto realizar la /s/ como fricativa *sorda* [s]. Condicionada por la presencia de una consonante *sonora,* la variante [z] sonora es libre (cp. *mismo* = ['mi**s**mo] o ['mi**z**mo]). Contrario a lo que ocurre en inglés (cp. ingl. *sap* = sordo vs. *zap* = sonoro), el sonido [z] jamás es contrastivo en español.

La manifestación fonética de la fricativa alveolar /s/ varía mucho de acuerdo con las regiones del mundo hispánico. En América, la mayoría de los hispanohablantes utiliza como alófono principal el sonido sordo [s], que corresponde al alófono [s] del inglés americano. En su producción, el ápice de la lengua se apoya contra los dientes inferiores; y la fricción —el ligero silbato— se produce con el **predorso** de la lengua cuando esta entra en ligero contacto con los alvéolos. Esta [s] "americana" se llama **"s" predorsal.**

La segunda variante principal de la /s/ sorda es la **"s" ápico-alveolar "española"**, transcrita [s̺]. Es típica de la Península, pero no es general en España (en Andalucía y Canarias se usa la [s] predorsal). La **"s" ápico-alveolar** no se encuentra en el español de América. Allí, al igual que en Andalucía y Las Canarias, domina la [s] predorsal.

El fonema /s/ puede estar representado por la letra "s" ante cualquier vocal: *sí, sé, casa, sopa, asustar.* Asimismo, el fonema /s/ también está representado por la letra "c"+ /e, i/ en *cena* y *cine*, por "-z" en palabras como *paz* y *vez,* y por "z"+ /a, o, u/ en *zapato, zorro* y *zumo.* Como regla general puede decirse que **no existe el grupo "z" + /e, i/** en español, salvo en una mínima cantidad de extranjerismos (cp. *zigzaguear, zíper*), ya que en este entorno se emplea la letra "c" (cp. *goce* frente a *gozo*). Quienes realizan palabras como *sopa, cena, cine, zorro* y *zumo* con [s] son hablantes seseantes. Ellos jamás utilizan el sonido [θ]. Parte del sur de España (Mapa 15.1), las Islas Canarias y toda Latinoamérica son seseantes.

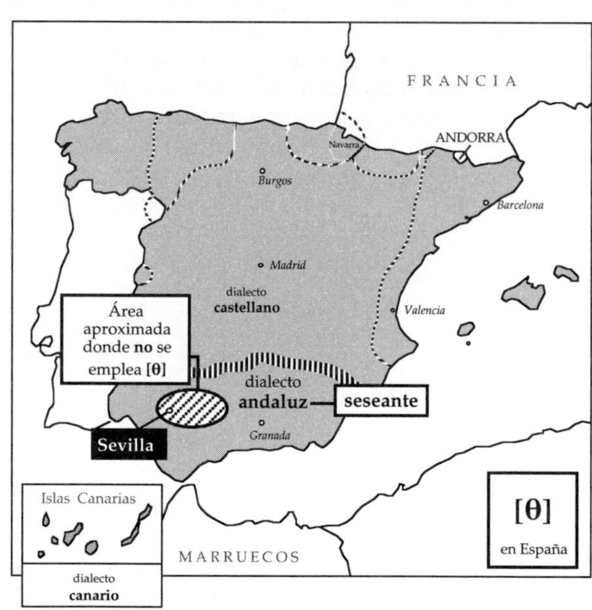

Mapa 15.1. El seseo en España.

Observe que el área general de Sevilla es una zona que no suele emplear la [θ] (lo mismo ocurre en las Islas Canarias).

Fuera del área sevillana, en Andalucía es general el seseo, aunque también se alterna libremente con la interdental [θ]. Muchos andaluces por lo tanto pronuncian cerveza de dos maneras: [ser'βesa] y [θer'βeθa].

En contraste, en muchas regiones de España el fonema inicial de los grupos ortográficos "ci" (*cigarro*), "ce" (*acertar*), "za" (*zapato*), "zo" (*gozo*) y "zu" (*azul*) tiene una articulación fricativa interdental sorda [**θ**]. Así, la existencia de este sonido en el español peninsular permite establecer pares mínimos sobre la base del contraste entre /s/ y /θ/; cp. *casa* [ˈkasa] 'house' vs. *caza* [ˈka**θ**a] 'hunt'.

Los anglohablantes se enfrentan a dos problemas con el fonema /s/. Por un lado, transfieren la sonoridad de la "s" intervocálica del inglés al español, produciendo así **pre[z]idente* en vez de *pre[s]idente*. Por el otro, confunden sonidos con letras, lo cual los lleva a transcribir la letra "z" con el sonido [z] en *Martínez*, cuya articulación es [maɾˈtine**s**] y **no** *[maɾˈtine**z**].

Con respecto a la realización alofónica del fonema /x/, hemos dicho que esta varía considerablemente en el mundo hispánico. Transcrita [χ], la jota **peninsular** (centro y norte) suele ser un sonido (post)velar fuertemente fricativo y muy posterior. La jota **hispanoamericana** es generalmente velar con grados moderados de fricción, lo que puede dar resultados como [ˈxota], [ˈ**x**^{h}ota] o [ˈ**h**ota] (las últimas dos variantes se articulan con aspiración).

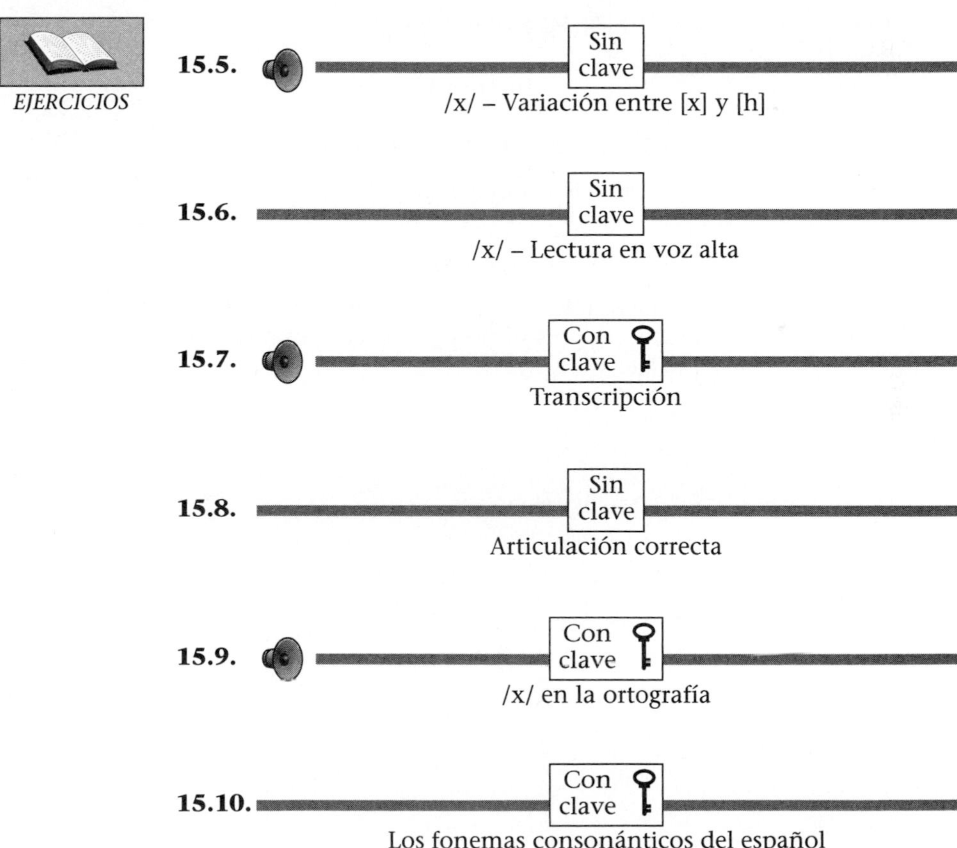

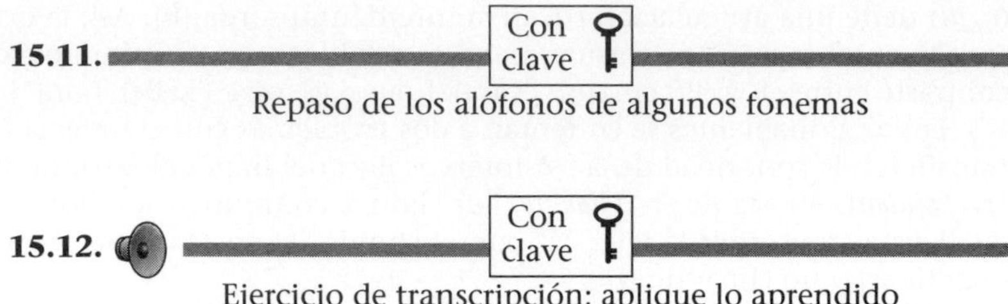

15.11. Con clave

Repaso de los alófonos de algunos fonemas

15.12. Con clave

Ejercicio de transcripción: aplique lo aprendido

EXAMEN DE PRÁCTICA 5 (CAPS. 10–15)

www.wiley.com/college/Schwegler
→ "Practice exams"

<u>Claves en</u>:

www.wiley.com/college/Schwegler
→ Practice exams → "Keys to practice exams"

Capítulo 16

La entonación

16.1. Introducción

Al escuchar una oración, uno percibe algo más que el simple conjunto de consonantes y vocales. El acento prosódico de las palabras, así como los acentos que dan énfasis a determinados fragmentos de la oración entera, son elementos adicionales que típicamente se perciben en el discurso oral. Asimismo, el habla va acompañada de una serie regular de ritmos, cambios de volumen y tono, propios todos de las frases declarativas, interrogativas o exclamativas. La melodía resultante incluye, pues, efectos de **volumen**, de **tono**, de **duración** y de **ritmo**. A este conjunto de efectos audibles le damos el nombre general de **rasgos suprasegmentales**.

> **Definición de SUPRASEGMENTOS**
>
> Los *suprasegmentos* son aquellos fenómenos que afectan a más de un fonema y que no pueden segmentarse en unidades menores. El **acento prosódico**, la **entonación** y el **ritmo** son todos rasgos suprasegmentales.

Uno de estos rasgos suprasegmentales es el **acento prosódico** (ingl. 'stress'), también denominado **acento espiratorio**, **acento fonético**, **acento primario** o simplemente **acento** (Cap. 1). Como ya sabemos (Cap. 9 "Fonemas y alófonos"), el acento prosódico juega un papel esencial en el significado de algunos vocablos españoles, por lo que tiene el estatus de fonema. Nótese cómo, en los tres ejemplos contrastivos a continuación, el acento es el único rasgo diferenciador:

límite	'(the) limit'
limite	'(that) he/she limits'
limité	'I limited'

En inglés, la tendencia general es acentuar las palabras de dos sílabas en su segmento *inicial* (cp. *garden, omen, Susy*). Por lo tanto, el acento primario va en la primera sílaba y el acento secundario en la segunda. En español suele ocurrir lo contrario ya que, por lo general, la última o la penúltima sílaba recibe el mayor peso acentual. En inglés, el acento prosódico es tan sobresaliente en la sílaba acentuada que el volumen suele ser más alto. Además, la sílaba acentuada presenta mayor duración que las demás sílabas (inacentuadas) que se debilitan notablemente, causando así un aglutinamiento relajado que reduce la claridad de las vocales. Esta reducción típicamente se manifiesta en la conversión de cualquier vocal inacentuada en **schwa** (Caps. 5–6).

En contraste, las vocales del español conservan su claridad aun cuando no lleven acento primario. Además, y esto es importante para los alumnos americanos, ha de notarse que, por lo menos dentro del grupo fónico, **el acento de las palabras no va acompañado de la elevación del volumen** que suele acompañar a las vocales acentuadas en inglés. Lo que parece cambiar en español es que el tono sube y baja en función de que la sílaba lleve o no acento. Por tanto, el acento primario hace resaltar una sílaba dentro de una palabra. En este capítulo queremos estudiar cómo los hablantes nativos del español elevan y bajan su voz en la cadena hablada. En la lengua hablada, existen varios tipos de ascensos y descensos en el tono de la voz, y el conjunto de tales variaciones es lo que llamamos **entonación**. Acabamos de ver arriba que un factor que puede influir en la entonación es el **acento espiratorio**, que suele producir un ascenso de voz en inglés pero no en español. Otro factor que determina el nivel de la voz es el **tono**, o sea la frecuencia alta o baja de vibraciones (del aire) causadas por las cuerdas vocales al producirse un sonido.

Este capítulo presenta los principales rasgos suprasegmentales del español. Examinaremos primero cómo terminan las oraciones en español desde el punto de vista del tono.

16.2. Tipos de entonación final

Hay tres maneras básicas de terminar una oración en español, es decir, tres formas de pasar de la comunicación al silencio (pausa).

1. El tono desciende al final (indicado con "↓").
2. El tono se eleva al final (indicado con "↑").
3. El tono ni sube ni baja (indicado con "→").

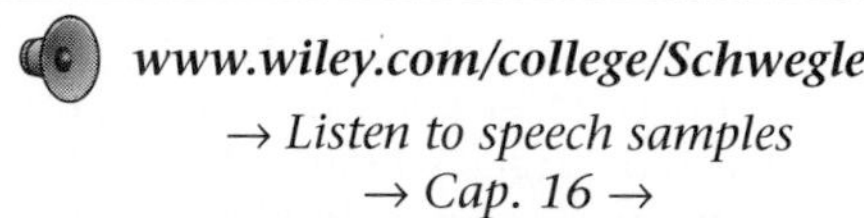

www.wiley.com/college/Schwegler
→ Listen to speech samples
→ Cap. 16 →
"Tipos de entonación final"

El tono **desciende** o cae al final de las oraciones declarativas[1] y de las interrogativas que comienzan con pronombres del tipo *cuándo, cómo, quién, cuánto, qué,* etc. Este descenso se produce durante la pronunciación de la última sílaba tónica. El descenso continúa hasta que se termina de hablar.

a. Oraciones declarativas:	*Nosotros estudiamos mucho.*	(↓)
b. Oraciones interrogativas:	*¿Cuándo viene el maestro?*	(↓)
	¿De dónde son ustedes?	(↓)

El tono **se eleva** al final de las preguntas que requieren una contestación de "sí" o "no". Tales preguntas se llaman "preguntas absolutas". El tono sube durante la pronunciación de la última sílaba tónica y sigue subiendo hasta que se deja de hablar:

¿Tienes hambre, mi hijito? (↑)
¿Le puedo ayudar con algo? (↑)

El tono **continúa inalterado** (ni sube ni baja) durante la pronunciación de la última sílaba tónica y se mantiene al mismo nivel hasta el final de la intervención. Este tono suspendido le señala al oyente que sigue algo más, es decir, que su locución está incompleta, como en las interrupciones breves de la cadena hablada. Ejemplo:

Estela vino a la fiesta, (→) trajo los tamales y el pan dulce, (→) y también preparó una olla grande de chocolate. (↓)

Todo este conjunto de cambios tonales ocurre en posición final del grupo fónico y, por tanto, se denominan "**entornos terminales**".

16.3. El tono en la oración

La frecuencia de las ondas sonoras (**tono**) depende de la tensión de las cuerdas vocales. Cuanta más tensión experimenten, más rápidas resultan las vibraciones de las ondas y, por lo tanto, más alto es el tono.

En el habla normal, **el hispanohablante utiliza esencialmente TRES niveles de tono: 1. bajo, 2. medio, 3. alto** (Fig. 16.1a). El tono 3 suele estar reservado para *corregir, contradecir* o pronunciar algo con *énfasis*, por lo que habitualmente el español solo usa dos tonos (1 y 2). Por su parte, **el anglohablante usa CUATRO TONOS**, esto es, añade a los anteriores el **altoenfático (#4)**, que presenta una tensión máxima

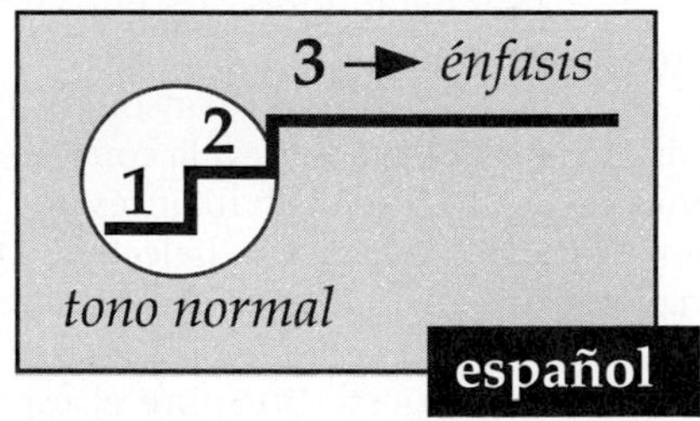

Fig. 16.1a. Los 3 niveles de tono del español.

Es importante que el estudiante no suba su tono más allá del nivel 3 aun cuando se trate de segmentos altamente ENFÁTICOS, dado que el nivel 3 es el tono máximo del español.

[1] Las oraciones declarativas suelen ser aquellas oraciones afirmativas o negativas que presentan un hecho, una afirmación, opinión, narración o descripción.

de las cuerdas vocales. Este tono está ausente del español, cuyo máximo, en casos de énfasis, es el 3.

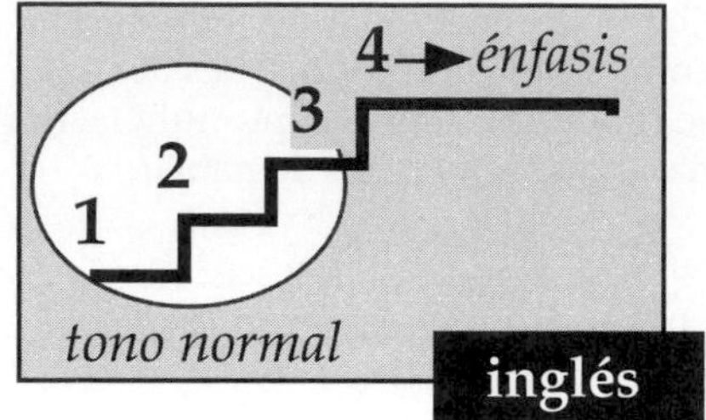

Fig. 16.1b. Los 4 niveles de tono del inglés.

Otro contraste tonal entre ambas lenguas, es que en inglés en el habla no enfática, tanto en preguntas absolutas como en afirmaciones, el tono sube al nivel 3 en la última sílaba tónica. Y si bien se reserva el nivel 4 para el habla enfática, es más frecuente su uso contrastivo con los otros tonos para crear efectos comunicativos, que el uso del tono 3 en español. En este sentido, es natural entender que para el oído de un anglohablante, el tono del español suene más "plano" y hasta cierto punto más monótono.

Naturalmente, se considera el tono de forma relativa y no absoluta para indicar sus elevaciones y descensos. La variación reside en muchos casos en diferencias entre el habla particular de cada individuo, en su actitud y estado emocional, en diferencias de edad y sexo, o en el registro y nivel de formalidad de la interacción.

Como veremos en las siguientes secciones, los distintos patrones de entonación se corresponden a distintos tipos de enunciados, y pueden aprenderse con relativa facilidad. Sin embargo, habrá que considerar estas pautas de entonación como una mínima parte de la entonación total, la cual, en realidad, es mucho más compleja de lo que se expondrá a continuación. Recuerde también que con los términos "tono bajo", "tono mediano" y "tono alto" no nos referimos al volumen de la voz, sino a la **altura del tono**.

16.3.1. *El tono al inicio de una oración*

En los países del mundo hispánico y dentro de las diferentes regiones de cada país, encontramos una mayor variación en la entonación (o prosodia), que en la pronunciación de los sonidos consonánticos y vocálicos. En muchas regiones de habla hispana la prosodia se revela como el rasgo dialectal más diferenciado y, por lo mismo, más unificador de los hablantes que forman parte de cada comunidad. Por ejemplo, en Venezuela, el espacio dialectal de la franja costera caribeña (Mapa 16.1) se caracteriza por un peculiar *cantaíto*. Tal *cantaíto* resulta ser un fenómeno complejo en el que se juntan la *curva* (o el *recorrido*) *tonal* y la *duración silábica* en un todo indisociable. En un interesante estudio sobre el español de Venezuela, Álvarez, Obediente y Rojas (2009) llaman "entonación" a esta combinación de *duración silábica* + *recorrido tonal*. La entonación es, por tanto, "una compleja realidad acústica que da origen a un ritmo determinado, que es lo que se percibe como el tonillo propio de cada variedad dialectal" (Álvarez, Obediente y Rojas 2009).

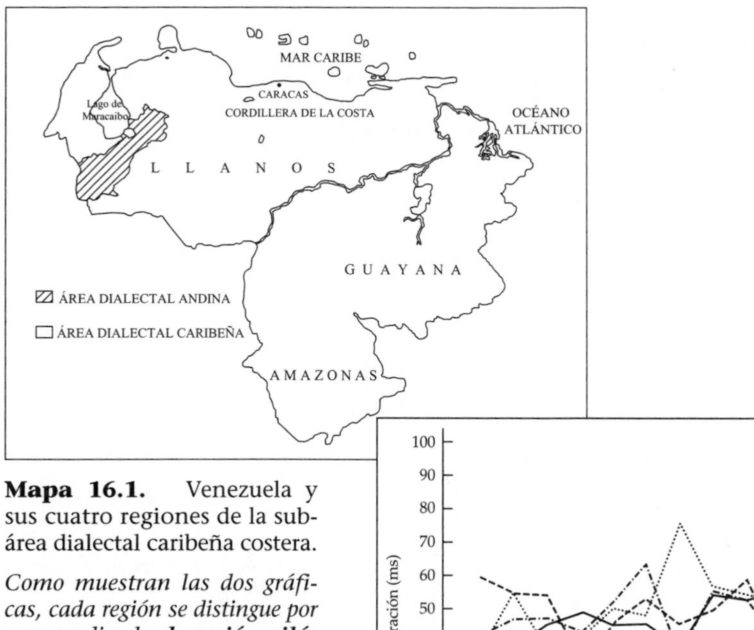

Mapa 16.1. Venezuela y sus cuatro regiones de la subárea dialectal caribeña costera.

Como muestran las dos gráficas, cada región se distingue por una media de ***duración silábica*** *y* ***curva entonacional****, lo que contribuye al carácter individual de cada uno de sus dialectos. La combinación de estos dos rasgos contribuye al peculiar "cantaíto" de los dialectos en cuestión.*

En su estudio, Álvarez, Obediente y Rojas (2009) usaron un enunciado muestra que contiene 13 sílabas, por lo que se midieron la duración y la curva entonacional de 13 vocales.

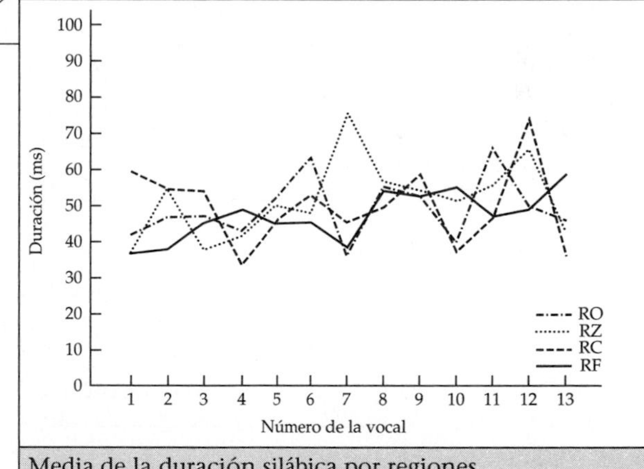

Media de la duración silábica por regiones

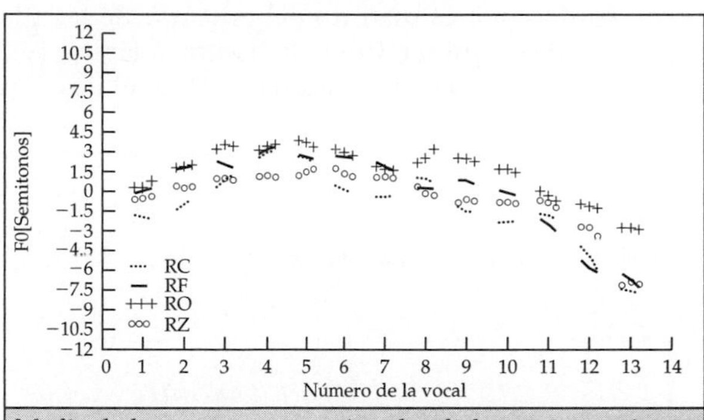

Media de las curvas entonacionales de las cuatro regiones caribeñas de Venezuela

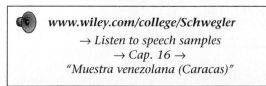

www.wiley.com/college/Schwegler
→ Listen to speech samples
→ Cap. 16 →
"Muestra venezolana (Caracas)"

En cualquier parte del mundo hispánico, la entonación de sílabas **iniciales no acentuadas** se articula con un tono más bajo que el normal; este tono asciende después a un tono medio en cuanto se pronuncia la primera sílaba tónica (cp. Fig. 16.2).

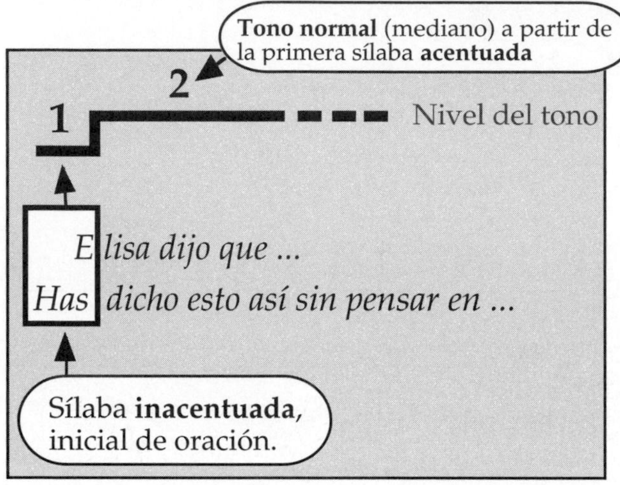

Fig. 16.2. Tono bajo de sílabas inacentuadas al INICIO de oraciones.

Una oración empieza con el nivel 1 cuando la primera sílaba no lleva un acento primario. Este es el patrón más común del español.

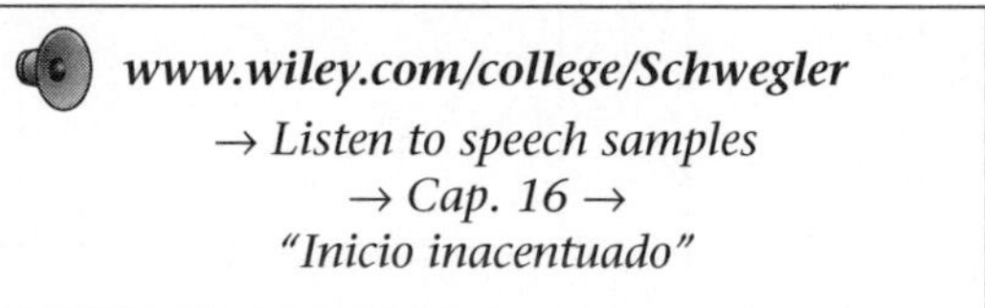

Las oraciones que empiezan con una sílaba **acentuada** se caracterizan por un entorno tónico que es distinto del entorno de las sílabas **iniciales inacentuadas** que acabamos de examinar. Como lo ilustra la Figura 16.3, el tono normal en sílabas **acentuadas** al principio de la oración es del nivel dos.

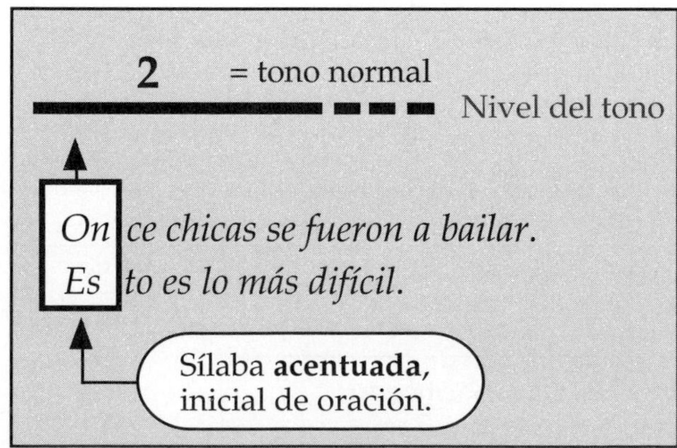

Fig. 16.3. El tono normal (mediano) de sílabas ACENTUADAS iniciales de oraciones.

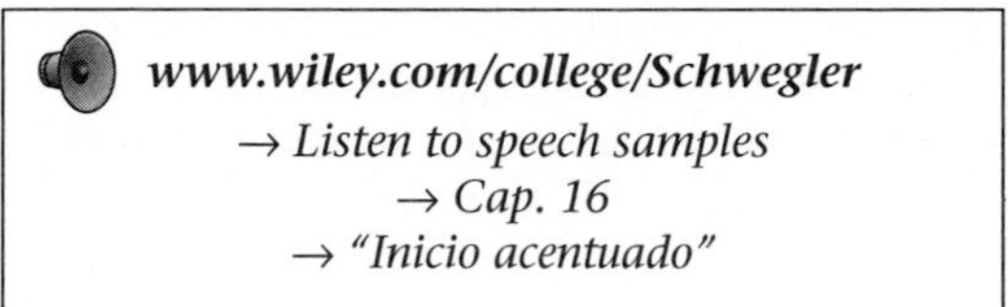

Luego, a partir de la primera sílaba acentuada varían los esquemas de la forma expuesta a continuación.

16.3.2. *El tono en el interior de una oración*

Enunciados declarativos: a partir de la primera sílaba acentuada, todas las sílabas (acentuadas o no) se entonan con un tono normal; la última acentuada desciende y un poco más la siguiente o siguientes. El esquema forma una línea horizontal con brusca caída hacia el final de la oración (Fig. 16.4).

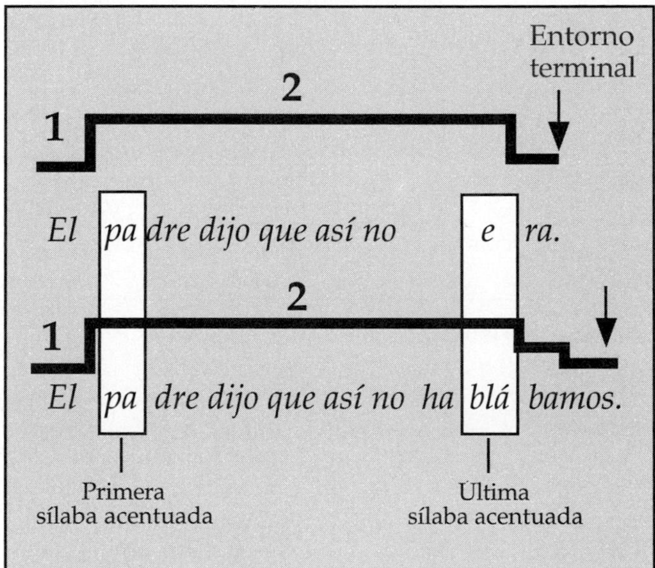

Fig. 16.4. El ascenso y descenso del tono en enunciados declarativos.

La última sílaba acentuada desciende y un poco más la siguiente o las siguientes.

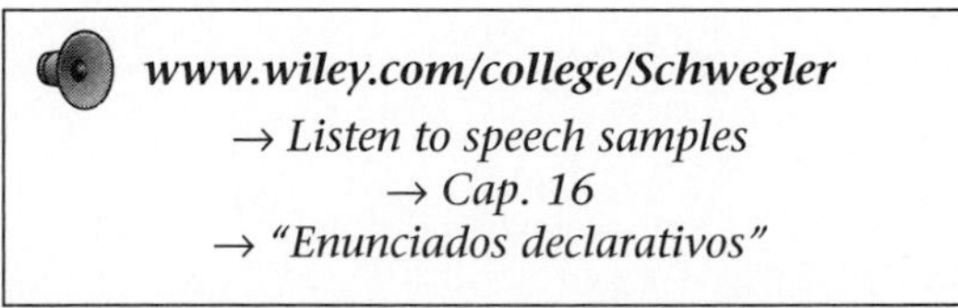

Enunciados interrogativos: la primera sílaba acentuada se alza algo sobre el tono normal; las siguientes forman una escala ligeramente descendente; la última sílaba acentuada vuelve a elevarse. El esquema forma una línea inclinada con ascenso en el segmento final (Fig. 16.5a).

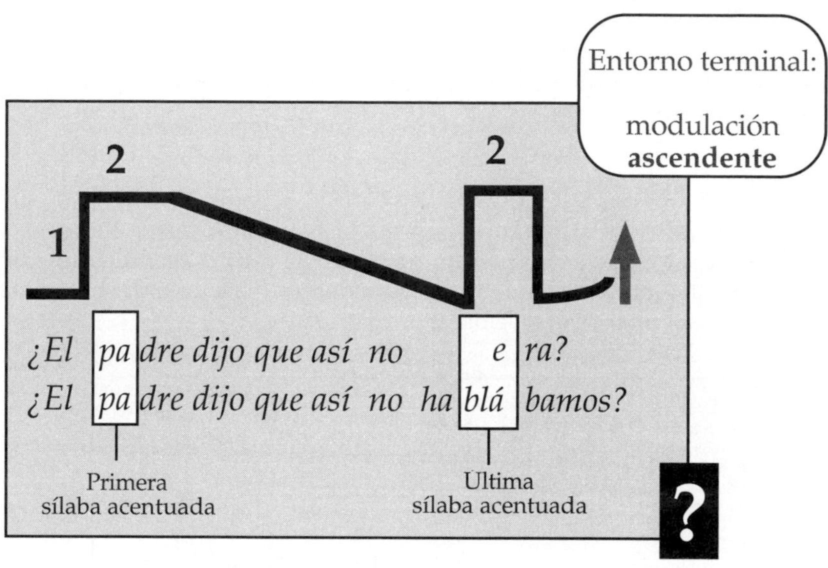

Fig. 16.5a. Entonación interrogativa.

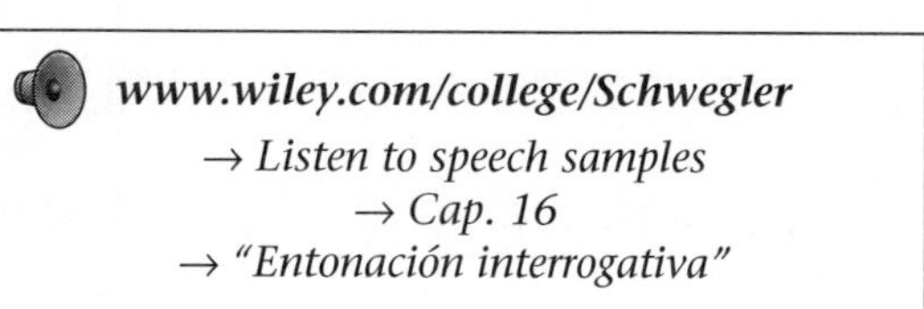

Enunciados exclamativos: al contrario de la interrogativa, que eleva la última sílaba y le da modulación *ascendente*, la exclamativa alza la última sílaba acentuada y le da modulación *descendente*. Por lo tanto, el esquema toma un entorno terminal con descenso al final (Fig. 16.5b).

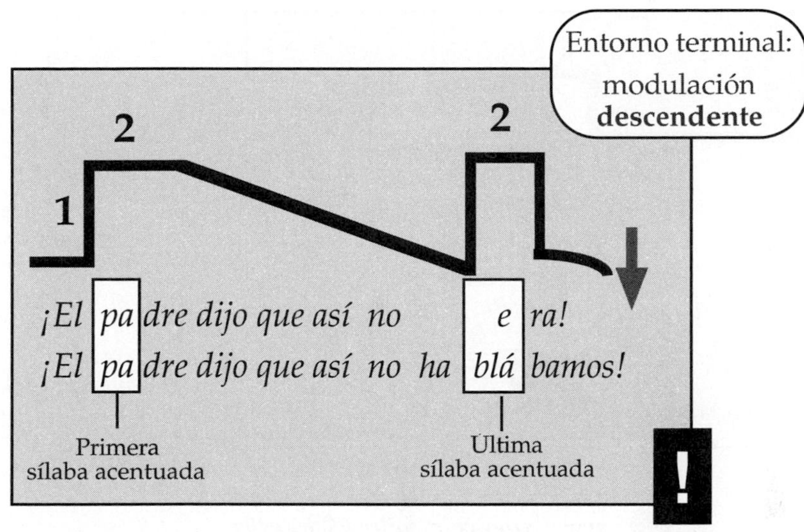

Fig. 16.5b. Entonación exclamativa.

Nótese que la curva de entonación exclamativa es similar a la interrogativa excepto que el entorno terminal es ***descendente****.*

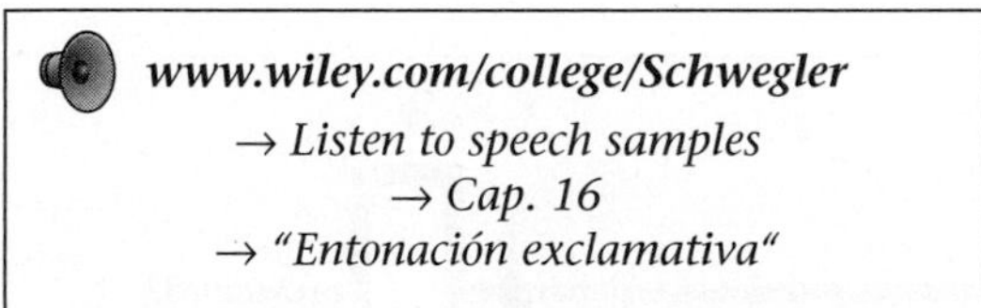

Oraciones enfáticas: en las oraciones enfáticas, la voz sube en la sílaba tónica de la palabra enfatizada. Este ascenso puede alcanzar hasta el tono del nivel tres (Fig. 16.6a–b).

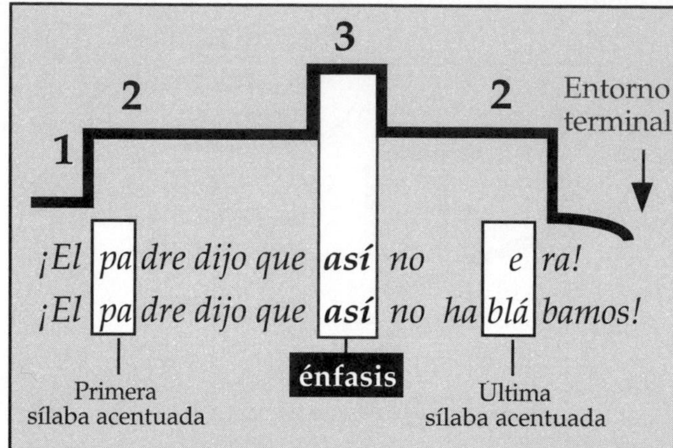

Fig. 16.6a. En casos de énfasis, el tono puede subir hasta el nivel 3.

Compárese esta figura con la siguiente, donde el énfasis cae en la partícula negativa "no" en lugar de "así".

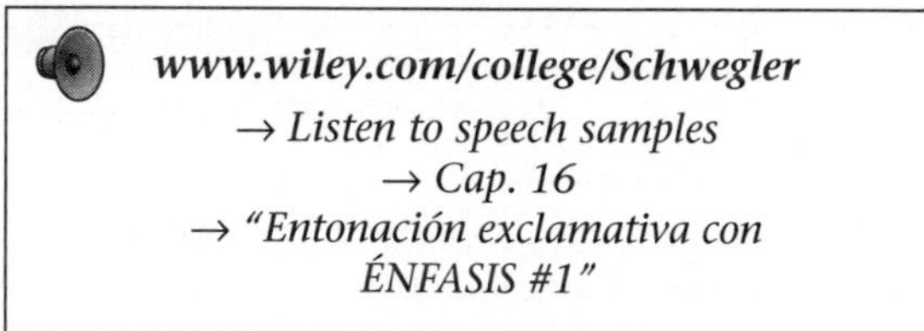

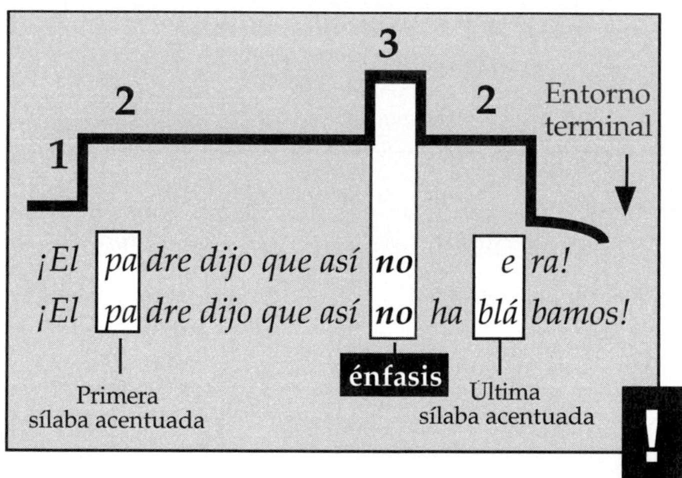

Fig. 16.6b. Oración con énfasis en *no* en vez de en *así*.

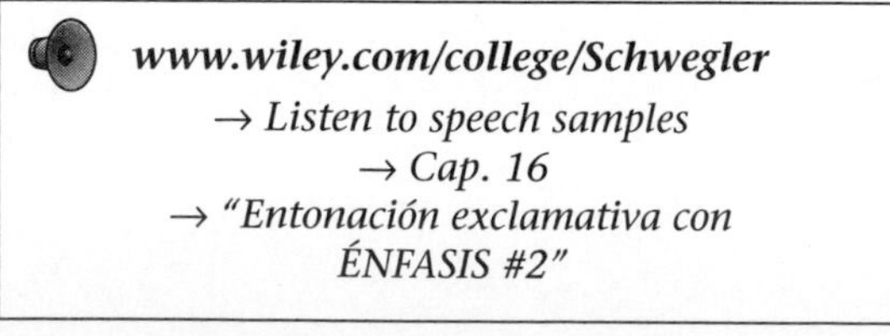

Resumen

La melodía de la lengua hablada incluye efectos de volumen, de tono, de duración, de ritmo, etc. Este conjunto de efectos audibles se llama **rasgos suprasegmentales** e incluye, entre otros, el **acento prosódico** (también llamado **acento "espiratorio"**, **"primario"** o **"fonético"**). En español, el acento tiene funcionalidad fonemática, ya que sirve para distinguir pares mínimos (cp. *límite, limite, limité*).

Dentro del grupo fónico, **el acento de intensidad de las palabras NO va acompañado de la fuerte elevación del tono** que suele acompañar a las vocales acentuadas inglesas. Además, las vocales tónicas se alargan mucho menos que las tónicas del inglés.

Hay **tres** maneras básicas de terminar una oración en español: descenso "↓", ascenso "↑" y mantenimiento "→" del tono en posición final de la oración. Las oraciones declarativas y las preguntas que comienzan con pronombres interrogativos (por ej., *cuándo, cómo*) tienen un tono que baja o cae al final. Las preguntas que requieren una respuesta de "sí" o "no" tienen un tono ascendente. El tono neutro (i.e., "→") está reservado para señalarle al oyente que sigue algo más.

La frecuencia de las ondas sonoras (**tono**) depende de la tensión de las cuerdas vocales. Cuanta más tensión tengan, más rápidas resultan las vibraciones de las ondas y, por lo tanto, el tono es más alto. **En español se emplean, esencialmente, TRES niveles de tono: 1. bajo, 2. medio y 3. alto**, mientras que **en inglés se usan** CUATRO (recuérdese que el cuarto es el altoenfático, inexistente en español).

La entonación varía mucho más que la pronunciación de los sonidos en los países del mundo hispánico y son, a menudo, las variaciones entonativas las que permiten distinguir con relativa facilidad entre ciertos dialectos. Así, el español andino del Ecuador o Perú —en contacto desde hace siglos con lenguas indígenas como el quechua— tiene una curva de entonación que difícilmente se podría confundir con la del español caribeño, por ejemplo. A pesar de estas diferencias, puede decirse, sin embargo, que en cualquier parte del mundo hispánico, la entonación de sílabas iniciales no acentuadas se articula con un tono más bajo que el tono normal de la frase. En cuanto al tono en el interior de una oración hemos notado que, en términos generales, se presentan las curvas de entonación ejemplificadas en las Figuras 16.4–16.6b arriba.

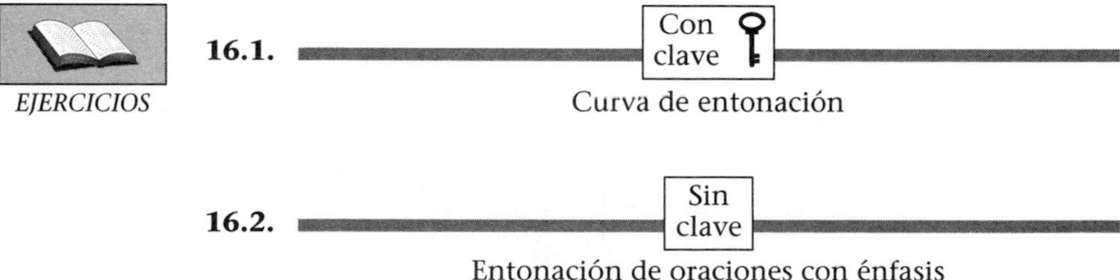

Nota para el profesor

*Recomendamos que, al completar esta lección, el profesor asigne la lectura de "**El acento ortográfico**", junto con los ejercicios que la acompañan. Estos materiales están disponibles en:*

www.wiley.com/college/Schwegler
→ Materiales suplementarios → "El acento ortográfico"

Capítulo 17

El sistema vocálico del inglés

17.1. Introducción

El sistema vocálico del inglés es más complejo que el del español. Las vocales del inglés varían considerablemente según la procedencia geográfica de cada hablante. Por ejemplo, en Estados Unidos entre distintas regiones hay variación en la articulación de las vocales subrayadas de *car, she* y *music*. En español, en cambio, los cambios vocálicos a nivel dialectal son relativamente insignificantes, aun cuando estas zonas estén muy apartadas geográficamente.[1] Así, prácticamente todas las áreas de habla española tienen un sistema básico de cinco fonemas vocálicos (/i, e, a, o, u/),

[1] En el español en contacto con otras lenguas se producen, a veces, variaciones vocálicas más significativas, aunque, como hemos señalado, mucho menores que la variación dialectal del inglés o del alemán. Entre otras, en la zona andina de Ecuador y Bolivia, el contacto entre el quechua y español ha llevado a la reducción de algunas vocales, sobre todo entre algunos hablantes bilingües quienes favorecen un sistema de solo tres vocales, i.e., /i/, /a/, /u/. Asimismo, en el español de Galicia y Asturias encontramos tendencias a cerrar las vocales finales: por ej. /-o/ > [-u].

que suelen mantener su calidad en todos los contextos fonéticos. Por tanto, una /a/ se articula [a] tanto cuando es tónica como cuando es átona.[2]

En este capítulo, la presentación del sistema vocálico del inglés se hará de manera muy simplificada, introduciendo solo datos y conceptos básicos para una comparación entre los sistemas vocálicos del inglés y español. Naturalmente, nos interesan ante todo aquellos rasgos que causan interferencia (= acento extranjero) en el español de estudiantes principiantes.

17.2. Las vocales del inglés: contraste con las vocales del español

En la Figura 17.1 contrastamos algunos pares mínimos en inglés para mostrarle al estudiante cuáles son los fonemas vocálicos del inglés. En particular notará los símbolos especiales de algunos de los fonemas (i.e., /ʊ/, /ʌ/, /æ/, etc.) inexistentes en español. Para una demostración acústica y gráfica de las vocales en cuestión, el estudiante podrá visitar la página web de la Universidad de Iowa:

www.uiowa.edu/~acadtech/phonetics/
[American English → vowels → monophthongs → diphthongs]
(Note que esta página *no* es nuestra.)

[2] Es cierto que en español la *duración* (pero no la calidad) de las vocales puede variar algo, de acuerdo tanto a criterios acentuales (son más largas las vocales acentuadas que las inacentuadas), como dialectales (las vocales suelen ser más breves en las Tierras Altas de Latinoamérica; véase Cap. 20). Por contraste a la duración, el punto de articulación (posición de la lengua) es esencialmente constante en las vocales de todo el mundo hispánico.

Pares contrastivos	Fonema		Alófono[3]	Ejemplos adicionales
		VOCAL		
beat	/i/	**larga**	[i] o [ii̯][4]	*beat, kneel, reed*
bit	/ɪ/	breve	[ɪ]	*lid, it, fiddle, fin*
bait	/e/	**larga**	[ei̯]	*wait, wade, made, maid*
bet	/ɛ/	breve	[ɛ]	*met, said, when*
bat	/æ/	breve	[æ]	*mat, mad, fan, clad*
but	/ʌ/	breve	[ʌ]	*putt, cut, nut, butter*
sofa (contrasta con *Sophy*)	/ə/	breve	[ə]	*ago, sofa, hinted, banana*
sow	/o/	**larga**	[ou̯]	*coat, rode, lonely, bone*
saw	/ɔ/	breve	[ɔ]	*wrong, song, gone*
farther (contrasta con *further*)	/a/	breve	[a]	*father, bother, bought, hospital*
boot	/u/	**larga**	[u] o [uu̯]	*moon, rude, soothe, mood*
book	/ʊ/	breve	[ʊ]	*good, would, should, put*

Fig. 17.1. Algunos fonemas y alófonos vocálicos del inglés americano.[5]

El sistema fonemático del inglés se caracteriza por tener vocales BREVES *y vocales* LARGAS *(en su mayoría, diptongos). Esta distinción está basada en la mayor duración de /i, e, o, u/ frente a las demás vocales; una distinción "larga – breve" que no existe en español. Por razones que examinaremos en las próximas páginas, la transferencia de esta distinción al español por parte de hablantes americanos causa un fuerte acento extranjero, por lo que debería evitarse. Véase también la Figura 17.2.*

[3] En esta figura solo presentamos los alófonos que son de interés en nuestra breve discusión sobre los contrastes entre vocales inglesas y españolas.

[4] Como en los demás ejemplos, la articulación exacta varía según el dialecto. Así, [bit] *beat* es más típico de los dialectos del oeste de los EE.UU., mientras que [bii̯t] es característico de muchos dialectos del sur.

[5] Los ejemplos de esta figura ilustran la articulación del oeste de los Estados Unidos; así *bought* está transcrito con [a] (cp. [bat], articulación californiana). *Bought* [bɔt] con [ɔ] abierta sería una pronunciación más bien bostoniana.

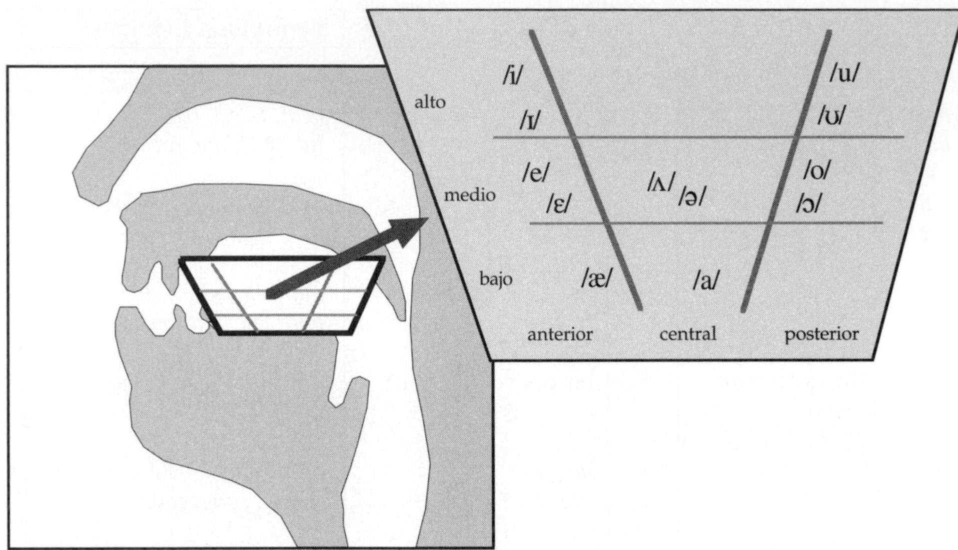

Fig. 17.2. El triángulo vocálico del inglés americano.

Como puede desprenderse de la columna de símbolos fonéticos en la Figura 17.1, la primera diferencia obvia entre el español y el inglés es que este último tiene más fonemas vocálicos que el español (solo 5: /a, e, i, o, u/), y algunos de esos sonidos están ausentes del repertorio fonemático del español. Además, se observará que una característica de las vocales tónicas largas /i/ y /u/ es que suelen articularse como diptongos decrecientes [ii̯] y [uu̯], así: [bii̯t] *beat* y [buu̯t] *boot*. Asimismo, **las vocales largas /e/ y /o/ del inglés van acompañadas obligatoriamente de un diptongo DECRECIENTE**: [bei̯t] *bait*, [bou̯t] *boat*. Esto es un punto central para comprender por qué algunos estudiantes de habla inglesa generalmente tienen un fuerte acento extranjero al pronunciar la /e/ y /o/ españolas (cp. *yo sé eso* → *[ʝ̞ou̯sei̯ ˈesou̯] en vez de [ʝ̞o se ˈeso]). Para facilitar la comprensión de este punto clave, repetimos en la Figura 17.3 una vez más aquellos ejemplos de la Figura 17.1 donde hay contraste en las vocales largas:

LAS CUATRO VOCALES LARGAS DEL INGLÉS

Ejemplos contrastivos	Fonema	Alófono	Ejemplos adicionales
		Variantes dialect.	
beat	/i/	[ii̯] o [i]	*seat, kneel, reed*
bait	/e/	[ei̯]	*wait, wade, made, maid*
boat	/o/	[ou̯]	*rode, lonely, bone*
boot	/u/	[uu̯] o [u]	*rude, soothe, mood*
		Diptongos decrecientes	

Fig. 17.3. Vocales largas del inglés.

En inglés, las vocales largas /e, o/ se diptongan; por ejemplo, "boat" /o/ = [bou̯t], y, según el dialecto, puede ocurrir lo mismo en las largas /i, u/, cp. "me too" = [mii̯ tuu̯].

La manifestación fonética de estas vocales largas consiste en una vocal nuclear relajada y larga. Esta vocal nuclear se convierte en un diptongo decreciente, sobre todo en /e/ y /o/ acentuados, cuya duración es similar a la de los diptongos **[ai̯]** y **[au̯]**:

		INICIO DE PALABRA		INTERIOR DE PALABRA		FINAL DE PALABRA	
[ai̯]	→	[ai̯l]	*isle*	[nai̯t]	*night*	[hai̯]	*hi*
[au̯]	→	[au̯t]	*out*	[bau̯t]	*bout*	[kau̯]	*cow*
[ei̯]	→	[ei̯t]	*eight*	[bei̯t]	*bait*	[mei̯]	*may*
[ou̯]	→	[ou̯t]	*oat*	[bou̯t]	*boat*	[lou̯]	*low*
[oi̯]	→	[oi̯l]	*oil*	[foi̯l]	*foil*	[boi̯l]	*boy*

En conclusión, puesto que, frente al inglés, la articulación de las vocales en español es siempre breve y los **fonemas** vocálicos son todos **monoptongos** (i.e., /i, e, a, o, u/), no es difícil prever los dos mayores problemas que pueden surgir en la pronunciación de vocales de un estudiante anglohablante principiante: (1) el alargamiento excesivo de vocales y (2) la diptongación de /e/ y /o/ (Fig. 17.4).

ARTICULACIÓN CORRECTA		ALARGAMIENTO EXCESIVO		DIPTONGACIÓN DE /e/ ~ /o/	
mucho	[ˈmu**t**ʃ**o**]	*[ˈm**u:**tʃo]	**muuucho*	*[ˈmutʃ**ou̯**]	**muchou*
luego	[ˈl**u̯e**ɣo]	*[ˈl**u:**eɣo]	**luueeego*	*[ˈlu̯eɣ**ou̯**]	**luegou*
hablé	[aˈβl**e**]			*[aˈβl**ei̯**]	**habley*
sé	[se]			*[s**ei̯**]	**sey*
		¡Evite esta pronunciación!			

Fig. 17.4. Alargamiento excesivo de vocales y diptongación de /e/ y /o/.

Inglés			Español		
EJEMPLOS	FONEMA	DURACIÓN	EJEMPLOS	FONEMA	DURACIÓN
beat	/i/	☞ LARGO			
bit	/ɪ/	breve	si	/i/	breve
bait	/e/	☞ LARGO			
bet	/ɛ/	breve	se	/e/	breve
ago	/ə/	breve			
sat	/æ/	breve			
father	/a/	breve	sal	/a/	breve
but	/ʌ/	breve			
sow	/o/	☞ LARGO			
saw	/ɔ/	breve	sol	/o/	breve
boot	/u/	☞ LARGO			
book	/ʊ/	breve	su	/ʊ/	breve

Fig. 17.5. Fonemas vocálicos del inglés y del español.

Comparando los principales fonemas del español con los del inglés (Fig. 17.4), vemos que hay tantas semejanzas como diferencias. Al contrastar, por ejemplo, las vocales /i/ e /ɪ/ del inglés (cp. *heat* [hit] y *sin* [sɪn]) con la /i/ del español (cp. *sin ti*), notamos que, auditivamente, los sonidos del inglés son semejantes. Pero si analizamos estos fonemas de cerca, podemos observar ciertas distinciones articulatorias que son de importancia para quienes quieran pronunciar el español de manera nativa. En cuanto a la diferencia entre ingl. [i:] (vocal larga) y esp. [i], la diferencia está en que **el alófono del *inglés* es mucho menos tenso, más largo y a menudo diptongado** (es decir, deslizado, ingl. /i/ = [ii̯] o [i:i̯], cp. *heat* = [hii̯t]). En contraste, las vocales del español son tensas, breves y simples, así que la vocal [i] en *sin ti* jamás se articularía con diptongo: *[sii̯n tii̯]. La vocal breve /ɪ/ del inglés, aunque comparable con la /i/ del español, por ser muy breve y no diptongada, se diferencia de la /i/ española en cuanto a su timbre (o calidad): la /ɪ/ del inglés se realiza con el alófono [ɪ] donde la lengua está en una posición ligeramente más baja que en la producción de la [i] del español (Fig. 17.6).

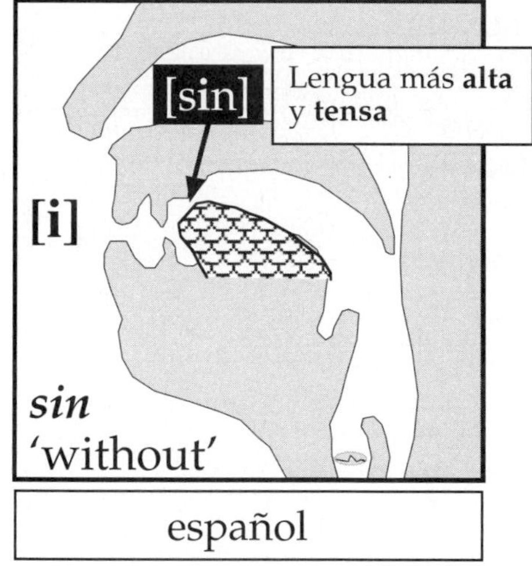

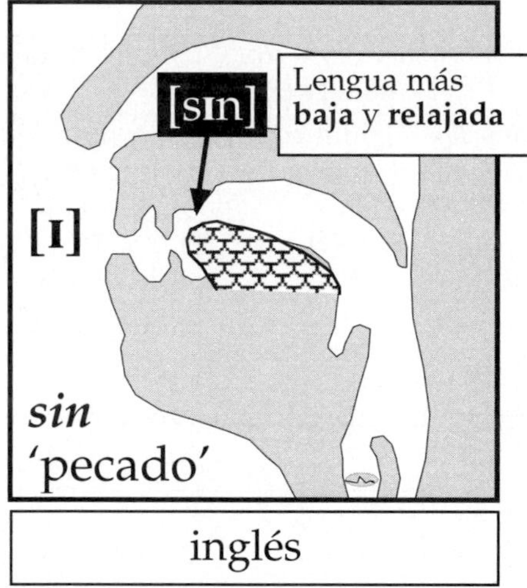

Fig. 17.6. /i/ española vs. /ɪ/ inglesa.

Se notará que la diferencia en la posición de la lengua es mínima. Sin embargo, esta pequeña diferencia articulatoria es suficiente para causar acento extranjero. Desde el punto de vista pedagógico, al articular la /i/ española se recomienda ***estirar los labios*** *para evitar la /ɪ/ inglesa.*

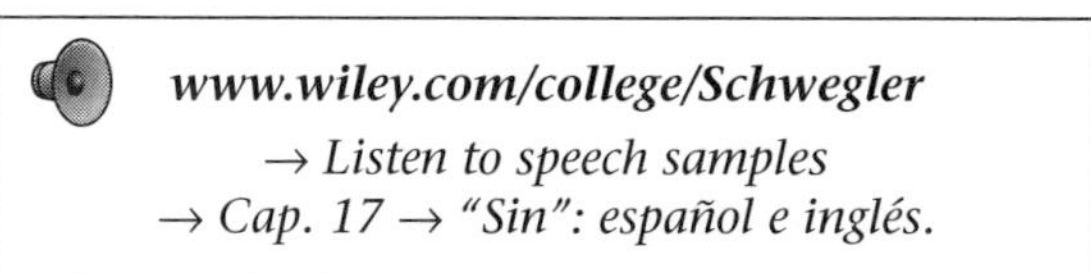

Como habrá observado en los ejemplos anteriores, los diptongos del inglés proceden de *un solo fonema*: cp. **/i/** > **[ii̯]** *heat* /hit/ > [hii̯t]; **/e/** > **[ei̯]** *bait* /bet/ > [bei̯t]. En contraste, los diptongos del español están formados siempre por *dos fonemas distintos*, donde uno de ellos se realiza fonéticamente como una semivocal [i̯, u̯], mientras que el otro fonema se mantiene como la vocal nuclear: cp. *diario* /ˈ**dia**ɾ**io**/ > [ˈd**i̯a**ɾ**i̯o**]; *Europa* /**eu**ˈɾopa/ > [**eu̯**ˈɾopa].

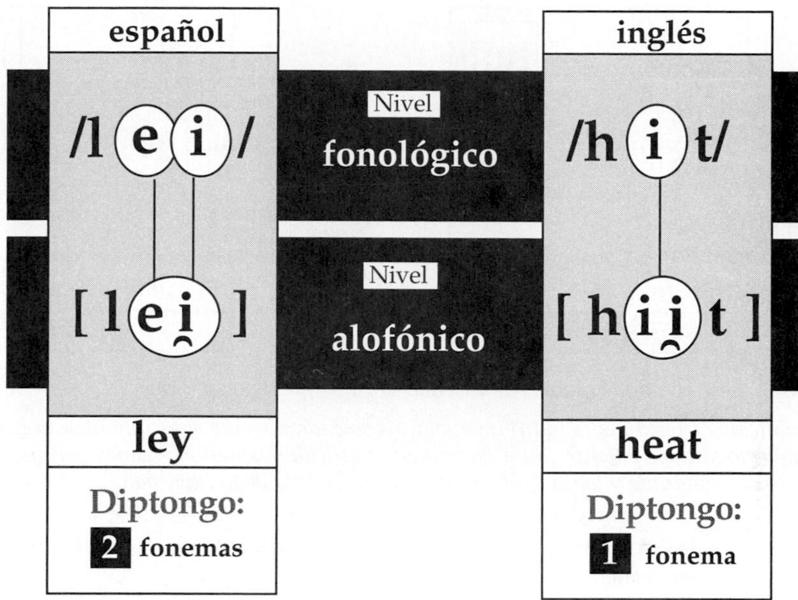

Fig. 17.7. Diptongos y sus fonemas en español e inglés.

En español, cada diptongo consta de 2 fonemas. En inglés, los diptongos pertenecen a un solo fonema.

De igual manera, podemos comparar el alófono [ʊ] del inglés (*put, should, could*) con la /u/ del español (*mucho, acusar, usted*). El alófono [ʊ] del inglés, aunque comparable al alófono español [u] por ser breve y no diptongado, se diferencia en cuanto a su timbre: la [ʊ] inglesa se articula con la lengua en una posición un poco más baja que en la articulación de la [u] española.

Sería falso pensar, sin embargo, que la posición de la lengua en la articulación de ciertas vocales inglesas es lo único que causa las notables diferencias acústicas mencionadas hasta ahora. Igualmente importante es la **posición de los labios**, mucho más *tensos* y *estirados* en la /i/ española que en la /i/ inglesa. Así, en palabras inglesas como *me, see, tea* —todas articuladas con una "i" larga: [mi:, si:, ti:] o [mii̯, sii̯, tii̯]— los labios asumen una posición *neutra* y *relajada*, mientras que sus (casi) homónimos españoles *mi, si, ti* suelen articularse con los labios estirados y tensos. Como ya señalamos en el Capítulo 2, en la articulación de la [u] del español, los labios se mantienen en una posición mucho más redondeada que en inglés. Esta diferencia se ilustra de manera gráfica en la Figura 17.8., modelo para el estudiante al tratar de pronunciar, de manera nativa, pares contrastivos como ingl. *Sue* [su:] o [su:u̯] vs. esp. *su* [su].

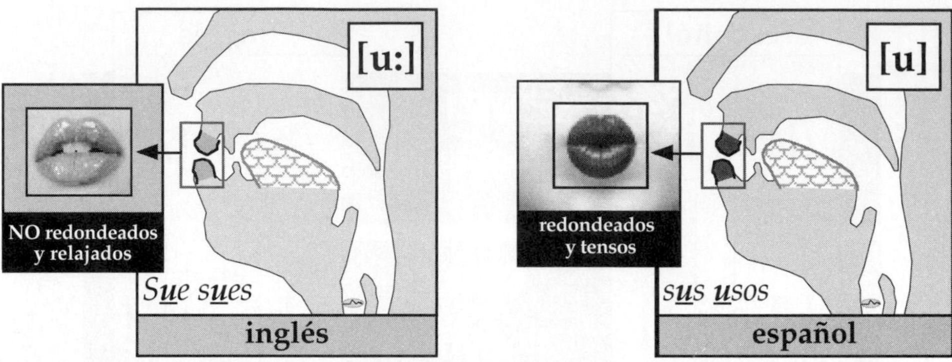

Fig. 17.8. Posición de los labios al articular la /u/ inglesa y española.

Para pronunciar correctamente la [u] española, recomendamos que el estudiante mantenga sus labios muy redondeados y tensos ANTES *de empezar a articular expresiones como "sus usos". Conserve la forma redondeada y tensa desde el inicio hasta al final de la expresión.*

Resumamos las principales diferencias articulatorias entre la articulación de la /i/ y /u/ inglesas y españolas:

Alófono		Ejemplos	Labios	Lengua	Duración
[i], [ii̯]	inglesa	*me, see, tea*	relajados, neutros	alta, anterior	**larga**
[i]	española	*mi, si, ti*	estirados, tensos	muy alta, anterior	**breve**
[u], [uu̯]	inglesa	*Sue, too*	relajados, neutros	alta, posterior	**larga**
[u]	española	*su, tu*	redondeados, tensos	muy alta, posterior	**breve**

Fig. 17.9. Características articulatorias de [i] y [u] en español y en inglés.

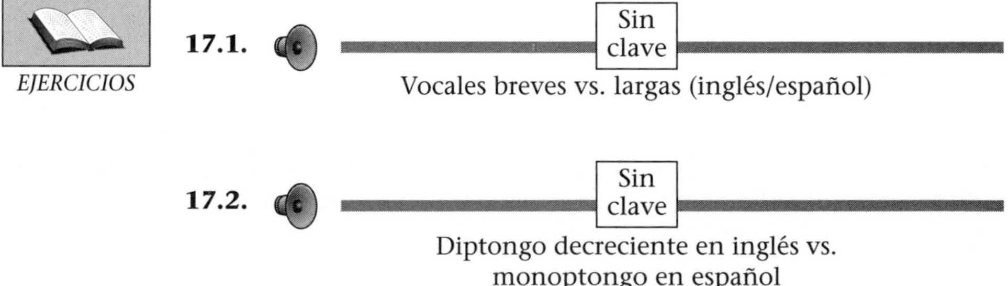

EJERCICIOS
17.1.
Sin clave
Vocales breves vs. largas (inglés/español)
17.2.
Sin clave
Diptongo decreciente en inglés vs. monoptongo en español

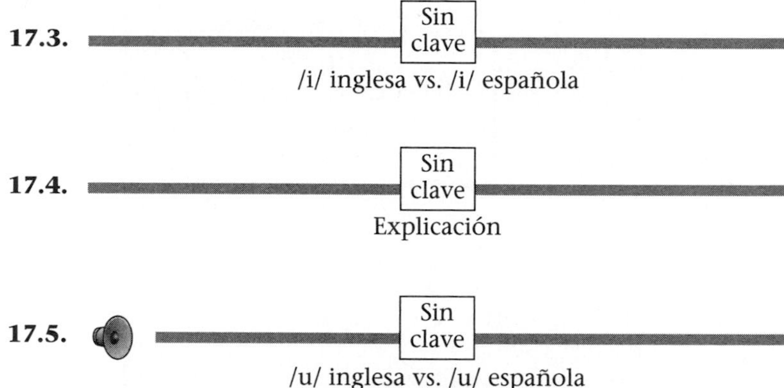

17.3. La schwa: el sonido más frecuente del inglés

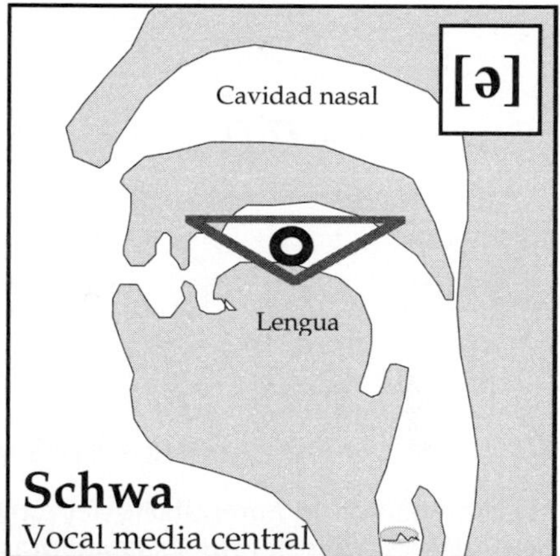

Fig. 17.10. La schwa.

En varias ocasiones hemos mencionado que la transferencia de la **schwa** del inglés a sílabas inacentuadas en español es uno de los rasgos más llamativos de un acento extranjero anglosajón. La Figura 17.10 muestra su punto de articulación. Dado que en esta sección no trataremos aspectos relacionados con su descripción, se recomienda al estudiante que consulte los Capítulos 5 (§5.4) y 6 (§6.6 y §6.6.1) donde hemos ofrecido un conjunto de observaciones detalladas sobre este sonido. Sin embargo, queremos reiterar que **la schwa no existe en español** y que, como hemos señalado más arriba, las vocales *no* se alargan como en inglés. Así, en palabras como *policía* (Fig. 17.11) cada una de las vocales debe articularse (1) de manera tensa, y (2) con su acento apropiado, es decir, con acento secundario en toda la palabra excepto en el segmento final " -ía", donde la "i" tónica debe alargarse un poco. Cualquier acercamiento a una schwa en las vocales de *policía* producirá inevitablemente un acento extranjero.

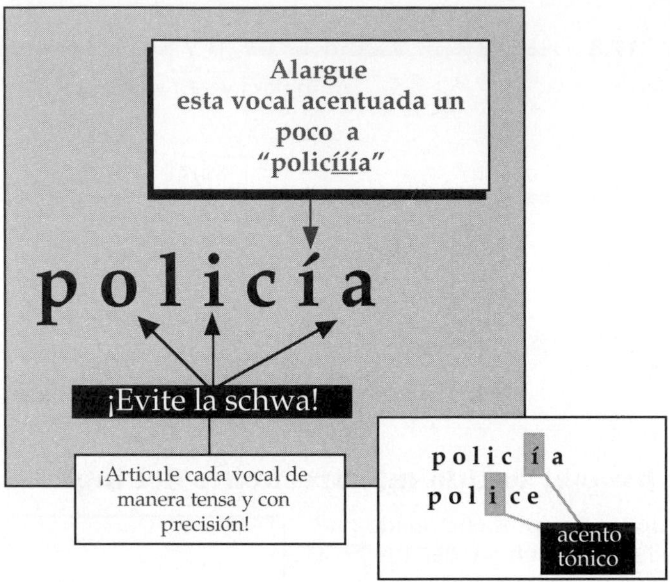

Fig. 17.11. Articulación correcta de *policía*.

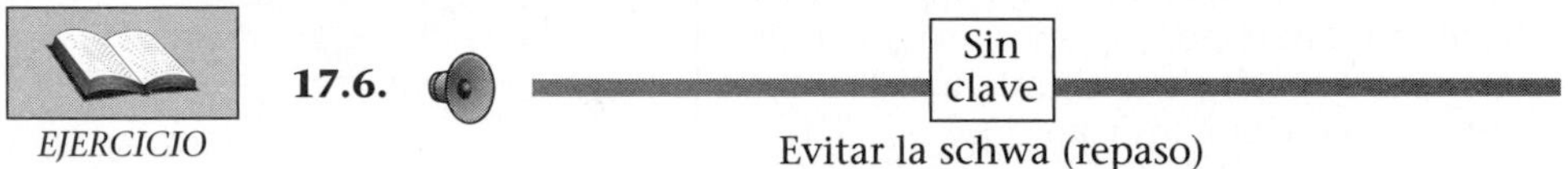

17.4. Otras interferencias vocálicas entre el español y el inglés

Al comienzo de su aprendizaje del español, es común que el estudiante transfiera ciertas vocales cortas del inglés a palabras españolas. Tal transferencia ocurre sobre todo en homónimos o casi homónimos como *intención* 'intention', *interesante* 'interesting', *diplomático* 'diplomatic'. En tales casos, algunos anglohablantes transfieren el sonido breve del inglés [ɪ] al español, pronunciando así, falsamente:

INCORRECTO	**CORRECTO**
*[ɪ n̪tere'san̪te]	[i n̪tere'san̪te]
*[d ɪ plo'matiko]	[d i plo'matiko]
*[ɪ n̪ten'si̯on]	[i n̪ten'si̯on]

Esta tendencia puede evitarse si al articular la /i/ española se exagera la tensión en los labios (posición estirada).

De modo similar, el principiante suele equivocarse al transferir el sonido /æ/ (cp. ingl. *rat, bad, rag*) al español, dado que este sonido no existe en esta lengua. Así, en ocasiones, puede oírse *['sæn̪tə 'ænə] *Santa Ana*, *[kælə'fornḭə] *California* o *['pædi̯ou̯] *patio,* cuando naturalmente debería articularse ['san̪ta 'ana], [kali'forni̯a] y ['pati̯o], respectivamente. El estudiante tendrá que esforzarse para evitar estas interferencias.

Un fenómeno fonético del inglés que ya hemos estudiado en el Capítulo 6 (§6.5) es la **oclusión glotal**, también llamada "**cierre glotal**" o "**golpe de glotis**" (Fig. 17.12a-b). Recuerde que dicha oclusión glotal se indica en la transcripción fonética con [ʔ].

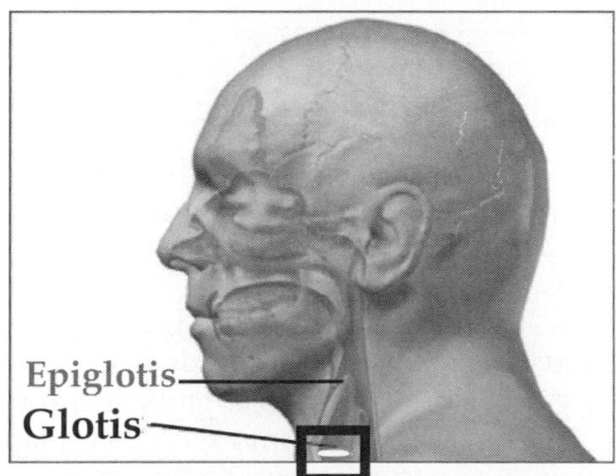

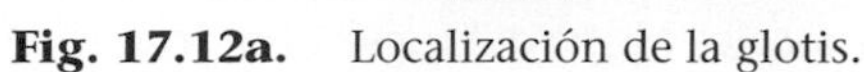

Fig. 17.12a. Localización de la glotis.

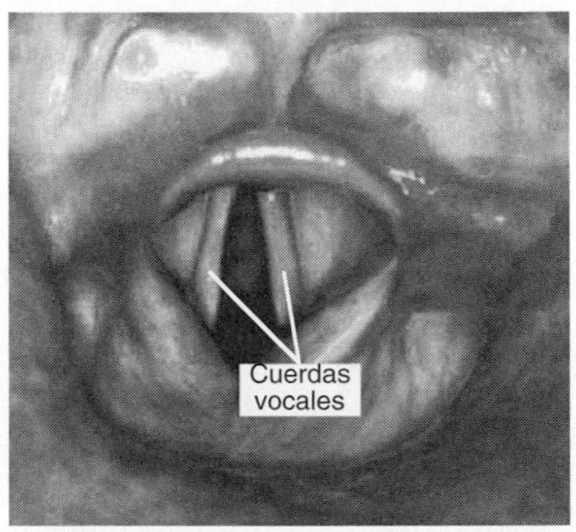

Fig. 17.12b. La glotis y sus cuerdas vocales.

La oclusión glotal ocurre, por ejemplo, en la última sílaba de las palabras inglesas *button* = *butt[ʔ]n* o *negation* → [ʔəʔə]. La oclusión glotal también se realiza al inicio de la palabra *aim,* o en cualquier palabra aislada con vocal inicial; esto es así porque una palabra aislada *no* puede empezar con una vocal, de ahí que, en inglés, la vocal deba ir precedida de un cierre glotal.

Al hablar español, el estudiante debe evitar la oclusión glotal, ya que es un rasgo no frecuente en español normativo. Así, pronunciar las siguientes expresiones con oclusión glotal es incorrecto:

ahora	*[a-ˈʔo-ɾa] o *[ʔa-ˈʔo-ɾa]
es la gran artista de Madrid	*[ʔes] la gran artista de Madrid
vi a unos chicos	*vi a *[ˈʔu-nos] chicos

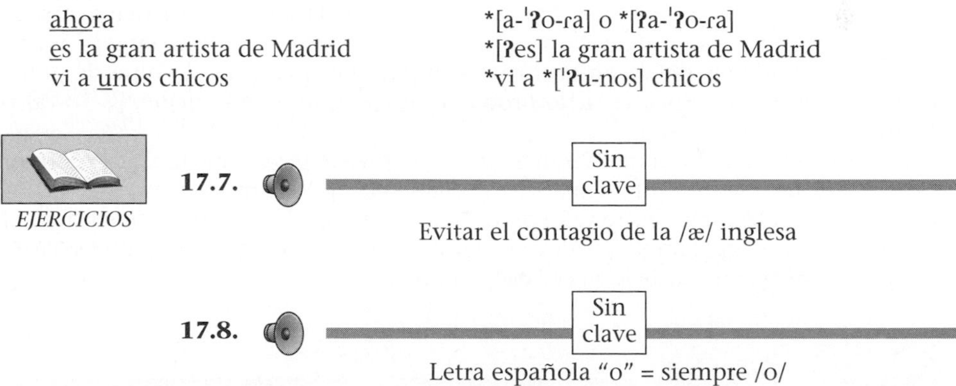

EJERCICIOS
17.7.
Sin clave
Evitar el contagio de la /æ/ inglesa
17.8.
Sin clave
Letra española "o" = siempre /o/

Otro problema que puede surgir de la asociación sonido–letra consiste en atribuir a la letra "u" un elemento palatal precedente, articulando así [ju] o [i̯u]. Por ejemplo, en las palabras inglesas *cute, Cuban, futility* o *pure,* se intercala la semivocal [i̯] entre la [u] y la consonante precedente, formando así un diptongo creciente: *cute* [ki̯ut], *Cuban* [ˈki̯ubən]. En su español, los principiantes suelen hacer esta identificación, articulando así inadecuadamente:

******yuniversidad*	[**ʝu**niβeɾsiˈðað]	[**u**niβeɾsiˈðað]	‘universidad’
**myudo*	[ˈm**i̯u**ðo]	[ˈm**u**ðo]	‘mudo’
**myuro*	[ˈm**i̯u**ɾo]	[ˈm**u**ɾo]	‘muro’
☹	☹	☺	

Resumen

Comparadas con el inglés, las diferencias en el sistema vocálico entre distintas regiones hispanohablantes son relativamente pequeñas. El sistema fonemático del inglés se caracteriza por tener vocales breves y vocales largas (en su mayoría diptongos). Esta distinción es inexistente en español, donde todas las vocales son breves, tensas y no diptongadas. La distinción breve/larga está basada en la mayor duración de /i, e, o, u/ frente a las vocales breves. Las vocales largas /i/ y /u/ del inglés suelen articularse como *diptongos decrecientes*: [ii̯] en [b**ii̯**t] *beat* o [uu̯] en [b**uu̯**t] *boot.* Lo mismo sucede con las vocales largas /e/ y /o/ en [b**ei̯**t] *bait*, [b**ou̯**t] *boat*. Es un error común transferir al español la duración larga o la diptongación de las vocales largas del inglés. Por lo tanto, es incorrecto pronunciar *[ˈm**u:**tʃ**ou̯**] (*mucho*) o *[aˈβl**ei̯**] (*hablé*).

Las vocales /i/ y /u/ son difíciles de articular correctamente para los hablantes del inglés. La dificultad proviene de que estas vocales son mucho menos tensas, más largas y típicamente diptongadas. *En contraste, en español, la /i/ y la /u/ son tensas, cortas y jamás diptongadas* (*sin ti* = [si**n̪** ti], pero jamás *[s**ii̯n̪** t**ii̯**]). Además, la /i/ y /u/ del español nunca se pronuncian con la lengua baja como los sonidos [i] o [u] del inglés (véase *sin* [sɪn] ‘pecado’ en la Fig. 17.6). Asimismo, los labios se mantienen mucho más tensos en la /i/ española que en la inglesa, y en la /u/ española los labios suelen redondearse más que en inglés (cp. esp. *s<u>u</u>* vs. ingl. *S<u>ue</u>*).

Hay interferencias adicionales entre los sistemas vocálicos del inglés y el español. El problema más frecuente suele ser la transferencia de la schwa a la articulación de palabras en español. Recuerde que este es un sonido inexistente en esta lengua, y uno de los rasgos que más revela un acento extranjero. Otro caso es el golpe de glotis que el estudiante principiante suele producir en ejemplos como *<u>aho</u>ra* *[a-ˈ**ʔ**o-ɾa] o *[**ʔ**a-ˈʔo-ɾa] en vez de [a-ˈo-ɾa].

Es también frecuente la transferencia de la /ɪ/ breve inglesa al español, en pronunciaciones erróneas como *[dɪploˈmatiko] o *[ɪn̪teɾeˈsan̪te]. Y de modo similar, el introducir la /æ/ inglesa en oraciones como *[ˈsæn̪tə ˈænə] *Santa Ana* o *[kæləˈfoɾni̯ə] *California*. Finalmente, también se debe evitar pronunciar *<u>u</u>niversidad* = *[**ʝu**niβeɾsiˈðað] y *m<u>u</u>d<u>o</u>* = [ˈm**i̯u**ð**ou̯**] en vez de [**u**niβeɾsiˈðað] y [ˈm**u**ðo].

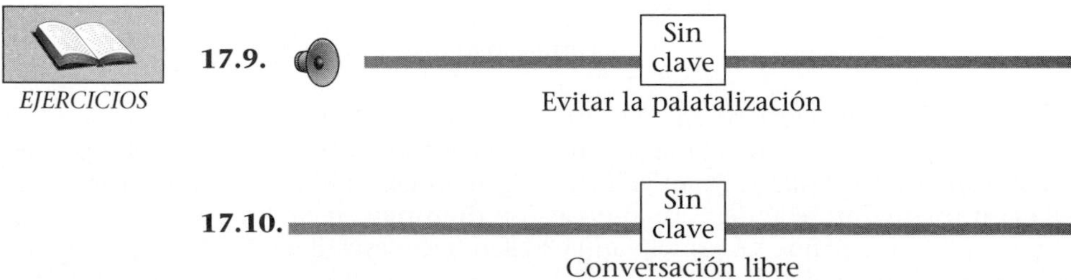

EJERCICIOS

17.9. Sin clave

Evitar la palatalización

17.10. Sin clave

Conversación libre

Capítulo 18

El español ayer y hoy

18.1. Importancia del español frente a otras lenguas del mundo

Las estimaciones del número de hispanohablantes suelen ser tan generales como variables. Los especialistas concuerdan en que, en la actualidad, es imposible determinar con exactitud cuántos individuos hablan español. Por ejemplo, en el año 2000 se estimó que el **español** tenía entre 150 y más de 300 millones de hablantes, mientras que el **inglés** tenía entre 275 y 450 millones. Lo cierto es que a principios del siglo XXI el español figura de manera prominente entre las principales lenguas del mundo (Fig. 18.1).

Determinar el número de hablantes de una lengua es complicado, en parte porque la definición de "hablante" puede ser muy ambigua. Algunas fuentes consideran solamente los hablantes nativos. Otras fuentes incluyen en el cálculo a los hablantes de Español como Segunda Lengua (L2), es decir, aquellas personas para quienes la lengua en cuestión es un código no nativo pero utilizado con (cierta) regularidad.

Empleando como punto de referencia únicamente el número de hablantes nativos, el *Summer Institute for Linguistics (SIL) Ethnologue Survey*[1] publicó en 2005 los datos que

---

[1] *Ethnologue* es una fuente estándar que provee información cuantitativa y cualitativa de las lenguas del mundo.

reproducimos de forma parcial en la Figura 18.1, donde los comparamos con los de *Encarta* (2006).[2] Se observará que, en la columna izquierda, el español supera numéricamente al inglés, y va precedido únicamente por el chino y el hindi. Según los datos de *Encarta* (columna derecha), el español ocupa el quinto lugar, superado solamente por el chino, el árabe, el hindi y el inglés. Esto es una pequeña muestra de la variabilidad de los datos que reflejan las distintas fuentes que estudian estas cuestiones.

Principales lenguas del mundo:
número de hablantes NATIVOS
(cifras redondeadas, en millones)

ETHNOLOGUE (2005)	millones	*ENCARTA (2006)*	millones
1. chino	873	chino	1.213
2. hindi (incl. urdu)	366	árabe	422
3. español	**322**	hindi (incl. urdu)	366
4. inglés	309	inglés	341
5. árabe	206	**español**	**322**
6. portugués	178	bengalí	207
7. bengalí	171	portugués	176
8. ruso	145	ruso	167
9. japonés	122	japonés	125
10. alemán	95	alemán	100
11. punjabi	88	francés	78
12. francés	78	koreano	78
13. wu[3]	77	javanés	76
14. javanés	76	telugu	70
15. koreano	67	marathi	68

Fuentes:
http://en.wikipedia.org/wiki/List_of_languages_by_number_of_native_speakers#cite_note-Encarta-1
http://encarta.msn.com/media_701500404/Languages_Spoken_by_More_Than_10_Million_People.html

Fig. 18.1.

Si al número de hablantes nativos se añaden los hablantes L2 (no nativos), entonces se obtienen los resultados de la Figura 18.2, sin duda más realista en cuanto al peso relativo de las principales lenguas del mundo. En ella se observará que el español ocupa el cuarto lugar, superado solamente por el inglés, chino, hindi y posiblemente también el árabe.[4]

---

[2] *Microsoft Encarta* es una enciclopedia multimedia digital, publicada por Microsoft Corporation.
[3] Lengua sino-tibetana.
[4] Nuestras fuentes no proporcionan estimaciones para el árabe, pero el número de sus hablantes nativos y no nativos debe acercarse al del español.

Principales lenguas del mundo: total de hablantes (incluye hablantes NATIVOS y NO NATIVOS)	
Datos del 2005/2006	millones
1. inglés	+1.500
2. chino (mandarín)	1.151
3. hindi (incl. urdu)	650
4. español	**417**
5. francés	363[5]
6. ruso	275
7. portugués	235
8. bengalí	196
9. japonés	133
10. alemán	101

Fuente:
http://en.wikipedia.org/wiki/List_of_languages_by_number_of_native_speakers#cite_note-Encarta-1
(ver "Other estimates")

Fig. 18.2.

La posición del español es más extraordinaria aun cuando se considera que, según Ethnologue.com, *hay más de 6000 lenguas en el mundo.*

Esta tabla no incluye el árabe, para el cual ni Ethnologue *ni* Encarta *cita cifras combinadas para hablantes nativos y no nativos (L2).*

Al considerar la importancia de una lengua, deben considerarse no solamente su número de hablantes (nativos o no) sino también su distribución geográfica. Algunas lenguas tienen poblaciones relativamente numerosas de hablantes nativos, pero su lengua se emplea en muy pocos países. Este es el caso, por ejemplo, de la lengua yoruba: tiene un gran número de hablantes —más de 100 millones—, pero su uso está restringido a un solo país (Nigeria). Por otro lado, algunas lenguas tienen relativamente pocos hablantes, pero se les asigna una gran importancia porque son la lengua oficial o nacional de numerosos países. Como es lógico, las lenguas con una amplia distribución internacional suelen gozar de alto estatus. Así, el francés con cuatro veces menos hablantes nativos que el español (Fig. 18.1), ha superado históricamente a este en cuanto a su prestigio internacional.

El español es hoy la lengua oficial de una veintena de países, así como una de las lenguas oficiales de las Naciones Unidas. Como ilustra la Figura 18.3, desde la perspectiva geográfica, el español figura de manera prominente entre las principales lenguas del mundo, ocupando el cuarto lugar, superado sólo por el inglés, el francés y el árabe.

---

[5] 500 millones si se toman en cuenta hablantes que tienen conocimientos significativos del francés (2008).

Número de países cuya población emplea las lenguas citadas[6]	
1. inglés	115
2. francés	35
3. árabe	24
4. español	**20**
5. ruso	16
6. alemán	9
7. chino (mandarín)	5
8. portugués	5
9. hindi/urdu	2
10. bengalí	1
11. japonés	1

Fuente: *www2.ignatius.edu/faculty/turner/languages.htm*

Fig. 18.3.

Como es sabido, las principales áreas donde se habla español son España y Latinoamérica, pero no son las únicas, como se muestra en la Figura 18.4 (pág. 346). A estas grandes áreas se añade el caso de **Andorra** (Mapa 18.4, pág. 354), un país situado en la zona de los Pirineos (entre España y Francia), en el que el español es la lengua mayoritaria bien como lengua materna (un 43,4% en 2008) o como segunda lengua para quienes el catalán es la lengua dominante.[7]

Asimismo, en el territorio británico de **Gibraltar** (situado en Andalucía frente a las costas de África [Mapa 18.4]), la mayor parte de la población es bilingüe en español e inglés, sumándose a estas lenguas una variedad local (mezcla de inglés, español, italiano, hebreo y árabe) conocida como *yanito*.[8]

Menos sabido es que el español también se habla en Asia en el **archipiélago de las Filipinas**, donde se percibe como una lengua de considerable importancia histórica y cultural. La presencia del español en las Filipinas se debe a que dichas islas fueron una colonia española hasta 1898. El español lo hablan fundamentalmente las élites socio-económicas. Hasta 1976 era lengua oficial junto con el inglés y el tagalo (también llamado "filipino"), y lengua de enseñanza obligatoria en las universidades hasta 1987. Progresivamente ha descendido su uso y en 1996 tan solo un 3% de la

---

[6] El número de países incluye los países donde la lengua en cuestión tiene (1) estatus legal u oficial, (2) algún estatus legal u oficial y sirve de medio de comunicación para una minoría dirigente (por ej., el inglés de la India, o el francés de Argelia), o (3) no tiene ningún estatus legal pero sí sirve de medio de comunicación en el comercio o turismo, o es la lengua extranjera preferida por la juventud (por ej., el inglés en Japón).

[7] Para más información, consúltese:
http://www.iea.ad/cres/observatori/temes/llengua3trimestre2005.htm
http://www.catala.ad/index.php?option=com_content&task=view&id=41&Itemid=114

[8] El territorio de Gibraltar forma parte de la corona británica desde 1704. Allí, el español no goza de estatus de oficialidad, tan solo el inglés es lengua oficial. Para más información, consulte Levey (2008) y Moyer (1998: 215–217).

población lo hablaba.[9] En las islas de Luzón, Mindanao y en la isla Basilán, junto al español convive el *chabacano*, una lengua criolla que contiene elementos de español, tagalo y otras lenguas filipinas.[10]

El español en el continente africano es otro gran desconocido para los estudiosos de la lingüística. En primer lugar, debemos señalar que existen dos comunidades autónomas situadas en la costa del norte de África (Mapa 18.4), las cuales pertenecen al estado de España desde el siglo XV: **Ceuta** (censo de 2008: 77.000 habitantes) **y Melilla** (censo de 2008: 71.000 habitantes). En ambas ciudades autónomas, la lengua oficial es el español (en su variante andaluza); y aunque, sin reconocimiento oficial, un altísimo porcentaje de la población es bilingüe en dialectos locales del árabe y del bereber. Este bilingüismo con el español se extiende también al **norte de Marruecos**, tanto entre la población marroquí, como entre los grupos de **población saharaui** dispersos por Marruecos y Argelia. Además de por motivos económicos y geopolíticos, este frecuente bilingüismo se explica por la estrecha vinculación histórica de estos territorios con España desde el siglo XV, y más recientemente (1912–1956) con el Protectorado español de Marruecos.[11]

Mucho más al sur, en el África negra, se encuentra **Guinea Ecuatorial** (Mapa 18.1), donde el español goza de considerable prestigio y todavía es una de las lenguas oficiales del país junto con algunas lenguas bantúes (entre otras, fang y bubi). La política colonial de España se mantuvo desde 1778 hasta la independencia del país en 1968, lo cual permitió que con una intensa política educativa en español, fundamentalmente a cargo de misioneros, hoy en día una gran parte de la población multilingüe (por etnicidad y necesidad) emplee el español habitualmente, sobre todo en las ciudades. Es cierto, sin embargo, que en la Guinea Ecuatorial son muy pocos los hablantes nativos del español.[12]

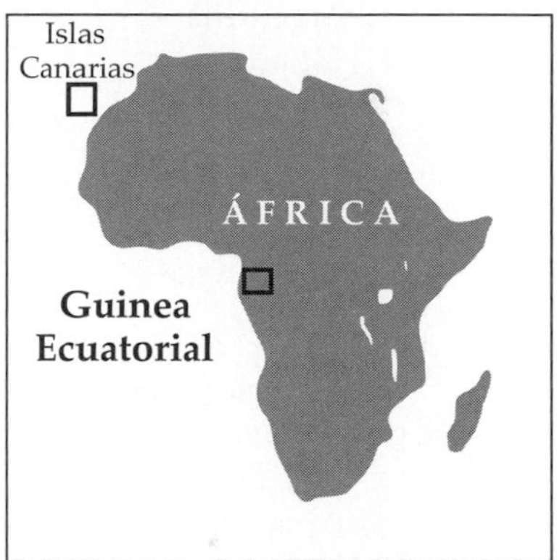

Mapa 18.1. Guinea Ecuatorial, donde el español es lengua oficial.

Hay más de 6.000 km entre la Guinea Ecuatorial y el próximo territorio de habla española, i.e., las Islas Canarias.

Volviendo de nuevo al continente americano, debemos destacar la importancia que ha ganado el español en **Estados Unidos** en las

[9] El español de Filipinas se parece mucho a la variante castellana. Mantiene, por ejemplo, el lleísmo (/ʎ/ vs. /j/) y la distinción entre /s/ y /θ/. Para más información, consulte Munteanu Colán (2006: 78) y Quilis (1996: 234, 243).

[10] Para el chabacano, Fernández (2001: vi–vii) presenta el censo de 1995 donde se estimaban unos 424.000 hablantes; el autor cita que, por su parte, el *Ethnologue* (1996) calcula unos 280.000 (datos del *Summer Institute of Linguistics*, 1981) .

[11] Los datos del censo han sido extraídos del Instituto Nacional de Estadística de España (INE): *www.ine.es*. Para ampliación sugerimos Casado-Fresnillo (1995) y Sayahi (2005).

[12] Debido en gran medida a las diversas dictaduras que ha vivido el país, a la falta de hablantes nativos y a lo limitado de la escolarización en español desde los años 70, se habla de que la variante dialectal del español de Guinea ha experimentado una pérdida tanto en el número de hablantes como en sus estructuras morfosintácticas que lo han alejado del castellano, al que estaba muy próximo. Uno de los rasgos más prominentes sigue siendo la distinción fonemática entre /θ/ y /s/. Para un mayor desarrollo, consulte Lipski (2000), Quilis (1996b) y Casado-Fresnillo (1995).

últimas décadas, ya que la fuerte inmigración latina ha resultado en un rápido aumento del número de hablantes de la lengua. Tal ha sido el crecimiento del español en Estados Unidos que hoy figuran como el tercer país del mundo con mayor número de hispanohablantes: en 2008, más de 45 millones de personas emplearon el español en su hogar[13], precedido tan sólo por México, España, Colombia y Argentina (Fig. 18.4).

Países y su población de habla española	
Fecha de las estimaciones: julio 2009	*Población*
1. México	111.211.789
2. Colombia	45.644.023
3. Estados Unidos	**+45.000.000**[14]
4. Argentina	40.913.584
5. España	40.525.002
6. Perú	29.546.963
7. Venezuela	26.814.843
8. Chile	16.601.707
9. Ecuador	14.573.101
10. Guatemala	13.276.517
11. Cuba	11.451.652
12. Bolivia	9.775.246
13. Rep. Dominicana	9.650.054
14. Honduras	7.792.854
15. El Salvador	7.185.218
16. Paraguay	6.995.655
17. Nicaragua	5.891.199
18. Costa Rica	4.253.877
19. Puerto Rico	3.971.020
20. Uruguay	3.494.382
21. Panamá	3.360.474
22. Guinea Ecuatorial (censo de 1994)	300.000
23. Andorra	83.888
24. Gibraltar	28.034
25. Filipinas (censo de 1990)	2.657[15]

Fuentes: *https://www.cia.gov/library/publications/the-world-factbook/index.html*
www.census.gov/Press-Release/www/releases/archives/population/011910.html
https://www.cia.gov/library/publications/the-world-factbook/index.html

Fig. 18.4.

[13] Esta cifra excluye a los niños menores de 5 años. En 2008, los hablantes del español constituían un 15,1% (aproximadamente 45,5 millones) de la población total de EE.UU. Fuente: *http://www.census.gov/Press-Release/www/releases/archives/population/011910.html*

[14] Estimación del 2008 *(http://www.census.gov/PressRelease/www/releases/archives/population/011910.html).*

[15] Véase Munteanu Colán (2006: 78).

18.2. El español: sus raíces y su relación con otras lenguas románicas

Muestra del latín clásico

Para una muestra grabada del latín clásico, visite nuestra página en la red:

www.wiley.com/college/Schwegler

→ *Listen to speech samples*
→ *Cap. 18* → *"Latin"*

Se trata de una grabación moderna que, en la lectura de un texto antiguo, imita la articulación del latín clásico.

El español hunde sus raíces en el latín, es decir, en la lengua de los antiguos romanos que conquistaron la Península Ibérica unos 200 años antes del nacimiento de Jesucristo. Suele decirse que el latín es una lengua "muerta", i.e., no hablada hoy. Esto es verdad solamente en un sentido restringido: el latín que se hablaba en Roma, en el período de la República o del Imperio, ya no se habla como lengua materna en ningún país del mundo. Sin embargo, la lengua latina no es una lengua muerta en el sentido de que desapareciera en algún momento en el pasado. Lo que ocurrió es que el latín hablado (llamado a veces "latín vulgar", es decir, "latín del pueblo") cambió paulatinamente a lo largo del primer milenio, evolucionando así en varios dialectos. Cuando las diferencias entre estas variedades de latín, desarrolladas también a partir de elementos de las lenguas y dialectos presentes en las distintas regiones previo a la invasión romana, llegaron a ser tan profundas que los hablantes de las distintas variedades difícilmente se entendían entre sí, surgió la necesidad de designar a cada una de ellas con un nombre propio. En este sentido hablamos de la formación y consolidación de las **lenguas romances** (también llamadas "**románicas**")[16] en Europa. El proceso fue gradual y condicionado por la influencia de otros pueblos invasores después de la caída del Imperio Romano del siglo IV. En la Península, por ejemplo, la influencia de las tribus germanas (llegadas en el siglo V) y los árabes (a partir del siglo VIII), fue decisiva para la diferenciación regional de las distintas lenguas romances. Así surgieron, entre otras variedades, el "castellano" en el centro-norte de la Península; el "gallego-portugués" en Galicia y Portugal; el "catalán" en el noreste, etc. En Francia, según la región, las nuevas variedades romances se denominaron "langue d'oc" (sur de Francia) y "langue d'oïl" (norte de Francia), respectivamente.

De lo dicho anteriormente pueden deducirse dos conclusiones lógicas: en primer lugar, hay una relación histórica directa e *ininterrumpida* entre el español moderno y el latín hablado antiguamente en la Península. En segundo lugar, el francés, el italiano, el rumano y el resto de hablas que evolucionaron del latín son lenguas hermanas del español. La Figura 18.5 ilustra este tipo de **relación genética** entre el latín y algunas lenguas románicas, también llamadas *lenguas neolatinas* o simplemente *lenguas latinas*:

---

[16] En inglés, "Romance languages".

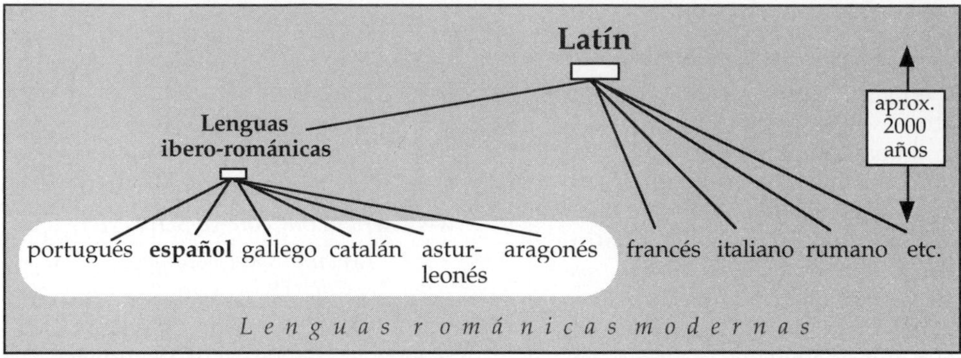

Fig. 18.5. Principales lenguas románicas modernas y su relación genética directa con el latín.

El español pertenece al subgrupo de las lenguas ibero-románicas, es decir, a las lenguas de descendencia latina que se hablan en la Península Ibérica.

En el nivel de la pronunciación, los cambios que afectaron al latín en las diversas áreas del antiguo Imperio Romano eran bastante desiguales. Los antiguos habitantes de la Península Ibérica eran más conservadores en su modo de hablar latín que, por ejemplo, los de la zona francesa, pero los hablantes de la Península, por su parte, eran más innovadores lingüísticamente que, por ejemplo, los de Italia central. A pesar de esta diversificación lingüística, aún hoy es relativamente fácil percibir la relación histórica o genética entre palabras románicas. Compárese, por ejemplo, la siguiente lista de voces neolatinas:

LATÍN[17]		ESPAÑOL	FRANCÉS[18]	ITALIANO
DECEM	>	diez	dix	dieci
LIBRUM	>	libro	livre	libro
FORTEM	>	fuerte	fort	forte
DIGITUM	>	dedo	doigt	ditto
OCULUM	>	ojo	œil	occhio
PLENUM	>	lleno	plein	pieno

Otras palabras españolas y su procedencia latina:

ESPAÑOL		LATÍN	ESPAÑOL		LATÍN
hablar	<	FABULARE	pan	<	PANEM
estudiar	<	STUDIARE	entero	<	INTEGRUM
mano	<	MANUM	tiempo	<	TEMPUS
hoy	<	HODIE	con	<	CUM

---

[17] Presentamos los sustantivos latinos en su caso acusativo (en vez de nominativo) ya que esta forma es la que normalmente dio origen a los sustantivos del español.

[18] Los cambios fonéticos que han afectado al francés son mayores de lo que sugiere la ortografía. Así, *doigt*, por ejemplo, ha sido reducido fónicamente a [dwa], eliminando la "-t" final que antiguamente se articulaba con regularidad.

Volvamos una vez más sobre la idea general de que el latín es una lengua muerta. Podemos apreciar mejor ahora por qué debe interpretarse con cuidado la ecuación "latín = lengua muerta". Por un lado es verdad que hoy en día no se habla latín, y que formas como *decem, librum, fortem* (o cualquiera de las palabras latinas expuestas arriba), han desaparecido como tales, por lo que es lógico decir que el latín como lengua hablada está "muerta". Sin embargo, también es cierto que estas mismas palabras nunca desaparecieron, sino que sufrieron una evolución fonética lenta y continua hasta transformarse en las formas modernas *diez, libro, fuerte,* etc.

18.3. El período post-romano: germanos, árabes y la formación de nuevas lenguas peninsulares

Una vez instalados en la Península Ibérica, los romanos tuvieron un impacto profundo en todos los aspectos de la vida diaria peninsular por más de 400 años. Sin embargo, con la decadencia del Imperio Romano (siglos III-IV) disminuyó el contacto entre los habitantes de la Península y el resto del Imperio.

En el siglo V invadieron la Península (y el sur de Europa) varias **tribus germánicas**. Entre ellas figuraban los pueblos **visigodos, suevos** y **vándalos,**[19] originarios de áreas centroeuropeas que modernamente corresponderían aproximadamente al territorio de Alemania. Las tribus que se consolidaron en el poder durante más tiempo fueron los visigodos, y como en su estancia fuera de la Península ya habían sido bastante romanizados lingüística y culturalmente (de hecho eran cristianos), la población hispanorromana no ofreció gran resistencia a su dominación. En este sentido, después de un corto período de bilingüismo entre las variedades germanas y el latín, los visigodos adoptaron el latín como única lengua materna. Así, la influencia de las variantes germanas sobre el español no fue comparable a la de otros pueblos como los romanos o los árabes. Hoy en día podemos ver "germanismos" en palabras referidas a topónimos: *Burgos*; nombres y apellidos: *Elvira, Álvaro, Fernando, Bermúdez, Domínguez*; prendas: *falda*; y términos militares: *guerra, guardia*, etc.

La presencia de las tribus germánicas en la Península contribuyó a la fragmentación de lo que había sido el Imperio Romano; y, a su vez, debido a la rivalidad de las distintas tribus instaladas en distintas regiones (suevos en Galicia; visigodos en Centro y Norte; vándalos en Andalucía, etc.), también aumentó la incomunicación interna. Este aislamiento de diversas zonas de España facilitó que el latín vulgar perdiera su unidad y se acelerara la formación de las diversas variedades romances. Hacia el siglo VII, cuando decae el reino visigodo, estas variedades lingüísticas ya comenzaban a destacarse como hablas regionales diferentes.

En el año **711** tuvo lugar un acontecimiento de gran trascendencia para la historia lingüística y social de la Península: empujados por una fuerte convicción religiosa (les movía "la Guerra Santa", uno de los preceptos contenidos en el Corán), miles de árabes y bereberes —todos ellos musulmanes— invadieron prácticamente todo el territorio peninsular (excepto la zona de la Cordillera Cantábrica y las zonas próximas a los Pirineos), introduciendo

ojalá

Ojalá originalmente significaba "y quiera Alá (= ingl. 'by the will of Allah')", y se derivaba del árabe *wa šā llâh.*

[19] De esta tribu alemana probablemente se deriva la palabra *Andalucía* (< *Vandalusia*).

en la península hispanorromana el árabe, una lengua cuyo prestigio igualaba al del latín clásico. Como veremos más adelante, el dominio de los árabes duró más de 700 años: desde su llegada en el 711 hasta su expulsión en 1492, y durante casi toda la Edad Media, el árabe fue una lengua de gran importancia en la Península. Hoy en día contamos con centenares de "arabismos" referidos a todos los aspectos de las ciencias y del saber (*álgebra, cero, alcohol, ajedrez, azulejo*), de la alimentación y la vida cotidiana (*algodón, albornoz, azúcar, zanahoria, ojalá*), etc.

En los inicios del dominio árabe, los habitantes de la Península que vivían bajo el régimen musulmán hablaban un tipo de latín vulgar ya muy distante de lo que solía emplearse en el antiguo Imperio Romano. Dada la larga convivencia entre el latín vulgar y el árabe en las distintas regiones donde se establecieron los reinos musulmanes, estas dos lenguas se influyeron mutuamente, acelerando todavía más la evolución lingüística de las variedades romances. Como resultado de la variedad mixta de latín y árabe surgió el **mozárabe**, palabra que proviene del árabe *mustá*^{c}*rib* 'arabizado' o 'que se ha hecho semejante a los árabes'.

Aunque las invasiones árabes a principios del siglo VIII afectaron, como ya hemos dicho, a prácticamente toda la Península, jamás conquistaron la zona que se extiende por la costa cantábrica (Mar Cantábrico) hasta los Pirineos (frontera con Francia); territorio que hoy en día corresponde a Asturias, Cantabria, País Vasco, Navarra y la zona alta de los Pirineos. Como veremos en seguida, el hecho de que los árabes nunca conquistaran estas regiones tuvo profundas consecuencias para la historia social y lingüística de España, pues desde allí los habitantes cristianos —todos hablantes de latín vulgar (o, quizás mejor, español antiguo)— empezaron a organizar la **Reconquista**, i.e., la recuperación progresiva de los territorios de la Península que habían sido previamente cristianos.

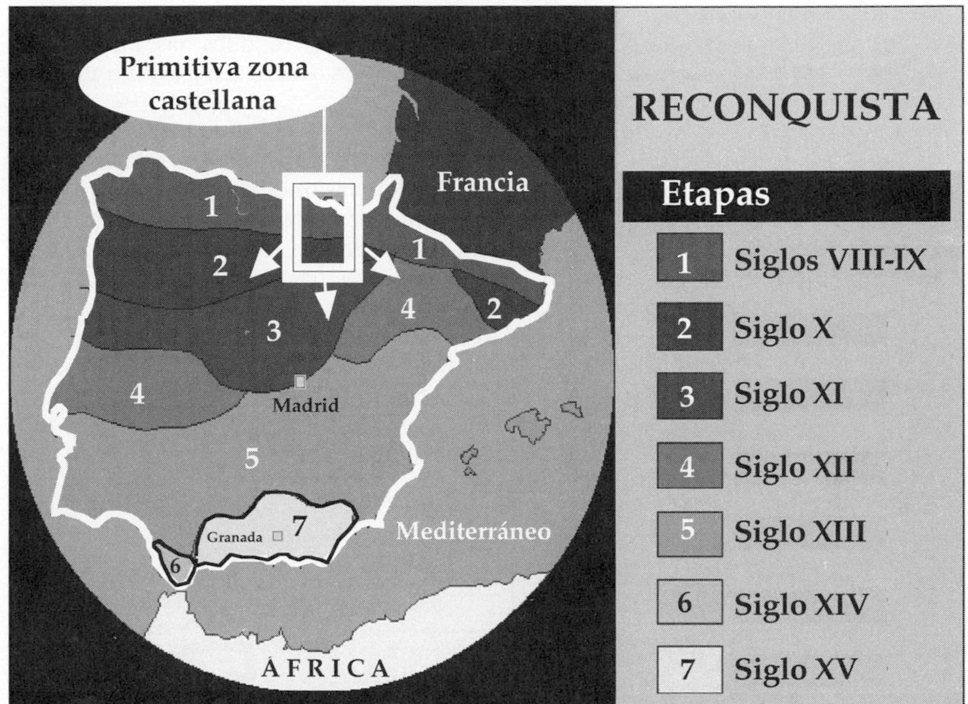

Mapa 18.2. Expansión progresiva del castellano dentro de la Península. *(Información adaptada de www.dartmouth.edu/ ~izapa/Reconquest.html)*

El dialecto castellano se formó en una región comprendida entre Cantabria y Burgos, una región en contacto con el vasco. Los primeros textos conservados que muestran palabras en castellano son de finales del siglo X y principios del siglo XI. En el siglo XIII, el español ya es lengua escrita en diversos documentos oficiales, en los cuales suele competir con el latín, la principal lengua escrita en aquel entonces.

Alrededor del año 1000, casi la mitad de la Península ya estaba bajo el control de los reinos cristianos. Mientras que la arabización fue rápida, la Reconquista fue lenta, con lo cual el multilingüismo de los territorios dominados por los árabes (por ejemplo en el sur de la Península), donde convivían el árabe, mozárabe y hebreo, duró más de 700 años.

La Reconquista de la España musulmana por parte de los cristianos, iniciada en el siglo VIII desde la montañosa zona de la Cordillera Cantábrica, duró hasta la caída de Granada en 1492. En este mismo año, los Reyes Católicos decidieron expulsar definitivamente a los árabes y judíos de la Península Ibérica.

Como es natural, el latín que inicialmente implantaran en Iberia los romanos, fue evolucionando durante esos 800 años, y lo que había sido una lengua relativamente unitaria en la Península, aun en el momento de las invasiones germánicas en el siglo V, empezó a fragmentarse hasta que se produjeron diferencias notables en el latín vulgar de una región a otra que progresivamente derivaron en las distintas lenguas romances. Esta evolución lingüística produjo un gran impacto en la pronunciación, dando así a cada lengua hispano-latina características fonéticas netamente locales.

Los mapas 18.3a-d muestran las divisiones más importantes de esta variación regional de la Península desde el año 930 al 1300. En el año 930, podemos encontrar ya zonas donde se hablaban las variedades gallego, astur-leonés, castellano, aragonés y catalán. Se entenderá que la datación del "nacimiento" de estas lenguas sólo sirve para propósitos conceptuales; en realidad, es imposible determinar de manera objetiva cuándo se "empezaron" a hablar exactamente.

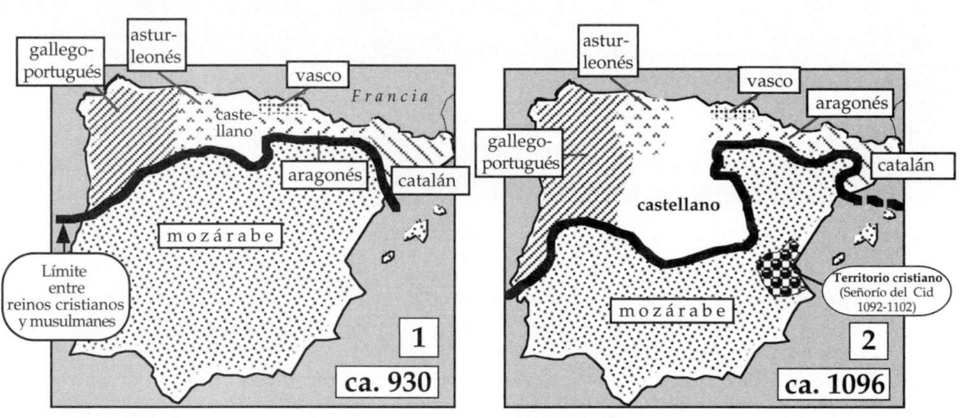

Mapa 18.3a.
Período inicial de la Reconquista.

Mapa 18.3b.
Expansión progresiva en el siglo XI.

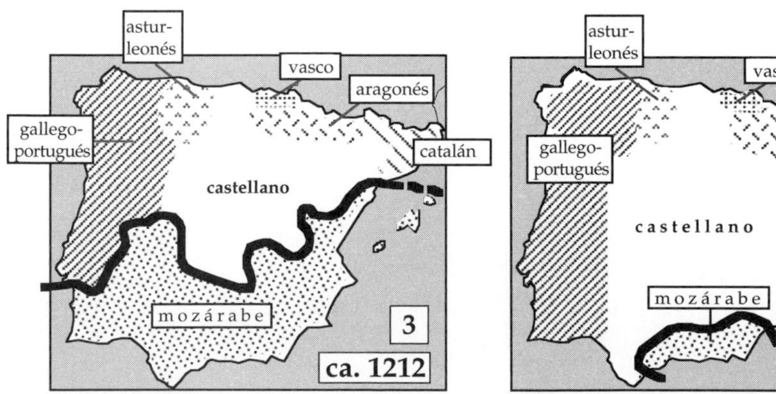

Mapa 18.3c.
Siglo XIII: la mitad de la Península en manos de cristianos.

Mapa 18.3d.
Área de Granada como último rescoldo de resistencia musulmana (siglo XV).

Los mismos mapas muestran que cada uno de los reinos cristianos creció hacia el sur con la reconquista de los territorios árabes. Sin embargo, paulatinamente, la zona castellana fue ganando mayor terreno. Esta "superexpansión" del reino castellano tuvo un efecto dramático en la historia lingüística de la Península dado que la gran mayoría de los hablantes de mozárabe acabaron por adoptar los rasgos característicos del dialecto castellano. Esto incluyó a amplias zonas de Portugal en las que también se hablaba mozárabe, y donde, previa (e incluso posteriormente) a su independencia como reino a mitad del siglo XII, durante mucho tiempo convivió el continuum gallego-portugués[20] con la variedad castellana que se implantaba a medida que se recuperaban territorios de los árabes. Así, el castellano que inicialmente no era más que una de las numerosas variedades del latín hablado en la Península Ibérica había llegado a ser, ya en el año 1492, la variedad de más prestigio en la mayor parte de la Península.

Las otras variedades romances tuvieron destinos diferentes. Como veremos más adelante, el leonés, el aragonés y el asturiano sobrevivieron como variedades de uso oral, hablados hoy por relativamente pocas personas. Junto con el **portugués**, el **español**, el **vasco** (también llamado *vascuence* o *euskera*), el **catalán** y el **gallego** son las cinco lenguas oficiales de la Península Ibérica hoy en día.

El Mapa 18.4 delimita las lenguas y variedades del español habladas actualmente en la Península Ibérica. Etiquetas como *portugués, español, catalán, vasco, astur-leonés, aragonés y gallego* cubren, por supuesto, un complejo de diferentes dialectos y sociolectos relacionados entre sí de forma diversa, y sus límites geográficos no se pueden definir tan claramente como lo sugiere nuestro mapa.

---

[20] En los Mapas 18.3a–18.3d hemos marcado el territorio del *continuum gallego-portugués* porque hasta el siglo XIV mantuvieron su unidad lingüística y literaria, pese a la constitución de Portugal como reino en la segunda mitad del siglo XII.

Mapa 18.4. Lenguas y dialectos de la Península Ibérica (España y Portugal).

En la totalidad del territorio de España se habla español. La Constitución de España de 1978 establece que todos los españoles tienen el deber de conocer la lengua española y el derecho de usarla. Las demás lenguas de España son también oficiales en las respectivas comunidades autónomas, de acuerdo a sus Estatutos.

Dentro del astur-leonés se distinguen el ***asturiano*** *(también llamado "bable") y el* ***leonés****. En Asturias, el bable se considera lengua protegida y el gobierno autónomo ha promocionado su producción literaria y garantizado una mínima protección en el campo educativo.*[21] *En cuanto a la población leonesa, la mayoría es monolingüe en castellano, frente a la situación a principios del siglo XX cuando cerca del 90 por ciento usaba habitualmente el leonés. El mapa igualmente muestra una pequeña zona que pertenece a Portugal donde se habla el* ***mirandés****, la variante del astur-leonés en la región de Miranda do Douro. Se trata de una variedad que goza de prestigio y reconocimiento oficial con unos 15.000 hablantes bilingües en portugués y mirandés.*

---

[21] Véase Siguan (1994: 154–155, 261–264; 2008: 6) y Hualde (2005: 288–289).

El gallego se extiende fuera de la comunidad autónoma de Galicia a zonas limítrofes: Asturias y zonas de Castilla-León (León y Zamora). Asimismo en el mapa están señaladas dos localidades: ***Valverde*** *y* ***Olivenza****. Ambas pertenecen a la comunidad autónoma de Extremadura en España, y son parte del continuum al que nos referíamos en esta sección; por lo que en esas comarcas hoy en día todavía se hablan variantes del* ***gallego-portugués****.*[22]

Observando ahora la extensión que engloba la ***lengua vasca****, debemos señalar que estamos incluyendo además del País Vasco, ciertas áreas vascohablantes de Navarra y del llamado País Vasco Francés (de ahí que marquemos una pequeña región de Francia), donde es lengua oficial. El* ***vasco*** *es la única lengua ibérica moderna que no desciende del latín y que los lingüistas no pueden relacionar con las lenguas indoeuropeas, i.e., la familia principal de las lenguas habladas en Europa y la India. Es por tanto una lengua aislada, igual que el finlandés de Finlandia y el húngaro de Hungría. El vasco ya existía en esta región antes de la llegada de los romanos y no desapareció con la conquista de ninguno de los pueblos que invadió la Península. Sus orígenes son un misterio todavía hoy para los lingüistas.*[23]

El ***aragonés*** *es una lengua en desaparición fundamentalmente por no haber encontrado apoyo institucional y por la enorme presión lingüística que ha venido ejerciendo el catalán sobre esta variedad (sobre todo en las zonas fronterizas de Aragón con Cataluña). Hoy en día se habla mayormente en zonas rurales.*[24]

El ***catalán*** *es la lengua romance española con mayor número de hablantes después del castellano. Se habla en las comunidades autónomas de Cataluña, Valencia y las Islas Baleares, y en el país de Andorra. En todas esas regiones es o lengua oficial o lengua con estatus protegido, formando parte del sistema educativo y siendo además lengua de la administración y de los medios de comunicación. Es importante señalar que tanto en la Comunidad Valenciana como en Baleares hay intentos por diferenciar sus variedades como lenguas diferentes del catalán, llamándolas respectivamente* ***valenciano*** *y* ***balear****. La polémica es política y cultural, porque desde la perspectiva lingüística el valenciano y el balear son variantes dialectales de una sola lengua, el catalán.*[25]

El ***aranés*** *se habla en el Valle de Arán*[26] *en Pirineos. El aranés no es una variedad ibérica, sino una variedad del gascón (la lengua de la "Gascogne"), que a su vez es un dialecto del occitano (o "langue d'oc"), lengua que durante muchos siglos se hablaba en el sur de Francia. El aislamiento del aranés ha hecho posible que, aunque el número de hablantes sea pequeño, la lengua haya sobrevivido en convivencia con el castellano, el catalán y, en menor medida, el francés. El Valle de Arán pertenece al territorio de Cataluña y el gobierno catalán ha tomado medidas para la protección de esta variedad (estas medidas incluyen su estandarización y uso habitual en la educación).*

Para muestras grabadas de algunas lenguas y dialectos peninsulares, visite nuestra página en la red.

www.wiley.com/college/Schwegler
→ Listen to speech samples → Cap. 18
→ "Lenguas y dialectos peninsulares"

---

[22] Para más información, consulte Siguan (1994: 136–145, 270) y Hualde (2005: 288).

[23] Siguan (1994: 145–154).

[24] Siguan (1994: 155–156, 267–270).

[25] Para una discusión detallada sobre este debate revise Siguan (1994: 43–45, 82, 84–85, 125–136, 194–200, 208–210); Siguan (2008: 9–10); Hualde (2005: 289–290).

[26] Siguan (2008: 6) habla de unos 6.000 habitantes. Para más información, consúltense Siguan (1994: 155, 264–267) y Hualde (2005: 290).

18.4. La pronunciación del español a través del tiempo

18.4.1. *Mil años de relativa estabilidad fonética*

La gran mayoría de los sonidos del español ha permanecido sorprendentemente estable durante el último milenio. Este carácter conservador de la lengua española explica en gran parte por qué es relativamente fácil leer textos castellanos que se remontan incluso a la temprana Edad Media (español antiguo, siglos XIII-XVI). Sirva de ejemplo un fragmento del poema del Mio Cid, cuyo lenguaje arcaizante busca conservar un sabor de antigüedad:

Abraçan los escudos delant los coraçones, [siglo XIII]
abaxan las lanças abueltas con los pendones,
enclinavan las caras sobre los arzones,
batién los cavallos con los espolones ...

(Mio Cid, 3615–18; cit. en R. Lapesa,
Historia de la Lengua Española, 1986: 225)

Hubo, sin embargo, algunos cambios notorios que alteraron la pronunciación del español, apartándolo así fonéticamente cada vez más de las otras lenguas románicas. Las secciones a continuación examinan tres de estas innovaciones fonéticas.

18.4.2. *La [x] española: adopción de un nuevo sonido*

El español antiguo tenía una serie de sibilantes, entre las cuales figuraban las fricativas palatales [ʃ] sorda y [ʒ] sonora, que correspondían a los grafemas "x" = /ʃ/ y "g/j" = /ʒ/:

SIBILANTE SORDA			SIBILANTE SONORA			
[ʃ] = "x"	*di<u>x</u>o*	['diʃo]	/ʒ/	= "g"	*muger*	[mu'ʒeɾ]
				= "j"	*junio*	['ʒuɲi̯o]

En la Alta Edad Media (siglo XV), estas fricativas palatales comienzan su evolución hacia [x], con lo que en el siglo XVI se impone, por primera vez en la historia de las lenguas románicas, el sonido y fonema de la "jota" (fricativa velar sorda), tan característico de la pronunciación actual del español. El cambio cronológico es como sigue: **/ʒ/ se desonoriza** primero a /ʃ/, y luego esta sibilante sorda evoluciona a /x/. Dicha innovación de /ʃ/ a /x/ ocurrió a tiempo para que pudiera imponerse como rasgo general tanto en el español de la Península como en el del "Nuevo Mundo". Los ejemplos a continuación ilustran el paso de [ʃ] a [x][27]:

[27] La consolidación ortográfica de la distinción "j"+ /e, i/ y "g"+ /e, i/ fue posterior (siglos XVIII–XIX). Para un mayor desarrollo, consúltense Penny (2002: 98–101) y Hualde (2005: 155–159, 280).

	ESPAÑOL SIGLO XV		ESPAÑOL MODERNO	
ojo:	*ojo*	['oʃo]	*ojo*	['oxo]
paja:	*paxa*	['paʃa]	*paja*	['paxa]
dijo:	*dixo*	['diʃo]	*dijo*	['dixo]
gesto:	*gesto*	['ʃesto]	*gesto*	['xesto]

18.4.3. *De ['kaza] a ['kasa]: desonorización de la [z] intervocálica*

El segundo cambio distintivo fue la desonorización de la [z] intervocálica a [s] sorda. Antiguamente, palabras como *casa, rosa* o *prisión* se articulaban con una "s" sonora: [z] (cp. ['kaza, 'roza, pri'zi̯on]). Hacia finales de la Edad Media, estas voces empezaron a articularse en su forma moderna, i.e., con "s" sorda (cp. ['kasa, 'rosa, pri'si̯on]). Este paso fonético apartó al español de la "sonoridad" de las demás lenguas románicas, en las cuales la "s" intervocálica sigue articulándose con [z] sonora (cp. italiano *casa* = ['kaza] o portugués *casa* = ['kazə]).

18.4.4. *La adopción innovadora de la "zeta" castellana*

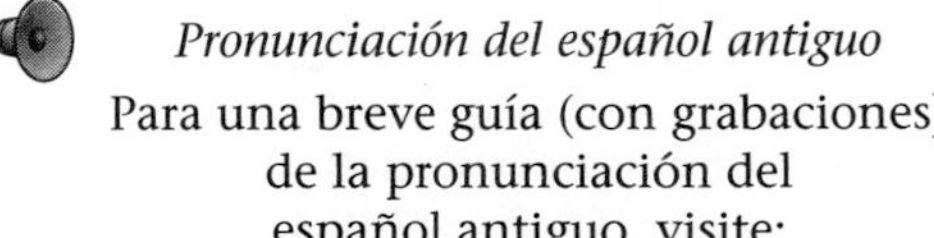

Pronunciación del español antiguo

Para una breve guía (con grabaciones) de la pronunciación del español antiguo, visite: ***www.humnet.ucla.edu/santiago/osppron.html***

El tercer cambio relevante fue la introducción, en el dialecto castellano, del sonido fricativo interdental sordo /**θ**/ para representar a los grafemas "**c**" + /**e, i**/ (español antiguo *decir* "to descend") y **ç** + **vocal** (esp. ant. *caça* > esp. mod. *caza*), pronunciados como [**ts**], y "z" + **vocal** (esp. ant. *dezir* "to say", *pozo*) pronunciado como [**dz**]. Este cambio alteró la articulación de palabras como *cero* o *pozo* de ['**ts**ero] y ['po**dz**o] a ['**θ**ero] y ['po**θ**o], respectivamente. Como se explicará en mayor detalle (§18.5), este paso articulatorio fue más tardío (siglos XVI-XVII)[28] por lo que no logró incorporarse al español de América, donde *cero* y *pozo* se articulan siempre con [s] sorda (i.e., ['sero], ['poso]).

18.5. El predominio histórico del castellano y andaluz en el español de América

Es destacable que no hayan sido el leonés, el aragonés, el catalán o el gallego sino los dialectos castellano y andaluz las hablas de España que más se difundieran en el Nuevo Mundo. Como señala Lipski en *El español de América* (1996), los patrones migratorios coloniales explican, al menos parcialmente, el porqué de esta historia

[28] Penny (2002: 98–103).

lingüística: en las fases iniciales del poblamiento de Latinoamérica, los castellanos y andaluces predominaban numéricamente entre los colonos y así implantaron su habla en vastas áreas del Nuevo Mundo.

Al extenderse el término *castellano* a toda la Península Ibérica y luego al Nuevo Mundo, este empezó a usarse en el sentido más amplio de "español". No sorprende, pues, que en la actualidad para muchos latinoamericanos la expresión "hablar castellano" equivalga a "hablar español". Sin embargo, aún hoy el término *castellano* sigue aplicándose de manera más restringida para designar únicamente a las variedades dialectales habladas modernamente en Castilla-León (zona de origen del castellano) y Castilla La Mancha, ambas en el norte y centro de España. Se entenderá ahora por qué el Diccionario de la *Real Academia Española* (www.rae.es) define "castellano" así:

Castellano, na.

1. Lengua española, especialmente cuando se quiere introducir una distinción respecto a otras lenguas habladas también como propias de España.
2. Dialecto románico nacido en Castilla la Vieja, del que tuvo su origen la lengua española.
3. Variedad de la lengua española hablada modernamente en Castilla la Vieja.

Al terminarse la Reconquista en 1492, las variedades de castellano que se hablaban en los dominios cristianos naturalmente siguieron evolucionando. Lo que constituía al principio una relativa homogeneidad, pronto empezó a diferenciarse otra vez, con lo que surgieron nuevas variaciones en el castellano hablado en las diferentes áreas de la Península Ibérica y de América. En la Península, la diferenciación más clara es la que existe entre las variedades habladas en el norte y centro de España y las variedades del sur (Andalucía, Extremadura) y las Islas Canarias.

El español americano mantuvo al principio una actitud conservadora en sus características, resistiéndose así a los cambios innovadores que se efectuaron en algunas partes de la Península. Uno de los resultados de tal actitud fue precisamente la no adopción en América de la fricativa interdental sorda /θ/ y el mantenimiento de la fricativa alveolar sorda /s/, que mencionamos en §18.4.4.

> **Definición de "seseo"**
>
> Pronunciación de la "z", y de la "c" (ante "e", "i") como [s]. Es uso general en América, Andalucía, las Islas Canarias y otras regiones españolas.
>
> Para más detalle, véanse los Capítulos 19 y 20.

Tradicionalmente, los dialectólogos han dividido el español americano en dos zonas: (1) las **Tierras Altas** (que comprenden las tierras de interior y de montaña) y (2) las **Tierras Bajas** (zonas costeras y planicies) (Mapa 18.5, pág. **360**). Durante la primera etapa de la colonización, parecen haber llegado a estas dos zonas innovaciones lingüísticas típicas del habla andaluza. Entre ellas puede señalarse el **seseo** que se opone a la sistemática diferenciación entre la fricativa alveolar /s/ y la fricativa interdental /θ/.[29] Si tomamos como punto de partida la ortografía, podemos distinguir fácilmente entre lo que constituye el seseo y el uso de la /θ/. En el seseo, las letras "s", "z" y "c" (+ "e", "i") representan /**s**/. En contraste, en el español de España (exceptuando las zonas seseantes), únicamente la letra "**s**" equivale a /**s**/, mientras que la "**z**" y la "**c**"+ /**e, i**/ representan a la interdental /**θ**/ (Fig. 18.6).[30]

Ejemplo	España no seseante	España seseante e hispanoamérica	
zapato	/**θ**a-ˈpa-to/	/sa-ˈpa-to/	seseo
cinco	/ˈ**θ**in-ko/	/ˈsin-ko/	
cerveza	/**θ**eɾ-ˈbe-**θ**a/	/seɾ-ˈbe-sa/	
diez	/die**θ**/	/dies/	
bizcocho	/bi**θ**-ˈko- tʃo/	/bis-ˈko- tʃo/	
son	/son/	/son/	
masa	/ˈma-sa/	/ˈma-sa/	

Fig. 18.6. /θ/ vs. /s/.

www.wiley.com/college/Schwegler
→ *Listen to speech samples* → *Cap. 18*
→ *"zapato: Castilla vs. Andalucía/América"*

[29] Recuerde que la fricativa interdental sorda del español /**θ**/ es muy similar a la "**th**" del inglés en palabras como *think, math* o *ethics*.

[30] En algunas partes de Andalucía existe un fenómeno denominado *ceceo* (articulado [θe-ˈθeo]). Es, en cierto sentido, paralelo al seseo, ya que los hablantes ceceantes pronuncian [θ] donde otros hablantes articulan [s]; cp. *sensaciones* [**θ**en-**θ**a-ˈ**θ**i̯o-ne**θ**].

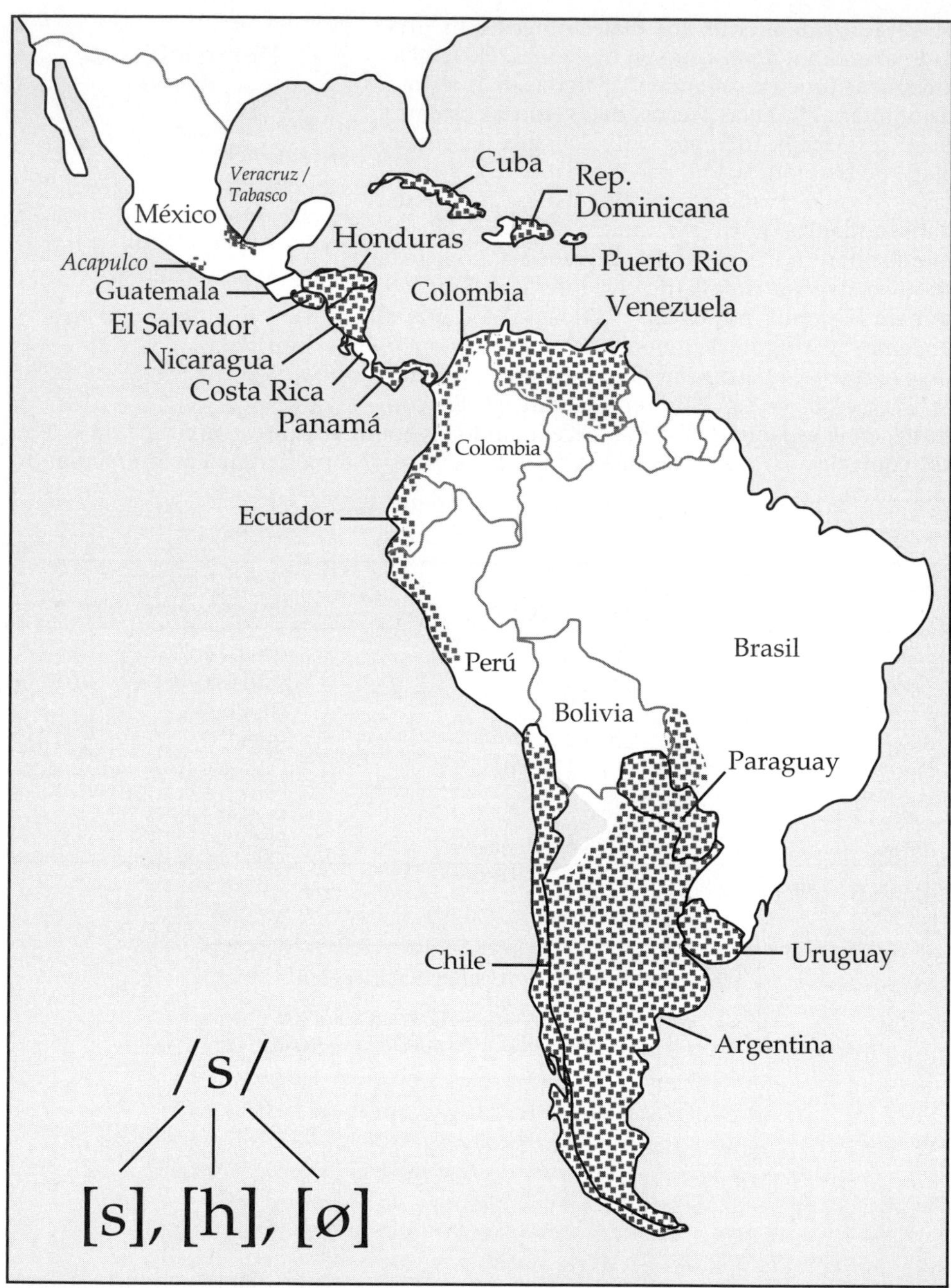

Mapa 18.5. Retención [s], aspiración [h] y elisión [ø] de la /s/ final de sílaba en las Tierras Bajas.

Estos tres fenómenos ocurren en variación libre en: (1) todo el Caribe hispánico (Cuba, Rep. Dominicana, Puerto Rico); (2) toda Centroamérica (excepto Guatemala y Costa Rica); (3) las costas de Venezuela, de Colombia, de Ecuador y el centro-norte de Perú; y (4) el cono sur de Latinoamérica (Chile, Paraguay, Uruguay y Argentina).

> Muestras grabadas de la aspiración y elisión de la /s/ en:
>
> ***www.wiley.com/college/Schwegler***
>
> *→ Listen to speech samples → Cap. 18 → "/s/ en Tierras Bajas"*

Otras características procedentes de Andalucía llegaron solamente a las Tierras Bajas, principalmente a los puertos de San Juan (Puerto Rico), Santo Domingo (República Dominicana), La Habana (Cuba), Panamá, las costas de Colombia, Venezuela, Ecuador y la región porteña (Buenos Aires). El más conocido y quizás el más típico entre estos rasgos dialectales es la llamada aspiración y elisión (o pérdida) de la **"s"** en posición **final de sílaba** (también llamada **"s" implosiva**). Los ejemplos a continuación conceptualizan el fenómeno. El Mapa 18.5. muestra su amplia distribución geográfica.

	Aspiración de /-s/	Pérdida (u omisión) de /-s/
es̲tas̲ cosas̲	['e^{h}ta^{h} 'kosa^{h}]	['e_ ta_ 'ko-sa_]
los̲ niños̲	[lo^{h} 'niɲo^{h}]	[lo_ 'niɲo_]
¿cómo es̲tás̲?	['komu̯ e^{h}'ta^{h}]	['komu̯ e_ 'ta_]

Como se explicará en detalle en el Capítulo 20, la aspiración y la elisión de la /s/ final de sílaba es un fenómeno *variable* que alterna con la retención más o menos frecuente de la /s/. Así, los hablantes de algunos dialectos de las Tierras Bajas suelen alternar libremente —a veces incluso dentro de una misma oración— entre **[s]**, **[^{h}]** y **[ø]** (cp. *cosas̲* = ['kosa**s**] = retención, ['kosa^{h}] = aspiración, ['kos**a**] = pérdida).

A lo largo de los años, algunos especialistas en dialectología han expuesto varias teorías, algunas de ellas contradictorias, sobre por qué ciertos rasgos andaluces (por ej., la aspiración de la *-s*) han podido implantarse sólo en las Tierras Bajas mientras que otros (por ej., el seseo) se han generalizado en toda Latinoamérica. Para algunos expertos, los patrones migratorios explicarían los hechos dialectales: por un lado, en las Tierras Bajas supuestamente se habría establecido una mayoría de habitantes originarios del sur de España, dando preferencia así a costumbres lingüísticas de esta región. En este sentido, debe notarse que en Hispanoamérica los rasgos fonéticos andaluces se concentran en las zonas costeras que rodean a los puertos principales (San Juan, La Habana, Veracruz, Cartagena, Buenos Aires, etc.), y que en las zonas "bajas" más al interior, las influencias lingüísticas españolas regionales estuvieron, como dice Lipski (1996: 62), más diversificadas.

Por otro lado, en las Tierras Altas de América se habrían asentado, sobre todo, personas procedentes del área castellana. Lo cierto, sin embargo, es que en los altiplanos de Sudamérica, ningún dialecto peninsular tuvo un papel tan preponderante como lo tuvo el andaluz en las Tierras Bajas. Esto explica, en parte, por qué entre las hablas de las Tierras Altas hay tantas diferencias como similitudes. Por lo tanto, es al menos parcialmente falsa la ecuación "Tierras Altas = Castilla", aunque no pueda negarse tampoco que, en tiempos coloniales, las hablas de ciudades como Bogotá, México y Quito favorecían los rasgos castellanos (más que los andaluces) por ser las sedes principales de los virreinatos españoles, en los cuales se preferían, sobre todo entre las clases dominantes, las costumbres lingüísticas y sociales más conservadoras de los centros urbanos castellanos.

18.6. ¿Quién pronuncia mejor el español en América?

A lo largo de este manual nos hemos centrado ante todo en el registro formal del español americano general, es decir, en los rasgos comunes a México, Centroamérica y la zona andina de Sudamérica.

Como ya señalamos en el primer capítulo de este texto, dentro del mundo hispánico, el español americano de las Tierras Altas (sobre todo el de ciudades como Bogotá, México y Quito) es lo que tradicionalmente se ha considerado la versión del español menos marcada dialectalmente al oído (y por lo tanto la más "estándar" o "general")[31], y esta pronunciación es la que normalmente se enseña en las escuelas o universidades de Estados Unidos. De ahí que la hayamos elegido en nuestro manual para nuestras transcripciones generales, dado que representa los rasgos fonéticos más comunes de las distintas variedades del español de América Latina. Sin embargo, queremos insistir en que **la pronunciación de ese español americano "general" o "estándar" es solamente una de las variedades que pueden encontrarse en el mundo hispánico**. El estudiante de ninguna manera debe concluir que la pronunciación del español americano que hemos presentado en este manual es necesariamente la mejor o la preferible. En muchas regiones dialectales, este español "general" suele ser la variedad más útil en situaciones formales (entrevistas de trabajo, congresos profesionales, televisión, radio, etc.).

Mapa 18.6.
México, D.F., Bogotá y Quito.

Para muestras grabadas de las hablas de la capital de México y de otras ciudades, visite nuestra página en la red:

 *www.wiley.com/college/Schwegler*
→ *Listen to speech samples* → Cap. 18
→ *"Muestras del español formal"*

Se trata de grabaciones radiofónicas (habla formal) entre las cuales se notarán fuertes similitudes articulatorias.

[31] Hemos de precisar que estas consideraciones se han adoptado siempre tomando como modelo de prestigio la variante del español general de las regiones centro y norte de España. Como hemos explicado, allí están ausentes fenómenos como la aspiración y elisión de la /s/ y otros fenómenos comunes de las variedades del sur de España y de las Tierras Bajas de Latinoamérica.

Resumen

El español tiene una relación genética directa con otras lenguas románicas (francés, rumano, etc.) y asimismo con el **latín**, del cual desciende. A pesar de las invasiones en la Península Ibérica de **vándalos** y **godos** en el siglo V, el latín peninsular no se vio afectado profundamente por el contacto con los dialectos germánicos.

En el siglo VIII, las **invasiones de los pueblos árabes y bereberes** produjeron una transformación lingüística y social radical: trajeron a España la fe musulmana y el árabe, un nuevo idioma que llegó a ser la lengua predominante en la Península por más de medio milenio. El contacto entre las distintas variantes de latín vulgar y el árabe tuvo un gran impacto en la historia del español. Además, produjo un habla mixta, el mozárabe, que se diferenciaba del español antiguo de la primitiva zona castellana por contener una serie de rasgos árabes o arabizantes.

La **Reconquista** iniciada por los cristianos residentes en la zona norteña cantábrica, jamás invadida por los árabes, tuvo un importante efecto lingüístico: preparó el camino para que una lengua latina (y no el árabe) llegase a ser, de nuevo, el idioma oficial de todo el territorio español y, a la vez, causó la gradual desaparición del mozárabe en el centro de la Península.

A finales del siglo X, el latín hablado se había diversificado hasta tal punto que podían distinguirse nuevos "dialectos latinos", entre los cuales hemos incluido el **gallego-portugués**, el **astur-leonés**, el **castellano**, el **aragonés**, el **catalán**, y, como variante del español, el **andaluz**. La progresiva evolución del latín vulgar en el centro y norte de España llevó a que el pueblo empezara a llamar a su lengua "**castellano**" (más tarde "español"). El catalán, el portugués y el gallego siguieron distanciándose del español con relativa rapidez generando una gran tradición literaria y cultural. Hoy, estos antiguos "dialectos latinos" son tan distintos entre sí que el castellano (y/o español), el catalán, el gallego y el portugués se categorizan como *lenguas* y no como *dialectos*.

En la formación del español de América intervinieron dos dialectos del español en particular: el castellano y el andaluz. En las **Tierras Bajas** son más típicos los rasgos andaluces y del sur de España (incluyendo las Islas Canarias). Su característica más notoria reside en la aspiración y la pérdida de la /-s/ final de sílaba (cp. *¿cómo etá uté?*). Un rasgo característico castellano —la fricativa interdental sorda /θ/— no llegó a implantarse en el continente americano, donde el **seseo** es general. Las **Tierras Altas** conservan, sin embargo, un rasgo del área castellana, a saber, la preservación en muchos casos de la /-s/ final de sílaba.

La Figura 18.7 (pág. 364) presenta de manera muy simplificada el desarrollo del español a lo largo de los últimos 3.000 años.

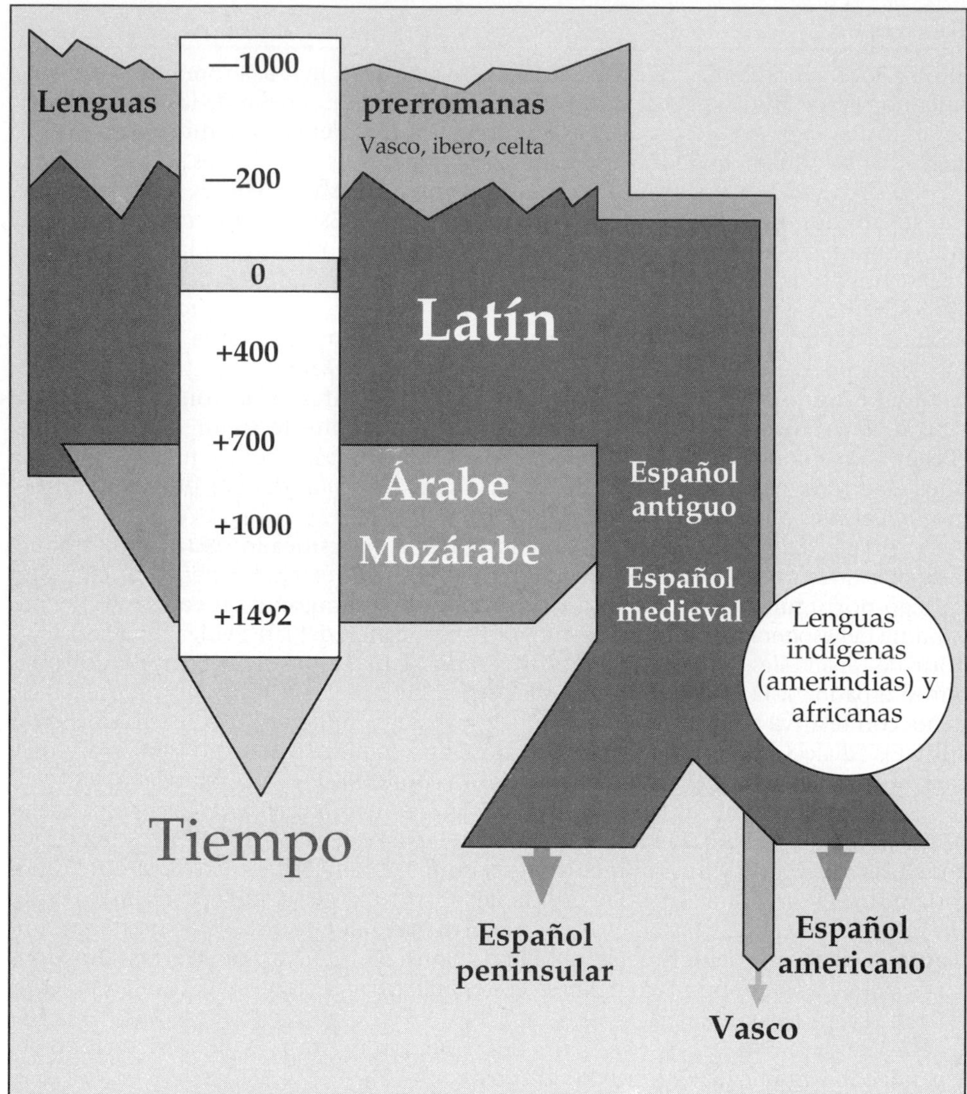

Fig. 18.7. Conceptualización (muy simplificada) de la historia del español.

Las lenguas en contacto (por ejemplo el vasco y el latín o el árabe y el español antiguo) influyeron unas sobre otras en mayor o menor grado. El árabe, hablado por más de 700 años en la Península Ibérica, dio gran cantidad de vocablos al español (cp. alfombra, alquiler, almacén*). Todavía no está claro si el contacto entre el latín tardío y el árabe (o mozárabe) tuvo un impacto determinante en la pronunciación (sobre todo en la entonación) en las hablas neolatinas de la Península. Sigue discutiéndose también cuál ha sido el verdadero impacto —muy variado según la zona— que las lenguas indígenas y africanas han tenido en el español de América (véase Klee & Lynch 2009). Sobre todo en el Caribe y zonas costeras de Colombia, Ecuador, Panamá, Venezuela, etc., la llegada masiva de esclavos negros, a partir del siglo XVI, fomentó el contacto entre el español y centenares de lenguas subsaharianas.*

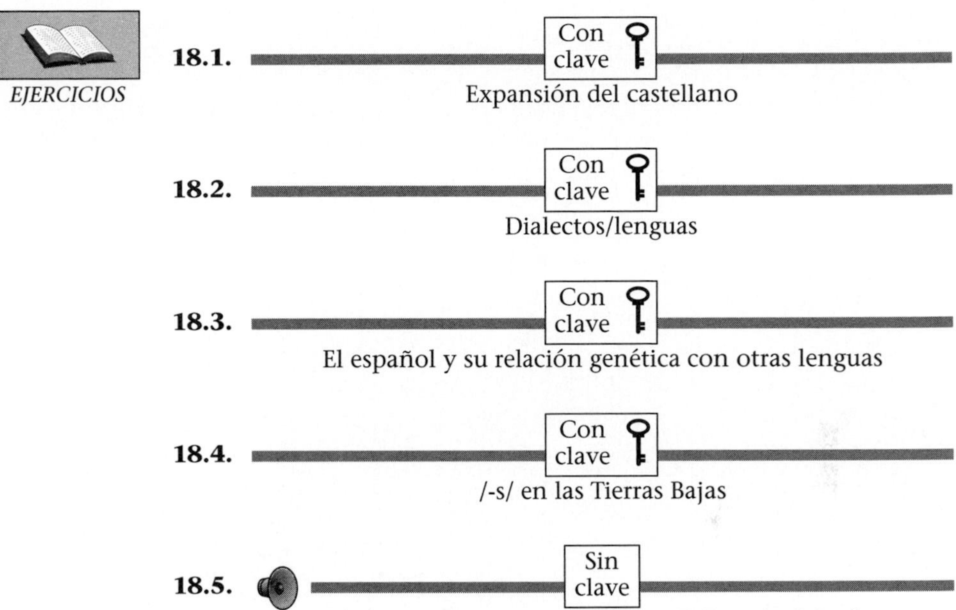
EJERCICIOS
18.1.
Con clave
Expansión del castellano
18.2.
Con clave
Dialectos/lenguas
18.3.
Con clave
El español y su relación genética con otras lenguas
18.4.
Con clave
/-s/ en las Tierras Bajas
18.5.
Sin clave
/-s/ en grabaciones de México, D.F., y Andalucía

Capítulo 19

El español peninsular

19.1. Introducción

Hay dos zonas muy diferentes en España en lo que a la pronunciación se refiere: el centro/norte y el sur. A la modalidad de pronunciación del centro y norte de la Península Ibérica le damos el nombre de *español castellano* o simplemente *castellano*. Al usar este último término hay que recordar que *no* nos referimos al español de la Península en general (y mucho menos aún al de Latinoamérica) sino al **dialecto castellano**, hablado, por ejemplo, en Madrid, Valladolid, Burgos o en otras localidades del centro y norte de España (Mapa 19.1).

Históricamente de menor prestigio que el castellano, entre las hablas del sur de España destaca el *andaluz*. Estos dialectos del sur (el andaluz, el extremeño y las variantes de las Islas Canarias) tienen rasgos más semejantes fonéticamente a los del español del Caribe (Cuba, República Dominicana, Puerto Rico) que a los del resto de la Península. Como ya hemos mencionado en el capítulo anterior, las variantes del sur comparten importantes rasgos con el resto de Hispanoamérica; por ej., el seseo.

Mapa 19.1. Castellano y andaluz: los dos principales dialectos del español peninsular.

Obsérvese en el mapa que en Extremadura (comunidad autónoma de España que linda con Portugal) se habla el dialecto extremeño. Este es mucho más similar al andaluz que al castellano. En Extremadura es común, por ejemplo, la aspiración o pérdida de la /-s/ final de sílaba — fenómeno que es típico de Andalucía, como se explicará en este capítulo.

Muestras grabadas de dialectos peninsulares en:

www.wiley.com/college/Schwegler
→ Listen to speech samples → Cap. 19
→ "Dialectos castellano y andaluz"

En este capítulo estudiaremos algunos de los rasgos del español que, dentro de la Península, se dan casi exclusivamente en la pronunciación de lo que llamamos "castellano". Este tipo de pronunciación se localiza en las zonas centro-norteñas, de las que partió el mayor número de personas durante el período inicial de la colonización de América, organizada desde la antigua Castilla, es decir, Castilla-León y Castilla La Mancha. Las características más sobresalientes del (dialecto) castellano se deben tanto a **innovaciones** lingüísticas locales como a la **preservación** de antiguos rasgos dialectales.

19.2. Rasgo #1: La zeta castellana

19.2.1. *[θ] = alófono de /θ/*

Se pueden encontrar muestras grabadas de la fricativa interdental [θ] en:
www.wiley.com/college/Schwegler
→ *Listen to speech samples* → *Cap. 19*
→ *"Zeta castellana"*

Ya hemos visto que tanto en las hablas del sur de España (Andalucía, Extremadura y Canarias) como en América no existe distinción fonológica entre los fonemas fricativos /θ/ y /s/. Sin embargo, en gran parte de España, sobre todo en el dialecto castellano del centro y norte, esta distinción se hace de manera sistemática representando /θ/ ortográficamente con las letras *z* y *c* (ante *i* y *e*), y contrastándola con el grafema "*s*" como en: *cine, caza, cerilla, paz* vs. *silla, casa, solo*. Llamada *zeta* /ˈθeta/ por los hablantes del dialecto castellano, la articulación de la interdental [θ] es (1) poco sibilante comparada a la [s] y (2) muy semejante a la "th" del inglés en palabras como *thin, think, path*.

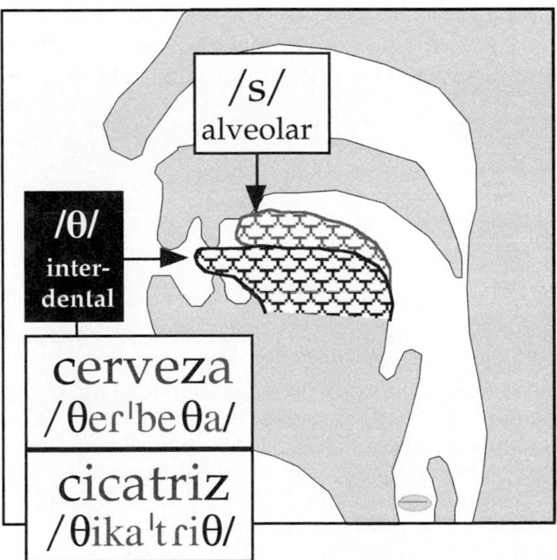

Fig. 19.1. La fricativa interdental /θ/ frente a la fricativa alveolar /s/.

La mayor diferencia articulatoria entre /s/ y /θ/ reside en que el alófono principal de /θ/ es interdental y el de /s/ es alveolar. Además, comparada con la interdental /θ/, la /s/, ya sea apical (= castellano) o predorsal (= sur de España y español americano), es muy sibilante. Este efecto sibilante se debe a la forma que toma la lengua al producir la /s/.

Ejemplos con [θ]:

cocina	/ko'θina/	*mezcla*	/'meθkla/
cine	/'θine/	*mezquita*	/meθ'kita/
encima	/en'θima/	*azotea*	/aθo'tea/
cesta	/'θesta/	*azul*	/a'θul/
cerrar	/θe'raɾ/	*zorro*	/'θoro/
mecer	/me'θeɾ/	*maíz*	/ma'iθ/

El *no* emplear el fonema /θ/ en palabras como *cerveza* o *zapato* se denomina **seseo.** En términos ortográficos, el seseo se define como la correspondencia de un solo fonema /s/ con las letras "s", "z" y "c" (ante "i", "e"). La Figura 19.2. presenta ejemplos contrastivos.

	"s" *rosa*	"z" *arroz*	"ci" *hiciste*	"ce" *hace*
Áreas seseantes:	/'rosa/	/a'ros/	/i'siste/	/'ase/
Áreas no seseantes:	/'rosa/	/a'roθ/	/i'θiste/	/'aθe/

Fig. 19.2. Seseo frente a /θ/.

El seseo es general en Latinoamérica, donde el fonema /θ/ no se emplea en ningún dialecto.[1] *En contraste, la distinción /θ/ : /s/ es general en España, donde el seseo solo está presente en las variedades andaluzas,*[2] *en las Islas Canarias y en algunas otras zonas del sur.*

Históricamente, la fricativa interdental [θ] es una innovación relativamente reciente ya que se generalizó en el castellano solo después de los siglos XVI–XVII.[3] Esta innovación tardía explica, en parte, por qué este sonido no se consolidó en el español de América. Así, en contraste con el español andaluz y el americano, en el dialecto castellano pueden establecerse pares mínimos como los que ilustramos en la Figura 19.3.

[1] Hualde (2005: 154) cita el trabajo de Caravedo (1992) que analiza la presencia de /θ/ en el área de Cuzco en Perú. Para más información, consulte Parodi (1995: 71–72, 78–81, 85).

[2] En algunas variedades andaluzas también suele ser frecuente el **ceceo**, en donde se usa el alófono [θ] (también transcrito [θ̪] por ser dentalizado) para representar los grafemas "s", "c" + /e, i/ y "z". Así *silla, cena, zapato, paz* se pronuncian *[θ]illa, [θ]ena, [θ]apato* y *pa[θ]*, respectivamente. Pese a ser un fenómeno no estándar y a estar estigmatizado, el ceceo es uno de los rasgos más característicos del andaluz. De acuerdo a Hualde (2005: 154), también es común en variación libre en algunos dialectos de El Salvador, Honduras y Guatemala.

[3] Para un mayor desarrollo, consulte el Capítulo 18 (§18.4.4) y Penny (2002: 98–103).

	casa	caza	
	tasa	taza	
	ves	vez	
Áreas no seseantes:	['kasa] ['tasa] [bes]	['kaθa] ['taθa] [beθ]	**SÍ** **son pares mínimos** (hay contraste fonemático)
Áreas seseantes:	['kasa] ['tasa] [bes]	['kasa] ['tasa] [bes]	**NO** **son pares mínimos** (no hay contraste fonemático)

Fig. 19.3. Pares mínimos basados en /s/ vs. /θ/.

19.2.2. *[θ] = alófono de /d/ y /k/ en posición final de sílaba*

Hemos presentado la fricativa dental sorda [θ] como un alófono perteneciente al fonema /θ/.[4] En el área castellana, este mismo sonido es frecuentemente un alófono del fonema /-d/ cuando ocurre en posición final de palabra, por ej.: *verdad, habilidad, red = verda[**θ**], habilida[**θ**], re[**θ**]*; y, en menor medida, en posición final de sílaba: *adquisición, administrar, admirar = a[**θ**]quisición, a[**θ**]ministrar, a[**θ**]mirar*. Estas pronunciaciones son muy comunes incluso en estatus socioeducativos altos aunque no formen parte del estándar. En otras áreas dialectales, esta misma /d/ final de palabra se articula con [-ð] o se omite por completo (Fig. 19.4).

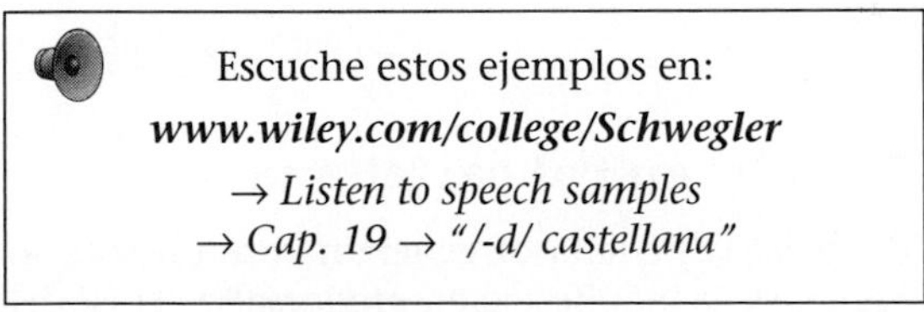
Escuche estos ejemplos en:
www.wiley.com/college/Schwegler
→ Listen to speech samples
→ Cap. 19 → "/-d/ castellana"

De igual manera, en el habla informal los hablantes de la variante del centro y norte de España articulan como [**θ**] la /**k**/ en posición final de sílaba, particularmente en el grupo "**-ct-**"; cp. *pacto, Victoria, doctor, recta = pa[**θ**]to, Vi[**θ**]toria, do[**θ**]tor, re[**θ**]ta*. Esta pronunciación suele estar estigmatizada, pero aún así es frecuente.

[4] Spicher (et al. 2008: 196–197), Hualde (2005: 160) y otros especialistas en fonética distinguen el alófono [**ð**] para representar la secuencia **/θ/ + consonante sonora:** *juzgado* [xuð'ɣaðo], *capaz de* [ka'pað ðe]. Este manual no hará una transcripción tan estrecha y representará estos casos con [θ]; así: [xu**θ**'ɣaðo], [ka'pa**θ** ðe].

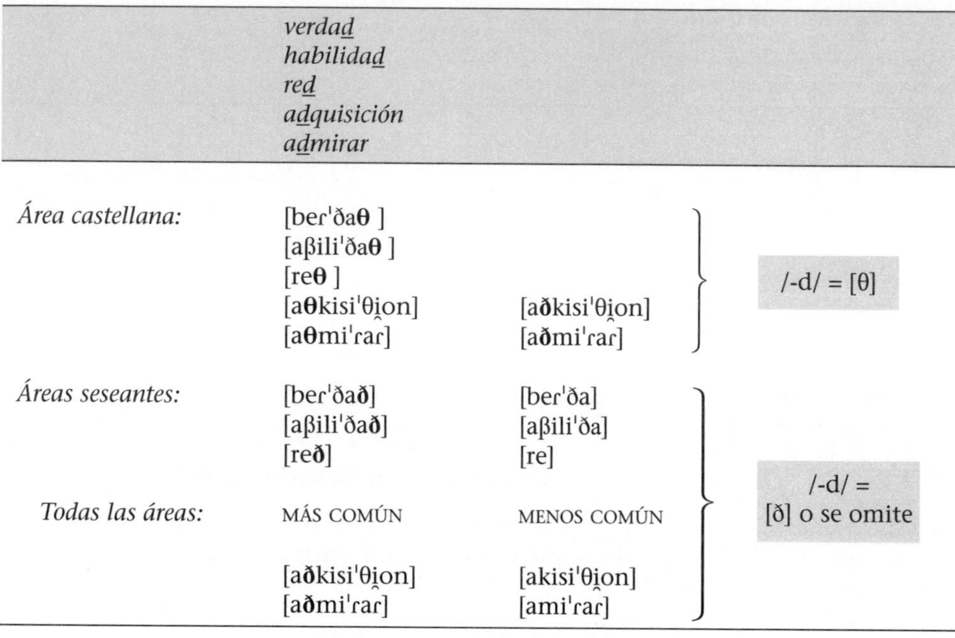

	verdad		
	habilidad		
	red		
	adquisición		
	admirar		
Área castellana:	[beɾ'ðaθ]		/-d/ = [θ]
	[aβili'ðaθ]		
	[reθ]		
	[aθkisi'θi̯on]	[aðkisi'θi̯on]	
	[aθmi'ɾaɾ]	[aðmi'ɾaɾ]	
Áreas seseantes:	[beɾ'ðað]	[beɾ'ða]	/-d/ = [ð] o se omite
	[aβili'ðað]	[aβili'ða]	
	[reð]	[re]	
Todas las áreas:	MÁS COMÚN	MENOS COMÚN	
	[aðkisi'θi̯on]	[akisi'θi̯on]	
	[aðmi'ɾaɾ]	[ami'ɾaɾ]	

Fig. 19.4. /-d/ final de sílaba y palabra → [-θ] (área castellana).

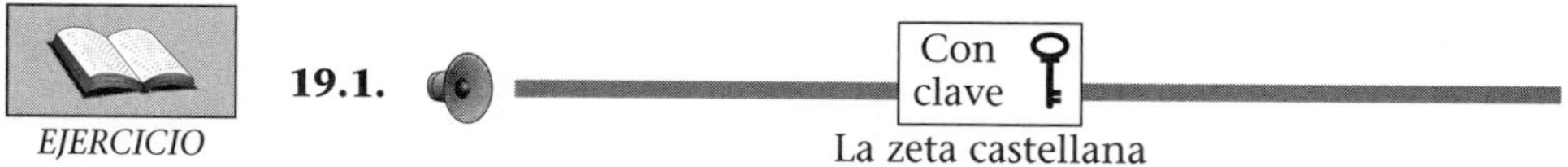

19.3. Rasgo #2: La [s̺] apical castellana

La manifestación de la /s/ castellana es generalmente un sonido **fricativo alveolar sordo apical**, a diferencia de la manifestación **predorsal** de la /s/ del español americano.

Ejemplos:

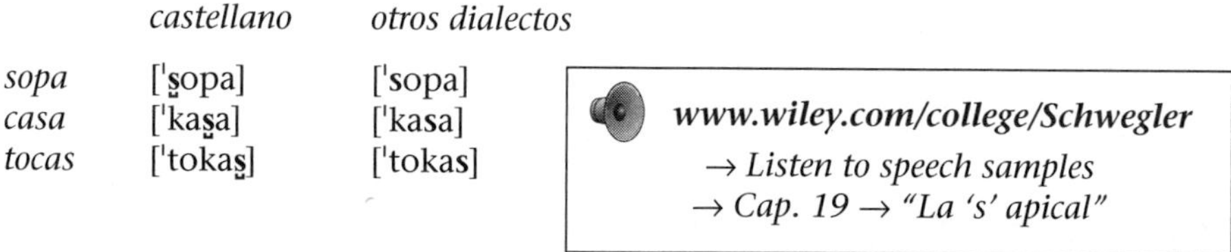

	castellano	*otros dialectos*
sopa	['s̺opa]	['sopa]
casa	['kas̺a]	['kasa]
tocas	['tokas̺]	['tokas]

www.wiley.com/college/Schwegler
→ Listen to speech samples
→ Cap. 19 → "La 's' apical"

La diferencia articulatoria entre la [s̺] apical y la predorsal radica en la configuración de la lengua (Fig. 19.5a). En el alófono **predorsal** de la /s/ **americana**, el ápice de la lengua normalmente está en posición de descanso contra los dientes inferiores; es la parte *predorsal* de la lengua la que hace contacto con el techo de la boca para producir la fricción. En el dialecto **castellano**, es el **ápice de la lengua** el que hace ese contacto, lo que resulta auditivamente en un sonido algo distinto de la [s] predorsal. En la realización de la [s̺] existe una apertura plana y muy estrecha, debido a la configuración que adquiere la cavidad bucal.

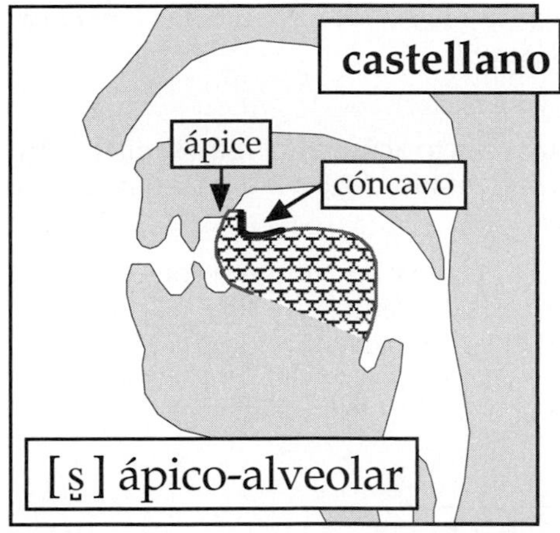

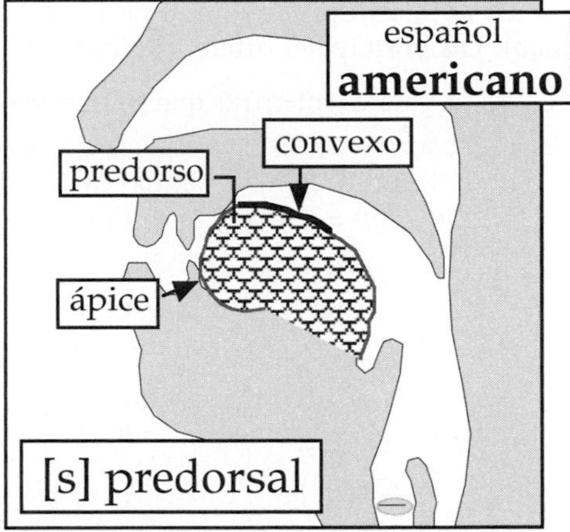

Fig. 19.5a. La "s" ápico-alveolar castellana. **Fig. 19.5b.** La "s" predorsal americana.

> *www.wiley.com/college/Schwegler*
> → *Listen to speech samples* → *Cap. 19*
> → *"s" castellana vs. "s" americana*

La "s" ápico-alveolar castellana se aproxima acústicamente a un sonido que cae entre la "sh" de ingl. "sheep" y la "s" de ingl. "sip". Como muestran estas figuras, la posición de la lengua en la ***[ʂ] apical del castellano es cóncava,*** *mientras que en la* ***[s] americana es convexa.*** *La [s] predorsal es la "s" típica del español americano y de las variedades del sur de España.*

En la zona castellana, la [ʂ] apical es general. Es decir, este rasgo identificador de los dialectos del norte y centro de España es muy estable y, de hecho, en Latinoamérica se considera un rasgo muy característico de los hablantes peninsulares. Según Hualde (2005: 154), en algunas regiones de Colombia también se encuentra la [ʂ] ápico-alveolar.

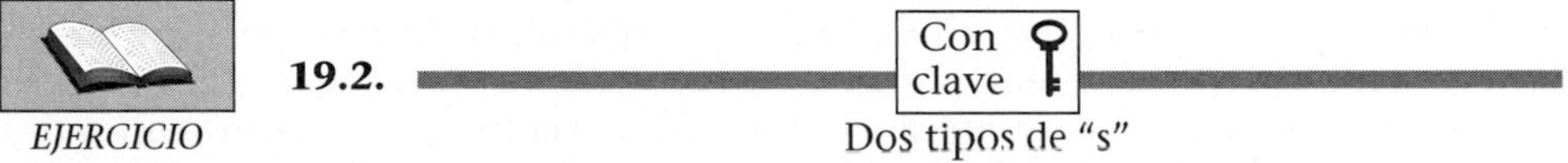

Dos tipos de "s"

19.4. Rasgo #3: El *lleísmo: el fonema lateral palatal* /ʎ/

En las regiones peninsulares de Castilla León, La Rioja y Cantabria (zona dialectal castellana), y en algunas zonas lingüísticamente conservadoras de Sudamérica (Paraguay, las Tierras Altas de los Andes y algunas regiones de Argentina y Colombia [véase el Cap. 20]), se conserva el fonema /ʎ/ que antiguamente era de uso general en la Península, aunque hoy en día esté en recesión, conservándose mayormente en zonas rurales y entre la población de mayor edad. Este fonema /ʎ/ tiene como alófono principal el sonido lateral palatal sonoro [ʎ]. Ortográficamente se representa con la doble "ll" en palabras como *llama, llueve, callar.*

La /ʎ/ **palatal** se realiza de manera semejante a la /l/ **lateral alveolar** (cp. *lama, malo*). Las principales diferencias entre /ʎ/ y /l/ son:

1. /ʎ/ es palatal mientras que /l/ es alveolar; y
2. /ʎ/ se articula con una especie de desliz cuyo efecto acústico es muy similar a [**li̯**]. Acústicamente, [ʎ] es similar al sonido representado por las letras subrayadas de ingl. *million = mi[li̯]on* (cp. *millón = mi[ʎ]ón*).

Así pues, en algunas áreas de la región dialectal castellana, en contraste con el español americano general y con el español del resto de la Península, hay dos fonemas palatales: (1) el fricativo palatal sonoro /**ʝ**/ y (2) el lateral palatal sonoro /**ʎ**/. Compare:

/**ʝ**/ → *mayo, ensayo, yo, haya, tuya*
/**ʎ**/ → *calle, lloro, milla, allí, toalla*

 ***www.wiley.com/college/Schwegler***
→ Listen to speech samples
→ Cap. 19 → "/ʎ/ palatal"

Como prueban los pares mínimos a continuación, en el dialecto castellano /ʝ/ y /ʎ/ son dos fonemas claramente distintos:

/**ʝ**/		vs.	/**ʎ**/	
maya	'Mayan'		*malla*	'mesh'
cayó	'fell' (3ª s.)		*calló*	'was quiet, shut up' (3ª s.)
haya	(pres. subj. de *haber*)		*halla*	'finds, encounters' (3ª s.)

Fuera de la zona castellana mencionada no es frecuente el uso del fonema /ʎ/, por lo que el signo ortográfico "ll" se identifica con el fonema palatal fricativo sonoro /ʝ/. Por lo tanto, en el resto de España y en la mayoría de los dialectos latinoaméricos no hay una distinción fonemática en los pares homófonos de "*mayo / mallo*", "*haya / halla*", "*cayó / calló*".

La ausencia de distinción entre /ʝ/ y /ʎ/ a favor de /ʝ/ se denomina **yeísmo**. Lo contrario, la diferenciación fonemática entre "y" = /ʝ/ y "ll" = /ʎ/ se llama **lleísmo** (pronunciado /ʎe-ˈis-mo/) (Fig. 19.6). La ciudad española de Burgos, por ejemplo, es *lleísta*. Contrario es el caso, entre otras, de las ciudades de Guadalajara, México D.F., La Habana, San Salvador o Caracas, todas *yeístas*. Madrid —un centro cultural y económico que sirve de modelo lingüístico para muchos españoles— ha visto desaparecer la distinción entre la lateral palatal /ʎ/ y la yod /ʝ/, sobre todo entre las generaciones más jóvenes. Esto ha convertido a la capital española en yeísta, lo que refleja una tendencia histórica general: el *lleísmo* ha ido retrocediendo en el mundo hispano desde hace varios siglos; en muchas de las regiones lleístas, el *lleísmo* convive en variación libre con el yeísmo.

	mayo	*ensayo*	*calle*	*lloro*
Áreas con ***yeísmo***	[ˈmaʝo]	[enˈsaʝo]	[ˈkaʝe]	[ˈʝoɾo]
Áreas con ***lleísmo***	[ˈmaʝo]	[enˈsaʝo]	[ˈkaʎe]	[ˈʎoɾo]

Fig. 19.6. Yeísmo vs. lleísmo.

19.5. Rasgo #4: La fricativa velar castellana [χ]

En el español castellano, el alófono principal de /x/ no suele ser el sonido fricativo velar [x] (cuya fricción es relativamente débil), sino un sonido velar o postvelar **fuertemente fricativo**. Esta jota castellana se transcribe con el símbolo fonético [χ].

Es singular que, además de articular con [χ] lo que ortográficamente se representa con "g" + /e, i/ (cp. *gemelos, gitano*), con "j" (cp. *caja, jota*) y, excepcionalmente, también con "x" (cp. *Xavier, México*), los hablantes castellanos empleen esta misma [χ] en palabras donde la letra "g" está en posición final de sílaba:

asignar asi[χ]nar
digno di[χ]no
indignación indi[χ]nación

Para los hablantes mexicanos y asimismo para los de muchas otras zonas latinoamericanas y del sur de España (Andalucía, Canarias, Extremadura), la fricativa velar *castellana* suena muy gutural. Esto se debe a que en estas regiones la jota es muy suave, es decir, articulada con los alófonos aspirados [x^h] o [h]. Así, en palabras como *jamás, justo, ajo*, etc., los mexicanos suelen aspirar los elementos consonánticos que en el centro-norte de España se pronuncian con [χ]. En México esto resulta en una articulación más "suave", i.e., *[x]amás, [x]usto, a[x]o* o incluso *[h]amás, [h]usto, a[h]o.*

Al aprender el español general americano, el estudiante no tendrá que esforzarse innecesariamente para pronunciar el sonido [χ] —inexistente en inglés— ya que las articulaciones más suaves (i.e., [x], [x^h], [h]) son consideradas perfectamente aceptables en el habla culta de Hispanoamérica. Por lo tanto, pueden considerarse dentro del continuum normativo cada una de las pronunciaciones de *lejos* y *gemelos* que presentamos en la Figura 19.7.

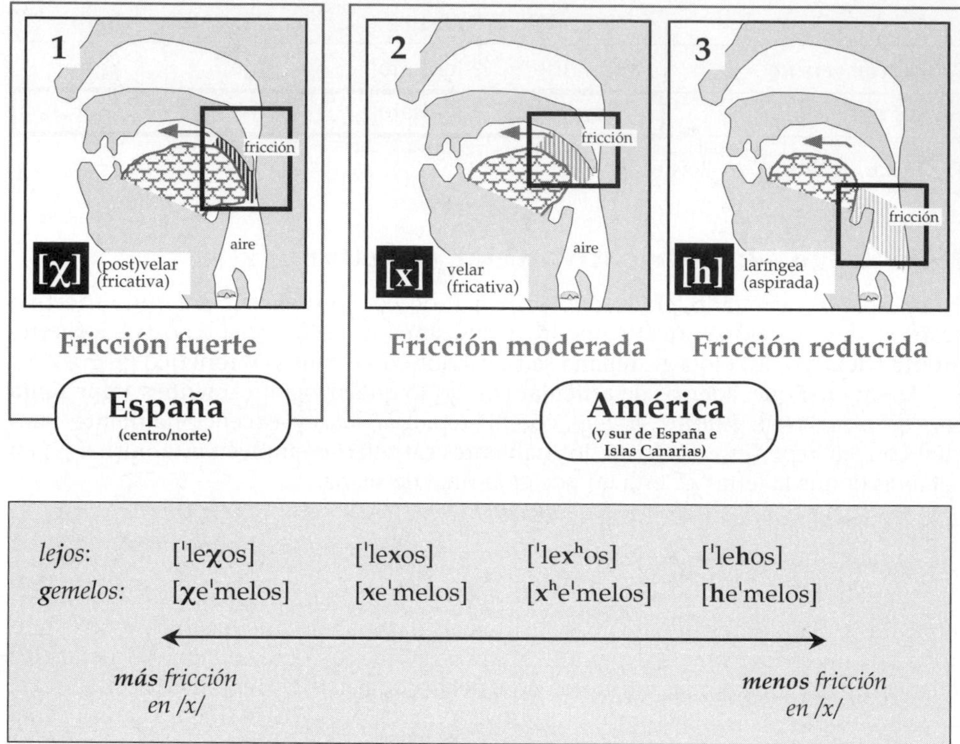

Fig. 19.7. Variación articulatoria: alófonos de /x/.

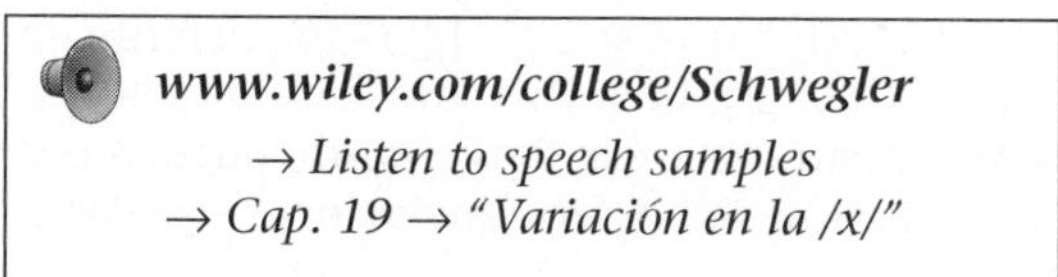

19.6. Rasgo #5: Eliminación de sonidos

19.6.1. *Eliminación de /k/ en el grupo /ks/ intervocálico*

/ks/ intervocálico suele reducirse a menudo a /s/ en casos como *taxi* ['ta**ks**i] > ['ta**s**i] o *sexo* ['se**ks**o] > ['se**s**o]. La frecuencia de estas reducciones hace que su uso se encuentre en todo tipo de registros tanto formales como informales. En algunos casos, la reducción [ks] > [s] genera además que dos palabras lleguen a ser homófonas; por ejemplo, *sexo* y *seso* se pronunciarán ambas ['seso].

19.6.2. *Eliminación de /k/ en el grupo /ks/* + CONSONANTE

Como hemos explicado en capítulos anteriores, en las variedades del centro-norte de la Península, el grupo [**ks**] suele simplificarse a [**s**] en posición final de sílaba: *extrovertido* [**eks**tɾoβeɾ'tiðo] > [**es**tɾoβeɾ'tiðo]; *sexto* ['se**ks**to] > ['sesto]. Dicha variación no reviste ningún tipo de estigmatización, de hecho, es frecuente incluso en el habla de las clases socieconómicas altas. En contraste, en la mayor parte de Latinoamérica las clases altas suelen pronunciar el grupo [ks] sin simplificación.

19.6.3. *Eliminación de la /d/ intervocálica en "–ado"*

Por último, en el habla informal (e incluso formal) del centro-norte de España, independientemente del estatus socioeducativo de los hablantes, se elimina comúnmente la "d" intervocálica en los **participios** en "**–ado**" (*cantado, trabajado, estudiado* = [kan̪'**tao**], [tɾaβa'x**ao**], [estu'ði̯**ao**]), y, en menor medida, en otras palabras terminadas en "-ado" (*lado, helado* = ['**lao**], [e'**lao**]). Una vez más el contraste con algunas regiones de Hispanoamérica es total, dado que en esas zonas la omisión de la "d" en "–ado" está estigmatizada y se considera una muestra de bajo nivel socioeducativo (Hualde 2005:21).

www.wiley.com/college/Schwegler
→ Listen to speech samples
→ Cap. 19 → "Eliminación de sonidos/"

Resumen

El español castellano peninsular difiere del español americano general en que emplea de manera contrastiva /**θ**/ y /ʎ/ (cp. *casa* ['ka**s**a] vs. *caza* ['ka**θ**a]; *maya* ['ma**j**a] vs. *malla* ['maʎa]). Debe notarse, sin embargo, que en el centro de España (Madrid, etc.), el fonema castellano /ʎ/ está en vías de desaparición, por lo que queda relegado a áreas más al norte de la Península.

Además, hay dos fonemas que tienen como representación alofónica principal dos alófonos auditiva y articulatoriamente diferentes. Son la /s/, cuyo alófono principal es [s̺], un sonido apical y no predorsal como en el español americano, y la /x/, cuyo alófono principal [χ] es mucho más fricativo en el dialecto castellano que la jota del español americano estándar.

Hemos constatado entonces que las laterales /l/ y /ʎ/, las palatales /ʎ/ y /ʝ/, y las fricativas sordas /θ/, /s/ = [s̺], /x/ = [χ] tienen una estructura diferente en el español castellano que en el español americano general. Igualmente diferente es la realización de la /-**d**/ en posición final de palabra: en el área castellana se pronuncia como [-θ] (cp. *verdad = verda[**θ**]*); en las demás variantes del español se realiza como [-ð] (cp. *verda[**ð**]*) o se omite por completo (cp. *verda[**ø**]*).

Señalemos por último la reducción de **[ks]** > **[s]** en el caso de la "x" final de sílaba (*e̲x̲tenso* [e**ks**'tenso] > [e**s**'tenso]) y la pérdida de la "d" intervocálica en los participios terminados en "**-ado**", como *bail̲a̲d̲o̲* [bai̯'**lao**]. Dichas simplificaciones son frecuentes en las variedades del centro y norte de España y no están estigmatizadas; así pues, los hablantes las usan frecuentemente tanto en registros informales como formales. Estas simplificaciones también son comunes en Andalucía, Extremadura y en las Islas Canarias.

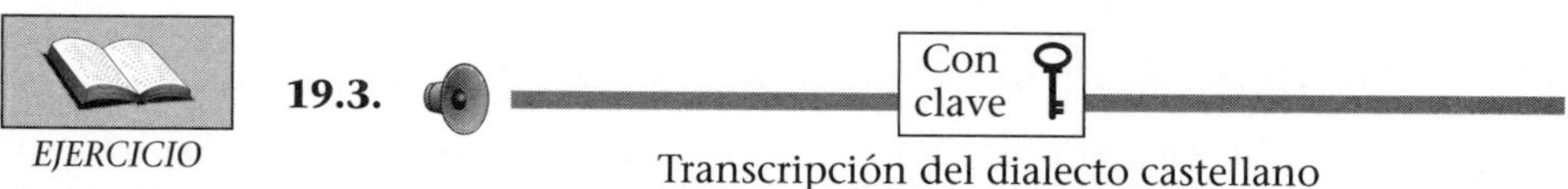

Transcripción del dialecto castellano

Capítulo 20

El español americano: variación dialectal y sociolingüística

20.1. Introducción

La evolución lingüística del español americano ha sido tal que a los hablantes nativos del español no les es difícil distinguir, por ejemplo, entre el dialecto de un argentino porteño de Buenos Aires y el de un mexicano. Como ya señalamos en el Capítulo 1, es igualmente fácil diferenciar entre el habla de un cubano y de un ecuatoriano, sobre todo si este último proviene del altiplano andino (el habla de la *costa* ecuatoriana es notablemente más cercana al habla cubana). De igual modo, para alguien familiarizado con el panorama dialectal de Suramérica es claramente identificable el español chileno.

Son muy variadas las razones por las cuales uno generalmente puede determinar la procedencia dialectal de un hispanohablante. Por un lado, características léxicas pueden ser indicios clave de un determinado dialecto. Por ejemplo, en el español mexicano se emplean expresiones locales como *ándale, órale* = 'vamos, venga', *padre* = 'muy bueno, estupendo'. Por otro lado, algunas peculiaridades morfosintácticas también revelan la procedencia de un hispanohablante. Este es el caso, por ejemplo, de la combinación *vine comiendo* (= *comí antes de venir*), típica de la región andina del Ecuador y del sur de Colombia (se trata aparentemente de un calco basado en expresiones quechuas). Para dar un solo ejemplo adicional, dentro de Latinoamérica, las construcciones sintácticas como *¿qué tu quieres?* ocurren casi exclusivamente en el área caribeña insular.

El factor más determinante en la diferenciación de dialectos latinoamericanos reside indudablemente en la fonética. No es por casualidad, por ejemplo, que ciertas entonaciones tengan una íntima asociación con determinados países. Así, la curva de entonación de un mexicano es netamente distinta de la de un argentino; y, asimismo, es la curva de entonación lo que nos impide confundir a un hablante cubano con uno boliviano. Más difícil resulta, por ejemplo, diferenciar entre un cubano y un puertorriqueño.

En la pronunciación son particularmente relevantes los **rasgos suprasegmentales**. Los suprasegmentos son, como vimos en el Capítulo 16, aquellos elementos (el acento prosódico, la entonación y el ritmo) que afectan a más de un fonema y que no pueden segmentarse en unidades menores.

Los orígenes de las diferencias suprasegmentales en el español de América son, sin duda, muy complejos y todavía mal entendidos. Un factor importante en la diversificación de la entonación y el ritmo ha sido el *contacto* entre (1) el español, (2) las lenguas indígenas y (3) las lenguas africanas (estas últimas habladas históricamente por miles de esclavos). El contacto entre las lenguas indígenas y el español condiciona la pronunciación del español todavía hoy, especialmente en Bolivia, Guatemala, Paraguay y Perú, donde el número de bilingües sigue siendo relativamente alto (Figura 20.1).

Sin embargo, en la lingüística hispana estas características suprasegmentales han carecido de un análisis descriptivo convincente y/o profundo. En la actualidad sigue siendo difícil determinar de manera objetiva en qué reside exactamente la diferencia de entonación y de ritmo entre, por ejemplo, el habla de la ciudad de México y la de Bogotá o Quito, y mucho más complejo todavía es determinar cómo la interacción de estos dos rasgos ha contribuido al peculiar "tonillo" de algunas de las hablas de zonas multilingües. Felizmente, a partir de este milenio han surgido estudios más sofisticados que examinan de manera científica (a base de espectrogramas) las diferencias entonacionales que caracterizan el español de América. Una de estas contribuciones es el interesante estudio sobre el español de Venezuela de Álvarez, Obediente y Rojas (2009), comentado en el Capítulo 16 (págs. 320–321). Como señalamos, estos autores definen la "entonación" como la combinación de *duración silábica + recorrido tonal*. La entonación es, por tanto, "una compleja realidad acústica que da origen a un ritmo determinado, que es lo que se percibe como el tonillo propio de cada variedad dialectal" (Álvarez, Obediente y Rojas 2009). Todos los dialectos, sin importar cuáles sean, tienen un tonillo o una entonación peculiar. Los propios hablantes de un dialecto determinado típicamente perciben que "otro dialecto" (y no el suyo) tiene un tonillo especial, tomando el suyo como el normal.

En este capítulo nos concentramos en aspectos fonéticos que conciernen únicamente a la realización articulatoria —a veces muy variada— de fonemas. Debe entenderse, sin embargo, que (1) las diferencias de entonación y ritmo, y (2) las variaciones alofónicas *en conjunto* contribuyen de manera significativa a que el español latinoamericano pueda subdividirse en zonas dialectales.

Quechua	10 millones
Lenguas mayas	6 millones
Guaraní	5 millones
Aimara	2 millones
Náhuatl[1]	2 millones
(y otras lenguas utoaztecas relacionadas)	

Reconocimiento oficial

Algunos países han reconocido oficialmente (por ejemplo a través de medidas legislativas) las lenguas indígenas. Entre ellos figuran:

Bolivia:	*quechua y aimara*
Ecuador:	*quechua*
Guatemala:	*más de veinte lenguas indígenas*
Paraguay:	*guaraní*
Perú:	*quechua, aimara*

Fig. 20.1. Principales lenguas indígenas y número aproximado de hablantes.

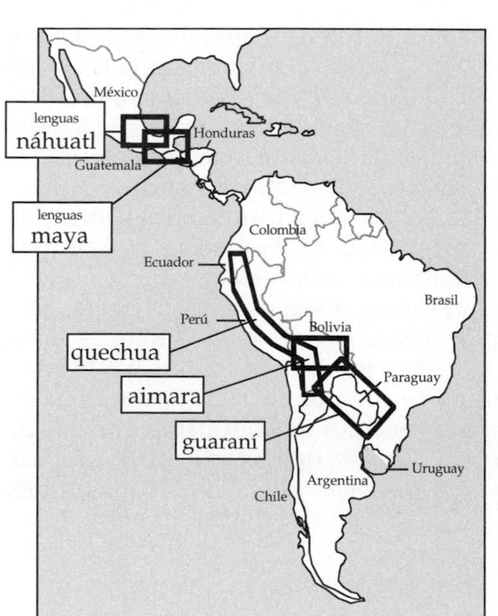

Fuentes de información para los datos de esta página:

Aimara:
http://www.ethnologue.com/ethno_docs/distribution.asp?by=family

Guaraní:
*http://www.ethnologue.com/show_family.asp?subid=90626_*

Nahuatl:
http://www.ethnologue.com/ethno_docs/distribution.asp?by=family

Quechua:
http://www.ethnologue.com/ethno_docs/distribution.asp?by=family

Muestras de lenguas indígenas en:
www.wiley.com/college/Schwegler
→ Listen to speech samples
→ Cap. 20 → "Lenguas indígenas"

Mapa 20.1. Localización aproximada de lenguas indígenas (áreas de mayor concentración).

[1] También denominado "nahua" o "lengua nahua".

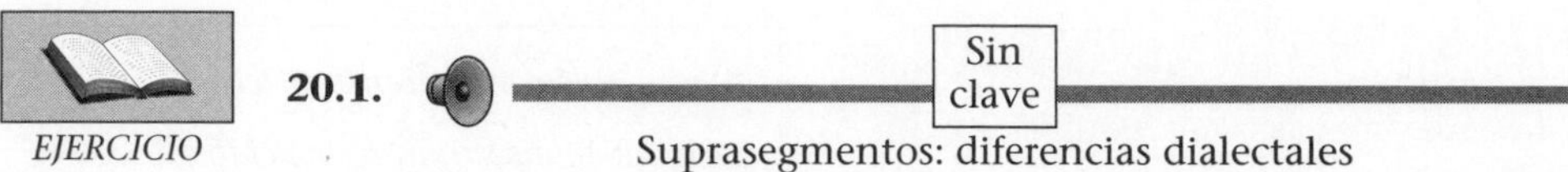

20.2. Rasgos dialectales variables: /-s/, /-n/, /-ɾ/, /r/, /x/, /ʝ/

En este capítulo estudiaremos diversos rasgos de la pronunciación del español americano que no hemos tratado en detalle hasta el momento, y escucharemos muestras de textos dialectales en:

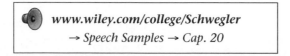

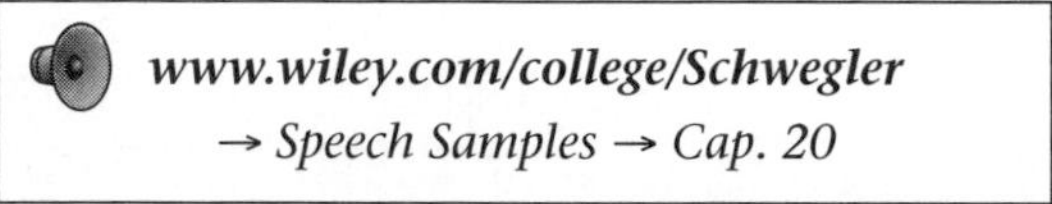

para profundizar en el conocimiento de la variación dialectal y sociolingüística de Latinoamérica.

Los procesos fonéticos que estudiaremos afectan a los siguientes fonemas: (1) /-s, -n/ cuando están en posición final de sílaba; (2) /ɾ/ y /r/ (en posiciones variadas), y (3) /x/ y /ʝ/ en todas las posiciones. La Figura 20.2 ilustra el tipo de variantes alofónicas que examinaremos y proporciona también información sobre la posición que los alófonos dialectales ocupan dentro de la sílaba. Los nombres técnicos de los procesos que producen estas variantes se dan en la columna derecha de la misma figura.

Los procesos ejemplificados en la Figura 20.2 no se aplican sistemáticamente, sino que se emplean de manera variable, esto es, en alternancia libre. Además —y esto es importante— el tipo de pronunciación ejemplificado arriba puede conllevar cierta estigmatización social, la cual suele variar según factores geográficos, socioeconómicos y generacionales, entre otros. Así, la *neutralización de líquidas* en expresiones como *Puerto Rico → Puelto Rico* (/**ɾ**/ > [**l**]) o *algo → argo* (/**l**/ > [**ɾ**]) es un rasgo que por lo general conlleva estigmatización social. El fenómeno en cuestión se llama "neutralización de líquidas" porque se neutraliza la oposición fonemática que normalmente se logra al contrastar [l] con [ɾ]. Los hablantes que neutralizan esta oposición ya no distinguen entre pares mínimos como *Marta* y *Malta* o *suerte* y *suelte* ya que las articulan libremente como

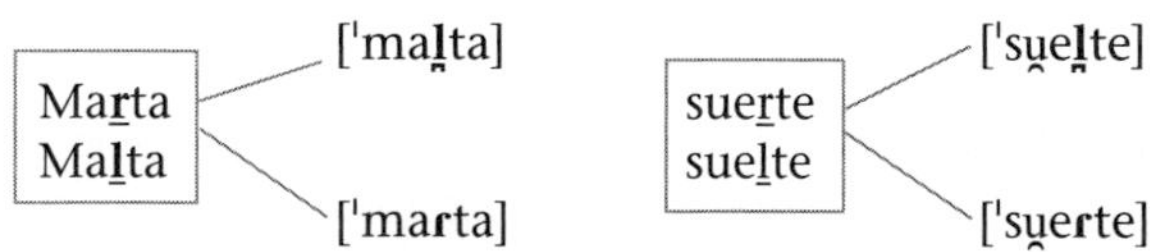

El *rehilamiento* (cp. *llamó* → [ʒa'mo]) es un ejemplo contrario en el sentido de que *no* está sujeto a estigmatización social. El rasgo es general en el área rioplatense. Se da también en otras áreas, aunque a menudo con menor fricción.

Fonema	Posición silábica	Ejemplo	Realización alofónica	Nombre técnico
/-s/	final de sílaba	*¿estás seguro?*	[e^{h}ˈta^{h} seˈɣuɾo] [e$^{\varnothing}$ˈta$^{\varnothing}$ seˈɣuɾo]	**aspiración** **elisión (pérdida)**
/-n/	final de palabra	*¿están bien?*	[esˈtaŋ bi̯eŋ]	**velarización**
/ɾ/ /l/	final de sílaba	*parte* *algo*	[ˈpal̥te] [ˈaɾɣo]	**neutralización de líquidas**
/r/	inicial de sílaba	*carro* *perro*	[ˈkařo] [ˈpeřo]	**asibilación** (similar a la "r" de ingl. *rain*)
/ɾ/	sobre todo inicial de sílaba	*Enrique* *Ramón*	[enˈřike] [řaˈmon]	
/r/ /ɾ/	sobre todo en posición inicial de sílaba	*perro* *Enrique*	[ˈpeRo] [enˈRike]	**uvularización** (similar a la "r" del francés)
/ɾ/ /r/	en todas las posiciones	*rota* *horrible*	[ˈxota] [oˈxiβle]	**fricatización velar o velarización de la /r/ y /ɾ/**
/x/	en todas las posiciones	*México* *agitar* *jamón*	[ˈmex^{h}iko] [ˈme**h**iko] [ax^{h}iˈtaɾ] [a**h**iˈtaɾ] [x^{h}aˈmon] [**h**aˈmon]	**aspiración**
/ʝ/	inicial de sílaba	*Maya te llamó ayer.*	[ˈmaʒa te ʒaˈmo aˈʒeɾ]	***rehilamiento*** (similar a la "s" en *leisure* o *pleasure*)

Hay variantes adicionales de la /ʝ/, i.e., **[dʒ]**, **[ʃ]** y **[tʃ]**

Fig. 20.2. Variaciones alofónicas estudiadas en este capítulo.

Al leer las próximas páginas, el lector tendrá que tener presente que la manifestación fonética de procesos variables como los que pueden afectar a los fonemas /s, n, r, ʝ/ del español americano (y también al de Andalucía, Extremadura y las Islas Canarias), está condicionada por una serie de factores, muchos de ellos sumamente complejos. En general, algunos de los procesos descritos se producirán con mayor frecuencia en situaciones *informales*, donde el habla es rápida y natural. En situaciones formales, en las que el habla es más lenta o más controlada, las variantes alofónicas usadas se acercarán más a las de la norma general o estándar. Veremos también que los hablantes con un nivel socioeducativo más bajo, al menos en algunas áreas dialectales, tienden a emplear con mayor frecuencia fenómenos como la aspiración o pérdida de la /s/ final de sílaba.

Antes de examinar en detalle cada uno de los rasgos en cuestión, debe mencionarse un punto cuya comprensión es importante: el hecho de que los procesos como la aspiración de /-s/ en posición final de sílaba (i.e., /-s/ → [-^{h}]) no se apliquen de manera categórica supone que un mismo hablante puede variar, aun dentro de una misma oración, la realización de tal proceso. Así, no tendría nada de extraordinario que un hablante del español caribeño[2] produjera las /-s/ (final de sílaba) en *¿desde hace cuántos años estudias?* según la manera expuesta en la Figura 20.3:

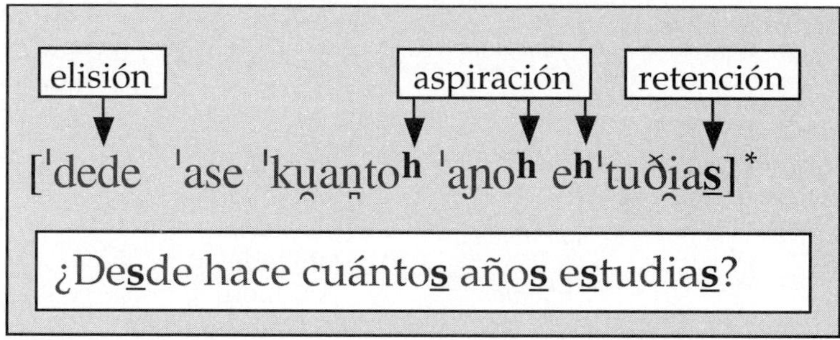

Fig. 20.3. Ejemplo de variabilidad de la /-s/ final de sílaba.

Nota:* La aspiración u omisión de /-s/ en *desde* suele producir una articulación *oclusiva* en vez de *fricativa* en la /d/ que sigue: así *desde* = [ˈde^{h}d**e / ˈde**d**e] en vez de [ˈde$^{(h)}$**ð**e].

---

2 Para algunos lingüistas, el término "español caribeño" se refiere solamente al español isleño de Cuba, Puerto Rico y la República Dominicana. Para otros —y entre ellos se encuentran los autores de este texto—, el término designa los dialectos del español que, además de las tres islas mencionadas, se encuentran en las costas atlánticas de Panamá, Colombia y Venezuela. Por su proximidad fonética a estas hablas, el habla mexicana alrededor de Veracruz también suele considerarse un dialecto caribeño. Hay, además, razones históricas que no detallaremos aquí que invitan a considerar el español de la zona de Veracruz, Tabasco y Campeche parte del complejo dialectal caribeño. Sin embargo, el español hablado en las costas pacíficas y atlánticas de países centroamericanos como Belice, Honduras, Nicaragua o Costa Rica normalmente no se agrupa con el español caribeño, ya que los dialectos hablados en estas zonas carecen de los rasgos característicos de las hablas isleñas de Puerto Rico, Cuba y de la República Dominicana. Con respecto a las costas centroamericanas es de notar también que allí predominan lenguas criollas (de base léxica inglesa) y no el español. Finalmente, debido a la fuerte inmigración de dominicanos y especialmente de cubanos y de puertorriqueños a Miami, en años recientes el área del español caribeño se ha extendido hacia Florida y el noreste de Estados Unidos (especialmente a Nueva York). Para la localización de todas estas zonas geolectales, véase el mapa 18.5 (pág. 360).

20.3. La aspiración y la elisión (o pérdida) de la /-s/

La aspiración y la elisión de la /-s/ final de sílaba se han convertido en uno de los temas de investigación más abordados en la lingüística hispánica (para estudios recientes, consúltense Aaron & Hernández 2007; Brown & Torres Cacoullos 2003; Alba 2000 y las fuentes allí citadas). El fenómeno se ha asociado comúnmente con las siguientes regiones (véase también el Mapa 18.5, pág. 360):

1. el sur de España (Andalucía, Extremadura) y las Islas Canarias;
2. el Caribe hispánico: Puerto Rico, Cuba, República Dominicana, Panamá, las costas atlánticas de Venezuela y Colombia y el Golfo de México (solamente el área de Veracruz);
3. algunas áreas costeras del Pacífico de
   a. México (por ej., Acapulco) y
   b. Colombia y partes de Ecuador y de Perú;
4. El Salvador, Honduras y Nicaragua;
5. Chile;
6. la mayor parte de Argentina, Uruguay y Paraguay;
7. partes del norte de Nuevo México y del sur de Colorado.

Con el término **aspiración** nos referimos aquí a la manifestación fonética del fonema /-s/ como [-ʰ], un sonido semejante a la aspiración que acompaña las oclusivas en palabras inglesas como [pʰat] = *pot,* o [tʰi] = *tea,* y, en menor medida, similar a la /h/ inicial del inglés (cp. *hat, hot*). Con el término **elisión** de la /-s/ indicamos que dicho fonema no se pronuncia, es decir, que ha desaparecido sin dejar huella alguna. Los lingüistas a veces representan esta "s" elidida con el símbolo cero (i.e., [ø]), transcribiendo así *¿desde cuántos años vives aquí?* como [ˈdeøde ˈku̯an̪toø ˈaɲoø ˈβiβeø aˈki]. En nuestras transcripciones por lo general no utilizaremos el símbolo [ø]. Por lo tanto, en la Figura 20.3 y en casos semejantes transcribiremos *desde* como [ˈdede] en vez de [ˈdeøde].

El comportamiento del fonema /s/ está regido por su posición dentro de la sílaba. En la mayoría de los dialectos que aspiran o eliden la /s/, el fenómeno solamente se da en posición final de sílaba. En algunos dialectos, por ejemplo en el español de las costas caribeñas de Colombia, la aspiración se extiende también a la /s-/ inicial de sílaba (cp. *yo sé* = [ʝo he]).

La aspiración o elisión de /-s/ opera en el nivel de la palabra y no en el nivel de la cadena hablada. Con esto queremos decir que la "s" de palabras como *tus* o *mis* puede sufrir aspiración o elidirse aun cuando, en el grupo fónico, se incorpora a la sílaba de la siguiente palabra por encadenamiento. Compare las expresiones que figuran a continuación, donde la "s" final de palabra se silabifica con la palabra que le sigue (se notará que la /-s/ se aspira o elide a pesar de aparecer en posición inicial de sílaba):

tus amigos = *tu—sa-mi-gos*
[tu—ʰa-ˈmi-ɣoʰ] ← ASPIRACIÓN
[tu—øa-ˈmi-ɣoø] ← ELISIÓN

mis estudios = *mi—ses-tu-dios*
[mi—ʰeʰ-ˈtu-ði̯oʰ] ← ASPIRACIÓN
[mi—øeø-ˈtu-ði̯oø] ← ELISIÓN

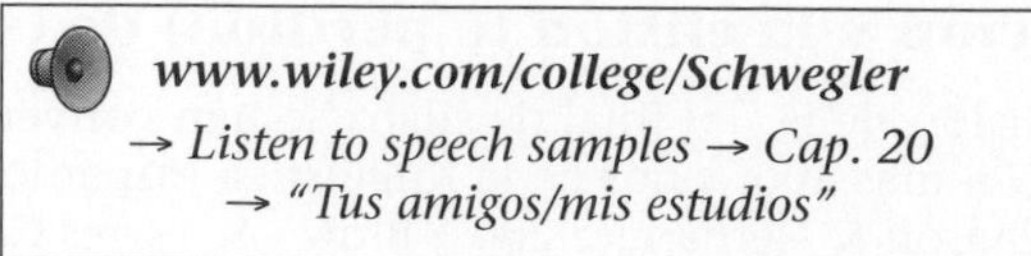

La aspiración /-s/ > [$^{-h}$] por lo general se junta con la sílaba de la palabra siguiente cuando esta empieza con una vocal. Los ejemplos citados arriba ejemplifican el proceso (cp. *tu—[h]amigos, mi—[h]estudios*) que el estudiante ya conoce como "encadenamiento" (Cap. 5).

20.3.1. *Variabilidad en la realización de la /-s/*

Cuando decimos que un proceso se aplica de manera variable o en alternancia libre, nos referimos a que puede ser opcional. Muchos textos reconocen solamente tres posibles articulaciones opcionales de la /-s/ final de sílaba: (1) la retención, (2) la aspiración y (3) la elisión. Es un hecho incontestable, sin embargo, que existe un estadio intermedio entre la aspiración y la elisión que consta de una aspiración [^{h}] y una retención parcial (menos audible) de la /-s/; esta articulación intermedia se representa con [^{hs}], véase el ejemplo #2 debajo. Así pues, en las Tierras Bajas de América (por ej., en la ciudad de La Habana) pueden encontrarse las siguientes realizaciones:

1. [ˈniɲos] = retención de la /-s/
2. [ˈniɲo^{hs}] = aspiración y retención parcial de la /-s/
3. [ˈniɲo^{h}] = aspiración de la /-s/
4. [ˈniɲo] = elisión de la /-s/

En las áreas del mundo hispánico en las que se usan la aspiración y la elisión de /-s/ estos procesos son generales y se dan en todos los niveles de la sociedad. Esta articulación es tan común y "natural" que, dentro del habla informal relajada, una articulación consistente del fonema /-s/ con manifestación sibilante [s] probablemente revelaría el origen extranjero del hablante.

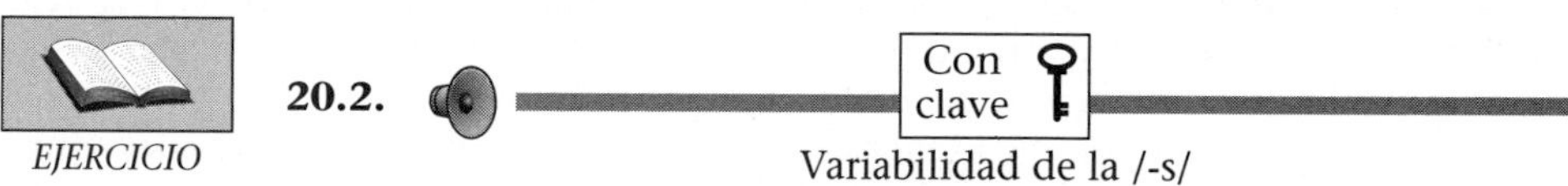

Variabilidad de la /-s/

20.3.2. *Factores que favorecen la aspiración o elisión de /-s/*

Es imposible predecir sistemáticamente en qué contextos o situaciones un hablante aspirará o elidirá una /-s/. Esto no significa, sin embargo, que no puedan avanzarse ciertas generalizaciones sobre su variación.

El contexto (o la situación) no es el único factor que condiciona la realización de la /-s/. En realidad, el comportamiento de /-s/ se debe a una gama de factores adicionales, entre los cuales suelen destacar (sin orden de importancia):

1. el contexto situacional
2. el nivel socioeconómico del hablante
3. la distribución de /-s/ dentro de la palabra
4. la procedencia geográfica del hablante
5. la función (gramatical o léxica) de /-s/
6. afiliaciones intergrupales (identidad) del hablante
7. la edad del hablante
8. el sexo del hablante (masculino / femenino).

A continuación examinaremos en detalle los primeros cuatro factores para ilustrar cómo estos pueden influir en la elección entre la retención, la aspiración o la elisión de /-s/.

20.3.2.1. El primer factor: el contexto situacional

El contexto situacional generalmente determina el tipo de estilo que el hablante selecciona. *La sibilante [-s] disminuye a medida que se reduce el nivel de formalidad en el habla.* Mientras que la variedad formal (más "alta") se usa esencialmente en situaciones formales (el estilo formal es el más típico del gobierno, la enseñanza, los medios de comunicación, los tribunales y la "alta" cultura), la variedad coloquial/informal (más "baja") es el vehículo de comunicación en contextos cotidianos, informales, familiares; es decir, en momentos donde los hablantes no sienten la fuerte presión social que en otras ocasiones puede hacerles adoptar una norma lingüística idealizada y más cercana a la norma formal o estándar.

En los medios de comunicación como la radio o la televisión, los cuales generalmente se caracterizan por un discurso más formal, culto y representativo de las clases media o alta, hay una fuerte tendencia hacia la retención de la [-s]. Naturalmente, puede haber importantes diferencias en la selección de la /-s/ aun dentro de una misma emisión. Las noticias casi siempre son formales, por lo que suelen mantener la [-s]. Por contraste, las transmisiones de un partido de fútbol son más favorables a aspirarla o a elidirla. En un mismo programa puede incluso haber cambios más o menos abruptos de registro, predominando así la retención, elisión o pérdida de la /-s/ de acuerdo a momentos específicos.

A manera de ejemplo, en la Figura 20.4 presentamos una muestra de posibles situaciones formales e informales en las cuales típicamente se favorecería uno de los dos tipos básicos de articulación de la /-s/; es decir, la retención frente a la aspiración o elisión.

Situación/contexto	Aspiración o elisión [-^{h}], [-ø]	Retención [-s]
Conversación con la familia, amigos, colegas	X	
Conferencia en la universidad		X
Entrevista de trabajo		X
Conversación diaria entre una empleada doméstica y el ama de casa (familia de clase media-baja)	X	
Transmisión de un partido de fútbol	X	
Noticias por la radio		X
Comedias radiofónicas	X	
Lectura en voz alta:		
Editorial de un diario		X
Texto de una caricatura popular	X	
Poesía		X
Literatura folklórica	X	

Fig. 20.4. Algunos contextos situacionales que condicionan la realización de /-s/ (Tierras Bajas).

Naturalmente, los casos citados arriba solo son tendencias articulatorias. Hay, por ejemplo, personas que, por una razón u otra, preferirán manejar un estilo informal en una entrevista formal; o, por otra parte, es posible que una empleada doméstica trate de mantener siempre un estilo "alto" con su ama de casa, reteniendo así la "s" con mayor frecuencia.

20.3.2.2. El segundo factor: el nivel socioeconómico

La /-s/ también es sensible a las diferencias sociales y esta variabilidad es en cierto grado predecible. Por ejemplo, en Cartagena, Colombia, los hablantes de todas las clases pueden vacilar entre la retención, la aspiración o la elisión de /-s/, pero es la clase alta la que menos se inclina a elidir la /-s/ (Fig. 20.5).

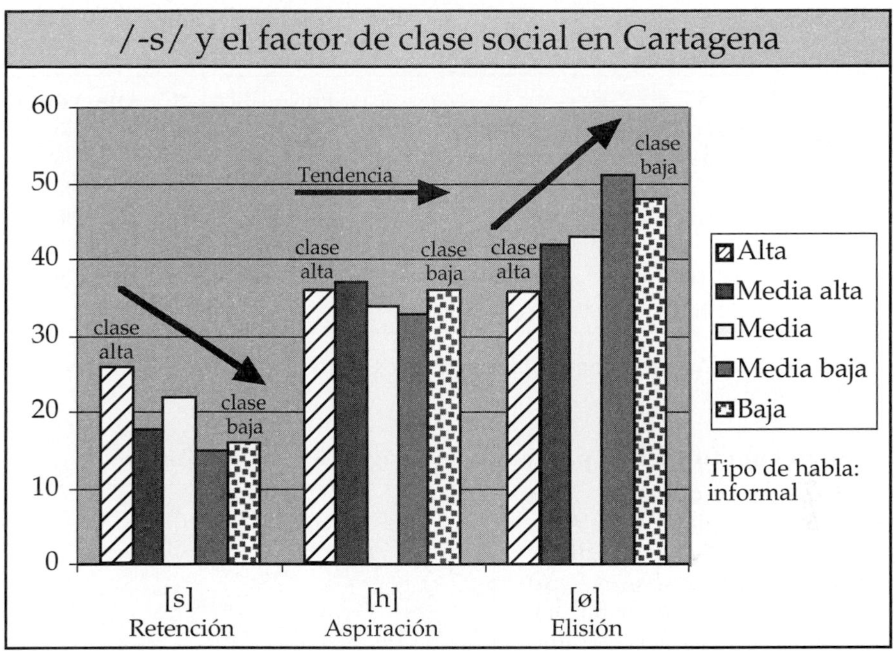

Fig. 20.5 Porcentaje de retención, aspiración y elisión de /-s/ en cinco clases sociales.[3]

En Cartagena, las barreras sociales más importantes parecen estar entre la clase alta y la media alta, por una parte, y la clase media y media baja, por otra. La variabilidad articulatoria es relativamente pequeña entre clases.

20.3.2.3. El tercer factor: la distribución de la "-s" dentro de la palabra

En las páginas precedentes hemos examinado el comportamiento de la /-s/ en correlación con la clase social y el contexto (lectura vs. habla espontánea, etc.). Creemos de interés presentar aquí también otra variable, la distribución de /-s/ según su posición dentro del enunciado.

Los datos de la Figura 20.6 muestran que la posición prevocálica favorece la retención (88%) de la /-s/ en Buenos Aires frente a lo que ocurre ante pausa (sólo un 78% de retención). En todas las demás ciudades, la situación es contraria: ante pausa suele favorecerse la retención de /-s/. El caso de La Habana es particularmente pronunciado: en un contexto prevocálico, la retención alcanza solamente el 18%, mientras que ante pausa es del 61%.

---

[3] Datos adaptados de Lafford (1982). Como pudimos constatar personalmente en una visita reciente (octubre 2008) a Cartagena, las clases altas continúan reteniendo la [-s] con mayor frecuencia que las clases bajas. Sigue vigente pues el comportamiento lingüístico observado por Lafford hace un cuarto de siglo.

	Nivel socio-educacional	Contexto	
		Prevocálico	Ante pausa
Buenos Aires (Argentina)	*alto*	88%	78%
Ciudad de Panamá (Panamá)	*todos los niveles*	20%	34%
La Habana (Cuba)	*alto*	18%	61%
San Juan (Puerto Rico)	*alto*	18%	40%
Mérida (México)	*todos los niveles*	21%	59%
Caracas (Venezuela)	*alto*	10%	41%

Fuente: Silva-Corvalán & Enrique-Arias (2001: 24)

Fig. 20.6. Retención de *-s* como sibilante en dos contextos fonológicos: prevocálico y ante pausa.

20.3.2.4. El cuarto factor: procedencia geográfica del hablante

Al distinguir entre dos principales zonas dialectales —las Tierras Altas y las Tierras Bajas— hemos dicho que la retención de la /-s/ es (casi) categórica en las capitales de Bogotá, México y Quito, todas ellas ubicadas en altiplanos donde antiguamente la influencia castellana fue notable. No todas las distinciones geográficas en el tratamiento de /-s/ son tan marcadas como las que caracterizan la bien conocida división entre Tierras Altas y Tierras Bajas. Hay dialectos en los cuales el factor geográfico influye no tanto en la presencia o ausencia de la retención categórica, sino en la *frecuencia* relativa de la aspiración o pérdida de /-s/. En las páginas anteriores hemos tenido la ocasión de examinar la frecuencia [-s] vs. [-h, -ø] en el habla de Cartagena. Otras ciudades caribeñas muestran distribuciones cuantitativas similares, pero no exactamente iguales. Estas diferencias geográficas afectan tanto al promedio de [-s, -h, -ø] que puede darse en un texto, como a las diferentes actitudes de los hablantes hacia ciertas variantes.

Mapa 20.2. Tierras Bajas.

Reproducido en mayor tamaño en la pág. 360 (Mapa 18.5).

20.3.3. *Resumen intermedio*

Hemos mencionado que la variada articulación del fonema /-s/ está condicionada por una serie de factores sumamente complejos. La retención, aspiración o elisión de la /-s/ final de sílaba no es, pues, un proceso aplicado por el hablante al azar, sino que está controlado de modo sistemático. El sistema de aplicación de reglas variables que hemos descrito es el que rige, en menor o mayor grado, en todas las clases de Puerto Rico, Panamá, Cuba, Venezuela, las costas de Colombia, Ecuador y Chile, y en el resto de las Tierras Bajas (Argentina, Panamá, etc.). La variación entre [-s], [-h] y [-ø] es también característica del sur de España y de las Islas Canarias.

En estas áreas, el hablante nativo selecciona [-s], [-h] o [-ø] —de manera consciente o inconsciente— según el contexto, el cual dicta un tipo de estilo que puede variar de muy formal a muy informal. A esta selección de estilo le corresponde normalmente una repartición desigual de alófonos: el estilo formal favorece la retención de la [-s], mientras que el muy informal favorece la aspiración o pérdida. Al escoger entre [-s], [-h] o [-ø] intervienen, asimismo, otras consideraciones, entre las cuales las más importantes son:

1. la distribución de la "s" dentro de la palabra (hemos visto que en La Habana (Cuba), por ejemplo, la retención es más frecuente ante pausa que ante vocal),
2. el nivel socioeconómico (suele ser más predominante la retención de la /-s/ entre las clases altas), y
3. la procedencia geográfica del hablante.

Hemos dejado entrever en varias ocasiones que los factores examinados están lejos de ser los únicos que contribuyen a las diferentes pronunciaciones de /-s/ final de sílaba. No hemos examinado, por ejemplo el impacto que pueden tener variaciones en la rapidez del habla: como es de esperar, el habla lenta y cuidadosa produce más retenciones de [-s] que el habla rápida. Otro aspecto que tampoco hemos analizado son las notables diferencias de actitud que predominan en algunos países de América Latina frente al tratamiento de la /-s/. Como uno de los autores de este texto (Schwegler) ha podido constatar personalmente en varias ocasiones, en Cuba, por ejemplo, ya es prácticamente inexistente la actitud despectiva hacia la aspiración o elisión de la /-s/; lo contrario persiste en Bogotá, cuyos ciudadanos asocian el rasgo con el español costeño (Cartagena y otras áreas caribeñas de Colombia), considerado de menor prestigio por la gran mayoría de los capitalinos colombianos.

20.4. La velarización y elisión de /n/

En el Capítulo 11 estudiamos cómo la nasal /n/, cuyo alófono principal es el aveolar [n], se asimila con regularidad a las consonantes velares. Considere nuevamente los ejemplos que siguen, en los cuales los fonemas velares /x, k, g, w/ condicionan la articulación [ŋ] de la nasal precedente:

INTERIOR DE PALABRA

ángel	[ˈa**ŋx**el]
ángulo	[ˈa**ŋg**ulo]
banco	[ˈba**ŋk**o]
san(d)wich	[ˈsa**ŋ**witʃ]

ENTRE PALABRAS

con calma	[ko**ŋ** ˈ**k**alma]
sin jamón	[si**ŋ** **x**aˈmon]
con gusto	[ko**ŋ** ˈ**g**usto]

[ŋ] condicionada (asimilada)

Como hemos estudiado, las posiciones final de palabra y final de sílaba suelen ser relativamente débiles en su articulación, y por eso se prestan fácilmente a ajustes fonéticos. Es en estas posiciones, sobre todo a final de palabra (ante pausa), donde la /-n/ se velariza en numerosos dialectos sin que le siga una consonante velar. Este fenómeno se conoce como **velarización inasimilativa**. Es casi general en Centroamérica, común en el Caribe y asimismo típico en otras zonas.[4] Sin embargo, el fenómeno no se presenta en México, Chile, Argentina ni la mayor parte de Colombia.

En América Central, el Caribe y en las zonas costeras de Colombia y Venezuela, esta velarización inasimilativa se produce sobre todo en posición final sin importar qué sonido le siga a la /-n/. En estos mismos dialectos, la velarización inasimilativa en el *interior de palabra* suele ser menos frecuente.

VELARIZACIÓN INASIMILATIVA

[-ŋ] FINAL DE PALABRA		[ŋ] INTERIOR DE PALABRA	
so<u>n</u> así	[soŋ a'si]	*e<u>n</u>cima*	[eŋ'sima]
pa<u>n</u> dulce	[paŋ 'dulse]	*e<u>n</u>lace*	[eŋ'lase]
come<u>n</u> salsa	['komeŋ 'salsa]	*so<u>n</u>risa*	[soŋ'risa]
¡ve<u>n</u> aquí!	[beŋ a'ki]		
si<u>n</u> acento	[siŋ a'sen̪to]		
¿adónde va<u>n</u>?	[a'ðon̪de βaŋ]		

[ŋ] libre
(no asimilada)

www.wiley.com/college/Schwegler
→ *Listen to speech samples*
→ *Cap. 20* → *"Velarización de /n/"*

En los mismos dialectos, este fonema nasal final puede perderse por completo, trasladando su nasalidad a la vocal precedente: *pa<u>n</u>* [pãŋ] > [pã], *habla<u>n</u>* ['aβlãŋ] > ['aβlã], *so<u>n</u>risa* [sõŋ'risa] > [sõ'risa]. Esta elisión de la /-n/ en posición final de sílaba es particularmente frecuente si el sonido siguiente es fricativo. Así, *é<u>n</u>fasis*, *e<u>n</u>cender* y *mo<u>n</u>ja* se oyen articuladas como ['ẽfasis], [ẽsen̪'deɾ] y ['mõxa], respectivamente.

La velarización (*ven aquí* = [beŋ a'ki]) parece ser un proceso casi enteramente *inconsciente*. Es más regular que la variación observada en la /-s/ a final de sílaba. Este carácter subconsciente explica por qué no se trata de un rasgo estigmatizado y —como hemos dicho— menos variable. No es raro, por ejemplo, que un mismo hablante (por ej., un campesino hondureño o salvadoreño) emplee la [ŋ] velar final de manera casi consistente en trozos extendidos de su habla, esquivando así la alternancia entre [-n] y [-ŋ]. Lo que no se da, sin embargo, son hablantes que jamás empleen la [n] en vez de la [-ŋ] final de palabra. Al igual que la /-s/, el fonema /-n/ en posición final de palabra está sujeto a variaciones alofónicas que, en conjunto, contribuyen al carácter global de un determinado dialecto regional y social.

Por último, es relevante mencionar que la nasalización de vocales seguidas por nasales elididas puede tener consecuencias importantes en el nivel del sistema fonemático. Se observará, por ejemplo, que la nasalización —un rasgo puramente alofónico en el español estándar— adquiere una función fonemática en pares contrastivos como *m<u>o</u>ja* = /'moxa/ vs. /'mõxa] = *mo<u>n</u>ja*, dado que ayuda a diferenciar significados.

---

[4] Si bien en las zonas central y este de España no se produce la velarización de la /n/, es general en Andalucía y las Islas Canarias, donde la pérdida de la nasal y la nasalización de la vocal es una tendencia. Asimismo la velarización se encuentra en variación libre en el noroeste de España: Galicia y Asturias, pero solamente en posición final de palabra.

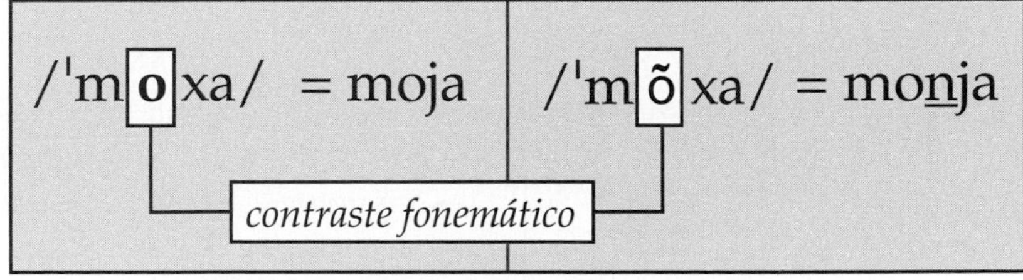

Fig. 20.7. Contraste fonémático entre /o/ oral y /õ/ nasal (habla popular informal de Centroamérica, Caribe, etc.).

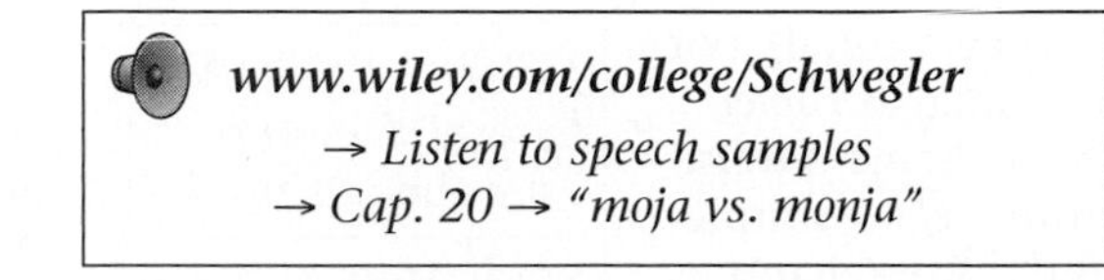

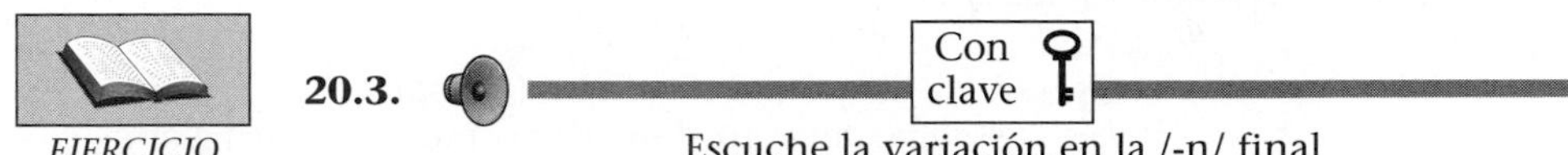

EJERCICIO

Escuche la variación en la /-n/ final

20.5. El trueque de líquidas: la neutralización de la vibrante /ɾ/ y la lateral /l/

Como ilustran los ejemplos a continuación (Figura 20.8), en algunas variedades dialectales **se neutraliza**, en alternancia libre, el **contraste fonemático entre las consonantes líquidas alveolares** /l/ y /ɾ/ al final de sílaba.

	alma	/ *arma*	*Malta*	/ *Marta*	*alto*	/ *harto*
ESTÁNDAR:	[ˈalma]	[ˈaɾma]	[ˈmal̪ta]	[ˈmaɾta]	[ˈal̪to]	[ˈaɾto]
DIALECTAL:	[ˈalma] [ˈaɾma]	[ˈaɾma] [ˈalma]	[ˈmal̪ta] [ˈmaɾta]	[ˈmaɾta] [ˈmal̪ta]	[ˈal̪to] [ˈaɾto]	[ˈaɾto] [ˈal̪to]

V A R I A C I Ó N L I B R E

Fig. 20.8. Neutralización del contraste fonemático entre las consonantes líquidas alveolares /l/ y /ɾ/ al final de sílaba.

Como ya hemos señalado en la introducción a este capítulo, el trueque de líquidas puede tener el efecto de convertir pares mínimos en expresiones homófonas y semánticamente indistinguibles. En los ejemplos de la Figura 20.9, al igual que en otros casos similares, solamente el contexto puede clarificar el significado preciso:

VARIACIÓN LIBRE ENTRE LATERAL [l] Y VIBRANTE [ɾ]			SIGNIFICA TANTO ...			
[ˈkalma]	/	[ˈkaɾma]	→	*calma*	como	*karma*
[ˈmal̪ta]	/	[ˈmaɾta]	→	*Malta*	como	*Marta*
[ˈsuel̪te]	/	[ˈsueɾte]	→	*suelte*	como	*suerte*
[ˈal̪to]	/	[ˈaɾto]	→	*alto*	como	*harto*

Fig. 20.9. Ejemplos de neutralización de líquidas ([ɾ] / [l]).

TÉRMINOS TÉCNICOS:	
Lateralización o **lambdacismo:**	/ɾ/ > [l] *arma* > [ˈalma]
Rotacismo:	/l/ > [ɾ] *Malta* > [ˈmaɾta]

Cuando la /ɾ/ se articula con [l], por ejemplo en *arma* > [ˈalma] o *comer* > [koˈmel], el proceso se llama **lateralización** de la vibrante /ɾ/, o simplemente "lateralización".[5] **Rotacismo** es el término técnico para el cambio contrario: /l/ > [ɾ] en *Malta* > [ˈmaɾta]; *algo* > [ˈaɾɣo].

La lateralización (ejemplos 1 y 2 abajo) y el rotacismo (ejemplos 3 y 4) suelen darse únicamente en posición final de sílaba, tanto en el interior como a final de palabra. Obsérvese sin embargo que con esto nos referimos a la posición del sonido dentro de la palabra y no dentro de la cadena hablada. Como muestran los ejemplos en (2a) y (2b), en la cadena hablada, el encadenamiento puede causar la colocación de una /r/ lateralizada en la posición inicial de sílaba (por ejemplo, *color azul* = [ˈko-lo-la-ˈsul]).

SIN LATERALIZACIÓN (NORMA)	CON LATERALIZACIÓN
1. a. *parte*	[ˈpal̪-te]
b. *arma*	[ˈal-ma]
c. *suerte*	[ˈsu̯el̪-te]
d. *sordo*	[ˈsol̪-do]
2. a. *color azul*	[ˈko-lo-la-ˈsul]
b. *el ser humano*	[el-se-lu-ˈma-no]
c. *hablar*	[a-ˈβlal]
d. *por la tarde*	[pol-la-ˈtal̪de] o [po-l:a-ˈtal̪de]

SIN ROTACISMO (NORMA)	CON ROTACISMO	
3. a. *salgo*	[ˈsaɾ-ɣo]	
b. *alzar*	[aɾ-ˈsaɾ]	
c. *salta*	[ˈsaɾ-ta]	
4. a. *sal y agua*	[sa-ˈɾi̯a-ɣu̯a]	El rotacismo no es muy frecuente entre palabras.
b. *mil problemas*	[miɾ-pɾoˈβle-mas]	

[5] La lateralización de la vibrante /ɾ/ se llama también "**lambdacismo**".

www.wiley.com/college/Schwegler
→ *Listen to speech samples* → *Cap. 20*
→ *"Parte = palte (lateralización)"*

La lateralización (/ɾ/ > [l]) y el rotacismo (/l/ > [ɾ]), a diferencia de la aspiración y elisión de la /-s/ y de la velarización y elisión de la /-n/, no están muy extendidos en el habla de las clases sociales altas y en las personas con un nivel socioeducativo alto. Son comunes en el Caribe (Cuba, República Dominicana y Puerto Rico) y en otras regiones de América (Panamá, Venezuela, Ecuador y Chile), con mayor frecuencia entre los habitantes negros de las costas del Pacífico y Atlántico colombiano.[6] Estos fenómenos también son frecuentes en zonas del sur de España (sobre todo en Andalucía).

Como explicamos en el Capítulo 14, en estos dialectos la *neutralización* de las líquidas /l/ y /ɾ/ en posición final de sílaba o de palabra suele ir acompañada de otros fenómenos. Por ejemplo, es común que se *eliminen* en posición final de palabra: *papel̠* > [pa'**pe**]; *comer̠* > [ko'**me**]. Y también que se *asimilen* al siguiente sonido, lo que produce la geminación de la consonante a la que se asimila: *al̠ta* > ['a**tt**a], *puer̠ta* > ['pu̯e**tt**a], *cal̠ma* > ['ka**mm**a].[7] Menos común es su *desconsonantización*, i.e., la conversión de /l/ en la semivocal [i̯]; cp. *al̠ta* > ['ai̯ta], *cal̠ma* > ['kai̯ma], *puer̠ta* > ['pu̯ei̯ta].

20.6. La fricatización de la /ɾ/ y la /r/

20.6.1. *La asibilación de la /ɾ/ y la /r/*

En muchas regiones de Latinoamérica[8] es frecuente que la pronunciación de la vibrante múltiple [r] (alófono de los fonemas /ɾ/ simple y /r/ múltiple; cp. *r̠ojo* ['**r**oxo], *carro* ['ka**r**o], Cap. 13) se articule como una fricativa estridente sonora (a veces también es sorda). Representamos dicho sonido asibilado con el símbolo **[ř]**; *r̠ojo* ['**ř**oxo], *car̠ro* ['ka**ř**o], dando así preferencia a una representación gráfica que no es universal en la lingüística hispánica (de hecho, como señala Hualde [2005: 186], el AFI no tiene un símbolo especial para este sonido). Al realizarse la [ř], el ápice de la lengua se apoya en los alvéolos haciendo que el aire pase de forma semejante a cuando se articulan los sonidos [ʒ] y [ʃ]; por lo que el sonido resultante es una fricativa ápico-alveolar sonora.

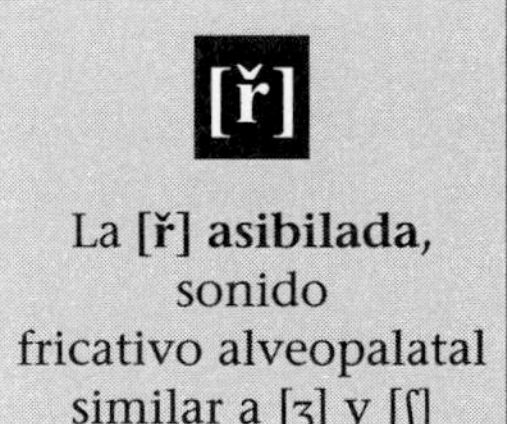
[ř]
La **[ř] asibilada,**
sonido
fricativo alveopalatal
similar a [ʒ] y [ʃ]

[6] En estas zonas negrohispanas ambos fenómenos parecen haber sido condicionados por causas múltiples de origen europeo y africano.

[7] Indicamos la geminación con [tt] y [mm], respectivamente. Dicha geminación puede producir nuevos pares mínimos, por ej. ['ka**m**a] 'cama' vs. ['ka**mm**a] 'calma/karma'.

[8] Lipski (1994: 336–349), Guitart (2004: 153), Spicher et al. (2008: 165, 167) y Lastra & Butragueño (2006) citan la asibilación como tendencia general en las regiones andinas de Ecuador, norte de Chile, Bolivia, Perú y en Paraguay; como frecuente en el norte de Argentina, tierras altas del centro de Colombia, Ciudad de México y otras zonas al sur de México; y como menos común y en retroceso en Guatemala, Costa Rica y Cuba.

Lo más relevante es que se realiza con mucha estridencia o turbulencia creando un efecto acústico audible[9].

Como ya hemos señalado arriba, en las variedades estándares la asibilación [ř] alterna libremente con [r] en todas las posiciones donde /ɾ/ y /r/ se realizan como [r].

deshonra	*rata*	*carro*
[de'sonřa]	[řata]	['kařo]
Enrique	*Ramón*	*perro*
[en'řike]	[řa'mon]	['peřo]

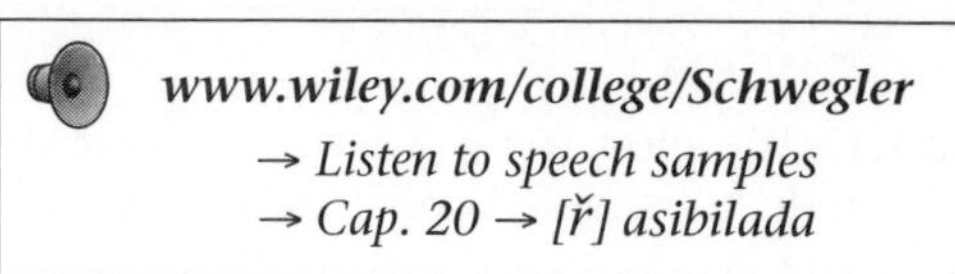

Es común además que en variedades mexicanas y guatemaltecas, entre otras, también se produzca la fricativa estridente en posiciones donde habitualmente se oscila entre la articulación con la vibrante simple [ɾ] y la vibrante múltiple [r]; por ejemplo, en posición final de palabra antes de pausa. En esta posición la asibilada [ř] alterna con los alófonos [ɾ] y [r] libremente:

¿Vas a venir?	[ba-sa-βe-'niř]	*Van a cantar*	[ba-na-kan̪'tař]
peor	[pe'oř]	*ver*	[beř]

20.6.2. *La uvularización de /r/ y /ɾ/*

Una variación frecuente en el español de Puerto Rico y en el dialecto de los puertorriqueños en Estados Unidos es la producción de la vibrante múltiple en la zona uvular. Representamos dicho sonido con **[R].** En esta articulación el dorso de la lengua toca la úvula o la parte más posterior del velo sin que el resto de la lengua roce el paladar. Este sonido está presente, entre otras lenguas, en el francés y en el alemán estándar. Alterna libremente con el alófono [r] en todo tipo de posiciones:

La [R] uvular, sonido similar a la "r" del francés (cp. francés *rond* 'redondo', *rien* 'nada')

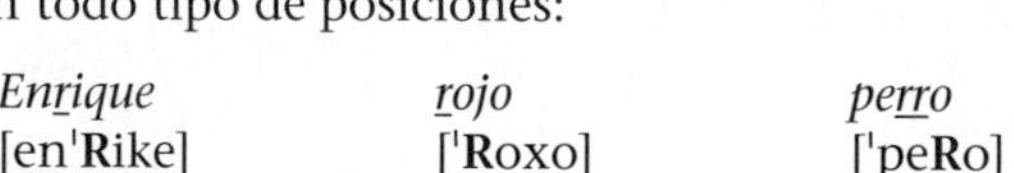

Enrique	*rojo*	*perro*
[en'**R**ike]	['**R**oxo]	['pe**R**o]

De acuerdo a Hualde (2005: 187) la [R] uvular, aunque no de uso general entre los puertorriqueños, es muy característica de la isla y juega un papel interesante: por un lado, es considerada de bajo prestigio, pero por el otro, su uso es un signo de identidad puertorriqueña, y por ello es muy valorado por muchos hablantes (especialmente por los estudiantes universitarios).

20.6.3. *La fricatización velar o velarización de /r/ y /ɾ/*

En el Caribe (Puerto Rico, la República Dominicana, Cuba) y en el estado americano de Florida, el alófono [r] múltiple se produce a veces en el velo en vez de en los alvéolos, dándole así una articulación fricativa en lugar de vibrante. Además suele

[9] De acuerdo a Torreblanca, "la intensidad de la turbulencia acústica de una consonante fricativa depende del grado de constricción y de la fuerza espiratoria, o volumen de aire que pasa a través de la glotis por unidad de tiempo" (1984: 615).

producirse sin sonoridad; esto es, la vibrante se produce como una fricativa velar sorda y se representa como **[x]**, por lo que se pueden llegar a confundir las palabras *jota* [ˈxota] y *rota* [ˈ**r**ota], ambas articuladas [ˈxota]. Dicha [x] ocurre en variación libre con [r] y en todas las posiciones:

	rota	*horrible*	*corrió*	*honrado*
CON **[x]**:	[ˈ**x**ota]	[oˈ**x**iβle]	[koˈ**x**i̯o]	[onˈ**x**aðo]
CON **[r]**:	[ˈ**r**ota]	[oˈ**r**iβle]	[koˈ**r**i̯o]	[onˈ**r**aðo]

Dado que en las variedades del Caribe suele producirse la aspiración de la velar [x] (cp. *jamón* [xaˈmon] > [**h**aˈmon]), después de velarizarse la /r/ o /ɾ/ a [x], el sonido resultante puede aspirarse:

SIN **aspiración**:	[ˈxota]	[oˈxiβle]	[koˈxi̯o]	[onˈxaðo]
CON **aspiración**:	[ˈ**h**ota]	[oˈ**h**iβle]	[koˈ**h**i̯o]	[onˈ**h**aðo]

20.7. La aspiración de la /x/

Hemos visto en capítulos anteriores como la articulación de la /x/ se puede considerar como un continuum de realizaciones donde todas ellas son normativas, esto es, ninguna está estigmatizada (Fig. 20.10).

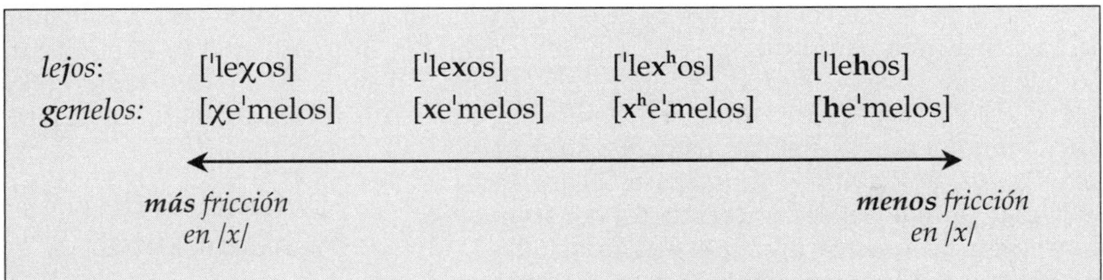

Fig. 20.10. Variación articulatoria: alófonos de /x/.

Dentro de este continuum de la /x/, hemos estudiado que en el español castellano (norte y parte del centro de España), existe un sonido postvelar o uvular fuertemente fricativo, representado con [χ]. Este sonido contrasta fuertemente con las realizaciones de la /x/ en los hablantes latinoamericanos y del sur de España. Así, en comparación, en partes de **España (Andalucía, Canarias, Extremadura) y en prácticamente toda Latinoamérica**[10] **la jota se relaja**: articulan la velar /x/ con los alófonos aspirados **[x^h]** o **[^{h}]**, o con la fricativa velar [x], en todas las posiciones y en variación libre. Por ejemplo, en *lejos* y *gemelos* los mexicanos alternan entre articular la fricativa velar /x/ de una forma más "suave" o relajada como en *le[**x^h**]os, le[^{h}]os* y *[**x^h**]emelos, [^{h}]emelos*. Como se ha señalado, todas estas articulaciones caben dentro de la norma en el habla estándar formal de Hispanoamérica y del sur de España. La Figura 20.11 permite visualizar las diferencias articulatorias entre las tres principales variantes de la jota: [χ], [x] y [^{h}].

---

[10] La aspiración es una tendencia general en Centroamérica, el Caribe, costas caribeñas de México, y las zonas costeras de Colombia, Venezuela, Ecuador y de Perú.

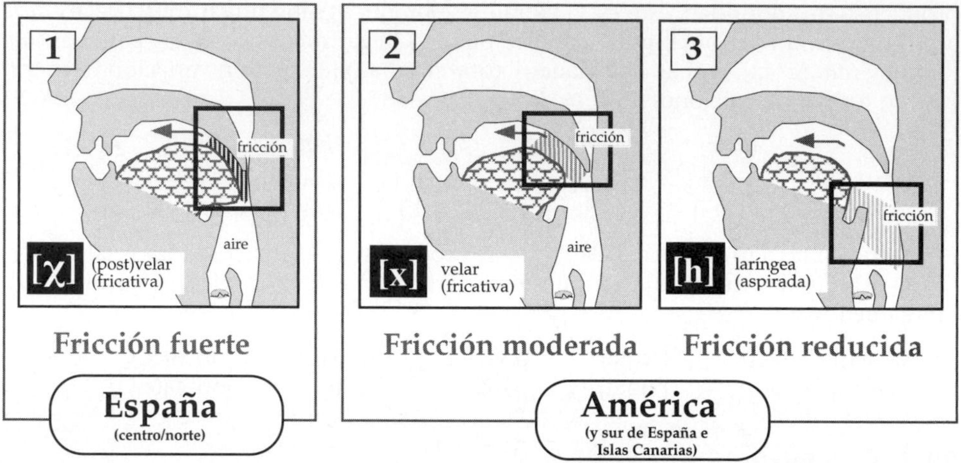

Fig. 20.11. La jota y sus tres realizaciones principales.

20.8. El rehilamiento de la /ɟ/ o "yeísmo rehilado"

El rasgo más representativo del español de la región del *Río de la Plata* (Argentina, Uruguay y partes de Paraguay) consiste en la producción de un alófono muy asibilado: la **fricativa palatal sonora** [ʒ], en lugar del fonema /ɟ/. Recuerde que [ʒ] es el mismo sonido de las palabras *plea<u>s</u>ure, mea<u>s</u>ure*. Esta articulación sibilante tan característica del habla rioplatense se denomina **rehilamiento** o **yeísmo rehilado** (Figs. 20.12a-b). Dicho fenómeno —a menudo llamado **zheísmo**— se da en variación libre y forma parte del español estándar formal del área rioplatense, por lo que hoy en día no reviste ninguna estigmatización.

El uso del alófono rehilado no está restringido a la región del Río de la Plata, de hecho en España se da en Andalucía y Extremadura, y también se encuentra en algunas regiones de Chile y México, aunque en estas variedades tiene una menor asibilación (i.e., menor fricción de la consonante sibilante); sin embargo, en el área rioplatense está más generalizado.

> **Definición de "rehilamiento"**
>
> El rehilamiento es la articulación de la "ll" y la "y" con un elemento de *fricatización*, cuya realización más extrema alcanza el grado de fricción de ingl. *plea<u>s</u>ure* o *mea<u>s</u>ure*.

En la articulación de [ɟ] en las variedades formales del español americano, la forma de la lengua es *convexa*, pero en la [ʒ] rioplatense es más bien plana (Fig. 20.12a). Además, la parte dorsal de la lengua que se utiliza, es decir, la zona del punto de contacto con el techo de la boca (paladar), es algo más posterior en [ɟ] que en [ʒ]. La corriente de aire y la tensión muscular son algo más fuertes en la [ʒ]; asimismo el timbre es más áspero en [ʒ] que en [ɟ].

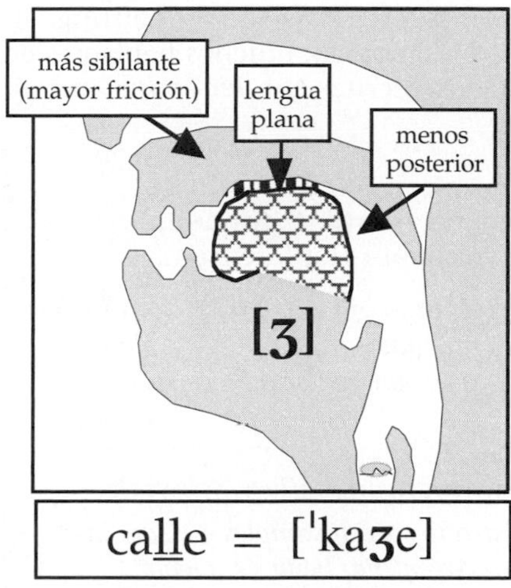

Fig. 20.12a. El rehilamiento de la yod.

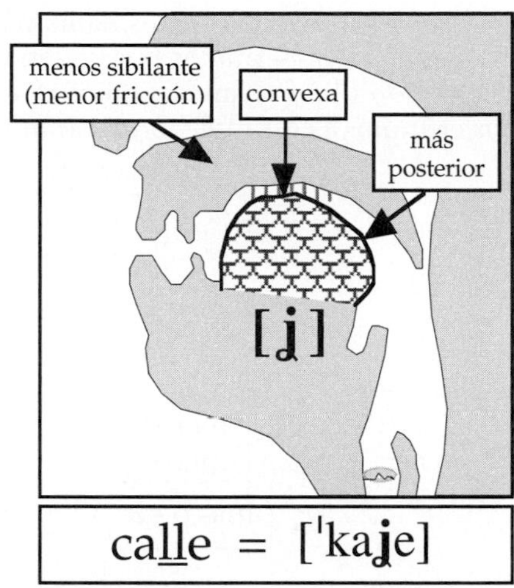

Fig. 20.12b. La yod del español estándar.

El alófono [ʒ] es un sonido PALATAL FRICATIVO SONORO *igual que la yod [ʝ] del español americano general, pero es más sibilante debido a la forma que adquiere la lengua en su producción.*

Como ya señalamos en el Capítulo 12, en el español rioplatense la [ʒ] rehilada corresponde en la ortografía no solamente a la "ll" (*calle, silla, pollo*) sino también a la "y" inicial de sílaba (*mayo, yo, raya*). Por eso decimos que los hablantes de este dialecto son *yeístas*, ya que no distinguen fonemáticamente entre los sonidos /ʝ/ y /ʎ/[11].

Ejemplos:

1. Maya Reyes me **ll**amó ayer para ir a la playa con e**ll**a.
   Ma[ʒ]a Re[ʒ]es me [ʒ]amó a[ʒ]er para ir a la pla[ʒ]a con e[ʒ]a.
2. La si**ll**a amari**ll**a se cayó a**ll**í.
   La si[ʒ]a amari[ʒ]a se ca[ʒ]ó a[ʒ]í.

www.wiley.com/college/Schwegler
→ *Listen to speech samples* → *Cap. 20*
→ *"Argentina: yod rehilada (Maya Reyes)"*

---

[11] Recuerde que en el **lleísmo** distinguimos entre el fonema lateral palatal sonoro /ʎ/ (alófono [ʎ]; grafema "ll") y el fonema fricativo palatal sonoro /ʝ/ (alófono [ʝ]; grafema "y"). Con lleísmo *halla* ['aʎa] y *haya* ['aʝa] son pares mínimos. Este fenómeno, aunque recesivo, está presente en Paraguay, las áreas andinas de Perú y Bolivia, y partes de Argentina, Colombia y Ecuador. En esas regiones el lleísmo es un residuo del español colonial, influido en algunas zonas por lenguas amerindias que comparten el sonido [ʎ]. El lleísmo también se da en el norte de España (sobre todo, Castilla León, La Rioja y Cantabria).

Hemos indicado que los hablantes rioplatenses son *yeístas* ya que no distinguen los sonidos representados por las letras "y" y "ll". Sin embargo, muchos hablantes de esta región diferencian sistemáticamente las palabras escritas con *hia-* o *hie-* inicial. Los ejemplos a continuación ilustran la diferencia:

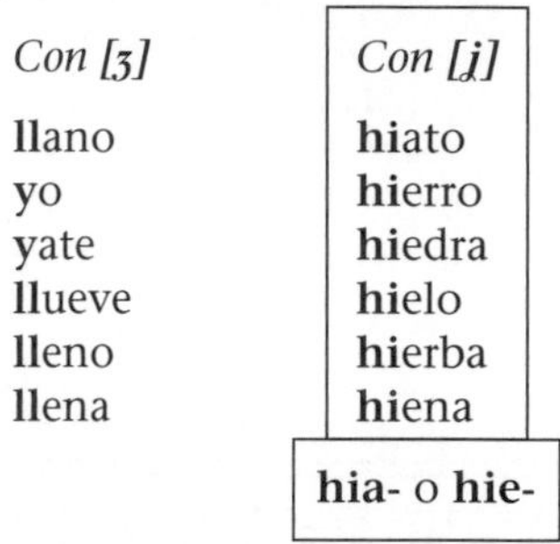

Con [ʒ]	*Con [ʝ]*
llano	**hi**ato
yo	**hi**erro
yate	**hi**edra
llueve	**hi**elo
lleno	**hi**erba
llena	**hi**ena
	hia- o **hie-**

Tendencias articulatorias en el español rioplatense

No hacer la distinción entre [ʒ] y [ʝ] es interpretado por algunos hablantes rioplatenses como un signo de un bajo nivel socieducativo.

www.wiley.com/college/Schwegler
→ *Listen to speech samples* → *Cap. 20*
→ *Argentina: llena* vs. *hiena"*

Hasta ahora hemos presentado un solo alófono para la yod rehilada rioplatense, i.e., [ʒ]. Sin embargo, la situación es más compleja ya que /ʝ/ se realiza, en **alternancia libre**, con al menos otras tres variantes.

Así, la sibilante [ʒ] suele alternar con la **africada alveopalatal sonora** [dʒ], sonido que el estudiante puede identificar en inglés en la "j" inicial de *jeans* o *jive,* y en los segmentos subrayados en *judge* o *lodge*. **A veces, la [ʒ] se ensordece, articulándose como fricativa palatal sorda** [ʃ]. Este fenómeno se llama comúnmente "sheísmo", oponiéndose así al antes mencionado "zheísmo". De igual modo, la [dʒ] también puede ensordecer y producirse como **africada alveopalatal sorda** [**tʃ**], aunque de las cuatro variantes ([ʒ, ʃ, dʒ, tʃ]), esta última es la menos frecuente.

La alternancia entre todos estos alófonos es libre. Por lo tanto, palabras como *llamo* o *Yolanda* pueden articularse con [ʒ], [dʒ], [ʃ] o [tʃ] (véanse las Figuras 20.13 y 20.14). Como ya señalamos brevemente en el Capítulo 12, en Argentina y otros lugares, factores educativos y sociales condicionan, por lo general, la aplicación precisa del rehilamiento. Spicher et al. (2008: 153) y Hualde (2005: 56, 166) señalan con acierto que el sheísmo ([ʃ]) o [tʃ]) es más frecuente en el habla de jóvenes y mujeres, sobre todo en núcleos urbanos como Buenos Aires. Los demás hablantes le dan preferencia al zheísmo.

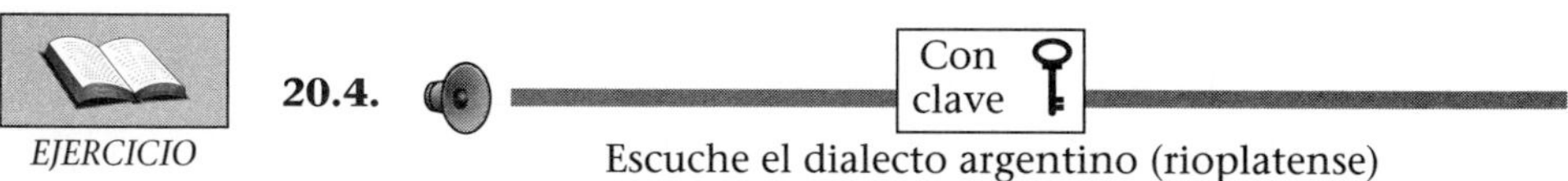

Escuche el dialecto argentino (rioplatense)

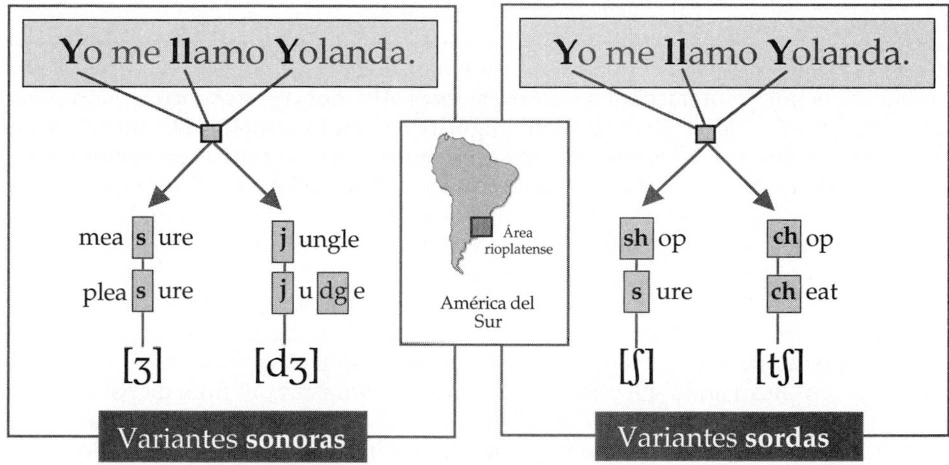

Fig. 20.13. Variación libre en la yod rioplatense.

	[ʒ] *SONORA* **común**	[dʒ] *SONORA* **común**	[ʃ] *SORDA* **menos frecuente**	[tʃ] *SORDA* **poco frecuente**
yo	[ʒo]	[**d**ʒo]	[ʃo]	[**t**ʃo]
mayo	[ˈmaʒo]	[ˈma**d**ʒo]	[ˈmaʃo]	[ˈma**t**ʃo]
llamo	[ˈʒamo]	[ˈ**d**ʒamo]	[ˈʃamo]	[ˈ**t**ʃamo]
calle	[ˈkaʒe]	[ˈka**d**ʒe]	[ˈkaʃe]	[ˈka**t**ʃe]

Fig. 20.14. La yod y sus variantes dialectales.

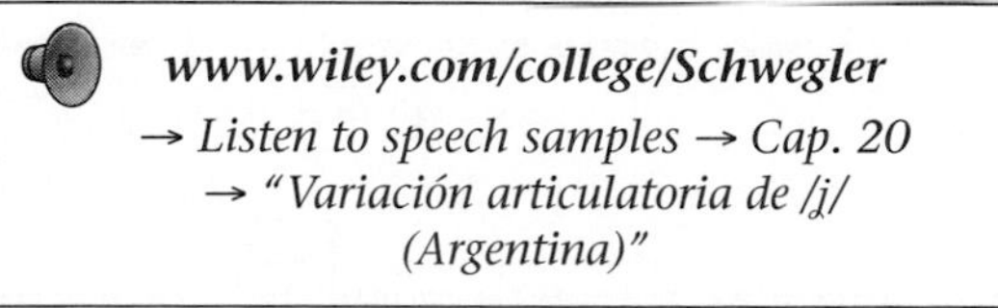

www.wiley.com/college/Schwegler
→ *Listen to speech samples* → *Cap. 20*
→ *"Variación articulatoria de /ʝ/ (Argentina)"*

Resumen

En este capítulo hemos examinado seis fonemas: /s, n, ɾ, r, x, ʝ/. Su articulación está condicionada por la interacción de varios factores. Algunos de estos factores son puramente internos, es decir, estrictamente lingüísticos más que sociolingüísticos (externos). Hemos visto, por ejemplo, que una de las principales condiciones internas para la variada articulación de /-s/ o /-n/ tiene que ver con la *posición final* de estos sonidos dentro de la sílaba. Otros factores internos incluyen la posición del sonido dentro del enunciado. Así, hemos aprendido que en el español de La Habana la /-s/ se retiene mucho más ante pausa (61%) que ante vocal (18%).

Más complejas aún son las condiciones externas (sociolingüísticas) que afectan al modo de hablar de los hispanohablantes. Hemos podido analizar en detalle solo el comportamiento de la /-s/, reduciendo así a un mínimo la descripción de los factores que entran en juego en la selección entre alófonos como la "-n" final de palabra (cp. *comen*: ['kome**n**] vs. ['kome**ŋ**]) o la "l" o "r" final de sílaba (cp. *parte*: ['pa**r**te] vs. ['pa**l̪**te]). Algunos factores que contribuyen a esta variabilidad son: (1) el estilo, (2) la formalidad, (3) la rapidez del habla, (4) el nivel socioeconómico y educacional y (5) el tipo de habla (por ej., lectura vs. conversación libre).

Como hemos visto, las variaciones alofónicas de /s, n, ɾ, r, x, ʝ/ no obedecen a reglas categóricas. Sin embargo, hay cierta correlación entre la aspiración o elisión de la /-s/ y el nivel socioeconómico o educativo de una persona, y es en parte esta regularidad relativa lo que le permite al hablante nativo evaluar o, quizás mejor, adivinar el nivel educacional o socioeconómico de personas que no conoce de cerca.

Como resumen, en la Figura 20.15 reproducimos los sonidos y los nombres técnicos de los procesos que hemos discutido en este capítulo.

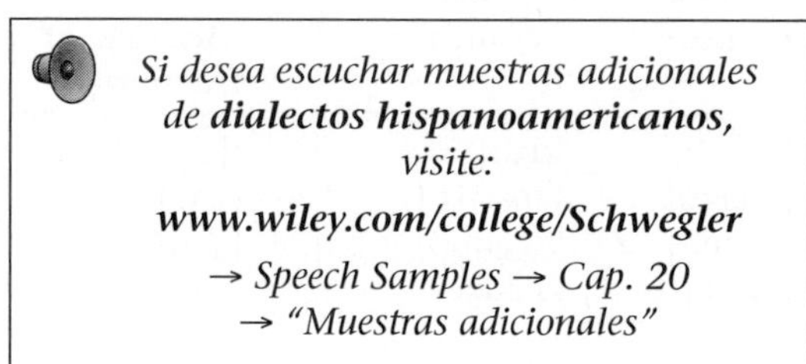

Si desea escuchar muestras adicionales
de ***dialectos hispanoamericanos,***
visite:
www.wiley.com/college/Schwegler
→ Speech Samples → Cap. 20
→ "Muestras adicionales"

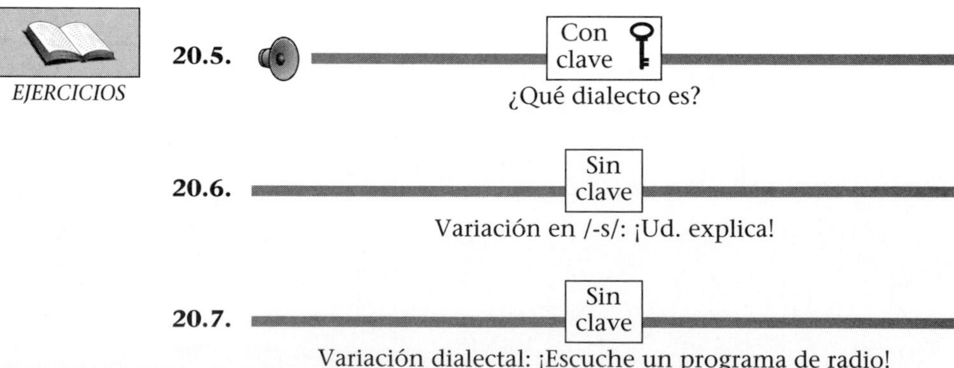

Fonema	Posición silábica	Ejemplo →	Realización alofónica	Nombre técnico
/-s/	final de sílaba	*¿estás seguro?*	[e^{h}ˈta^{h} seˈɣuɾo] [e^{ø}ˈta^{ø} seˈɣuɾo]	**aspiración** **elisión (pérdida)**
/-n/	final de palabra	*¿están bien?*	[esˈtaŋ bi̯eŋ]	**velarización**
/ɾ/ /l/	final de sílaba	*parte* *algo*	[ˈpal̺te] [ˈaɾɣo]	**neutralización de líquidas**
/r/	inicial de sílaba	*carro* *perro*	[ˈkař̌o] [ˈpeř̌o]	**asibilación** (similar a la "r" de ingl. *rain*)
/ɾ/	sobre todo inicial de sílaba	*Enrique* *Ramón*	[enˈřike] [řaˈmon]	
/r/ /ɾ/	sobre todo en posición inicial de sílaba	*perro* *Enrique*	[ˈpeRo] [enˈRike]	**uvularización** (similar a la "r" del francés)
/ɾ/ /r/	en todas las posiciones	*rota* *horrible*	[ˈ**x**ota] [oˈ**x**iβle]	**fricatización velar o velarización de la /r/ y /ɾ/**
/x/	en todas las posiciones	*México* *agitar* *jamón*	[ˈme**x**^{h}iko] [ˈme**h**iko] [a**x**^{h}iˈtaɾ] [a**h**iˈtaɾ] [**x**^{h}aˈmon] [**h**aˈmon]	**aspiración**
/ʝ/	inicial de sílaba	*Maya te llamó ayer.*	[ˈmaʒa te ʒaˈmo aˈʒeɾ]	***rehilamiento*** (similar a la "s" en *leisure* o *pleasure*)

Hay variantes adicionales de la /ʝ/, i.e., **[dʒ]**, **[ʃ]** y **[tʃ]**

Fig. 20.15. Nomenclatura y ejemplos de variables alofónicas estudiadas en este capítulo.

Capítulo 21

El español en Estados Unidos

21.1. Introducción: hechos demográficos[1]

La población hispana, y junto con ella la lengua española en Estados Unidos (EE.UU.), constituye un verdadero microcosmos del mundo hispano. Las estadísticas (Censo del 2000, último censo nacional) son particularmente interesantes en cuanto a la tendencia general de la "hispanidad" de nuestro país. Según datos del censo (US Census Bureau, informe emitido en mayo del 2008), la población hispana (o latina)[2] en EE.UU. en julio de 2007 alcanzaba ya los 45,5 millones de habitantes, es decir, un 15,1% del total de la población. Según esa fuente, California contaba con 13,2 millones de hispanos (el 15% del total de la población de EE.UU.), sobrepasando así a la población total de países como Costa Rica (4 millones), Paraguay (6 millones), República Dominicana (9 millones), Portugal (10 millones), Bolivia (casi 9 millones) o Israel (6 millones). Texas, el segundo estado en cuanto al número de hispanos, tenía 8,6 millones (julio de 2007). Estos datos muestran que en menos de 20 años (1990–2009), la población hispana de EE.UU. se ha duplicado (58%, de 22 a 45 millones)[3].

---

[1] Los datos demográficos expuestos en esta sección provienen del *Census Bureau www.census.gov/main/www/cen2000.html* (febrero de 2005) y de *www.census.gov/Press-Release/www/releases/archives/population/011910.html* (marzo de 2009).

[2] Para los criterios usados para determinar quién es (o no es) "latino", consúltense estas fuentes:
http://www.whitehouse.gov/omb/fedreg/1997standards.html
http://www.census.gov/population/www/socdemo/compraceho.html

[3] Estadística del 2005, publicada en:
www.cia.gov/cia/publications/factbook/rankorder/2119rank.html.

Esta evolución demográfica ha cambiado el perfil poblacional de vastas áreas de EE.UU., donde en algunos estados los latinos pronto constituirán la mitad de los habitantes. Así, Nuevo México es el estado con la mayor proporción de hispanos (44% en julio de 2007), seguido por California (36%), Texas (36%), Arizona (30%) y Nevada (25%).[4] Se proyecta, además, que para el año 2020, el total de hispanos alcanzará los 60 millones (Fig. 21.1), lo que equivale casi al total de la población actual de Francia (65 millones en 2009). Más impresionante aun es este pronóstico demográfico: según el U.S. Census Bureau, en el año 2050 habrá cien millones de latinos en EE.UU. (Fig. 21.1). Naturalmente, aquí cabe preguntarse: ¿cuántos de ellos serán hablantes bilingües (inglés/español)? ¿Cuál será su competencia en cuanto al manejo del español? ¿Y qué peso lingüístico tienen (y tendrán) los hispanohablantes en la vida de EE.UU.?

Perfil de la hispanidad en EE.UU.

---

1 de cada 10

Proporción de mexicanos nacidos en México que ahora residen en EE.UU.

Más de 1 de cada 10

Proporción de latinos en Estados Unidos

Time Magazine
Feb. 6, 2006, pág. 39
(nuestra traducción)

27.6 años

Edades medias en 2008 (EE.UU):		
	Hispanos	= 27.6 años
	Población en general	= 36.6 años

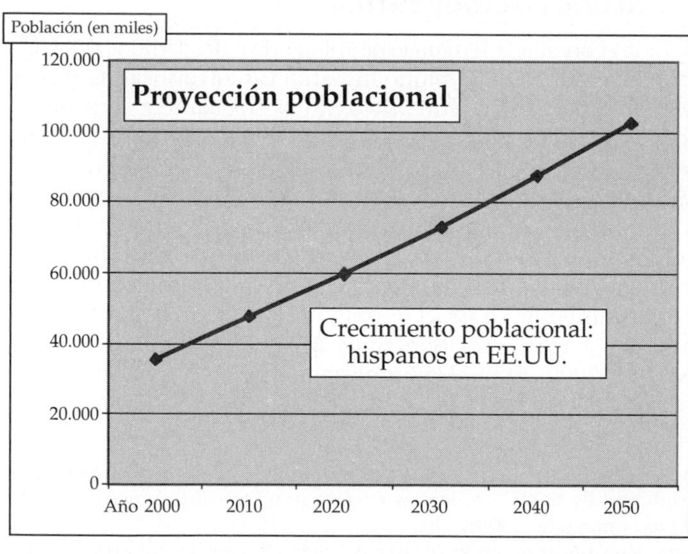

Fig. 21.1. Hispanos en EE.UU. a lo largo del tiempo.

Fuente: Adaptado de U.S. Census Bureau News, MARCH 18, 2004 (Table 1)

www.census.gov/Press-Release/www/releases/archives/population/001720.html

[4] Datos del U.S. Census Bureau: *http://www.infoplease.com/spot/hhmcensus1.html*

Dentro de este contexto hay que mencionar, además, que estas estadísticas generalmente excluyen a los inmigrantes indocumentados. Según el periódico *USA Today* (5/10/06), en 2006 el número de inmigrantes indocumentados alcanzó los 12 millones, la mayoría de ellos hispanos.

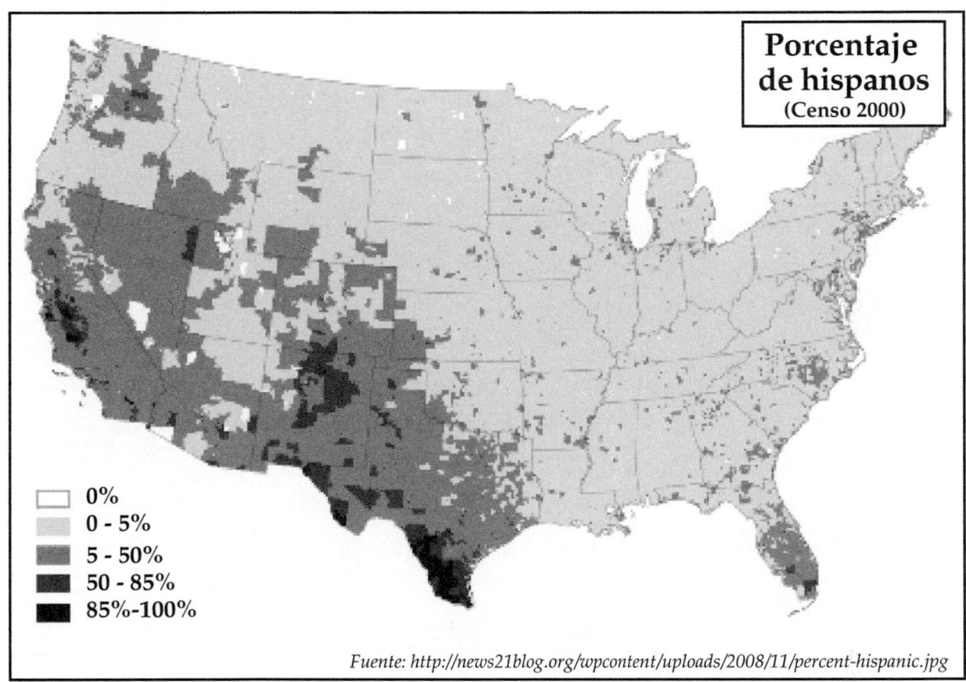

Fig. 21.2. Distribución geográfica de la población latina.

Ya señalamos en el Capítulo 18 que, con más de 45 millones de hispanohablantes, los Estados Unidos ocupa el tercer lugar entre los países de habla hispana en el mundo, solo precedido por México y Colombia. Como señala Fairclough (2003), las diferencias nacionales, étnicas, socioeconómicas y las distintas razones de inmigración dan lugar a un alto grado de *heterogeneidad* en la población hispana estadounidense, cuyo elemento unificador es la lengua castellana.

> ***Hecho estadístico***
>
> Solo el 4% del total de la población hispana en EE.UU. es de origen sudamericano.
>
> Los demás hispanos son de procedencia centroamericana, caribeña o mexicana. Véase la Figura 21.3.

	Datos 2006
Salvadoreños	1.363.726
Guatemaltecos	896.780
Hondureños	486.026
Nicaragüenses	298.928
Panameños	124.138
Costarricenses	111.678
Otros centroamericanos	115.064
Centroamericanos (total)	**3.396.340**
Mexicanos	**28.395.997**

Fuente: Pew Hispanic Center *http://pewhispanic.org/files/factsheets/hispanics2006/Table-5.pdf*

Fig. 21.3. Población de origen centroamericano y mexicano en EE.UU.

Pero dentro de esta heterogeneidad también se producen —de acuerdo a la región, localidad o barrio— situaciones con un alto grado de homogeneidad. De mayor importancia, en este sentido es, sin duda, el grupo mexicano. En este contexto destacan particularmente las localidades de East Los Angeles (CA) o Laredo (TX), cuya población no es solamente latina en su práctica totalidad (cp. Fig. 21.4) sino que se caracteriza además por un origen histórico casi exclusivamente mexicano.

East Los Angeles, CA	**97%**	hispanos
Laredo, TX	**94%**	
Brownsville, TX	91%	
Hialeah, FL	90%	
McAllen, TX	80%	
El Paso, TX	77%	
Santa Ana, CA	76%	
El Monte, CA	72%	
Oxnard, CA	66%	
Miami, FL	66%	

Censo 2000

Fig. 21.4. Las diez localidades con mayor porcentaje de hispanos.

21.2. Variación dentro del español de Estados Unidos

Al estudiar o describir el español de los grupos latinos en EE.UU. hay que tener en cuenta al menos dos factores importantes:

1. **El factor socioeconómico:** históricamente, las condiciones políticas y económicas que han motivado la inmigración de los varios grupos nacionales de inmigrantes han sido muy distintas y, en muchos casos, las clases sociales que componen estos grupos también han sido muy variadas. La inmigración cubana constituye un buen ejemplo: la presencia de cubanos en EE.UU. es muy anterior a la guerra hispano-norteamericana (1898), y este pequeño grupo inicial estaba compuesto enteramente por *intelectuales* cubanos. Siguieron luego otros grupos

cubanos con distintos perfiles socioeconómicos hasta que en 1960, poco después del inicio de la Revolución cubana, llegó el primer gran contingente de emigrantes *profesionales*. Estos exiliados pertenecían en su gran mayoría a la clase media-alta o alta. Entre 1960 y 1980, más de 350.000 cubanos abandonaron la isla y casi todos se asentaron en EE.UU. El perfil de estos inmigrantes cambió drásticamente a partir de 1980, cuando una serie de eventos condujeron al famoso *éxodo de Mariel*[5] (ingl. *Mariel boatlift*), en el cual participó un porcentaje relativamente alto de individuos cubanos de las *clases más bajas* de la isla.

Como es lógico, estas diferencias socioeconómicas se correlacionan con diferencias lingüísticas. Por lo general, las clases medias-altas y altas se inclinan hacia el manejo de un español más cuidado, más normativo y apegado a la variedad estándar. Por su parte, las clases bajas suelen identificarse más con el habla popular, informal y dialectal —precisamente el tipo de habla que está más expuesta a la estigmatización social.

2. **El factor generacional:** en EE.UU. existen grandes diferencias en el manejo del idioma español: entre la primera generación de inmigrantes, el español se conserva por lo general con los rasgos del lugar de origen del hablante. El español del mexicano recién llegado revela pocas diferencias con respecto al español mexicano de la zona de origen del hablante; el español cubano de la primera generación sigue siendo una variedad del español de Cuba, al igual que el español puertorriqueño de Nueva York, que difiere poco del puertorriqueño isleño. Sin embargo, a partir de la segunda generación surgen normalmente anglicismos debido a la fuerte influencia del inglés en su habla. En el nivel popular (habla informal) ciertos rasgos caracterizan a más de una variante. Así, particularmente entre personas de origen rural, es muy común la pérdida de la /d/ intervocálica, lo que ha llevado a formas como *hablao* (= *hablado*), *ganao* (= *ganado*) o *deo* (= *dedo*).

21.3. Variación dialectal de tres grupos de hispanos

Esta sección se centrará en algunas de las características articulatorias de tres grupos latinos de EE.UU.: el cubano, el puertorriqueño y el mexicano. La sección final (§21.4) examinará brevemente cómo algunos hablantes bilingües alternan —a veces con gran frecuencia y aun dentro de una misma oración— entre el español y el inglés. Concluiremos el capítulo con una discusión sobre el polémico fenómeno del "spanglish".

21.3.1. *El español cubano y el puertorriqueño*

El español cubano y el puertorriqueño, al igual que casi todas las demás variedades americanas del español, es yeísta; es decir, las letras "y" y "ll" son representaciones de un mismo fonema (cp. *calló* [kaˈʝo] y *cayó* [kaˈʝo] se articulan ambas con [ʝ̞]). Estos mismos dialectos son también seseantes, esto es, las letras "s", "z" y la "c" (ante "e, i") representan un solo fonema: /s/; así: *sala, pez, cazo, cena, cocina* se articulan respectivamente: [ˈsala], [pes], [ˈkaso], [ˈsena], [koˈsina].

En el español puertorriqueño y cubano operan los procesos fonológicos de asimilación lateral[6] (por ej., *el yoga* = [e-ˈʎi̯o-ɣa] o [e-ˈʎo-ɣa], *al llamar* = [a-ʎi̯a-ˈmaɾ] o

---

[5] También conocido popularmente como *el corre corre de Mariel*.

[6] Véase el Capítulo 14.

[a-ʎa-ˈmaɾ]) y nasal[7] (por ej., *tan cómico* = [taŋ ˈkomiko]). Existe en estas hablas la misma distribución de alófonos de /b, d, g/, aunque estos tienden a ser variantes menos fricativas que en el resto de América, acercándose en no pocos casos a una realización cero; articulaciones como *dedo* = [ˈdeo], *hago* = [ˈao], *hágame el favor* = [ˈa:me el faˈβoɾ] se limitan casi siempre al habla coloquial, informal y muy relajada.

En posición final de sílaba y de palabra, /s/ tiende a no realizarse como sonora [z] ante consonante sonora, distinguiéndose así de otras variedades dialectales donde asimilaciones del tipo *mismo* [ˈmizmo] o *desde* [ˈdezðe] ocurren con gran frecuencia. La relativa ausencia de este tipo de asimilación en el habla cubano-americana se debe a dos fenómenos examinados en el capítulo anterior: la aspiración y la elisión de la /-s/ final de sílaba (cp. *mismo* = [ˈmiʰmo] / [ˈmimo], *desde* = [ˈdeʰde] / [ˈdede]).[8] En casos donde /-s/ se aspira y/o se elide, el paso asimilatorio /-s/ → [-z] lógicamente ya no se realiza.

Las clases de nivel socioeconómico o socioeducativo alto cubanas y puertorriqueñas tienden a seguir el sistema descrito en el Capítulo 20 ("El español americano"); a saber, exhiben una mayor retención de la /-s/ que las clases bajas. Opuesto es el comportamiento lingüístico de los cubano-americanos de procedencia social baja, que, al igual que sus compatriotas en la isla, aspiran y omiten la /-s/ final con gran frecuencia.

Tanto el cubano como el puertorriqueño velarizan normalmente la /n/ ante vocal (*en eso* = ([eŋ ˈeso]) o ante pausa (*ya no comerán* = [ʝa no komeˈɾaŋ#]). La neutralización de las líquidas, i.e., la lateralización de la /ɾ/ (cp. *Puerto Rico* = [ˈpu̯elto ˈriko]) y el rotacismo (cp. *alma* = [ˈaɾma]), varía muchísimo de un individuo a otro. Parece mucho más corriente entre los puertorriqueños que entre los cubanos. Otro sonido frecuente en ambas variedades es la aspiración de la /x/, por lo que *cajón* o *Texas* es articulado como [kaˈhon], [ˈtehas].

Existe otro rasgo del español de Puerto Rico que distingue esta variedad de las demás variedades del mundo hispánico: algunos hablantes articulan la /r/ múltiple, tanto intervocálica (cp. *carro*) como inicial (cp. *Rosa*), con un alófono **postvelar** o **uvular fricativo**, a veces sordo y a veces sonoro (esta "r" o "rr" uvular es similar a la "r" francesa). Cuando esta realización es sorda, existe la posibilidad de que los hablantes de otros dialectos del español interpreten este sonido uvular

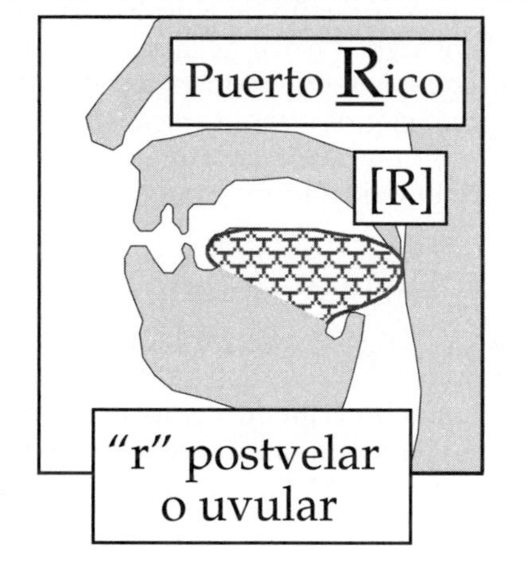

Fig. 21.5. La "r" uvular de Puerto Rico.

El sonido en cuestión es similar a la "r" del francés o del portugués. Este tipo de "r" se transcribe con el símbolo [**R**] (cp. *carro* [ˈka**R**o]).

[7] Véase el Capítulo 11. En el dialecto cubano americano, como en el de la isla, es muy frecuente además la nasalización vocálica; así, *mano* y *son* se articulan como [mãno] y [sõn], respectivamente.

[8] La aspiración u omisión de /-s/ suele producir una articulación *oclusiva* en vez de *fricativa* ante /b, d, g/; así, *desde* = [ˈdeʰ**d**e] / [ˈde**d**e] en vez de [ˈde⁽ʰ⁾**ð**e]), y *rasgo* = [ˈraʰ**g**o] / [ˈrago] en vez de [ˈra⁽ʰ⁾**ɣ**o].

fricativo sordo como perteneciente al fonema /x/ y así, al oír *Ramón* entienden *jamón*. Normalmente, el contexto semántico de la oración resuelve tales problemas de comunicación y una vez que el oído extranjero se acostumbra a los alófonos uvulares como representación del fonema vibrante múltiple, la comprensión del español puertorriqueño se facilita en gran medida.

Finalmente, queremos destacar un rasgo exclusivo del español cubano-americano[9] y más característico del habla coloquial de las clases bajas. Nos referimos a la asimilación al sonido siguiente de consonantes (fundamentalmente /l/ y /ɾ/) finales de sílaba, donde se produce un **reforzamiento de las consonantes oclusivas y nasales**. En la Figura 21.6, el lector notará (columnas oscuras) que los grupos consonánticos analizados pueden ir acompañados por una oclusión glotal [ʔ] (Capítulo 6, §6.5), al tiempo que la /l/ y /ɾ/ sufren asimilaciones regresivas que las reducen esencialmente a una sola consonante muy tensa (oclusiva o nasal). Esta secuencia articulatoria de OCLUSIÓN GLOTAL + CONSONANTE produce un efecto fonético que se ha denominado **toque** o **golpe**. La columna "Ortografía" en la figura muestra la representación de este *toque* como una consonante geminada (o doble); una de las varias formas empleadas para representar ortográficamente el fenómeno en el lenguaje popular.

Ejemplo	Grupo consonántico	Español estándar	Con toque	Ortografía
algo	CONS. + /g/	[ˈalɣo]	[ˈa(ʔ)**go**]	***aggo***
aldea	CONS. + /d/	[al̪ˈdea]	[a(ʔ)ˈ**dea**]	*a**dd**ea*
alba	CONS. + /b/	[ˈalβa]	[ˈa(ʔ)**ba**]	*a**bb**a*
talco	CONS. + /k/	[ˈtalko]	[ˈta(ʔ)**ko**]	*ta**gc**o* ~ *ta**gk**o*
alto	CONS. + /t/	[ˈal̪to]	[ˈa(ʔ)**to**]	*a**tt**o*
carne	CONS. + /n/	[ˈkaɾne]	[ˈka(ʔ)**ne**]	*ca**nn**e*
Carmen	CONS. + /m/	[ˈkaɾmen]	[ˈka(ʔ)**men**]	*Ca**mm**en*

Fig. 21.6. El "toque" o "golpe" en grupos consonánticos de algunas variedades del español caribeño (registros coloquiales).

La oclusión glotal es variable, por lo que puede oírse tanto [aˈdea], [ˈago], [ˈaba] como [a(ʔ)ˈdea], [ˈa(ʔ)go], [ˈa(ʔ)ba].

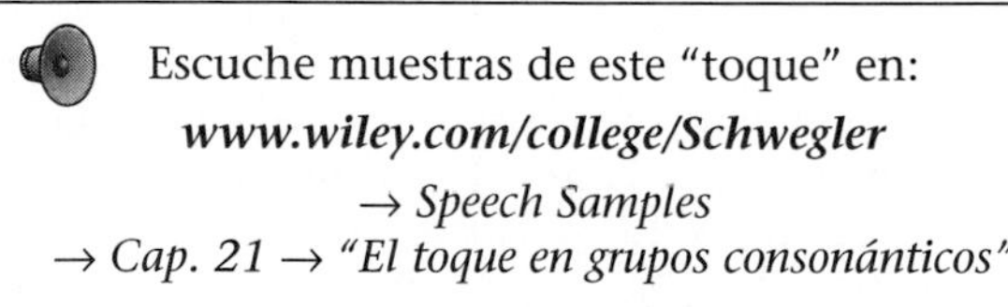

Escuche muestras de este "toque" en:
www.wiley.com/college/Schwegler
→ Speech Samples
→ Cap. 21 → "El toque en grupos consonánticos"

[9] Este fenómeno, muy frecuente en Cuba, también se da en la costa caribeña de Colombia, especialmente en el área de Cartagena. Allí, el fenómeno se conoce como "toque" o "toque cartagenero".

Observe que en el caso de /b, d, g/ estas asimilaciones convierten una consonante normalmente fricativa ([β, ð, ɣ]) en una **oclusiva** ([b, d, g]), y que en muchos casos se omite la oclusión glotal, articulando una consonante **muy tensa** en posición intervocálica (cp. *algo* = ['ago], *aldea* = [a'**d**ea]).

En el nivel del sistema fonemático este cambio articulatorio de *fricativa* a *oclusiva*, junto con la reducción de "l" y "r" que le acompaña a favor de una asimilación, es de gran importancia ya que produce, en ciertos dialectos populares cubanos, un inesperado **contraste fonemático**, i.e., /b, d, g/ vs. /β, ð, ɣ/. Véanse los pares mínimos en la Figura 21.7.

Fonemas	Pares mínimos (contrastivos)			
	OCLUSIVO		FRICATIVO	
/b/ vs. /β/	/'sa**b**es/	= *salves*	/'sa**β**es/	= *sabes*
/d/ vs. /ð/	/'su**d**o/	= *zurdo*	/'su**ð**o/	= *sudo*
/g/ vs. /ɣ/	/'a**g**o/	= *algo*	/'a**ɣ**o/	= *hago*

Fig. 21.7. La asimilación de grupos consonánticos y sus consecuencias fonemáticas.

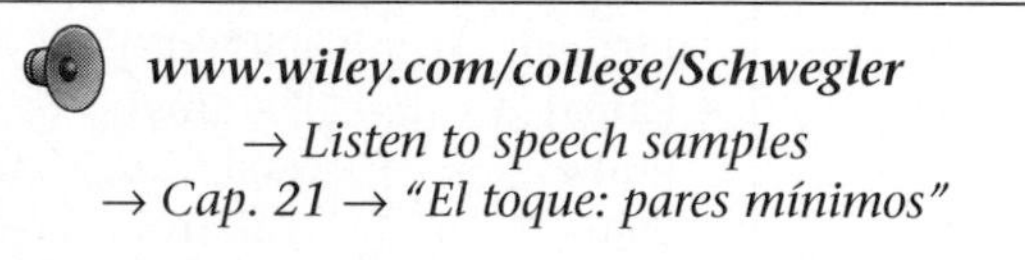

21.3.2. *El español méxico-americano*

Para algunos, los términos *méxico-americano* y *chicano* son sinónimos, mientras que para otros no significan lo mismo. Es imposible decir a ciencia cierta quién es o no méxico-americano o chicano, puesto que las personas de ascendencia mexicana que residen en EE.UU. suelen autoidentificarse con uno u otro de estos dos grupos (en algunos casos incluso con ninguno). Dada esta incertidumbre, es difícil describir con exactitud el español de los méxico-americanos o chicanos. Generalmente se ha definido esta variante del español como un dialecto del español mexicano con préstamos léxicos del inglés. Naturalmente esta variedad exhibe también muchos de los rasgos que hemos descrito como característicos del español mexicano (Cap. 20).

Para el propósito de este capítulo consideraremos que *español chicano* y *español méxico-americano* son dos términos que se refieren a una misma variedad dialectal que varía considerablemente de hablante a hablante. Agruparemos estas variedades bajo el término *méxico-americano*.

El español méxico-americano comparte, por lo general, las características generales y extendidas en la variedad del español que hemos denominado *español americano general*. El hispanohablante de Los Ángeles o de El Paso, por ejemplo, suele compartir las mismas características articulatorias que los hablantes de Guadalajara, México, Guatemala, Bogotá y Quito; es decir, la mayoría de los rasgos del español méxico-americano son comunes a otras variedades del español de las Tierras Altas. A continuación se repasarán algunas de esas características.

En términos generales, el español de las Tierras Altas se caracteriza por un **consonantismo fuerte**. Así, en contraste con los dialectos del Caribe, el dialecto méxico-americano no aspira ni elide la /-s/, sino que la conserva en estos casos[10]: *mis amigos españoles* [mis a'miɣos espa'ɲoles], *estás lista* [es'tas 'lista]). En el habla méxico-americana esta /-s/ final de sílaba está sujeta al proceso normal de **asimilación de sonoridad**, teniendo así una manifestación sonora en palabras como *desde* ['dezðe], *isla* ['izla], *los dedos* [loz 'ðeðos]. El méxico-americano nunca velariza la /-n/ en posición final de sílaba, a menos que vaya seguida de consonante velar (cp. *ancla* ['aŋkla], *tengo* ['teŋgo], *ángel* ['aŋxel]); del mismo modo no velariza casos como *pan y vino* o *sin amor*, donde articula una [n] alveolar: [pa**n**, si**n**] y no velar (cp. [paŋ, siŋ]).

El español méxico-americano tiene en común con los otros dialectos americanos el ser (1) **yeísta**, (2) **seseante** y (3) **el articular la fricativa /x/ de una forma suave**, esto es aspirada (**[xʰ]** o **[h]**). Además de estas generalidades, las **vocales** en la variante méxico-americana están sujetas a dos procesos: **reducción** y **ensordecimiento**. La reducción es a veces drástica en su duración pero no en su timbre (es decir, **no** se reducen a una *schwa*). Se da ante todo en sílabas átonas, sobre todo si estas preceden o siguen inmediatamente a la sílaba tónica: *ordinario, pase, Usted*. **Las vocales ÁTONAS en contacto con SIBILANTES tienen una tendencia especial a reducirse**:

	CON VOCALES REDUCIDAS
las cosas	[lᵃs 'kosᵃs]
partes	['parteˢ]
muchas gracias	['mutʃᵃz 'ɣrasⁱᵃs]

Escuche muestras de vocales reducidas en
www.wiley.com/college/Schwegler
→ Speech Samples → Cap. 21
→ "Vocales reducidas"

En los capítulos anteriores hemos afirmado que, en español, las vocales son siempre sonoras. Existen, sin embargo, dialectos méxico-americanos en los cuales las vocales pueden ensordecerse **cuando van precedidas de una CONSONANTE SORDA**, sobre todo si la vocal está en posición final seguida de pausa; transcribimos el ensordecimiento con el símbolo "̥" debajo de la vocal, por ejemplo: *ocho* ['otʃo̥#], *coco* ['toko̥#]. En algunas palabras este proceso es general, mientras que en otras es solo esporádico. Al igual que con otras características dialectales que hemos examinado, el ensordecimiento de vocales no está restringido al español méxico-americano, ni siquiera al mexicano, ya que se da esporádicamente en todos los dialectos hispánicos.

[10] Hualde (2005: 27) señala que en el español tradicional de Nuevo México, una variedad del español de larga trayectoria histórica, siempre se aspira la /s/, no solo en posición implosiva sino también a inicio de palabra; así, "la semana" [la **h**emana].

La sílaba átona inicial, especialmente /a-/, se pierde fácilmente en el habla de los méxico-americanos: *(a)cordar, (a)rreglar, (a)hora, (a)cabar, (ha)cer*. Por **hipercorrección**[11] a veces se agrega una /a-/ a palabras que no la tienen, dando lugar así a formas como: *(a)tocar, (a)gastar*.

Asimismo, existe la tendencia a convertir los hiatos VOCAL + /i/ (ej. *maíz*) y VOCAL + /u/ (ej. *baúl*) en diptongos, sobre todo en palabras bisílabas. En tales articulaciones, la posición del acento fonético se traslada a otra vocal y la palabra se convierte en un monosílabo con diptongo decreciente (Fig. 21.8).

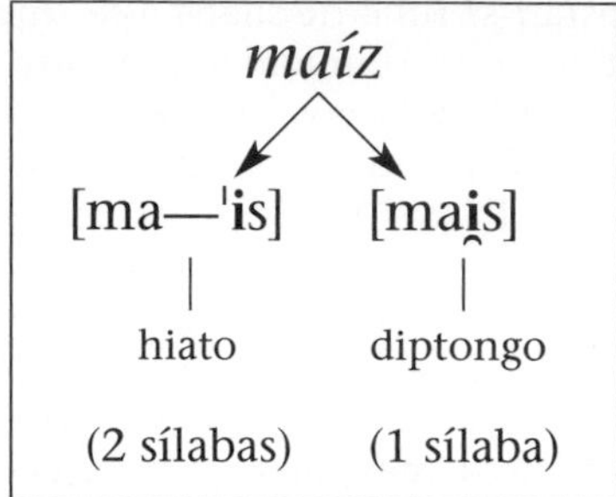

Fig. 21.8. Las dos articulaciones de *maíz*.

Esta eliminación de hiatos no ocurre sólo mediante la dislocación del acento, sino que también se da, en sílabas átonas, por la cerrazón vocálica de las vocales medias /e, o/ → [e] a [i̯] y [o] a [u̯]. De este modo, palabras trisílabas como *teatro* o *cohete*, con las vocales /e/ y /o/ en hiato, pueden convertirse en palabras bisílabas con diptongos [i̯a] = [ˈti̯a—tɾo] y [u̯e] = [ˈku̯e—te]. Este fenómeno no es exclusivo del dialecto méxico-americano y se encuentra con más frecuencia en grupos de hispanohablantes con un nivel socioeducativo más bajo. Observe los ejemplos a continuación:

	HIATO		**DIPTONGO**
pelear	[peleˈaɾ]	→	[peˈli̯aɾ]
trae	[ˈtɾae]	→	[tɾai̯]
poema	[poˈema]	→	[ˈpu̯ema]

Las **vocales átonas** pueden variar mucho; se intercambian sobre todo la /i/ con la /e/ y la /o/ con la /u/ (Fig. 21.9).

[i] ÁTONA	→	[e] ÁTONA	[e] ÁTONA	→	[i] ÁTONA	[u]	↔	[o] ÁTONAS
inteligente	→	*enteligente*	*seguro*	→	*siguro*	*recuperar*	→	*recoperar*
policía	→	*polecía*	*entender*	→	*intender*	*cumplir*	→	*complir*
historia	→	*hestoria*	*empezar*	→	*impezar*	*morir*	→	*murir*

Fig. 21.9. Inestabilidad de las vocales átonas.

[11] La **hipercorrección** es la extensión de una regla (normalmente prescriptiva) donde esta no debería aplicarse. La hipercorrección ocurre cuando por el natural deseo de hablar bien, se modifica la forma de pronunciar una palabra por influjo de otras en las que coexiste una forma vulgar y otra culta.

Por ejemplo, *comida, soldado, cansado* conviven con vulgarismos en los que se pierde la *-d-*: *comía, soldao, cansao*; esto influye para que a veces por error se diga **Bilbado* y **bacalado* en lugar de *Bilbao* o *bacalao*.

Por lo que respecta a la articulación de las consonantes, es frecuente la pronunciación fricativa (en vez de africada) del fonema /tʃ/; esto es, la **desafricación** o **desoclusivización** que origina un **alófono fricativo [ʃ]**, sonido muy parecido, y a veces idéntico al sonido "sh" de palabras inglesas como *show, sheet, cash*. Este proceso es común entre hablantes procedentes de ciertas áreas norteñas de México (por ejemplo los de *Chihuahua*, quienes suelen articular el nombre de su estado como [ʃiˈwawa]). Como se ha señalado en capítulos anteriores, este rasgo no es exclusivamente méxico-americano ya que se da esporádicamente en otras partes del mundo hispánico y entre hablantes de Nuevo México y del Suroeste de EE.UU. El cambio /tʃ/ → [ʃ] no ocasiona ningún problema en la comprensión de las palabras españolas: *chico*, [ˈʃiko], *muchacho* [muˈʃaʃo], *Chihuahua* [ʃiˈwawa].

Otro fenómeno, tampoco exclusivo del español méxico-americano, es el uso de la **labiodental [v]** como alófono ocasional del fonema /b/. La alternancia entre la fricativa bilabial [β] del español estándar y la fricativa labiodental [v], idéntica al sonido inglés "v" de *Victor* o *leave*, podría hacer sospechar que el uso de este sonido se debe a la influencia del inglés. Los estudios sobre este fenómeno revelan que hay una cierta, aunque débil, correlación entre estos usos. Sea como fuere, en el español méxico-americano se oyen tanto los sonidos bilabiales [b] y [β] como el labiodental [v].

En el caso de las **vibrantes múltiple /r/ y simple /ɾ/** es muy común en algunas variedades del español mexicano que este sonido se relaje para convertirse en un sonido fricativo estridente [ř], con una fricción claramente audible. Este fenómeno se conoce como **asibilación** (Capítulo 20, §20.6.1) y se oye sobre todo en posición inicial de palabra: *rosa* [ˈřosa], pero también en posición intervocálica: *carro* [ˈkařo].

La **/ʝ/ palatal intervocálica** presente en las ortografías "y" y "ll" se articula con muy poca constricción, casi como una deslizada, y de ahí que en posición intervocálica la **/ʝ/** desaparezca con facilidad (sobre todo si va precedida o seguida de /i/) (Fig. 21.10):

	Con yod	Sin yod
estrellita	[es-tɾe-ˈ**ʝi**-ta]	[es-tɾe-ˈ**i**-ta]
gallina	[ga-ˈ**ʝi**-na]	[ga-ˈ**i**-na]
cuchillo	[ku-ˈtʃ**i-ʝ**o]	[ku-ˈtʃ**i**-o]
mayo	[ˈma-**ʝ**o]	[ˈma**i̯**-o]

Fig. 21.10. Eliminación de la yod intervocálica.

Al mismo tiempo se da también el proceso inverso, i.e., la adición de una yod entre dos vocales que normalmente están en hiato: *creo* > *creyo, mío* > *míyo, maestro* > *mayestro, leer* > *leyer*.

Aunque es verdad que la pronunciación del español méxico-americano comparte los rasgos esenciales de otras áreas de las Tierras Altas, también es cierto que hay, entre ciertos hablantes (sobre todo del norte de México), una característica —poco estudiada— que destaca notablemente. Nos referimos aquí a la muy fuerte **nasalización general** de vocales aun cuando estas no estén en contacto con fonemas nasales. Compárese, por ejemplo, la siguiente oración con nasalización, donde hemos añadido (con el símbolo ":") el alargamiento de (algunas) vocales que suele acompañar a tal pronunciación nasalizada:

Oye,	*chico,*	*¿qué*	*has*	*hecho?*
[ˈõːʝẽ	ˈtʃĩːkõ	ke	ãs	ˈẽːtʃõ]

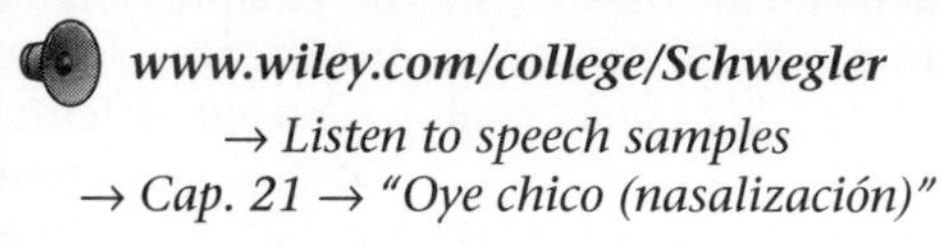

www.wiley.com/college/Schwegler
→ *Listen to speech samples*
→ *Cap. 21* → *"Oye chico (nasalización)"*

21.4. El cambio de código (español/inglés)

Igual que otras lenguas y otros dialectos, el español estadounidense tiene, como hemos visto en secciones anteriores, toda una serie de modalidades, estilos y registros. La modalidad popular (más "relajada" que la estándar) reproduce fenómenos que se encuentran en el habla popular de otras regiones del mundo hispánico, pero difiere de esta por la frecuente incorporación al idioma de palabras inglesas (por ej., *parquear, lonchear, un raid* 'a ride', *yarda* '(back)yard'). En este sentido, se diferencia de las demás variedades por un frecuente cambio de código entre el español e inglés que constituye sin duda su rasgo más característico. Se utilizan varios términos: **(inter)cambio de código**, **mezcla de códigos**, **alternancia de códigos**, e incluso el préstamo **code switching**. El término **spanglish** (examinado más abajo) se ha aplicado igualmente para referirse al cambio de código. Analizaremos más abajo las diversas clasificaciones que se han propuesto para definir y organizar todos los fenómenos relacionados con el cambio de código.

Primero, debe mencionarse que tal interacción o intercambio entre dos lenguas *no* es excepcional; desde una perspectiva comparativa son muchísimas las comunidades lingüísticas en las que el cambio de código se produce diariamente.[12] Esto es así, en parte, porque *el multilingüismo* (y no el monolingüismo) *siempre ha sido la norma en el mundo.*[13] En España, por ejemplo, el cambio de código se da con regularidad entre el catalán y el español, el vasco y el español, el gallego y el español, y asimismo entre las muchas lenguas de los numerosos inmigrantes que hoy viven en la Península Ibérica.

En las últimas tres décadas, algunos lingüistas han estudiado esta alternancia entre el inglés y español con mucho ahínco. Han descubierto, entre otras cosas, que hay toda una serie de complejos factores que rigen este tipo de "habla mezclada", y que, por ejemplo, no es posible cambiar de código en cualquier parte del discurso. Para dar un ejemplo de este fenómeno reproducimos a continuación un fragmento de una conversación transcrita en el clásico estudio sobre el habla méxico-americana de Valdés (1982):

Friend: *Are you hungry?*
Susie: *Uh, uh.*
Friend: *Porque allí hay* CASHEWS. *YOU DON'T LIKE THEM?*
Susie: *No puedo comer.*

---

[12] Ya es muy amplia la bibliografía sobre el tema. Consúltese, por ejemplo, la base de datos *Code-switching Bibliography Database* en: *http://ccat.sas.upenn.edu/plc/codeswitching/.*

[13] Para un reciente estudio panorámico del bilingüismo en varias comunidades del mundo, véase Myers-Scotton (2006).

Friend: *¿Por qué?*
Susie: *(unclear)*
Friend: *Ah, pero ... YEAH. YOU DO BREAK OUT WITH ALL THAT STUFF? BUT YOUR COMPLEXION se ha compuesto mucho.*
Susie: *Sí, pues se me quitó, ¿te acuerdas?*
Friend: *I KNOW. De a tiro. No ... pero no se nota.*

Los resultados de la interacción entre el inglés y español a menudo resultan difíciles de clasificar. Entre sus fenómenos más frecuentes se hallan: (1) los **préstamos**, con o sin **adaptación fonológica y morfológica**; (2) los **calcos**, es decir las traducciones literales de una lengua a otra; (3) las **extensiones semánticas**, es decir, la adición de uno o varios significados a una voz ya existente; y (4) el **cambio de código** propiamente dicho (véanse los ejemplos de Valdés, citados arriba).[14]

PRÉSTAMOS

1. a. *Se compró una TROCA nueva y no tuvo que pagar TAXAS. (troca =* 'truck', *taxas =* 'taxes'*).*

   b. *Le gusta vestirse más SPORT ... ella siempre compra ropa.*

CALCOS

2. a. *Hay mucho pobre y muy poquito rico [en Puerto Rico]. Pero todavía TUVE UN BUEN TIEMPO comprando regalos para mi familia y mis amigos.*
   (*[I] had a good time* = 'Lo pasé bien')

   b. *TRATÉ MUY DURO de sacar una "A" en este examen.*
   (*[I] tried very hard* = 'Hice un esfuerzo muy grande por ...')

EXTENSIONES SEMÁNTICAS

3. a. *El apartamento tiene CARPETA*[15] *café y un sillón negro.*
   (*carpet* = 'alfombra')

   b. *Bueno, ya no juego tanto como cuando era chica, pero sí me gusta correr en la YARDA*[16] *con mi perro.*

---

[14] Algunos de los ejemplos que siguen pertenecen a un corpus de entrevistas semiformales llevadas a cabo por Fairclough (2003: 186) con hispanohablantes bilingües del área de Houston entre 1997–1999. Los demás ejemplos son nuestros.

[15] En el español normativo, *carpeta* significa (entre otras cosas): (1) 'Manta, cortina o paño que colgaba en las puertas de las tabernas', (2) 'cubierta de badana o de tela que se ponía sobre las mesas y arcas para aseo y limpieza', y (3) 'tapete de adorno o protección que se coloca sobre algunos muebles o bandejas' (esta última acepción es corriente en Argentina, Colombia y Uruguay). Nótese, sin embargo, que "alfombra" no figura como uno de los significados tradicionales de *carpeta*. Es por ello que decimos que el ejemplo citado es una extensión semántica.

[16] Fuera de EE.UU., en español *yarda* tiene el significado de 'medida de longitud equivalente a 0,914 metros', equivalente del inglés "yard". En EE.UU. el significado de *yarda* sufrió una extensión semántica, denotando así tanto 'medida de longitud' como 'patio, (back)yard'.

Cambios De Código

4. a. *THAT'S RIGHT. Lo ha tomado en la escuela [el español]. SHE KNOWS THE GRAMMAR.*
   b. *Y luego DURING THE WAR, él se fue con THE UNION GENERAL, WENT DOWN TO El Valle.*

Escuche muestras grabadas
de cambios de código en:
www.wiley.com/college/Schwegler
→ Listen to speech samples
→ Cap. 21 →
"Muestras de cambio de código"

Curiosamente, esta alternancia entre el inglés y el español no ha tenido efectos profundos a nivel articulatorio. Es decir, es más bien atípica, por ejemplo, la transferencia al español de la "r" retrofleja del inglés, y tampoco se da, como sería de esperar quizás, una transferencia al inglés de las reglas que rigen la selección de alófonos de /b, d, g/ en español (así, los méxico-americanos bilingües pronuncian palabras inglesas como *tiger, logo, pigment* con [g] oclusiva y no [ɣ] fricativa; en otras palabras, no aplica aquí la práctica articulatoria (regla) del español de realizar /g/ intervocálica con un alófono *fricativo,* i.e., ['tiɣɾe], ['loɣo], [piɣ'men̪to]).

Existe, sin embargo, un contexto fonético en el cual el habla de muchos méxico-americanos bilingües (y más aún, semibilingües) se ve afectada por el inglés. Se acordará el lector de que en inglés cada vocal inacentuada se convierte en una schwa, atípica en el español. Son relativamente numerosos los méxico-americanos (especialmente los de segunda o tercera generación) que aplican esta regla general del inglés a su español, pronunciando con schwa las siguientes palabras:

historia	→	*[əs'toɾi̯a]
peligroso	→	*[pelə'ɣɾoso]
muchacha	→	*[mu'tʃatʃə]

21.5. El *spanglish*: fuente de polémica

Como se ha indicado anteriormente, "spanglish" es un término que se emplea a veces para denotar la mezcla del inglés y el español. Este término y el fenómeno al que se refiere han sido causa de mucha controversia. La polémica aumentó considerablemente cuando Ilán Stavans (2004), un académico estadounidense nacido en México, tradujo el primer capítulo de *El Quijote* al *spanglish* (véase la muestra en la página 419).

Don Quijote de la Mancha en la versión *spanglish*

Don Quixote de La Mancha,
Miguel de Cervantes.

First Parte, Chapter Uno.
Transladado al *Spanglish* por Ilán Stavans.

In un placete de La Mancha of which nombre no quiero remembrearme, vivía, not so long ago, uno de esos gentlemen who always tienen una lanza in the rack, una buckler antigua, a skinny caballo y un grayhound para el chase. A cazuela with más beef than mutón, carne choppeada para la dinner, un omelet pa' los Sábados, lentil pa' los Viernes, y algún pigeon como delicacy especial pa' los Domingos, consumían tres cuarers de su income. El resto lo employaba en una coat de broadcloth y en soketes de velvetín pa' los holidays, with sus slippers pa' combinar, while los otros días de la semana él cut a figura de los más finos cloths. Livin with él eran una housekeeper en sus forties, una sobrina not yet twenty y un ladino del field y la marketa que le saddleaba el caballo al gentleman y wieldeaba un hookete pa' podear. El gentleman andaba por allí por los fifty. Era de complexión robusta pero un poco fresco en los bones y una cara leaneada y gaunteada. La gente sabía that él era un early riser y que gustaba mucho huntear. La gente say que su apellido was Quijada or Quesada –hay diferencia de opinión entre aquellos que han escrito sobre el sujeto– but acordando with las muchas conjecturas se entiende que era really Quejada. But all this no tiene mucha importancia pa' nuestro cuento, providiendo que al cuentarlo no nos separemos pa' nada de las verdá.

Versión española.

capitulo **1: Que trata de la condición y ejercicio del famoso hidalgo D. Quijote de la Mancha.**

En un lugar de la Mancha, de cuyo nombre no quiero acordarme, no ha mucho tiempo que vivía un hidalgo de los de lanza en astillero, adarga antigua, rocín flaco y galgo corredor. Una olla de algo más vaca que carnero, salpicón las más noches, duelos y quebrantos los sábados, lentejas los viernes, algún palomino de añadidura los domingos, consumían las tres partes de su hacienda. El resto della concluían sayo de velarte, calzas de velludo para las fiestas con sus pantuflos de lo mismo, los días de entre semana se honraba con su vellori de lo más fino. Tenía en su casa una ama que pasaba de los cuarenta, y una sobrina que no llegaba a los veinte, y un mozo de campo y plaza, que así ensillaba el rocín como tomaba la podadera. Frisaba la edad de nuestro hidalgo con los cincuenta años, era de complexión recia, seco de carnes, enjuto de rostro; gran madrugador y amigo de la caza. Quieren decir que tenía el sobrenombre de Quijada o Quesada (que en esto hay alguna diferencia en los autores que deste caso escriben), aunque por conjeturas verosímiles se deja entender que se llama Quijana; pero esto importa poco a nuestro cuento; basta que en la narración dél no se salga un punto de la verdad.

Pero Stavans fue más allá de una "simple" traducción del Quijote al *spanglish*: propuso que el *spanglish* se considerara una nueva lengua:

> *A cada rato lloramos la muerte de otra lengua en el Globo. ¿Por qué no celebramos de igual manera el nacimiento de una nueva? Puede que nos disguste el spanglish ... Puede que nos cause risa ... Puede que nos inspire ... Todas ellas son reacciones normales. Pero únicamente estudiándolo podremos entender su función y vitalidad. Yo soy de la opinión de que su gestación es una oportunidad extraordinaria para entender cómo se forman los idiomas en general: sus causas y su posible desarrollo.*
>
> (Entrevista a Stavans en el diario *La Nación*, 29 de junio de 2003).

A esta perspectiva de Stavans se oponen los llamados "puristas" de la lengua que insisten en que el *spanglish* es una aberración que pone en peligro la cultura hispana y las posibilidades de avance de los hispanos en EE.UU. En 1997, el destacado catedrático de literatura hispana en la universidad de Yale, Roberto González Echevarría, expresó su opinión de la siguiente manera:

> *Spanglish is an invasion of Spanish by English ... [and if] Spanglish were to spread to Latin America, it would constitute the ultimate imperialistic takeover, the final imposition of a way of life that is economically dominant but not culturally superior in any sense.*
>
> (*The New York Times*, 28 de marzo de 1997, A29).

Otros intelectuales, entre los cuales figuran también numerosos periodistas, critican de forma similar el *spanglish*. En un artículo titulado "Quijote, 'spanglish' y 'Aserejé'", el periodista Prada (2002) considera al *spanglish* una "jerga" empleada exclusivamente "en conversaciones endogámicas", "un engendro lingüístico [que] camina muy íntimamente unido al analfabetismo y la miseria en que viven inmensas barriadas latinas en Estados Unidos", "un híbrido grotesco". Pero también hay aquellos que, por un lado reconocen y aceptan el *spanglish*, pero por el otro critican a Stavans y su obra. Rigoberto Anzaldúa, un periodista chicano, califica la traducción de Stavans como "desastrosa", y analiza punto por punto los errores de la primera parte de la traducción.

Fuente: Latino USA: A Cartoon History, Ilan Stavans, ilustrado por Lalo Alcaraz. New York: Basic Books, 2000. Reproducido con el permiso del autor.

A estas y similares críticas, Stavans (2000: 556) responde:

> *Thus I am not at all surprised that the dissemination of Spanglish in the United States has given way to an atmosphere of anxiety and even xenophobia in both Hispanic and Anglo enclaves. In the United States, its impact announces an overall* hispanización *of the entire society, whereas in the Americas it generates fear that the region's tongue, seen by many as the last bastion of cultural pride, is being taken over by American imperialism ... But a language cannot be legislated; it is the freest, most democratic form of expression of the human spirit. And so, every attack against it serves as a stimulus, for nothing is more inviting than that which is forbidden.*

En un interesante artículo titulado "El (denominado) *Spanglish* en Estados Unidos: polémicas y realidades", Fairclough (2003) examina la mezcla del inglés y del español, y concluye —correctamente en la opinión de los autores de este texto— que el polémico *spanglish* es un fenómeno esporádico y un proceso lingüístico natural que no se puede ni imponer ni detener. El fenómeno es esporádico porque, en cuanto a la cuantificación del cambio de código, las cifras resultan ser mucho más bajas de lo que se cree popularmente. Diversos estudios cuantitativos han demostrado que aun en conversaciones que dan la impresión de una constante alternancia entre una y otra lengua, dichas conversaciones contienen un muy elevado porcentaje de turnos *monolingües*, en los cuales se habla solamente en inglés o en español. Es decir, las investigaciones lingüísticas han demostrado que incluso aquellas personas que libremente adoptan el cambio de código como estrategia comunicativa, por lo general utilizan una lengua como base (por ejemplo el inglés) durante un período prolongado, en la cual insertan sus cambios de código. Se observa asimismo que *una alta densidad de cambios de código es la excepción y no la norma en comunidades bilingües*. Entre otros, es común citar los resultados obtenidos por Poplack (1982) en su clásico estudio del habla de veinte puertorriqueños de Nueva York. En él se demuestra que en 36 horas de grabación ocurrieron solo 1.835 casos de cambios de código, lo que, frente al total de aproximadamente 180.000 palabras en el corpus, resulta mucho menos frecuente (i.e., aproximadamente un 1%) de lo que uno se imagina.[17]

Cuando nos referimos al *spanglish,* ¿estamos entonces hablando de una lengua o de dos? Como explica Fairclough, tratar de contestar a esta pregunta "sería sumamente audaz ya que por un lado no existe una definición científica u objetiva de "lengua" (o "dialecto"); y por otro lado, es imposible predecir el futuro" (2003: 200).

Suponiendo que el español continúe hablándose en EE.UU., ¿cómo será esta lengua en el futuro? ¿Podrá, por ejemplo, hablarse algún día de un "español (norte) americano" como lengua propia? ¿Y qué actitud habrá que tomar frente a los cambios articulatorios (como VOCAL INACENTUADA → SCHWA) que nos llevarán a tal situación?

Desde luego, no podemos saber la dirección exacta que tomará el español americano en comunidades bilingües como las actuales en Los Ángeles, El Paso, Miami, Nueva York o en muchos otros lugares del país. Sin embargo, sí podemos estar seguros de que muchos cambios lingüísticos continuarán impactando a nuestra manera de hablar y que, en este sentido, la historia futura del español norteamericano no será

---

[17] El total de las palabras del corpus es una estimación publicada en el artículo de Fairclough (2003: 194) citado más arriba.

distinta de la de cualquier idioma del mundo. Como ya hemos visto en el capítulo sobre la evolución del latín al español moderno, todas las lenguas se transforman continuamente y, precisamente, esta continua transformación es el mejor indicio de vitalidad de la lengua española (sólo las lenguas "muertas" no cambian).

Visto desde esta perspectiva podemos comprender mejor ahora por qué, en un sentido amplio, todos los dialectos del español son igualmente válidos y, por lo tanto, desde el punto de vista lingüístico no existen lo que popularmente se consideran hablas "malas", "incorrectas" o "corruptas". Aunque sea verdad que la sociedad adopta ciertas normas lingüísticas y al mismo tiempo estigmatiza determinados dialectos, estas mismas normas (y la actitud hacia ellas) pueden cambiar con relativa rapidez, transformando así un dialecto de alto prestigio en uno de menos prestigio (o viceversa). Tal ha sido el caso en las últimas dos o tres décadas del famoso inglés de Oxford, el cual se ha visto "superado" en prestigio, al menos a nivel internacional (tanto en Europa como en las Américas), por el inglés del occidente de EE.UU.

El méxico-americano (o cualquier otra persona) no tiene, pues, por qué menospreciar el español "mixto" de su comunidad. La complejidad y, a la vez, la utilidad de su lengua no es menor que la del español llamado "formal" o "general". Nadie sabe si los cambios léxicos, fonéticos y morfosintácticos que siguen transformando el *spanglish* formarán la base de una nueva lengua que, en un futuro quizás no muy remoto, despierte interés a nivel nacional e internacional. Como ha ocurrido a lo largo de la historia de las lenguas del mundo, el futuro del español (incluso el del *spanglish*) estará en manos de sus usuarios. Las opiniones sobre la razón de ser del *spanglish* variarán con el tiempo, de individuo a individuo o de comunidad a comunidad. Por el momento, como hemos señalado, es fundamental aceptar el *spanglish* como lo que es: un fenómeno natural que, debido al acelerado flujo inmigratorio de hispanos a EE.UU., seguirá caracterizando el habla multilingüe de este país.

Resumen

En la actualidad (2009), unos 45,5 millones del total de casi 301 millones de habitantes estadounidenses son hispanos. Más de la mitad de estos hispanos estadounidenses son de origen mexicano. El grupo centroamericano también tiene una fuerte representación numérica: en la actualidad, más de 600 mil salvadoreños y casi 400 mil guatemaltecos viven en EE.UU. En vista de las últimas tendencias demográficas se pronostica que, para el 2100, más del 90% de los hispanos en EE.UU. habrán nacido en este país.

California, Texas, Nueva York, Florida e Illinois son algunos de los estados con altos porcentajes de población hispana. Dentro de estos estados se encuentran comunidades casi enteramente latinas: East Los Angeles (97% de hispanos) y Laredo (95% de hispanos) son dos comunidades con una altísima concentración de hispanohablantes que, en su gran mayoría, son de origen o descendencia mexicana. Esta situación les confiere un alto grado de *homogeneidad* lingüística y sociocultural.

Al estudiar o describir el español de los grupos latinos en EE.UU., hay que tener en cuenta que, dentro de los grupos generacionales, hay diferencias considerables en el uso del idioma español. En la primera generación de inmigrantes, el español se conserva, por lo general, con los rasgos del lugar de origen del hablante. Es en la segunda generación donde surgen ciertos fenómenos prototípicos del contacto con el inglés y de la pérdida intergeneracional del español, por ejemplo un aumento en el uso de anglicismos. Sea como fuere, en algunas comunidades hispanas en Estados Unidos, además de ciertas innovaciones propias, los latinos tienden a mantener el habla dialectal de la primera generación de inmigrantes (Fig. 21.11).

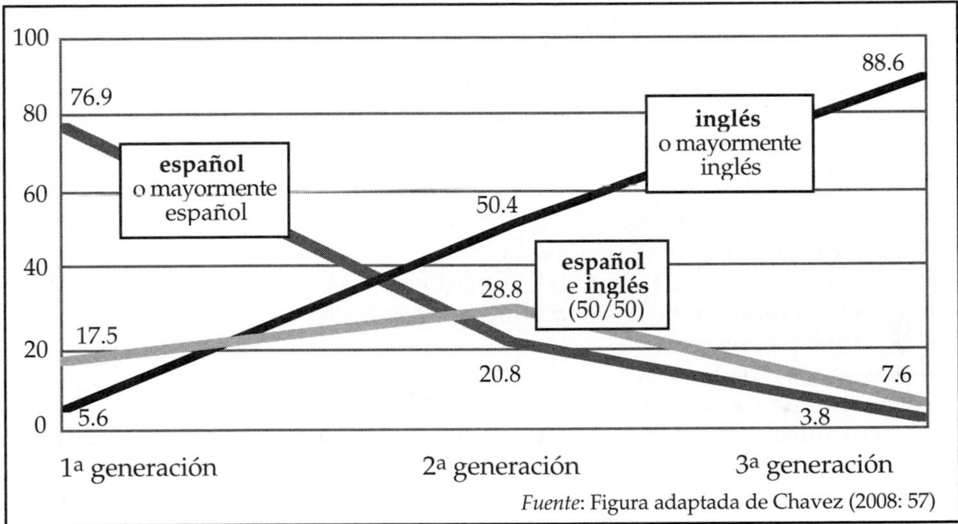

Fig. 21.11. Lenguas habladas por latinos en casa (porcentajes por generación, en Orange County, California, EE.UU.).

Así, el **español cubano** y el **puertorriqueño** de inmigrantes (aún de segunda o tercera generación) suele exhibir, como la mayoría de las variedades americanas del español, el yeísmo; es decir, no existe el par fonológico /ʝ/ vs. /ʎ/ sino un único fonema /ʝ/. Estos mismos dialectos son también seseantes, esto es, no existe el par fonológico /θ/ vs. /s/ sino únicamente /s/. También operan los procesos fonológicos de asimilación lateral (por ej., *el̲ yoga* = [e-'ʎi̯o-ɣa] o [e-'ʎo-ɣa], *al̲ llamar* = [a-ʎi̯a-'maɾ] o [a-ʎa-'maɾ]), y nasal (por ej., *tan̲ c̲ómico* = [ta**ŋ** '**k**omiko]). La /-s/ final de sílaba (cp. /de**s**de entonse**s**/) se aspira o se elide con frecuencia (cp. ['de**ʰ**de en̪'tonse**ʰ**], ['deøde en̪'tonseø]). Conviene recordar, sin embargo, que las clases con más nivel socioeducativo entre los cubanos y puertorriqueños tienden a una mayor retención de la /-s/ que las clases bajas. En ambos dialectos se velariza la /n/ ante vocal (cp. [e**ŋ** 'eso]) o ante pausa (cp. [ʝa no kome'ɾa**ŋ**#]), y se aspira la /x/ como en *aj̲o* ['a**h**o] o *tex̲ano* [te'**h**ano]. La lateralización de la /ɾ/ y el rotacismo de la /l/ es particularmente frecuente entre los puertorriqueños, aunque varía muchísimo de un individuo a otro. Otro rasgo del español de Puerto Rico es la pronunciación de la "rr" múltiple, tanto intervocálica (cp. *car̲r̲o*) como inicial (cp. *R̲osa*), con un alófono **postvelar** o **uvular fricativo**. Dicho rasgo es similar a la famosa "r" francesa. En la transcripción fonética, se representa con el símbolo [R] (cp. *car̲r̲o* ['ka**R**o], *r̲ico* ['**R**iko]). Hay que notar, sin embargo, que muchos puertorriqueños no usan esta vibrante uvular sino la alveolar del español estándar.

En cuanto al español cubano, hemos dicho que presenta un **reforzamiento de consonantes oclusivas y nasales** (por ej., [a(ʔ)ˈ**d**ea] 'aldea', [ˈa(ʔ)**t**o] 'alto', [ˈka(ʔ)**n**e] 'carne'). En el nivel del sistema esta innovación articulatoria es de importancia ya que produce en ciertos dialectos populares cubanos un inesperado **contraste fonemático**, i.e., /b, d, g/ vs. /β, ð, ɣ/ (cp. /ˈa**g**o/ = *algo* vs. /ˈa**ɣ**o/= *hago*).

Con respecto al **español méxico-americano** hemos subrayado la dificultad de distinguir quién es o no méxico-americano o chicano, lo que dificulta a su vez el describir con exactitud lo que es (o no es) el español de los méxico-americanos o chicanos. Generalmente se ha definido su español como un dialecto del español mexicano con préstamos léxicos del inglés. Naturalmente, esta variedad exhibe también muchos de los rasgos que hemos descrito como característicos del español mexicano. Entre estos figuran:

- un **fuerte consonantismo**;
- la **no-aspiración** o **elisión de la /-s/**;
- la **no-velarización de la /-n/** final de palabra;
- la **no-lateralización de la /ɾ/** en posición final de sílaba;
- el **yeísmo** y **el seseo**;
- la **aspiración de la /x/**;
- la **reducción de vocales**: cp. [l^{a}s ˈk^{o}s^{a}s];
- el **ensordecimiento de vocales** precedidas por una consonante sorda: *ocho* [ˈotʃ**o̥**#], *coco* [ˈkok**o̥**#];
- la **pérdida de sílaba átona inicial**, especialmente /a-/, por ej. *(a)rreglar, (a)hora;*
- la **dislocación del acento en palabras**: cp. *maíz* [ma—ˈ**is**] → *maiz* [m**a**i̯s];
- la **cerrazón de las vocales medias** seguidas de vocal fuerte (/**e**/ > [**i̯**] y /**o**/ > [**u̯**]);
- la **variación en el timbre de vocales átonas**: cp. *policía* = [pol**e**ˈsia];
- la **desafricación o desoclusivización** de la /**tʃ**/ → (/**ʃ**/: cp. *Chihuahua* [**ʃ**iˈwawa]);
- el **contraste [v] vs. [b] y [β]**, por ej. en *vaso* [ˈvaso] vs. *barco* [ˈ**b**aɾko] o *libro* [ˈli**β**ɾo];
- la **asibilación o fricatización de las vibrantes /r/ y /ɾ/**, como en *perro* [ˈpe**ř**o] o *ruta* [ˈ**ř**uta];
- la **pérdida de la palatal /ʝ/ intervocálica**: cp. *estrellita* = [estɾ**e**ˈ**i**ta] en vez de [estɾ**e**ˈ**ʝi**ta];
- la **adición de una yod entre dos vocales** que normalmente están en hiato: cp. *creo* > *creyo*; y
- la fuerte **nasalización de vocales**: cp. *Oye, chico, ¿qué has hecho?* = [ˈ**õ**:ʝ**ẽ** ˈtʃ **ĩ**:k**õ** k**ẽ** **ã**s ˈ**ẽ**:tʃ**õ**].

Quizás lo que caracterice mejor al español de EE.UU. es el **cambio de código** entre el inglés y el español. Por lo general, esta alternancia entre inglés y español no ha tenido efectos profundos a nivel articulatorio. Sin embargo, existe en el habla de muchos latinos bilingües (y, más aún, de los semibilingües) un rasgo fonético del inglés: *la schwa*.

El término "spanglish" y el fenómeno al que se refiere han sido causa de mucha controversia. La polémica aumentó considerablemente cuando Ilán Stavans tradujo el primer capítulo de *El Quijote* al *spanglish* y propuso que el *spanglish* se considerara una nueva lengua. Marta Fairclough y otros estudiosos del español hablado en EE.UU. argumentan que el *spanglish* es un proceso lingüístico natural y que es mucho menos común cuantitativamente de lo que suele pensarse: una alta densidad de cambio y mezcla de códigos es la excepción y no la norma entre las comunidades bilingües de EE.UU.

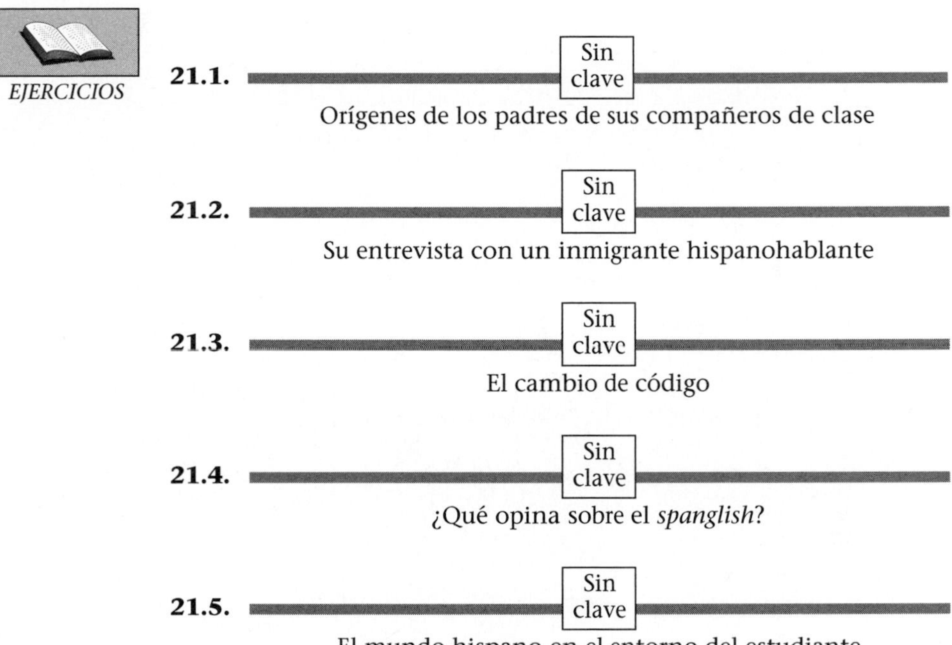

21.1. Sin clave

Orígenes de los padres de sus compañeros de clase

21.2. Sin clave

Su entrevista con un inmigrante hispanohablante

21.3. Sin clave

El cambio de código

21.4. Sin clave

¿Qué opina sobre el *spanglish*?

21.5. Sin clave

El mundo hispano en el entorno del estudiante

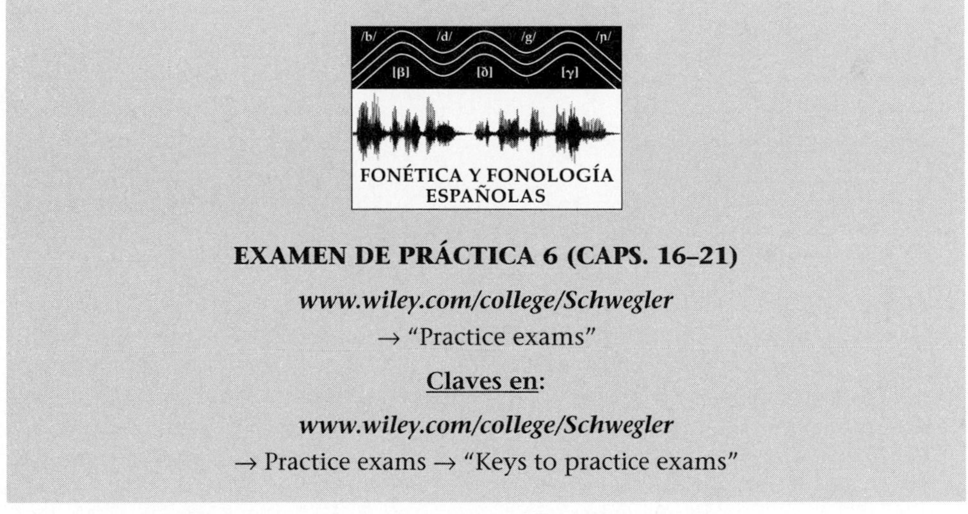

EXAMEN DE PRÁCTICA 6 (CAPS. 16–21)

www.wiley.com/college/Schwegler
→ "Practice exams"

Claves en:

www.wiley.com/college/Schwegler
→ Practice exams → "Keys to practice exams"

GLOSARIO

Abreviaturas de citas:

RAE = *Diccionario de la Real Academia Española* (versión electrónica, mayo 2009)

A

acento — El acento consta de un relieve dado a una vocal. Este relieve ocurre en forma de (1) una mayor intensidad y/o (2) un tono más alto. Toda vocal tónica se pronuncia con mayor fuerza que las vocales átonas de su entorno.

En el ámbito de la lingüística, el término *acento* generalmente tiene el significado de "acento tónico", y es sinónimo de:

acento de intensidad	*acento primario*
acento fónico	*acento espiratorio*
acento fonético	*acento prosódico*

El acento se considera un fonema (secundario o suprasegmental) porque ayuda a distinguir pares mínimos; por ej., *canto* vs. *cantó*.

acento **ortográfico** — El acento ortográfico o *tilde* se refiere a una señal suprasegmental ortográfica, como en *árbol*, y sirve para indicar la sílaba enfática.

acento **tónico** — Sinónimo de *acento de intensidad, acento primario, acento fónico* o *fonético, acento espiratorio* o *acento prosódico.*

acento **tonal** — En oraciones declarativas, por ejemplo, es el acento tonal (también llamado *acento musical* o *melódico*) el que típicamente sube durante la sílaba tónica. El acento tonal llega a su punto máximo en la sílaba postónica.

africado/-a — Modo de articulación en el cual se coarticulan un sonido *oclusivo* con un sonido *fricativo* como si fueran un solo sonido. Al iniciarse su articulación hay una oclusión completa seguida por una fricción; por ejemplo, la "ch" en *muchacho* = [mu'**tʃ**a**tʃ**o] o la [dʒ] en *yo me llamo* = [**dʒ**o me'**dʒ**amo] (español rioplatense).

agudo/-a Se refiere al lugar del acento dentro de una palabra. Una voz aguda tiene la vocal tónica en la *última* sílaba: *comió, hablar, universidad*.

ajuste vocálico El ajuste (o cambio) de la calidad de una vocal debido a su contexto fonético en la cadena hablada. Los ajustes vocálicos entre palabras se limitan a las vocales débiles /i/ y /u/, y a la /o/ átona en posición final de palabra, seguidas de una vocal. Por ejemplo, la /i/ en *mi asma* no se realiza como vocal pura [i] sino como semivocal [i̯]; así: /mi-ˈas-ma/ > [ˈmi̯az-ma]; la /o/ en *todo eso* también cambia a [u̯]; cp. /ˈto-do-ˈe-so/ > [ˈto-ˈðu̯e-so].

Alfabeto Fonético Internacional (AFI) Representación de un complejo sistema de transcripción fonética que tiene la finalidad de representar los sonidos con mayor exactitud que la ortografía convencional. Su abreviatura es **AFI**; en inglés se conoce como ***IPA***.

alófono(s) Una o más realizaciones articulatorias de un mismo fonema. Los alófonos siempre aparecen entre corchetes.

alternancia Variación articulatoria selectiva de alófonos que pertenecen a un mismo fonema. Ejemplos: /ˈdesde/ > [ˈdesðe] vs. [ˈdezðe] vs. [ˈde^{h}ðe] vs. [ˈdeøðe]. Véase también *alternancia condicionada* y *alternancia libre* a continuación.

alternancia **condicionada** La selección entre dos o más alófonos, basada en una "condición" que se establece en el entorno de un determinado sonido y que afecta a su articulación; por ej., en *mango* [ˈmaŋgo] la /n/ se realiza con una [ŋ] velar porque la presencia de la velar [g] condiciona su articulación como tal.

alternancia **libre** Selección libre entre variantes alofónicas que puede hacerse "a la libre voluntad" del hablante. La sonorización de la /s/ > [z] ante consonante sonora es, por ejemplo, una alternancia (o variación) libre en muchos hablantes; así, *mismo* alterna entre [ˈmizmo] y [ˈmismo], y *desde* entre [ˈdesðe] y [ˈdezðe].

alveolar Un sonido o alófono es alveolar cuando se produce en los alvéolos; por ej., la /n/ y la /s/ en *cansada* [kanˈsaða] son alveolares.

alvéolos Órgano en la parte superior de la boca, inmediatamente detrás de los dientes.

alveopalatal Un sonido es alveopalatal cuando se produce en la zona limítrofe entre los alvéolos y el paladar (a veces también denominada *zona prepalatal*). La "ch" en *mucho* [ˈmutʃo] es alveopalatal.

andaluz (español andaluz) Conjunto de dialectos de Andalucía, comunidad autónoma del sur de España.

anglicismo Vocablo o giro de origen inglés. *Gol* y *jeans* son anglicismos léxicos.

aparato fonador Conjunto de órganos involucrados en la producción de los sonidos; incluye (entre otros) los labios, los dientes, los alvéolos, la lengua, el paladar, el velo, la úvula y las cuerdas vocales.

ápico-alveolar Un sonido ápico-alveolar se produce con el ápice de la lengua cuando esta se coloca contra los alvéolos. Característico del centro y norte de España, [s̺] es un sonido ápico-alveolar. Ejemplo: *no se sabe si es así* [no s̺e ˈs̺abe s̺i es̺ aˈs̺i].

ápico-dental Un sonido ápico-dental se produce con el ápice (punta) de la lengua colocado entre (o contra) los dientes; [θ] y [ð] son sonidos ápico-dentales.

aproximante Un sonido que se produce con fricción relajada y poco audible, y sin oclusión. Los alófonos [β, ð, ɣ], "yod" [j̞] y "wau" [w] son aproximantes.

arabismo Vocablo o giro de esta lengua empleado en otra (RAE). En español tenemos, por ejemplo, los arabismos *alcalde, taza, jarabe, ajedrez,* etc.

aranés Lengua romance del Valle de Arán, ubicado en el área pirenaica de la provincia de Lérida, España. El aranés es una variedad del gascón.

aragonés Lengua romance de Aragón, comunidad autónoma en el noreste de España.

armonía vocálica Consiste en la asimilación en altura, anterioridad/posterioridad u otro rasgo, que una vocal provoca en las vocales de su entorno dentro del ámbito de la palabra. Por ejemplo en el andaluz, la articulación de *c<u>o</u>d<u>o</u>s* /ˈkodos/ como [ˈkɔðɔs] revela que la apertura de la vocal media [ɔ] en el plural se extiende a la segunda vocal de la palabra.

articulación Acción de articular sonidos de una lengua. Cada posición que adoptan los órganos al intervenir en la formación de sonidos articulados.

articuladores Los órganos involucrados en la producción de los sonidos. La modificación de la corriente de aire puede producirse tanto por articuladores activos como pasivos.

articuladores **activos** Se refiere a articuladores *con* movilidad: la lengua, los labios, los dientes y la úvula.

articuladores pasivos Las zonas del aparato fonador no móviles: el paladar, el velo y los alvéolos.

asibilación Pronunciación sibilante dialectal de la vibrante múltiple /r/, representada en este texto con el símbolo fonético [ř] (cp. *rojo* ['řoxo], *carro* ['kařo]). Al realizarse la [ř], el ápice de la lengua se apoya en los alvéolos haciendo que el aire pase de forma semejante a cuando se articulan los sonidos [ʒ] y [ʃ]; por lo que el sonido resultante es una fricativa ápico-alveolar sonora. Lo más relevante es que se realiza con mucha estridencia o turbulencia creando un efecto acústico audible.

asimilación Fenómeno que se produce cuando un sonido adopta un rasgo de un sonido adyacente. Esta asimilación puede realizarse en cuanto al lugar de articulación, al modo de articulación o a su sonoridad. Ejemplos:

Asimilación del lugar:	/'a**n**gulo/	['a**ŋ**gulo]
Asimilación del modo:	/'m**a**ngo/	['m**ã**ŋgo]
Asimilación de la sonoridad:	/'mi**s**mo/	['mi**z**mo]

asimilación condicionada Una asimilación es "condicionada" si el contexto fonético, normalmente el sonido que directamente le sigue o precede al elemento en cuestión "condiciona" (o determina) la calidad del alófono en cuestión. Ejemplos:

/'a**n**gulo/	['a**ŋ**gulo]:	La /g/ velar condiciona la asimilación de /n/ > [**ŋ**]
/'m**a**ngo/	['m**ã**ŋgo]:	La presencia de nasales condiciona la nasalidad de /a/ > [ã]
/'mi**s**mo/	['mi**z**mo]:	La presencia de una consonante sonora (*mismo*) condiciona la sonoridad de /s/ > [z].

asimilación progresiva La asimilación progresiva es prácticamente inexistente en español. En inglés, un ejemplo es la pluralización de sustantivos: la /s/ final asimila su sonoridad a la de la consonante que le precede, por ejemplo, *car[z], beer[z], hand[z]* (contraste: *hat[s], lap[s], cook[s]* pero nunca **hat[z], *lap[z], *cook[z].*

asimilación regresiva o anticipatoria Es el tipo de asimilación más común en español. Ocurre cuando al articular un sonido se anticipa o adopta el punto de articulación, el modo de articulación o la sonoridad del fonema que le sigue; por ej., *aldea* [al̪'dea], donde la /l/ se asimila al punto de articulación dental de la /d/.

aspiración Presencia de aire que acompaña a la producción de un sonido oclusivo en inglés, como en *[pʰ]ort* (la "h" alzada simboliza la aspiración). En el español dialectal, la aspiración se manifiesta, por ejemplo, en la /-s/ final de sílaba (*estás* /esˈtas/ > [e^{h}ˈta^{h}]) y también en la /x/ (*jamás* /xaˈmas] > [**h**aˈmas]).

astur-leonés

Lengua romance de Asturias y León, regiones del noroeste de España. El asturiano también se conoce como *bable.*

átona/-o

Sin acento primario; se refiere a todas las vocales (o sílabas) de palabras que **no** llevan acento prosódico. En *universidad* (5 sílabas en total), hay 4 sílabas átonas (i.e., *u-ni-ver-si-dad*) y una sílaba tónica (i.e., *u-ni-ver-si-dad*).

B

bilabial

Sonido en cuya producción intervienen los dos labios: la [p] de *poco* es bilabial.

bilingüismo

Manejo o uso de dos lenguas en una misma comunidad, o por una misma persona. Es lo opuesto a *monolingüismo.* Se emplea a veces como sinónimo de *multilingüismo.*

C

calco

Se consideran *calcos* las traducciones literales de una lengua a otra. Ejemplo: *escribí un* ***papel*** *ayer* 'I wrote a paper yesterday'; *tuve un buen tiempo* 'I had a good time' (en vez de *lo pasé muy bien* o *me divertí mucho*).

calidad vocálica

Refiere a las diferencias entre vocales que se producen al cambiar la posición de la lengua, de la mandíbula o de los labios; los cambios en la calidad vocálica de un sonido se denominan generalmente *cambios de timbre.* Ejemplo: En *teatro* [t**e**ˈatro] > [ˈt**i̯**atro] la vocal /e/ cambia su calidad de [e] a [i̯].

cambio de código

Cambio de una lengua a otra en un mismo hablante. El fenómeno es común entre bilingües, quienes a menudo comienzan una frase en una lengua y la terminan en otra. Términos sinónimos: *alternancia de códigos* o *mezcla de códigos.*

cambio de timbre

Véase *timbre.*

canario/-a

1. Perteneciente o relativo a las Islas Canarias. **2.** Dialecto del español de dichas islas.

castellano

1. Variante dialectal de Castilla, región del centro-norte de España. **2.** Sinónimo de "lengua española". Esta segunda acepción es particularmente común en Latinoamérica, donde expresiones como "hablamos castellano" son equivalentes a "hablamos español".

catalán
Lengua romance hablada en las comunidades autónomas de Cataluña, Valencia y las Islas Baleares, y en el país de Andorra. El catalán tiene varios dialectos, entre los cuales figuran el *valenciano* y el *balear*.

cavidad
Lugar por donde pasa el aire al articular un sonido.

cavidad **bucal, oral**
El espacio hueco de la boca. La gran mayoría de los sonidos se articulan en esta cavidad.

cavidad **nasal**
El espacio hueco de la nariz. Al articular los sonidos nasales, el aire sale por la cavidad nasal, separada de la bucal por un cierre de la úvula.

ceceo
En el *ceceo* (articulado [θe ˈθeo]), los hablantes ceceantes pronuncian [θ] donde otros hablantes articulan [s]; cp. *sensaciones* [**θ**en-**θ**a-ˈ**θ**i̯o-ne**θ**]. El fenómeno se da en Andalucía.

cerrazón vocálica
Cambio vocálico que afecta las vocales medias [e] y [o] átonas en contacto con una vocal acentuada media o central. En estos casos la [e] y [o] átonas se articulan como [i̯] y [u̯], respectivamente. Esto es, se cierran de /e/ a /i/, y de /o/ a /u/, de ahí el término *cerrazón*; por ej., *po-e-sí-a* > [pu̯e-ˈsi-a], *te-a-tro* > [ˈti̯a-tro]. La cerrazón es un fenómeno propio de una articulación muy rápida y es frecuente en determinadas variedades dialectales.

chabacano
Lengua hablada en las ciudades filipinas de Zamboanga, Basilan y Cavite, en la que predomina el vocabulario y las frases españolas sobre una estructura gramatical tagala o bisaya (RAE).

chicano (español chicano)
Por lo general, se ha definido esta variante del español como un dialecto del español mexicano con préstamos del inglés.

clase natural
Agrupación de determinados sonidos de acuerdo con sus rasgos más destacados. Pueden clasificarse, por ejemplo, en oposiciones binarias las *sonoras* y *sordas*, las *vocales* y *consonantes*, las *oclusivas* y *fricativas*, etc. Tales grupos se llaman *clases naturales*.

consonante
Sonido en cuya pronunciación se interrumpe el flujo del aire de manera parcial o total. En [p, t, k], la interrupción es total (sonidos oclusivos). En [f, s, x] es parcial (sonidos fricativos). Lo contrario de una consonante es una vocal, ya que esta no experimenta ningún tipo de obstrucción del aire.

consonantismo En este texto, el término se refiere al mantenimiento consistente de determinadas consonantes que en otros dialectos sufren cambios fonéticos y/o la omisión completa. Así, en contraste con los dialectos del Caribe, el dialecto méxico-americano se caracteriza por un fuerte consonantismo por no aspirar ni elidir la /-s/ en casos como *mis amigos españoles* [mis a'miɣos espa'ɲoles], *¿estás lista?* [es'tas 'lista]). En términos generales, el español de las Tierras Altas se caracteriza por un fuerte consonantismo.

consonantización Transformación de una deslizada a una consonante ante la pluralización. Ejemplo: *ley* [lei̯] → *leyes* ['le-ʝes].

continuante Propiedad de la producción de alófonos en la que el aire se desplaza de forma continua (sin obstáculo) por las cavidades oral o nasal. Las vocales son todas continuantes. Algunas consonantes, por ejemplo [s], [z], [m] y [l] también lo son. En contraste, compare [p, t, k] que no son continuantes porque en su producción el aire no se desplaza de forma continua; hay una oclusión o parada de aire en su inicio.

corchetes Indican que los símbolos usados representan sonidos y no letras o fonemas. Compare [des'pu̯es] con *después* o /des'pues/.

criollas (lenguas) Lenguas "mixtas" que, durante la época colonial (ca. siglos XVI a XVIII), se formaron en su mayoría sobre una base española, francesa, inglesa, holandesa o portuguesa. El *papiamento* (islas de Aruba, Bonaire y Curaçao) y el *palenquero* (Colombia) son dos ejemplos de lenguas criollas con una base léxica española.

cuerdas vocales Situadas en la laringe, la vibración o la falta de vibración de las cuerdas vocales determina, respectivamente, si un sonido es sonoro (vibran) o sordo (no vibran). Todas las vocales, las líquidas y las nasales son sonoras.

curva tonal La curva tonal es el compuesto de rasgos suprasegmentales. También se denomina *curva de entonación, cadencia rítmica* o *recorrido tonal*. La curva tonal suele variar de dialecto en dialecto, y, de manera menos pronunciada, también de hablante a hablante. Representa la melodía, "el canto" o "cántico" del habla. La curva tonal suele distinguir las frases declarativas, interrogativas y exclamativas.

D

dental Sonido producido con el ápice de la lengua tocando los dientes; por ej., la /t/ y la /d/ de *todo* son dentales [ˈt̪oð̪o].

desafricación También conocida como *desoclusivización*, es un fenómeno dialectal frecuente en regiones de Andalucía, el Caribe, Chile, México y Panamá. La desafricación consiste en la articulación de la africada /tʃ/ como la fricativa [ʃ], perdiéndose así la parte oclusiva; por ej., *muchacha* [muˈtʃatʃa] > [muˈʃaʃa]. Se trata de un fenómeno en variación libre con el uso de [tʃ].

desconsonantización Conversión de una consonante a vocal o semivocal. Por ejemplo, en algunos dialectos caribeños, la /l/ puede convertirse en semivocal [i̯] en palabras como *alta* > [ˈai̯ta], *calma* > [ˈkai̯ma], *puerta* > [ˈpu̯ei̯ta].

deslizamiento Articulación en la que la lengua se desliza (*glides*) desde su posición inicial hacia su posición final. Por ej., en la articulación de la yod, la lengua se desliza a lo largo del paladar. El deslizamiento también ocurre en la semivocal [i̯] (cp. *cien* [si̯en]).

desonorización Sinónimo de *ensordecimiento*. Acción de cambiar un sonido sonoro a uno sordo. Por ejemplo, en el dialecto rioplatense (Argentina/Uruguay) a veces la palatal sonora [ʒ] ensordece a [ʃ] en *calle* [ˈkaʒe] > [ˈkaʃe], *silla* [ˈsiʒa] > [ˈsiʃa].

diacrítica (tilde) Equivale a *acento escrito* en la ortografía. La tilde o acento diacrítico diferencia palabras que se pronuncian y escriben igual (excepto por la marca de tilde), pero que expresan significados y/o funciones gramaticales muy distintas; cp. *tu* (determinante posesivo: *tu coche*) vs. *tú* (pronombre personal de sujeto: *tú cantas*).

diacrítico Se refiere, entre otros, a los siguientes símbolos suprasegmentales: el acento ortográfico o *tilde* (*día*) y la *diéresis* (*pingüino*).

diafragma Órgano que, en la producción de un sonido, causa que el flujo del aire que sale de los pulmones se expanda (*espiración*) y se contraiga (*inspiración*).

dialecto Variante de una lengua hablada en una zona geográfica determinada. Este manual aplica el término *dialecto* en un sentido estricto (etimológico). Hay otros usos y significados que no hemos adoptado aquí. Entre ellos se encuentra, por ejemplo, *dialecto* = 'lengua indígena' (México).

dialectología — Estudio de los dialectos del español o de otras lenguas, tanto desde el punto lingüístico como socio-histórico.

diéresis — Véase *diacrítico*.

diferencia prosódica — Diferencia de *entonación* y *ritmo*.

diminutivo — Dicho de un *sufijo* que denota disminución de tamaño en el objeto designado, por ej., *piedrecilla*; o que lo presenta con intención emotiva o apelativa, por ej., *¡Qué nochecita más atroz! Una limosnita* (RAE).

diptongo — Forman un diptongo dos elementos vocálicos contiguos dentro de una misma sílaba. Todos los diptongos constan de dos segmentos vocálicos desiguales, o sea, de un sonido vocálico puro y de un sonido vocálico débil (*semivocal*). Los diptongos son por definición *crecientes* o *decrecientes* (por ej., *cuatro* [ˈku̯atro] y *causa* [ˈkau̯sa], respectivamente), y siempre contienen una semivocal [i̯] o [u̯].

diptongo **acreciente** — Se consideran *diptongos acrecientes* los diptongos con dos vocales débiles yuxtapuestas ("iu", "ui"): *ciudad, cuidar*. Su articulación como "semivocal + vocal" (cp. [i̯u], [u̯i]) o "vocal + semivocal" (cp. [iu̯], [ui̯]) depende, entre otros, de factores dialectales. Este manual le da preferencia a "semivocal + vocal" por ser la variedad más frecuente; así transcribiremos: *c[i̯u]dad, c[u̯i]dar* en vez de *c[iu̯]dad, c[u̯i]dar.*

diptongo **creciente** — Los diptongos crecientes "crecen" hacia el núcleo vocálico que les sigue: *tiene* [ˈti̯ene], *cuando* [ˈku̯an̪do].

diptongo **decreciente** — Los diptongos decrecientes siempre "decrecen" después del núcleo vocálico que los precede: *peine* [ˈpei̯ne], *causa* [ˈkau̯sa].

distinción /θ/ : /s/ — Diferenciación fonética y fonemática que se da en toda España (excepto en algunas regiones de Andalucía y en las Islas Canarias), donde los sonidos [s] y [z] tienen una sola representación ortográfica, i.e., "s", ya que las combinaciones *ce* y *ci* se corresponden a [θe, θi], y la zeta ("z") a [θ], un alófono fricativo sordo interdental. Por lo tanto, en estos dialectos se hacen distinciones de significado entre [s]/[z] vs. [θ], oponiéndose a los dialectos seseantes que no hacen tal distinción; cp. *casa* [ˈkasa] vs. *caza* [ˈkaθa].

distintivo/-a — Sinónimo de *fonemático*. Un rasgo es distintivo cuando distingue o diferencia significado. Por ejemplo, la [t] de *tía* es un rasgo distintivo (cp. *tía* vs. *mía*).

división silábica Refiere a la separación de palabras o enunciados en sílabas según determinadas reglas. Es sinónimo de *silabeo.*

dorso-alveolar Sonido producido con el dorso de la lengua tocando los alvéolos. La /s/ puede tener una articulación dorso-alveolar.

dorso-palatal Sonido producido con el dorso de la lengua tocando el paladar. La [ʃ] y [ʒ] suelen tener una articulación dorso-palatal.

E

elemento fónico Parte completa o parcial de un alófono que puede describirse en términos de ciertos parámetros articulatorios. Un elemento fónico puede ser, por ejemplo, la voz ascendente en un determinado segmento de una oración interrogativa.

elisión Omisión de un sonido. Con la expresión *elisión* de la /s/, en posición final de sílaba, se indica que dicho fonema ya no se pronuncia, es decir, que ha desaparecido sin dejar huella alguna; se representa con el símbolo de cero [ø].

emisión Véase *grupo fónico.*

encadenamiento La acción o el resultado de conectar las fronteras silábicas a través de palabras, como si el enunciado fuera una sola secuencia de palabras encadenadas. Este enlace de sílabas se aplica a lo largo de todo el grupo fónico, teniendo en cuenta además la fuerte tendencia del español hacia la sílaba abierta: CV. Ejemplos: ***lo—**so-tros, **e—l**o-tro.*

enlace Véase *encadenamiento.*

ensordecimiento Véase su sinónimo *desonorización.*

entonación Rasgo suprasegmental que representa el conjunto de variaciones en el tono de la voz; popularmente se concibe como el elemento musical del idioma que varía según el tipo de enunciado (declarativo, interrogativo, exclamativo, etc.).

entorno fonético Contexto fonético alrededor de un sonido, que normalmente es el sonido inmediatamente vecino. Así, en *mismo* el entorno fonético, i.e., la presencia de una "m" sonora después de la "s", puede producir la sonorización de la /s/; /ˈmismo/ > [ˈmizmo].

entornos terminales Posición final del grupo fónico en donde tienen lugar los cambios tonales prototípicos de la enunciación.

enunciado Lo que se dice o enuncia generalmente dentro de una sola oración. Diferenciamos entre enunciados declarativos, interrogativos, exclamativos, etc.

epiglotis Órgano que tiene la función de abrir y cerrar el paso del aire hacia los pulmones y el estómago.

esdrújula En una palabra esdrújula, el acento tónico cae en la antepenúltima sílaba; ejs. *miércoles, Álvaro, ¡siéntate!*.

esófago Parte del tubo digestivo que va desde la faringe al estómago (RAE). La epiglotis protege a la laringe, tapándola cuando se traga, para que los alimentos o la bebida pasen al esófago y no al conducto respiratorio.

español estándar Variante (más o menos arbitraria) juzgada "neutra" o "estándar" por una determinada comunidad de hispanohablantes. En este libro se ha optado por la pronunciación del llamado *español americano general, español (americano) estándar, español neutro* o *norma formal*. Se trata de una variedad lingüística o *lecto* estandarizado que se considera la variedad formal y norma general en prácticamente toda Latinoamérica. Se basa en una serie de rasgos articulatorios comunes a México, partes de Centroamérica y a la zona andina de Sudamérica. En este sentido son representativas las hablas de las ciudades de México, Bogotá y Quito, tradicionalmente consideradas la versión del español americano menos marcada (o más estándar) al oído. Esta es la variante que normalmente se enseña en las escuelas o universidades de EE.UU.

espectrograma Registro gráfico de los datos de un espectro, producido por computadora, que se utiliza para obtener un análisis acústico del habla. En un espectrograma la dimensión horizontal representa el tiempo; la dimensión vertical representa la frecuencia.

espirante Algunos lingüistas prefieren llamar *espirantes* a los sonidos fricativos [β, ð, ɣ]. En la articulación de los espirantes los órganos articulatorios están sustancialmente menos tensos.

estándar / estandarizado/-a Véase *español estándar.*

estridente Se clasifican como estridentes la [f], la [s] y la [z] debido al alto grado de estrechamiento y "ruido" en su producción.

etimología Origen de una palabra; por ej., la etimología de esp. *siete* es la palabra latina *sĕptem*.

extensión semántica La adición de uno o más significados a una voz ya existente. Por ej., fuera de EE.UU. en español *yarda* tiene el significado de 'medida de longitud equivalente a 0,914 metros', en inglés "yard". En Estados Unidos el significado de *yarda* ha sufrido una extensión semántica, denotando así tanto 'medida de longitud' como 'patio', o sea, '(back)yard' en inglés.

extremeño/-a **1.** Originario de Extremadura, comunidad autónoma del sur de España que linda con Portugal. **2.** Dialecto del español de esa región.

F

faringe El lugar donde se comprime el aire cuando la laringe se eleva o desciende. Los sonidos articulados en la faringe no son comunes. La faringe puede intervenir en la producción de la [h] aspirada (cp. *[h]amás = jamás, Mé[h]ico = México*), descrita como laringal en este manual.

fonación Producción de la voz para emitir uno o varios alófonos, palabras o enunciados enteros.

fonema Unidad abstracta mínima que representa el repertorio ideal de los sonidos de una lengua y que se utiliza para distinguir el significado entre una palabra y otra. por ej., los fonemas /p/ y /l/ ayudan a distinguir *p̲ata* y *l̲ata* como dos palabras distintas.

fonemático/-a o **fonémico/-a** Lo que adopta o tiene las características de un *fonema*.

fonética Rama de la lingüística que estudia la producción, transmisión y recepción de los sonidos.

fonética articulatoria Rama de la lingüística que estudia cómo se producen los sonidos de una lengua.

fonético/-a o **fónico/-a** Lo que adopta o tiene las características de un *alófono*. Relativo al sonido.

fonetista Lingüista que transcribe sonidos fonéticamente, o simplemente "persona versada en fonética". Al fonetista le interesa, por ejemplo, la variación alofónica entre el sonido *oclusivo* [d] y el *fricativo* [ð].

fonología Rama de la lingüística que se ocupa de cómo las variaciones articulatorias producen contrastes semánticos (pares mínimos).

fonólogo/-a Persona versada en fonología que presta especial atención al valor distintivo y funcional de los sonidos.

frecuencia **1.** Número de veces que un determinado rasgo fonético (o morfosintáctico) se presenta en el habla. Por ejemplo, la /-s/ final de sílaba tiene una alta frecuencia de pérdida en el español caribeño (cp. *es̲tás̲* = [eˈta]). **2.** Vibración de sonidos consecutivos dentro de un espacio temporal determinado.

fricativo/-a Calidad de un sonido que sufre una obstrucción parcial del aire, lo que causa fricción. Son fricativos los sonidos sordos [s, θ, ʃ, x, f] y los sonoros [β, ð, ɣ, ʝ, z, ʒ].

fricción Obstrucción parcial del aire que genera una vibración (o fricción) más o menos perceptible. La fricción tiene distintos grados: es, por ejemplo, fuerte en [s] o [f], menos fuerte en [w], y débil en [β, ð, ɣ].

frontera silábica Se refiere a dónde termina una sílaba antes de que empiece la siguiente. Las fronteras silábicas de la cadena fónica se determinan según reglas establecidas que los hablantes nativos respetan de manera inconsciente. Salvo en raras ocasiones, todos los dialectos del español dividen las sílabas de la misma manera.

G

gallego Lengua romance hablada en Galicia y otras regiones del extremo noroeste de España.

gallego-portugués Perteneciente o relativo al grupo de variedades habladas en los dominios lingüísticos de Galicia y Portugal.

geminación Repetición inmediata de una consonante en la pronunciación. Dicha repetición puede resultar en una simplificación de las consonantes a una sola consonante, con o sin oclusión glotal acompañante: *calma* > *ca<u>mm</u>a* > *ca[**ʔm**]a* o *ca[**m**]a.*

geolecto Lecto o dialecto asociado con una determinada zona geográfica.

germanos Tribus germánicas, originarias de áreas centroeuropeas, que invadieron y conquistaron España en el siglo V.

glotal Lugar de articulación; que se articula o produce en la región de la *glotis*. Un sonido *glotal* se produce con una contracción en la glotis, como en el español dialectal [ˈa**ʔ**go] ‘algo’. Dicha contracción consiste en la separación brusca de las cuerdas vocales.

glotis — Órgano donde residen las cuerdas vocales.

grafema, grafía — Letra, representación ortográfica de un sonido.

grave — Una palabra grave se acentúa en la penúltima sílaba. Sinónimo de palabra *llana*; por ej., *nada, puedo, universo, sostiene, día.*

grupo fónico — También llamado *emisión*, es el conjunto de sonidos articulados que se da entre dos pausas. El grupo fónico se caracteriza por su unidad de significado y por la necesidad de inhalar aire suficiente para seguir hablando. En la transcripción lo representamos con el símbolo "#". En el siguiente ejemplo hay dos grupos fónicos: "Si tú te vas, él no viene. Pero no nos importa" = [si tu te βas el no 'βi̯ene # 'pero no nos im'porta].

Este manual interpreta las cinco marcas ortográficas siguientes como el límite de un grupo fónico: el punto ("."), dos puntos (":"), el signo de interrogación ("?"), el signo de exclamación ("!") y los puntos suspensivos ("..."). Al mismo tiempo también usamos "#" para representar una *pausa* de cualquier tipo.

H

habla — En este manual, *habla* corresponde a *lengua hablada* o *discurso* (en su forma acústica); el habla puede ser "lenta" y "rápida" (la versión rápida se considera aquí la versión normal).

hiato — Dos o más vocales escritas yuxtapuestas que *no* forman parte de una misma sílaba; esto es, no forman *diptongo* o *triptongo* porque cada una de estas vocales se articula efectivamente como una vocal pura — separada cada una por una frontera silábica. Ejemplos: *Raúl = Ra—úl, María = Marí—a, tío = tí—o, sea = se—a, boa = bo—a.*

hipercorrección — Extensión de una regla (normalmente prescriptiva) donde esta no debería aplicarse. La hipercorrección ocurre cuando por el natural deseo de hablar bien, se modifica la forma de pronunciar una palabra por influjo de otras en las que coexiste una forma vulgar y otra culta. Por ejemplo, *comida, soldado, cansado* conviven con vulgarismos en los que se pierde la *-d-*: *comía, soldao, cansao*; esto influye para que a veces por error se diga **Bilbado* y **bacalado* en lugar de *Bilbao* o *bacalao*.

homófono/-a — Que suena igual. Dos expresiones se consideran homófonas si son idénticas al pronunciarlas (aunque tengan una ortografía distinta), y además presentan distintos significados. Por ejemplo: *de* (prep.) y *dé* (verbo "dar"), *tubo* ("cilindro") y *tuvo* (verbo "tener").

homónimo/-a Calidad de dos palabras que además de escribirse y pronunciarse igual, tienen distintos significados; por ej., *Tarifa* (nombre de una ciudad en España) y *tarifa* (precio).

homorgánico/-a Dos sonidos son homorgánicos cuando llegan a tener el mismo punto de articulación como resultado de una asimilación condicionada o libre; por ej., en *anda,* la alveolar /n/ se asimila a la dental /d/, y de ahí que se transcriba como dental ['an̪da]. Decimos entonces que el grupo consonántico [n̪d] de ['an̪da] es homorgánico.

I

implosivo/-a Una consonante es implosiva cuando está en posición final de sílaba. Las /s/ subrayadas de *estas cosas* son todas implosivas; la [p] de *séptimo* y la [k] de *pacto* son igualmente implosivas.

indigenismos Préstamos de las lenguas indígenas, especialmente en el español mexicano y andino. *Canoa* es un préstamo taíno. *Guacamole* procede del nahua *ahuacamulli;* otro préstamo nahua es *aguacate,* derivado de *ahuacatl* 'fruto del árbol del mismo nombre; testículo' (RAE).

interdental **1.** Lugar de articulación entre los dientes superiores e inferiores. **2.** Sonido fricativo producido entre o contra los dientes superiores e inferiores; por ej., en *cena* ['θena], el ápice de la lengua toca simultáneamente los dientes inferiores y los superiores. Otro alófono con articulación interdental es el fricativo [ð] (este también tiene una articulación dental en vez de interdental).

International Phonetic Alphabet Complejo sistema de transcripción fonética cuya finalidad es representar los sonidos con mayor exactitud que la ortografía convencional. Su abreviatura es **IPA**; en español se conoce como ***AFI***.

J

jerga Lenguaje especializado e intergrupal que usan entre sí los individuos de ciertas profesiones y oficios, como los médicos, informáticos, futbolistas, estudiantes, etc.

L

"l" oscura o "dark l"
Alófono que se produce en inglés cuando el fonema lateral se encuentra en posición no-inicial de sílaba, y con más frecuencia a final de sílaba o de palabra: *milk, plain, all, ball, alright*. La "l" oscura suele representarse con el símbolo [ɫ].

labiodental
Lugar de articulación que abarca los dientes superiores y el labio inferior. La [f] de *foca* es labiodental.

labios
Órganos móviles fundamentales para la articulación de vocales y consonantes. En el caso de las vocales dependiendo de la tensión que se aplique a la posición de los labios tendremos distintas articulaciones. Así, las vocales [u] y [o] se producen con los labios *redondeados* y tensos; las vocales [i] y [e] con los labios *estirados*; y la [a] con los labios en posición *neutra*. Los labios son el lugar de articulación para diversas consonantes y de ahí las clasificaciones *bilabial, labiodental* y *labiovelar*.

labiovelar
Se refiere a un sonido *coarticulado*, esto es, que se produce en dos puntos de articulación: los labios y el velo. El alófono [w] es un sonido labiovelar, ya que se articula tanto con los labios (redondeados) como con el velo. Por tanto, la fricción del aire ocurre en ambos órganos al mismo tiempo.

lambdacismo
Véase *lateralización*.

laringal
Que tiene la característica de producirse en la *laringe*. La aspirada [h] es un alófono laringal (cp. *jamás* [**h**aˈmas], articulación dialectal de [**x**aˈmas]).

laringe
Órgano que contiene la glotis y sus cuerdas vocales. Los sonidos articulados en esta región se denominan *laringales* o *laríngeos*.

lateral
Sonido producido al elevar el ápice de la lengua contra los alvéolos y dejar escapar el aire por los lados de la lengua. Las laterales son una subcategoría de las *líquidas*. Los siguientes alófonos del español son laterales: [l̪] dental, [l] alveolar, [ɭ] alveopalatal, [ʎ] palatal.

lateralización
La realización de la vibrante simple /ɾ/ como [l]; cp. *arma* > [ˈa**l**ma]. También llamado *lambdacismo*.

latín vulgar
El latín hablado por el *vulgo* (i.e., pueblo) en general, tanto en la Península Ibérica como en el resto del Imperio Romano. Es la lengua madre del español y de las otras variedades romances. Contrasta con el latín clásico, que era la variante formal usada por los romanos (escritura, enseñanza, gobierno, etc.).

lecto Variedad lingüística, de uno o varios individuos. Un conjunto de lectos puede constituir un *dialecto.*

lengua **1.** Órgano muscular móvil situado en la parte inferior de la boca. La lengua está dividida en cinco partes: *ápice* o *punta, predorso* o *lámina, dorso, postdorso* y *raíz*. Es el órgano principal en la articulación de los sonidos. **2.** Sistema ordenado de signos lingüísticos y paralingüísticos arbitrarios que las comunidades humanas emplean creativamente para comunicarse. En esta acepción es sinónimo de *idioma*.

líquidas Los fonemas *vibrantes* y los *laterales* se agrupan bajo la denominación "líquidas". Esta agrupación se basa en su producción, a medio camino entre las vocales y las consonantes; así, se producen con la apertura típica de las vocales, donde el aire fluye con libertad por la cavidad oral, al mismo tiempo que hay obstrucción (lengua y alvéolos), típico de las consonantes.

llano/-a Véase *grave*.

lleísmo El lleísmo diferencia articulatoriamente entre "y" y "ll", produciendo la fricativa palatal /ʝ/ para el grafema "y", y la lateral palatal /ʎ/ para el grafema "ll". Así ['maʝa] *maya* se distingue fonéticamente de ['maʎa] *malla*. Se trata de un fenómeno en recesión, presente en variedades del noreste de España, áreas andinas y algunas otras regiones de Sudamérica (partes de Paraguay, Colombia y Ecuador). La mayoría de los hablantes del español son *yeístas* (*no* diferencian fonéticamente entre "y" y "ll").

M

mandíbula Parte de la cabeza en la que están situados los huesos que sostienen los dientes.

matriz binaria Clasifica los rasgos fonéticos de las vocales en "+" y "-" según los ejes horizontal y vertical.

mirandés Dialecto del astur-leonés en la región de Miranda do Douro, ubicada en Portugal en la frontera con España, a unos 100 kilómetros al noroeste de Salamanca. Es una variedad que goza de prestigio y reconocimiento oficial con unos 15.000 hablantes bilingües en portugués y mirandés.

modo de articulación La manera como se produce un determinado sonido; distinguimos varios modos de articulación: la *oclusión*, la *nasalidad*, la *fricción*, la *africación*, la *lateralidad*, la *vibración* y la *aspiración*.

monosílabos/-as
Palabras que constan de una sola sílaba.

monoptongo
Vocales puras (no deslizadas) que tienen un solo timbre y una única articulación.

morfema
Unidad mínima significativa del análisis gramatical. El total de morfemas de una lengua constituye su sistema morfológico. Véase *morfología.*

morfosintaxis
Parte de la gramática que integra la morfología y la sintaxis (RAE).

morfología
Parte de la gramática que se ocupa de la estructura de las palabras. Por ejemplo, la estructura morfológica de *hombres* es la siguiente: *hombre* ('ser humano masculino') + *-s* ('plural'). Véase también *morfema.*

mozárabe (lengua)
Habla romance con elementos árabes, usada por los cristianos y musulmanes en la España islámica (siglos VIII-XV).

N

náhuatl
Lengua amerindia hablada por los pueblos nahuas de México, también llamada *azteca* o *mexicana.*

nasal
Sonido producido cuando el velo del paladar (o la úvula) está en una posición caída, tal que el aire circula por la cavidad nasal. Dicha articulación aplica a consonantes (cp. /m, n, ɲ/) y también a vocales (cp. *Ana* [ˈãna]).

nasalidad
Uno de los modos de articulación que distingue los sonidos en función de que el flujo del aire circule por la cavidad nasal en vez de la bucal. No solo depende de entornos con consonantes nasales, sino que, en contextos donde no hay sonidos nasales vecinos; también se emplea para comunicar emociones o actitudes, por ej., aburrimiento, disgusto, etc. Véase también *nasalización* debajo.

nasalización
Refiere a la articulación de vocales como si fueran nasales aun cuando estas no estén en contacto con fonemas nasales. Ejemplo: [ˈõːjẽ ˈtʃĩːkõ kẽ ãs ˈẽːtʃõ] = *Oye, chico, ¿qué has hecho?*

O

obstruyentes Se clasifican como sonidos obstruyentes los que se caracterizan por la presencia de un obstáculo (o una obstrucción) durante su articulación. Así, en [p] hay una obstrucción total del aire entre los labios (*bilabial*); hay igualmente obstrucción total en [t], ya que la lengua bloquea —momentáneamente— el aire en la zona *(alveo) dental*. Lo mismo ocurre con [tʃ] y [k], excepto que en estos dos sonidos la lengua cierra el paso en la zona *alveopalatal* y *velar*, respectivamente. Las obstruyentes tienden a ser sordas.

oclusión glotal Fenómeno conocido en inglés como "glottal stop" y que también recibe el nombre de *cierre glotal, golpe de glotis, toque* o *toque glotal*. El fenómeno consiste en la separación brusca de las cuerdas vocales, cuya oclusión cede a la presión del aire acumulado en la tráquea, provocando así una ligera explosión laríngea que se percibe como una oclusión. Se indica en la transcripción fonética con [ʔ].

oclusivo/-a Sonido consonántico que se produce cuando en algún punto de articulación el aire queda totalmente obstruido. Los sonidos [p, t, k] y [b, d, g] son oclusivos sordos y sonoros, respectivamente.

oral (alófono oral) Un alófono es oral cuando se produce en la cavidad bucal. La mayoría de las *vocales* son *orales*, contrastando con las *nasales*. Las *orales* se articulan con el velo del paladar levantado, cerrando la cavidad nasal, por lo que el aire fluye tan solo por la boca.

órganos articulatorios El conjunto de los órganos que intervienen en la articulación de los sonidos, tanto vocálicos como consonánticos.

ortografía Conjunto de normas que regulan la escritura de una lengua (RAE).

P

paladar (duro) Zona de articulación en la parte interior superior de la boca, entre los alvéolos y el velo.

palatal Sonido producido con el paladar. La "ñ" en *a<u>ñ</u>o* [ˈaɲo] es un ejemplo. El alófono [ʝ] de *ma<u>y</u>o* es otro sonido palatal.

par mínimo Pares de palabras en las que (1) hay una sola diferencia fonética entre ambas, como en *mesa* y *pesa*, y (2) esta única diferencia implica una distinción de significado. Ejemplos adicionales: *su/si, mucho/ducho, dime/dile, hablara/hablará.*

pausa Una interrupción o un silencio en el discurso.

polisílabo/-a Palabra de dos o más sílabas. Sinónimo de *voz multisilábica, palabra multisilábica.*

postvelar Lugar de articulación en el área posterior al velo. La [χ] "española" es postvelar. Es igualmente postvelar la [h] aspirada (cp. *México* ['me**h**iko]).

predorsal Un sonido predorsal se produce con la parte de la lengua que es anterior a su dorso, lo que es típicamente el predorso. Un sonido predorsal es la "s" del español americano y de Andalucía (sur de España).

prefijo Morfema que se antepone a la raíz de una palabra: *aparecer > desaparecer, juicio > prejuicio.*

préstamo Una palabra prestada de otra lengua. Se distingue entre préstamos *con* y *sin* adaptación fonológica/fonética y/o morfológica. Por ejemplo, en el préstamo del inglés *internet* al español *internet* [in̪teɾ'ne], hay adaptación fonética al final de la palabra, ya que la [-t] inglesa (*internet*) se omite debido a que el español no admite la consonante /-t/ en posición final de palabra.

pronunciación Manera de articular las palabras.

prótesis Adición de uno o más sonidos al comienzo de una palabra; por ejemplo: *entrar* > ***d****entrar* (dialectal), *huerta* > *guerta* (dialectal).

punto de articulación El lugar donde se interrumpe o modifica la salida del aire en la cavidad bucal. Al estar asociado a los órganos que presentan obstáculo al flujo del aire, las consonantes se clasifican según su punto de articulación en: *bilabiales, labiodentales, interdentales, dentales, alveolares, alveopalatales, palatales, velares y postvelares (uvulares y faríngeas).*

Q

quechua

Lengua indígena, hablada durante tiempos coloniales por los quechuas, extendida por los incas a todo el territorio de su imperio y por los misioneros católicos a otras regiones. Hoy en día se habla en el altiplano de Bolivia, Perú y Ecuador. En la actualidad, el quechua consta de casi 50 dialectos diferentes y de varias "lenguas quechua".

R

rasgo distintivo

Sinónimo de *rasgo fonemático*. Cierta característica de un sonido que lo diferencia fonemáticamente de otro. Por ejemplo, si en la clasificación de la [i] como [+anterior] y [+alta], cambiamos el rasgo [+anterior] a [-anterior], resulta no solo otro sonido, la [u], sino que también da otro significado: *misa* > *musa*.

Reconquista

Recuperación del territorio español invadido por los musulmanes (a partir de 711) y cuya culminación fue la toma de Granada en 1492 (RAE).

reducción

Acción y efecto de reducir o reducirse un sonido. Esta reducción puede ser parcial o total. Cuando dos vocales idénticas entran en contacto entre dos palabras, es común su reducción a una sola vocal: *la ama* > [ˈla:ma] o [ˈlama]. En determinados dialectos (por ej., caribeños), se puede observar una reducción parcial en la articulación informal de las fricativas sonoras [β, ð, ɣ], las cuales ven reducidas su fricción a tal punto que incluso se omiten (cp. *el senado* > *el senao*).

redundancia

Variación alofónica que no conlleva un cambio de significado. Una diferencia fonética es redundante cuando no es de importancia en el nivel **semántico** (= del significado). En español, la **alternancia** entre [d] y [ð] es redundante porque, contrario al inglés, no hay pares mínimos basados en el contraste entre [d] y [ð].

registro

Modo de expresarse (formal, informal, coloquial, etc.) que se adopta en función de las circunstancias sociales u otras.

rehilamiento

También llamado *yeísmo rehilado*, es un fenómeno que en este texto hemos localizado fundamentalmente en la región del Río de la Plata (Argentina, Uruguay y partes de Paraguay). Consiste en la articulación de "y" consonántica y "ll" con un elemento de mayor fricativización o asibilación. Alterna de forma libre en el uso de las fricativas palatales [ʒ] y [ʃ], y las africadas alveopalatales [tʃ] y [dʒ]; por ej., *calle* [ˈkaʝe] > [ˈkaʒe]. Al empleo de [ʒ] o [dʒ] en tales ejemplos se le dice *zheísmo*. Su variante sorda ([ˈkatʃe] / [ˈkaʃe]) se denomina *sheísmo*.

relajamiento Acción y efecto de relajar uno o más órganos que intervienen en la producción de un sonido, lo que típicamente reduce la fricción del mismo. Por ejemplo, al relajar el postdorso de la lengua en la producción de la [χ] (jota castellana), el sonido resultante [x] conlleva menos fricción.

retroflexión Retracción de la lengua producida en la articulación de la /ɾ/ o /r/ y representada con [ɽ], por ejemplo en inglés *car* [kaɽ]. En la articulación de la "r" retrofleja, el ápice de la lengua se retrae tanto que llega a ser su parte inferior la que hace contacto con el techo de la boca, generando un sonido bastante notable auditivamente.

ritmo Cadencia del habla. En español, el ritmo de un enunciado depende directamente del número de sílabas y la duración de las vocales, por lo que se dice que el español es una lengua con *ritmo silábico*. Este lo diferencia del inglés, cuyo ritmo es *acentual* ("syllable-timed rythm"); esto es, un ritmo que depende fuertemente de la secuencia y/o cantidad de sílabas tónicas.

Río de la Plata, rioplatense Cuenca del Río de la Plata (Argentina y Uruguay), donde es frecuente el rehilamiento de la yod. Buenos Aires (Argentina) y Montevideo (Uruguay) son dos capitales ubicadas dentro del área rioplatense, donde palabras como *calle* comúnmente se articulan como [ˈkaʒe], [ˈkadʒe], [ˈkatʃe] o [ˈkaʃe].

romances (lenguas) Véase *románico/-a*.

románico/-a Las lenguas románicas o romances son las que se han derivado del latín. El español, rumano, portugués, francés, gallego y catalán son ejemplos de lenguas románicas. Se conocen también como *lenguas neolatinas* o simplemente *lenguas latinas*.

rotacismo Cambio dialectal de la lateral /l/ a la vibrante simple [ɾ]; cp. *algo* > [ˈaɾɣo].

ruido En este manual, en referencia a las fricativas o vibrantes, *ruido* se refiere a la vibración (o fricción) del aire cuando este se comprime entre dos órganos bucales. Hay *ruido*, por ejemplo, en la producción de [f], [s] y [z] que, debido al alto grado de estrechamiento, se caracterizan por su sonido estridente (ingl. 'strident, harsh').

S

schwa — Sonido vocálico *átono* medio y central prototípico del inglés; se produce en el centro de la boca con la lengua en una posición relajada. Ejemplos: ingl. *th<u>e</u> = th[ə], <u>a</u>go = [ə]go, hint<u>e</u>d = hint[ə]d.*

semántico/-a — Referente al nivel del significado. Un cambio semántico es un cambio de significado.

semiconsonante — Para algunos lingüistas la *yod* y la *wau* son sonidos semiconsonánticos. Dicho análisis está basado en gran parte en el hecho de que [j] y [w] se producen con poca obstrucción del aire, por lo que son casi vocales (estas, como se sabe, se articulan *sin* obstrucción alguna).

semi-oclusivo/-a — Modo de articulación de las oclusivas /b, d, g/, en determinadas posiciones (por ej., posición inicial absoluta de palabra), con una mezcla de oclusión débil y fricción.

semivocal — Todo elemento vocálico dentro de un *diptongo* o *triptongo* que precede o sigue a la *vocal nuclear*; pertenece al grupo de los sonidos *deslizados*. Hay dos semivocales: [i̯] y [u̯]. Estas tienen una duración menos larga que las vocales y por sí solas jamás pueden constituir una sílaba.

seseo — Pronunciación de la "z" y de la "c" ante "e", "i" como [s]; por ej., *<u>z</u>apato* [sa'pato], *<u>c</u>ine* ['sine]. Es de uso general en toda América, Canarias, Andalucía y otras regiones españolas del sur.

sibilante — Las sibilantes son una subcategoría de las fricativas. Se trata de aquellos alófonos ([s, z, ʃ, ʒ, tʃ, tʒ]) que se caracterizan por una especie de silbato ('whistling'). Se producen con una fricción considerable, resultado del acercamiento del predorso de la lengua contra los alvéolos o el paladar.

sílaba — Unidad rítmica mínima formada por uno o varios sonidos articulados que constituyen un solo núcleo fónico entre dos depresiones sucesivas de la emisión de voz.

sílaba **abierta, libre** — Sílaba que termina en vocal. Ejemplos: *chic<u>o</u>, t<u>ú</u>, av<u>e</u>.*

sílaba **cerrada, trabada** — Sílaba que termina en consonante. *Ca<u>n</u>-ta<u>s</u>* contiene dos sílabas cerradas o trabadas.

silabeo — División de la cadena fónica en sílabas según reglas establecidas. Salvo en raras ocasiones, los dialectos del español dividen las sílabas de la misma manera. Es sinónimo de *división silábica.*

sinalefa Concepto usado ante todo en la poesía, se refiere al enlace entre palabras de sílabas que terminan y empiezan en vocal. En la sinalefa se forma una sola sílaba a partir de la última vocal de un vocablo y la primera vocal de la siguiente palabra (estando estas vocales precedidas o no de *h* muda). A veces enlaza sílabas entre tres palabras; por ejemplo, *partió‿a‿Europa* (RAE).

sinéresis Similar a la sinalefa, es la formación —dentro de una misma palabra— de una sola sílaba entre vocales que normalmente pertenecen a diferentes sílabas; por ej., po-**e**-ta (**3** sílabas) → [po‿ˈe-ta] (**2** sílabas).

sinónimo/-a Calidad que indica que dos o más expresiones tienen el mismo significado. Por ej., *palabra llana* y *palabra grave* son sinónimas (ambas se refieren a palabras acentuadas en la penúltima sílaba).

sintaxis Las reglas de la gramática que coordinan y unen las palabras para formar las oraciones.

sobreesdrújula Palabra que lleva el acento tónico antes de la antepenúltima sílaba; ejs. *dígamelo, cómpramelas*.

sociolingüística La disciplina que estudia la relación entre la sociedad y el lenguaje; tanto en la manera de cómo una comunidad usa la lengua como las normas culturales que se pueden deducir del discurso.

sociolingüístico/-a Adjetivo que refiere al carácter social y lingüístico de un fenómeno. Véase *sociolingüística*.

sonantes También llamados *resonantes*, los sonantes se articulan sin obstáculo en el paso del aire (vocales), o el obstáculo es menor en estas consonantes que en otras (consonantes nasales, laterales y vibrantes). Los sonantes tienden a ser sonoros y se oponen a los sonidos obstruyentes.

sonido En este manual, sonido es sinónimo de *alófono*. El total de sonidos (o alófonos) de una lengua suele constituir su sistema o inventario fonético.

sonoridad, sonoro/-a Propiedad de sonidos en cuya producción vibran las cuerdas vocales. Por ej., [a, o, e] y [b, d, g, l, m, n, r, ʝ, w] son sonidos sonoros. En español, son más comunes los alófonos sonoros que los sordos.

sordez, sordo/-a Propiedad de sonidos en cuya producción no vibran las cuerdas vocales. Por ej., [p, t, k, x, s, ʃ, tʃ] son sonidos sordos. En español, son menos comunes que los sonoros.

spanglish Término que se emplea para denotar la mezcla del inglés y el español, sobre todo cuando esta mezcla se produce en textos u oraciones. Ejemplo: *no sé when I will finish este papel* (ingl. 'term paper'), *pero no me importa mucho.*

sufijo Cualquier morfema que le sigue a la raíz de una palabra: *habl-o, neutr-al-iza-r.*

suprasegmentos, rasgos suprasegmentales El acento prosódico, la entonación y el ritmo son todos rasgos suprasegmentales. Es el conjunto de rasgos que contribuyen a la "musicalidad" de la lengua. En términos más técnicos, son aquellos elementos que afectan a más de un fonema y que no pueden segmentarse en unidades menores.

T

Tierras Altas Áreas de Latinoamérica de (aproximadamente mil o más metros de altura) que se caracterizan por una serie de rasgos articulatorios, entre los cuales es más prominente el mantenimiento consistente de la /-s/ final de sílaba (cp. *estás* = [**s**ˈta**s**]). Las Tierras Altas incluyen todas las zonas andinas de Sudamérica así como la mayoría del territorio de México.

Tierras Bajas Áreas de Latinoamérica de poca elevación que se caracterizan por una serie de rasgos articulatorios, entre los cuales es más prominente la aspiración o pérdida de la /-s/ final de sílaba (cp. *estás* = [e^{h}ˈta^{h}]). Las Tierras Bajas incluyen todo el Caribe y las zonas costeras de Venezuela, Colombia, Ecuador, Perú y Chile. Argentina, Uruguay y Paraguay pertenecen igualmente a las Tierras Bajas.

tilde **(1)** En este texto, tilde se refiere al acento ortográfico (por ej., *hablaré, dígamelo, tú*). Cuando se emplea una tilde, esta siempre marca el lugar del acento tónico de palabras polisílabas. **(2)** Virguililla o curvita que se escribe sobre la "ñ" (cp. *año*). Véase también *diacrítico, diacrítica, acento ortográfico.*

timbre Los cambios en la calidad de frecuencia o resonancia de las vocales se denominan generalmente *cambios de timbre.*

tónico/-a Calidad de una sílaba o vocal de máxima fuerza o énfasis dentro de una palabra.

tono Frecuencia alta o baja de vibraciones del aire causadas por las cuerdas vocales al producirse un sonido. Cuanta más tensión tengan las cuerdas vocales, más rápidas resultan las vibraciones de las ondas y, por lo tanto, más alto es el tono.

toque, toque glotal Véase *oclusión glotal.*

topónimo Nombre propio de lugar, por ej., *San Francisco* o *Florida.*

trabada (sílaba) Véase *sílabas cerradas.*

tracto vocal La región superior del conducto respiratorio donde se producen y modifican los sonidos. Dicha región aloja la *laringe, faringe,* y las *cavidades nasal y oral.* El habla tiene lugar durante la salida del aire (espiración), que progresivamente atraviesa la laringe, la faringe y la cavidad bucal hasta llegar al exterior.

transcripción fonética Representación gráfica que nos permite transcribir y reproducir eficientemente distintas pronunciaciones. Un sistema de transcripción fonética, como el AFI (IPA en inglés), permite que una persona recopile datos de una lengua, escribiendo las palabras según se pronuncian. Hay dos modos de transcripción: (1) la *estrecha* que ofrece una gran cantidad de detalles; y (2) la transcripción *amplia* que es menos detallada. Este manual introductorio opta mayormente por esta última. Ejemplo con silabeo: [e-ˈsal-ɣo-ði-ˈfi-sil] = *es algo difícil.*

transcripción fonológica Representación gráfica que nos permite transcribir un segmento oracional fonológicamente para así distinguir únicamente aquellos rasgos que son distintivos, i.e., que diferencian significado. Ejemplo con silabeo: /e-ˈsal-go-di-ˈfi-sil/ = *es algo difícil.*

tráquea Parte de las vías respiratorias que va desde la *laringe* a los bronquios (RAE).

triángulo vocálico Representación gráfica de la disposición triangular de las zonas de articulación de las vocales según los ejes vertical y horizontal. Según la elevación vertical de la lengua dentro de la cavidad bucal, las vocales se clasifican en *altas* (o *cerradas*) [i] y [u], *medias* [e] y [o], y *baja* (o *abierta*) [a]. En cuanto al desplazamiento horizontal de la lengua, las vocales son *anteriores* [i] y [e], *central* [a] y *posteriores* [u] y [o].

triptongo Forman un triptongo tres elementos vocálicos contiguos dentro de una misma sílaba; el segundo elemento es siempre la vocal nuclear, mientras que el primero y el tercero son semivocales (así, la secuencia es: semivocal + vocal + semivocal). Ejemplos: *buey* [b**u̯ei̯**], *Paraguay* [paɾaˈɣ**u̯ai̯**].

trueque de líquidas Se trata de la neutralización de la oposición fonemática entre /l/ y /ɾ/, por lo que *alto* vs. *harto* dejan de ser *pares* *mínimos*, dado que *alto* se articula ['arto] y *harto* se pronuncia ['alto]. El cambio de /ɾ/ a [l] se denomina *lateralización* o *lambdacismo*; el cambio opuesto de /l/ a [ɾ] se denomina *rotacismo*. Se trata de un fenómeno extendido al sur de España, el Caribe y a algunas otras regiones de América. Los términos *trueque de líquidas* y *neutralización de líquidas* se emplean a menudo como expresiones sinónimas.

U

úvula Órgano flexible, también llamado *campanilla*, situado en la parte posterior o final del paladar que abre o cierra el paso del aire a la cavidad nasal.

uvular Referente al lugar de articulación de la úvula; aquellas consonantes que se producen en esta región. La [R] uvular es una vibrante dialectal usada por algunos hablantes del español puertorriqueño (cp. *rico* ['**R**iko]). En algunos dialectos del español (por ej., norte de España), la jota es **uvular**, y mucho más estridente en comparación con sus variantes americanas; su representación es: [χ].

uvularización Articulación uvular de fonemas que en el español estándar tienen otro punto de articulación. En particular se refiere a la pronunciación uvular de la /r/ como [R] en el español puertorriqueño; cp. *perro* ['pe**R**o] o *Enrique* [en'**R**ike].

V

variación Fenómeno resultante de varios factores como el tema de conversación, el estilo de habla, el nivel de formalidad, la rapidez del habla, el dialecto específico del hablante, el nivel socioeconómico y educativo de la persona, el contexto o situación comunicativa, y la variedad estructural (niveles fonético-fonológico, morfosintáctico y léxico). Al hablar de variación se emplean también los términos *variedad* y *variante* como sinónimos de *lenguas* o *idiomas*, *dialectos*, *hablas* y *jergas*.

variación **alofónica** Variación de sonido. Por ejemplo, es común variar la realización del alófono sibilante en /'mismo/, alternando así entre ['mizmo] y ['mismo].

variación **diafásica** Las diferentes formas de hablar que tiene una misma persona en función del contexto de la comunicación.

variación **diastrática** — Variaciones en una lengua según la clase socioeconómica y/o educativa a la que pertenece el hablante.

variación **sociolectal** — Variación dialectal propia a un grupo social determinado.

vasco — Lengua hablada en el País Vasco, en el norte de España. El vasco es la única lengua ibérica moderna que no desciende del latín ni pertenece a la familia lingüística indo-europea. Algunos expertos la presentan como una lengua aislada que no desciende de ninguna familia lingüística conocida.

velar — Punto de articulación referente al velo del paladar; sonido que se produce en esa región; por ej., la /k/ y la /x/.

velarización — Proceso generalmente casi inconsciente en el cual un fonema normalmente no velar se realiza como alófono velar. Así, en posición final de palabra, la /n/ (cuyo lugar de articulación neutro es alveolar) está sujeta a un proceso de velarización libre: /so**n** a'si/ > [so**ŋ** a'si]. Otro caso de velarización es la articulación velar de /r/ como [x] en el caso del español puertorriqueño. Ejemplo: *r̲ota* /'**r**ota/ > ['**x**ota].

velo (del paladar) — Lugar de articulación, ubicado detrás de la zona palatal. También conocido como *paladar blando*. Alófonos como [k, x, g] se producen en el velo. Como señala el RAE, el *velo del paladar* "es una especie de cortina muscular y membranosa que separa la cavidad de la boca de la de las fauces".

vibrante — Término que se refiere tanto a la vibrante "simple" [ɾ] (ingl. "flap" o "tap") como a la "múltiple" [r] (ingl. "trill"), articuladas en el mismo punto alveolar. La [ɾ] se produce con un solo toque del ápice de la lengua contra los alvéolos, mientras que la [r] se produce con múltiples toques. Ejemplos: *raro* ['**r**a**ɾ**o], [**r**i'ma**ɾ**].

vibración — Movimiento rápido y repetido de un órgano que causa la oscilación rápida del aire. En el caso de la /r/ múltiple, el ápice de la lengua toca, en rápida sucesión, la zona de los alvéolos. En las vocales, las cuerdas vocales vibran con rapidez, produciendo así sonidos sonoros. Lo mismo ocurre en todas las consonantes sonoras.

vocal — Sonido que, al producirse, no sufre ninguna obstrucción del aire. Hay 5 vocales en español: [i, e, a, o, u], y dos semivocales [i̯, u̯]. Estas pueden ser *orales* o *nasales*.

vocal **débil** — En un *diptongo* o *triptongo* se refiere al sonido vocálico que no lleva el *acento de intensidad*: [i̯] y [u̯].

vocal **fuerte, pura** — Todas las vocales son fuertes o puras, con la excepción de las *semivocales*. Las vocales son más fuertes o puras que las semivocales porque (1) son más largas (tiempo de duración) y (2) pueden conformar una sílaba por sí solas (las semivocales nunca conforman una sílaba por sí mismas).

vocal **caediza** — Fenómeno dialectal prevalente en regiones altas e interiores de México, Costa Rica, Colombia y los países andinos, donde las vocales átonas se acortan y eliden; por ej., en *a veces* → *a vec's, dioses* → *dios's*. El fenómeno afecta sobre todo a las vocales medias "e, o", que suelen perderse en una sílaba cerrada (i.e., terminada en consonante), y en posición final de palabra, especialmente ante "s" y ante consonantes sordas.

vocal **nuclear** — La vocal nuclear es el centro o elemento fónico de mayor importancia de un diptongo o triptongo. La vocal nuclear es siempre una vocal entera, nunca una semivocal. Dicho de otra manera, las semivocales jamás pueden ser vocales nucleares. En *cien* [si̯en], la "e" es la vocal nuclear de la sílaba y, a la vez, del diptongo. En *auto* ['au̯to], la vocal nuclear se encuentra en la "a-" inicial.

voz — (1) Fonación, cuyo propósito es emitir uno o varios alófonos, palabras o enunciados enteros. (2) Palabra.

W

wau — Sonido fricativo labiovelar sonoro, i.e., [w] como en *hueco* ['weko] o *Oaxaca* [wa'xaka]/[wa'haka]. En inglés se llama *bilabial slit fricative.*

Y

yanito — Variedad "mixta" del habla de Gibraltar (territorio británico situado en Andalucía frente a las costas de África), que es una mezcla de inglés, español, italiano, hebreo y árabe. La población de Gibraltar es además bilingüe en español e inglés.

yeísmo — La ausencia de distinción entre la fricativa palatal /ʝ/ y la lateral palatal /ʎ/ a favor de /ʝ/ en los grafemas "y" consonántica y "ll". Así los yeístas no diferencian fonéticamente entre *maya* y *malla,* ambos pronunciados ['maʝa]. El yeísmo es un fenómeno extendido a todas las áreas hispanohablantes. Contrasta con el ***lleísmo***, el cual diferencia fonéticamente entre "y" y "ll" (véase *lleísmo*).

yod — Sonido fricativo palatal sonoro, i.e., [ʝ] en *calle* ['kaʝe], *mayo* ['maʝo]. En inglés se llama *palatal slit fricative.*

BIBLIOGRAFÍA

Aaron, Jessi Elana & Hernández, José Esteban (2007). Quantitative evidence for contact-induced accommodation: Shifts in /s/ reduction patterns in Salvadoran Spanish in Houston. En Kim Potowski & Richard Cameron (eds.), *Spanish in Contact: Policy, Social, and Linguistic Inquiries*. Amsterdam & Philadelphia: John Benjamins, 329–344.

Alba, Orlando (2000). Variación de la /s/ en las noticias de televisión. En *Nuevos aspectos del español en Santo Domingo,* cap. 2. Santo Domingo: Librería La Trinitaria.

Alvar, Manuel & Quilis, Antonio (1966). Datos acústicos y geográficos sobre la "ch" adherente de Canarias. *Anuario de Estudios Atlánticos*, 12, 337–343.

Álvarez, Alexandra; Obediente, Enrique & Rojas, Nelson (2009). Subdialectos del español caribeño de Venezuela: prosodia e identidad regional. *Revista Internacional de Lingüística Iberoamericana (RILI)*, 14, 7–20.

Arsuaga, Juan Luis & Martínez, Ignacio (2000). *La especie elegida. La larga marcha de la evolución humana*. Barcelona: Ediciones Temas de Hoy.

Azevedo, Milton M. (2005). *Introducción a la lingüística española*. (2ª edición). Upper Saddle River, NJ: Pearson Prentice Hall.

Brown, Esther & Torres Cacoullos, Rena (2003). Spanish /s/: A different story from beginning (initial) to end (final). En Rafael Núñez-Cedeño et al. (eds.), *A Romance Perspective on Language Knowledge and Use: Selected Papers from the XXXI Linguistic Symposium on Romance Languages (LSRL), Chicago*. Amsterdam: John Benjamins, 21–38.

Caravedo, Rocío (1992). ¿Restos de la distinción /s/ y /θ/ en el español de Perú? *Revista de Filología Española*, 72, 639–654.

Casado-Fresnillo, Celia (1995). Resultados del contacto del español con el árabe y con las lenguas autóctonas de Guinea Ecuatorial. En Carmen Silva-Corvalán (ed.), *Studies in Language Contact and Bilingualism*. Washington, DC: Georgetown University Press, 279–292.

Chavez, Leo (2008). *The Latino Threat. Constructing Immigrants, Citizens, and the Nation*. Stanford: Stanford University Press.

Diccionario de la lengua española (vigésima segunda edición). Real Academia de la Lengua Española (RAE). www.rae.es

Domínguez, Carlos (2009). La demografía hispánica en cifras. En Humberto López Morales (coord.), *Enciclopedia del español en los Estados Unidos. Anuario del Instituto Cervantes 2008*. Madrid: Santillana & Instituto Cervantes, 87–103.

Escobar, Anna Maria (2006). Bilingualism in Latin America. En Tej K. Bhatia & William C. Ritchie (eds.), *The Handbook of Bilingualism*. Oxford, UK: Blackwell, 642–661.

Fairclough, Marta (2003). El (denominado) *Spanglish* en Estados Unidos: polémicas y realidades. *Revista Internacional de Lingüística Iberoamericana (RILI)*, 2, 185–204.

Fernández, Mauro (2001). ¿Por qué el chabacano? *Estudios de Sociolingüística,* 2:2, i–xii.
Guitart, Jorge M. (2004). *Sonido y sentido*. Washington, D.C.: Georgetown University Press.
Hualde, José Ignacio (2005). *The Sounds of Spanish*. Cambridge, UK: Cambridge University Press.
Hualde, José Ignacio & Schwegler, Armin (2008). Intonation in Palenquero. *Journal of Pidgin and Creole Languages*, 23:1, 1–31.
Isbasescu Haulica, Cristina (1970). Sobre la existencia de una fricativa labiodental sonora [v] en el español cubano. En Carlos H. Magis (coord.), *Actas del Tercer Congreso Internacional de Hispanistas. Asociación Internacional de Hispanistas. México, D.F., 26–31 de agosto de 1968*. México: El Colegio de México, 473–478.
Klee, Carol A. & Lynch, Andrew (2009). *El español en contacto con otras lenguas*. Washington, D.C.: Georgetown University Press.
Lafford, Barbara Armstrong (1982). *Dynamic synchrony in the Spanish of Cartagena, Colombia: The influences of linguistic, stylistic and social factors on the retention, aspiration and deletion of syllable and word final /s/.* (Tesis inédita). Cornell University.
Lastra, Yolanda & Martín Butragueño, Pedro (2006). Un posible cambio en curso: el caso de las vibrantes en la Ciudad de México. En Ana María Cestero Mancera, Isabel Molina Martos & Florentino Paredes (coords.), *Estudios sociolingüísticos del español de España y América*. Madrid: Arco Libros, 35–68.
Levey, David (2008). *Language Change and Variation in Gibraltar*. Amsterdam: John Benjamins.
Lipski, John (1994). *Latin American Spanish*. London: Longman.
Lipski, John (1996). *El español de América*. Madrid: Cátedra.
Lipski, John (2000). The Spanish of Equatorial Guinea: research on la hispanidad's best-kept secret. *Afro-Hispanic Review*, 19:1, 11–38.
Llisterri, Joaquim (1996). Los sonidos del habla. En Joan A. Argenté Giralt et al. (eds.), *Elementos de lingüística*. Barcelona: Octaedro Universidad Textos, 74–87, 104–105, 124–129.
Moreno Fernández, Francisco (2009). Dialectología hispánica de los Estados Unidos. En Humberto López Morales (coord.), *Enciclopedia del español en los Estados Unidos. Anuario del Instituto Cervantes 2008*. Madrid: Santillana & Instituto Cervantes, 200–221.
Moya Corral, Juan Antonio (1993). La "ch" adherente y sus implicaciones fonológicas. En Universidad de Granada (ed.), *Antiqua et nova Romania: estudios lingüísticos y filológicos en honor de José Mondejar en su sexagenario aniversario. Volumen 1*, 213–228.
Moyer, Melissa (1998). Bilingual conversation strategies in Gibraltar. En Peter Auer (ed.), *Code-switching in Conversation. Language, Interaction and Identity*. London & New York: Routledge, 215–234.
Munteanu Colán, Dan (2006). La situación actual del español en Filipinas. *LEA: Lingüística Española Actual*, 28:1, 75–90.
Myers-Scotton, Carol (2006). *Multiple Voices. An Introduction to Bilingualism*. Oxford, UK: Blackwell.
Navarro Tomás, Tomás (1977). *Manual de pronunciación española*. (19ª edición). Madrid: Consejo Superior de Investigaciones Científicas.
Parodi, Claudia (1995). *Orígenes del español americano. Volumen 1: Reconstrucción de la pronunciación*. México: Universidad Nacional Autónoma de México.

Penny, Ralph (2000). *Variation and Change in Spanish*. Cambridge: Cambridge University Press.
Penny, Ralph (2002). *A History of the Spanish Language*. (2ª edición). Cambridge: Cambridge University Press.
Poplack, Shana (1982). 'Sometimes I'll start a sentence in Spanish y termino en español': Toward a typology of code-switching. En Jon Amastae & Lucía Elías-Olivares (eds.), *Spanish in the United States: Sociolinguistic Aspects*. New York: Cambridge University Press, 230–263.
Prada, Juan Manuel de (2002, septiembre). Quijote, 'spanglish' y 'Aserejé'. *Qué leer*, 6.
Quesada Pacheco, Miguel Ángel (2001). La fonética del español americano en pugna: dialectos radicales y conservadores en lucha por la supremacía. En *Actas del II Congreso Internacional de la Lengua Española «El español en la Sociedad de la Información», Valladolid 16 y 19 de octubre de 2001*, pág. 4. Fuente: www.cervantes.es/sobre_instituto_cervantes/publicaciones_espanol/congresos_lengua/congreso_valladolid_2001.htm
Quilis, Antonio (1993). *Tratado de fonología y fonética españolas*. Madrid: Biblioteca Románica Hispánica, Manuales, 74, Gredos.
Quilis, Antonio (1996a). La lengua española en Filipinas. En Manuel Alvar (dir.), *Manual de dialectología hispánica. El español de América*. Barcelona: Editorial Ariel, 233–243.
Quilis, Antonio (1996b). La lengua española en Guinea Ecuatorial. En Manuel Alvar (dir.), *Manual de dialectología hispánica. El español de España*. Barcelona: Editorial Ariel, 381–388.
RAE = véase *Diccionario de la lengua española*.
Sayahi, Lotfi (2005). Final /s/ retention and deletion in Spanish: The role of the speaker's type of competence. *Language Sciences*, 27:5, 515–529.
Siguan, Miquel (1994). *España plurilingüe*. Madrid: Alianza Editorial.
Siguan, Miquel (2008). Prologue. En Carmen Pérez-Vidal; María Juan-Garau & Aurora Bel (eds.), *A Portrait of the Young in the New Multilingual Spain*. Clevedon, UK: Multilingual Matters, 1–17.
Silva-Corvalán, Carmen & Enrique-Arias, Andrés (2001). *Sociolingüística y pragmática del español*. Washington, D.C.: Georgetown Studies in Spanish Linguistics Series, Georgetown University Press.
Simone, Raffaele (1993). *Fundamentos de lingüística*. Barcelona: Editorial Ariel.
Spicher, Lori Lea; Sweeney, Frances M. & Pelayo Coutiño, Rubén (2008). *La voz. Fonética y fonología españolas*. Upper Saddle River, NJ: Pearson Prentice Hall.
Stavans, Ilán (2000). Spanglish: Tickling the tongue. *World Literature Today*, 74:3, 555–558.
Stavans, Ilán (2004). *Spanglish: The Making of a New American Language*. New York: Imprint of Raya, Harper Collins.
Teschner, Richard V. (2000). *Camino oral. Fonética, fonología y práctica de los sonidos del español*. Boston, MA: McGraw Hill.
Torreblanca, Máximo (1984). La asibilacion de 'r' y 'rr' en la lengua española. *Hispania*, 67:4, 614–616.
Valdés, Guadalupe (1982). Social interaction and code-switching patterns: A case study of Spanish/English alternation. En Jon Amastae & Lucía Elías-Olivares (eds.), *Spanish in the United States: Sociolinguistic Aspects*. Cambridge: Cambridge University Press, 209–229.

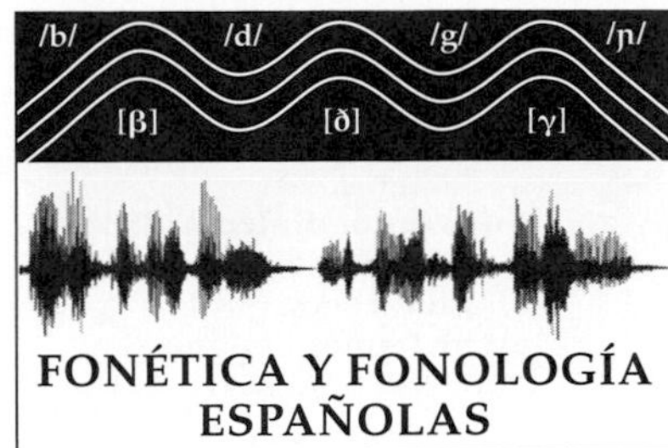
/b/
/d/
/g/
/ɲ/
[β]
[ð]
[ɣ]
FONÉTICA Y FONOLOGÍA ESPAÑOLAS

Índice

B

D

E

N

O

P

T

U

W

X

Y

Z